JN409656

축조해설

은 행 법

李 炳 華

三 宇 社

머 리 말

정보통신기술의 발달과 창조적인 경영진의 경영전략 및 소비자의 다양한 욕구 등에 힘입어 금융산업은 빠른 속도로 영역을 확대함과 동시에 다른 업종과의 경쟁에 직면하고 있다. 즉, 국경의 개념이 사라졌고 업종 및 영역의 구분도 퇴색하고 있다. 이와 같이 통합되고 글로벌화되어 가는 시장의 변화에 따라 자본시장통합법을 필두로 권역별로 편제되어 있던 각종 법규와 감독기구가 기능별로 재조정되는 추세에 있다. 금융산업의 주도권이 감독기구를 비롯한 정부에서 금융회사로 넘어가고 있는 것이다. 이처럼 주도권의 변화에 따라 금융회사의 경우 공공성보다 수익성 위주의 경영에 몰두하는 등 금융기관이라는 용어가 전혀 어울리지 아니하는 지경에 이르게 되었다.

금융업의 대표라고 할 수 있는 은행업의 경우 고유업무인 여수신업무가 상호저축은행 등 제2금융권에게 허용되어 치열하게 경쟁하더니만 최근에는 금과옥조인양 애지중지하던 지급결제업무마저도 정보통신업체에 의해 침해된 이후 급기야는 경쟁관계에 있는 증권회사와 보험회사까지 영위하게 되는 등 안팎으로부터 위협을 받고 있다. 특히 자금조달에 있어 중추적 역할을 담당하던 예금이 수수료수입 증대라는 은행측의 단기적인 성과주의와 한푼이라도 높은 수익을 기대하는 투자자들의 바람에 떠밀려 그 자리를 펀드에 내주게 될 위험에 처해 있다. 한마디로 금융산업의 중심적 위치에서 변두리로 내몰리게 될 위기에 처해 있다.

한편 은행업을 규제하는 은행법의 경우, 제정 이후 그간 20여 차례에 걸쳐 개정되어 금융시장의 흐름에 발맞추려고 노력했으나 아직도 금융소비자나 금융회사의 요구를 충족시키기에는 미흡한 것이 현실이다. 또한 운용에 있어서도 투명성과 일관성이 유지되어야 함에도 불구하고 그렇지 못한 경우가 종종 있다. 이에 더하여 은행법은 은행의 활동과 국민생활에 지대한 영향을 미침에도 불구하고 최근에 들어서야 한두 권의 해설서가 출판된 정도로 이에 대한 연구도 일천하다.

필자가 은행법과 인연을 맺은 것은 한국은행 은행감독원에 근무하면서부터이니 어언 20년이 훨씬 넘었다. 은행법개정안초안을 만드는 일부터 시작하여 은행법의 해석이나 적용에 이르기까지 대부분의 삶이 은행법과 연관되었다고 해도 과언이 아니다. 이러한 과정에서 체득한 경험과 지식정보를 다른 사람과 공유하여 은행법 운용의 투명성을 높이고 일관성을 유지하는 데 도움이 되고자 하는 바람에서 1993년도에 '은행법 해설' 책자를 업무자료로 발간하였으며, 이를 바탕으로 그 후의 경험과 정보를 집대성하여 이 책자를 발간하였다. 이 책자의 발간을 계기로 은행업 관련 법규운용상의 투명성과 일관성이 제고되어 은행산업이 국가핵심산업으로 자리매김하고 글로벌 경쟁력을 갖춘 은행이 탄생할 수 있기를 바란다.

끝으로 이 책을 발간할 수 있는 여건을 허락해 주신 하나님께 감사드리고, 원고를 정리하는 동안 묵묵히 기도로 후원한 처(강은희)와 두 아들(우주, 우진), 그리고 원고작성과 편집 등 발간을 위해 협력해 준 동료직원, 유명을 달리한 故 진홍수 팀장, 도서출판 삼우사 조병철 사장과 그 직원들에게 감사의 마음을 전한다.

2008년 1월

여의도에서

이병화

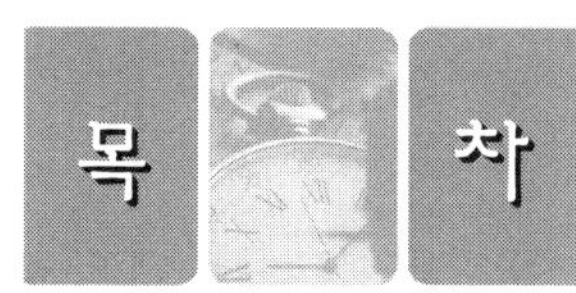

목 차

제1편 서 론

제2편 은행법 해설

제1편 서 론

제1장

은행법의 연혁

우리나라에 근대적 의미에서의 금융제도는 구한말인 1878년 6월 일본의 한반도 침략정책의 하나로 이루어진 일본 제1국립은행의 부산지점 설치 이래 제18국립은행(1889년) 및 제58국립은행(1891년)의 지점이 설치된 것으로부터 비롯되었다. 이러한 일본계 은행의 국내진출에 자극받아 우리나라 상공업자의 권익보호를 위하여 민족자본에 의한 은행의 설립이 추진되어 1894년 이후 조선은행, 제국은행 등이 탄생되었으나 자본금의 부족으로 1년도 못되어 폐점하고 말았으며, 뒤이어 설립된 한성은행(1897년), 대한천일은행(1899년) 등이 본격적인 민족은행으로서의 역할을 수행하였다.

이와 같이 갑오개혁 이후 여러 민족은행이 설립되었지만 이들 은행의 설립의 근거가 되는 법은 제정되지 않았다. 그러던 중 1905년의 금융공황으로 말미암아 한성은행과 대한천일은행이 경영난에 빠지게 되었으나 정부로부터 자금을 대부받아 다시 정상적으로 은행업무를 영위할 수 있게 되었다. 이를 계기로 하여 1906년 3월 21일에 영업활동의 일반적인 준칙이 됨은 물론 은행경영에 적극 간여할 수 있는 법적 근거인 은행조례가 칙령(勅令) 제12호로 공포되었다. 동 조례는 우리나라에서 제정된 최초의 은행조례로서 우리나라 은행법의 효시라고 할 수 있겠다.[1)]

이후 한일합병이 이루어지기 전까지 필요에 따라 농공은행조례, 지방금융조합규칙, 약속어음조례와 어음조합조례, 구 한국은행조례 등이 차례로 제정되어 은행업무에 대한 감독 및 근거법으로서의 역할을 담당하였으며, 1912년

1) 1906년의 은행조례는 자주적인 것이라기보다는 일제가 한국계 은행(민족은행)을 통제하기 위하여 제정한 것이다. 일제는 일본계 은행에 적용되는 「한국에 있어서 은행업에 관한 규칙」(통감부령 제20호)을 1907년 5월에 제정하였는데, 이와 같은 이원적인 법제는 상대적으로 한국인의 금융업 진출영역을 좁히고 일본인의 금융업 진출을 확대하는데 기여하였다.

조선이식제한령이 공포되고 은행조례가 은행령(조선총독부령 제5호) 및 은행령 시행규칙(조선총독부제령 제26호)으로 변경됨에 따라 한국인과 일본인의 공동경영에 의한 일반은행 설립이 본격화되었다. 이들 은행 중에서 상당수를 차지했던 소규모 은행이 1927년에 있었던 일본의 금융공황을 계기로 경영난에 직면하게 됨에 따라 조선총독부 내에 조선금융조사위원회가 설치(1928. 8)되어 한국금융제도의 정비방안을 강구하기에 이르렀으며, 금융조합령 및 저축은행령의 제정(1928년), 조선신탁업령 및 조선무진업령의 개정(1931년) 등이 이루어졌다.

해방 이전에 제정된 은행령은 두 차례에 걸친 부분적인 개정을 거쳐 계속 그 효력을 유지하여 왔으나, 해방 이후 제반 경제・사회여건이 급격히 변동됨에 따라 은행업감독에 관한 기본규제로서의 기능을 제대로 수행할 수 없었다. 특히, 1948년 민주주의 헌법에 따라 새 정부가 수립되자 하나의 주권국가로서 국제금융기구에의 가입, 대외적인 금융거래 및 경제협력 등으로 금융입법의 필요성이 제기됨에 따라 새로운 은행법의 제정이 불가피하게 되어 국회에서의 입법준비가 급속하게 진행되었다.

이와 관련하여 조선은행은 새로운 중앙은행법안을 마련하여 정부, 국회 등 관계요로에 건의하고, 정부에서도 동 법안을 심사하여 정부안을 마련하였다. 한편, 정부에서 초빙한 미국 뉴욕연방준비은행의 금융전문가 브룸필드(A. I. Bloomfild) 박사와 젠슨(J. P. Jensen)씨는 약 5개월 동안의 우리나라 경제여건 및 금융사정에 관한 조사분석실시 결과와 정부안 및 조선은행안을 각각 참고하여 새로운 중앙은행법안으로서의 한국은행법안을 마련하여 1950년 2월 4일 정부에 건의하였다. 동 법안은 부분적인 수정을 거쳐 1950년 4월 21일 국회 본회의를 통과하고, 동년 5월 5일 법률 제138호로 공포됨으로써 신생 대한민국의 중앙은행법으로 새로이 탄생되었다.

한국은행법의 제정추진과 병행하여 중앙은행의 규제를 받게 되는 일반은행에 대한 법률의 제정도 추진할 필요성이 제기됨에 따라, 정부는 1950년 3월 14일 브룸필드 박사 및 젠슨씨가 작성・제출한 '일반은행 개편에 관한 건의서'를 토대로 은행법 제정(안)을 마련하였다. 동 제정(안)은 국회에서 부분적인 수정을 거쳐 1950년 4월 21일 한국은행법과 함께 국회 본회의를 통과하여, 동년 5월 5일 법률 제139호로 공포되었다. 다만, 한국은행법이 제정 즉시 시행된데

반하여 은행법은 정부 귀속주 불하문제, 증자문제 등 동법 시행을 위한 선결요건이 해결되지 않은데에다 6·25사변의 발발로 그 시행이 계속 유보되어 오다가 제정 4년 후인 1954년 8월 15일부터 시행되었다.[2]

2) 이 부분은 필자가 한국은행 은행감독원(감독기획국) 근무 당시 업무참고자료로 집필·발간한 「은행법해설」(1993)을 그대로 인용하였다.

제 2 장

은행법의 개정 경위

1950년 5월 5일 제정되어 1954년 8월 15일부터 시행된 은행법(이하 '이 법'이라 한다)은 2007년 11월 현재까지 22차례에 걸쳐 개정되었다. 이 법은 한국은행법과 함께 은행업규제에 관한 기본법으로, 양 법은 상호보완적이고 견연성이 강한 만큼, 개정작업이 동시에 이루어진 경우가 많다.

1. 제1차 개정(1962. 5. 24, 법률 제1075호)

제1차 개정은 한국은행법의 개정과 동일한 배경하에 이루어진 것이다. 즉 5·16군사정변 이후 정부가 의욕적으로 추진하는 경제개발계획의 투자재원을 국내 금융자금 공급과 해외로부터의 차입에 의존하게 됨에 따라 국내은행이 내자동원면에서나 자금공급면에서 정부주도의 성장정책을 적극 지원하지 않을 수 없는 입장에 서게 됨에 따라 정부의 역할이 과거에 비해서 크게 강화되었고, 이를 제도적으로 뒷받침하기 위하여 이루어진 것이 제1차 은행법 개정이다. 그 주된 개정내용은 다음과 같다.

첫째, 1962년부터 시작된 경제개발계획을 뒷받침하는 자금지원체제를 강화하기 위하여 은행의 자산에서 현금, 한국은행 및 외국은행에의 예치금, 또는 한국은행 통화안정증권에의 투자금을 차감한 잔액 즉 위험자산의 보유비율을 종래 자기자본의 10배 이내에서 15배 이내로 변경하여 자산운용한도를 확대하였으며, 법정자본금을 1억원 이상에서 1억 5천만원 이상으로 인상하는 동시에 은행의 자기자본충실화를 위하여 적립금 규정을 신설하여 결산기마다 순이익금의 10분의 1 이상을 적립토록 하였다.

둘째, 중장기 설비자금의 원활한 공급을 촉진하기 위하여 주식의 인수 또는 상환기간 3년을 초과하는 사채 및 기타 유가증권에 대한 투자한도를 요구불예금의 100분의 20에서 100분의 25로 확대하였으며, 보유한도 규제대상에서 제외되는 증권에 종전의 한국은행 통화안정증권 외에 국채를 추가하였다.

2. 제2차 개정(1966. 7. 28, 법률 제1801호)

제2차 개정은 외국은행 국내지점에 대하여 자본금에 관한 이 법의 규정을 적용하는 경우 따로 대통령령으로 정하도록 하여 외국은행 국내지점의 영업기금을 자본금으로 간주하도록 하였다.

3. 제3차 개정(1969. 1. 28, 법률 제2095호)

제3차 개정은 은행 자산운용에 융통성을 부여하기 위하여 은행의 자산운용규제 방식을 종전의 위험자산규제 방식에서 지급보증규제 방식으로 전환하여 은행의 지급보증한도를 자기자본의 15배 이내로 제한하였으며, 은행 자산의 유동성 확보와 기업투자를 보다 엄격히 제한하기 위해 은행 자기자본을 초과하는 업무용 부동산의 취득금지 조항을 신설하는 동시에 은행감독원장이 승인하는 경우를 제외하고는 은행 자기자본의 100분의 10을 넘는(종래는 100분의 20) 기업투자를 금지하였다.

4. 제4차 개정(1977. 12. 30, 법률 제3034호)

제4차 개정은 경제규모의 확대 및 금융업무의 국제화 진전에 따른 은행의 대외공신력 제고와 한국은행법 개정에 따른 이 법의 일부를 보완하기 위하여 이루어졌는 바, 그 주요 내용은 다음과 같다.

첫째, 경제규모의 확대에 따른 금융지원을 강화하고 금융업무를 능률적으로 수행할 수 있도록 은행의 지급보증한도를 종래의 자본금과 적립금 합계액의 15배 이내에서 20배 이내로 확대하는 한편, 보증한도 적용대상에서 정부가 인수 또는 보증한 채무, 정부 또는 지방자치단체를 위한 보증, 다른 은행, 신용보증기금, 보험회사 등에서 보증이나 보험을 받아 보증 또는 인수한 채무 등의 복보증분을 제외하였다.

둘째, 은행의 대외공신력 제고를 위한 대형화를 유도하고자 은행의 법정최저자본금을 종래의 시중은행 15억원, 지방은행 1억 5천만원에서 각각 250억원과 10억원으로 증액하였다.

셋째, 은행감독원장에게 은행의 건전한 경영을 위하여 필요한 명령 또는 지시를 할 수 있는 권한을 부여하였다.

넷째, 금융통화위원회(이하 '금통위'라 한다)의 은행업무에 대한 통제권한에 한국은행 통화안정계정에의 예치 또는 인출에 관한 지시권을 추가하였다.

다섯째, 은행의 결산횟수를 연 2회에서 연 1회로 조정하였다.

5. 제5차 개정(1978. 12. 5, 법률 제3141호)

제5차 개정은 한국토지개발공사법 부칙 제3조에서 관계법률인 이 법의 제15조제2항의 내용 중 '한국주택은행과 토지금고'를 '한국주택은행'으로 변경하였다.

6. 제6차 개정(1982. 12. 31, 법률 제3608호)

제6차 개정은 은행 경영자율화의 장애요인이 되는 각종 규제를 완화하고 금융의 자율화, 민영화에 따라 발생될 우려가 있는 부작용을 사전에 방지하기 위한 제도적인 장치를 마련하였으며, 은행 대주주의 횡포방지 등을 목적으로 1961년 6월 20일 제정되었던 은행에대한임시조치법을 폐지하였는 바, 주요 개정내용은 다음과 같다.

첫째, 은행의 경영에 관한 은행감독원장의 포괄적인 지시·명령권을 삭제하여 자율경영의 폭을 확대하였다.

둘째, 동일인이 소유하거나 의결권을 행사할 수 있는 주식의 한도를 은행발행주식 총수의 100분의 8로 제한하여 편중여신 및 은행의 사금고화를 방지하였다.

셋째, 편중여신에 대한 규제를 강화하기 위하여 동일인에 대한 지급보증은 은행 자기자본의 100분의 50을 초과할 수 없도록 하였고, 동일 계열기업군에 대한 대출이나 지급보증의 총한도는 금통위에서 정할 수 있도록 하였다.

넷째, 은행의 건전한 경영을 저해하는 행위를 한 임원에 대한 금통위의 업무집행정지명령권 및 해임권고권을 신설하는 등 부실경영에 대한 임원의 경영책임을 법정화하였다.

7. 제7차 개정(1991. 12. 31, 법률 제4468호)

제7차 개정은 금융의 개방화 · 국제화 등 금융환경 변화에 국내은행들이 효율적으로 대응할 수 있도록 하기 위하여 자금의 조달 및 운용 등에 대한 은행경영의 자율성을 확대함과 아울러, 이에 따라 예상되는 금융시장의 불건전성과 불안정성의 증대에 대비하여 은행경영의 건전성을 확보하기 위한 제도적 장치를 마련하는 한편, 외국은행 국내지점에 대한 감독 및 규제의 근거를 명확히 함으로써 이들에 대한 체계적 관리를 도모하기 위하여 이루어진 것으로, 그 주요 개정내용은 다음과 같다.

첫째, 은행의 장기대출에 대한 기간제한을 완화하여 금통위가 필요하다고 인정하는 경우에는 10년 이상의 장기대출도 가능하도록 장기대출의 폭을 확대하였다.

둘째, 은행의 유가증권에 대한 투자한도를 요구불예금의 100분의 25 이내에서 자기자본의 범위 내로 변경하였다.

셋째, 금융자율화에 따라 예상되는 금융시장의 불안정성 증대에 대비하여 자기자본의 충실, 적정한 유동성의 유지 등 은행경영의 건전성 확보의무를 신설하였다.

넷째, 동일인에 대한 대출한도를 은행 자기자본의 100분의 25에서 100분의 20으로, 지급보증한도를 은행 자기자본의 100분의 50에서 100분의 40으로 각각 축소 · 조정하였다.

다섯째, 금통위는 파산하였거나 예금을 지급할 수 없는 위험이 있는 은행에 대하여 여 · 수신제한, 예금의 전부 또는 일부의 지급정지 등 필요한 조치를 취할 수 있도록 하였다.

여섯째, 외국은행 국내지점을 체계적으로 관리하기 위하여 외국은행 국내지점에 대한 별도의 장을 신설하여 외국은행 국내지점을 은행으로, 외국은행의 국내대표자를 은행의 임원으로 보아 이 법을 적용하도록 하였으며, 외국은행 국내지점이 2개 이상 있는 경우에는 모든 지점을 하나의 은행으로 보아 이 법을 적용하도록 하였고, 외국은행의 본점이 소멸 · 해산 · 인가취소 · 파산시에는 금통위가 당해 외국은행 국내지점에 대한 인가를 취소할 수 있도록 하였다.

일곱째, 은행이 자회사를 통하여 여타 금융업무를 겸영할 경우 예상되는 부작용에 대비하여 자회사에 대한 여신제한, 임직원 겸직금지 등의 규제장치를 마련하였다.

8. 제8차 개정(1994. 12. 31, 법률 제4833호)

제8차 개정은 금융의 개방화·국제화에 대응하여 금융자율화의 지속적인 추진과 이에 상응한 책임경영체제의 확립을 적극 유도하고, 편중여신 억제를 통한 은행의 건전성을 강화하며, 산업자본의 금융지배를 방지하면서 순수금융자본에 대하여는 은행의 경영을 주도할 수 있는 제도적인 길을 터줌으로써 소유구조와 경영체제를 다원화하여 은행의 경쟁력 강화를 도모하려는 것으로, 그 주요 내용은 다음과 같다.

첫째, 자본금의 감소 및 준비금의 자본전입을 제외한 자본금의 변경을 금통위의 인가대상에서 제외하고 은행감독원장에게 사후보고하도록 하였다.

둘째, 동일인의 은행 주식소유한도를 의결권있는 발행주식총수의 100분의 8에서 100분의 4로 축소하되, 금융업만을 영위하거나 영위하고자 하는 개인으로서 은행감독원장의 승인을 얻은 자(금융전업기업가) 등에 대하여는 예외로 하였다.

셋째, 동일인 여신한도와 관련하여 대출은 은행 자기자본의 100분의 20에서 100분의 15로, 채무의 보증 또는 인수는 은행 자기자본의 100분의 40에서 100분의 30으로 각각 축소하여 은행 자산운용의 건전성을 제고하였다.

넷째, 자회사에 대한 규제를 완화하여 자기자본의 100분의 20 범위 내에서 은행감독원장이 정하는 업종에 출자하는 경우와 자기자본의 100분의 20을 초과하는 출자로서, 대통령령이 정하는 바에 따라 은행감독원장이 따로 정하는 요건을 충족하는 경우에는 출자를 허용하였다.

다섯째, 동일한 개인 또는 법인이나 동일 계열기업군에 대한 여신액이 은행 자기자본의 100분의 15를 초과하는 경우를 거액여신으로 분류하고, 금통위가 거액여신의 총합계액을 은행 자기자본의 일정배수 이내로 정하여 제한할 수 있도록 하여 은행 자산운용의 건전성을 도모하였다.

9. 제9차 개정(1997. 1. 13, 법률 제5253호)

제9차 개정은 대외개방과 금융자율화 등 경영환경의 변화에 능동적으로 대처하고 은행의 경쟁력을 제고하기 위하여 주주대표 및 금융전문가 등으로 구성되는 비상임이사 중심의 이사회제도를 도입함으로써 은행의 책임경영체제를 확립하고, 은행의 구조조정 등 경영혁신을 유도함과 아울러 외국인의 국내 현지법인 설립 허용 등에 대비하여 은행 주식소유한도 관련제도를 보완하였는 바, 그 주요 내용은 다음과 같다.

첫째, 이사회는 상임이사와 비상임이사로 구성하되, 비상임이사의 수를 상임이사의 수보다 많도록 하였다.

둘째, 비상임이사는 대주주대표·소액주주대표 및 이사회에서 후보자를 추천하되, 대주주대표는 비상임이사 총수의 100분의 50을, 소액주주대표는 100분의 30을, 이사회는 100분의 20을 각각 추천하도록 하였다.

셋째, 기관투자가 및 신용불량자, 계열기업군 소속기업체 등에 대하여는 주주대표 자격을 배제하고, 계열기업군 소속 임원 등에 대하여 비상임이사 자격을 배제하였다.

넷째, 경영목표 및 평가, 임·직원의 보수를 포함한 예산 및 결산, 거액부실여신 및 사고처리 대책, 합병 등 조직의 중요한 변경에 관한 사항 등은 이사회의 심의·의결을 거치도록 하였다.

다섯째, 은행장 후보 및 감사 후보는 비상임이사만으로 구성되는 후보추천위원회에서 3분의 2 이상의 찬성으로 추천하도록 하였다.

여섯째, 전액 외국인출자은행과 금융전업기업가가 지배하는 은행에 대하여는 비상임이사 중심의 이사회제도를 적용하지 아니하고, 금융기관의합병및전환에관한법률에 따라 전환된 은행 및 합작은행과 안정된 경영주체가 있고 소유지분 분포상 경제력집중의 우려가 없다고 인정되는 은행 등에 대하여는 비상임이사 중심의 이사회제도에 관한 일부 규정을 적용하지 아니하도록 하였다.

일곱째, 합작은행 및 전액 외국인출자은행의 주주와 금융전업기업가로서 은행감독원장의 승인을 얻은 경우에는 100분의 4를 초과하여 그 승인을 얻은 범위까지 소유할 수 있도록 하였다.

여덟째, 은행감독원장이 은행의 외부감사인에 대하여 감사결과 및 경영건전성 관련자료의 제출을 요구할 수 있는 근거를 마련하였다.

10. 제10차 개정(1997. 1. 13, 법률 제5257호)

제10차 개정은 금융산업의 개방에 대비하여 우리 금융산업의 경쟁력을 제고하기 위하여 은행의 합병·인수 등 구조개선 노력을 지원하는 한편, 은행의 부실화를 사전에 예방하고 부실은행 발생시 이를 원활히 수습할 수 있는 제도적 장치를 마련하려는 것으로, 금융산업의구조개선에관한법률(이하 '금산법'이라 한다)을 개정하면서 그와 관계있는 규정을 개정한 것이다.

11. 제11차 개정(1998. 1. 13, 법률 제5499호)

제11차 개정은 '금융감독기구의설치등에관한법률'의 제정에 따라 금통위의 권한에 속하는 사항 중 은행업의 인가와 관련된 사항을 제외한 은행에 대한 감독권한을 금융감독위원회(이하 '금감위'라 한다)로 이관함으로써 감독기능을 효율적으로 수행하고, 주주대표의 경영참여가 활성화되도록 비상임이사 구성비율을 확대 조정하여 은행의 책임경영체제를 강화하는 한편, 영업소 신설 이전 등에 대한 인가제를 폐지함으로써 은행경영의 자율성을 제고한 것으로, 그 주요 내용은 다음과 같다.

첫째, 은행업에 대한 인가권을 금통위에서 재정경제원장관으로 이관하였다.

둘째, 은행업무의 범위를 재정경제원장관이 정하도록 하여 다른 금융업종과의 업무영역조정기능을 일원화하였다.

셋째, 동일인 주식보유한도를 100분의 4를 유지하되, 외국인이 일정한 요건을 충족하는 경우에는 금감위 신고(10/100 이내 보유시) 또는 승인(10/100 초과 보유시)을 통하여 한도초과보유를 허용하고, 내국인의 경우에도 외국인이 신고하였거나 승인을 얻은 범위 내에서 동일한 절차를 거쳐 한도초과보유를 할 수 있게 하였다.

넷째, 영업소 신설 이전 등에 대한 인가제를 폐지하고, 금감위가 영업소 신설 이전 등에 대한 기준과 절차를 정하도록 하였다.

다섯째, 은행에 대한 감독권자를 종전의 금통위와 그 지시를 받는 은행감독원장에서 금감위와 그 지시를 받는 금융감독원장으로 변경하였다.

12. 제12차 개정(1998. 2. 24, 법률 제5520호)

기업의 재무구조 개선 및 구조조정을 촉진하며 은행이 일반기업에 출자할 수 있는 한도를 확대하기 위하여 종목당 100분의 10으로 제한하고 있는 은행의 타회사 주식소유 한도를 종목당 100분의 15로 확대하고, 기업의 구조조정을 촉진하기 위하여 필요한 것으로 금감위의 승인을 얻은 경우에는 예외적으로 종목당 100분의 15를 초과하여 출자할 수 있도록 하였다.

13. 제13차 개정(1998. 5. 25, 법률 제5540호)

외국인과 합작한 은행에 한하여 외국인이 임원이 될 수 있도록 한 제한을 폐지하여 합작은행이 아닌 은행에서도 외국인을 임원으로 선임할 수 있도록 하였다.

14. 제14차 개정(1999. 2. 5, 법률 제5745호)

국제통화기금(IMF)과의 정책협의 결과를 반영하여 동일한 개인・법인 등에 대한 은행의 여신한도관리제도를 국제적 기준에 맞추어 정비함으로써 은행의 건전성을 높이고, 행정규제기본법에 의한 규제정비계획에 따라 은행의 최대주주 변경시의 절차를 간소화하는 등 관련규제를 폐지 또는 완화한 것으로, 주요 내용은 다음과 같다.

첫째, 은행의 대출・지급보증 기타 신용공여의 한도를 책정하는 기준이 되는 자기자본의 정의를 자본금과 적립금 기타 잉여금의 합계액에서 국제결제은행(BIS) 기준에 따른 기본자본과 보완자본의 합계액으로 변경하고, 그 구체적 범위는 대통령령이 정하는 바에 따라 금감위가 정하도록 하였다.

둘째, 은행의 최대주주가 되고자 하는 자 또는 최대주주로서 최대주주가 아닌 자로 되고자 하는 자에 대한 금감위의 승인 제도를 폐지하였다.

셋째, 은행 임원의 임기 및 이사의 수에 관한 규정을 삭제하여 이를 자율적으로 정할 수 있도록 하였다.

넷째, 개별적으로 관리하던 동일인 대출 및 지급보증의 한도를 대출, 지급보증, 유가증권의 매입 등 위험을 수반하는 금융거래를 통합한 개념으로 신용공여라는 개념을 도입하고 이를 기준으로 한도관리를 하도록 하였다.

15. 第15차 개정(1999. 5. 24, 법률 제5982호)

정부조직법의 개정에 따라 은행업 영위, 합병, 영업양수도, 해산 등에 대한 인가권 등이 재정경제부에서 금감위로 이관됨으로 인하여 정부조직법 부칙 제3조에 따라 부수적으로 개정되었다.

16. 第16차 개정(1999. 9. 7, 법률 제6018호)

농업협동조합법의 제정과 관련하여 이 법상의 농업협동조합중앙회 등에 대한 특례(제5조) 조항이 동 법 부칙(제18조)에 따라 개정되었다.

17. 第17차 개정(2000. 1. 21, 법률 제6177호)

제17차 개정은 은행업의 인가 및 감독에 관한 기본적인 사항을 법률에서 직접 규정하고, 은행의 건전한 경영을 도모하기 위하여 감사위원회제도를 도입하는 한편, 소수주주권의 행사요건을 완화하는 등 은행의 건전성과 자율성을 제고하기 위한 제도적 장치를 마련하였는 바, 그 주요 내용은 다음과 같다.

첫째, 은행의 정관변경 및 자본금 감소에 대한 금감위의 인가제를 신고제로 전환하는 등 은행경영의 자율성을 제고하였다.

둘째, 은행의 소수주주에 대하여는 상법상의 소수주주권의 행사요건을 크게 완화하여 부실경영에 대한 소수주주의 견제기능을 강화하여 은행의 합리적 경영을 도모하였다.

셋째, 은행의 건전한 경영을 도모하기 위하여 은행의 이사회 내에 총 위원의 3분의 2 이상이 사외이사로 구성되는 상법상의 감사위원회를 설치하도록 하였다.

넷째, 금감위가 정하던 은행에 대한 경영지도기준을 대통령령으로 정하도록 하여 은행에 대한 건전성 감독이 보다 투명하게 이루어질 수 있도록 하였다.

18. 第18차 개정(2000. 1. 28, 법률 제6256호)

수산업협동조합법을 개정하면서 이 법 관련사항(제5조)이 동법 부칙(제12조)에 따라 개정되었다.

19. 제19차 개정(2001. 3. 28, 법률 제6429호)

상호신용금고법이 상호저축은행법으로 개정되면서 이 법 관련사항(제6조)이 동법 부칙(제10조)에 따라 개정되었다.

20. 제20차 개정(2002. 4. 27, 법률 제6691호)

제20차 개정은 은행소유규제 중 사전적인 소유제한을 완화하는 등 건전한 금융자본의 출현을 유도하고 은행의 자율경영책임을 촉진하는 기반을 구축하는 한편, 은행으로 하여금 다른 은행의 주식을 소유할 수 있도록 하는 등 그동안 제도운영 과정에서 나타난 미비점을 개선·보완한 것으로, 그 주요 내용은 다음과 같다.

첫째, 동일인의 은행에 대한 주식보유한도를 100분의 4에서 100분의 10으로 상향조정하고, 금감위의 승인을 얻은 때에는 100분의 10을 초과하여 은행 주식을 보유할 수 있도록 하였다.

둘째, 비금융주력자(산업자본)에 의한 은행지배를 방지하기 위하여 비금융주력자는 100분의 4를 초과하여 은행의 주식을 보유할 수 없도록 하되, 100분의 4를 초과하는 주식의 의결권을 행사하지 아니하는 조건으로 재무건전성 등 일정한 요건을 충족하여 금감위의 승인을 얻은 경우에는 예외적으로 100분의 10까지 은행 주식을 보유할 수 있도록 하였다.

셋째, 100분의 10을 초과하여 은행 주식을 보유한 주주에 대하여는 금감위가 그 적격 여부를 심사할 수 있도록 하고, 심사결과 부적격자에 대하여는 초과보유한 은행 주식의 처분을 명할 수 있도록 하였다.

넷째, 은행경영의 효율성을 높이기 위하여 은행의 임·직원이 자회사의 임·직원을 겸직할 수 있도록 하는 한편, 은행이 다양한 방식으로 대형화·겸업화를 추진할 수 있도록 은행이 다른 은행의 주식을 취득하는 것을 허용하였다.

다섯째, 은행은 당해 은행의 전체 대주주에게 자기자본의 100분의 25 범위안에서 대통령령이 정하는 비율에 해당하는 금액을 초과하여 신용공여를 할 수 없도록 하고, 은행이 대주주별로 일정한 금액 이상의 신용공여를 하고자 하는 때에는 재적이사 전원의 찬성을 얻도록 하였다.

여섯째, 은행은 자기자본의 100분의 1 범위 안에서 대통령령이 정하는 비율에 해당하는 금액을 초과하여 당해 은행의 대주주가 발행한 주식을 취득할 수 없도록 하고, 은행이 당해 은행의 대주주가 발행한 주식을 일정한 금액 이상 취득하고자 하는 때에는 재적이사 전원의 찬성을 얻도록 하였다.

일곱째, 신용공여한도・주식취득한도 등을 위반한 은행에 대한 과징금제도를 새로 도입하고, 비금융주력자 등이 주식처분명령을 이행하지 아니하는 경우 이행강제금을 부과할 수 있도록 하였다.

21. 제21차 개정(2005. 3. 31, 법률 제7428호)

제21차 개정은 채무자회생및파산에관한법률(이하 '도산법'이라 한다)의 개정에 따라 이 법상의 관련사항, 즉 제18조제5항제3호 중 파산자를 파산선고를 받은 자로, 제20조제2항제2호 중 회사정리법을 채무자회생및파산에관한법률로 변경하였다.

22. 제22차 개정(2007. 8. 3, 법률 제8635호)

제22차 개정은 자본시장과금융투자업에관한법률(이하 '자본시장통합법'이라 한다)의 제정에 따라 은행법상의 관련사항 즉, 제2조제1항제9호 다.목과 제15조제6항 중 증권투자회사법에 의한 증권투자회사가 자본시장통합법에 따른 투자회사로 변경되었다.

〈표〉 은행법 개정 추이(*요약)

개정시기	주요 개정내용
1차 개정 (1962. 5)	- 위험자산 보유비율 확대(자기자본의 10배 → 15배) - 유가증권 투자한도 확대(요구불예금의 20/100 → 25/100) - 임원에 대한 벌칙규정 신설
2차 개정 (1966. 7)	- 외국은행 국내지점의 자본금 간주규정 신설
3차 개정 (1969. 1)	- 자산운용규제 방식을 변경 • 위험자산규제 방식 → 지급보증규제 방식 (자기자본의 15배)　(자기자본의 15배) - 업무용 부동사 취득한도(자기자본 이내) 등 신설 - 타회사 주식취득 한도 축소(자기자본의 20/100 → 10/100)
4차 개정 (1977. 12)	- 지급보증한도 확대(자기자본의 15배 → 20배) - 최저자본금 인상 • 시중은행 15억원 → 250억원 • 지방은행 1.5억원 → 10억원 - 은행감독원장의 포괄적 지시명령권 신설 - 결산횟수 조정(연 2회 → 연 1회)
5차 개정 (1978. 12)	- 한국주택은행과 토지금고를 한국주택은행으로 변경
6차 개정 (1982. 12)	- 은행감독원장의 포괄적 지시명령권 삭제 - 동일인의 은행주식 소유한도 제한(8/100 이내) - 동일인 지급보증한도 규정(자기자본의 50/100) - 금통위의 동일 계열기업군 여신한도 규제근거 신설 - 금통위의 임원에 대한 업무집행정지명령권, 해임권고권 신설 - 지방은행 최저자본금 인상(10억원 → 30억원)
7차 개정 (1991. 12)	- 유가증권 투자한도 변경(요구불예금의 25/100 이내 → 자기자본의 범위내) - 경영의 건전성 확보의무 신설 - 동일인 여신한도 축소 • 대출 : 자기자본의 25/100 → 20/100 • 지급보증 : 자기자본의 50/100 → 40/100 - 금통위의 예금지급 불능 등에 대한 조치권 신설 - 외국은행 국내지점에 대한 별도의 장 신설 - 자회사 관련규정 마련

<table>
<tr><th>개정시기</th><th>주요 개정내용</th></tr>
<tr><td>8차 개정
(1994. 12)</td><td>- 유상증자 및 주식배당 자율화(인가 → 사후보고)
- 동일인 주식보유한도 축소(8/100 → 4/100)
• 금융전업기업가제도 도입(은행감독원장의 승인시 12/100까지 보유 허용)
• 기관투자가에 대하여는 8/100까지 보유를 허용하되, 4/100 초과보유분에 대한 의결권행사를 제한
- 동일인 여신한도 축소
• 대출 : 은행 자기자본의 20/100 → 15/100
• 지급보증 : 은행 자기자본의 40/100 → 30/100
- 금통위의 거액여신총액한도 제한 근거 신설
- 자회사 출자 자율화
• 자기자본의 20/100 범위 안에서 은행감독원장이 정하는 업종에 출자하는 경우와 자기자본의 20/100를 초과하는 출자로서 은행감독원장이 정하는 요건을 충족하는 경우에는 출자를 허용</td></tr>
<tr><td>9차 개정
(1997. 1)</td><td>○ 비상임이사 중심의 이사회제도 도입
- 임원의 임기 변경
• 상임이사 및 감사 : 3년
• 비상임이사 : 주주대표 추천 1년, 이사회 추천 2년, 규정적용 배제은행 3년
- 이사의 수는 자본금 및 총자산 등을 감안하여 대통령령으로 규정
- 이사회는 상임이사와 비상임이사로 구성하되, 과반수를 비상임이사로 구성
- 비상임이사는 대주주대표・소액주주대표・이사회가 각각 50/100, 30/100, 20/100씩 추천
- 경영목표 및 평가, 임・직원의 보수를 포함한 예산 및 결산, 거액부실여신 및 사고처리대책, 합병 등 조직의 중요한 변경에 관한 사항 등을 이사회 권한으로 규정
- 은행장 및 감사 후보는 비상임이사 전원으로 구성되는 후보추천위원회에서 추천
- 현지법인은행, 금융전업기업가 지배은행에 대하여는 제도의 적용을 배제하고, 전환은행・합작은행・경영주체형성은행에 대하여는 일부 규정의 적용을 배제
○ 주식 소유규제 변경
- 합작은행 및 현지법인은행 주주의 한도초과보유 절차 마련(은행감독원장 승인)
- 금융전업기업가의 주식보유 상한(12/100) 폐지
- 최대주주 변경시 은행감독원장의 승인 필요
○ 은행감독원장의 은행 외부감사인에 대한 자료제출요구 근거 마련</td></tr>
</table>

개정시기	주요 개정내용
10차 개정 (1997. 1)	금융기관의합병및전환에관한법률이 금융산업의구조개선에관한법률로 변경됨에 따라 동 법률이 인용된 관계조문을 정비
11차 개정 (1998. 1)	○ 금융감독체계 개편 - 감독・검사권 : 금통위・은행감독원 → 금감위・금융감독원 - 은행업, 합병 등 인가 : 금통위 → 재정경제원장관 - 은행업무 범위 결정 : 은행감독원장 → 재정경제원장관 ○ 소유규제 개편 - 외국인 : 4/100 초과시 금감위에 사전신고, 10/100, 25/100, 33/100 초과시 금감위 승인 - 내국인 : 외국인 보유비율 이내에서 외국인과 동일한 절차를 거쳐 한도초과 보유 가능(다만, 30개 계열기업군의 경우 1개 은행에 한정) - 금융전업기업가제도 폐지 - 기관투자가에 대한 특례 폐지 ○ 영업소 신설・이전 등에 대한 인가권 폐지 - 영업소 신설・이전 등에 대한 기준・절차는 금감위가 결정 ○ 비상임이사 구성비율 변경 - 대주주대표 50/100, 소액주주대표 30/100, 이사회추천 20/100 → 주주대표 70/100, 이사회 추천 30/100
12차 개정 (1998. 2)	○ 타회사 출자한도 확대(종목당 10/100 → 15/100) 및 기업구조조정 촉진을 위해 필요한 것으로 금감위 승인을 얻은 경우 비금융자회사 출자 허용 ○ 동일인 주식보유한도 배제대상에 예금보험공사 추가
13차 개정 (1998. 5)	○ 임원의 내국인 요건 폐지 ○ 임원의 결격사유에 외국의 금융관련법령에 의하여 해임・면직된 자를 추가
14차 개정 (1999. 2)	○ 여신한도관리제도를 신용공여한도관리제도로 개편 - 한도관리 대상을 대출 및 지급보증에서 신용공여로 변경 - 한도관리 기준을 BIS 기준 자기자본으로 변경 - 신용공여한도 • 동일차주 : 자기자본의 25/100 • 동일인 : 자기자본의 20/100 • 거액신용공여총한도 : 자기자본의 5배 ○ 최대주주 변경시 금감위 승인제도 폐지 ○ 임원의 수 및 임기에 관한 규정 삭제 ○ 지급보증 총액한도 제한규정 삭제 ○ 임원의 결격사유에 적기시정조치를 받게 된데 중대한 책임이 있는 자를 추가

개정시기	주요 개정내용
15차 개정 (1999. 5)	○ 정부조직법 개정에 따른 관계조문 정비 - 은행업, 합병 등 인가: 재정경제부장관 → 금감위 - 은행 해당 여부 결정: 재정경제부장관 → 금감위
16차 개정 (1999. 7)	○ (신)농업협동조합법 제정에 따른 관계조문 정비 - 농협중앙회와 축협중앙회가 통합됨에 따라 축협중앙회 신용사업부문의 은행간주조항 정비
17차 개정 (2000. 1)	○ 비상임이사의 명칭을 사외이사로 변경 ○ 이사회에 감사위원회 설치 의무화(총 위원의 2/3 이상을 사외이사로 선임) ○ 소수주주권 행사요건을 상장법인의 1/2 수준으로 완화 ○ 내부통제기준 제정 및 준법감시인 선임 의무화 ○ 정관변경 및 자본금 감소시 인가제를 신고제로 전환 ○ 금감위가 정하던 경영지도기준을 대통령령으로 규정 ○ 합병・해산・은행업폐지 인가요건을 대통령령에 위임할 수 있는 근거 마련
18차 개정 (2000. 1)	○ 수산업협동조합법 개정에 따른 관계조문 정비 - 회원조합에 대한 은행간주 조문 삭제
19차 개정 (2001.3)	상호신용금고법이 상호저축은행법으로 변경됨에 따른 관계조문 정비
20차 개정 (2002. 4)	○ 소유규제 개편 - 동일인 주식보유한도 확대 : 4/100 → 10/100 - 4/100 초과 10/100 미만 보유시 신고제를 사후보고제로 전환 - 비금융주력자의 주식보유한도 설정 • 비금융주력자에 대하여는 주식보유한도를 4/100로 설정 • 4/100 초과 보유분에 대한 의결권행사 포기시 금감위의 승인을 얻어 10/100까지 보유 허용 • 금감위로부터 금융주력자 전환계획을 승인받거나 동일외국인 금융주력자 보유비율 범위 내에서 보유하는 경우 의결권행사 제한없이 4/100 초과 보유 허용(10/100 초과보유시 금감위 승인 필요) - 비금융주력자의 금융주력자 전환제도 도입 • 2년 이내에 금융주력자로 전환하고자 하는 자는 전환계획을 금감위에 제출하여 승인을 얻어야 함

개정시기	주요 개정내용
20차 개정 (2002. 4)	○ 대주주에 대한 감독 강화 - 한도초과보유주주에 대한 적격성 심사제도 도입 - 전체 대주주 신용공여한도(은행 자기자본의 25/100) 설정 - 대주주 계열사 주식 취득한도(은행 자기자본의 1/100) 설정 - 대주주와의 거래제한 조치권 신설 - 대주주에 대한 자료제출요구권 신설 - 대주주의 부당한 영향력 행사 금지 등 ○ 경영지배구조 개편 - 은행장후보추천위원회제도 폐지 - 사외이사후보 추천 특례를 폐지하고 사외이사후보추천위원회 설치 의무화 ○ 임직원의 자회사 임직원 겸직 자율화 ○ 자은행제도 도입 - 타 은행주식 취득을 허용 - 모은행과 자은행간의 거래를 제한 • 모은행 발행주식 소유, 손자은행 보유, 모은행에 대한 신용공여 등 ○ 재무제표 등의 전자공고 허용 ○ 약관 제·개정시 일부사항의 사후보고 허용 ○ 과징금제도 도입 - 동일차주 등에 대한 신용공여한도 위반 - 대주주 발행주식 취득한도 위반 - 타회사에 대한 출자제한 위반 - 유가증권 투자한도 위반 - 외국은행 국내지점의 국내자산 보유의무 위반 등 ○ 이행강제금제도 도입 - 한도초과보유주주 및 비금융주력자 등이 금감위의 주식처분명령을 이행하지 아니하는 경우 등
21차 개정 (2005. 3)	○ 채무자회생및파산에관한법률의 개정에 따른 관련조문 정비 - 파산자 → 파산선고를 받은 자 - 회사정리법 → 채무자회생및파산에관한법률
22차 개정 (2007. 8)	○ 자본시장과금융투자업에관한법률 제정에 따른 관련조문 정비 - 증권투자회사 → 투자회사

제2편
은행법 해설

제 1 장

총 칙

이 장은 은행법의 기본적인 사항을 규정하는 장으로, 7개 조문으로 구성되어 있다. 즉 목적(제1조), 정의(제2조), 적용법규(제3조), 법인(제4조), 농업협동조합중앙회 등에 대한 특례(제5조), 보험사업자(제6조), 금융기관 해당 여부 결정(제7조)이다.

Ⅰ. 목적(제1조)

> 이 법은 금융기관의 건전한 운영을 도모하고 자금중개기능의 효율성을 제고하며 예금자를 보호하고 신용질서를 유지함으로써 금융시장의 안정과 국민경제의 발전에 이바지함을 목적으로 한다.

1. 연 혁

이 조는 제6차 개정 당시 신설된 후 제17차 개정시 이 법이 추구하는 목표로 '자금중개기능의 효율성 제고'가 추가되고 목적으로 '금융시장의 안정'이 추가된 후 현재에 이르고 있다.

2. 은행법의 목적

이 조는 은행[1]의 설립과 운영에 관한 규제법인 은행법의 기본이념을 규정한 것이다.

---

1) 은행법상 '금융기관'은 은행업을 규칙적·조직적으로 영위하는 한국은행 외의 모든 법인을 말하는 바(제2조제2호), 이는 결과적으로 은행(특수은행 및 외은지점 포함)을 가리킨다. 이하 이 책에서는 은행이 아닌 다른 금융기관과 구별하기 위하여 은행법상의 금융기관은 '은행'이라고 하기로 한다.

은행은 근본적으로 영리를 추구하는 조직체라는 점에서 상법의 적용을 받는 일반기업과 다를 바 없다. 그럼에도 불구하고 일반기업과 달리 은행에 대하여 특별히 은행법의 적용을 받도록 하는 것은 은행이 금융시장과 국민경제에서 차지하는 비중이 막중하고, 은행이 도산하는 경우 그 파급효과가 막대하기 때문이다.

은행은 각 경제주체의 여유 유동성을 보관하고, 이를 생산과 소비에 필요한 자금으로 공급할 뿐만 아니라 유동성을 창출하는 기능을 수행하고, 상품 및 용역거래 등에 수반하는 지급결제기능을 수행한다. 유동성의 보관·공급·창출기능과 지급결제기능은 은행이 수행하는 기본기능이라 할 수 있으며, 이는 시장경제의 원활한 작동에 필수적인 요소라고 할 수 있다. 이러한 유동성 보관·공급 및 창출능력으로 은행은 일반기업과 달리 높은 부채비율을 갖게 되며, 이로 인해 은행이 파산하는 경우에는 금융시장과 국민경제에 막대한 영향을 미치게 된다.

은행이 수행하는 기능의 중요성과 파급효과를 감안하여 은행법에서는 그 지향하는 목적으로서 은행의 건전한 경영, 자금중개기능의 효율성, 예금자 보호 및 신용질서의 유지를 명시하고 있으며, 이를 통해 금융시장의 안정과 국민경제 발전에 기여토록 하고 있다.

이와 관련하여 금융시장의 안정과 국민경제의 발전이 은행법의 상위목적이고 은행의 건전한 경영, 자금중개기능의 효율성, 예금자 보호 및 신용질서 유지 등은 상위목적의 달성을 위한 하위목적으로 해석될 수도 있으나, 은행의 건전한 경영, 자금중개기능의 효율성, 예금자 보호 및 신용질서의 유지 등을 달성함으로써 궁극적으로 금융시장의 안정과 국민경제의 발전에 기여할 수 있게 된다는 의미로 해석되어야 할 것이다. 결국 은행법의 기본목적은 은행의 건전한 경영, 자금중개기능의 효율성, 예금자 보호 및 신용질서의 유지이며, 금융시장의 안정과 국민경제의 발전은 이러한 목적을 달성함으로써 구현되는 최종적인 결과이며 지향점이라 할 수 있다.

3. 은행법상 제목적의 연관성

이들 목적은 나름대로의 의미와 함께 상호 유기적인 연관성을 가지고 있는 바, 그 구체적인 내용은 다음과 같다.

은행은 그 신용에 기초하여 일반으로부터 무담보로 자금을 예탁받아 운용하기 때문에 경영의 건전성이 각별히 요청된다. 만일 은행의 부실한 경영으로 부실화 또는 도산하게 된다면, 예금인출 여부가 불투명해지는 등 예금자에게 불측의 피해를 입힐 수 있고, 해당 은행은 물론 전체 금융시스템에 대한 예금자 및 일반국민의 신뢰가 저하되어 예금인출 사태가 유발됨으로써 금융제도의 안정성이 저해되고, 자금중개기능이 제대로 수행되지 못함에 따라 신용질서가 무너질 우려가 있다. 이러한 점에서 볼 때 은행의 건전한 경영은 은행법에서 추구하는 목적의 하나일 뿐만 아니라 여타 목적인 자금중개기능의 효율화, 예금자 보호와 신용질서 유지의 달성을 위한 기본전제이자 가장 중요한 수단이라고도 할 수 있다.

그리고 은행은 간접자금중개시장(예금시장 및 대출시장)에서 이자율이라는 가격기구의 매개를 통해 자금의 수요자와 공급자간에 유동성을 중개하는 역할을 수행한다. 자금중개기능의 효율성은 개별은행이 건전함은 물론 은행산업 전체의 안정성이 유지되는 가운데 관련 금융시장이 원활하게 작동하는 경우에 한해 달성될 수 있다. 또한, 은행산업 및 관련 금융시장에서 적정한 경쟁이 유지되지 않고는 자금중개기능의 효율성을 달성할 수 없다. 따라서 자금중개기능의 효율성은 은행경영과 은행감독이 시장원리와 경쟁의 원칙에 중점을 두어야 함을 강조하고 있다.

한편, 예금자 보호가 은행법의 목적으로 명시되어 있는 것은 대부분의 예금자, 특히 소액예금자의 경우 정보의 비대칭성 등으로 인하여 은행과 대등한 지위를 지니지 못함에 따라, 예금의 안전성을 스스로 확인할 수 있는 능력이나 수단을 보유하지 못하고 있다는 점에 근거한다. 예금보험제도를 통해 일정 수준의 예금을 보호하고 있으나 예금보험금을 지급하는 상황에 이르게 될 경우, 은행예금 및 은행산업에 대한 신뢰붕괴 등 막대한 부정적 파급효과가 나타날 수 있다. 따라서 예금자를 보호하기 위해서는 은행의 건전성이 전제되어야 하고, 예금자 스스로 선택에 책임을 질 수 있도록 금융소비자 교육과 정보의 투명성이 보장될 수 있도록 노력하여야 한다.

반면에, 신용질서는 은행제도에 대한 일반대중의 신뢰와 합법적 금융거래를 기본으로 성립된다. 은행제도에 대한 신뢰는 개별은행 및 은행산업 전체의 안정성과 효율성이 유지되는 가운데 예금통화의 가치가 안정됨으로써 달성될 수 있다. 합법적 금융거래는 은행 종사자 및 은행 거래자가 주어진 법규와 시장규범을 준수하는 것을 말한다. 따라서 신용질서는 은행 및 그 종사자, 중앙은행, 은행 거래자 및 감독당국자가 사회적으로 합의된 규칙에 따라 성실하게 자기의 임무를 다하는 가운데 달성될 수 있다. 즉, 건전한 신용질서를 유지하는 것은 사회구성원 모두의 책임이며, 특히 은행제도의 뒷받침을 요구한다.

은행법에는 이 조항에서 정하고 있는 목적의 달성을 위한 구체적인 수단이 규정되어 있다. 우선 은행의 건전한 경영을 도모하기 위하여 은행의 업무에 대한 규제 및 경영지도기준을 설정함으로써 은행업의 영위에 따른 위험을 최소화하는 한편, 이의 준수 여부와 관련하여 금융감독원의 검사를 받도록 하는 동시에 은행법의 각 조항을 위반할 경우 제재조치를 받도록 하고 있다. 자금중개기능의 효율성을 제고하기 위해 은행업 영위를 위한 인가제, 부실은행 퇴출을 위한 경영실태평가 및 적기시정조치제도 등을 운영함으로써 적정경쟁이 유지되도록 하고 있다. 그리고 예금자 보호를 위하여는 이러한 은행의 경영건전성 확보장치와 함께 금융거래약관에 대한 규제 및 금융분쟁조정 등 금융소비자 보호장치가 별도로 마련되어 있으며, 은행의 예금지급 불능 등에 대한 조치도 규정되어 있다.

결론적으로 은행이 건전하게 운영되어야 자금중개기능의 효율성, 예금자 보호 및 신용질서 유지도 달성될 수 있다는 점에서 이 조항에서 열거된 목적들은 독립적이라기보다 상호 유기적으로 관련되어 있다고 할 수 있으며, 또한 은행법의 각 조항도 일률적으로 특정 목적만을 위한 수단으로 구분될 수는 없다 하겠다.

Ⅱ. 정의(제2조)

① 이 법에서 사용하는 용어의 정의는 다음과 같다.

1. '은행업'이라 함은 예금의 수입, 유가증권 기타 채무증서의 발행에 의하여 불특정다수인으로부터 채무를 부담함으로써 조달한 자금을 대출하는 것을 업으로 행하는 것을 말한다.
2. '금융기관'이라 함은 은행업을 규칙적·조직적으로 영위하는 한국은행 외의 모든 법인을 말한다.

3. '상업금융업무'라 함은 대부분 요구불예금의 수입에 의하여 조달한 자금을 1년 이내의 기한으로 대출하거나 금융감독위원회가 예금총액을 고려하여 정하는 최고대출한도를 초과하지 아니하는 범위 안에서 1년 이상 3년 이내의 기한으로 대출하는 업무를 말한다.
4. '장기금융업무'라 함은 자본금·적립금 기타 잉여금, 1년 이상의 기한부예금 또는 사채 기타 채권의 발행에 의하여 조달한 자금을 1년을 초과하는 기한으로 대출하는 업무를 말한다.
5. '자기자본'이라 함은 국제결제은행의 기준에 따른 기본자본과 보완자본의 합계액을 말한다.
6. '지급보증'이라 함은 금융기관이 타인의 채무를 보증하거나 인수하는 것을 말한다.
7. '신용공여'라 함은 대출, 지급보증 및 유가증권의 매입(자금지원적 성격의 것에 한한다) 기타 금융거래상의 신용위험을 수반하는 금융기관의 직접·간접적 거래를 말한다.
8. '동일인'이라 함은 본인 및 그와 대통령령이 정하는 특수관계에 있는 자(이하 '특수관계인'이라 한다)를 말한다.
9. '비금융주력자'라 함은 다음 각목의 1에 해당하는 자를 말한다.
   가. 동일인 중 비금융회사(대통령령이 정하는 금융업이 아닌 업종을 영위하는 회사를 말한다. 이하 같다)인 자의 자본총액(대차대조표상 자산총액에서 부채총액을 차감한 금액을 말한다. 이하 같다)의 합계액이 당해 동일인 중 회사인 자의 자본총액의 합계액의 100분의 25 이상인 경우의 당해 동일인
   나. 동일인 중 비금융회사인 자의 자산총액의 합계액이 2조원 이상으로서 대통령령이 정하는 금액 이상인 경우의 당해 동일인
   다. 「자본시장과금융투자업에관한법률」에 따른 투자회사(이하 '투자회사'라 한다)로서 가목 또는 나목의 자가 그 발행주식총수의 100분의 4를 초과하여 주식을 보유(동일인이 자기 또는 타인의 명의로 주식을 소유하거나 계약 등에 의하여 의결권을 가지는 것을 말한다. 이하 같다)하는 경우의 해당 투자회사
10. '대주주'라 함은 다음 각목의 1에 해당하는 자를 말한다.
   가. 금융기관의 주주 1인을 포함한 동일인이 금융기관의 의결권있는 발행주식총수의 100분의 10[전국을 영업구역으로 하지 아니하는 금융기관(이하 '지방금융기관'이라 한다)의 경우에는 100분의 15를 초과하여 주식을 보유하는 경우의 당해 주주 1인

나. 금융기관의 주주 1인을 포함한 동일인이 금융기관(지방금융기관을 제외한다)의 의결권 있는 발행주식총수(제16조의2제2항의 규정에 의하여 의결권을 행사할 수 없는 주식을 제외한다)의 100분의 4를 초과하여 주식을 보유하는 경우로서 당해 동일인이 최대주주이거나 대통령령이 정하는 바에 따라 임원의 임면 등의 방법으로 당해 금융기관의 주요 경영사항에 대하여 사실상 영향력을 행사하는 자인 경우의 당해 주주 1인

② 제1항제5호 및 제7호의 규정에 의한 자기자본 및 신용공여의 구체적 범위에 대하여는 대통령령이 정하는 바에 따라 금융감독위원회가 정한다.

1. 연 혁

이 조는 제11차 개정 당시 신설된 것으로, 그 이전에는 개별적으로 산재하였던 각각의 정의 조항을 모아 놓은 것이다. 당초에는 은행업, 금융기관, 상업금융업무, 장기금융업무, 자기자본, 지급보증에 대한 정의만이 포함되었으나, 제14차 개정시 자기자본의 정의가 바뀌고 신용공여에 대한 정의가 추가됨과 아울러 자기자본과 신용공여의 구체적인 범위를 대통령령이 정하는 바에 따라 금감위가 정하도록 하는 조항이 신설되었으며, 제20차 개정시 동일인, 비금융주력자, 대주주에 대한 정의가 추가된 후 현재에 이르고 있다.

2. 은행업

은행업의 정의에 대해서는 업무내용을 중심으로 하는 방식과 기관을 중심으로 하는 방식이 있다. 전자는 수신업무와 여신업무 및 환업무 등 그 자체를 은행업무로 정의하고, 이러한 업무를 영위하는 회사를 은행으로 정의한다. 반면에 회사를 중심으로 하는 방식은 은행에서 영위하는 업무를 그 내용과 관계없이 은행업무도 정하는 것이다. 은행법에서는 전자의 방식을 취하여 은행업을 수신업무와 여신업무로 이해하고, 이를 바탕으로 예금의 수입, 유가증권 기타 채무 증서의 발행에 의하여 불특정다수인으로부터 채무를 부담함으로써 조달한 자금을 대출하는 것을 업으로 행하는 것이라고 정의하고 있다.

그러나 이러한 규정은 은행업무를 지극히 제한적으로 정의하는 것으로, 은행으로 하여금 이러한 업무만을 영위하도록 강제하는 것이 시장의 자유화 추세와 각종 산업발전 속도에 비추어 타당한가, 그리고 이러한 업무를 영위하

는 상호저축은행이나 새마을금고 등 모든 금융회사를 은행이라고 하고 은행법의 적용을 주장한다면 어떻게 될까 하는 문제가 제기된다.

은행은 수익다변화 및 고객욕구충족 차원에서 여수신업무뿐만 아니라 이와 관련된 각종 업무를 영위하고자 한다. 이러한 점을 감안하여 예금・적금의 수입 또는 유가증권 기타 채무증서에의 발행, 자금의 대출 또는 어음의 할인, 내외국환업무를 고유업무로 정하고 있고(시행령 제18조의2), 겸영업무로서 신탁업무, 신용카드업무, 자산운용회사업무 등을 정하고 있으며(시행령 제18조의3), 부수업무로서 채무의 보증 또는 어음인수, 상호부금, 팩토링, 보호예수, 수납 및 지급대행, 파생금융상품거래 등을 정하고 있다(은행업무중부수업무의범위에관한지침). 이와 같이 은행업무는 계속 확장되고 있어 일률적으로 정의하기 곤란하며, 이러한 업무 중 일부 업무만을 영위하는 회사를 은행이라고 할 수도 없다.

따라서 은행업무를 업무내용을 기준으로 하여 정의하기보다는 은행에서 영위하는 업무를 은행업무라고 정의하는 것이 수월하다. 참고로 은행업과 별개로 금융업에 대해서는 통계법(제17조①)의 규정에 따라 통계청장이 고시하는 한국표준산업분류에 의한 금융 및 보험업으로 정의하고 있다(시행령 제1조의5①).

(1) 수신업무

은행은 은행업을 영위하는 하나의 기업체로서 금융거래를 매개하는 영업기금을 필요로 한다. 이러한 영업기금의 1차적인 것으로서 은행은 자본금 등 자기자본을 보유하며, 이 법에서도 은행의 안정성 확보를 위하여 일정한도 이상의 자본금을 보유하도록 규정하고 있다(제9조). 그러나 은행은 본래 자금의 잉여부문으로부터 자금을 조달하여 이를 자금의 부족부문에 공급하는 자금중개기능을 수행하는 것을 주된 목적으로 하는 법인인 점을 감안할 때, 그 본질상 영업기금조달에 있어 외부자금에 의존할 수밖에 없고 대표적인 자금조달방법이 곧 수신업무이다. 이러한 수신업무라고 하더라도 그 대상이 불특정다수인이어야 하며, 특정 회원만으로 그 범위가 제한되어서는 아니된다.

1) 예금의 수입

외부자금의 조달방법 중에서도 가장 큰 비중을 차지하고 있는 것이 예금의 수입이다. 그 방법으로 예금증서를 발행하거나 예금계좌를 개설하고 있다. 이자지급 등의 반대급부가 문제되나 이자지급이 없다고 하더라도 예금의 성립에는 문제없다.

예금은 자금예수의 형태에 따라 원화예수금, 양도성예금증서, 외화예수금, 역외외화예수금으로 분류하며, 예치기간・이자율・이자계산방법・예치한도・예입자격 등에 따라 요구불예금과 저축성예금으로 나누기도 한다. 그러나 최근에는 기한에 관계없이 입출금이 자유로운 예금과 기한의 제한을 받는 예금으로 구분하기도 한다. 은행은 반드시 모든 종류의 예금거래를 영위하여야 하는 것이 아니며, 일부의 예금만을 수입하는 경우에도 은행으로서의 요건을 상실하는 것은 아니다.

예금계약의 법적 성질은 예금의 종류에 따라 반드시 동일한 것이라고 볼 수 없겠으나, 일반적으로 금전의 소비임치계약(민법 제702조)이라는 것이 통설・판례의 입장이다. 다만 정기적금의 경우 적금가입의 합의만으로 계약이 성립하는 낙성계약이고, 월부금의 입금을 지연하거나 아니한 경우에도 은행은 지급청구권을 행사하지 못하는 유상편무계약적 성질을 가진 무명계약이라고 하나, 이 역시 은행이 영위할 수 있는 은행업무로 예금업무와 동일한 것임에는 틀림이 없다.

2) 유가증권 기타 채무증서의 발행

(가) 유가증권

유가증권이란 재산적 가치가 있는 사권이 표창되어 있는 증권으로서, 그 권리의 행사를 위하여 증권의 소지를 필요로 하는 것이며, 은행에서 발행할 수 있는 유가증권으로는 사채 또는 각종 금융채권을 들 수 있다.

일반은행의 경우 상업금융업무를 영위하기 위하여 상법에서 정하는 범위내(제469조~제516조의10)에서 자유롭게 1년 미만의 단기사채 또는 채권을 발행할 수 있으나, 예금수입에 의한 자금조달이 허용되고 있기 때문에 그 필요성이 별로 없어 해외에서 외화표시 단기어음을 발행한 예를 제외하고는 현재까지 발행한 예가 없다.

한편, 은행은 장기금융업무를 영위하기 위하여 자기자본의 3배 범위 내에서 상환기간 1년 이상의 사채, 전환사채, 신주인수권부사채 기타 이에 준하는 사채(이하 '금융채'라 한다)를 발행할 수 있다(시행령 제19조①). 특히 은행은 외국환은행으로서 미화 5천만 달러를 초과하는 외화자금을 상환기간 1년을 초과하는 조건으로 차입(외화증권 발행을 포함한다)하는 경우에도 재경부장관에게 신고하여야 한다(외국환거래규정 제2-5조).

(나) 기타 채무증서

기타 채무증서로는 양도성예금증서를 들 수 있는데, 이것 역시 불특정다수인으로부터의 금전(자금) 획득과 이로 인한 금전지급채무의 부담이라는 점에서 예금, 유가증권과 동일한 기능을 갖고 있으며, 실제로도 예금의 범주에 포함시키고 있다.

3) 불특정다수인

은행은 불특정다수인으로부터 채무를 부담함으로써 자금을 획득한다. 이는 불특정다수인이 은행에 대하여 채권자가 된다는 것을 의미한다. 여기서 불특정다수인이라 함은 거래의 상대방이 법률이나 규정 또는 정관 등에 의해 특정되지 않은 2인 이상을 의미한다. 따라서 특정 조합원만을 대상으로 업무를 영위하는 신용협동조합이나 새마을금고 등은 은행의 범위에 포함되지 않는다.

한편, 은행은 각종 타인자본조달 방법 모두를 취급하여야 하는 것은 아니고, 어느 것 하나만을 영위하여 자금을 조달하더라도 무방하다. 예를 들어, 국내자본시장에서 사채를 발행하여 조성된 자금으로 대출업무를 수행하는 것은 본조 제1호에 규정된 은행업무에 해당하는 것이므로, 특별법에서 예외적으로 허용하는 경우를 제외하고는 은행법에 따라 금감위의 설립인가를 받은 은행만이 이를 취급할 수 있다.

(2) 여신업무

은행은 전술한 수신업무로 취득한 자금을 운용하여야 하는데, 운용방법 중의 하나가 여신업무이고 여신업무 중에서 가장 주요한 업무가 대출이다. 대출이라 함은 은행이 일정기간 후의 상환을 약정하고 자금의 수요자에게 자금을 융통하여 주는 행위로서, 대출의 종류 역시 대출방법, 자금종류 등에 따라 여러 가지로 구분할 수 있으나, 예금의 수입에서와 마찬가지로 반드시 모든 종류의 대출업무를 영위하여야만 은행으로 인정되는 것은 아니다. 다만, 여·

수신업무 중 그 일방만을 영위하는 경우는 은행이라 하지 아니하고 여신전문회사 등으로 관리하고 있다.

대출 등 여신활동은 은행의 수익성 또는 건전성과 직결되는 가장 중요한 영업활동으로 예금자 보호, 국민경제에의 원활한 자금공급, 그 밖에 신용질서 유지 등의 문제와 관련하여 공공성이 크게 요청되는 부분이다. 따라서 은행법은 많은 조문에 걸쳐 이에 대한 금지, 제한 등 규제를 가하여 은행 자금운용의 건전화를 도모하고 있다.

현재 우리나라 은행이 취급하고 있는 여신거래의 종류 및 그 법적 성격은 다음과 같다.

여신거래의 종류 및 법적 성격

여신거래의 종류		법적 성격
고유업무 (자금공여 수반)	어음대출	금전소비대차계약
	증서대출	〃
	어음할인	유가증권매매계약
	당좌대출	위임 및 준소비대차 혼합계약
	콜론	금전소비대차계약
부수업무 (자금공여 불수반)	지급보증	위임계약
	유가증권 대여	유가증권임대차, 위임계약

3. 금융기관

은행법상 금융기관은 은행을 지칭하는 용어이며, 은행업을 규칙적・조직적으로 영위하는 한국은행을 제외한 모든 법인으로 정의된다. '규칙적'이라 함은 은행업무를 계속적・반복적으로 취급하는 것으로, 어떤 법인이 일시적・우발적으로 이러한 업무를 취급하더라도 은행이라 할 수 없다. 계속적의 의미에 대해서는 상대적 개념으로 논란의 여지가 있겠으나, 획일적으로 정하기보다는 거래관행과 영업환경 등을 종합적으로 고려하여 합리적으로 판단하여야 할 것이다. '조직적'이라 함은 영업을 위한 상인적인 설비와 경영조직을 갖춘 경우를 말한다. 즉, 기업경영자 및 기업보조자 등 인적설비는 물론 자본금, 영업소, 상호, 상업장부 등 물적 설비를 갖추고서 일반적으로 대규모의 영업을 영위하는 경우를 말한다.

은행은 '법인'이어야 하므로(제4조) 개인이 은행업을 영위하는 경우 이를 은행으로 볼 수 없음은 당연하며, 법인의 형태로 은행업을 영위하는 상호저축은행, 증권회사, 보험회사 등 비은행회사는 상호저축은행법(제36조①) 등 관련 법에서 은행법의 적용을 배제하고 있기 때문에 은행으로 보지 아니하고 있다.

4. 상업금융업무

상업금융업무는 대부분 요구불예금의 수입에 의하여 조달한 자금을 1년 이내의 기한으로 대출하거나 금감위가 예금총액을 고려하여 정하는 최고대출한도를 초과하지 아니하는 범위 안에서 1년 이상 3년 이내의 기한으로 대출하는 업무를 말한다.

상업금융의 자금은 대부분이 '요구불예금'인 '단기성예금'이어야 한다. 법에 "대부분"이라 한 것은 엄격히 요구불예금에 국한하는 의미가 아님을 표시한 것으로, 이 조 제1항제4호에서 1년 이상의 기한부예금 등을 장기금융업무의 자금원으로 하고 있는 점에 비추어 볼 때, 요구불예금 외의 1년 미만의 저축성예금도 포함된다는 의미로 해석될 수 있다. 또한, 1년 이상의 기한부예금에 의한 장기자금을 가지고 1년 이내의 단기대출로 운용하는 것도 예금지급이나 유동성 확보에 지장을 초래하지 않기 때문에 별다른 무리는 없을 것이라고 판단된다.

여기서 1년을 초과하는 기한으로 대출하는 업무 중 금감위가 예금총액을 고려하여 정한 최고대출한도 범위 내에서 3년 이내를 기한으로 대출하는 업무는 상업금융업무에 해당하는 것으로 정의하고 있으나, 금감위가 별도로 최고대출한도를 정하고 있지 않으므로 현실적으로는 1년을 초과하는 기한으로 대출하는 업무는 모두 장기금융업무에 해당되는 것으로 볼 수 있다. 그러나 이 법 제31조의 규정에 따라 은행은 상업금융업무와 장기금융업무를 겸영할 수 있고 기간연장 및 대환 등의 방식으로 사실상의 대출기간이 1년을 초과하고 있으며 구분계리도 하지 않고 있으므로 상업금융업무와 장기금융업무를 구분할 실익이 없는 것으로 판단된다.

5. 장기금융업무

장기금융업무는 자본금・적립금・기타 잉여금, 1년 이상의 기한부예금 또는 사채 기타 채권의 발행에 의하여 조달한 자금을 1년을 초과하는 기한으로 대출하는 업무를 말한다.

장기금융의 자금은 1년 이상의 장기의 예금 또는 자본금, 채권발행 등 안정적으로 운용할 수 있는 자금을 말하며, 은행은 이를 1년을 초과하는 개발금융, 산업금융 등 장기금융의 재원으로 활용할 수 있다. 장・단기자금운용을 그 조달원인 장・단기자금원천과 결부시키는 것은 은행의 유동성을 확보하고 자금의 조달 및 운용에 균형을 기하기 위함이라는 취지로 해석된다. 단기의 예금을 장기금융으로 운용할 경우 자산의 유동성이 저해되어 예금지급에 지장을 초래할 우려가 있기 때문이다. 따라서 장기금융 제공을 목적으로 설립된 특수은행과 달리 상업은행에 대해서는 장기금융업무 취급을 제한할 목적으로 상업금융과 장기금융을 구분한 것으로 볼 수 있다. 그러나 금융시장이 발달되고 은행의 리스크관리기법이 향상됨과 아울러 유동화 및 증권화 수단을 이용한 유동성 리스크관리가 용이해짐에 따라 그 구분의 필요성이 소멸된 것으로 이해할 수 있다고 하더라도, 자본금・적립금・기타 잉여금, 1년 이상의 기한부예금 또는 사채 기타 채권의 발행에 의하여 조달된 자금은 1년을 초과하는 기한으로 운용하여야 할 것이다.

6. 자기자본

은행은 고객의 예금 등으로 조달한 자금의 운용을 업으로 한다는 점에서 위험자산의 취득은 곧 고객의 위험과 직결되며, 이 때 자기자본은 예금자 등 은행 채권자에 대한 최종적인 보증자금으로서의 기능을 수행한다. 이에 따라 각 국의 감독당국은 자기자본의 충실화를 도모하기 위해 여러 가지 제도를 운용하고 있다. 즉 최저 납입자본금 제한, 위험가중자산에 대한 자기자본비율과 같이 직접적인 자기자본 보유의무를 부과하기도 하고, 반대로 유가증권 투자한도, 동일차주 신용공여한도 등과 같이 보유 자기자본을 기준으로 위험의 인수를 일정한 범위 내로 제한하기도 한다. 어느 경우나 접근방법을 달리할 뿐 자기자본의 기능에는 차이가 없다.

통상 자기자본이라 함은 타인자본에 대응되는 개념으로, 회계적 관점에서 본다면 순자산과 같은 개념에 해당한다. 즉 회계적 관점에서 자기자본은 '자본금과 적립금 기타 잉여금의 합계액'으로 표현할 수 있으며, 제14차 개정 이전까지는 은행법상의 자기자본도 이와 동일하게 규정하고 있었다. 그러나 현재는 자기자본을 기본자본과 보완자본의 합계액으로 규정하고 있으며, 그 구체적인 범위는 국제결제은행 기준에 따른다고 명시하고 있다. 국제결제은행은 주식자본금(보통주 및 비누적적 영구 우선주)과 공표된 준비금을 핵심적인 기본자본(Core capital 또는 Tier1)이라고 정하고 있는 점을 고려할 때 기본자본의 특성이라면 영구적 · 비누적적인 손실흡수 능력이라고 할 수 있다. 또한 보완자본(Supplementary capital 또는 Tier2)이라 함은 손실흡수 능력면에서 기본자본에 미치지는 못하지만 일정한 손실흡수 능력이 인정되는 자본조달 수단으로, 국제결제은행은 구체적인 금융상품 또는 회계항목을 나열하고 있다.

은행법 시행령(제1조의2)에서는 이러한 국제결제은행 기준을 감안하여 기본자본은 자본금, 내부유보금 등 은행의 실질순자산으로서 영구적 성격을 지닌 것으로 정의하고 있고, 보완자본은 후순위채권 등 기본자본에 준하는 성격의 자본으로서 은행의 영업활동에서 발생하는 손실을 보전할 수 있는 것으로 정의하고 있으며, 구체적인 구성항목과 산출기준은 금감위가 정하도록 위임하고 있다. 이에 따라 자기자본의 세부적인 구성항목과 한도 등 구체적인 산출기준은 은행업감독규정(이하 '감독규정'. 제2조 및 제26조②)과 은행업감독업무시행세칙(이하 '시행세칙'. 제17조)에서 정하고 있다. 즉 기본자본은 자본금(누적적 우선주 및 상환우선주 제외), 자본잉여금(재평가적립금 제외), 이익잉여금, 자본조정중 미교부주식배당금, 자본금에 준하는 경제적 기능을 가진 신종자본증권 등이 이에 속하고, 보완자본에는 재평가적립금, 자본조정중 매도가능증권 평가이익 및 지분법 적용 투자주식평가이익의 45/100 상당액, 자산건전성분류결과 정상 및 요주의로 분류된 자산에 대하여 적립된 대손충당금, 영구후순위채권, 누적적 우선주 등 부채성 자본조달 수단에 의하여 조달한 자금, 상환기간 5년 이상의 상환우선주 등이 이에 속한다. 특히 기본자본이나 보완자본에 해당된다고 하더라도 영업권상당액, 이연법인세차, 주식할인발행차금 등은 각각 공제한다.

7. 지급보증

(1) 의 의

일반적으로 은행의 지급보증이라 함은 은행이 타인의 채무를 보증하거나 인수하는 것으로, 은행이 거래처의 의뢰에 따라 동 거래처가 채권자에게 현재 부담하고 있는 채무(확정채무)나 장래에 부담하게 될지도 모르는 채무 즉, 불확정채무의 이행은 보증하는 것이다. 보증채무는 주채무의 존재를 전제로 하는 것이므로, 주채무가 존재하지 않으면 보증채무 역시 성립하지 않는다. 따라서 지급보증의 법률관계는 주채무자인 거래처가 은행에 보증을 의뢰하고, 은행이 이를 승낙하는 보증위임계약과 이 위임계약에 따라 은행이 채권자와 별도로 체결하는 보증계약으로 구성된다. 은행은 이러한 보증행위에 의해서 보증 상대방에 대해서는 보증채무를 부담하게 되는 한편, 보증의뢰인 즉 거래처에 대해서는 구상권을 취득하게 된다. 따라서 보증의뢰인이 채무를 이행하게 되면 은행의 보증채무는 즉시 소멸되지만, 보증의뢰인이 기일 내에 이행하지 않으면 보증 상대방에 대해 보증채무를 이행해야 되고 그 대금은 지급보증 대지급금으로 계상하게 된다.

(2) 종 류

지급보증은 그 형식에 따라 지급보증서에 의한 보증, 어음보증과 보증서를 발행하지 않는 의무위임계약에 의한 포괄보증 등으로 구분된다. 그러나 이 중 은행에서 취급하는 지급보증은 원칙적으로 지급보증서의 발급에 의하되, 신용장 개설, 환어음의 인수 또는 보증, 약속어음의 보증에 의할 수도 있다.

1) 지급보증서의 발급

지급보증을 위하여 지급보증서를 발급하는 경우에는 지급보증서에 최소한 지급을 보증한다는 문언, 피보증인 성명, 보증금액, 보증기일, 피보증인의 지급채무의 내용, 유통・양도 또는 질권설정 등을 금지한다는 문서, 용도 외의 유용시의 보증의무면책조건의 명시, 채권자명 등에 관한 사항이 기재되어야 한다.

2) 신용장

신용장(Letter of Credit; L/C)이란 그 명칭의 여하에 불구하고 신용장 개설의뢰인의 요청과 지시에 따라 은행이 신용장에서 요구하는 서류의 제시가 있고 제시된 서류가 신용장조건을 충족하는 경우 직접 지급, 인수 또는 매입을 하거나 간접적으로 지급, 인수 또는 매입을 하겠다는 것을 약정하는 증서이다. 신용장도 광의의 지급보증서라 할 수 있는 바, 국제관례 및 국제상관습에 따라 제정된 「신용장통일규칙」에 따라 처리된다.

3) 환어음의 인수

신용장이나 차관계약조건에 따라 발행된 환어음을 은행이 인수함으로써 개설은행이 환어음의 지급채무자가 되는 것이다.

4) 약속어음의 보증

약속어음의 보증은 어음면이나 또는 보전에 보증 또는 이와 동일한 뜻을 내포하는 문언을 표시하고 은행이 기명 날인함으로써 이루어진다(어음법 제77조③ 및 제31조 참조). 특히, 차관의 경우에 있어서 금융기관의 대외지급보증은 대체로 차주가 발행하는 약속어음에 보증을 하는 형식을 취하는 경우가 많은데, 이 경우 대외지급보증은행은 우선 차주가 발행하는 약속어음을 보증하겠다는 내용이 있는 차관계약에 보증인의 자격으로 서명하고, 동 계약에 따라 차주가 발행하는 약속어음에 보증을 함으로써 대외지급보증채무를 부담하게 된다.

8. 신용공여

신용공여라는 개념은 종전의 여신이라는 개념이 확대된 것으로, 바젤은행감독위원회(감독준칙)나 유럽연합(EU) 또는 미국 등의 경우에는 부외거래를 포함하여 신용위험을 유발하는 모든 자산을 포함하도록 되어 있다. 그러나 신용공여한도제 도입 이전에 시행되었던 여신한도제의 경우는 대출한도와 지급보증한도로 구분하고, 1980년대 이후 국내기업의 주요 자금조달 방식인 CP, 회사채, 매입외환 등이나 역외외화대출금 등 해외부문의 여신도 한도산정대상에서 제외되었고, 신탁업법에 따라 신탁계정에서 취급된 각종 여신도 여전히 한도산정대상에서 제외되는 등 여신한도제의 대상을 제한적으로 운용하여 1997

년 말에 발생한 IMF 금융위기의 주요한 원인 중에 하나라고 지적되기도 하였다. 이에 따라 정부는 여신한도제를 국제기준(International Best Practice)에 맞춰 개편하기로 IMF와 합의하고, 신용공여 개념을 도입하였다.

(1) 신용공여의 범위

법상 신용공여는 대출, 지급보증 및 유가증권의 매입 기타 금융거래상의 신용위험을 수반하는 은행의 직·간접거래로 정의되고 있으나 그 범위가 매우 포괄적이다. 특히 유가증권의 경우에는 자금지원적 성격으로 제한하고 있는 바, 이는 주식 및 채권 등 모든 유가증권을 포함할 경우 한도관리대상이 일시에 확대되어 은행 및 기업의 경영활동이 지나치게 위축될 우려가 있었기 때문이다. 시행령에서는 신용공여의 범위를 보다 구체적으로 명시하고 있다. 즉 신용공여의 범위를 대출, 지급보증 및 지급보증대지급금, 어음 및 채권의 매입, 기타 거래상대방의 지급불능시 이로 인하여 은행에 손실을 초래할 수 있는 거래뿐만 아니라, 은행이 직접적으로 거래한 것은 아니나 실질적으로 그에 해당하는 결과를 가져올 수 있는 거래까지 포함하고 있다(시행령 제1조의3①).

그러나 이러한 정의만으로는 실무상 적용하기 곤란하므로 그 세부적인 사항은 금감위가 정하도록 위임하였는데, 이는 금융상품이 지속적으로 다양해지는 상황에서 시장상황을 고려하여 한도관리대상을 탄력적으로 규제하기 위한 것이다. 이에 따라 금감위는 현재 신용공여의 세부적인 범위를 규정(제3조)상의 〈별표2〉로 정하여 운용하고 있다. 그 내용을 살펴보면 은행이 취급하는 은행계정, 신탁계정, 종금계정을 모두 포괄하고 있으며, 각 계정별로는 대차대조표 난내자산을 대출채권, 유가증권, 기타 자산으로 구분한 후 소분류 과목을 열거하고, 난외자산에는 확정지급보증 이외에 미확정지급보증 및 대출약정도 포함되어 있다.

(2) 신용공여 범위의 제외

이 법에서는 원칙적으로 신용위험을 수반하는 모든 거래를 신용공여에 포함하도록 규정하고 있으나, 시행령에서 거래의 성격 또는 금융시장의 상황 등을 감안하여 금감위로 하여금 신용공여의 범위에서 제외할 수 있도록 제한적인 범위 내에서 운용상의 탄력성을 부여하고 있다. 이에 해당하는 거래로는 은행에 손실을 초래할 가능성이 극히 적은 것으로 판단되는 거래와 금융시장에 미치는 영향 등 당해 거래의 상황에 비추어 신용공여의 범위에 포함시키지 아니하는 것이 타당하다고 판단되는 거래이다(시행령 제1조의3②). 전자에 해당되는 거래로는 '위험가중자산에 대한 자기자본비율 산출기준'상 위험가중치가 0%, 10% 또는 20%인 자산으로 OECD 국가의 정부 또는 중앙은행에 대한 채권 및 보증채권, OECD 이외의 국가의 정부 또는 중앙은행에 대한 현지통화채권, OECD 국가의 은행에 대한 채권 또는 보증채권 등이 해당된다. 그러나 금융기관의 자회사 및 자은행에 대해서는 내부관계에 있는 점을 감안하여 이러한 예외조항의 적용을 배제하고 있다. 또한, 신탁계정의 경우에는 원본 또는 이익보전약정이 있는 계정에서 보유한 자산에 한해서 신용공여의 범위에 포함토록 하였는 바, 이는 이러한 약정이 없는 여타 신탁계정의 경우 손실이 발생하더라도 금융기관이 이를 부담하지 않아도 되는 점을 고려한 것이다. 한편, 수출입은행의 경우에는 수출신용기관으로서 일반 상업금융기관이 부담하기 어려운 거래를 취급할 필요가 있다는 설립취지를 고려하여 여타 금융기관에 비해 신용공여의 범위를 다소 완화하여 적용하고 있다. 즉 S&P, Moody's, Fitch IBCA 등 국제전문신용평가기관으로부터 투자적격평가등급을 받은 금융기관에 대한 신용공여, 수출용 원자재 등을 양도담보로 취득한 신용공여 중 양도담보금액의 80% 해당 금액, 수출대금에 대해 양도담보를 취득한 신용공여 등을 신용공여의 범위에서 제외하고 있다. 후자의 예로는 새로운 신용공여의 개념이 실제 적용되었던 2000년 이후 3년간의 경과기간중에 2001년 7월부터 2002년 말까지 최초 매입일로부터 6개월 이내에 만기도래한 D/A를 신용공여의 범위에서 한시적으로 제외한 경우가 있고, 또 다른 예로 2003년 1월부터 신용공여의 범위에 추가된 투자목적으로 취득한 공모사채를 들 수 있다.[2)]

2) 1999년에 발생한 대우사태 이후 회사채 시장이 불안정하여 공모사채를 신용공여의 범위에 포함시킬 경우 시장불안 가중 및 기업금융의 과도한 위축 등의 부작용이 예상됨에 따라 새로운 신용공여한도규제 도입시 곧바로 이를 신용공여의 범위에 포함시키지 않고 한동안 유예하였던 것이다.

9. 동일인

(1) 정 의

'동일인'이라 함은 본인 및 그와 대통령령에 정하는 특수관계에 있는 자(특수관계인)를 말한다. 사실적 지배관계를 반영하기 위하여 독점규제및공정거래에관한법률(이하 '독점규제법'이라 한다)상의 동일인 개념에 접근시켰다.

그러나 은행법상의 '동일인'은 독점규제법상의 '동일인'과 구분할 필요가 있다. 독점규제법에서의 동일인은 자연인 또는 법인인 주주 1인인 당사자를 의미하고, 동일인을 기준으로 그와 일정한 관계에 있는 자를 특수관계인으로 규정하고 있는데 반해, 은행법상의 동일인은 주주 1인 및 그의 특수관계인을 모두 합친 것으로 정의하고 있다. 즉, 은행법상의 본인은 독점규제법상의 동일인을 의미하고 은행법상의 동일인은 독점규제법상의 동일인 및 특수관계인을 모두 포함하는 개념이라고 하겠다.

(2) 특수관계인

1) 의 의

본인(자연인 또는 법인)과 일정한 관계에 있는 자를 의미한다. 은행의 소유구조와 관련하여 특수관계인은 일반적으로 은행을 소유・지배하는 자와 특별한 관계에 있는 개인 또는 법인을 모두 포괄한다.

2) 특수관계인의 범위(시행령 제1조의4)

(가) 배우자・8촌 이내의 혈족 및 4촌 이내의 인척

배우자・혈족・인척・촌수의 관계는 민법에 따른다. 여기서 사실상의 배우자가 친족의 범위에 포함되는지 여부에 대해서는 논란의 여지가 있으나, 동일인 규제도입의 목적이 특정한 개인의 경영지배 방지 및 편중여신 억제라는 점이나 본인과의 관계 등을 고려할 때 실질적인 의사지배 및 연락 가능성이 있는 경우에는 포함시키는 것이 타당하다. 반면에, 독점규제법 시행령(제3조의2①제2호 가.목의 규정)에 따라 독립경영자와 공정거래위원회로부터 동일인관련자의 범위로부터의 분리를 인정받는 자는 제외된다.

(나) 본인, 배우자·8촌 이내의 혈족 및 4촌 이내의 인척 또는 이들에게 고용된 자가 임원의 과반수를 차지하거나, 이들이 의결권 있는 발행주식총수의 100분의 30 이상을 소유하고 있거나, 최다수 주식소유자로서 경영에 참여하고 있는 회사와 100분의 50 이상을 출연하였거나, 이들 중의 1인이 설립자로 되어 있는 비영리법인·조합 또는 단체

여기서 출자란 사업을 경영하기 위한 자금으로서 금전, 기타 재산, 노무 또는 신용을 법인 또는 조합에 제공하는 행위를 말하며, 출연이라 함은 어떤 자가 그 의사에 의하여 자기의 재산을 감소시키고 타인의 재산을 증가하게 하는 효과를 발생시키는 행위를 말한다.

(다) 본인, 배우자·8촌 이내의 혈족 및 4촌 이내의 인척 또는 이들에게 고용된 자, 앞에서 언급한 비영리법인·조합 또는 단체가 의결권 있는 발행주식총수(지분을 포함한다. 이하 같다)의 100분의 30 이상을 소유하고 있거나 이들이 최다수 주식소유자로서 경영에 참여하고 있는 회사

(라) 본인, 앞에서 언급한 비영리법인·조합·단체나 발행주식 총수의 100분의 30 이상을 소유하는 자와 이들이 최다수 주식소유자로서 경영에 참여하고 있는 회사에게 고용된 자. 특히 사용자가 법인·조합 또는 단체인 경우에는 임원을 말하고, 개인인 경우에는 상업사용인, 고용계약에 의하여 고용된 자 또는 그 개인의 금전이나 재산에 의하여 생계를 유지하는 자를 말한다.

(마) 본인 및 앞에서 언급한 자가 의결권있는 발행주식총수이 100분의 30 이상을 소유하고 있거나 이들이 최다수 주식소유자로서 경영에 참여하고 있는 회사

(바) 본인이 독점규제법(제2조제2호)의 규정에 의한 기업집단(이하 '기업집단')을 지배하는 자(이하 '계열주')인 경우에 그가 지배하는 기업집단에 속하는 회사(계열주가 단독으로 또는 독점규제법 시행령 제3조제1호 각목의 1, 제2호 각목의 1에 해당하는 관계에 있는 자와 합하여 동조 제1호 및 제2호 본문의 요건에 해당하는 외국법인을 포함) 및 그 회사의 임원

(사) 본인이 계열주와 본인, 배우자·8촌 이내의 혈족 및 4촌 이내의 인척 또는 이들에게 고용된 자와 관계에 있는 자이거나 계열주가 지배하는 기업

집단에 속하는 회사의 임원인 경우에 그 계열주가 지배하는 기업집단에 속하는 회사 및 그 회사의 임원

(아) 본인이 기업집단에 속하는 회사인 경우에 그 회사와 같은 기업집단에 속하는 회사 및 그 회사의 임원

(자) 본인 또는 앞에서 언급한 자와 합의 또는 계약 등에 의하여 은행의 발행주식에 대한 의결권(의결권행사를 지시할 수 있는 권한을 포함한다)을 공동으로 행사하는 자

2002년 8월 시행령(제1조의4)에 동일인의 범위에 대한 규정이 신설됨에 따라 특수관계인의 개념이 확장되어 계약 등에 의하여 은행에 대한 의결권을 공동으로 행사하는 자들도 동일인에 해당하게 됨으로써, 계약 등에 의한 의결권의 공동행사는 동일인의 지분보유의 차원에서 규율되어 의결권을 공동행사하는 자들 각자가 아니라 그들 전체로 구성되는 집단 전체가 의결권을 공동행사하는 수량에 상당하는 지분을 보유하는 것으로 간주하게 되었다.

이 때 공동행사라는 것이 어떠한 의미인지가 문제될 수 있다. 예를 들어, 주주들 사이에 정기적으로 협의회 등을 개최하여 주주총회 결의사항을 포함한 중요현안에 대하여 토의하고, 의결권행사 방안에 대하여 법적 구속력을 부여하지 아니하는 경우 의결권의 공동행사에 해당되는지가 문제될 수 있다.

또한, 각각의 동일인들이 은행법상 각자에게 허용된 한도 내에서 은행주식을 취득한 이후 은행의 경영에 영향력을 행사하기 위하여 자신들 중 일부를 선정하여 이들(혹은 1인)에게 자신의 의결권까지 함께 행사하도록 하는 경우도 의결권의 공동행사에 포함되는지가 문제된다. 이러한 경우는 의결권을 위임받은 자의 입장에서는 의결권을 위임받은 한도에서 타인의 지분까지 보유하는 것이 되지만, 의결권을 위임하는 자 쪽에서는 위임받는 사람이 본래 가지고 있던 고유지분에 대한 의결권에 대하여 아무런 권한이 없기 때문에 위임하는 자 쪽에서는 공동으로 보유하는 것으로 해석하기가 곤란할 것이다. 즉 위임받는 자는 위임하는 자의 지분까지 보유하는 것이 되지만, 위임하는 자는 여전히 자기지분만을 보유하는 것으로서, 위임하는 자와 위임받는 자는 공동보유의 관계가 아닌 위임받는 자만의 편면적인 보유관계가 성립하게 될 것이다.

10. 비금융주력자

(1) 비금융주력자 개념의 도입취지

제20차 개정으로 동일인이 소유할 수 있는 은행주식의 한도를 4/100에서 10/100으로 확대하면서 산업자본의 금융지배를 방지하기 위하여 비금융주력자라는 개념이 도입되었고, 은행주식의 보유한도가 더욱 엄격하게 제한되었다. 즉, 비금융주력자인 경우에는 은행주식보유한도가 원칙적으로 4/100이며, 의결권제한의 조건으로 금감위의 승인을 얻어야만 4/100를 초과하여 은행주식을 보유할 수 있고, 10/100를 초과하여 보유하려면 일반 동일인과 달리 특별한 사유가 있는 경우에만 금감위의 승인을 얻어 보유할 수 있다. 이에 대하여는 제3장 IV. 비금융주력자의 주식보유 제한 등(제16조의2)을 참고하기 바란다.

(2) 정 의

비금융주력자는 동일인 중 비금융회사인 자의 자본총액(대차대조표상 자산총액에서 부채총액을 차감한 금액)의 합계액이 당해 동일인 중 회사인 자의 자본총액의 합계액의 25/100 이상인 경우이다. 여기서 비금융회사란 금융업이 아닌 업종을 영위하는 회사를 말하는 바, 이 때 금융업의 범위는 시행령 제1조의5제1항에 규정되어 있다. 즉, 통계법 제17조제1항의 규정에 따라 통계청장이 고시하는 한국표준산업분류에 의한 금융 및 보험업(이하 '금융업'), 금융업을 영위하는 회사에 대한 전산・정보처리 등 용역의 제공, 금융업을 영위하는 회사가 보유한 부동산 기타 자산의 관리 및 금융업과 관련된 조사・연구의 업무를 말한다. 그러나 이러한 기준은 국내산업을 기준으로 한 분류로 다른 나라에 까지 이를 적용하기에는 많은 어려움이 있다.

둘째로 둘 수 있는 비금융주력자는 동일인 중 비금융회사인 자의 자산총액의 합계액이 2조원 이상인 경우이다(시행령 제1조의5②). 글로벌화・대형화 추세에 맞춰 기업들의 자산규모가 증대해짐을 감안하여 비금융회사의 판단기준이 되는 2조원도 상향조정할 필요가 있다.

셋째, 「자본시장과금융투자업에관한법률」에 따른 투자회사로서 위 두 항목에 해당하는 자가 그 발행주식총수의 100분의 4를 초과하여 주식을 보유하는 경우.

여기서 비금융주력자에 관한 조항이 외국인에게도 적용되는지가 문제된다. 제20차 개정 이전에는 외국인의 경우 금감위의 승인이 없이도 은행주식을 10/100까지 보유할 수 있었던 것에 비해 외국인에 대한 규제가 일정부분 강화된 것이라는 점에서 비판적 견해도 있지만, 외국인에게 적용되지 않는다는 명시적인 규정이 없고, 국내 산업자본의 금융기관 지배제한 원칙은 외국의 산업자본에 대해서도 적용하는 것이 바람직하다는 점에서 볼 때 외국인에게도 적용된다고 보는 것이 타당하다. 특히, 자산이나 자본총액을 산정함에 있어서는 행정관청이나 회계법인에서 확인한 대차대조표상의 자산이나 자본을 기준으로 하여야 할 것이다. 만일 자국내 법률 등을 이유로 대차대조표 등의 제출을 거부하는 경우에는 승인국가의 주권을 이유로 대주주 자격인정행위를 거부하는 것이 바람직하나, 당해 국가의 주무관청의 확인서로 이를 갈음하는 방안도 고려해 봄직하다.

11. 대주주

(1) 정 의

제20차 개정 당시 동일인의 은행 주식보유한도를 확대하는 대신, 은행의 대주주에 의한 사금고화를 방지하기 위해 은행의 대주주에 대한 신용공여제한을 강화하고, 은행으로 하여금 일정 금액을 초과하여 당해 은행의 대주주가 발행한 주식을 취득할 수 없도록 하는 등 은행과 대주주간의 거래에 대한 감독을 강화하기 위하여 도입되었다.

이 법상 대주주라 함은 은행의 의결권있는 주식총수의 10/100을 초과하여 보유하는 동일인(지방은행의 경우는 15/100)이나 은행의 의결권있는 주식총수의 4/100를 초과하여 보유하는 동일인으로서 최대주주 또는 임원의 임면 등의 방법으로 당해 은행의 주요 경영사항에 대하여 사실상 영향력을 행사하는 주주 1인을 말한다. 여기서 사실상 영향력을 행사하는 의미에 대하여는 시행령 제1조의6에서 규정하고 있는데, 단독으로 또는 다른 주주와의 합의 또는 계약 등에 의하여 은행장 또는 이사의 과반수 이상을 선임한 주주이거나, 경영전략·조직변경 등 주요 의사결정이나 업무집행에 지배적인 영향력을 행사한다고 인정되는 자로서 금감위가 지정한 자를 말한다.

금감위 또는 금감원장은 은행 및 그 주주에 대하여 당해 은행의 주주가 사실상 영향력을 행사하는지 여부를 확인하는데 필요한 자료의 제출을 요구할 수 있다(감독규정 제16조).

(2) 은행의 대주주 현황 파악

은행은 그 주주가 대주주에 해당하는 것(사실적인 영향력을 행사하는 경우)으로 판단되는 경우 지체없이 그 사실을 금감원장에게 보고하여야 한다(시행세칙 제11조③). 금감원장은 경영전략, 조직변경 등 주요 의사결정이나 업무집행에 지배적인 영향력을 행사한다고 인정되는 자로서 금감위가 지정한 자가 있는 경우에는 이를 당해 주주 및 당해 은행에 통보한다(시행세칙 제11조④). 은행은 대주주 현황 및 그 변동내용을 컴퓨터 통신을 이용한 공시 등을 통하여 다른 은행이 알 수 있도록 하여야 한다(시행세칙 제11조⑤).

(3) 대주주에 대한 감독

대주주에 대하여는 신용공여한도제한(제35조의2), 대주주가 발행한 주식의 취득제한(제35조의3), 대주주의 부당한 영향력행사의 금지(제35조의4), 대주주에 대한 자료제출요구(제35조의5①), 대주주에 대한 금감위의 거래제한(제35조의5③) 등의 규제를 하고 있다. 이에 대하여는 후술한다.

Ⅲ. 적용법규(제3조)

① 대한민국 내에 있는 모든 금융기관은 이 법·한국은행법·금융감독기구의설치등에관한법률 및 이에 의하여 발하는 규정 및 명령에 의하여 운영되어야 한다.
② 이 법 및 한국은행법은 상법 기타 법령에 우선하여 적용한다.

1. 연 혁

이 조는 제정 당시 제1조에 규정되었으나 제6차 개정 당시 제1조의2로 이관된 후, 제11차 개정시 금융감독기구의설치등에관한법률(이하 '감독기구설치법'이라 한다)이 추가되어 현재에 이르고 있다.

2. 적용대상 법규

은행은 법인이므로(제4조) 자연인과 같이 권리를 가지고 의무를 부담할 수 있는 권리능력을 갖는다. 그러나 이러한 일반적인 권리능력을 가진 은행이라도 신체에 관한 권리나 친족법상의 권리 등 자연인적 특성을 전제로 하는 권리를 가질 수 없는 법인이라는 특성에서 오는 제한을 받음을 물론, 법률에 의하여 인격이 부여된 것이므로 설립과 관련된 상법과 민법, 그리고 은행업영위 인가와 관련된 은행법에 의해 제한을 받는다.

특히 적용대상이 모든 은행으로 규정하고 있으므로 은행업의 전부를 영위하든 일부를 영위하든 관계없이 이 법의 적용을 받도록 하고 있다. 따라서 이법은 은행업을 영위하는 은행에 적용되는 가장 근간이 되는 법률임을 천명하고 있다. 이는 곧 은행에 해당된다고 하더라도 다른 법률에 따라 이 법의 적용을 배제할 수 있다는 것을 의미한다.

아울러 이 조에서는 은행법과 함께 한국은행법 및 감독기구설치법을 은행 운영에 관한 규제법으로 정하고 있다. 한국은행법은 우리나라의 중앙은행법으로서 동법 제1조에 명시되어 있는 통화신용정책의 수립과 집행을 통한 물가안정 도모를 한국은행의 설립목적으로 하고 있고, 이의 실현을 위하여 최고의사결정기관인 금융통화위원회를 설치하여 은행의 예금과 예금지급준비, 은행에 대한 대출 등 은행을 대상으로 하는 통화·신용에 관한 광범위한 업무를 담당하기 때문에 은행 운영에 관한 규제법으로 삼고 있다. 감독기구설치법 역시 금융회사에 대한 감독업무를 수행하는 금감위와 금융감독원의 설치에 관한 기본적인 사항을 정하고 있고 있기 때문에 규제근거법으로 열거되고 있다.

그 밖에 은행에 적용되는 법률로는 예금자보호법, 금융산업의구조개선에 관한법률, 기업구조조정촉진법, 주식회사의외부감사에관한법률 및 이들 법률에 따른 법규가 있고, 금감위가 정하는 규정이나 세칙이 이에 속한다. 여기서 금감위가 규정을 제정·개정하는 경우에는 규정안의 취지 및 내용 등을 문서나 인터넷 홈페이지에의 게시 등의 방법으로 사전에 예고하여야 한다(금감위규정제·개정등의사전예고운영준칙).

또한 금감위나 금감원은 이들 법규에서 정하는 업무를 수행하기 위하여 은행에 대하여 임의적 협력에 기초하여 작위 또는 부작위를 요청하는 지도,

권고, 지시, 협조요청 등의 행정지도방식을 주로 채택하고 있다. 특히 행정지도의 경우라고 하더라도 행정지도를 하는 자의 신분을 밝히고 문서로써 하여야 하며, 그 내용을 전산에 등록하여야 한다(금감위의 행정지도운영규칙 참고). 그러나 이러한 금감원의 은행에 대한 감독수단으로서 어떤 지시를 하거나 검사하는 등의 행위는 그 자체만으로 국민의 권리・의무나 법률관계에 직접적인 변동을 가져오는 것이라고 할 수 없다. 따라서 은행에 대한 감독권을 행사하여 달라는 국민의 요구에 대하여 이를 거부하는 결정은 행정소송의 대상이 되는 행정처분이 아니라고 한다.[3]

3. 적용대상 은행의 범위

(1) 은행법에 따라 은행업 영위 인가를 받은 금융기관

1) 시중은행 및 지방은행

이법에 따라 은행업 영위 인가를 받은 은행은 당연히 이 법의 적용대상이다. 당초에는 영업범위에 따라 전국을 영업구역으로 하는 시중은행과 특정지역만을 영업구역으로 하는 지방은행으로 구분하였으나, 최소자본금과 대주주의 지분보유한도를 제외하고는 영업범위 등에 있어 별다른 차이가 없기 때문에 구분할 실익이 없다. 또한, 이들 은행은 상법상의 주식회사[4]이고 금감위로부터 은행업 영위를 인가받아야 한다(제8조①).

은행법에 따라 은행업 영위를 인가받은 금융기관으로는 2007년 11월 현재 우리・SCB제일・하나・외환・국민・신한・한국씨티은행 등 7개 시중은행과 대구・부산・광주・제주・전북・경남 등 6개 지방은행이 있다.

2) 외국은행 국내지점

대한민국 이외의 국가의 법령에 따라 설립되어 은행업을 영위하는 외국금융기관이 대한민국 내에서 은행업을 영위하기 위하여 지점 또는 대리점을

---

3) 대법원 1982.7.27.선고 82누231판결 참고.

4) 은행법에서는 시중은행 및 지방은행이 상법상의 주식회사로서 설립되어야 한다는 명시적인 규정을 두고 있지 않다. 그러나 은행법은 시중은행 및 지방은행이 주식회사로 설립되는 것을 전제로 하여 동일인 주식보유한도(제15조), 소수주주권(제17조), 사외이사제도(제22조), 감사위원회제도(제23조의2) 등을 규정하고 있다.

신설하고자 할 때에는 지점 또는 대리점마다 금감위의 인가를 받아야 하며(제58조①), 금감위의 인가를 받은 외국금융기관의 지점 또는 대리점은 은행법에 따라 금융기관으로 보기 때문에(제59조①) 은행법의 적용대상 금융기관에 포함된다.

3) 국내은행 국외지점 및 현지법인 금융기관

국내은행이 외국에서 은행업을 영위하는 방식은 은행법의 규정에 따라 금감위와의 협의를 거쳐 지점을 설치하는 방식과 자회사 주식취득에 따라 국외 현지법인 금융기관을 설립하거나 인수하여 운영하는 방식이 있다.

국내은행 국외지점의 경우 지점에서의 거래의 효과는 영업의 주체인 본점에 귀속된다는 본·지점에 관한 상법의 일반원칙과 지점의 상호에는 본점과의 종속관계를 표시하여야 한다는 상법규정(제21조②)의 취지에 비추어 볼 때 은행법의 적용대상에 포함된다고 할 수 있다. 다만, 지점 설치시 소재지 국가의 법률에 따른 인·허가, 등록 등을 거치는 등 지점 소재지법의 적용을 받으므로, 구체적인 영업활동에 있어 우리나라의 관련법규와 소재지법이 다를 때에는 원칙적으로 소재지법이 우선 적용된다는 점과 본·지점간의 관계 및 금융감독 당국에 의한 검사 필요성 등을 고려할 때 양법이 동시에 적용된다고 할 수 있다.

그러면 국내은행이 소재지국가의 관련법규에 따라 설립한 현지법인인 금융기관에 대하여도 은행법이 적용되는가. 이에 대하여는 현지법인 금융기관의 설립허가 및 감독권이 금융감독 당국에 귀속되어 있다는 점, 현지법인 금융기관의 부실의 책임이 대주주이며 모은행인 국내 금융기관에 귀속된다는 점, 대부분의 현지법인의 경우 그 법적 형태와는 달리 국내은행 국외지점과 별다른 차이가 없다는 점 등을 이유로 은행법의 적용대상에 포함된다는 주장이 있을 수 있다. 그러나 은행법에서 대한민국 내에 있는 금융기관이라고 명시되어 있고, 현지법인 금융기관은 소재지국가의 법률에 따라 설립되고 소재지법이 적용된다는 점 등을 고려하여 볼 때, 국외 현지법인인 금융기관에 대하여는 은행법이 적용되지 않는다고 보아야 할 것이다. 다만, 금융감독원장은 현지법인 금융기관에 대해 외국환거래법에 따라 검사를 실시할 수 있다(동법 제20조③ 및 시행령 제33조, 외국환거래규정 제10-7조② 참조). 그러나 외국환거래법에 의한 검사는 외국환거래법규의 적용대상이 되는 거래에 한정되는 것으로 보아야 할 것이며, 현지법인은행이 소재지국가의 법규에 따라 행하는 거래로서 외국환거래법의 적용대상이 아닌 거래는 검사대상이 아닌 것으로 보아야 할 것이다.

(2) 특별법에 의하여 설립된 금융기관

1) 특수은행

특별한 금융정책적 목적을 갖고 제정된 특별법에 따라 설립·운영되는 한국산업은행이나 중소기업은행, 한국수출입은행 등 특수은행의 경우 각각의 설립근거법에서 은행법의 적용을 제한하는 규정을 두고 있고, 각각의 설립근거법이 우선하여 적용된다는 취지를 천명하고 있기 때문에, 각각의 설립근거법과 은행법이 상충될 경우에는 설립근거법이 우선 적용되겠으나, 특수은행 역시 은행법(제2조)에서 정한 은행업을 영위하고 있기 때문에 각각의 설립근거법과 상충되지 아니하는 범위 내에서 은행법이 적용된다고 할 수 있다.

한편, 정부는 1998년 4/4분기 IMF와의 정책협의시 일반은행에 적용되는 건전성감독기준을 특수은행의 특성을 감안하여 이들 기관에도 적용하기로 합의한 바 있으며, 이를 위해 농업협동조합법, 수산업협동조합법, 한국산업은행법·중소기업은행법·한국수출입은행법 시행령을 개정하였으며, 금감위는 이들 법령의 개정에 따라 특수은행에 대한 건전성감독을 수행하기 위해 감독에 필요한 기준과 절차를 정하여 운용하고 있다.

2) 농업협동조합중앙회 및 수산업협동조합중앙회의 신용사업 부문

농협중앙회 및 수협중앙회의 신용사업 부문은 각각 은행법에 의한 은행업무를 영위하고 있으며(농협법 제134조① iv: 수협법 제132조① iii), 은행법(제5조)에서는 농협중앙회 및 수협중앙회의 신용사업 부문을 하나의 금융기관의 간주하고 있다. 따라서 농협중앙회 및 수협중앙회는 신용사업 부문에 한하여 은행법의 적용을 받게 된다.

4. 적용의 우선순위

은행법 및 한국은행법은 상법 기타 법령의 규정에 우선하여 은행에 대하여 적용된다. 즉, 은행법과 한국은행법은 상법 기타 법령에 대한 특별법적 성격을 갖는다. 은행법 및 한국은행법의 규정에 따라 금감위 또는 금융통화위원회가 발하는 명령, 규정도 동 법률들의 위임이나 동 법률의 시행을 위한 것이므로, 상법 등 기타 법령의 규정에 우선하여 적용된다.5)

여기서 문제되는 것은 감독기구설치법에 따라 정하는 규정 등의 우선순위이다. 제2항의 규정에서는 우선 적용대상에서 감독기구설치법이 제외되어 논란의 소지가 있으나, 이는 입법상의 흠결로 추후 보완이 필요하며, 감독기구설치법에 따라 정하는 규정 등도 상법 기타 법령에 우선하여 적용된다고 보아야 할 것이다.

Ⅳ. 법인(제4조)

법인이 아니면 은행업을 영위할 수 없다.

1. 연 혁

이 조는 제정 당시 제2조에 "대한민국 내에서 영업하는 외국금융기관의 지점・대리점 이외의 금융기관은 상법 또는 특수법이 정하는 바에 의하여 법인으로 설립되어야 한다"라고 규정된 후, 제7차 개정시 "대한민국 내에 있는 모든 금융기관은 상법 또는 당해 금융기관에 관한 해당 법률이 정하는 바에 의하여 법인으로 설립되어야 한다"라고 변경되었으며, 제11차 개정시 제4조로 이관되고 내용도 현재와 같이 변경되어 현재에 이르고 있다.

2. 은행업 영위 주체의 제한 - 주식회사로서의 은행

은행업은 상법상의 '수신・여신・환 기타의 금융거래'(상법 제46조제8호)에

5) 제11차 개정 이전에는 은행법 및 한국은행법에 의거하여 발하는 명령, 규정도 상법 기타 법령에 우선하여 적용하도록 규정하고 있었다. 그러나 '법률'이란 명령에 우선하는 것이므로 법률에 특별히 이러한 규정을 두지 않을 때에는 법률인 상법 등이 은행법에 기하여 발하는 명령 등에 우선하는 것이 원칙이다. 반면에 일반적으로 명령이나 규칙은 그 근거가 되는 법률의 명백한 위임에 기하거나 그 법률의 시행을 위한 것이므로, 다른 법률과의 적용상의 우열을 다툴 수 있는 여지가 없는 것이다. 따라서 구 은행법은 이러한 의미에서 당연한 진리를 규정한 것으로 볼 수 있다. 이에 따라 제11차 개정 당시 현재와 같이 법률간의 우열관계만을 규정하게 되었다.

해당되므로, 이를 업무로 영위하는 경우에는 기본적 상행위에 해당되며, 이를 영위하는 자는 당연상인(상법 제4조)이 된다. 따라서 상법상으로 상인자격이 있는 자는 은행업을 영위할 수 있는 주체가 될 수 있다. 그러나 은행법에서는 이에 대한 예외로서 자연인에 의한 은행업 영위를 배제하고 있다. 즉, 법인에 대하여만 은행업 영위 주체로 인정하고 있다. 따라서 자연인이 은행업을 영위하는 경우에는 은행법에 저촉된다고 할 수 있다.

한편, 은행법에서는 은행이 법인일 것을 요구하고 주식회사일 것을 요구하지 않으므로,[6] 주식회사 이외의 형태, 즉 합명회사, 합자회사, 유한회사 등 어느 것에 따르더라도 무방하다는 견해가 있을 수 있다. 그러나 동일인의 금융기관 주식보유한도[7]를 설정(제15조)하고 있고, 소수주주권에 대한 특례를 규정(제17조)하고 있으며, 금융기관의 이사회에 사외이사후보추천위원회・감사위원회를 설치[8](제22조, 제23조의2)하고 있고, 사채(금융채) 발행에 관한 특례[9]를 두고 있으며, 분할・분할합병[10]에 대한 인가를 규정(제55조)하고 있는 점 등을 고려해 볼 때 주식회사 형태를 전제로 하고 있다고 해석하는 것이 합리적이라 하겠다.

3. 일반은행의 설립

우리나라 상업은행으로서의 시중은행이나 지방은행은 모두 상법상의 주식회사로서 설립되고 있으므로 사법상의 영리기업임은 물론이다. 그러나 일반영리기업이 일정한 법적 요건을 구비함으로써 당연히 설립하는 준칙주의를 취하고 있는 반면, 은행은 이와는 별도로 금감위의 인가를 얻어야만 비로소 은행업을 영위할 수 있는 인가주의에 따라 설립된다고 하겠다.

---

6) 일본의 경우 은행은 주식회사일 것을 요구하고 있다(일본 은행법 제5조①).

7) 은행법 제2조제1항제10호에서 대주주의 정의를 규정하고 있으며, 제15조 내지 제16조의4에서는 주식, 주식보유한도, 최대주주, 한도초과보유주주 등의 용어를 사용하고 있다.

8) 사외이사후보추천위원회 및 감사위원회는 상법상 주식회사의 이사회 내에 설치되는 위원회이다(상법 제393조의2, 제415조의2①)

9) 상법은 주식회사에 한하여 사채(회사채) 발행을 허용하고 있다(상법 제469조).

10) 현행 상법은 분할・분할합병의 주체가 될 수 있는 회사를 주식회사로 한정하고 있다(상법은 분할・분할합병에 관한 규정을 회사편 통칙에 두지 않고, 주식회사의 합병에 관한 규정 다음에 규정함으로써 주식회사에만 인정하고 있다).

4. 특수은행의 설립

한국산업은행, 중소기업은행, 한국수출입은행은 각각 해당 특별법에 따라 법인으로서 설립되었기 때문에 특허주의에 입각하여 설립된 법인이다. 과거 장기신용은행의 경우 금감위의 추천을 받고 재정경제부장관의 인가[11]를 받아 설립되므로(장기신용은행법 제4조), 특정 법인의 설립을 목적으로 하는 법률이 제정되는 특허주의와는 그 성격이 다르다고 할 것이다.

한편, 농협중앙회, 수협중앙회는 각각 농협법, 수협법이라는 특별법에 따라 설립되고, 설립에 있어 주무관청의 인가를 얻어야 하기 때문에(농협법 제121조: 수협법 제158조, 제16조), 특허주의와 더불어 허가주의가 가미되어 있다고 할 수 있다. 이 경우 '조합'이라는 명칭을 사용하고 있으나 독립된 권리주체로 인정되지 아니하는 민법상의 조합(민법 제703~724조)과는 달리 특별법상의 '法人'이라는 점에 유의하여야 한다.

〈참고〉 회사의 설립 및 사회적 책임에 관한 고찰

1. 회사의 설립

(1) 법인의 의의와 속성

현행법상 회사는 모두 법인으로 되어 있다(상법 제171조①). 법인이란 자연인 이외의 권리·의무의 주체를 말한다. 법인의 속성으로서는 i) 법인의 명의로 권리의무의 주체가 되고, ii) 법인 자체의 명의로 소송당사자가 되며, iii) 법인의 재산에 대하여는 법인 자체에 대한 채무명의에 의해서만 강제집행을 할 수 있고, iv) 법인의 재산은 법인의 구성원(사원)의 개인적 채권자에 의한 강제집행의 대상이 되지 않고, 법인 자체의 채권자의 배타적 책임재산이 되며, v) 법인의 채권에 대하여는 법인 자체의 재산만이 책임재산이 되고, 법인의 구성원의 재산은 법인의 책임재산이 되지 않는다는 점 등이다. 그러나 이러한 법인으로서의 속성은 조합적 요소가 짙은 합명회사나 합자회사에서는 희박하고 주식회사에서 가장 뚜렷하다.

11) 1999. 5. 24. 정부조직법 부칙에 따라 개정된 은행법 등 금융관계법률에서는 설립 인허가권을 재정경제부장관에서 금감위로 이관하였으나, 장기신용은행법은 개정되지 않았다. 이는 동법에 의해 설립되었던 한국장기신용은행이 1999. 1 .4. 舊국민은행으로 흡수·합병된 후에는 동법에 의해 설립된 장기신용은행이 없었기 때문에 제외되었던 것으로 생각된다.

(2) 회사의 설립행위

회사의 설립이라 함은 회사라는 하나의 단체를 형성하여 그것이 법률상의 인격체로서 존재하기에 이르는 절차를 말한다. 그것은 정관의 작성에서 시작하여 여러 가지 인적·물적 요건의 정비절차를 거쳐서 설립등기를 함으로써 완료된다.

이 설립과정은 회사의 종류에 따라 다른데, 합명회사와 합자회사의 경우에는 정관의 작성에 의하여 사원이 될 자가 확정되고 법인격을 부여할 기초가 되는 회사의 실체가 정하여지므로 그 설립절차는 비교적 간단하며, 유한회사의 설립도 이에 가깝다. 이에 반하여 사원(주주)의 수가 많고 출자의무의 확정이 중요시되는 주식회사의 경우에는(특히, 모집설립의 경우) 정관작성에서 시작하여 주주의 모집, 주식의 청약, 주금납입, 창립총회를 거쳐서 설립등기에 이르는 복잡한 단계를 거치게 된다.

회사의 설립절차 가운데 중요한 부분은 사원이 될 자의 법률행위에 따라 이루어지므로, 그 부분을 설립행위라 한다. 회사설립행위의 법적 성질에 관하여는 계약설, 단독행위설, 합동행위설 등의 학설이 있으나, 설립행위는 새로운 단체의 창설이라는 단일·공동의 목적을 향하여 행하여지는 복수의 의사표시의 합치에 따라 이루어지므로 합동행위로 보아야 할 것이다.[12]

(3) 설립에 관한 입법주의

회사가 설립된 때에는 제3자와의 사이에 거래관계를 가지게 되고 공익상의 이해관계도 적지 않으므로, 국가는 정책적인 견지에서 회사의 설립에 대하여 어느 정도의 간섭을 하게 된다. 그러나 이에 관한 입법주의는 자유설립주의, 특허주의, 면허주의 또는 허가주의를 거쳐서 준칙주의에 이르고 있다. 준칙주의시대는 다시 단순준칙주의, 엄격준칙주의로 구분하는 입장도 있다.

자유설립주의는 법인설립의 자유를 인정하여 법인설립에 아무런 제한을 가하지 아니하는 주의이며, 일정한 복수인이 일정한 목적을 위해 결합하여 어떠한 사단적 규칙을 가지면 된다. 대부분의 국가에서 처음에는 이 주의를 취하였으나, 투기를 목적으로 한 남설이 심하였으므로 특허주의를 취하게 되었다. 특허주의는 군주 또는 국가로부터 입법적으로 一法人, 一會社마다 설립의 특권이 부여되는 주의이다. 이것은 너무 불편하므로 이미 오래 전부터 별로 이용되지 않고 있으나 특수회사의 경우에만 이 주의에 의하는 수가 있다. 우리나라에서는 특별법상의 회사설립에 있어 이 주의를 따르고 있다.

아울러 면허주의 또는 허가주의는 회사에 관한 일반법규가 있으며, 이것에 따라서 一法人마다 행정처분에 의하여 설립을 인가하는 주의이다. 이것은 또 사회

12) 최기원, 상법학원론, 박영사, 2005. 279면.

사정이 복잡한데 대하여 관료적 심사로는 충분한 실효를 얻기 어렵고 지연되기만 함으로써 경제계의 수요에 응할 수 없어 특수한 회사를 제외하고는 이용되지 않는다.

마지막으로 準則主義는 법률로써 일정한 요건을 정하고 그 요건에 적합한 것은 당연히 법인격을 취득하는 주의이며, 이 경우에는 비록 등기를 법인격 취득의 요건으로 하여도 등기공무원은 오로지 설립절차를 적법하게 거쳤는지 여부를 심사하는데 그치고, 따로이 설립허가 여부를 결정할 권한을 가지는 것이 아니다. 이전에는 그 요건과 설립의 책임에 관한 자세한 규정이 없어 폐단이 생겼으나(단순준칙주의), 근래에는 그 요건을 다소 엄격하게 하고 발기인 등의 책임을 가중하였다(엄격준칙주의). 이 엄격준칙주의는 다른 각 주의에서의 남설의 폐단이나, 지나치게 번잡, 불편하거나 하는 따위의 결함이 없으므로 오늘날 대다수의 국가에서 채용하고 있으며, 우리 상법도 이 주의를 취하고 있다.

이와 같이 상법은 회사설립에 있어서 엄격준칙주의를 취하여 설립절차가 법률상의 일정한 요건에 따르기만 하면 법인격을 취득하게 되므로, 회사마다 행정처분에 의하여 회사의 설립을 인가하는 면허주의에 비하여 그 설립 자체는 용이하다. 그러나 특정 영업을 전제로 하는 회사의 경우에는 각종 특별법령에 따라 영업허가제(예: 은행법, 신탁업, 보험업 등)를 취하고 있다.

2. 회사의 사회적 책임

회사는 경영에 필요한 자금을 사회로부터 조달하고, 상품 공급 등의 대가로서 수익을 사회로부터 얻음으로써 이윤이 생기게 된다. 이러한 면에서 특히 규모가 큰 주식회사에 있어서는 그 공공성과 더불어 사회성을 인정할 수 있으며, 동시에 사회적 책임을 고려하여야 한다. 사회적 책임에는 도덕적·윤리적 책임과 법적 책임이 있다.

회사의 사회적 책임에 관한 논의는 1930년대에 미국에서 아돌프 버얼리(Adolf A. Berle) 교수와 메릭 더드(Edwin Merrick Dodd) 교수 사이의 유명한 논쟁을 계기로 불붙기 시작하여 오늘날까지 계속되고 있다. 미국 법학계의 귀재였던 버얼리 교수는 「신탁된 권한으로서의 회사의 권한」이라는 논문에서, 회사 이사의 권한은 그 구성원인 주주들의 이익을 보호하기 위하여 신탁된 권한이므로 언제나 주주의 지수에 비례한 이익만을 위하여 행사되어야 한다는 견해를 표명하였다. 이에 대하여 더드 교수는 「회사의 경영진은 누구를 위한 수탁자인가」라는 논문에서 주식회사는 사회적 책임을 느껴야 하며, 이를 위하여는 회사의 경영진(이사)에게 이러한 요청에 따라 행동할 수 있는 법적 자유가 어느 정도 보장되어야 한다고 주장하였다. 이에 대하여 다시 버얼리 교수는 동일한 제목의 논문을 통하여 역사적으로 또 법률적으로 회사의 경영진은 그 구성원의 이익을 위하여 회사를 경영하도록 요구되어 왔으며, 주식회사의 유일한 목적은 그 주주들을 위하여 이윤을 추구하는 것이라는 견해를 강력히 옹호하였다. 이 두 학자 사이의 논쟁은 버얼리 교수가 1954년에 펴낸 『20세기 자본주의혁명』이라는 책자에서 일응 더드 교수의 승리를 인정함으로써 일단락되었다.

이 문제는 많은 경영진들에 의하여도 자주 거론되었다. 그들은 자기들이 단순히 이윤을 창조하는 임무를 가진 주주의 시녀에 그치지 않고, 인생에서 더 고귀한 기능을 가지고 있다고 생각함으로써 스스로 만족을 느꼈던 것이다. 이들 경영진 중에서 '스탠다드 오일'회사의 이사회장이었던 프랭크 에이브람스(Frank W. Abrams)의 말이 가장 자주 인용된다. 그는 회사의 경영진은 직접적인 이해관계를 가지는 여러 집단 즉, 주주, 종업원, 고객 및 일반대중의 요청 사이에 공평하고 원활한 균형을 유지할 수 있는 방법으로 회사의 업무를 집행하지 않으면 안된다고 역설하였던 것이다.

회사의 사회적 책임과 관련하여 국제기준으로 UN국제협약(UN Global Compact, 1999. 1),[13] UNEP 금융기관선언(UN Enviornmental Program, 1992. 2),[14] 적도원칙(Equator Principles 2003. 6)[15] 등이 있고, 사회적 책임에 대한 평가 및 공시관련 기준으로는 국제표준화기구(International Standards Organization; ISO)의 CSR표준안 등이 있다. 미국의 경우 지역재투자법(Commuity Reinvestment Act; CRA) 및 지역개발금융기관기금(Community Development Financial Institutions Fund)[16]제도가 있으며, 우리나라의 경우는 중소기업의무대출비율제도와 신

13) 1999년 1월, UN이 세계인권포럼에서 제창한 원칙으로, 인권, 노동, 환경, 반부패 등 4부문 10개 항목에 걸쳐 기업의 사회적 책임을 규정하고 있으며, 2006년 9월 현재 87개국 2,400여개의 기업이 참여하고 있고, 우리나라에서는 2006년 3월 우리은행이 가입하였다.

14) 1992년 브라질 리우정상회의에서 지속가능한 발전이 채택된 것을 계기로, 도이치뱅크, UBS 등 선진 금융기관이 제안해 설립된 유엔환경계획의 산하조직으로, 금융기관은 경제발전과 사회발전의 조화, 환경보호 등 지속가능한 발전에 기여할 사회적 책임이 있다는 UN 환경프로그램 금융기관선언이며, 가입 금융기관은 단순한 재무적 경영활동에서 벗어나 경제, 환경, 사회적 책임 등 모든 비재무적 요소까지 고려한 경영활동을 표방하고 있다. 2006년 3월 현재 전세계 250개 금융기관이 참여하고 있으며, 국내에서는 국민(2004. 4.), 우리(2004. 4.), 수출입(2005. 9.), 대구(2006. 9.) 은행 등이 참여하고 있다.

15) 1천만달러 이상의 Project Financial에 대한 사회적·환경적 영향평가에 따른 선별적 투자원칙을 정한 금융기관간의 자율협약을 말한다. 적도원칙을 채택하는 은행에 대출을 신청하려면 환경영향평가 등 여러 가지 조건을 이행하여야 하고, 적도원칙의 이행상황 및 성과를 매년 보고하여야 한다. 2006년 9월 현재 씨티그룹, HSBC, SCB 등 16개국 36개 대형은행이 참여하고 있으며, 국내은행은 없다.

16) 리글법(Riegle Community Development and Regulatory Improvement Act of 1994)에 따라 정부에서 출자한 기금으로, 지역개발금융기관(Community Development Financial Institutions;

용회복지원제도가 있고, 상법상으로도 주식회사의 감사제도를 보다 엄격하게 하여 주주권의 행사와 관련된 이익공여를 금지하는 내용의 조항을 신설하였을 뿐만 아니라 회사의 해산명령(제176조), 주식회사 이사의 제3자에 대한 책임(제401조) 및 휴면회사의 해산(제520조의2) 등이 좋은 예라고 할 수 있다.

Ⅴ. 농업협동조합중앙회 등에 대한 특례(제5조)

농업협동조합중앙회 및 수산업협동조합중앙회의 신용사업부문은 이를 하나의 금융기관으로 본다.

이 조는 제정 당시 제3조제2항에 "대한금융조합연합회와 그 회원인 금융조합은 1개의 금융기관으로 본다"라고 규정된 후, 제1차 개정시 "농업협동조합중앙회와 그 회원인 농업협동조합 및 수산업협동조합중앙회와 그 회원인 수산업협동조합의 신용사업 부문은 1개의 금융기관으로 본다"로 변경된 후, 제6차 개정시 농업협동조합이 삭제되고 축산업협동조합중앙회가 추가되었으며, 제11차 개정시 제5조로 이관된 후 제16차 개정 당시 축산업협동조합중앙회가 삭제되고, 제18차 개정 당시 수산업협동조합이 삭제되어 현재에 이르고 있다.

농협중앙회와 수협중앙회는 농협법과 수협법에 따라 회원조합[17]을 회원으로 하여 설립된 법인이다(농협법 제4조, 제115조; 수협법 제4조, 제118조). 농·수협중앙회의 업무는 크게 경제사업과 신용사업으로 구분할 수 있으며, 신용사업은 회원조합뿐만 아니라 불특정다수인을 대상으로 영위하고 있다. 이러한 신용사업에는 은행법에 의한 은행업무가 포함되어 있기 때문에(농협법 제134조: 수협법 제138조) 이 조에서는 농·수협중앙회의 신용사업 부문을 하나의 금융기관으로 간주하고 있는 것이다.

CDFI)에 자금을 지원하는 CDFI 프로그램과 제도권 금융회사의 낙후지역 투자에 대하여 보조금을 지원하는 은행활동지원 프로그램을 운영하며, 동 프로그램은 지원을 신청한 CDFI의 사업계획에 대한 정성적 평가, 지역발전에 대한 영향 및 성격, 경영진의 경험 및 배경 등을 심사하여 지원대상인 공인 CDFI를 선정한다.

17) 농협중앙회의 회원은 지역조합·품목조합 및 품목조합연합회이며(농협법 제115조①), 수협중앙회의 회원은 지구별수산업협동조합·업종별수산업협동조합 및 수산물가공수산업협동조합이다(수협법 제109조).

이 조에 의하여 금융기관으로 간주되는 것은 농·수협중앙회(법인) 전체가 아니라 신용사업 부문이므로, 이 조는 법인만이 금융기관이 될 수 있도록 규정하고 있는 제4조에 대한 특별규정이다. 또한 농·수협중앙회의 지부 또는 지점은 은행업무를 영위하더라도 이는 신용사업 부문의 일부에 불과하므로, 그 각각이 별개의 금융기관이 되는 것은 아니며 전체로서 '하나'의 금융기관으로 간주된다. 따라서 신용사업 부문은 다른 부문과 구분하여 계리하는 등의 차단벽을 설치하여야 할 것이다.

여기서 문제되는 것은 회원조합의 금융기관성 여부이다. 종전 은행법(제3조②)에서는 농업협동조합 및 수산업협동조합에 대하여 하나의 금융기관으로 본다고 규정하고 있었다. 이들 협동조합의 경우에는 예금 및 적금업무와 대출업무 등을 영위(농협법 제57조)하되 조합원만을 상대로 하고 있어 불특정다수인을 상대로 영업할 것을 요구하는 은행업의 구성요건을 충족하지 않음을 이유로 이 조 규정에서 삭제하여 은행법상의 금융기관에 해당되지 아니한다고 하고 있으나, 이들 협동조합의 회원이 되는 것에 사실상 제한이 없어 불특정다수인을 상대로 한다고 하더라도 별다른 무리가 없다는 점을 감안할 때 포함시키는 것이 타당하다. 다만, 포함시킨다고 하더라도 농협중앙회와 그 회원인 농업협동조합은 그들의 신용사업에 관한 법률관계에 있어 동일인격으로 보아야 하는 것은 아니다.[18]

Ⅵ. 보험사업자 등(제6조)

> 보험사업자와 상호저축은행업무 또는 신탁업무만을 영위하는 회사는 이를 금융기관으로 보지 아니한다.

이 조는 제정 당시 제4조에 "보험회사와 무진회사 또는 신탁업무만을 영위하는 회사는 본법에서 금융기관으로 간주하지 아니한다. 단 한국은행 감독부장이 요구하는 때에는 그 업무에 관한 정기보고서를 제출하여야 한다"라고 규정한 후, 제4차 개정시 '무진회사'가 '상호신용금고 업무'로, '간주하지 아니

18) 대법원 1970.4.28.선고 70다349판결.

한다'가 '보지 아니한다'로 변경되었으며, 제11차 개정 당시 제6조로 이관되고 단서 조항도 삭제된 후 현재에 이르고 있다.

상호저축은행이나 신탁회사의 경우는 이 법에 정하는 금융기관과 유사한 업무를 영위하고 있기 때문에 은행법을 적용하는 것이 원칙이다. 그러나 이들 회사 업무의 특성과 담당부처의 기능 등을 고려하여 은행법이 아닌 개별법의 적용을 받고 있고, 이들은 은행과 구분하여 감독하는 것이 효율적임을 이유로 금융기관으로 보지 아니한다는 것을 천명하고 있다.

그러나 금융업무의 다각화, 다양화, 통합화 추세에 따라 이들 업무를 은행업무와 구분하는 것이 용이하지 않고, 통합적으로 규제·감독하는 세계적인 추세에서 볼 때도 현재와 같이 구분하는 것이 효율적인지에 대해서는 재고할 필요성이 크다. 특히 상호저축은행의 경우 예금·적금을 수입하고 동 자금을 대출하는 법인이므로, 그 실질이 제2조에서 정하는 은행에 해당됨에도 불구하고 업무범위 및 영업구역이 제한된 서민금융기관으로서의 특성을 고려하여 은행법의 적용을 배제하고 있으나 향후 통합하는 것이 바람직하다. 여기서 이들 회사를 금융기관으로 보지 아니한다는 의미는 이 법의 적용을 배제한다는 것으로, 다른 법률에서 금융기관으로 보고 규제하는 것을 배제하는 것은 아니다.

Ⅷ. 금융기관 해당 여부의 결정(제7조)

① 법인이 금융기관에 해당하는지의 여부는 금융감독위원회가 결정한다.
② 금융감독위원회는 제1항의 규정에 의한 결정을 위하여 필요한 때에는 당해 법인에 대하여 장부와 기타 서류의 제출을 요구할 수 있다.

1. 연혁 및 제정 취지

(1) 연 혁

이 조는 제정 당시 제5조에 "① 법인으로서 본법의 정한 금융기관으로 간주함에 의문이 생한 때에는 한국은행 감독부장이 결정한다. ② 전항의 결정을 하기 위하여 한국은행 감독부장은 당해 법인에 대하여 장부와 기타 기록문서의 제출을 요구할 수 있다"라고 규정되었고, 제2차 개정 당시 '감독부장'이 '은행감독원장'으로 변경되었다가, 제11차 개정시 제7조로 이관되고 '한국은행 은행감독원장'이 '재정경제원장관'으로 변경되었으며, 제13차와 제15차 개정시 재정경제원장관 → 재정경제부장관 → 금융감독위원회로 각각 변경된 후 현재에 이르고 있다.

(2) 제정 취지

이 조는 어느 법인이 금융감독 당국의 인가없이 은행업무를 취급하고 있는 경우 이를 은행법상의 금융기관으로 보아야 할 것인지 여부를 가능한 한 빠른 시일 내에 금감위로 하여금 결정하도록 하여 금융질서의 혼란을 예방하고 피해를 최소화하기 위해 규정되어 있다. 이에 더하여 금융기관이 아닌 일반법인이나 개인에 대해서 자료를 요구할 수 있는 권한을 부여하고 있다.

특히, 당초의 인가내용과 다른 업무를 영위하는 경우 금융기관에 해당되는지 여부도 매우 중요한 문제이므로 금감위로 하여금 결정하도록 할 필요가 있다. 또한, 이 조는 인가 여부에 관계없이 사실상 은행업을 영위하는 자에 대하여 적용되기 때문에, 이 법 제8조제1항에서 정한 적용범위의 확장이라고 할 수 있다.

2. 금융기관으로의 간주 결정

은행업을 영위하기 위해서는 금융감독 당국의 인가를 얻어야 한다. 그러나 인가없이 이를 영위할 경우 금융산업 전반과 신용질서에 커다란 문제를 야기할 소지가 있다. 또한, 금융업무의 다양화·통합화에 따라 특정 법인이 영위하는 업무가 은행업무에 해당되는지 여부가 불분명할 경우에도 마찬가지다. 이러한 경우 금융산업에 대한 규제·감독권을 보유하고 있는 금감위는 이로 인한 폐해를 최소화하는 등의 노력을 기울일 책무가 있다. 여기서 금감위의 결정은 준법률적 행정행위인 행정청의 확인행위에 속한다.

금감위는 금융기관으로 간주하는 결정을 위하여 해당 법인에 대하여 장부와 기록문서의 제출을 요구할 수 있다. 자료를 제출받은 금감위는 일상적인 업무처리 절차에 따라 당해 법인의 금융기관의 해당 여부를 결정하여야 한다. 또한, 금융기관에 해당되지 않지만 '은행' 등의 명칭을 사용하여 일반국민으로부터 금융기관에 해당된다고 오해를 받을 만한 소지가 있는 경우, 검찰 등에 고발하는 등 적극적으로 피해의 최소화에 노력하여야 할 것이다.

3. 간주결정의 효과

금감위가 해당 법인의 장부 기타 기록문서를 검토하여 은행법상의 금융기관이라고 결정하게 되면 그 법인은 제2조제1항제2호에서 정한 금융기관에 해당되며, 업무수행에 있어 은행법의 적용을 받게 된다. 이 경우 금감위의 금융기관 간주결정 이전까지의 은행업 영위행위가 은행법 제66조의 처벌대상에 해당되는지 여부에 대하여는 금감위의 금융기관 간주결정과 은행업 영위 인가에 동일한 효력을 인정하기 곤란하므로, 금융기관 간주결정으로 인하여 무인가 은행업 영위행위가 적법화된다고는 볼 수 없다는 입장에서 처벌대상에 해당된다는 입장과, 법률행위의 추인 및 행정행위의 치유를 인정하고 있는 민법 및 행정법의 일반원칙과 이 조항의 취지를 고려하여 처벌대상에 해당되지 않는다는 입장이 있을 수 있다.

한편, 은행업을 영위하기 위해서는 최저자본금이 1,000억원(지방은행 250억원) 이상이어야 하며, 주주 및 경영진을 은행법에 적합하게 구성하여야 하는 등 은행법 제8조에서 정하는 요건을 충족하여야 한다. 그러나 이 조항에서는 금융기관 간주결정 후의 은행법 적용관계에 대하여는 규정하고 있지 않음으로써 은행업 영위 인가요건을 충족하지 못하는 법인이 금융기관으로 간주되는 결과가 초래된다. 또한, 경우에 따라서는 은행법상 허용되지 않는 업무를 영위하는 금융기관이 존재하게 된다. 따라서 금감위가 이 조항에 따라 금융기관 간주결정을 하는 경우 당해 법인으로 하여금 일정기간 내에 은행법상 요구되는 요건을 충족하기 위한 계획을 제출하도록 하여 그 적정성을 심사하고, 적정하지 않다고 판단되는 경우에는 일정기간 내에 은행업무를 정리하도록 하는 등의 보완장치가 입법적으로 마련되어야 할 것이다.

4. 자료제출 요구

금융감독 당국이 금융기관에의 해당 여부를 결정하기 위해서는 당해 법인의 정관, 업무방법서, 각종 재무제표 등의 서류를 필요로 한다. 그러나 인가를 받지 않은 법인은 금융기관이 아니기 때문에 금융감독 당국의 자료제출 요구에 응할 이유가 없다. 이 조 제2항은 이에 대한 예외적인 규정이다. 필요한 자료의 범위는 금융기관에의 해당 여부를 판단하는데 필요한 모든 문서 등 자료뿐만 아니라, 이를 수행하는 자들에 대한 심문, 면담 등도 이에 포함된다고 보아야 한다.

요구방법은 문서에 의하되 전화나 구술로도 가능한 것으로 보아야 한다. 결정에 필요한 범위 내에서는 현장 확인도 이에 해당된다고 보아야 할 것이다. 또한, 이 조항의 실효성을 확보하기 위해서는 요구에 불응하는 자에 대한 제재조치가 강구되어야 할 것이다.

제 2 장

은행업의 인가 등

이 장은 금융회사의 근간이 되는 사항에 대한 금융감독 당국의 인가행위를 규정한 것으로, 은행업의 인가(제8조), 최저자본금(제9조), 정관변경 및 자본금감소의 신고(제10조), 신청서 등의 제출(제11조), 인가 등의 공고(제12조), 지점의 신설・이전 등(제13조), 유사상호 사용금지(제14조) 등 7개 조문으로 구성되어 있다.

Ⅰ. 개 관

1. 인가대상

은행법에서는 은행업 영위(제8조), 겸영업무 영위(제28조), 분할, 다른 금융기관과의 합병(분할합병 포함), 해산 또는 은행업 폐지, 영업의 전부 또는 일부의 양도・양수(제55조) 등의 행위를 하고자 할 때 금감위의 인가를 받도록 규정함으로써 일반법인에 대해 적용되는 상법상의 준칙주의보다 다소 엄격한 인가주의를 채택하고 있다.

이와 같이 인가주의를 채택하고 있는 것은 은행이 영리추구라는 회사가 갖는 기업성 이외에 자금중개라는 특수한 기능수행에 따른 고도의 공공성을 띠기 때문이다.

2. 은행법상 인가의 의미

은행법에서의 인가의 의미는 금감위의 인가 없이 인가대상행위를 한 경우 그 행위의 효력을 인정할 것인지 여부에 따라 결정된다. 따라서 은행법상의 인가의 성질은 구체적인 인가대상행위를 기준으로 개별적으로 판단하여야 할 것이다.

우선, 은행업의 영위 인가는 강학상의 허가에 해당된다고 볼 수 있다. 왜냐하면 법인이 금융기관에 해당되는지 여부는 금감위가 결정하고, 인가 없이 은행업을 영위한 자에 대하여는 5년 이하의 징역 또는 2억원 이하의 벌금에 처한다(제7조, 제38조)고 한 점에 비추어 볼 때 금감위의 인가와 관계없이 사실상 은행업을 영위할 수 있고, 인가없는 은행업의 영위행위 자체가 무효라는 입장은 아니라고 볼 수 있기 때문이다. 따라서 은행업 영위 인가는 은행업을 영위하는 자의 행위에 부여하여 그 행위의 효력을 보충함으로써 법률상의 효력을 완성시키는 본래적 의미의 인가이라기보다는, 사실로서의 행위가 적법하게 행하여지기 위한 적법요건으로서의 허가로 보는 것이 타당할 것이다. 그러나 이 조에 의한 은행업 인가는 회사설립에 대한 사실상의 인가로서의 의미도 포함하고 있다고 볼 수 있다. 즉, 비송사건절차법 제63조에 의하면 회사설립의 등기를 신청함에 있어서는 주무관청의 허가서 또는 인증등본을 첨부하도록 규정하고 있어 인가가 없는 한 설립등기가 불가능하며, 등기가 없으면 회사는 성립되지 않기 때문이다.

은행업 폐지의 경우에도 은행업 영위와 마찬가지로 허가로 보는 것이 타당할 것이다. 반면에 분할, 합병(분할합병 포함), 해산, 영업의 양・수도의 경우에도 상법상의 요건을 충족하고 절차를 경료함으로써 그 효력이 발생하는 법률행위로서, 금융기관의 법률행위의 효력을 보충함으로써 법률상의 효력을 완성시키는 본래 의미의 인가에 해당된다고 보는 것이 타당하다.

〈참고〉 인가의 강학상의 의의

1. 의 의

인가라 함은 타인의 행위에 동의를 부여하여 그 행위의 효력을 보충함으로써 법률상의 효력을 완성시키는 행위를 말한다. 즉 인가란 어떤 법률관계의 당사자의 법률적 행위가 행정주체의 인가를 받아야 한다고 법령에 규정되어 있는 경우에 그 법률적 행위에 동의를 줌으로써 행위를 유효하게 만드는 행정주체의 의사표시이다.

2. 대 상

성질상 법률행위에 한하고 사실행위는 제외된다. 법률행위 중에는 일반국민의 행위인 경우도 있고 공공단체, 특허기업 등 국가의 특별한 감독하에 있는 자의 행위인 경우도 있으며, 공법행위인 경우도 있고 사법행위인 경우도 있다. 또한, 인가는 법률행위를 대상으로 행해지기 때문에 그 효과는 당해 법률행위에 대한 관계에 한하여 발생하고 타인에게는 이전되지 아니한다.

3. 신 청

인가는 항상 신청에 의하여 행하여지며, 기본적 법률행위의 내용은 신청인이 결정하고 행정청은 이에 대한 인가 여부만을 소극적으로 결정하는 것으로, 행정청이 당사자의 의사를 대리행사하는 것은 허용되지 아니하므로 그 내용을 수정하는 수정인가는 법령에 특별한 근거가 있는 경우 이외에는 인정되지 아니한다.

4. 기본적 법률행위와 인가와의 효력관계

인가는 타인의 법률행위의 효력을 완성시켜 주는 보충적(보조적) 행위에 지나지 않으므로, 기본적 행위가 불성립 또는 무효로 된 경우에는 인가를 받더라도 유효하게 될 수 없으며 인가도 무효로 된다. 또한, 인가의 대상인 행위에 취소원인이 있는 때에는 인가 후에도 이를 취소할 수 있다. 기본적 행위는 유효하고 인가만 무효인 때에는 무인가행위가 된다.

5. 허가와 인가와의 차이

허가는 법규에 의한 일반적인 상대적 금지를 특정한 경우에 해제함으로써 금지된 행위를 적법하게 할 수 있도록 하는 행정행위로, 인가와는 다음과 같은 차이가 있다.

즉, ① 허가는 명령적 행정행위인데 반하여 인가는 형성적 행정행위이다. ② 허가의 대상에는 법률행위도 있고 사실행위도 있으나, 인가의 대상은 법률행위이다. ③ 허가는 적법요건이나, 인가는 효력요건이다. ④ 허가는 신청없이 행하여지는 경우에 있는데 비하여, 인가는 항상 신청에 의하여 행하여진다. ⑤ 허가가 필요한 행위를 허가 없이 행하면 처벌이나 강제집행의 대상이 되나 효력에는 관계가 없음에 반하여, 인가가 필요한 행위를 인가없이 행하면 효력이 발생되지 못하지만, 처벌이나 강제집행의 대상은 되지 아니한다.

Ⅱ. 은행업의 인가(제8조)

① 은행업을 영위하고자 하는 자는 금융감독위원회의 인가를 받아야 한다.
② 금융감독위원회가 제1항의 규정에 의한 인가 여부를 결정함에 있어서는 사업계획의 타당성, 자본금 및 주주구성과 주식인수자금의 적정성, 발기인 또는 경영진의 경영능력과 성실성 및 공익성을 확인하여야 한다. 이 경우 확인방법 등에

관하여 필요한 사항은 대통령령으로 정한다.
③ 금융감독위원회는 제1항의 규정에 의한 인가에 조건을 붙일 수 있다.

1. 연 혁

이 조는 제정 당시 제9조에 금통위의 인가사항의 하나로 규정되었다가 제7차 개정시 제1항으로 독립된 후 제11차 개정시 제8조로 이관되고, 인가 여부를 결정함에 있어 고려할 사항이 제2항에, 그리고 조건을 붙일 수 있도록 제3항에서 규정하였다가 제14차 개정 당시 현재와 같이 개정되었다. 인가권자도 제정 당시 한국은행 은행감독부장의 추천과 금통위의 인가로 규정되었다가, 제1차 개정 당시 추천권자가 한국은행 은행감독원장으로 변경된 후, 제11차 개정시 금감위의 추천과 재정경제부장관의 인가로, 그 후 제15차 개정시 금감위의 인가로 변경된 후 현재에 이르고 있다.

2. 은행업 영위 인가의 의의

은행업이라 함은 예금의 수입, 유가증권 기타 채무증서의 발행에 의하여 불특정다수인으로부터 채무를 부담함으로써 조달한 자금을 대출하는 것을 업으로 행하는 것을 말한다(제2조①제1호). 이에 대한 구체적인 내용은 은행업의 정의 관련조항(제2조)에서 이미 설명하였으므로 생략한다.

은행업을 영위하는 방식으로는 처음부터 은행업을 영위하는 법인으로 은행을 설립하는 방식과 기존의 법인이 그 목적을 변경하여 은행업을 영위하는 두 가지 방식이 있는데, 후자의 방식이 주로 이용되고 있다. 법인의 목적변경을 통한 은행업 영위는 일반적으로 상법 등에 따라 주식회사를 설립한 후 그 목적을 은행업 영위로 변경함과 아울러 금감위로부터 자본금 규모를 확인받아 증자를 통하여 자본금을 조달하는 절차를 거쳐 설립된다.

법인의 목적변경을 통하여 은행업을 영위하기 위해서는 은행법 이외에 금융산업의구조개선에관한법률이 적용되는 경우가 있다. 동 법률의 적용을 받는 은행 이외의 금융기관이 은행으로 전환하고자 하는 경우에는 미리 금감위의 인가를 받아야 한다.

3. 인가절차

금감위의 은행업 영위 인가는 예비인가와 (본)인가의 2단계로 구분된다.

(1) 예비인가의 신청

은행업을 영위하고자 하는 자는 인가신청에 앞서 예비인가를 신청하여야 한다. 예비인가는 인가사항에 대한 사전심사 및 확실한 실행을 위하여 인가 이전에 예비적으로 행하여지는 인가권자의 의사표시를 말하며, 인가의 효력을 가지지 아니한다(은행업인가지침 제8조-다).

은행업 영위 예비인가를 신청하고자 하는 자는 은행업인가지침에서 정하는 예비인가신청서 및 첨부서류를 금감위에 제출하여야 한다. 그러나 통상적으로 예비인가를 신청하기 전에 신청내용 및 절차 등에 대해 담당자와 빈번하게 상담을 하며, 상담을 통하여 인가에 필요한 요건을 갖추게 된다. 특히, 신청내용 중에 전례가 없거나 민감한 사안에 대해서는 충분하게 협의하는 것이 일반적이다. 아울러 신청자는 제출한 신청서와 관련서류에 거짓이나 누락이 없음을 확인하고 있고, 신청과 관련된 필요한 모든 정보를 제공하여야 한다.

(2) 예비인가의 심사 및 결정

예비인가 신청에 대한 심사업무는 금감원장이 수행하고 있는데, 금감원장은 신청내용에 대한 진위 여부를 확인하고 예비인가의 심사를 위하여 필요하다고 인정되는 경우 이해관계인의 의견을 요청할 수 있으며, 이해관계인, 일반인 및 관계기관 등으로부터 제시된 의견을 감안하여 신청내용이 인가 심사기준에 부합하는지 여부를 심사한다. 또한 금감원장은 사업계획의 타당성을 평가하기 위하여 평가위원회를 구성·운영할 수 있고, 신청내용의 확인, 발기인 및 경영진과의 면담 등을 위하여 실지조사를 실시할 수 있으며, 금융시장에 중대한 영향을 미칠 우려가 있다고 판단되는 경우에는 공청회를 개최할 수 있을 뿐만 아니라, 제출된 의견 중 신청인에게 불리한 의견에 대하여는 이를 신청인에게 통보하고 기한을 정하여 소명토록 할 수 있다(은행업인가지침 제6조).

한편, 금감위는 금감원장의 심사를 기초로 하여 예비인가 여부를 결정한다. 금감위는 예비인가시 조건을 붙일 수 있으며, 예비인가를 거부하는 경우에는 서면으로 신청인에게 통보한다(은행업인가지침 제8조).

예비인가를 위한 절차진행과 관련하여 미국 통화감독청에서 채택하고 있는 가속심사절차(Expedited Review)를 도입하는 방안도 고려해 봄직하다. 동 절차는 CRA[19] 등급이 양호하고(Satisfactory) 건전한 은행의 경우 일정사항의 신청에 대해 신속하게 검토되어 승인받을 것을 보장하는 제도이다. 통화감독청은 신청서가 접수된 경우 신청인이 가속심사의 적격자인지를 확인한 후 필요한 모든 정보가 제출되었고 주요 법률이나 정책상 문제를 야기하지 않는다고 판단되면, 신청인에게 가속심사가 가능하다는 승인서(Acknowledgment Letter)를 보낸다. 가속심사절차기간은 신청대상별로 다르나 일반절차의 1/3~1/2에 상당하는 기간이 소요된다.

(3) 인가의 신청

신청인은 예비인가의 내용 및 조건을 이행한 후 은행업인가지침에서 정하는 인가신청서 및 첨부서류를 금감위에 제출한다.[20]

(4) 인가의 심사 및 결정

금감위는 인가신청에 대하여 인가심사기준 충족 여부를 심사하여 인가

---

19) 미국은 1934년 연방주택청(FHA : Federal Housing Administration)을 설립하여 정부보증 모기지대출을 취급토록 함으로써 민간부문의 주택건설을 촉진하였으나, FHA는 사회적 평판이 낮은 지역을 별도로 구분(redlining)하여 정부보증을 거부 또는 제한함으로써 대부분의 FHA 보증대출이 백인에게 집중되는 현상이 나타남에 따라, 미 의회차원에서 인종, 종교, 국적, 성 및 나이 등에 따른 신용공여 차별화를 금지하는 노력을 진행하여 오다가, 1977년에 특정 지역에서 예금을 수취하는 금융기관에 대해 당해 지역 저소득층 및 소수민족, 소기업 등의 대출수요에 적극 대응토록 의무화한 지역재투자법(CRA : Community Reinvestment Act)이 제정되었다. 동법에 따르면 연방감독기관은 감독대상 금융회사에 대하여 대출·투자·서비스부문 검사를 통하여 관련실적을 검사하는 것을 원칙으로 하고 기업금융전담은행, 전문화은행, 소형은행 및 전략계획 승인은행 등의 경우 특성에 따라서 검사부문을 차별적으로 운용한다. 또한 연방감독기관은 CRA검사 결과를 우수(Outstanding), 양호(Satisfactory), 개선 필요(Needs to improve), 실질적인 비준수(Substantial noncompliance) 등 4등급 체계로 평가하고 이를 지역주민에게 공시하며, CRA 관련실적을 인·허가시 심사요건으로 운영하여 CRA 관련실적이 부진한 은행에 대하여는 해당 지역내 지점의 폐쇄 및 신규지점 설치를 불허하는 등 감독업무에 활용하고 있다.

20) 금감위로부터 예비인가를 받은 신청인의 인가신청기한에 대하여는 은행법, 은행업인가지침에서 명시적으로 규정하고 있지 않으므로 예비인가시 금감위가 정하는 바에 따라야 할 것이다. 금감위는 예비인가시 통상 6월 정도를 인가신청기한으로 부여하고 있다.

여부를 결정한다. 인가를 거부하는 경우에는 이를 서면으로 신청인에게 통보하여야 한다(은행업인가지침 제10조). 한편, 금감원장은 예비인가의 내용 및 조건의 이행 여부를 확인하기 위한 실지조사를 실시할 수 있으며, 신청인은 인가일로부터 6월 이내에 인가대상행위를 이행하여야 한다. 다만, 인가시 그 기간을 따로 정하였거나 그 기간의 연장을 승인받은 경우에는 그러하지 아니하다(동 지침 제10조).

4. 인가의 조건

금감위는 은행업 영위 인가시 조건을 붙일 수 있다(제8조③, 은행업인가지침 제8조-나, 제10조-나). 이는 금융기관의 공공성을 감안하여 인가기관으로 하여금 획일적인 인가를 피하고 구체적인 사항에 대처할 수 있도록 하기 위한 것이다.

조건이라 함은 행정행위의 효력을 발생 불확실한 사실에 매이게 하는 의사표시를 말한다. 조건이 붙여지면 조건인 사실의 성취 여부가 미정인 동안은 행정행위의 효력이 불안정한 상태에 놓이게 되는 바, 조건의 성취에 의하여 비로소 행정행위의 효력이 발생하는 '정지조건'과 그 성취에 의하여 효력이 소멸하는 '해제조건'이 있다. 조건인 사실은 장래의 불확실한 사실, 즉 객관적으로 성취 여부가 불투명한 것으로, 확실한 경우에는 기간이며 조건은 아니다. 행정법관계를 오랫동안 불안정한 상태에 놓아두는 것은 공익상 타당하지 않기 때문에 조건부 행정행위는 그리 많지 않다고 할 수 있다.

인가는 원래 보충적 의사표시로, 인가될 내용은 당사자의 신청에 의하여 결정되는 것이 원칙이나, 이 조항과 같이 법률에서 규정하고 있는 경우에는 조건을 붙임으로써 그 내용을 수정할 수 있다. 그렇다고 하더라도 법령에 위배되거나 당해 행위가 추구하는 목적의 범위를 벗어나서도 아니되고, 필요한 범위를 넘어서는 등 비례의 원칙에 반하는 것이 아니어야 하는 등 일정한 제한이 있어야 할 것이다.

구체적으로 예비인가시에는 부대조건으로 예비인가후 금융산업의구조개선에관한법률에서 정하는 요건을 충족하지 못하거나 제출서류 등에 하자가 있는 경우 또는 천재지변 등 기타 특별한 사유가 발생한 경우에는 인가를 하지 않을 수 있으며, 금융기관 경영의 건전성 확보를 위하여 인가시 별도의 조건을 부과할 수 있고, 인가조건으로서는 인가일로부터 일정기간 이내에 특정 영업시설을 갖출 것 등을 그 예로 들 수 있다.

한편, 이 조에서 말하는 조건에는 본래 의미의 조건에 해당하는 경우도 있을 수 있으나, 행정행위의 부관[21]으로서의 부담에 해당하는 경우가 더 많다.

인가절차의 흐름

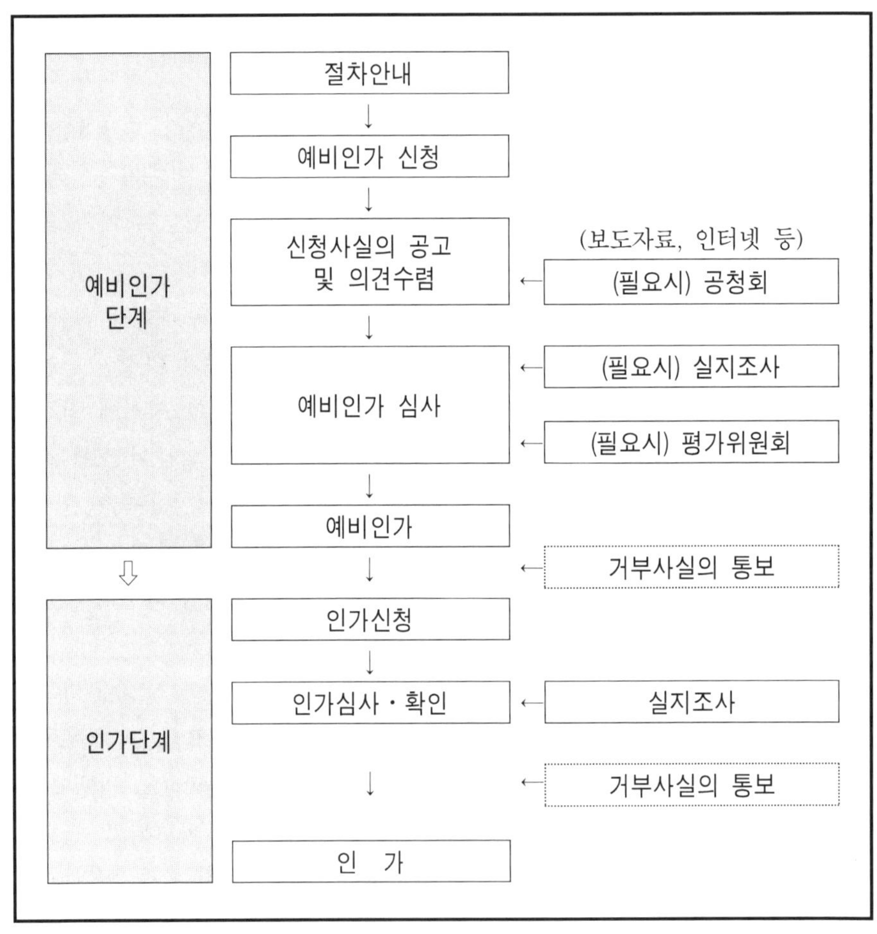

21) 행정행위의 부관이란 주된 행정행위에 부대하여 발하는 행정청의 종된 의사표시로, 법률의 규정이나 행정청의 재량권에 근거하여 발하는 것을 말한다. 부관은 통상 수익적 행정행위에 부대하여 별도의 의무를 부과하거나 그 효력을 제한하는 기능을 하며, 그 종류로는 조건, 부담, 기한, 철회권 유보 등이 있다.

5. 인가심사기준

금감위는 사업계획의 타당성, 자본금 및 주주 구성과 주식인수자금의 적정성, 발기인 또는 경영진의 경영능력과 공익성을 확인한 후 인가 여부를 결정하는데(제8조②), 인가심사기준의 구체적인 내용은 은행법 시행령(제1조의7)과 은행업인가지침(제12조)에서 정하고 있다.

구체적으로는 첫째, 자본금 및 주주구성에 관한 사항으로 (i) 자본금 규모가 은행법 제9조의 규정에서 정하고 있는 최저자본금(전국은행의 경우 1,000억원, 지방은행의 경우 250억원) 이상이어야 하며, (ii) 자본조달이 실현 가능하고 추가적인 자본조달이 가능하여야 할 뿐만 아니라, (iii) 주주구성계획이 은행법 제15조 및 제16조의2의 규정에 적합하여야 한다. 이 경우 자본금은 그 은행이 목표로 하고 있는 영업규모나 유형에 적합한 수준이어야 하고 금융시장의 여건, 은행의 경영전략과 예상소요 경비 등을 감안하여 판단하여야 하며, 금융감독 당국은 이의 증액을 요청할 수 있다.

둘째, 임원 및 경영지배구조에 관한 사항으로 (i) 발기인 및 임원이 은행법 제18조의 규정에서 정하는 자격요건을 충족하여야 하고, (ii) 이사회구성계획이 은행법 제22조 내지 제26조의 규정에서 정하는 이사회의 구성방법에 부합하여야 한다. 임원이나 발기인의 자격과 관련하여 보다 적극적으로 성실성, 책임감, 신용상태, 주요경력 등을 평가하고, 유관기관앞 조회 등을 통하여 과거의 불법이나 비윤리적인 행위가 있었는지 여부를 확인하거나, 신청인으로 하여금 증명하게 하고 있다.

셋째, 조직구조 및 관리운용체계에 관한 사항으로 (i) 리스크관리, 내부통제 및 여신심사체제의 구축이 적정하여야 하고 업무범위 및 규모에 부합되는 영업시설 및 전산체계를 갖추어야 하며, (ii) 리스크관리, 여신심사, 파생금융상품 등 특정 부문에 있어서 전문인력의 확보계획이 적정하여야 함과 아울러 정관이 관계법규에 부합하고 이용자의 권익을 침해하지 않아야 한다.

마지막으로 사업계획에 관한 사항으로 (i) 최초 3개년간 추정재무제표 및 수익전망이 영업계획에 비추어 타당성이 있어야 하고, (ii) 자금조달・운용계획 및 경영지도비율 준수계획이 주된 시장, 주된 고객, 주된 서비스내용 등 영업전략에 비추어 적정하여야 하며, 자본금 규모 및 추가자본 확충계획에 비추어 점포수, 인원수, 영위업무의 범위가 적정해야 한다. 사업계획서에는 취급예정업무, 업무수행 방법, 재원조달 방법 등 전반적인 경영전략이 기술되어야 하고, 계획서 내용이 충실하지 못하거나 계획서 작성의 기초가 되는 가정이 시장의 현실을 제대로 반영하지 않았다고 판단되는 경우에는 추가적인 자료를 제출하도록 요구하거나 설명하게 할 수 있다.

이와 같은 인가심사기준의 충족 여부는 심사 당시의 영업환경 등을 감안하여 합리적으로 결정되어야 한다.

6. 인가의 이전 또는 양도

은행업 인가는 그 영업주체에 대한 속인적 성격의 것으로 이전 또는 양도할 수 없다.

Ⅲ. 최저자본금(제9조)

금융기관의 자본금은 1천억원 이상이어야 한다. 다만, 전국을 영업구역으로 하지 아니하는 금융기관의 자본금은 250억원 이상으로 할 수 있다.

1. 연혁 및 취지

이 조는 제정 당시 제16조제1항에서 영업구역에 관계없이 불입자본금으로 1억원 이상으로 규정하였다가 제1차 개정시 15억원으로 증액되었고, 제3차 개정시 지방은행에 대해서는 1.5억원으로 별도 규정하였다가, 제4차 개정시 250억원으로 하되 지방은행의 경우에는 10억원으로 변경되었다. 이후 제6차 개정시 지방은행의 최저자본금이 30억원으로 증액된 후, 제7차 개정시 1천억원을 원칙으로 하되 지방은행은 250억원으로 증액되었고, 제11차 개정시 제9조로 이관되어 현재에 이르고 있다.

한편, 주식회사의 자본금은 5,000만원 이상이어야 한다(상법 제329조①). 이는 회사설립의 요건일 뿐만 아니라 존속의 요건이기도 하다. 상법이 이와 같이 최저자본금제를 규정하고 있는 것은 주식회사의 남설·부실로 인한 폐해를 방지함으로써 주식회사제도의 사회적 신뢰를 제고하기 위함이다. 은행법에서는 은행의 최저자본금을 상법상의 그것에 비해 훨씬 높게 정하고 있다. 이는 은행이 불특정다수인의 예금이라는 자산을 관리하는 공공성에 기인한 것으로, 은행의 난립을 방지하기 위한 것이라기보다는 은행의 자본충실을 도모함으로써 은행의 공신력을 제고하고 예금자를 보호하기 위함이다.

2. 은행의 최저자본금

은행의 최저자본금은 1,000억원이어야 하되, 예외적으로 전국을 영업구역으로 하지 아니하는 지방은행의 최저자본금은 250억원으로 차등화하고 있다. 이와 같이 은행법이 일반은행과 지방은행의 최저자본금을 달리 규정하고 있는 것은, 지방은행의 경우 영업구역이 제한되어 있어 상대적으로 영업규모나 거래자 수가 적어 소규모의 자본금으로도 은행업을 영위할 수 있을 것이라는 점 등을 고려한 것이다. 그러나 영업내용이나 영업구역에 있어 별다른 차이가 없는 현실에 비추어 볼 때 그 구분을 폐지하는 것이 바람직하다.

일본의 경우, 내국인이나 외국인의 구분없이 은행법(제5조)에서 정한 최소한도(10억엔) 범위 내에서 영업가능업무나 지역에 관계없이 시행령(제3조)에서 다시 20억엔으로 정하고 있다. 그러나 영국의 경우에는 은행을 포함한 금융회사에 대해 최저자본금요건을 구체적으로 설정하지 아니하고, 충분한 자원(adequate resources)의 일환으로 적절한 수준의 자본(Capital Resource)을 보유하도록 하고 있다(Financial Services and Market Act 2000). 참고로 EU의 은행감독지침(The Banking Consolidation Directive)에서는 은행의 초기자본금(initial capital)으로 500만유로 이상을 요구하고 있으며, 영국의 회사법(Companies Act 1985)에서는 공개회사(public company) 설립을 위한 최저 수권자본금으로 5만파운드를 설정하고 있고, 비공개회사(private company)의 경우에는 최저자본금요건이 없다. 따라서 영국에서의 은행업 영위 인가를 위한 최초자본금은 500만유로로 이해하는 것이 타당하다. 반면에, 홍콩의 경우에는 모든 종류의 예금수취가 가능한 인가은행(licensed banks)의 경우, 납입자본금이 HK$3억 이상이어야 하고, HK$50만 이상 예금수취가 가능하나 당좌계정을 개설할 수 없는 제한인가은행(restricted licence banks)의 경우는 납입자본금이 HK$1억 이상이어야 하는 등 취급할 수 있는 예금업무의 범위에 따라 차등화되어 있다.

〈참고〉 은행에 있어서의 자본의 기능

1. 공신력의 확보

은행이 영속적인 기업으로 성장하기 위해서는 공신력을 확보해야 한다. 왜냐하면 예금자는 자기가 필요할 때면 언제든지 자기의 예금을 인출할 수 있도록 은행이 항시 대비하고 있을 것이라는 신뢰를 가지고 거래하기 때문이다. 또한, 은행으로부터 자금을 공여받는 사람들도 자금이 필요할 때면 언제든지 자금을 제공해 줄 것이라는 믿음 위에서 사업계획을 수립하고 은행에 신용공여를 신청하기 때문이다. 은행의 공신력이 어느 정도인가를 나타내는 척도로서 안전성이란 개념이 이용되고 있는데, 이는 어떤 시점에서든지 은행의 모든 자산을 처분할 경우 모든 부채를 변제할 수 있는 정도의 크기로 정의된다. 자본은 비록 일시적으로 은행이 손실을 입더라도 안전성을 확보해 줌으로써 영업을 지속하게 하여 장래 이득으로 그 손실을 보전 할 수 있는 기회와 시간을 확보해 주는 안전판 역할을 수행한다.

2. 경영압력

은행의 자본은 주주들의 소유지분을 나타내고, 은행의 경영진에게 보다 창의적이고 적극적인 경영을 하라는 주주들의 압력을 상기시키는 역할을 수행하고 있다. 법률상 은행의 소유주는 주주임에 틀림없지만, 실질적으로 은행의 주인은 누구일까? 은행의 기능상 주인이 누구인가 하는 것은 대단히 중요한 사항이다. 왜냐하면 은행의 자본은 보통 전체 자산의 10% 미만이고, 차입금과 예금이 그 나머지 90% 이상을 차지하고 있기 때문에 이익이 발생하면 주주들의 주당 수익률이 대단히 클 가능성이 있고, 손실이 발생하면 다수의 예금들이 손실의 대부분을 흡수하게 된다. 그러므로 주주측은 경영자로 하여금 위험부담이 크더라도 수익성이 높은 자산이나 사업에 투자하도록 압력을 가할 가능성이 있다. 그렇기 때문에 은행을 국유화하거나, 주식을 강제로 분산시켜 은행의 소유 즉 경영을 독점하지 못하도록 규제하는 등 다수의 예금자를 보호하기 위한 제도적 장치가 마련되어 있다.

Ⅳ. 정관변경 및 자본금감소의 신고(제10조)

① 금융기관이 다음 각호의 1에 해당하는 행위를 하고자 할 때에는 금융감독위원회에 미리 신고하여야 한다.

1. 정관의 변경. 다만, 금융감독위원회가 정하는 경미한 사항을 변경하는 경우에

는 그러하지 아니하다.
2. 대통령령이 정하는 자본금의 감소
② 금융기관이 제1항제1호의 단서의 규정에 해당하는 정관의 변경을 하거나 동항 제2호의 규정에 해당하지 아니하는 자본금의 변경을 한 때에는 그 사유가 발생한 날부터 7일 이내에 그 사실을 금융감독위원회에 보고하여야 한다.
③ 금융감독위원회는 제1항의 규정에 의하여 신고받은 내용이 관계법령에 위반되거나 금융기관 이용자의 권익을 침해하는 것이라고 인정되는 경우에는 당해 금융기관에 대하여 그 시정 또는 보완을 권고할 수 있다.

1. 연혁 및 취지

제정 당시 자본금과 정관 및 상호변경은 인가대상 업무로 규정(제9조)되었다가 제6차 개정시 상호변경이 인가대상에서 제외되었다. 그리고 제8차 개정시 자본금 변경 대신 대통령령이 정하는 자본금의 감소 또는 상법 제461조의 규정에 의한 준비금의 자본전입만이 인가대상으로 조정된 후, 제9차 개정시 규제완화 차원에서 정관의 변경 중에서 금통위가 정하는 경미한 사항을 변경하는 경우에는 사후신고로 갈음할 수 있도록 변경되었다. 그 후 제9차 개정시 제10조로 이관되고 규정체계도 변경되었으며, 정관내용 중 경미한 사항의 변경이나 대통령령이 정하는 자본금감소가 아닌 자본금의 변경시에는 7일 이내에 보고하도록 하고, 인가에 조건을 붙일 수 있도록 내용도 변경되었다. 제17차 개정시 이러한 사항이 사전신고 대상으로 변경됨과 아울러 신고받은 내용에 대한 시점 또는 보완 권고할 수 있는 근거조항이 신설되는 등 현행 조항처럼 개정되어 현재에 이르고 있다.

이 조는 은행이 정관을 변경하거나 자본금을 감소하고자 하는 경우 금감위에 미리 신고하도록 하기 위한 규정이다. 정관변경 및 자본금감소를 은행의 자율에 맡기지 않고 감독기관에 미리 신고하도록 한 것은, 정관변경의 경우 은행의 근간이 되는 조직 및 경영행태에 미치는 영향이 크기 때문이고, 자본금감소의 경우에는 예금자 등 채권자의 이익을 해할 우려가 있기 때문이다.[22]

22) 은행법은 유가증권 투자한도, 업무용 부동산 취득 등 각종 비율 규제를 기본자본과 보완자본을 포함한 자기자본을 기준으로 하고 있다. 이에 따라 은행의 건전성 기준으로서 자본금이 가지는 기능은 과거에 비해 크게 감소하였다. 그러나 자본금은 은행 자기자본의 핵심항

2. 정관의 변경

(1) 의 의

정관은 '회사의 조직과 활동에 관한 근본규칙' 그 자체를 의미하는 실질적 의미의 정관과 '근본규칙을 기재한 서면'을 의미하는 형식적 의미의 정관으로 구분할 수 있는데, 정관의 변경이라 함은 실질적 의미의 정관을 변경하는 것을 뜻한다(통설).[23] 정관변경의 내용이 사회질서, 강행법규, 주식회사의 본질과 주주의 고유권을 침해하지 않는 한 정관변경의 범위에는 제한이 없다. 원시정관에 정관을 변경할 수 없다는 규정을 두어도 그 규정은 정관의 한 내용에 불과하므로 정관변경 절차에 따라 변경할 수 있다.

(2) 절 차

상법상 주식회사가 정관을 변경하기 위해서는 주주총회의 특별결의[24]를 거쳐야 하며, 정관변경을 위한 주주총회의 소집통지 및 공고에는 의안의 요령을 기재하여야 한다(제433조, 제434조). 정관의 변경은 원칙적으로 주주총회의 결의가 있었던 때에 즉시 효력을 발생한다. 정관변경 자체는 등기를 요하지 아니하나, 등기사항인 정관의 규정을 변경한 때에는 그 변경의 등기를 하여야 한다(상법 제317조③).

그러나 은행이 정관을 변경하고자 할 때에는 상법상의 절차와는 별도로 미리 금감위에 신고하여야 한다. 정관변경의 신고시기에 대하여 규정하고 있지 않아 주주총회에서 정관변경을 결의하기 이전에 신고하면 된다는 의견도 있을 수 있겠으나, 실무적으로 정관변경 신고에 대한 업무처리기간을 30일로 설정하고 있는 점(시행세칙 〈별표 1〉)을 감안할 때 주주총회일 상당기간 전에 신고하여야 한다. 또한, 신고와 관련하여서도 특정한 사실 또는 법률관계의

목이며 예금자 및 채권자 보호를 위한 최종 담보자산이라는 측면에서 여전히 대외공신력의 기초가 되며, 은행은 최저 납입자본금 규제를 받고 있다는 점에서 자본금의 변동을 감독기관에 신고 또는 보고하도록 정하고 있다.

23) 형식적 의의의 정관을 변경한다는 것은 변경된 내용에 따라 문서를 개작하는 것이므로 사실행위에 불과하다.

24) 주주총회의 특별결의는 출석한 주주의 의결권의 3분의 2 이상의 수와 발행주식총수의 3분의 1 이상의 수로써 하여야 한다(상법 제434조).

존부에 관하여 행정기관에 이를 알리는 행위라는 신고의 개념적 측면에서 볼 때 신고서가 접수되면 신고의무가 이행된 것으로 간주된다(행정절차법 제40조 ②).

그러나 이 조에서 말하는 신고의 경우는 금감위의 시정 또는 보완권고권의 대상이 되고 있는 점에 비추어 볼 때, 일반적인 의미의 신고라기보다는 감독기관의 동의나 승낙과 유사한 개념으로 이해되어야 할 것이다. 이에 따라 은행업감독규정(제5조 및 제6조)에서 정관변경 및 자본금감소 신고에 대한 심사기준을 규정하고 있다. 특히 금융기관이 금감위의 인가 등을 요하는 합병, 분할합병, 분할 등의 행위를 하는 과정에서 정관을 변경하는 경우에는 합병 등에 대한 인가과정에서 정관변경 내용에 대한 심사가 수반되므로 별도로 신고행위는 필요하지 않다. 다만, 동 행위에 대한 인가신청시 정관변경안을 첨부하도록 하고 있다. 금감위는 은행이 신고한 정관변경 내용이 (i) 관련법규에 저촉되는지 여부, (ii) 주식회사의 본질을 침해하는지 여부, (iii) 이용자의 권익을 침해하는지 여부를 심사한다(감독규정 제7조). 금감위는 은행의 정관변경 내용이 관계법령에 위반되거나 이용자의 권익을 침해하는 것이라고 인정되는 경우 그 시정 또는 변경을 권고할 수 있다.

그리고 금감위가 정하는 경미한 사항을 변경하는 경우에는 그 사유가 발생한 날부터 7일 이내에 그 사실을 금감원에 사후보고하는 것으로 충분하다(감독규정 제5조①). 금감위가 정하는 경미한 사항이라 함은 (i) 은행법 및 동법 시행령과 감독규정에서 정하는 내용이나 은행법 및 동법 시행령과 감독규정에 따라 금감원장이 정하는 사항과 동일한 내용으로 정관을 변경하는 경우, (ii) 은행법에 의하여 인가 또는 승인받은 내용과 동일한 내용으로 정관을 변경하는 경우, (iii) 체제변경 등 정관의 실질적인 내용이 변경되지 아니한 경우를 말한다.

(3) 신고없이 변경한 정관의 효력

은행이 금감위에 미리 신고하지 아니하고 정관을 변경한 경우, 그의 효력에 대하여 명문의 규정을 두고 있지 아니하여 논란의 소지가 있을 수 있다. 그러나 신고를 하지 아니하고 정관을 변경하였더라도 당연히 무효가 되는 것은 아니다. 다만, 법규위반을 이유로 당해 은행을 제재할 수 있다(제53조, 제54

조, 제69조②). 특히 그 내용이 관련법규에 저촉되거나 주식회사의 본질을 침해하는 경우 또는 이용자의 권익을 침해한다고 판단되는 경우 금융감독 당국은 당해 은행에 대하여 시정이나 보완을 권고할 수 있다.

3. 자본금 감소

(1) 의 의

은행법상의 자본금은 상법상의 자본을 의미한다. 주식회사에서의 자본이라 함은 사원(주주)의 출자에 의하여 이루어진 일정한 기금으로서 회사재산의 확보를 위한 기준이 되는 일정한 금액(계산상의 수액)을 의미하는데, 상법에서는 이를 발행주식의 액면총액으로 규정하고 있다(상법 제451조). 따라서 자본감소라 함은 이와 같은 계산상의 수액으로서의 자본을 역시 계산상·수액상으로 감소시키는 행위를 말한다.

자본감소는 회사재산의 감소 여부에 따라 실질상 자본감소와 명목상 자본감소, 대가의 지급 유무에 따라 유상감자와 무상감자로, 주주의 자율적인 의사결정에 의한 것인지 여부에 따라 자율적 감자와 강제적인 감자로, 감소범위에 따라 부분감자와 완전감자로 분류할 수 있다.

(2) 방 법

자본은 발행주식의 액면총액(주금액×발행주식총수)이므로 자본감소의 방법도 주금액(주식의 금액)을 줄이는 방법, 이미 발행된 주식의 수를 줄이는 방법, 양자를 병용하는 방법이 있을 수 있다. 주금액의 감소는 1주식의 액면가를 감액시키는 것을 말한다.

이 법(제10조①)에서는 자본금의 감소를 주식의 금액 또는 주식수의 감소에 따른 자본금의 실질적 감소(시행령 제2조)로 정의하고 있으나, 이를 병용하는 경우도 포함된다고 보아야 한다. 주식의 금액의 감소는 1주의 액면가를 낮게 정함으로써 납입자본금이 감소하는 것을 말하는 바, 이 때 감소하는 주금액을 주주에게 환급하는 경우도 있고 이미 발생한 손실에 충당하는 경우도 있다. 또한, 주식수의 감소는 주식의 소각과 주식의 병합에 의해 발생한다. 주식의 소각이라 함은 발행한 주식을 절대적으로 소멸시키는 행위로서 상법에서 정하는 자본감소규정에 따라 하는 경우와 배당 가능한 이익으로 소각하거나 상환주식을 상환하는 경우가 포함된다. 그러나 자본감소의 규정에 의한 소각의 경우에는 은행의 자본금이 감소하나 이익감소에 의한 소각의 경우에는 자본금이 감소하지 않는다는 점에서 이 조에서 말하는 자본금의 감소의 한 유형으로 볼 수 있는지 여부에 대하여 이론이 있을 수 있다.

이 법에서 은행의 자본적정성을 평가할 때 기준이 되는 것은 자본금뿐만 아니라 이익잉여금, 자본잉여금 등 기본자본과 보완자본을 포괄하는 자기자본을 기준으로 하고 있다는 점에서 이익잉여금 등 각종 잉여금이나 적립금의 감소도 자본 적정성 감독 측면에서 볼 때 자본금의 감소와 동일하게 중요하다고 할 수 있다. 자본금 감소에 대한 신고와 관련하여 이용자의 권익을 침해하는 경우 금융감독 당국은 시정 또는 보완을 권고할 수 있다고 규정하고 있는 바(제10조③), 이는 자본금 감소에 대한 규제의 취지가 예금자 및 채권자 등 이용자의 보호에 있음을 나타낸 것이고, 금융기관 이용자에 대한 담보로서 이익잉여금이나 납입자본금간에는 별다른 차이가 없으므로, 잉여금이나 적립금의 감소로 인한 자기자본의 감소의 경우에도 신고대상에 포함되어야 한다는 견해가 있을 수 있다. 그러나 이러한 경우에는 주식의 금액이나 주식수의 감소가 수반되지 않기 때문에 이 조에서 말하는 자본금 감소에는 해당되지 않는다고 보는 것이 타당하다.

아울러 주식의 병합이라 함은 수개의 주식을 합하여 그보다 적은 수의 주식으로 바꾸는 행위를 말한다. 즉, 액면가 5,000원인 주식 2주를 합하여 액면가 5,000원인 주식 1주로 변경하는 경우가 이에 해당한다.

(3) 자본금 감소의 신고절차

은행이 주식의 금액 또는 주식수의 감소에 따른 자본금의 실질적인 감소를 초래하는 행위를 하고자 할 경우에는 이사회나 주주총회의 의결 전에 그러한 계획을 수립한 후 금감원을 경유하여 금감위에 신고하여야 한다(제10조, 감독규정 제5조①). 금감위 또는 금감원장은 자본금 감소의 불가피성이 인정되지 아니하거나, 예금자 및 채권자 보호에 지장을 줄 염려가 있는 경우 당해 은행에 대하여 그 시정 또는 보완을 권고할 수 있다(감독규정 제5조③).

4. 자본금의 증가

자본금의 감소를 제외한 자본금의 변경이란 결국 자본금이 증가하는 경우를 말한다. 은행은 상법상의 주식회사이므로 발행예정주식총수의 범위 내에서 상법이 정하는 절차에 따라 유상증자, 준비금의 자본전입, 전환사채의 전환 등의 방법으로 자본금의 증액이 가능하다. 다만, 산업은행이나 수출입은행 등 특수은행의 경우에는 당해 특별법에 따른 출자의 변경으로 그 자본금이 변경된다. 유상증자는 현실로 주금의 납입이 이루어지는 신주발행을 말하며, 가장 일반적인 증자형태이다.

준비금의 자본전입은 법정준비금의 전부 또는 일부를 자본에 전입하여 자본을 증가하는 것을 말한다. 법정준비금은 원칙적으로 자본의 결손보전 이외의 목적을 위하여 사용할 수 없으나, 예외적으로 이를 자본에 전입하는 것이 인정되고 있다. 자본금 및 법정준비금은 계산상의 수액이므로, 준비금의 자본전입은 법정준비금(자본준비금, 이익준비금)의 계정에서 전입하는 금액만큼을 차감하고 이를 자본금(발행주식수)의 계정에 증액기입하는 식으로, 장부상의 이기에 의하여 이루어진다.

자본전입의 대상이 되는 준비금, 즉 자본전입 능력이 있는 준비금은 법정준비금에 한한다. 임의준비금의 경우는 주식배당에 사용할 수 있으므로 굳이 자본전입으로 인정할 필요가 없고, 정관의 규정 또는 주주총회의 결의에 의하여 적립하므로 그 처분도 정관변경 또는 주식회사의 결의에 의할 것이 요청되는 반면, 준비금의 자본전입은 이사회의 결의만으로 가능하므로, 임의준비금에 관하여 자본전입을 인정하면 이사회의 결의로 임의준비금을 처분하는 것이 되어 부당하기 때문이다.

법정준비금인 한 이익준비금이든 자본준비금이든 모두 자본전입의 대상이 되며, 그 사이에 전입의 순서가 정하여져 있지 않으므로 어느 것을 먼저 자본으로 전입하여도 상관이 없다. 또한, 법정준비금의 자본전입의 한도에 관하여는 아무런 제한이 없다. 따라서 법정준비금의 전부를 자본전입의 대상으로 하여도 무방하다. 법정준비금을 자본에 전입하려면 이사회의 결의를 얻어야 하고, 주주총회의 결의를 얻을 필요는 없다. 왜냐하면 법정준비금의 자본전입은 법정준비금을 장부상 자본금으로 이체할 뿐 주주에게 특별한 불이익을 주지 않기 때문이다. 다만, 정관으로 준비금의 자본전입을 주주총회의 의결사항으로 정할 수 있다. 자본전입을 결의함에 있어서는 이익준비금과 자본준비금 가운데 어느 것을 전입하는가와 전입액 등을 구체적으로 결정하여야 하며, 준비금을 자본에 전입한다는 뜻만 결의하고 그 이외의 사항을 대표이사에게 일임하는 것은 허용되지 아니한다. 특히 전환사채의 경우 주식으로 전환할 수 있는 권리가 인정된 사채라는 점에 비추어 전환사채권자가 청구서 2통에 주권을 첨부하여 회사에 제출하면 주식으로 전환된다. 전환사채의 전환에 의하여 신주가 발행되므로 회사는 전환기간중에 전환에 의하여 발행할 주식의 수만큼 미발행주식으로 유보해 두어야 한다. 전환청구가 있으면 그만큼 유보되어 있던 미발행주식의 수가 줄어들게 되어 회사의 입장에서 보면 전환청구를 받은 금액만큼 사채가 줄어들고, 그 대신 자본이 증가하게 된다.

자본금이 감소하는 경우와 달리 자본금이 증가하는 경우에는 금융기관 이용자의 보호를 강화하는 행위라는 점에서 사유발생일로부터 7일 이내에 사후 보고토록 함으로써 금융기관이 자율적으로 운용할 수 있도록 하고 있다(감독규정 제5조②).

Ⅴ. 신청서 등의 제출(제11조)

① 제8조제1항의 규정에 의한 인가를 받고자 하는 자는 신청서를 금융감독위원회에 제출하여야 한다.
② 제1항의 규정에 의한 신청서의 내용과 종류는 금융감독위원회가 정한다.

이 조는 제8조의 규정에 의한 은행업 영위 인가에 필요한 신청서의 내용과 종류를 인가권자인 금감위로 하여금 정하도록 하기 위한 규정이다. 은행업 영위 인가요건을 충족하였는지 여부를 확인하는데 필요한 서류는 실제 인가업무를 수행하는 금감위로 하여금 정하도록 하는 것이 효율적이기 때문이다.

금감위는 현재 은행업 영위 인가신청에 필요한 신청서를 은행업인가지침에서 정하고 있는데, 동 인가지침에서는 은행업 영위 방식에 따라 예비인가 및 인가신청에 필요한 서류를 정하고 있다.

Ⅵ. 인가 등의 공고(제12조)

금융감독위원회는 제8조제1항의 규정에 의한 인가를 하거나 제53조제2항의 규정에 의하여 인가를 취소한 때에는 지체없이 그 내용을 관보에 공고하고 컴퓨터통신 등을 이용하여 일반인에게 알려야 한다.

인가 등의 공고와 관련하여 이 법 제정 당시에는 서울특별시에서 발간하는 1개 이상의 주요한 일간지에 공고하도록 하였으나, 제11차 개정시 공고대상 매체에 관보가 추가되었다가, 제17차 개정시 현재와 같이 관보에 공고하고 컴퓨터통신 등을 이용하여 일반인에게 알리도록 변경되었다.

이 조는 금감위가 은행업 영위를 인가하거나 인가를 취소한 경우에 금감위로 하여금 그 사실을 관보를 통하여 공고하게 하고, 컴퓨터통신 등을 통하여 일반인에게 고지하게 함으로써 예금자 등 이해관계자가 이러한 사실을 인지하여 못함으로 인하여 입을 수 있는 피해를 사전에 방지하기 위한 것이다.

공고는 특정 사항을 널리 일반인에게 알리는 것으로, 불특정다수의 이해관계인에 대하여 신고의 기회를 주기 위한 경우 또는 특정 사항을 사회에 공시하기 위한 경우나 소재 불명인 자에 대한 통지수단으로 활용된다. 관보나 언론매체 등이 주로 이용되고 최근에는 인터넷 홈페이지에 게시하는 방법도 많이 이용되고 있다.

따라서 금감위가 은행업 영위를 인가하거나 인가를 취소한 경우에는 관보에 게재하여야 하고 방송 및 신문매체로 하여금 보도할 수 있도록 보도자료를 배포하며, 홈페이지(www.fsc.go.kr 또는 www.fss.or.kr)에 게시하고 있다.

Ⅶ. 지점의 신설·이전 등(제13조)

금융기관이 지점·대리점 기타 영업소 또는 사무소를 외국에 신설하거나 본점을 다른 특별시·광역시·도의 지역으로 이전하고자 하는 경우에는 사전에 그 신설 또는 이전계획을 작성하여 금융감독위원회와 협의하여야 한다.

1. 연혁 및 취지

이 조는 은행이 다른 나라에 영업소·사무소를 신설하거나 본점을 다른 광역행정구역으로 이전하는 경우 금감위와 사전협의하도록 규정한 것이다.

은행법 제정 당시부터 은행의 영업소 설치 및 본점의 이전에 대하여는 국내외 구분없이 감독기관의 인가를 받도록 하였으나, 제9차 개정시 규제완화 차원에서 금통위가 정하는 기준에 부합하는 경우에는 사후신고로 갈음할 수 있도록 하였고, 제11차 개정시 제13조로 이관되고 인가제도를 폐지하는 대신 금감위로 하여금 영업소의 설치·이전·폐쇄에 관한 기준과 절차를 정할 수 있도록 하였다가, 제17차 개정시 현행과 같이 국외영업소 신설과 본점의 다른 시·도 이전에 대해서만 금감위와 사전협의하도록 하여 점포행정에 대한 규제를 사실상 폐지하기에 이르렀다.

2. 사전협의제도의 의의

이 조에서는 단순히 금감위와 사전협의하도록 규정하고 있을 뿐이다. 사전협의의 법적 성질, 사전협의를 거치지 않은 경우의 법적 효력 등에 대하여는 규정하고 있지 아니하여 논란의 여지가 있다.

통상적으로 '협의'의 사전적 의미는 결과와 관계없이 단지 의논하는 절차라고 정의할 수 있으나, 이 조에서는 감독기관의 동의를 얻는 것으로 이해하는 것이 타당하다. 따라서 금감위와의 사전협의절차를 거치지 아니하고 지점 등을 설치한 경우 동 설치행위가 위법하다고 할 수는 없겠으나, 외국은행의 국내진입시 본국 감독당국의 사전동의를 인가기준의 하나로 운용하도록 규정하고 있는 바젤은행감독위원회의 핵심준칙 등에 비추어 볼 때 타당하지 아니한 행위로서 취소대상이 된다고 할 수 있다.

그리고 은행이 본점을 다른 시·도로 이전하기 위해서는 정관을 변경하여야 하고, 정관을 변경하고자 할 경우에는 이 법(제10조)에 따라 금감위에 신고하여 그 수리를 받아야 하므로 사전협의를 거치지 않을 수 없을 것이다.

3. 국외영업소·사무소의 신설

은행은 국내외 영업상의 소요자금 조달과 보유자금의 운용이라는 본래의 목적 달성을 위하여 기업의 대외거래를 지원하거나 외화예금증서 등 외화표시 채권을 발행하고, 다른 나라 기업이나 금융회사가 발행한 채권 등 금융상품에 투자하거나 이를 판매하고 있으며, 이를 위하여 다른 나라에 진출하기도 한다. 다른 나라에 진출하는 방식으로는 지점이나 사무소를 설치하는 방식과 현지의 제반 법규에 따라 금융회사를 설립하는 방식이 있는데, 금융회사를 설립하는 방식으로는 기존의 현지 금융회사의 주식을 매입하는 방법과 현지 법규에 따라 금융회사를 새로이 신설하는 방법이 있다.

그러나 금융회사의 해외진출은 국내의 경우와는 달리 관할권의 제약으로 실질적인 감독이 이루어지기 어렵다는 점을 고려하여 국내에서의 영업소 설치와는 달리, 진출에 앞서 금감위와 사전협의하도록 하고 있다. 이 조에서는 사전협의대상으로 국외지점·대리점 기타 영업소 및 사무소로 규정하고 있으나, 은행업감독규정(제13조)에서는 국외지점·사무소 및 현지법인의 신설로 규정하고 있다. 현지법인 신설을 사전협의대상으로 운용하고 있는 것은 국외지점과 업무성격상 차이가 없고, 국외지점에 비해 규모가 클 뿐만 아니라 국외지점 형태로 진출하느냐 현지법인 형태로 진출하느냐의 문제는 현지법규, 금융회사의 경영방침 등에 따른 차이에 불과하기 때문이다.

한편, 은행이 해외에서의 금융·보험업 영위를 위하여 직접투자를 하거나 지점 및 사무소를 설치하고자 하는 경우에는 금감위와의 사전협의 이외에도 외국환거래법(제18조④) 및 외국환거래규정(제9장)에 따라 재정경제부장관의 신고 수리를 받아야 한다.

4. 본점의 이전

본점은 금융회사의 업무 전반을 통할하는 시설로서 등기된 영업소이다. 금융회사가 그 본점을 다른 시·도로 이전하는 경우 지역경제의 균형적인 발전을 저해할 소지가 있고, 특정 지역에서의 과당경쟁의 우려가 있다. 이에 따라 은행법에서는 그 이전에 앞서 금감위와 사전협의하도록 규정하고 있다.

여기서 제기되고 문제는 본점의 의미 또는 그 범위이다. 본부의 전체부서를 말하는 것인가, 아니면 은행장 등 주요 경영진만을 의미하는가 등 여러 가지 의견이 있을 수 있다. 본점은 은행장을 비롯한 주요 경영진이 상시 주재하고 이를 위하여 본부 부서가 설치되었을 뿐만 아니라 등기부에 본점 소재지로 등록된 장소라고 하는 것이 타당하다. 따라서 단순히 세무적 차원에서 등기부에 본점으로 등록되었다고 하더라도 주요 경영진이 실재하지 아니하는 경우에는 본점으로 보기 곤란하고, 설령 주요 경영진이 업무를 집행하는 장소라고 하더라도 등록되지 않았다면 본점이라고 볼 수 있다.

5. 은행법상의 영업소 및 사무소의 의의 및 종류

(1) 영업소에 대한 개관

은행법상 영업소의 개념에 대해서는 구체적으로 정의하고 있지 않으나, 통상적으로 불특정다수인을 상대로 하여 공개된 시설 또는 설비를 갖추고 은행업의 전부 또는 일부를 계속적·조직적으로 영위하는 일정한 장소라고 정의할 수 있다. 지점, 대리점, 출장소, 임시점포 등은 물론 본점 소속 영업부서가 본점 이외의 소재지에 위치하여 업무를 영위할 경우에도 영업소에 해당된다고 볼 수 있다.

반면에 사무소라 함은 은행이 은행업에 관한 정보의 수집 및 제공, 금융경제동향조사, 본·지점 또는 고객과의 업무연락 등의 사무를 수행하기 위하여 직원을 상주시키고 있는 영업소 이외의 시설을 말한다(감독규정 제4조).

영업소로 인정되기 위하여는 ① 지배인의 상주, ② 독립계산을 위한 총계정원장 보유, ③ 현금·유가증권 등의 보유, ④ 명칭 보유, ⑤ 인적·물적 설비의 구비, ⑥ 거래발생 등의 요건을 갖추어야 한다. 그러나 영업소의 개념은 은행감독의 범위를 결정하는 주요한 요인으로 확정적이라기보다는 감독정책에 따라 달라질 수 있다. 따라서 인적·물적 설비의 구비 및 총계정원장 보유요건을 충족시키는 경우만을 영업소로 보고, 그 밖의 경우는 특수한 영업방법으로 구분하자는 의견이 있을 수 있고, 거래발생을 기준으로 하여 여·수신 등 은행업무의 일부 또는 전부가 행해지는 곳을 영업소로 보아 영업소의 범위를 광범위하게 하고, 영업소에 대한 통제의 강도나 정도는 그 특성에 따라 제한, 운용하는 것이 바람직하다는 의견도 있을 수 있다.

(2) 본 점

본점 소속 영업부서가 본점 이외의 소재지에 위치하여 업무를 영위할 경우에는 이를 하나의 독립된 영업소로 보고 있다. 본점은 은행의 업무 전반을 통할하는 시설로서 등기된 영업소인데, 본점에는 총계정원장을 반드시 비치하여야 한다. 그러나 본점의 일부 부서가 별도의 건물에 소재하는 경우에는 영업소나 본점이라고 할 수 없다.

(3) 지 점

지점이라 함은 본점이라는 하나의 통일적인 조직에 의하여 지휘를 받으면서, 대외적으로 제한된 범위 내에서 독립적으로 영업활동을 하는 곳이다. 따라서 지점에는 영업 및 재판상 대리권을 가지는 상업사용인인 지점장이 있어야 하고, 그의 의사결정에 따라 영업활동이 행해져야 한다. 지점에의 해당여부는 실질에 따라 판단하여야 하므로, 당사자가 사용하는 명칭에 좌우될 것은 아니다. 이른바 분점・출장소・파출소 같은 것은 보통 본점 또는 지점의 영업으로부터 독립하지 않는 하나의 구성부분이므로 여기서 말하는 지점이라고 할 수 없다.

지점은 본점에 종속하여 지점명의로 독립계산을 하며 은행업무 중 일정범위의 업무를 수행하는 시설로 총계정원장을 비치하고, 지점으로 등기되어야 한다. 법인기업에 대한 금융서비스 제공을 주목적으로 하는 법인거래지점도 지점의 하나이다.

(4) 대리점

은행의 대리점이란 은행의 위임을 받아 은행을 위하여 은행업의 전부 또는 일부를 대리하는 은행법상의 영업소를 말하는 것으로, 그 성격은 상법(제87조)상의 대리상이다. 대리점의 경우 특정 업무를 영위할 수 있는 등 업무영역을 확대할 수 있는 이점이 있으나, 사고나 분쟁 등이 발생할 경우 은행이 법률상・사실상의 책임을 부담해야 하고, 이를 완화하기 위해서는 많은 간접비용을 부담해야 된다는 등의 문제점이 있어 아직까지 도입되지 않고 있다.

(5) 기타 영업소

1) 출장소

출장소란 기계화 및 전산화된 시설과 적은 인원으로 공공시설, 상가 및 주택가 등 금융수요지역에 대한 금융서비스를 원활하게 제공하기 위하여 운영하는 영업소의 한 형태이다. 취급할 수 있는 업무로는 당좌예금을 제외한 수신업무인 예・적금, 부금수입 및 금전신탁, 양도성예금증서, 대출업무인 가계자금대출 및 개인주택자금대출, 그리고 내국환업무, 금융채 및 환매조건부채권 매매업무, 환전상업무, 각종 공과금수납업무, 그리고 이와 관련된 부대업무가 있다.

2) 임시점포

임시점포란 하계휴양지나 대규모 행사가 개최되는 지역 등 일시적으로 금융서비스의 제공이 필요한 지역에 기한부로 설치되는 영업소이다. 임시점포는 모점의 출장소 형태로 운영되며 독립회계단위가 될 수 없다.

3) 이동식 영업소

이동식 영업소란 일정장소에서 버스 등을 이용하여 은행업을 하는 영업소를 말하는 것으로, 어느 특정인이 아닌 일반대중을 상대로 하여 직접 금융기관의 영업의 일부가 행하여지고, 또 그 활동이 결정되는 장소임을 이유로 영업소로 간주되고 있다.[25]

〈참고〉 영업소에 관한 개관

1. 상법상의 영업소

(1) 영업소의 개념

영업소라 함은 상인의 영업상의 본거지를 말하며, 기업활동을 지휘・통솔하는 장소적 중심이다. 영업소의 개념을 인정하는 것은 자연인의 경우는 주소가 표준이 되지만, 상인에 대하여는 기업활동의 특수성, 기업의 장소적 독립성에 비추어 영업소를 표준으로 하는 것이 적합하다. 이를 구체적으로 살펴보면 다음과 같다.

1) 시간적 계속성을 가진 기업활동의 장소적 중심

영업소는 기업활동의 본거지를 말하며, 그것은 공간적인 특정성을 가지는 개념이다. 그러나 점포 기타의 유형적 시설을 의미하는 것은 아니다. 또 영업소는 어느 정도의 시간적 계속성을 전제로 하는 것이므로 일시적・이동적인 매점 같

25) 한국은행 은행감독원, 은행감독관계 질의・회신집, 1992, 21면.

은 것은 영업소가 될 수 없다. 영업소는 기업활동의 장소적 중심이라야 하므로, 기업상의 지휘명령이 이곳에서 나오고 그 결과가 이곳으로 통일되어야 한다. 보험회사의 영업소는 이러한 면에서 상법상 영업소에는 해당되지 않는다. 또 외부적으로도 기업활동의 중심으로 나타나는 장소라야 한다. 따라서 단지 상품의 보관·인도 등의 사실행위에 그치고 유통과정에 직접 관계하지 않는 공장·창고나, 또는 영업소의 결정에 따라 기계적으로 기업거래의 일부가 이루어지는 장소에 불과한 철도역 판매점 같은 것은 역시 이에 포함되지 않는다.

2) 기업활동에 관한 독립적인 결정권의 존재

영업소는 기업활동 일반에 대하여 어느 정도 독립적인 결정권이 있어야 하며, 인적 조직과 물적 설비를 갖춘 유기적인 단위체라야 하나, 반드시 기업에 관한 기본행위가 그곳에서 이루어지는 유일한 단위체이어야 하는 것은 아니다. 즉, 한 기업에 대하여 수개의 영업소가 인정될 수도 있다.

영업소에의 해당 여부에 대한 결정은 주관적인 당사자의 의사에 따라 결정되는 것이 아니고, 객관적인 관점에서 사실상의 요건이 구비되었는지 여부에 따라서 결정된다.

(2) 영업소의 법률상의 효과

1) 영업소 일반에 대하여 인정되는 법률상의 효과

① 채무의 이행장소: 영업에 관한 채무의 변제장소가 채무의 성질 또는 당사자의 의사표시로 정해지지 아니하는 경우 특정물의 인도 이외에는 채권자의 현 영업소에서 변제하게 된다(민법 제516조② 단서).

② 증권채권의 변제장소: 지명채권의 증서에 변제장소가 정해지지 아니한 때에는 채무자의 현 형업소가 변제장소로 된다(민법 제516조). 무기명채권의 경우도 같다(민법 제524조).

③ 재판적의 결정: 회사의 보통 재판적은 그 주된 영업소에 의하여 정하여지고(민사소송법 제4조①), 또 영업소를 가지는 자에 대한 소송은 그 영업소에 있어서의 업무에 관한 것에 한하여 그 주소지의 법원에 제기할 수 있다(동법 제10조).

④ 상업등기소의 결정: 상업등기는 신청자의 영업소 소재지를 관할하는 법원의 상업등기부에 한다(상법 제34조; 비송사건절차법 제129조).

⑤ 소송서류 송달의 장소: 영업소는 민사소송법상의 소송서류 송달의 장소가 된다(동법 제170조).

⑥ 도산사건의 관할법원의 결정: 도산사건은 채무자의 주된 영업소의 소재지를 관할하는 지방법원 본원에 속한다(채무자회생및파산에관한법률 제3조).

2) 지점에 대하여 특별히 인정되는 법률상의 효과

① 지점의 법률상의 지위: 지점은 하나의 영업소로 독립적인 기업활동의 중심이나 본점의 지휘를 받으며 영업의 효과가 영업의 주체인 본점에 귀속되고, 본·지점간 또는 지점 상호간에는 장부상의 계산은 있어도 법률상 거래는 있을 수 없다. 다만, 어음·수표의 경우에는 당사자자격의 겸병이 인정되며, 물건운송의 경우에는 송하인과 수하인이 동일인이 될 수 있다.

② 지점영업만의 양도: 지점의 영업은 본점의 영업과 분리해서 독립하여 양도할 수 있다. 그러나 특약이 없는 한, 지점의 영업은 본점영업의 처분에 따른다.

③ 지배인: 각 지점의 영업에 한정하여 지배인을 둘 수 있다.

④ 지점거래의 채무이행장소: 지점에서 한 거래에 관하여는 원칙적으로 그 지점이 채무이행의 장소가 된다.

⑤ 지점에 관한 등기: 본점 소재지에서 등기할 사항은 원칙적으로 지점 소재지에서도 등기하여야 하며, 지점 소재지의 등기·공고는 본점 소재의 그것과는 독립하여 효력이 발생한다.

⑥ 재무제표 등의 등본의 비치: 주식회사의 경우에는 재무제표와 감사보고서의 등본을 지점에 3년간 비치하여 주주와 회사채권자가 열람할 수 있도록 하여야 한다. 또 회사의 정관과 주주총회의 의사록을 본점과 더불어 지점에도 비치하여야 한다.

⑦ 외국회사의 국내 영업소: 외국회사가 대한민국에서 영업을 하고자 할 때에는 대한민국에서의 대표자를 정하고 영업소를 설치하여야 한다. 이 경우 그 외국회사는 그 영업소의 설치에 관하여 대한민국에서 설립되는 동종의 회사 또는 가장 유사한 회사의 지점과 동일한 등기를 하여야 한다.

Ⅷ. 유사상호 사용금지(제14조)

한국은행과 금융기관이 아닌 자는 그 상호 중에 은행이라는 문자를 사용하거나 그 업무를 표시함에 있어서 은행업 또는 은행업무라는 문자를 사용할 수 없다.

1. 연혁 및 취지

이 조는 국가가 일정한 자격자 또는 단체에 특정 명칭의 독점적 사용권을 허용함으로써 자격자의 권리 및 단체의 신뢰를 보호하고 그 독점사용에 따른 사회적 책임을 부과하며, 무자격자 등의 명칭 사칭으로 인한 사회적 해악을 방지하고자 하는 차원에서 제정되었다.

제정 당시에는 제8조에서 "한국은행과 본법에 규정된 금융기관만이 그 상호중에 은행 또는 그 업무를 표시함에 있어서 은행업, 은행업무의 문자를 사용할 수 있다"라고 적극적으로 규정하였으나, 제11차 개정시 제14조로 이관되고 "한국은행과 금융기관이 아닌 자는 그 상호 중에 은행이라는 문자를 사용하거나 그 업무를 표시함에 있어서 은행업 또는 은행업무라는 문자를 사용할 수 없다"라고 소극적으로 개정하였다.

〈참고〉 상호에 관한 개요

1. 상호의 의의

상호라 함은 상인이 영업상 자기를 표시하기 위하여 사용하는 명칭을 말하는 것으로, 상인을 위한 제도이기는 하나 일반대중과도 관계되며, 신용의 유지를 위하여 회사기업에서 먼저 발생한 것이다. 상호는 법률적으로 영업활동에서 발생하는 권리·의무의 귀속자인 상인을 표창하고 사회적·경제적으로 영업의 동일성을 표시하여 그 신용의 징표가 되는 기능을 수행하고 있다.

2. 상호의 선정

상호의 선정에 관하여는 영미법계의 상호자유주의, 프랑스·스페인·남미제국의 상호진실주의, 독일의 절충주의 등 세 가지 입법주의가 있다. 상법은 상호선정에 있어 자유주의를 원칙으로 하되(제18조), 그 밖에 적극적 또는 소극적인 방법으로 진실성을 요구하고 있다. 그러므로 절충주의에 가까운 것이라고 할 수 있다.

공공의 이익 또는 개인의 이익의 보호를 위하여 상호선정의 자유를 제한하는 경우는 다음과 같다.

(1) 회사의 상호

회사의 상호 중에는 그 종류에 따라 합명회사, 합자회사, 주식회사, 유한회사 등의 문자를 사용하여야 한다. 회사는 그 조직, 종류, 사원의 책임 등에 있어서, 거래관계를 가지는 일반대중의 이해와 관계되는 점이 적지 않으므로, 상호 중에 회사의 종류를 밝혀 둘 필요가 있기 때문이다.

이 밖에 은행업·보험업·신탁업을 영위하는 회사만이 그 상호 중에 각각 '은행', '신탁', '보험'의 문자 또는 이를 표시하는 문자를 사용할 수 있고, 보험회사는 다시 그 상호 중에 주로 영위하는 보험사업의 종류를 표시하여야 한다.

(2) 비회사 상인의 상호

회사가 아니면 상호에 회사임을 표시하는 문자를 사용하지 못한다. 회사의 영업을 양수한 때에도 동일하며, 위반한 때에는 과태료의 처분을 받게 된다. 여기서 '회사임을 표시하는 문자'라 함은 반드시 '회사'라는 문자를 지칭하는 것이 아니고, 일반인이 회사라고 인식할 만한 정도이면 충분하다. 또 은행·보험·신탁을 영업목적으로 하지 않는 자는 그 상호 중에 이러한 업자임을 표시하는 문자를 사용할 수 없다.

(3) 기업주체를 오인시킬 상호사용의 금지

누구든지 부정한 목적으로 타인의 영업으로 오인할 수 있는 상호를 사용하지 못한다(상법 제23조). 여기서 사용한다는 것은 계약의 체결, 문서상의 기명 등 법률상의 사용뿐만 아니라 간판, 광고 등 사실상의 사용도 포함된다. 부정의 목적으로 사용하는 이상 그 상호가 현실에 있어서 타인의 상호이든 아니든, 또 그 타인이 현재 영업중이든 아니든 불문하고 그 사용이 금지되는 것이다.

타인이 자기의 성명·상호 등을 사용하는 경우 불법행위의 요건이 갖추어지면 그것을 근거로 손해배상청구를 할 수 있으나(민법 제750조), 이 요건이 구비되지 않는 경우에도 상법(제23조②③)에 따라 사용폐지·손해배상의 청구를 할 수 있다. 이 밖에 부정목적 사용자에 대하여는 과태료의 처분이 있다.

소상인에 대하여는 상호에 관한 규정이 적용되지 아니하나(상법 제9조), 소상인이 부정한 목적으로 타인의 명칭을 사용한 경우에는 본 규정이 적용된다고 볼 수 있다.

(4) 부정경쟁방지법에 의한 상호사용의 제한

국내에서 널리 인식된 타인의 성명 및 상호와 동일 또는 유사한 것을 사용함으로써 영업상의 이익이 침해될 우려가 있거나 영업상의 시설 또는 활동과 혼돈을 일으키게 하는 경우에는 이의 사용의 중지를 청구할 수 있다(부정경쟁방지법 제4조). 이와 같은 행위를 한 자는 그로 인하여 영업상의 이익의 침해를 받은 자에 대하여 손해배상의 책임이 있다. 또한, 이와 같은 부정경쟁행위를 한 자에 대하여는 3년 이하의 징역 또는 3천만원 이하의 벌금에 상당하는 형사처벌을 가한다(동법 제5조, 제18조).

2. 은행 명칭의 사용금지

한국은행과 은행만이 그 상호 중에 은행이라는 문자를 사용하거나 그 업무를 표시함에 있어서 은행업 또는 은행업무라는 문자를 사용할 수 있다. 이에 따라 은행업을 영위한다고 하더라도 은행이라는 명칭을 사용하지 않아도 된다. 이는 은행에 대한 일반국민의 신뢰이익을 보호하기 위하여 상호선정에 있어 진실주의에 입각한 것이라고 할 수 있다. 이 조항에 위반한 자에 대하여는 1년 이하의 징역 또는 3,000만원 이하의 벌금에 처한다(제68조②).

그 밖에 한국산업은행, 중소기업은행, 한국수출입은행 등도 각각의 설립 및 인가 근거법에서 은행 명칭의 사용을 인정하고 있고, 유사한 명칭의 사용을 금지하고 있으며, 이를 위반한 자에 대하여는 일정한 제재를 가하고 있다.

3. 은행이 아닌 것이 확실한 경우

여기서 혈액은행, 안구은행 등과 같이 취급품목이 명백히 구별되며 사회적 인식이 확립되어 있는 경우까지 제한할 필요가 있는가 하는 문제가 제기된다.

이에 관련하여 독일 은행법에서는 연방금융감독청으로부터 은행업무 영위를 허가받은 금융기관만이 은행 또는 은행업자라는 명칭을 사용할 수 있으나(동법 제39조), 은행업을 영위한다는 외관을 나타내지 아니하는 상태에서 은행, 은행업자라는 문자를 사용하는 기업에 대하여는 이의 적용을 배제하도록 규정하고 있어(동법 제41조) 입법적으로 해결하였다. 다시 말하면 은행업을 영위한다는 외관을 나타내지 아니하는 한 은행 또는 은행업자라는 문자를 사용할 수 있다.

반면, 일본의 은행법(제6조②)에서는 "은행이 아닌 자는 그 상호 중에 은행이라는 표시를 한 문자를 사용하지 못한다"라고 적극적으로 규정하고 있으나 혈액은행, 안구은행 등과 같이 취급품목이 명백히 구별되며 사회적 인식이 확립되어 있는 경우까지는 제한할 필요가 없다고 보고 있다.

우리나라에서도 인혈채취기관은 그 상호 중에 은행이라는 문자를 사용할 수 없다는 의견도 있으나, 은행의 대외공신력 및 공공성에 대한 일반국민의 신뢰이익을 보호하기 위함이라는 '은행' 명칭 사용의 제한 취지를 고려하여 볼 때, 취급품목이 명백히 구별되고 금융과 명확히 별개의 개념이라는 사회적 인식이 확립되어 일반국민이 은행으로 오인할 우려가 전혀 없는 경우까지 '은행' 명칭의 사용을 금지할 필요성은 없다고 판단된다. 이는 현재까지 '골수은행', '문제은행' 등의 표현이 사용되어 왔음에도 불구하고, 이로 인하여 일반국민이 개념상 혼란을 일으키거나 금융업무를 담당하는 은행이 피해를 입은 적이 없는 사실에서 보더라도 당연하다.

4. 금지범위

'은행업', '은행업무'의 문자에는 '은행'이라는 문자뿐만 아니라 '뱅크', '뱅킹', 'bank', 'banking' 등 일반국민으로 하여금 은행으로 오인시킬 수 있는 문자까지도 포함한다고 해석하여야 할 것이다.

5. 기타 문제

여기서 은행업과 증권업 겸영체제를 취하는 국가의 은행이 증권업만의 영위를 위하여 우리나라에 지점이나 사무소를 설치하는 경우, 은행 문자가 포함된 본점 상호의 사용과 관련하여 이 조와의 저촉문제가 발생한다. 우리나라에서 은행업 이외에 증권업을 겸영업무로 인가를 받아 영위하는 경우에는 은행 명칭을 사용할 수 있겠으나, 증권업만을 영위하면서 은행 명칭을 사용하는 경우에는 이를 위반하는 것으로 보아야 한다는 의견이 있을 수 있다. 그러나 이는 어디까지나 감독당국이 정책적으로 결정할 문제이다. 지점의 명칭은 본점의 상호와 다른 명칭을 사용할 수 없다는 점을 감안할 때 은행 명칭의 사용이 부득이하다고 보는 것이 타당하다.

그 밖에 2003. 2월 사단법인 '함께 만드는 세상'이 설립한 사회연대은행이 은행 명칭을 사용하는 것이 적정한가 하는 문제가 제기된다. 동 사회연대은행은 빈곤층 및 사회취약계층의 자활·자립을 지원함으로써 자활의지를 높이고 사회연대의식을 고취하기 위한 목적으로 설립된 것으로, 영리가 아닌 빈곤층 지원을 목적으로 하고 있고 회비, 기부금 및 후원금, 사업수익금으로 조달된 자금을 빈곤층에게 대출하는 형태로 운영되는 점에 비추어 은행법상 금융기관이라고 보기는 곤란하는 견해가 있을 수 있다. 그러나 동 은행의 주요 업무인 마이크로크레딧의 경우 불특정다수인을 상대로 소액대출을 포함하여 소액의 예금·송금 등의 서비스를 제공하고 있어 업무성격이 유사하여 은행법상의 은행업을 영위하는 것으로 오인할 우려가 있다. 그러므로 동 사회연대은행이 은행이라는 명칭을 사용하는 것은 이 조에 위반된다고 할 수 있다. 은행이라는 명칭을 계속 사용하고자 할 경우에는 예금 및 대출업무 영위를 중단하여야 할 것이다.

제 3 장

금융기관주식의 보유한도 등

이 장은 금융기관 지배구조의 핵심인 주주의 주식보유한도와 대주주의 자격승인제도 등을 규정한 것으로, 동일인의 주식보유한도(제15조), 한도초과 주식의 의결권 제한 등(제16조), 비금융주력자의 주식보유제한 등(제16조의2), 전환계획에 대한 평가 및 점검 등(제16조의3), 한도초과 보유주주에 대한 적격성심사 등(제16조의4) 및 소수주주권행사(제17조) 등 6개 조문으로 구성되어 있다.

Ⅰ. 총 설

1. 은행소유규제의 개관

시장경제체제하에서 금융기관 주식의 소유 또는 보유나 그 의결권행사를 국가안전보장, 질서유지, 공공복리 등 헌법상 보장된 기본권제한 사유에 해당되지 않음에도 불구하고, 은행법의 규정에 따라 제한하는 것은 헌법상 보장된 국민의 재산권에 대한 침해라는 비난의 소지가 크다. 그러나 은행은 다른 산업과는 달리 일반적 결제수단인 통화를 창출하며 통화정책의 주요채널이 된다는 점, 그 자산의 대부분이 유동자산으로 구성되어 있어 자산이동이 쉽고 빈번하다는 점, 자기자본의 비중이 낮고 대부분 예금이나 금융채 등으로 조성된 타인자본을 기초로 하여 운영된다는 점, 그 산출물에 대한 가격규제가 오랫동안 행해져 왔고 예금보험이라는 형태로 은행의 부채에 대하여 정부가 명시적·암묵적으로 지급보증한다는 점 등의 특징을 가지고 있기 때문에 은행주식의 소유 또는 보유를 규제하는 것은 공공복리를 위한 재산권의 제한으로 정당화될 수 있다는 견해도 있다(헌법 제119조②).[26] 특히, 은행소유규제를 하는 것이 은행의 경영에 긍정적인 영향을 미치는지에 대해서는 의견이 분분할 수 있다.

이와 관련하여 은행의 주식소유규제를 완화하자는 견해는 소유지분에 대한 엄격한 규제가 경영에 책임을 지는 대주주의 출현을 원천적으로 제한하여 경영권 창출을 어렵게 하고, 경영감독기능의 공백을 초래하여 은행의 부실화를 초래한다고 주장한다. 그러나 소유제한의 완화는 현실적으로 산업자본의 은행지배를 초래함으로써 은행이 사금고화될 위험이 크고, 대주주의 존재가 경영성과를 향상시킨다는 실증적 증거가 없을 뿐만 아니라, 선진국의 경우에도 은행주식소유는 광범위하게 분산되어 있다는 점 등을 이유로 현실적으로 막대한 은행차입을 안고 있는 산업자본에게 은행의 대주주지위를 허용하기는 곤란하다는 지적도 만만치 않다.

우리나라에서도 이에 대한 논란이 끊이지 않고 있다. 즉, 산업자본에 의한 은행주식소유를 허용해야 된다는 입장에서는 1997년 외환위기 이후 급증한 외국자본의 국내은행 진출 확대로 유사시 감독당국의 정책효율성 저하가 우려되고, 국내 기업정보의 해외유출 등 부작용도 배제할 수 없으며 연기금, 사모투자펀드 등은 외국자본의 은행산업 지배에 대응하기 위한 대안자본으로서 미흡한 반면, 산업자본은 외환위기 이후 재무구조 및 수익성이 대폭 개선되고 여유자금이 크게 증가한 점을 그 이유로 들고 있다. 특히, 은행의 국제경쟁력 제고를 위해서는 지배주주를 통하여 책임경영체제를 확립하고 경영효율성을 제고할 필요성이 있다면서, 지배주주가 존재하지 않을 경우에는 경영진 감시 및 견제가 취약할 뿐만 아니라, 이윤추구 동기가 약해져 경영효율성이 저하될 우려가 큰 반면, 지배주주후보군이 많아지면 금융산업의 역동성이 제고되어 경영효율성이 높아질 수 있으며, 금융회사의 경우 감독기관의 건전성 감독을 통해 부작용을 방지할 수 있다는 의견이다.

각종 규제는 규제환경의 변화와 같은 속도와 방향으로 진화되어야 한다. 산업자본의 은행주식소유 역시 예외일 수 없다. 따라서 산업자본과 금융자본의 결합에 대한 과도한 규제를 완화하여 자유로운 경제적 선택을 가능하게 함으로써, 실물부문과 금융부문간의 여유자원을 합리적으로 배분하여 효율성을

---

26) 유윤하, "은행주식소유제한에 관한 소고," 『KDI 정책연구 2001(Ⅰ, Ⅱ)』, 한국개발연구원, 10-11면.

제고할 필요가 있다. 이를 위하여 산업자본의 금융회사 지배로 인하여 야기되는 경쟁력 없는 계열기업의 퇴출 지연 등 시장메커니즘에 역행하는 등의 부작용을 예방하기 위해 대주주 신용공여 제한, 대주주거래의 이사회 의결 및 공시 등 대주주와의 부당거래를 방지하기 위한 제도적 장치(arm's length relationship)와 시장규율(market discipline)에 의한 감시기능을 강화하고 대주주의 전횡을 방지하기 위한 제도적 장치를 강구하는 등의 노력을 기울여야 할 것이다.

〈참고〉 주요국의 은행소유규제 현황

구 분	주 요 내 용
미 국	○ 은행 또는 은행지주회사 주식을 취득할 때 승인이 필요한 경우 • 25/100 이상 보유 • 10/100 이상으로서 최대주주 • 은행지주회사가 은행 또는 타 은행지주회사 주식의 5/100를 초과하여 소유 ○ 산업자본과 은행업을 분리 : 은행지주회사는 은행업과 밀접한 관련이 없는 업무를 영위하거나 동 업무를 영위하는 회사 주식의 보유·지배 금지 • 다만 Gramm-Leach-Bliley Act(1999년)에 따라 비금융회사가 은행을 취득하여 금융지주회사로 전환하는 경우는 인정 ○ 주요주주는 은행 의결권 주식의 10/100 이상을 직·간접적으로 소유하는 자로 정의되고 임원에 준하여 감독 • 일반여신과 동등한 여신조건 유지 • 이사회승인·공시 등 은행 내외의 감시·통제 ○ 은행관계사(주요주주의 계열회사, 자회사 등)에 대해 은행에 준하는 검사 실시
독 일	○ 10/100, 20/100, 33/100, 50/100 이상 취득시 승인 ○ 주요주주와의 거래에 대한 감독 • 이사회·감사의 승인 • 비시장적 거래조건 또는 담보 불충분시 자기자본에서 차감
영 국	○ 15/100, 50/100, 75/100 초과시 : 승인 * 5/100 ~ 15/100 이하 : 신고
프랑스	○ 10/100, 20/100, 33/100 초과시 : 승인 * 5/100 초과 ~ 10/100 이하 : 신고

구 분	주 요 내 용
일 본	〈은행법〉 ㅇ 5/100 초과시 : 신고, 주요주주 : 인가 • 주요주주 기준치 : 20/100 이상이나, 재산 및 영업방침에 중요한 영향을 미칠 것으로 추측되며, 기업회계원칙상 실질적인 영향력이 있는 것으로 인정되는 경우에는 15/100 이상 ㅇ 은행 주요주주에 대해 보고서 징구, 임점검사 실시 〈독점금지법〉 ㅇ 취득주체별로 금융기관주식의 취득을 제한 • 非금융회사 : 실질적 경쟁제한시 금지(공정거래위원회가 판단) • 개인 : 제한 없음 • 금융기관 : 5/100 이내(보험사는 10/100 이내)

2. 우리나라의 은행소유규제

해방후 일본인이 소유하였던 금융기관이나 그에 속했던 모든 금융자산이 정부에 귀속됨에 따라 정부가 지배주주로서 은행을 포함한 모든 금융기관을 관리하게 되었다.[27] 이에 1954. 8. 15. 은행법 시행 이후 일반은행을 민영화하여 자율적 운영을 도모하는 것이 당면과제로 대두되었고, 정부는 1954. 10. 14. 일반은행의 민영화를 위하여 「은행귀속주 불하요강」을 발표하였으며, 1957. 2월 불하가 완료되어 민영화가 완료되었다.[28]

그러나 정부 불하 은행주식을 낙찰받은 사람들은 수입통제하의 수입면허로 거액의 돈을 벌어들인 소수의 기업가들이어서 이들이 책임경영을 할 수 있을지에 대한 의문이 있었다.

이러한 상황에서 1961. 5. 16. 군사정변을 통해 집권한 군사정부는 1961. 6. 「부정축재처리법」과 대주주의 의결권 제한 등을 주요 내용으로 하는 「금융기관에대한임시조치법」을 제정하였으며, 그해 10월 은행의 대주주들이 불법적

27) 8 · 15 해방으로 국내의 모든 일본 재산이 미군정에 의해 몰수되었으며, 정부수립 후인 1948. 9. 11. 체결된 '대한민국정부와 미국 정부간의 재정 및 재산에 관한 최초협정'에 따라 우리 정부로 이양되었다.

28) 조흥은행, 한국상업은행, 한국저축은행(현 제일은행), 한국흥업은행(구 한일은행) 등 4개 일반은행이 민영화되었다.

으로 재산을 은닉하였다는 이유로 「부정축재처리법」에 따라 그들 소유의 은행주식을 전부 환수하고 경영권을 정부에 귀속시켰다. 정부가 일반은행을 국유화한 현실적인 이유는 은행주식을 보유함으로써 경제개발자금을 용이하게 조달하고, 은행을 지배하는 소수의 재벌에 의한 경제력 집중을 방지하고자 하는데 있었다.[29] 이로써 일반은행은 민영화된지 약 4년만에 다시 정부의 관리하에 들어가게 되었다.

1980년대 들어 정부는 경제개발 과정에서 국유화되었던 일반은행 경영의 자율성 확보를 통한 효율성 제고를 위해 1981~1983년에 걸쳐 5개 시중은행을 민영화하였고,[30] 은행의 경영자율화를 위해 금융기관에대한임시조치법을 폐지하였으며, 민영화된 은행이 대주주의 사금고화되는 것을 방지하고 은행의 공공성을 확보하기 위하여 제6차 은행법 개정시 동일인 주식보유한도제도를 도입하였다.[31] 이로 인해 금융기관에대한임시조치법 당시 의결권만이 10/100으로 제한되었으나, 보유 및 의결권의 범위가 8/100로 보다 엄격하게 제한되었다.

이후 산업자본의 은행지배 방지원칙을 견지하면서 금융자율화와 함께 책임경영체제를 강화하기 위한 제도적 장치 마련을 위해 꾸준히 노력하여 왔다. 즉, 제8차 은행법 개정시 금융자본의 육성과 은행의 책임경영 확립을 도모하고자 '금융전업기업가제도'가 도입되고, 금융전업기업가가 아닌 동일인의 주식보유한도도 축소(8/100 → 4/100)되었다. 그러나 금융업만을 영위하는 개인(30대 계열 관련자 제외)으로 하고, 주식매입자금도 자기자금으로 한정하는 등 엄격한 요건으로 인해 실제로 금융전업기업가는 출현하지 못하였으며, 은행소유규제만 강화되는 결과가 초래되었다.

---

29) 한국의 은행 100년사, 우리은행・한국금융학회, 2004, 357면.

30) 구체적으로는 대주주의 주식보유비율이 상대적으로 낮고 경영성과가 양호한 한국상업은행이 1972. 5. 민영화되었으며, 한일은행(1981. 7), 서울신탁은행(1982. 9), 제일은행(1982. 9), 조흥은행(1983. 3)이 차례로 민영화되었다.

31) 동일인 주식보유한도를 8/100로 설정한 근거를 찾아보기는 어렵다. 당초 정부는 동일인 주식보유한도를 안정주주층의 형성에 의해 상호견제에 의한 경영이 가능하도록 하고, 금융기관에대한임시조치법에서 의결권행사한도를 10/100으로 제한한 점을 감안하여 10/100으로 설정하는 은행법 개정안을 국회에 제출하였으나, 국회상임위원회(재무위원회) 심의과정에서 8/100로 하향조정하였다. 이 과정에서 동일인 주식보유한도를 7/100이나 5/100로 설정하자는 소수의견도 있었다(은행법중개정법률안 심사보고서, 국회 재무위원회, 1982. 12, 28-29면).

외환위기 직후 산업자본의 은행지배를 방지하는 가운데 외자유치를 통한 은행의 자본확충을 지원하기 위해 제11차 개정시 외국금융기관에게 4/100 초과하는 주식의 보유를 허용하고, 내국인은 외국인 대주주가 있는 경우에 한해 4/100 초과보유를 허용하였다. 또한, 4/100를 초과하면 금감위에 신고하도록 하고, 금감위의 승인을 얻은 경우에 한하여 10/100, 25/100, 33/100를 초과하여 보유할 수 있도록 하였다.

그 후 제20차 개정시 은행의 책임경영체제 확립 및 내국인 역차별의 문제 등 그 동안 제도운영 과정에서 나타난 미비점을 개선·보완하고, 건전한 금융자본의 출현을 유도하며 책임경영을 촉진하는 다음과 같은 장치가 마련되었다.

첫째, 동일인의 은행에 대한 주식보유한도가 4/100에서 10/100으로 상향조정되는 등 은행에 대한 사전적인 소유제한이 완화되고, 4/100~10/100 보유시 금감위에 사후보고하도록 하며, 동일인이 금감위의 승인을 얻은 경우 10/100을 초과하여 은행 주식을 보유할 수 있다(제15조).

둘째, 비금융주력자(산업자본)에 의한 은행지배를 방지하기 위하여 비금융주력자가 4/100를 초과하여 은행의 주식을 보유한 경우 그 초과보유한 주식의 의결권을 행사할 수 없도록 하고, 비금융주력자는 10/100을 초과하여 은행의 주식을 보유할 수 없도록 하되, 비금융주력자가 금감위에 2년 이내에 금융주력자로 전환하기 위한 계획을 제출하여 승인을 얻은 경우와 외국인의 금융기관에 대한 주식보유비율 범위 이내에서 주식을 보유하는 경우에는 예외를 인정하였다(제16조의2).

셋째, 10/100을 초과하여 은행주식을 보유한 주주에 대하여는 금감위가 그 적격 여부를 심사할 수 있도록 하고, 심사결과 부적격자에 대하여는 초과보유한 은행주식의 처분을 명할 수 있다(제16조의4).

넷째, 은행의 대주주에 대한 신용공여제한을 강화하고, 은행으로 하여금 일정 금액을 초과하여 당해 은행의 대주주가 발행한 주식을 취득할 수 없도록 하는 등 은행과 은행 대주주에 대한 감독을 강화하여 은행의 사금고화를 방지하였다(제35조의2, 제35조의3).

다섯째, 이 법에 의한 신용공여한도, 주식취득한도 등을 위반한 은행에 대한 과징금제도가 새로 도입되고, 비금융주력자 등이 주식처분명령을 이행하지 아니하는 경우 이행강제금을 부과할 수 있도록 하였다(제65조의3~9).

3. 주식매수주체의 형태와 관련된 쟁점

(1) 주식매수주체의 다양성

은행법은 은행주식을 매수하는 주체가 비금융주력자인지 여부와 비금융주력자가 아닌 경우에는 그 주체의 법적 성격에 따라 한도초과보유요건을 달리 규정하고 있다. 그런데 동일인 중에는 여러 가지 주체가 있을 수 있고, 각각 별개의 동일인이라고 하더라도 계약 등에 의해 공동으로 의결권행사를 예정한 경우에도 동일인의 범주에 포함될 수도 있을 것이다(시행령 제1조의4제9호). 또한, 은행주식을 매수하는 방법도 여러 주체가 특수목적회사(Special Purpose Vehicle; SVP)를 설립하고, 동 특수목적회사 명의로 은행주식을 매수하거나 투자회사를 통해 매수하는 등의 여러 방법이 있을 수 있다. 이러한 경우 한도초과보유요건의 충족 여부 판단과 관련하여 여러 가지 의문점이 제기된다.

이하에서는 이미 존재하는 일정한 인적 관계가 있는 경우를 '개별동일인'이라 하고, 합의 또는 계약 등을 통해 의결권을 공동으로 행사하는 경우의 동일인을 '의제동일인'이라 부르기로 한다.

(2) 매수주체가 개별동일인인 경우

1) 일반적인 경우

매수주체가 개별동일인인 경우에는 그 개별동일인이 금융주력자인지 비금융주력자인지를 구분하여 판단하면 되고, 금융주력자인 경우에는 그 법적 성격을 은행법 시행령의 별표에 따라 구분하여 판단하면 된다.

2) 일반법인인 SPV를 통하여 매수하는 경우

외국인의 경우에 주로 세제나 법률상의 제한을 피하기 위하여 SPV(특수목적회사, 상법상의 일반법인)를 설립하고, 그 SPV가 은행주식을 매수하는 형태를 취한다. 이러한 경우 SPV는 형식적으로는 그 설립주체와 분리되어 법적으로 은행주식을 취득·보유하는 별개의 법인격체이나 실질적으로는 그 설립주체가 은행주식을 취득하기 위한 매개체에 불과하므로, 은행법상 은행주식의 보유한도 및 초과보유승인에 관한 규정을 SPV에 적용함에 있어서는 SPV의 법인격을 부인하고, SPV 자체가 아니라 SPV에 대한 의결권지분과 관계없이 SPV에 재산을 출연한 자 전체에 대하여 판단하여야 할 것이다.

3) 투자회사를 통하여 매수하는 경우

간접투자자산운용업법(제88조)상 투자회사는 원칙적으로 자산총액의 100분의 20을 초과하여 동일 종목의 유가증권에 투자할 수 없고, 동일한 회사가 발행한 주식총수의 100분의 10을 초과하여 투자할 수 없다. 여기서 투자회사나 의결권행사를 위탁받은 자산운용회사 또는 그와 증권거래법 시행령(제10조의3②・④)상의 특별관계자의 지위에 있는 자가 당해 간접투자재산인 주식을 발행한 법인을 공정거래법에서 정하는 계열회사로 편입하고자 하는 경우 또는 당해 간접투자자산인 주식을 발행한 법인이 당해 자산운용회사 및 당해 투자회사와 공정거래법에 의한 계열회사 관계에 있는 경우 등에 있어서는, 원칙적으로 간접투자자산인 주식을 발행한 법인의 주주총회에 참석한 주주가 보유하고 있는 주식수에서 간접투자자산인 주식 수를 차감한 주식수의 의결내용에 영향을 미치지 아니하도록 의결권을 행사(shadow voting)해야 한다(간접투자자산운용법 제94조①; 동법 시행령 제79조①). 이 경우 투자신탁재산의 의결권 등 권리는 자산운용회사가 행사할 수 있으므로, 원칙적으로 자산운용회사를 중심으로 은행주식의 보유한도 및 초과보유승인에 관해 판단하여야 할 것이다.

4) 신탁회사를 통하여 매수하는 경우

신탁업법상 신탁회사는 신탁재산에 속하는 금전을 주식 등에 운용할 수 있고(동법 제15조의2), 신탁재산으로 취득한 주식에 관한 권리는 신탁회사가 행사할 수 있다(동법 제17조의7). 이 경우 수익자를 위하여 신의에 따라 성실하게 행사하여야 한다. 특히 신탁재산인 주식을 발행한 법인의 합병, 영업의 양도・양수, 임원의 선임 등의 경우를 제외하고는 신탁재산인 주식을 발행한 법인의 주주총회의 참석 주식수에서 신탁재산인 주식수를 차감한 주식수의 의결내용에 영향을 미치지 아니하도록 의결권을 행사하여야 한다(동법 제17조의8). 따라서 신탁회사를 통하여 매수하는 경우에는 신탁회사를 중심으로 판단하여야 할 것이다. 그러나 신탁재산인 주식을 발행한 법인이 자기 주식을 확보하기 위하여 신탁계약에 따라 신탁회사로 하여금 취득하게 하는 경우처럼, 위탁자의 운용지시에 따라 신탁재산을 운용하는 특정금전신탁의 경우에는 위탁자도 판단대상에 포함시켜야 한다.

(3) 개별동일인들이 컨소시엄을 구성하는 경우

여러 개별동일인들이 은행주식을 보유하기 위하여 구성된 컨소시엄(consortium)의 경우는 법적 성격이 다른 동일인, 즉 개인과 일반법인, 또는 외국인과 내국인들로 구성될 수 있고, 또 구성원들 모두가 금융주력자이거나 비금융주력자인 경우, 아니면 금융주력자와 비금융주력자가 혼재한 경우가 있을 수 있다. 또한, 컨소시엄의 형태에 있어서도 SPV를 통하여 취득하는 경우나, 투자자들 간에 의결권 공동행사에 관한 약정을 체결하고 투자자가 직접 참여하는 경우가 있을 수 있다.

이러한 컨소시엄은 은행법상 하나의 (상위) 동일인으로 취급되는데, 이 때 동일인인 컨소시엄 내의 누구를 기준으로 비금융주력자 해당 여부를 판단하고, 누구를 기준으로 한도초과보유에 따른 승인요건을 적용할 것인지가 문제된다. 이러한 경우에는 컨소시엄 내에서 누구의 보유비율이 가장 높은지 여부뿐만 아니라, 구체적으로 누가 의결권행사에 가장 큰 영향을 미치는지 여부도 고려하여 개별적으로 판단하여야 할 것이다.

비금융주력자인지 여부는 일단 동일인에 해당하는 모든 비금융회사의 자산 및 자본총액을 계산하여 판단하여야 할 것이다.

Ⅱ. 동일인의 주식보유한도 등(제15조)

① 동일인은 금융기관의 의결권있는 발행주식총수의 100분의 10을 초과하여 금융기관의 주식을 보유할 수 없다. 다만, 다음 각호의 1에 해당하는 경우와 제3항 및 제16조의2제3항의 경우에는 그러하지 아니하다.

1. 정부 또는 예금자보호법에 의한 예금보험공사가 금융기관의 주식을 보유하는 경우
2. 지방금융기관의 의결권있는 발행주식총수의 100분의 15 이내에서 보유하는 경우

② 동일인(대통령령이 정하는 자를 제외한다)은 다음 각호의 1에 해당하게 된 때에는 대통령령이 정하는 바에 따라 금융감독위원회에 보고하여야 한다.

1. 금융기관(지방금융기관을 제외한다. 이하 이 항에서 같다)의 의결권있는 발행주식총수의 100분의 4를 초과하여 주식을 보유하게 된 때
2. 제1호에 해당하는 동일인이 금융기관의 최대주주가 된 때
3. 제1호에 해당하는 동일인의 주식보유비율이 금융기관의 의결권있는 발행주식총수의 100분의 1 이상 변동된 때

③ 제1항 각호 외의 부분 본문의 규정에 불구하고 동일인은 다음 각호의 구분에 의한 한도를 각각 초과할 때마다 금융감독위원회의 승인을 얻어 금융기관의 주식을 보유할 수 있다. 다만, 금융감독위원회는 은행업의 효율성과 건전성에의 기여 가능성, 당해 금융기관 주주의 보유지분분포 등을 감안하여 필요하다고 인정되는 때에 한하여 각호에서 정한 한도 외에 별도의 구체적인 보유한도를 정하여 승인할 수 있으며, 동일인이 그 승인받은 한도를 초과하여 주식을 보유하고자 하는 경우에는 다시 금융감독위원회의 승인을 얻어야 한다.
1. 제1항 각호 외의 부분 본문에서 정한 한도(지방금융기관의 경우에는 제1항제2호에서 정한 한도)
2. 당해 금융기관의 의결권있는 발행주식총수의 100분의 25
3. 당해 금융기관의 의결권있는 발행주식총수의 100분의 33

④ 금융감독위원회는 제3항의 규정에 의한 승인을 하지 아니하는 경우에는 대통령령이 정하는 기간 이내에 신청인에게 그 사유를 명시하여 통지하여야 한다.

⑤ 제3항의 규정을 정함에 있어서 금융기관의 주식을 보유할 수 있는 자의 자격, 주식보유와 관련한 승인의 요건·절차 그 밖에 필요한 사항은 당해 금융기관의 건전성을 저해할 위험성, 자산규모·재무상태의 적정성, 당해 금융기관으로부터의 신용공여규모, 은행업의 효율성과 건전성에의 기여 가능성 등을 감안하여 대통령령으로 정한다.

⑥ 투자회사가 제3항의 규정에 의한 승인을 얻어 금융기관의 주식을 보유하는 경우 당해 투자회사에 대하여는 「자본시장과금융투자업에관한법률」 제81조제1항제1호가목 및 다목의 규정을 적용하지 아니한다.

1. 동일인 주식보유한도 및 그 예외

(1) 동일인 주식보유한도

동일인은 은행의 의결권있는 발행주식총수의 10/100을 초과하여 은행의 주식을 보유할 수 없다(제15조① 본문). 주식의 '보유'라 함은 동일인이 자기 또는 타인의 명의로 주식을 소유하거나 계약 등에 의하여 의결권을 가지는 것을

말한다(제2조①제9호다목 참조). 또한 '타인의 명의로 주식을 소유'하는 경우라 함은 동일인의 계산으로 취득하여 제3자의 명의로 소유하는 경우로서, 이에 대한 예로는 동일인이 신탁회사에 특정금전신탁을 하고 신탁회사가 동일인의 운용지시에 의하여 은행주식을 취득한 경우, 동일인이 은행주식을 신탁재산으로 신탁회사에 신탁한 경우, 제3자가 동일인을 위하여 동일인의 계산으로 은행주식을 취득한 경우, 동일인이 주식취득자금을 출연하고 당해 주식취득에 따른 손익이 동일인에 귀속하는 경우 등을 들 수 있다. 그리고 '계약 등에 의하여 의결권을 가지는 것'이라 함은 의결권행사와 관련하여 대리 또는 의결권신탁(voting trust) 계약을 체결한 경우를 말한다.

한편, 은행법 시행령(제1조의4제9호)에서는 동일인과 합의 또는 계약 등에 의하여 의결권을 공동으로 행사하는 자나 의결권의 행사를 지시할 수 있는 자들을 특수관계인으로 규정하고 있다. 여기서 동일인이라 함은 본인과 그 특수관계인을 포괄하는 개념으로, 외국인에게는 10/100의 보유지분한도를 허용하면서 내국인에 대해서는 4/100 이내로 제한하는 것이 내국인에 대한 역차별이라는 지적이 있어 이를 시정하는 차원에서 동일인의 은행소유지분한도를 10/100으로 확대하였다. 이 때 주식에는 동일인이 자기명의로 소유하고 있는 주식 뿐만 아니라 타인명의로 소유하거나 계약 등에 의하여 의결권을 가지는 주식(보유주식)이 모두 포함된다(제2조제9호다목). 특히, 동일인과 합의 또는 계약 등에 의하여 금융기관의 발행주식에 대한 의결권(의결권의 행사를 지시할 수 있는 권한 포함)을 공동으로 행사하는 자도 동일인의 범위에 포함시킴으로써 동일인의 범위를 너욱 넓게 확장시켰다. 또한, 10/100의 산출기준으로 '의결권있는 발행주식 총수'라고 규정하고 있으므로 무의결권 우선주와 같이 상법(제369조, 제370조)상 의결권이 없는 주식은 당연히 포함되지 않는다. 자기주식의 경우는 주식의 성질상 의결권이 박탈되는 것이 아니고, 그 소유자가 발행회사이기 때문에 의결권행사가 제한되는 것이므로 의결권있는 발행주식수에 포함되어야 한다. 아울러 당사자의 약정이나 담보제공 등의 이유로 의결권행사가 제한된 주식의 경우에도 의결권있는 발행주식수 계산에는 포함된다.

(2) 예 외

동일인이 은행의 의결권있는 발행주식총수의 10/100을 초과하여 보유할 수 있는 경우는 다음과 같다.

1) 정부 또는 예금보험공사가 은행주식을 보유하는 경우(제15조① 단서 제1호)

정부는 특수은행의 일반은행 전환,[32] 부실은행에 대한 출자[33] 등의 사유로 동일인 주식보유한도를 초과하는 경우가 있고,[34] 예금보험공사의 경우에도 부실은행에 대한 출자로 인해 동일인 주식보유한도를 초과하는 경우가 있다. 이와 같이 정부나 정부로부터 특정 목적을 위임받은 예금보험공사의 경우는 규제목적에 비추어 규제할 대상이 아니므로, 동일인 주식보유한도 적용대상에서 제외한 것이다.

2) 동일인이 지방은행의 의결권있는 발행주식총수의 15/100 이내에서 보유하는 경우(제15조① 단서 제2호)

지방은행의 경우에는 지역자본의 집대성에 의한 지역경제개발 지원의 필요성과 지방은행의 증자추진 등에의 애로 등을 감안하여 동일인 주식보유한도를 설정하지 않았다가, 자본시장의 활성화 및 은행주식의 대중화 등으로 이러한 문제가 어느 정도 해소되어 제7차 개정시 동일인 주식보유한도를 의결권있는 발행주식총수의 15/100로 설정하였다.

3) 금융감독위원회의 승인을 받은 경우(제15조③)

종전 조항과 달리 내국인과 외국인을 구별하지 아니하고, 금감위의 승인을 얻으면 금융기관의 의결권있는 주식을 10/100을 초과하여 보유할 수 있다.

4) 은행지주회사의 경우(금융지주회사법 제13조)

은행지주회사는 은행법 제15조제1항 본문의 규정에도 불구하고 의결권있는 발행주식총수의 10/100을 초과하여 은행의 주식을 보유할 수 있다(금융지주

---

32) 한국외환은행(1989. 12), 국민은행(1995. 1), 한국주택은행(1997. 8) 등이 특수은행에서 일반은행으로 전환되었다.

33) 금감위는 금산법(제12조①)에 따라 정부 또는 예금보험공사에 대하여 부실금융기관에 대한 출자를 요청할 수 있으며, 예금보험공사는 예금자보호법(제38조의2)에 따라 부실우려 금융기관 또는 부실 금융기관에 대하여 출자할 수 있다.

34) 1982. 12. 동일인 주식보유한도가 설정될 당시 종전 정부가 대주주였던 5개 시중은행 중 4개 은행의 민영화가 완료되었으나, 조흥은행의 경우에는 1983. 3. 민영화가 이루어졌기 때문에 동일인 주식보유한도 설정 이후에도 정부가 대주주였다.

회사법 제13조). 금융지주회사가 금융기관을 지배하기 위해 설립된 회사라는 측면에서 당연한 조항이라 하겠다.

(3) 비금융주력자의 경우

금융주력자가 아닌 비금융주력자에 대해서는 10/100까지 금융기관의 주식보유를 허용하되, 4/100 초과분에 대해서는 의결권이 제한된다. 다만, 비금융주력자라 하더라도 2년 이내에 금융주력자로 전환하고자 하거나, 외국인의 당해 금융기관 주식보유비율 범위 내에서 주식을 보유하는 경우에는 금감위의 승인을 얻어 10/100을 초과하여 보유할 수 있다. 이에 대해서는 은행법 제16조의2항에서 구체적으로 설명한다.

(4) 금융기관의 주주확인 및 보고의무

동일인이 10/100을 초과하여 주식을 소유하거나 사실상 지배하고 있는지 여부는 주식의 실명거래제 실시와 함께 사실상 지배관계에 있는 자의 범위, 그의 주식취득에 관한 정보체계가 확립되어야만 확인이 가능하다. 금융기관은 동일인이 보유하는 주식의 범위를 확정하기 위하여 관련주주에 대하여 필요한 자료의 제출을 요구할 수 있고(시행령 제4조①), 자료제출요구를 받은 관련주주가 자료제출을 요구받은 날부터 10일 이내에 자료를 제출하지 아니하거나 허위의 자료를 제출한 경우에는 금융기관이 알고 있거나 얻을 수 있는 자료를 근거로 동일인이 보유하는 주식의 범위를 확정한다(시행령 제4조②). 금융기관은 동일인이 보유하는 주식의 범위를 확정한 경우 관련주주에게 이를 통지하여야 하며, 주식보유지분이 상위 50위 이내에 있는 동일인의 당해 금융기관 주식보유 현황을 주주총회 개최를 위한 주주명부의 폐쇄일 또는 기준일로부터 1월 이내에 금감원장에게 보고하여야 하고(시행령 제4조③; 시행세칙 제11조①), 금감원장은 금융기관이 확정한 동일인이 보유하는 주식의 범위에 오류가 있다고 인정되는 경우 관련주주에 대하여 직접 필요한 자료의 제출을 요구할 수 있다(시행령 제4조④).

또한, 금융기관은 동일인이 이 법(제15조① 및 제16조의2)에서 정하는 한도를 초과하여 주식을 보유하고 있는 사실을 알게 된 경우 지체없이 그 사실을 금감원장에게 보고하여야 한다(시행세칙 제11조②).

2. 사후보고

제20차 개정으로 동일인의 금융기관에 대한 주식보유한도가 4/100에서 10/100으로 상향조정된 반면, 4/100 초과 10/100 이내에서 보유주식의 비율에 변동이 있는 경우에는 사후보고하도록 하였다.[35]

(1) 사후보고 사유

금융기관의 의결권있는 발행주식총수의 4/100를 초과하여 주식을 보유하게 되거나 동일인이 금융기관의 최대주주가 된 때, 또는 동일인의 주식보유비율이 금융기관의 의결권있는 발행주식총수의 1/100 이상 변동된 경우에는 주식취득 또는 매각 등 동일인의 행위로 인하여 발생하지 않은 경우라 하더라도 이를 보고할 의무가 있다. 즉 주식소각, 주주배정 유상증자시 실권 또는 다른 자가 보유하고 있는 전환사채의 전환 등의 사유로 보고사유에 해당되는 경우에는 이를 보고하여야 한다.

(2) 보고절차

동일인은 보고사유가 발생한 경우 그 사유에 해당하게 된 날 또는 금융기관의 주식을 취득하거나 매각하지 아니하였음에도 불구하고 보고사유에 해당하게 된 사실을 안 날로 부터 5일 이내에 그 주식보유 상황 또는 주식보유비율의 변동상황을 금감위에 보고하여야 한다(제15조②; 시행령 제4조의2②). 이러한 사후보고의무는 지방은행의 의결권있는 주식을 15/100까지 보유하는 경우에는 적용되지 않는다(제15조①제1호 참조). 즉, 지방은행의 의결권있는 발행주식총수의 15/100까지는 아무런 보고나 신고 또는 승인없이 보유할 수 있다. 또한, 정부나 예금보험공사가 시중은행의 주식을 보유하는 경우에도 이 사후보고의무는 적용되지 않는다(제15조② 본문 및 시행령 제4조의2①).

---

35) 2002년 은행법 개정 전에는 일정한 자격요건을 갖춘 외국인이 4/100를 초과하여 10/100까지 취득하는 경우에는 금감위의 사전신고 수리하도록 되어 있었다(개정전 은행법 제15조② 및 ⑥).

3. 한도초과보유 승인

(1) 승인제도의 취지

앞에서 살펴본 바와 같이 동일인의 금융기관에 대한 주식보유한도를 일정비율로 제한한 반면, 건전한 금융자본의 출현 및 은행의 책임경영체제 확립을 위해 금감위의 승인을 얻으면 일정비율 이상 보유할 수 있도록 하였다. 이와 같이 예외승인제도를 인정하고 있는 것은 안정적인 경영권 확보 및 기반구축을 위해서는 이에 상응하는 주식의 보유가 전제되어야 하기 때문이다.

(2) 승인요건

금융기관 주식의 한도초과보유승인제도에 있어서 금융기관의 주식을 보유할 수 있는 자의 자격, 주식보유와 관련한 승인의 요건·절차 그 밖에 필요한 사항은 당해 금융기관의 건전성을 저해할 위험성, 자산규모·재무상태의 적정성, 당해 금융기관으로부터의 신용공여규모, 은행업의 효율성과 건전성에의 기여 가능성 등을 감안하여 시행령 및 은행업감독규정 별표에서는 주식취득주체가 누구인지에 따라 승인요건을 구분하여 세부적으로 규정하고 있다. 즉, 승인요건에는 신청자의 국적이나 법적 형태와 관계없이 공동적으로 적용되는 공동요건과 신청자의 국적이나 법적 형태에 따라 별도로 요구되는 개별요건이 있다. 공동요건으로는 첫째, 금감위가 정하는 신용불량자가 아니어야 한다. 신용불량자의 개념은 금융회사로부터 신용을 공여받는데 아무런 제한이 없는 자로 이해되어야 하며, 신용불량정보가 등록되어 있는 자, 도산법에 따른 관리기업, 산업합리화지정기업이나 부실징후기업이 이에 해당된다.

둘째, 승인신청하는 자에 대한 당해 금융회사의 신용공여 규모가 당해 금융회사 자기자본의 25/100와 신청자의 당해 금융회사에 대한 출자지분 중 적은 금액을 초과하지 않아야 한다.

셋째, 승인신청시 제출한 서류에 의하여 금융회사의 지배주주로서 적합하고, 당해 금융회사의 건전성과 금융산업의 효율화에 기여할 수 있음을 확인할 수 있어야 한다. 금융회사 대주주에 대한 승인업무는 일차적으로 신청자가 신청 당시 제출한 서류를 바탕으로 한다. 실무적으로 승인신청 이후에도 필요한 서류를 수시로 요구하고 있기 때문에 제출시점에 대해서는 별다른 의미를 부여하지 않고 있다. 다만, 신청자가 제출하지 않은 서류를 승인심사 과정에서 직권으로 입수하고, 이를 바탕으로 승인 여부를 결정할 수 있는지 여부에 대해서는 논란의 여지가 있으나, 일단은 신청자로 하여금 제출케 하거나 확인하도록 하는 절차가 필요하다고 생각한다. 금융회사의 지배주주로서 적합한지 여부는 행정관청이나 법원 등으로부터 제재받은 사실이 없음을 확인받아 심사하고 있으며, 선진금융기법 도입, 신상품 개발 노력 등에 대한 강한 의지를 담은 의견서를 제출하게 하고 있다.

그 다음으로 개별요건은 한도초과보유주주의 법적 성격에 따라 다른 요건을 요구하고 있는 바, 구체적인 내용은 다음 〈표〉와 같다.

〈개별요건〉

구 분	요 건
1. 한도초과보유주주가 금융감독기구의설치등에관한법률 제38조의 규정에 의하여 금융감독원으로부터 검사를 받는 기관(자본시장과금융투자업에관한법률에 따른 투자회사를 제외한다)인 경우	가. 당해 기관에 적용되는 재무건전성에 관한 기준으로서 금융감독위원회가 정하는 기준을 충족하고 당해 기관이 속하는 업종의 동 기준 평균치 이상일 것 나. 금융감독위원회가 정하는 신용불량자가 아닐 것 다. 승인신청하는 내용이 법 제35조의2제1항의 규정에 적합할 것 라. 승인신청시 제출한 서류에 의하여 금융기관의 지배주주로서 적합하고 당해 금융기관의 건전성과 금융산업의 효율화에 기여할 수 있음을 확인할 수 있을 것 마. 다음의 요건을 충족할 것. 다만, 그 위반 등의 정도가 경미하다고 금융감독위원회가 인정하는 경우에는 그러하지 아니하다. (1) 최근 5년간 금융산업의구조개선에관한법률에 의하여 부실금융기관으로 지정되었거나 법 또는 제13조제3항의 규정에 의한 금융관련법령에 의하여 영업의 허가·인가 등이 취소된 기관의 최대주주·주요주주(의결권있는 발행주식총수의 100분의 10을 초과하여 보유한 주주를 말한다) 또는 그 특수관계인이 아닐 것. 다만, 법원의 판결에 의하여 부실책임이 없다고 인정된 자 또는 부실에 따른 경제적 책임을 부담하는 등 금융감독위원회가 정하는 기준에 해당하는 자는 그러하지 아니하다. (2) 최근 5년간 독점규제및공정거래에관한법률상의 불공정거래금지규정을 위반하거나 법, 이 영, 제13조제1항의 규정에 의한 금융관련법령을 위반하여 처벌받은 사실이 없을 것

구 분	요 건
2. 한도초과보유주주가 자본시장과금융투자업에관한법률에 따른 투자회사인 경우	가. 비금융주력자인 동일인에 속하는 투자회사(자본시장과금융투자업에관한법률 제6조제1항제3호의 규정에 의한 투자회사를 말한다)에 자산운용을 위탁하지 아니할 것 나. 제1호 나목 내지 마목의 요건을 충족할 것
3. 한도초과보유주주가 제1호 및 제2호외의 내국법인인 경우	가. 부채비율(최근 사업연도말 현재 대차대조표상 부채총액을 자본총액으로 나눈 비율을 말한다. 이하 같다)이 100분의 200 이하로서 금융감독위원회가 정하는 기준을 충족할 것 나. 당해 법인이 독점규제및공정거래에관한법률에 의한 기업집단에 속하는 회사인 경우에는 당해 기업집단(법 제2조제1항제9호가목의 규정에 의한 비금융회사에 한한다)의 부채비율이 100분의 200이하로서 금융감독위원회가 정하는 기준을 충족할 것 다. 주식취득 자금이 당해 법인이 최근 1년 이내에 유상증자 또는 보유자산의 처분을 통하여 조달한 자금 등 차입금이 아닌 자금으로서 당해 법인의 자본총액 이내의 자금일 것 라. 제1호 나목 내지 마목의 요건을 충족할 것
4. 한도초과보유주주가 내국인으로서 개인인 경우	가. 주식취득 자금이 제1호의 규정에 의한 기관으로부터의 차입금이 아닐 것 나. 제1호 나목 내지 마목의 요건을 충족할 것
5. 한도초과보유주주가 외국인인 경우	가. 외국에서 은행업, 증권업, 보험업 또는 이에 준하는 업으로서 금융감독위원회가 정하는 금융업을 영위하는 회사(이하 '외국금융회사'라 한다)이거나 당해 외국금융회사의 지주회사일 것 나. 자산총액, 영업규모 등에 비추어 국제적 영업활동에 적합하고 국제적 신인도가 높을 것. 이 경우 외국금융회사의 지주회사는 당해 지주회사가 경영을 사실상 지배하고 있는 외국금융회사를 기준으로 한다. 다. 당해 외국의 금융감독기관으로부터 최근 3년간 영업정지조치를 받은 사실이 없다는 확인이 있을 것 라. 최근 3년간 계속하여 국제결제은행의 기준에 따른 위험가중자산에 대한 자기자본비율이 100분의 8 이상이거나 이에 준하는 것으로서 금융감독위원회가 정하는 기준에 적합할 것. 이 경우 외국금융회사의 지주회사는 당해 지주회사가 경영을 사실상 지배하고 있는 외국금융회사를 기준으로 한다. 마. 제1호 나목 내지 마목의 요건을 충족할 것

(3) 절 차

승인절차에 대하여는 은행법 및 동법 시행령과 은행업감독규정 및 동 규정 시행세칙에서 정하고 있다(감독규정 제14조③).

1) 승인신청

동일인이 주식보유한도를 초과하여 금융기관의 주식을 보유하거나 재취득하는 경우에는 금감원장을 경유하여 금감위에 승인을 신청하여야 한다(감독규정 제14조①). 금감위는 외국인이 금융기관의 주식보유와 관련하여 승인신청을 하고자 할 때에는 거주자(외국환거래법에 의한)를 대리인으로 지정할 것을 명할 수 있다(시행령 제8조③).

2) 승인을 하는 경우

금감위는 신청인이 앞에서 기술한 한도초과보유주주의 초과보유요건을 충족하고, 은행업의 효율성과 건전성에의 기여 가능성, 당해 금융기관 주주의 보유지분분포 등을 감안하여 필요하다고 인정되는 경우 구체적인 보유한도를 정하여 승인할 수 있으며, 동일인이 그 승인받은 한도를 초과하여 주식을 보유하고자 하는 경우에는 다시 금감위의 승인을 얻어야 한다(제15조③ 단서).

그러나 예외적으로 금감위는 금산법(제2조제3호)의 규정에 의한 부실금융기관의 정리 등 특별한 사유가 있다고 인정되는 경우에는 한도초과보유승인요건을 갖추지 아니한 경우에도 이를 승인할 수 있다(시행령 제8조②). 여기서 부실금융기관의 정리가 특별한 사유의 열거적 요건인지, 아니면 예시적 요건인지에 대해서는 논란의 여지가 있으나 예시적인 하나의 사유이며, 그 밖의 경우는 부실금융기관의 정리에 준하는 정도의 불가피성이 있어야 한다고 생각한다.[36]

여기서 부실금융기관의 정의에 대해서는 많은 의견이 있을 수 있겠으나, 금산법(제2조)에서 정한 원칙에 따르는 것이 합리적이라 판단한다. 즉 (i) 경영상태를 실사한 결과 부채가 자산을 초과하는 금융기관 또는 거액의 금융사고 또는 부실채권의 발생으로 부채가 자산을 초과하여 정상적인 경영이 어려울

---

36) 재경부는 과거 은행이 금산법에 의하여 '적기시정조치를 받은 경우'도 특별한 사유에 해당한다고 유권해석한 바 있다.

것이 명백한 금융기관으로서 금감위 또는 예금자보호법 제8조의 규정에 의한 예금보험위원회가 결정한 금융기관, (ii) 예금자보호법 제2조제4호의 규정에 의한 예금 등 채권의 지급 또는 다른 금융기관으로부터의 차입금의 상환이 정지상태에 있는 금융기관, (iii) 외부로부터의 자금지원 또는 별도의 차입(정상적인 금융거래에서 발생하는 차입을 제외한다)이 없이는 예금 등 채권의 지급이나 차입금의 상환이 어렵다고 금감위 또는 예금자보호법(제8조)의 규정에 의한 예금보험위원회가 인정한 금융기관이 이에 속한다.

금감위가 승인을 한 경우 금감원장은 그 결과를 당해 동일인과 당해 금융기관에 통보하고(시행세칙 제10조②), 승인을 받은 동일인은 승인일부터 6월 이내에 주식을 취득하여야 한다. 다만, 금감원장이 그 기간을 따로 정하거나 금감원장으로부터 그 기간의 연장승인을 얻은 경우에는 그러하지 아니하다(감독규정 제14조②). 동일인이 주식을 취득한 때에는 그 사실을 금감원장에게 지체없이 보고하고 당해 금융기관에 통보하여야 한다(시행세칙 제10조③).

이와 같이 승인을 받아 주식보유한도를 초과하여 금융기관의 주식을 취득한 동일인은 그 주식보유비율이 발행주식총수의 100분의 1 이상 변동된 경우 또는 주식을 취득하거나 매각하지 아니하였음에도 불구하고 변동된 경우에는 변동된 날이나 그 사실을 안 날부터 5일 이내에 금감원장에게 보고하고, 당해 금융기관에 통보하여야 하며(시행세칙 제10조④), 취득승인 및 지분변동에 대한 통보를 받은 금융기관은 최대주주가 변동되는 경우 새로운 최대주주에게 그 사실을 통보하여야 한다(시행세칙 제10조⑤).

3) 승인을 거부하는 경우

금감위는 주식 한도초과보유 승인신청을 거부하는 경우 승인신청을 받은 날부터 30일 이내에 신청인에게 그 사유를 명시하여 통지하여야 하며(제15조④; 시행령 제4조의3 본문), 당해 금융기관에도 통보하여야 한다(시행세칙 제10조②). 이와 같은 통지 또는 통보를 함에 있어 승인신청한 내용에 대하여 보완이 필요한 경우나 천재・지변 등 부득이한 사유가 있는 경우 그 기간은 처리기간에 산입하지 아니한다(시행령 제4조의3 단서).

Ⅲ. 한도초과주식의 의결권 제한 등(제16조)

① 동일인이 제15조제1항·제3항 또는 제16조의2제1항·제2항의 규정에 의한 주식의 보유한도를 초과하여 금융기관의 주식을 보유하는 경우에 당해 주식의 의결권행사의 범위는 제15조제1항·제3항 또는 제16조의2제1항·제2항의 규정에 의한 한도로 제한하며, 지체없이 그 한도에 적합하도록 하여야 한다.
② 금융감독위원회는 동일인이 제1항의 규정을 준수하지 아니하는 경우에는 6월 이내의 기간을 정하여 그 한도를 초과하는 주식을 처분할 것을 명할 수 있다.

1. 한도초과보유주식에 대한 의결권행사 제한

은행법상 동일인 주식보유한도를 초과하여 은행주식을 보유하게 된 경우 사법적 효력에 대하여는 명시적으로 규정하고 있지 않고 있다. 이에 대하여는 동일인주식보유한도 관련규정은 강행법규성을 갖는다고 보아 당사자간의 주식매매계약을 무효로 보아야 한다고 보는 견해도 있을 수 있겠으나, 한도초과보유주식에 대한 의결권행사를 금지하고 금감위가 주식처분명령을 부과할 수 있도록 하고 있는 점에 비추어 볼 때 당사자간의 주식매매행위는 유효하다고 보아야 할 것이다.

또한, 동일인이 금감위의 승인을 받지 않고 전국은행 주식의 10/100(비금융주력자의 경우 4/100), 또는 지방은행 주식의 15/100를 초과하여 보유하거나 금감위의 승인한도를 초과하여 은행주식을 보유하는 경우 그 한도초과 보유주식에 대하여 의결권을 행사할 수 없으며, 지체없이 그 한도에 적합하도록 하여야 한다. 이 때 당해 동일인의 추가적인 주식매수행위 없이 외부적인 사정으로 인하여 동 한도를 초과하는 경우에도 이 규정이 적용되는지가 문제될 수 있으나, 은행법이 은행주식을 매수하는 행위를 규제하는 것이 아니라 지배규제를 위하여 주식보유한도를 규제하고 있으므로, 그러한 경우에도 이 규정이 적용된다고 보아야 할 것이다. 즉, 당초 은행주식의 10/100 미만을 보유하고 있던 주주가 상속, 합병 등에 의하여 다른 주주의 주식을 포괄승계하거나 혼인 등 새로운 인척관계의 형성으로 인하여 또는 주식소각이나 무의결권주의 전환권행사 등의 사유로 10/100을 초과하여 보유하게 되는 경우에도 동 한도초과보유주식을 지체없이 처분하여야 하며, 의결권행사는 10/100으로 제한된다고 보아야 한다.

또한, 무의결권 우선주라 하더라도 우선배당을 받지 아니한다는 결의가 있는 총회의 다음 총회부터 그 우선적 배당을 받는다는 결의가 있는 총회의 종료시까지에는 의결권이 있는 바(상법 제370조① 단서), 이렇게 의결권이 부활된 우선주도 보유주식에 포함되어 의결권행사가 제한된다고 보아야 할 것이다.

2. 주식처분명령

동일인은 한도를 초과하여 보유하고 있는 주식을 지체없이 처분하여야 하는데, 이 때 '지체없이'란 통상적으로 주주가 시장이나 또는 상장주식이 아닌 경우에는 장외에서 주식을 매도하는데 필요한 기간을 의미한다고 보아야 할 것이다. 금감위는 동일인이 주식보유한도 초과보유주식을 지체없이 처분하지 않는 경우 6월 이내의 기간을 정하여 그 한도를 초과하는 주식을 처분할 것을 명할 수 있다. 금감위의 주식처분명령을 받은 자가 그 정한 기간 이내에 당해 명령을 이행하지 아니하는 경우 금감위는 매 1일당 그 처분하여야 하는 주식의 장부가액의 3/10,000을 초과하지 아니하는 범위 내에서 이행강제금을 부과할 수 있다(제65조의9①).

Ⅳ. 비금융주력자의 주식보유 제한 등(제16조의2)

① 비금융주력자(독점규제및공정거래에관한법률 제14조의2의 규정에 의하여 상호출자제한기업집단 등에서 제외되어 비금융주력자에 해당하지 아니하게 된 자로서 그 제외된 날부터 대통령령이 정하는 기간이 경과하지 아니한 자를 포함한다. 이하 제2항에서 같다)는 제15조제1항의 규정에 불구하고 금융기관의 의결권 있는 발행주식총수의 100분의 4(지방금융기관의 경우에는 100분의 15)를 초과하여 금융기관의 주식을 보유할 수 없다.
② 제1항의 규정에 불구하고 비금융주력자가 제1항에서 정한 한도(지방금융기관인 경우를 제외한다)를 초과하여 보유하고자 하는 금융기관의 주식에 대한 의결권을 행사하지 아니하는 조건으로 재무건전성 등 대통령령이 정하는 요건을 충족하여 금융감독위원회의 승인을 얻은 경우에는 제15조제1함 각호 외의 부분 본문에서 정한 한도까지 주식을 보유할 수 있다.

③ 다음 각호의 1에 해당하는 비금융주력자에 대하여는 제1항 및 제2항의 규정에 불구하고 제15조제1항 각호 외의 부분 본문 및 동조 제3항의 규정을 적용한다.

1. 2년 이내에 비금융주력자가 아닌 자로 전환하기 위한 계획(이하 '전환계획'이라 한다)을 금융감독위원회에 제출하여 승인을 얻은 비금융주력자
2. 외국인투자촉진법에 의한 외국인(이하 '외국인'이라 한다)의 금융기관에 대한 주식보유비율 이내에서 주식을 보유하는 비금융주력자

④ 비금융주력자가 제3항제2호의 규정에 의하여 금융기관의 주식을 보유한 후 외국인의 주식보유비율을 초과하게 된 때에는 그 초과보유한 주식에 대하여는 의결권을 행사할 수 없다.

⑤ 금융감독위원회는 1년 이내의 기간을 정하여 제4항의 규정에 의하여 비금융주력자가 초과보유한 주식을 처분할 것을 명할 수 있다. 다만, 금융감독위원회는 비금융주력자가 초과보유한 주식의 규모, 증권시장의 상황 등에 비추어 부득이하다고 인정되는 경우에는 그 기간을 정하여 주식의 처분기한을 연장할 수 있다.

⑥ 비금융주력자가 제3항제2호의 규정에 의하여 주식을 보유할 수 있는 금융기관의 수는 1개에 한한다.

⑦ 제3항제1호의 규정에 의한 전환계획의 승인요건 그 밖에 승인심사에 관하여 필요한 사항은 대통령령으로 정한다.

1. 비금융주력자의 주식보유한도

비금융주력자라 함은 통상적으로 금융업을 영위하지 않는 산업자본을 일컫는 것으로, 은행법에서는 (i) 동일인 중 금융업을 영위하지 아니하는 회사, 즉 비금융회사인 자의 자본총액의 합계액이 당해 동일인 중 회사인 자의 자본총액의 합계액의 25/100 이상인 경우, (i) 동일인 중 비금융회사인 자의 자산총액의 합계액이 2조원 이상인 경우, (iii) (i) 또는 (ii)에 해당하는 자가 발행주식총수의 4/100을 초과하여 주식을 보유하는 투자회사로 정의하고 있다. 그러나 이러한 정의 내용을 확인하기 위해서는 전체기업의 지분구조 등을 파악할 수 있는 제도적 장치가 마련되어 있어야 한다. 국내기업의 경우에는 가능하나 외국기업의 경우에는 신청자가 제출하는 자료에 의존할 수밖에 없는 현실적인 한계가 있다.

이와 같은 비금융주력자는 의결권있는 발행주식총수의 4/100(지방은행의 경우에는 15/100)를 초과하여 은행의 주식을 보유할 수 없다(제16조의2①). 비금

융주력자의 지방은행 주식보유한도를 일반 동일인과 동일하게 15/100로 설정한 것은 지역자본의 집대성에 의한 지역경제개발 지원의 필요성과 지방은행의 증자 추진 등에의 애로 등을 감안한 것이다.

2. 한도초과보유가 허용되는 경우

(1) 4/100 초과 보유주식에 대한 의결권의 불행사를 조건으로 금감위의 승인을 얻어 전국은행의 주식을 10/100 이내에서 보유하는 경우

비금융주력자가 4/100 초과보유주식에 대한 의결권을 행사하지 아니하는 조건으로 최근 분기말 현재 BIS 자기자본비율이 8/100 이상이고, 업종의 평균치 이상에 해당되는 등 재무건전성 등에 관한 승인요건을 충족하여 금감위의 승인을 얻은 경우에는 전국은행의 의결권있는 발행주식총수의 10/100까지 보유할 수 있다(제16조의2②). 승인요건으로는 (i) 신청자가 은행인 경우 최근 분기말 현재 BIS 자기자본비율이 8/100 이상이어야 하고, 증권회사인 경우에는 최근 월말 현재 영업용순자본비율이 150/100 이상이어야 하며, 보험회사인 경우에는 최근 분기말 현재 지급여력비율이 100/100 이상이어야 하고, 그 밖의 경우는 당해 기관에 적용되는 자본적 정성기준을 충족하여야 함과 아울러 이들 기관이 속하는 업종의 평균치 이상이어야 한다. (ii) 그리고 신청자가 비금융회사인 경우에는 당해 법인의 부채비율이 200/100 이하여야 하고, 당해 법인이 속한 기업집단의 부채비율이 200/100 이하여야 하며, 주식취득자금이 당해 법인이 최근 1년 이내에 조달한 자기자금으로서 당해 법인의 자본총액 이내여야 한다.

(2) 비금융주력자가 금융기관의 주식을 10/100 이상 보유할 수 있는 경우

비금융주력자라고 하더라도 일반 동일인과 마찬가지로 금감위의 승인을 얻는 경우에는 금융기관의 주식을 10/100을 초과하여 보유할 수 있다. 현행 은행법에서 인정되는 경우로는 2년 이내에 금융주력자로 전환할 계획을 금감위에 제출하고 승인을 얻은 경우와 외국인의 금융기관 주식보유비율 이내에서 주식을 보유하는 경우이다.

1) 2년 이내에 비금융주력자가 아닌 자로 전환할 계획을 금감위에 제출하고 승인을 얻은 경우

신청 당시에는 비금융주력자에 속하나 2년 이내에 금융주력자로 전환할 계획이 있고, 동 계획에 대해 금감위에서 승인한 경우이다. 금감위는 승인함에 있어 전환계획이 (i) 시장상황에 대한 전망 등 전환계획의 전제가 된 가정이 합리적인지 여부, (ii) 처분대상인 비금융회사의 발행주식규모, 자산규모 등에 비추어 처분방법・시기 등이 구체적으로 제시되어 있고, 전환계획이 제시된 이행기간 내에 실현될 수 있는지 여부, (iii) 분기별 이행계획이 포함되어 있는지 여부, (iv) 처분대상인 비금융회사 발행주식보유자의 처분의사를 처분계획에 대한 이사회승인, 공증인의 공증을 받은 처분확약서 등을 통하여 확인할 수 있는지 여부, (v) 금융회사의 자본증가를 계획하는 경우 자본증가의 규모, 시기, 방법 등이 구체적으로 제시되어 있는지 여부, (vi) 처분대상인 비금융회사 발행주식의 처분 및 금융회사의 자본증가나 관계법령, 주주간 계약 등에 따라 제한되어 있지 않은지 여부 등을 심사하며, 심사결과를 서면으로 신청인에게 통보한다. 또한, 금융감독 당국은 심사함에 있어 필요한 경우 자료의 보완이나 추가제출을 요구할 수 있다.

2) 외국인의 금융기관 주식보유비율 이내에서 주식을 보유하는 경우

여기에서 '외국인'이라 함은 외국의 국적을 보유하고 있는 개인이나 외국의 법률에 의하여 설립된 외국법인 및 국제부흥개발은행 및 아시아개발은행 등 국제경제협력기구를 말한다(외국인투자촉진법 제2조①).

외국인이나 외국법인의 지분 범위 내에서 국내 산업자본의 은행지분한도 초과를 인정한 것으로, 외국인에 의해 경영지배가 확립된 금융기관에 대해서는 국내 비금융주력자의 한도초과를 허용한다고 하더라도 그 폐해가 나타나지 않을 것이라는 기대하에서 예외로 인정한 것이다. 이 경우 비금융주력자가 주식을 보유할 수 있는 금융기관의 수는 1개에 한한다(제16조의2⑥).

비금융주력자가 외국인의 주식보유비율을 초과하게 된 때에는 그 초과보유한 주식에 대하여는 의결권을 행사할 수 없고(제16조의2④), 금감위는 1년 이내의 기간을 정하여 초과보유한 주식을 처분할 것을 비금융주력자에게 명할 수 있다(제16조의2⑤ 본문). 다만, 금감위는 비금융주력자가 초과보유한 주식의 규모, 증권시장의 상황 등에 비추어 부득이하다고 인정되는 경우에는 그 기간을 정하여 주식의 처분기한을 연장할 수 있다(제16조의2⑤ 단서). 이 때 처분기한 연장신청은 금감원장을 경유하여야 하고(감독규정 제15조의2①), 연장기간은 금감위가 주식처분명령에서 정한 기간을 초과할 수 없다(감독규정 제15조의2②).

3. 은행법 시행령 제8조제2항의 적용 여부

신청인이 한도초과보유요건을 충족하지 않더라도 부실금융기관의 지정 등 특별한 사유가 있는 경우에는 한도초과보유승인을 받을 수 있다. 이러한 예외규정이 비금융주력자에게도 적용될 수 있는 것인지가 문제된다.

은행법 제16조의2제3항은 먼저 비금융주력자에게 한도초과보유 승인을 할 수 있는 경우로 전환계획이 있는 경우 및 외국인의 금융기관 주식보유 범위내인 경우를 정하고, 이러한 경우에는 한도초과보유 승인제도를 적용하도록 하고 있다. 따라서 신청자가 이러한 요건을 충족하지 못하는 경우라고 하더라도 시행령 제8조제2항을 근거로 특별한 사유가 있는 경우에는 이를 이유로 예외승인을 받을 수 있을 것이다. 왜냐하면, 시행령 제8조제2항의 규정은 시행령 제5조에서 정하는 요건을 갖추지 아니한 경우를 전제로 하고 있고, 시행령 제5조의 규정은 은행법 제15조제5항의 규정에 의한 승인을 근간으로 하기 때문이며, 동법 제15조제5항은 동법 제15조제3항을 적용함에 있어 필요한 사항을 정하고 있고, 동법 제15조제3항은 동일인의 주식보유한도에 관한 일반적인 규정인 동법 제15조제1항을 바탕으로 하고 있는 바, 이 규정은 비금융주력자에 대해 적용하는 것이 타당하기 때문이다.

Ⅴ. 전환계획에 대한 평가 및 점검 등(제16조의3)

① 제16조의2제3항제1호의 규정에 의한 승인을 신청하고자 하는 비금융주력자는 전환계획을 금융감독위원회에 제출하여야 하며, 금융감독위원회는 전환계획에 대한 전문기관의 평가가 필요하다고 인정하는 때에는 금융감독위원회가 정하는 바에 따라 그 평가를 실시할 수 있다.
② 금융감독위원회는 제16조의2제3항제1호의 규정에 의하여 전환계획에 대한

승인을 얻어 동조 제1항에서 정한 한도를 초과하여 금융기관의 주식을 보유하는 비금융주력자(이하 '전환대상자'라 한다)의 전환계획 이행상황을 대통령령이 정하는 바에 따라 정기적으로 점검하고 그 결과를 컴퓨터통신 등을 이용하여 공시하여야 한다.

③ 금융감독위원회는 제2항의 규정에 의한 점검결과 전환대상자가 전환계획을 이행하지 아니하고 있다고 인정되는 경우에는 6월 이내의 기간을 정하여 그 이행을 명할 수 있다.

④ 다음 각호의 1에 해당하는 전환대상자는 제16조의2제1항에서 정한 한도를 초과하여 보유하는 금융기관의 주식에 대하여는 의결권을 행사할 수 없다.

1. 금융감독위원회로부터 제3항의 규정에 의한 이행명령을 받은 전환대상자
2. 제48조의2제1항제2호의 사유에 의한 금융감독원장의 검사결과 금융기관과의 불법거래 사실이 확인된 전환대상자

⑤ 금융감독위원회는 전환대상자가 다음 각호의 1에 해당하는 경우에는 6월 이내의 기간을 정하여 제16조의2제1항에서 정한 한도를 초과하여 보유하는 금융기관의 주식을 처분할 것을 명할 수 있다.

1. 제3항의 규정에 의한 이행명령을 이행하지 아니하는 경우
2. 제4항제2호에 해당하는 경우

1. 개 설

금융자본으로의 전환계획에 대하여 금감위의 승인을 받은 비금융주력자는 일반 동일인과 마찬가지로 은행주식을 보유할 수 있게 됨에 따라, 이 조에서는 비금융주력자의 전환계획에 대한 금감위의 승인절차, 승인 이후의 전환계획 이행상황 점검 및 미행시의 제재조치 등에 관한 사항을 규정하고 있다.

비금융주력자가 전환계획의 승인을 얻은 경우 비금융주력자인 상태에서 일반 동일인과 동일한 자격을 보유하게 되므로, 전환계획의 이행을 확보할 수 있는 제도적 장치가 마련되지 않을 경우 다른 비금융주력자와의 형평성 문제, 제도 악용 등의 소지가 있다. 이러한 점을 감안하여 이 조에서는 외부전문기관을 통하여 전환계획의 적정성을 전문적·객관적으로 평가할 수 있도록 하고, 금감위로 하여금 승인 이후에도 이행상황을 정기적으로 점검하고 미이행시 제재조치를 취하도록 하고 있다.

2. 전환계획에 대한 평가

비금융주력자가 전환계획을 금감위에 제출하는 경우 금감위는 전환계획이 승인요건(시행령 제11조의2①)을 충족하는 지 여부를 심사하여 승인 여부를 결정한다. 승인을 받기 위해서는 시행령(제11조의2)에서 정한 3가지 요건, 즉 시장상황에 대한 전망 등 전환계획의 전제가 되는 가정이 합리적일 것, 처분대상인 비금융회사의 발행주식규모, 자산규모 등에 비추어 전환계획이 제시된 이행기간 내에 실현될 수 있을 것, 분기별 이행계획이 포함되어 있을 것 등의 요건을 충족하여야 한다. 이에 더하여 은행업감독규정(제15조의4)에서 정하는 4가지 요건 즉 (i) 처분대상인 비금융회사별 처분방법, 시기 등이 구체적으로 제시되어 있을 것, (ii) 처분대상인 비금융회사 발행주식(지분을 포함) 보유자의 처분의사를 처분계획에 대한 이사회 승인, 공증인의 공증을 받은 처분확약서 등을 통하여 확인할 수 있을 것, (iii) 금융회사의 자본증가를 계획하는 경우 자본증가의 규모, 시기, 방법 등이 구체적으로 제시되어 있을 것, (iv) 처분대상인 비금융회사 발행주식의 처분 및 금융회사의 자본증가가 관계법령, 주주간 계약 등에 의하여 제한되어 있지 않을 것 등의 요건을 충족하여야 한다. 그러나 이러한 요건들은 전환신청자 본인의 계획 및 의사에 따라 작성되는 것이기 때문에 별다른 문제가 없는 한 이행 가능하다고 할 수 있다.

그러나 전환계획에 대한 평가업무는 금융감독업무와 성격이 달라 감독기관이 평가하기가 적절하지 않을 수 있고, 그 평가결과에 따라 당해 비금융주력자는 물론 은행산업에 미치는 영향이 지대하다는 점을 감안하여 전환계획에 대한 전문성·객관성 확보를 위하여 외부전문기관으로 하여금 전환계획의 적정성을 평가할 수 있도록 하고 있다. 즉, 금감원장은 금감위의 전환계획 승인여부에 앞서 2 이상의 전문기관으로 하여금 전환계획을 평가하게 할 수 있다(제16조의3①; 감독규정 제15조의51①).

전환계획을 평가할 수 있는 전문기관은 회계법인과 신용평가업무를 영위하는 신용정보업자로 한정되는데, 평가기관 선정시에는 하나 이상의 회계법인이 반드시 포함되어야 한다(감독규정 제15조의5②). 이는 평가기관을 신용평가업무라는 다소 한정적인 업무를 수행하는 신용정보업자만으로 구성할 경우 전환계획 평가의 전문성이 약화될 우려가 있기 때문이다. 한편, 회계법인 또는 신용정보업자라 하더라도 업무정지처분을 받아 그 정지기간중에 있는 경우처럼 평가업무를 사실상 수행할 수 없는 기관이나 당해 비금융주력자에 대하여 용역을 제공하고 있거나, 최근 2년 이내에 용역을 제공한 사실이 있는 자 또는 당해 비금융주력자와 특수한 관계에 있어 공정한 평가를 기대하기 곤란한 기관은 평가기관이 될 수 없다.

3. 전환계획 이행상황 점검

금감위는 비금융주력자가 제출한 전환계획을 승인한 이후에도 당해 전환계획의 이행상황을 정기적으로 점검하고, 그 결과를 컴퓨터통신 등을 이용하여 공시하여야 한다. 이는 비금융주력자가 전환계획을 승인받은 후 승인시 제출한 전환계획의 이행을 게을리하는 등 의무는 이행하지 아니하고 전환계획 승인에 따른 이익만을 향유하는 것을 방지함으로써 전환계획의 이행을 간접적으로 강제하기 위한 것이다.

(1) 점검주기

금감위는 전환계획 이행상황을 매분기 정기적으로 점검한다(제16조의3②; 시행령 제11조의2②). 전환계획에 대한 승인신청시 분기별 이행계획을 포함하도록 하고, 동 이행계획에 대한 적정성을 평가한 것에 맞추어 이행상황 점검도 분기별로 실시하도록 하였다.

(2) 점검대상자

금감위의 전환계획 이행상황 점검대상이 되는 자는 전환계획에 대한 승인을 얻어 의결권있는 발행주식총수의 4/100를 초과하여 은행주식을 보유하는 비금융주력자이다. 따라서 전환계획에 대한 승인을 얻은 비금융주력자라 하더라도 전환대상자가 아닌 경우에는 전환계획 이행상황 점검대상이 되지 않는다.

(3) 점검결과 공시

전환대상자는 전환계획 이행상황을 매분기 다음달 말일까지 금감원장에게 보고하고, 금감원장은 이행상황보고서를 점검하고 그 결과를 금감위에 보고함과 아울러 홈페이지 등 컴퓨터 통신 등을 이용하여 공시하여야 한다. 공시방법에 대해서는 구체적으로 규정되지 아니하였으므로, 일간지 공고 등 어떠한 방법도 가능하나 통상적인 공시방법을 따르는 것이 합리적이다.

4. 전환계획 미이행시의 조치

금감위는 전환대상자의 전환계획 이행상황 점검 결과 전환대상자가 전환계획을 이행하지 아니하고 있다고 인정되는 경우에는 6월 이내의 기간을 정하여 그 이행을 명할 수 있다(제16조의3③). 전환대상자가 금감위의 이행명령을 받게 되면 4/100 초과보유주식에 대한 의결권을 행사할 수 없다(제16조의3④). 또한, 전환대상자가 이행명령을 이행하지 않을 경우 금감위는 6월 이내의 기간을 정하여 4/100 초과보유주식을 처분할 것을 명할 수 있으며(제16조의3⑤), 전환대상자가 주식처분명령을 이행하지 않는 경우에는 금감위는 매 1일당 처분하여야 하는 주식의 장부가액의 3/10,000 이내에서 이행강제금을 부과할 수 있다(제65조의9).

Ⅵ. 한도초과보유주주에 대한 적격성심사 등(제16조의4)

① 금융감독위원회는 제15조제3항 및 제16조의2제3항의 규정에 의하여 금융기관의 주식을 보유하는 자(이하 이 조에서 '한도초과보유주주'라 한다)가 당해 주식을 보유한 후에도 제15조제5항의 규정에 의한 자격 및 승인의 요건(이하 이 조에서 '초과보유요건'이라 한다)을 충족하는지 여부를 대통령령이 정하는 바에 따라 심사하여야 한다.
② 금융감독위원회는 제1항의 규정에 의한 심사를 위하여 필요한 때에는 금융기관 또는 한도초과보유주주에 대하여 필요한 자료 또는 정보의 제공을 요구할 수 있다.
③ 금융감독위원회는 제1항의 규정에 의한 심사결과 한도초과보유주주가 초과보유요건을 충족하지 못하고 있다고 인정되는 때에는 6월 이내의 기간을 정하여 초과보유요건을 충족하도록 명할 수 있다.
④ 제3항의 규정에 의한 명령을 받은 한도초과보유주주는 당해 명령을 이행할 때까지 제15조제3항제1호에서 정한 한도(한도초과보유주주가 비금융주력자인 경우에는 제16조의2제1항에서 정한 한도를 말한다. 이하 제5항에서 같다)를 초과

하여 보유하는 금융기관의 주식에 대하여는 의결권을 행사할 수 없다.
⑤ 금융감독위원회는 제3항의 규정에 의한 명령을 받은 한도초과보유주주가 당해 명령을 이행하지 아니하는 때에는 6월 이내의 기간을 정하여 당해 한도초과보유주주가 제15조제3항제1호에서 정한 한도를 초과하여 보유하는 금융기관의 주식을 처분할 것을 명할 수 있다.

1. 개 설

금융기관의 대주주의 자격을 취득한 자는 취득 당시뿐만 아니라 그 이후에도 대주주로서의 자격 및 승인요건을 충족·유지하여야 한다. 이를 확인하기 위해서 도입된 제도가 적격성 심사제도이다. 동 제도는 대주주에 대한 감독을 강화하기 위하여 은행의 주식보유한도를 초과하는 주식을 취득한 주주에 대하여는 일정 기간마다 적격성을 심사하는 것으로, 정기적 또는 필요시 자격유지 여부를 사후심사(dynamic fit and proper test)하여 자격 미달시에는 시정명령이나 의결권 제한 등의 조치뿐만 아니라 처분명령 등을 통해 부적격자를 배제하도록 하기 위한 것이다.

제1항에서는 금감위에 대해 대주주의 적격성 심사의무를 부과하고 있고, 제2항에서는 금감위에 대해 자료 및 정보제공요구권을 부여하고 있으며, 제3항에서는 금감위에 대해 한도초과보유요건 미충족 대주주에 대한 충족명령권을 부여하고 있을 뿐만 아니라, 제4항에서는 충족명령을 받은 대주주의 의결권행사를 제한하고 있다. 또한 제5항에서는 금감위에 대해 충족명령을 이행하지 않는 대주주에 대한 처분명령권을 부여하고 있다.

2. 적격성 심사

(1) 적격성 심사의무 및 심사 시기

금감위는 한도초과보유주주가 초과보유요건을 충족하는지 여부를 매 반기 정기적으로 심사하여야 한다. 반면에 특별심사는 한도초과보유주주의 불법행위나 금융기관과의 불법거래 징후가 있는 경우 등 특별히 필요하다고 인정되는 때에 실시할 수 있다(시행령 제11조의3).

(2) 심사주체 및 절차

금융기관의 대주주 자격승인 업무를 관장하고 있는 금융감독 당국은 승인 받은 대주주가 당초 승인받은 요건을 그 이후에도 유지하고 있는지 여부를 확인·감독할 책무가 있다.

제1항에서는 이를 규정하고 있는 것으로 심사방법은 정기심사와 특별심사가 있다. 정기심사는 6월말과 12월말을 기준으로 2번 실시하며, 통상적으로 심사에 필요한 서류는 기준시점으로부터 1월 후에 제출되므로 심사는 8월 또는 2월 이후부터 진행된다. 그리고 수시심사는 한도초과보유주주와 금융기관과의 불법거래 징후가 있는 등 특별히 필요하다고 인정할 때에 실시한다(감독규정 제16조의2③). 그 판단은 금융감독 당국에서 하지만 실제로 발생하기 쉽지 않다. 그러나 사법당국의 최종판단 확정 등으로 더 이상 한도초과보유주주로서의 자격이 없는 것으로 확정된 경우에는 정기심사 때까지 기다릴 필요 없이 수시심사로 그 자격을 상실시키는 것이 바람직하다.

한도초과보유주주는 심사에 필요한 자료를 금감원장이 정하는 바에 따라 금감원장에게 제출하여야 하고(감독규정 제16조의2②), 금감원장은 필요한 경우 금융기관 또는 한도초과보유주주에 대하여 필요한 자료 또는 정보의 제공을 요구할 수 있다(감독규정 제16조의2④).

3. 심사결과 처리

금융감독 당국은 심사결과 한도초과보유주주가 초과보유요건을 충족하지 못하고 있다고 인정되는 때에는 6월 이내의 기간을 정하여 초과보유요건을 충족하도록 명할 수 있다(제16조의4③). 요건충족명령을 받은 한도초과보유주주는 당해 명령을 이행할 때까지 한도(금융주력자인 경우 10/100, 비금융주력자인 경우 4/100)를 초과하는 금융기관의 주식에 대하여는 의결권을 행사할 수 없다(제16조의4④). 또한, 요건충족명령을 받은 한도초과보유주주가 당해 명령을 이행하지 아니하는 경우 6월 이내의 기간을 정하여 한도를 초과하는 주식의 처분을 명할 수 있다.

Ⅶ. 소수주주권의 행사(제17조)

① 6월 이상 계속하여 금융기관의 발행주식총수의 10만분의 5 이상에 해당하는 주식을 대통령령이 정하는 바에 의하여 보유한 자는 상법 제403조(상법 제324조, 제415조, 제424조의2, 제467조의2 및 제542조에서 준용하는 경우를 포함한다)에서 규정하는 주주의 권리를 행사할 수 있다.
② 6월 이상 계속하여 금융기관의 발행주식총수의 10만분의 250 이상(대통령령이 정하는 금융기관의 경우에는 10만분의 125 이상)에 해당하는 주식을 대통령령이 정하는 바에 의하여 보유한 자는 상법 제385조(상법 제415조에서 준용하는 경우를 포함한다) 및 동법 제539조에서 규정하는 주주의 권리를 행사할 수 있다.
③ 6월 이상 계속하여 금융기관의 발행주식총수의 10만분의 250 이상(대통령령이 정하는 금융기관의 경우에는 10만분의 125 이상)에 해당하는 주식을 대통령령이 정하는 바에 의하여 보유한 자는 상법 제402조에서 규정하는 주주의 권리를 행사할 수 있다.
④ 6월 이상 계속하여 금융기관의 의결권있는 발행주식총수의 1만분의 50 이상(대통령령이 정하는 금융기관의 경우에는 1만분의 25 이상)에 해당하는 주식을 대통령령이 정하는 바에 의하여 보유한 자는 상법 제363조의2에서 규정하는 주주의 권리를 행사할 수 있다.
⑤ 6월 이상 계속하여 금융기관의 발행주식총수의 1만분의 5 이상(대통령령이 정하는 금융기관의 경우에는 10만분의 25 이상)에 해당하는 주식을 대통령령이 정하는 바에 의하여 보유한 자는 상법 제466조에서 규정하는 주주의 권리를 행사할 수 있다.
⑥ 6월 이상 계속하여 금융기관의 발행주식총수의 1만분의 150 이상(대통령령이 정하는 금융기관의 경우에는 1만분의 75 이상)에 해당하는 주식을 대통령령이 정하는 바에 의하여 보유한 자는 상법 제366조 및 제467조에서 규정하는 주주의 권리를 행사할 수 있다. 이 경우 상법 제366조에서 규정하는 주주의 권리를 행사할 때에는 의결권있는 주식을 기준으로 한다.
⑦ 제1항의 규정에 의한 주주가 상법 제403조(상법 제324조, 제415조, 제424조의2, 제467조의2 및 제542조에서 준용하는 경우를 포함한다)의 규정에 의한 소송을 제기하여 승소한 때에는 금융기관에 대하여 소송비용 기타 소송으로 인한 모든 비용의 지급을 청구할 수 있다.

1. 소수주주권 개설

이 조는 상법상의 각종 소수주주권의 행사요건을 크게 완화하는 방식으로, 은행 소수주주의 권한을 강화함으로써 은행경영에 대한 소수주주의 견제기능을 제고하고 합리적 경영을 유도하기 위하여 제17차 개정시 신설되었다.

소수주주권은 그 행사목적에 따라 자익권과 공익권으로 나눌 수 있다. 자익권은 주주의 재산적 이익을 목적으로 인정되는 개인적 권리이며, 공익권은 주주와 회사의 이익을 목적으로 행사하는 권리를 말한다. 따라서 자익권은 소유권의 수익권능을 뜻하고 공익권은 소유권의 지배권능을 의미하는 것으로 이해할 수 있다.

또한, 소수주주권은 그 행사방법에 따라 단독주주권과 소수주주권으로 나눌 수 있다. 단독주주권은 1주를 소유하는 주주라도 행사할 수 있는 권리를 말하며, 소수주주권은 일정한 수의 주식을 갖고 있는 주주만이 행사할 수 있는 권리이다.[37] 소수주주권은 주주의 경영감독을 위한 권리이므로 행사목적면에서 모두 공익권이며, 대주주의 횡포를 견제하고 회사의 이익을 옹호하기 위하여 인정된다.

2. 소수주주권의 유형

소수주주권은 그 내용에 따라 정보접근을 위한 권리, 주주총회를 통하여 정책을 실현할 수 있는 권리, 이사 등의 책임을 추궁할 수 있는 권리, 회사의 기본적 변경을 청구할 수 있는 권리 등 4개의 유형으로 나눌 수 있다.[38]

첫째, '정보접근을 위한 권리'에는 회계장부열람, 업무 및 재산상태 검사를 위한 검사인선임청구권 등이 속하고, 둘째, '주주총회를 통하여 정책을 실현할 수 있는 권리'에는 주주총회 소집청구권, 주주제안권, 집중투표청구권이 등이 있으며, 셋째, '이사 등의 책임을 추궁할 수 있는 권리'에는 이사의 위법행위유지청구권, 대표소송제기권, 이사, 감사 및 청산인 해임청구권이 있고,

---

37) 소수주주권은 본래 수인의 주주가 가지는 주식을 합산하여 법정비율의 주식수에 도달할 때에는 그 수인의 주주가 공동으로 권리를 행사하는 것을 예상한 것이지만, 1인의 주주가 법정비율의 주식을 소유할 때에 그 주주가 단독으로 행사할 수 있음을 물론이다.

38) 권재열, "소수주주권의 법리", 「상사법연구」(제22권 제2호), 한국상사법학회, 2003, 144면 - 150면.

넷째, '회사의 기본적 변경을 청구할 수 있는 권리'로는 회사의 해산청구권을 그 예로 들 수 있다. 이들 각각의 권리행사 및 절차 등에 관하여는 은행법규를 우선적으로 적용하되, 은행법규에서 정하지 아니한 사항은 증권거래법과 상법에 따른다.

(1) 대표소송

제1항에서는 상법(제403조) 및 증권거래법(제191조의13)상의 대표소송에 대한 특별조항이다. 주주의 대표소송이란 소수주주가 회사를 위하여 이사 등의 책임을 추궁하기 위하여 제기하는 소송을 말하는 것으로, 상법(제403조)상 발행주식총수의 100분의 5 이상을 보유하는 주주만이 제기할 수 있다. 그러나 증권거래소 상장법인의 경우는 증권거래법(제191조의13)에 따라 이 요건이 1/10,000으로 완화되었고 이 법(제17조①)에서는 이보다 양의 요건을 100,000분의 5로 완화한 반면, 6월 이상 보유라는 보유기간요건을 추가하였다. 이와 같이 보유기간을 정한 것은 일시적으로 주주가 되거나 의결권을 위임받은 자의 권리남용을 방지하기 위함이며, 6월의 기간 산정은 주주로서 권리를 행사할 수 있는 기준일로부터 소급하여 계산한다.

이 때 주식의 보유개념에는 주식의 소유, 주주권행사에 관한 위임장의 취득이나 2인 이상 주주의 주주권 공동행사가 포함된다(시행령 제12조①). 또한 무의결권 주식이 포함되는지 여부에 대해서는 무의결권 주식의 경우 의결권을 전제로 하는 권리인 주주총회의 소집통지를 받을 권리(상법 제363조④)나 주주총회의 소집청구권을 행사할 수 없으나, 그 이외의 권리를 행사할 수 있다고 보고 있으므로, 발행주식 산정 및 소수주주권행사 산정에는 포함된다고 해야 할 것이다.

이 규정은 상법 제324조, 제415조, 제424조의2, 제467조의2 및 제542조에서 상법 제403조를 준용하는 경우에도 적용된다.

(2) 이사 및 청산인의 해임청구권

상법(제385조②·③, 제539조②·③)상 이사가 직무에 관하여 '부정행위 또는 법령이나 정관에 위반한 중대한 사실'이 있음에도 불구하고 주주총회에서 그 해임을 부결한 때와 청산인이 그 업무를 집행함에 현저하게 부적임하거나 중대한 임무에 위반한 행위가 있는 경우, 발행주식총수의 100분의 3 이상에 해당하는 주식을 가진 주주는 그 결의가 있은 날로부터 1월 내에 본점 소재지의 지방법원에 그 이사의 해임을 청구할 수 있다. 그러나 증권거래법(제191조의13④)에서는 양의 요건을 다소 완화(3/100 → 50/10,000~25/10,000)하되 보유기간요건을 추가하였고, 이 법에서는 증권거래법상의 보유기간요건을 그대로 유지하되 양의 요건을 100,000분의 250 이상으로 완화하였다. 특히 최근 사업연도말 현재의 자산총액이 2조원 이상인 금융기관인 경우에는 100,000분의 125 이상으로 더욱 완화하고 있다(제17조② 및 시행령 제12조②). 물론 이 경우에도 무의결권 주식이 포함된다.

(3) 위법행위유지청구권

상법(제402조)상 이사가 법령 또는 정관에 위반한 행위를 함으로써 회사에 회복할 수 없는 손해가 생길 염려가 있는 경우 감사 또는 발행주식의 100분의 1 이상에 해당하는 주식을 가진 주주는 회사를 위하여 이사에 대하여 그 행위를 유지(留止)할 것을 청구할 수 있다. 그러나 증권거래소 상장법인의 경우는 양의 요건을 완화(1/100 → 50/100,000)하는 한편, 6월 보유요건을 추가하였으나(증권거래법 제191조의13②), 이 법에서는 양의 요건을 100,000분의 25 이상 또는 최근 사업연도말 현재의 자산총액이 2조원 이상인 금융기관인 경우에는 1,000,000분의 125 이상으로 완화하되 6월 이상의 보유요건은 그대로 유지하고 있다(제17조③; 시행령 제12조②).

(4) 주주제안권

상법(제363조의2)상 의결권없는 주식을 제외한 발행주식총수의 100분의 3 이상에 해당하는 주식을 가진 주주는 이사에 대하여 주주총회일의 6주 전에 서면으로 일정한 사항을 주주총회의 목적사항으로 할 것을 제안할 수 있도록 하고 있으나, 증권거래법(제191조의14)에서는 양의 요건을 완화(3/100 → 10/1000) 하고 6월 보유요건을 추가하였다. 반면에, 이 법에서는 양의 요건을 금융기관의 의결권있는 발행주식총수의 10,000분의 50 이상 또는 최근 사업연도 말 현재의 자산총액이 2조원 이상인 금융기관인 경우에는 10,000분의 25 이상으로 완화하되 6월 보유요건은 그대로 유지하였다(제17조④ 및 시행령 제12조②).

(5) 회계장부열람권

상법(제466조)상 발행주식(무의결권주식 포함) 총수의 100분의 3 이상에 해당하는 주식을 가진 주주는 이유를 붙인 서면으로 회계장부와 서류의 열람 또는 등사를 청구할 수 있고, 회사는 동 청구가 부당함을 증명하지 아니하면 이를 거부하지 못한다(상법 제466조). 증권거래법(제191조의13③)에서는 양의 요건을 10/10,000 또는 5/10,000으로 완화하되 6월 보유요건을 추가하였다. 반면에, 은행법에서는 양의 요건을 금융기관의 발행주식 총수의 10,000분의 5 이상 또는 최근 사업연도말 현재의 자산총액이 2조원 이상인 금융기관인 경우에는 100,000분의 25 이상으로 완화하되 6월 보유요건은 그대로 유지하고 있다(제17조⑤ 및 시행령 제12조②).

(6) 주주총회소집청구 및 회사의 업무·재산상태의 검사권

상법(제366조, 제467조)상 발행주식총수의 100분의 3 이상에 해당하는 주식을 가진 주주는 회의의 목적사항과 소집의 이유를 기재한 서면을 이사회에 제출하여 임시총회의 소집을 청구할 수 있고, 동 청구가 있은 후 지체없이 총회소집의 절차를 밟지 아니한 경우, 청구한 주주는 법원의 허가를 얻어 총회를 소집할 수 있다. 이 때 소집된 총회는 회사의 업무와 재산상태를 조사하게 하기 위하여 검사인을 선임할 수 있다.

또한, 회사의 업무집행에 관하여 부정행위 또는 법령이나 정관에 위반한 중대한 사실이 있음을 의심할 사유가 있는 경우, 발행주식의 총수의 100분의 3 이상에 해당하는 주식을 가진 주주는 회사의 업무와 재산상태를 조사하게 하기 위하여 법원에 검사인의 선임을 청구할 수 있다. 이 때 검사인은 그 조사의 결과를 법원에 보고하여야 하며, 법원은 동 보고에 의하여 필요하다고 인정한 경우 대표이사에게 주주총회의 소집을 명할 수 있고, 이사와 감사는 지체없이 동 검사인의 보고서의 정확 여부를 조사하여 이를 주주총회에 보고하여야 한다.

이와 같은 주주의 주주총회소집청구 및 회사의 업무나 재산상태에 관한 검사권과 관련하여 증권거래법(제191조의13⑤)에서는 양의 요건을 30/10,000 또는 15/10,000으로 완화하되 6월 보유요건을 추가하였다. 이 법에서는 이와 같은 권리를 행사하기 위한 주주보유주식비율을 10,000분의 150 이상 또는 최근 사업연도말 현재의 자산총액이 2조원 이상인 금융기관인 경우에는 10,000분의 75 이상으로 완화하되 6월 보유요건은 그대로 유지하였다. 이 때 주총소집의 경우에는 무의결권 주식이 포함되지 않는 바(제17조⑥2문), 이는 주총소집이 의결권을 전제로 한다는 측면에서 당연한 조항이다.

3. 대표소송을 제기한 주주가 승소할 때의 소송비용 청구

대표소송을 제기하여 승소한 주주는 금융기관에 대하여 소송비용 기타 소송으로 인한 모든 비용의 지급을 청구할 수 있다(제17조⑦). 모든 비용이라고 하나 사회상규상 인정되는 범위로 제한되어야 할 것이다.

이와 같이 모든 비용을 청구할 수 있도록 한 것은 대표소송의 원활화를 기하기 위해서이며, 그 범위는 민사소송법(제89조)에서 정하는 소송비용이나, 상법(제405조)상의 대표소송규정에 따라 소를 제기하여 승소한 주주가 회사에 대하여 청구할 수 있는 소송비용 및 그 밖에 소송으로 인하여 지출한 비용보다 넓게 정한 것이다. 소송비용을 지급한 회사는 이사 또는 감사에 대하여 구상권을 행사할 수 있다. 그러나 주주가 패소한 경우에는 주주가 악의인 경우 외에는 회사에 대하여 손해를 배상할 책임이 없다. 이 때 '악의'라 함은 이사나 감사가 정관·법령에 위반한 행위나 부정한 행위를 하지 않았다는 사실을 알고도 소를 제기한 경우가 이에 해당된다.

제 4 장

임원 및 직원

이 장은 은행의 경영지배구조에 관한 사항들을 규정한 것으로, 임원의 자격요건(제18조), 임원 등의 겸직제한(제20조), 수뢰 등의 금지(제21조), 이사회의 구성(제22조), 이사회의 권한(제23조), 감사위원회(제23조의2), 내부통제기준 등(제23조의3), 감사위원회 위원 후보의 추천(제24조), 이해관계자의 의결권제한(제25조), 적용배제(26조) 등 10개 조문으로 구성되어 있다.

은행상의 경영지배구조 변천 내용

종전 우리나라 은행의 의사결정과 집행이 은행장 중심으로 이루어지는 여건 속에서 1961년 제정된 금융기관에대한임시조치법에서도 은행 임원의 선임 및 개선시 은행감독원장의 승인을 받도록 하는 등 임원선임의 자율성에 많은 제약이 있었다. 그 결과 은행의 책임경영체제가 확립되지 못하고 은행경영의 부실화가 초래되었다는 지적을 받게 되었다.

이러한 점을 감안하여 금융감독 당국과 은행은 은행경영지배구조의 개선을 위해 노력하였다. 즉 1980년대초 금융자율화가 추진되면서 일반은행이 민영화되고, 1982. 12. 금융기관에대한임시조치법과 내부경영관련 규제의 폐지를 계기로 은행의 이사회에 주주가 비상임이사로 참여하는 비상임이사제도가 도입되었다.[39] 그러나 책임경영체제 확립을 위해 도입된 비상임이사제도가 제대로 작동되지 못하자, 금융감독 당국에서는 1993년 5월 은행장 선임을 자율

39) 조흥은행(1983. 11), 한일은행(1983. 12), 서울신탁은행(1984. 12), 제일은행(1985. 2) 등이 비상임이사제도를 각각 도입・운영하기 시작하였다. 그러나 동 제도는 1997. 1 은행법 개정을 통하여 도입된 비상임이사 중심의 이사회제도와는 달리 이사회에 비상임이사가 일부 참여하게 하였을 뿐 은행의 이사회는 상임이사 중심으로 구성되었다.

화하되 과점주주인 산업자본의 과도한 영향력행사를 방지하기 위하여 은행장후보추천위원회제도를 도입하였다.[40] 이 제도는 은행장 후보를 추천하는 한시적인 경영권창출기구로 그 활동영역이 제한되었고, 은행장 등 경영진의 경영성과를 평가하거나 통제하는 견제・감시기능을 기대할 수 없었다.

이에 제8차 개정 당시 책임경영체제 확립 주체의 형성을 유도하기 위하여 금융전업기업가제도가 도입되었으나 그 요건이 엄격함에 따라 효력을 발휘하지 못하였으며, 제9차 개정시 비상임이사 중심의 이사회제도가 도입되었다. 즉, 은행경영에 대한 견제・감시기능을 강화하기 위하여 비상임이사의 수를 상임이사 수보다 많도록 하고, 비상임이사만으로 구성되는 후보추천위원회에서 은행장 후보 및 감사 후보를 선정토록 하는 한편, 은행경영의 주요 사항을 이사회에서 심의・의결토록 하였다. 또한 비상임이사는 대주주대표가 전체의 50%를 추천하고, 소액주주대표가 30%를 그리고 이사회에서 20%를 추천하도록 하였다가 제11차 개정시 주주대표 70%, 이사회추천 30%로 변경되었다. 그러나 동 제도 도입 이후에도 의사결정기능과 집행기능이 분리되지 못하는 등 이사회 기능이 활성화되지 못하고 있다는 지적이 있었다.

그러한 지적에 따라 제17차 개정 당시에는 비상임이사의 명칭이 증권거래법 등 다른 금융업법에서와 같이 사외이사로 변경되고, 경영감시기구로서 감사위원회가 이사회 내에 설치되도록 하였으며, 제20차 개정에서 각 은행의 특성에 적합한 은행장 선임방식을 채택하도록 하기 위하여 은행장후보추천위원회제도와 사외이사후보 추천에 관한 특례규정이 폐지되고, 사외이사후보추천위원회제도가 새롭게 도입되었다.

Ⅰ. 임원의 자격요건 등(제18조)

① 다음 각호의 1에 해당하는 자는 금융기관의 임원이 될 수 없으며, 임원이 된 후에 이에 해당하게 된 때에는 그 임원의 직을 상실한다.
1. 삭제
2. 미성년자・금치산자 또는 한정치산자
3. 파산선고를 받은 자로서 복권되지 아니한 자

---

40) 은행장후보추천위원회제도의 구체적인 내용은 제24조와 관련하여 설명하기로 한다.

4. 금고 이상의 실형의 선고를 받고 그 집행이 종료(집행이 종료된 것으로 보는 경우를 포함한다)되거나 집행이 면제된 날부터 5년을 경과하지 아니한 자
5. 이 법 또는 외국의 은행법령 기타 대통령령이 정하는 금융관련법령에 의하여 벌금 이상의 형의 선고를 받고 그 집행이 종료(집행이 종료된 것으로 보는 경우를 포함한다)되거나 집행이 면제된 날부터 5년을 경과하지 아니한 자
6. 금고 이상의 형의 집행유예 선고를 받고 그 유예기간중에 있는 자
7. 이 법·한국은행법·금융감독기구의설치등에관한법률·금융산업의구조개선에관한법률 또는 외국의 금융관련법령에 의하여 해임되거나 징계면직된 자로서 해임 또는 징계면직된 후 5년을 경과하지 아니한 자
8. 금융산업의구조개선에관한법률 제10조제1항의 규정에 의하여 금융감독위원회로부터 적기시정조치를 받거나 동법 제14조제2항의 규정에 의하여 계약이전의 결정 등 행정처분을 받은 금융기관(동법 제2조제1호의 규정에 의한 금융기관을 말한다. 이하 이 호에서 같다)의 임원 또는 직원으로 재직하거나 재직하였던 자(그 적기시정조치 등을 받게 된 원인에 대하여 직접 또는 이에 상응하는 책임이 있는 자로서 대통령령이 정하는 자에 한한다)로서 그 적기시정조치 등을 받은 날부터 2년이 경과되지 아니한 자
9. 이 법 또는 대통령령이 정하는 금융관련법령에 의하여 영업의 허가·인가 등이 취소된 법인 또는 회사의 임원 또는 직원이었던 자(그 취소사유의 발생에 관하여 직접 또는 이에 상응하는 책임이 있는 자로서 대통령령이 정하는 자에 한한다)로서 당해 법인 또는 회사에 대한 취소가 있은 날부터 5년이 경과되지 아니한 자

② 금융기관의 임원은 금융에 대한 경험과 지식을 갖춘 자로서 금융기관의 공익성 및 건전경영과 신용질서를 해할 우려가 없는 자이어야 한다.
③ 금융기관의 임원의 자격요건에 관한 구체적인 사항은 금융감독위원회가 정한다.

1. 연혁 및 취지

이 조는 1982년 12월 금융기관에대한임시조치법이 폐지되면서 제6차 개정시 제28조의3으로 신설되었다. 즉 금융기관에대한임시조치법(제3조)에서는 금융기관 임원의 선임 및 변경시 은행감독원장의 승인을 얻도록 하고 있었을 뿐만 아니라, 금융기관의 업무검사 결과 공익위배의 정도가 현저한 경우에는 은행감독원장으로 하여금 당해 금융기관의 임원을 파면할 수 있도록 하였으

나, 은행경영의 자율성 제고 차원에서 폐지되고 무자격자가 금융기관 임원으로 선임되는 것을 막기 위한 제도적인 보완책으로써 임원의 결격사유를 정한 조항이 은행법상에 마련되었다. 그러나 제8차 개정 당시 이 조항이 삭제되었다가 제11차 개정시 제18조로 신설되고 그 내용도 제1호 내지 제7호까지 추가되었으며, 특히 제1호에 대한민국 국민이 아닌 자는 임원이 될 수 없도록 하였었다. 그 후 13차 개정시 제1호가 삭제되고 제7호에 외국의 금융관련법령에 의하여 해임되거나 징계면직된 자로서 해임 또는 징계면직된 후 3년을 경과하지 아니한 자도 임원 결격사유로 추가 되었으며, 제14차 개정시 제8호가 신설되었고 제17차 개정시 제9호가 추가되어 현재에 이르고 있다.

2. 임원의 자격요건

(1) 임원의 의의

은행법에서는 은행 임원의 자격요건을 규정하고 있으면서도 임원의 정의나 범위 등에 대해 규정하고 있지 아니하여 논란의 여지가 있다. 그러나 통상적으로 주주총회에서 선임되어 법인등기부에 등재된 이사나 감사가 이에 해당되는 것으로 보고 있다. 따라서 주주총회에서 선임되지 아니하고 은행장 등이 임명하는 부행장이나 부행장보 등 집행임원이나 집행간부는 이 법에서 규정하는 임원에 포함되지 않는다.

1) 대표이사

주식회사는 법인이기 때문에 회사의 업무를 집행하고 의사를 표시하는 기관이 필요하다. 이러한 기능을 수행하는 독립된 기관이 대표이사이다. 대표이사는 대내적으로 회사의 업무를 집행하고 대외적으로 회사를 대표하는 권한을 가진 필요적 상설기관이다.

대표이사의 선임은 원칙적으로 이사회에서 선임하나(상법 제389조), 정관으로 주주총회에서 대표이사를 선임하도록 규정할 수 있다. 대표이사는 이사의 자격을 전제로 하므로 이사의 지위를 잃으면 당연히 그 자격을 잃는다. 대표이사에게 이사의 종임사유가 발생하면 대표이사는 종임한다.

금융기관의 대표이사인 은행장을 선임하기 위해서는 상법상의 일반적인 절차 이외에 7인으로 구성된 은행장후보추천위원회에 의한 추천이 필요하고,

주주총회 개최 전까지 감독원장에게 자격기준 적합 여부를 보고하는 절차가 필요하다. 은행장후보추천위원회는 사외이사 3명, 주주대표 2명, 기타 전문가 2명으로 구성되며 필요시 은행장후보선정소위원회를 구성할 수 있다.

2) 이 사

이사는 은행의 업무집행에 관한 의사결정기관인 이사회의 구성원이다. 이사는 업무집행과 관련한 법률행위 기타 사무의 처리를 회사로부터 위임받은 자이므로 회사와 위임관계에 있다. 따라서 민법의 위임에 관한 규정이 준용된다.

그리고 선임과 관련하여 은행설립시에는 발기인회나 창립총회에서 선임하고, 설립 후에는 주주총회에서 선임한다. 이사선임은 주주총회의 보통결의사항이다. 이사의 임기가 만료하면 종임되고, 주주총회는 특별결의로써 이사를 해임할 수 있다.

이사의 보수라 함은 명칭과 형식에 관계없이 이사에게 직무집행의 대가로 지급되는 금전이나 현물급여를 포함하는 것으로, 이사의 보수는 정관에 따르고 정관에서 정하지 않은 경우에는 주주총회에서 정한다. 정관이나 주주총회의 결의로 이사의 보수를 정하는 경우에 모든 이사의 보수를 개별적으로 정할 필요가 없고 이사 전원에 대한 보수의 총액을 정하고, 개인별 지급금액은 이사회의 결정에 위임할 수 있다.

3) 감 사

감사는 회사의 업무 및 회계에 대한 감사를 주된 업무로 하는 주식회사의 필요적 상설기관이다. 이사의 경우와 마찬가지로 감사와 회사의 관계에 대해서는 민법상의 위임에 관한 규정이 준용된다. 또한, 감사의 보수는 이사에 관한 규정이 준용된다. 감사는 회사의 기관으로서 감사가 수인이 있는 경우에도 회의체를 구성하지 않고 각자가 독립하여 그 권한을 행사한다.

감사는 주주총회에서 보통결의에 의하여 선임한다. 다만, 의결권 없는 주식을 제외한 발행주식총수의 100분의 3을 초과하는 수의 주식을 가진 주주는 그 초과하는 주식의 의결권을 행사하지 못한다.

감사의 종임사유는 이사의 종임사유와 대체로 같다. 즉 위임관계의 종료, 임기만료 등으로 감사는 종임한다.

(2) 임원의 자격 결격사유

일반회사의 이사나 감사 등 임원의 자격요건에 대해서는 특별히 규정하고 있지 아니하다. 그러나 은행의 경우에는 예금자 보호, 신용질서 유지, 자금중개기능의 효율성 유지를 통해 금융시장의 안정 및 국민경제의 발전에 이바지하여야 하는 공공적 역할을 담당하고 있는 점을 감안하여 임원의 결격사유에 대해 특별히 정하고 있다.

1) 은행장의 자격 결격사유

다음의 1에 해당하는 자는 은행장이 될 수 없다. 이와 같은 임원자격의 제한은 은행의 공익성 및 건전경영과 신용질서 확보를 위한 조치일 뿐만 아니라 금융기관의 귀책사유와는 별도로 개인의 귀책사유에 의해 취해지는 조치이다.

① 미성년자, 금치산자 또는 한정치산자

② 파산선고를 받은 자로서 복권되지 아니한 자

③ 금고 이상의 실형의 선고를 받고 그 집행이 종료(집행이 종료된 것으로 보는 경우를 포함한다)되거나 집행이 면제된 날부터 5년을 경과하지 아니한 자

④ 이 법 또는 외국의 은행법령 기타 대통령령이 정하는 금융관련법령에 의하여 벌금 이상의 형의 선고를 받고 그 집행이 종료(집행이 종료된 것으로 보는 경우를 포함한다)되거나 집행이 면제된 날부터 5년을 경과하지 아니한 자, 여기서 '대통령령이 정하는 금융관련법령'이라 함은 한국은행법, 예금자보호법, 한국산업은행법, 중소기업은행법, 장기신용은행법, 한국수출입은행법, 증권거래법, 보험업법, 종합금융회사에관한법률, 신탁업법, 자본시장및금융투자업에관한법률, 자산유동화에관한법률, 주택저당채권유동화회사법, 산업발전법, 상호저축은행법, 여신전문금융업법, 신용보증기금법, 기술신용보증기금법, 신용협동조합법, 새마을금고법, 중소기업창업지원법, 신용정보의이용및보호에관한법률, 선물거래법, 금융감독기구의설치등에관한법률, 한국주택금융공사법을 말한다(시행령 제13조①).

⑤ 금고 이상의 형의 집행유예 선고를 받고 그 유예기간중에 있는 자

⑥ 이 법, 한국은행법, 감독기구설치법, 금융산업의구조개선에관한법률 또는 외국의 금융관련법령에 의하여 해임되거나 징계면직된 자로서 해임 또는 징계면직된 후 5년을 경과하지 아니한 자

⑦ 금융산업의구조개선에관한법률 제10조제1항의 규정에 의하여 금감위로부터 적기시정조치를 받거나 동법 제14조제2항의 규정에 의하여 계약이전의 결정 등 행정처분을 받은 금융기관의 임원 또는 직원으로 재직하거나 재직하였던 자 중에서 그 적기시정조치 등을 받게 된 원인에 대하여 직접 또는 이에 상응하는 책임이 있는 자로서 그 적기시정조치 등을 받은 날부터 2년이 경과되지 아니한 자

⑧ 금감위로부터 적기시정조치 등의 처분을 받은 금융기관에 재직하거나 재직하였던 임・직원으로 당해 조치를 받은 날로부터 2년이 경과하지 않고, 그 원인에 책임이 있는 자로 인정되어 해임권고 또는 업무집행정지명령을 받은 임원, 정직 또는 면직의 처분을 받은 직원, 해임권고 또는 업무집행정지명령, 정직 또는 면직처분의 제재대상자이나 동 제재를 받기 전에 사임 또는 사직한 자(시행령 제13조②).

⑨ 은행의 임원으로 감독기관 또는 소속기관으로부터 해임권고일로부터 5년, 업무집행정지 종료일부터 4년, 문책경고일로부터 3년이 경과하지 아니한 자(감독규정 제17조제2, 4호).

⑩ 은행의 직원으로 면직일로부터 5년, 정직 종료일부터 4년, 감봉 종료일로부터 3년이 경과하지 아니한 자(감독규정 제17조제3, 4호).

⑪ ⑨ 및 ⑩에서 정하는 제재를 받기 이전에 사임・사직하거나, 사회적 물의에 대한 책임으로 사임・사직한 임직원으로서 사임・사직일로부터 3년이 경과하지 아니한 자.

⑫ 당해 금융기관 여신거래기업과 특수한 관계에 있는 등 여신운용과 관련하여 특정 거래기업 등의 이익을 대변할 우려가 있다고 판단되는 자, 거액부실여신 또는 거액금융사고 등에 가담하였거나 연루되어 신용질서를 현저히 문란케 하였으나 아직 감독・검사기관 등의 제재를 받지 아니한 자로, 그 사실 발생일로부터 3년이 경과하지 아니한 자(감독규정 제17조제5, 6, 7호).

⑬ 은행법, 금융관련법령에 의하여 영업의 허가, 인가 등이 취소된 법인 또는 회사의 임원 또는 직원이었던 자 중에서 그 취소사유의 발생에 관하여 직접 또는 이에 상응하는 책임이 있는 자로서 당해 법인 또는 회사에 대한 취소가 있은 날부터 5년이 경과되지 아니한 자, 특히 취소사유 발생 당시에 감사 또는 감사위원회 위원으로 재직한 자는 그 행위의 위법・부당 여부에 관계

없이 임원이 될 수 없으나, 감사 또는 감사위원회의 위원을 제외한 임직원은 취소사유 발생 당시에 재직하였고 그 위법・부당한 행위를 이유로 감독기관으로부터 주의, 경고, 문책, 직무정지, 해임요구 등의 조치를 받거나 받기 전에 사임・사직한 자를 포함한다(시행령 제13조④). 여기서 '금융관련법령'이라 함은 금융산업의구조개선에관한법률, 보험업법, 장기신용은행법, 종합금융회사에관한법률, 신탁업법, 증권거래법, 선물거래법, 증권투자신탁업법, 상호저축은행법, 신용협동조합법, 여신전문금융업법, 신용정보의이용및보호에관한법률, 주택저당채권유동화회사법을 말한다(시행령 제13조③).

2) 상근감사위원의 결격사유

상근감사위원은 은행장의 결격사유에 해당하지 않아야 하고, 추가적으로 증권거래법(제191조의12③)상의 상근감사의 결격사유에도 해당하지 않아야 한다(동법 제23조의2; 감독규정 제17조제1호). 다만, 은행법 제23조의2제3항 및 증권거래법 제191조의12제3항제6호의 적용을 배제함으로써 당해 회사의 상근 임・직원 또는 최근 2년 이내에 상근 임・직원이었던 자라 하더라도 사외이사가 아닌 상근감사위원은 될 수 있다.

3) 상임이사 및 외국은행지점 대표자의 자격 결격사유

상임이사나 외국은행의 지점장은 원칙적으로 은행장의 결격사유에 해당하지 않아야 한다. 그러나 당해 금융기관 여신거래기업과 특수한 관계에 있는 등 여신운용과 관련하여 특정 거래기업 등의 이익을 대변할 우려가 있다고 판단되는 자나, 거액부실여신 또는 거액금융사고 등에 가담하였거나 연루되어 신용질서를 현저히 문란케 한 사실이 있으나 그 사실과 관련하여 아직 감독・검사기관 등의 제재를 받지 아니한 자로서 그 사실 발생일로부터 3년이 경과하지 아니한 자인 경우에는 상임이사나 외국은행의 지점장이 될 수 있다(감독규정 제18조).

4) 사외이사의 결격사유(감독규정 제19조)

이 법 제18조제1항 각호의 1에 해당하는 자나 신용정보의이용및보호에관한법률에 의한 종합신용정보집중기관에 신용불량정보가 등록되어 있는 자와 신용불량자인 법인의 경우는 사외이사 자격이 없다. 또한 금융기관, 금융기관의 자회사 또는 금융지주회사법에 의한 은행지주회사의 임직원인 자도 자격이 없다. 다만, 당해 금융기관의 모은행 또는 당해 금융기관을 자회사로 하는 은행지주회사의 임직원인 자, 당해 금융기관의 자회사・자은행 또는 당해 금융기관을 자회사로 하는 은행지주회사의 자회사인 다른 금융기관의 상근임직원이 아닌 자나 다른 금융기관의 자회사의 사외이사인 자는 예외적으로 자격이 인정된다.

아울러 최근 2년 이내에 당해 금융기관, 당해 금융기관의 자회사 또는 자은행의 상근임직원이었던 자에 대해서도 사외이사 자격을 배제하고 있다. 이 경우에도 금융산업의구조개선에관한법률에 의하여 합병한 금융기관의 합병전 금융기관에서 퇴임・퇴직한 자나 당해 금융기관을 자회사로 하는 은행지주회사의 임직원인 자의 경우에는 예외적으로 자격이 인정된다.

그 밖에 금융사고 등 사회적 물의에 대한 책임으로 사임 또는 사직한 자로서 사임・사직일부터 3년이 경과하지 아니한 자나 당해 금융기관에 대하여 회계감사, 세무대리, 법률・경영자문 등의 용역을 제공하는 자와 용역을 제공하는 자가 법인인 경우 당해 법인의 사원・임원 및 직원의 경우에도 사외이사가 될 수 없다.

3. 임원선임에 대한 감독

(1) 인원선임관련 보고

은행은 임원을 선임하고자 하는 경우 임원의 결격사유에 해당하는지 여부를 확인하고, 그 결과를 주주총회 종료후 금감원장에게 보고하여야 한다(감독규정 제20조① 본문). 종전에는 금감원장이 은행임원의 자격을 심사하여 그 결과를 은행에 통보하였으나, 제14차 개정 당시 은행임원인사의 자율성을 제고하기 위해 해당 금융기관에서 자격을 심사하고, 그 결과를 금감원에 보고하는 방식으로 제도가 변경되었다.

그러나 은행장이나 상근감사위원의 후보자를 선정한 경우에는 이사회 또는 주주총회 개최 전에 보고하여야 한다. 다만, 외국은행 지점장의 경우에는 선임 후에 금감원장에게 보고하여야 한다(감독규정 제20조① 단서). 특히, 상장한 은행인 경우에는 임원 선임을 위한 주주총회의 소집통지 또는 공고후 지체없이 임원의 자격기준 부합 여부에 대한 확인 결과를 금감원장에게 보고하여야 한다(감독규정 제20조②).

이와 같이 임원에 대한 자격심사 결과를 주주총회 개최 전에 사전보고하도록 한 것은 임원으로 선임된 후에 결격판정이 날 경우 법률적 분쟁, 공신력 훼손, 감독기관의 감독소홀 등이 문제될 수 있고, 경영공백 등 경영상의 혼란이 우려되기 때문이다. 또한, 상장은행 임원의 경우 지체없이 보고하도록 한 것은 증권거래법 규정(제191조의10②)에 따라 임원 선임을 위한 주주총회 소집시 임원후보자에 관한 사항이 주주에게 공식통보된 상태에서 자격심사 결과를 주주총회 종료시까지 보류하도록 할 특별한 이유가 없기 때문이다.

(2) 재임기간중 결격사유가 발생한 경우

임원의 결격사유와 관련하여 임원으로 선임된 자가 재임기간중 형의 확정 등으로 결격사유에 해당되는 경우 당해 임원은 자동적으로 임원의 자격을 상실하는가 아니면 별도의 해임절차를 거쳐야 하는가에 대하여 논란의 여지가 있었다. 이에 대해서는 제14차 개정 당시 임원이 된 후에 이에 해당하게 된 때에는 그 임원의 직을 상실하도록 규정하여 입법적으로 논란의 여지를 불식시켰다.

(3) 기한부선임결의

이사의 선임을 위한 주주총회일을 기준으로 하면 임원의 결격사유에 해당하나 임원의 임기개시일을 기준으로 하는 경우에는 결격사유가 해소되는 경우 주총에서 임기개시일을 결격사유해소일 이후로 하는 기한부결의가 가능한지에 대하여 논란의 여지가 있다. 임원의 결격사유 해당 여부는 임원에 대한 것이므로 임원임기 개시일을 기준으로 하여 판단하는 것이 타당하다. 따라서 임원임기 개시일에 결격사유가 해소되면 그 하자는 치유된다고 보는 것이 타당하다.

그 밖에 임원의 임기 및 수에 관해서는 종전의 임기 및 수에 관한 규정이 제14차 개정 당시 삭제되었으므로 은행이 자율적으로 정할 수 있다.

Ⅱ. 임원 등의 겸직 제한(제20조)

① 금융기관의 임원 또는 직원은 한국은행, 다른 금융기관 또는 금융지주회사법에 의한 은행지주회사(이하 '은행지주회사'라 한다)의 임원 또는 직원이 될 수 없다. 다만, 다음 각호의 1에 해당하는 경우에는 그러하지 아니하다.
1. 제37조제5항의 규정에 의한 자은행(子銀行)의 임원 또는 직원이 되는 경우
2. 당해 금융기관을 자회사로 하는 은행지주회사의 임원 또는 직원이 되는 경우
3. 당해 금융기관을 자회사로 하는 은행지주회사의 다른 자회사인 금융기관의 임원이 되는 경우

② 금융기관의 상임임원은 다른 영리법인의 상무에 종사할 수 없다. 다만, 다음 각호의 1에 해당하는 경우에는 그러하지 아니하다.
1. 제1항 각호의 1에 해당하는 경우
2. 채무자회생및파산에관한법률에 의하여 관리인으로 선임되는 경우
3. 제37조제2항의 규정에 의한 자회사의 임원 또는 직원이 되는 경우(대통령령이 정하는 경우를 제외한다)

1. 연 혁

이 조는 제정 당시 제28조에서 금융기관 임직원의 한국은행 및 다른 금융기관 임직원에의 겸직제한의무를 규정하였다가, 제6차 개정시 금융기관 임원의 다른 영리법인 상무종사 금지내용과 금융기관 임직원의 자회사 임직원겸직제한 및 한국은행 은행감독원장의 예외승인 내용이 추가되었다. 제11차 개정시 제20조로 이관되었고 자회사겸직의 승인권자가 한국은행 은행감독원장에서 금융감독위원회로 변경되었다가, 제14차 개정시 대통령령으로 정하도록 하였으며, 제20차 개정시 현재와 같이 개정되었다.

2. 경업금지의무

(1) 상법(제397조)상의 경업금지의무

이사는 선량한 관리자의 주의로써 그 직무를 처리하여야 할 의무를 부담하고 있다(상법 제382조②; 민법 제681조). 따라서 이사는 자기의 개인적 이익을 추구함으로써 회사의 이익을 침해할 수 없으며, 법령과 정관의 규정에 따라

회사를 위하여 그 직무를 충실하게 수행하여야 한다(상법 제382조의3). 동법은 이러한 이사의 선관의무 및 충실의무를 보장하고, 이사의 이익과 회사의 이익이 충돌할 때 이사가 회사의 이익을 희생시키면서 자신의 이익을 꾀하는 것을 방지하기 위해 따로 경업금지의무를 정하고 있다(상법 제397조).

이에 더하여 이사회의 승인이 없으면 자기 또는 제3자의 계산으로 회사의 영업부류에 속한 거래를 하거나, 동종영업을 목적으로 하는 다른 회사의 무한책임사원이나 이사가 되지 못한다. 이러한 의무를 위반하는 경우 이사는 회사의 손해를 배상하여야 하고, 이사회의 승인없는 경업 또는 겸직은 중대한 법령 위반이므로 이사의 해임사유가 된다.

(2) 은행법상 경업금지의무

경업금지의무의 적용대상은 금융기관의 임·직원이다. 상법은 이사에 대하여만 경업금지의무를 부과하고 있으나 이 조는 임·직원이라고 함으로써 이사 외에 감사뿐만 아니라 직원까지도 포함시키고 있다. 은행법이 상법에 비하여 경업금지의무를 강화한 취지는 주주와 임원 또는 영업주와 사용인 사이라는 기업내부관계에서 발생될 수 있는 이해의 충돌을 방지하고자 하는 본래의 취지 이외에 은행이 국민경제 전반에 미치는 영향의 중대성과 타 금융회사 임·직원의 겸임으로 인하여 야기될 수 있는 폐단을 고려한 것이라 하겠다.

경업금지의무의 범위는 한국은행, 다른 금융기관, 은행지주회사의 임원 또는 직원이다. 한국은행의 경우에는 예금지급준비금의 보유, 공개시장정책 등을 통해 여·수신금리에 영향을 미치는 등 금융업에 영향을 미치기 때문이고, 금융기관이나 은행지주회사의 경우에는 동종영업을 목적으로 하는 주식회사로서 건전한 경쟁을 통한 발전을 저해할 우려가 있기 때문에 겸임을 금지하고 있다. 그러나 이에 해당되지 아니하는 회사의 임·직원이거나 은행 경영의 효율성을 높이기 위하여 당해 금융기관을 자회사로 하는 은행지주회사 또는 동 은행지주회사의 자금융회사의 임·직원, 당해 금융기관의 자은행의 임·직원의 경우에는 예외적으로 겸직을 허용하고 있다.

3. 임원의 겸직금지의무

은행의 상임임원이 다른 영리법인의 상무에 종사할 경우 그에 대한 정실

대출 등의 우려가 있다. 따라서 은행의 상임임원은 상법상 회사의 이사가 부담하고 있는 경업금지의무 이외에 이종영업을 목적으로 하는 다른 회사의 상무에도 종사할 수 없도록 규정하고 있다. 헌법상 보장된 직업선택의 자유에 대한 예외조항이다. 은행의 일상적 경영에 참여하지 않는 비상임임원의 경우에는 다른 영리법인의 상무에 종사하더라도 상호 이해충돌의 소지는 미미할 것으로 생각되고, 생활에 대한 보장책의 제공없이 다른 법인의 상무에 종사할 수 없게 하는 것은 비상임임원의 권한을 과도하게 제한하는 것이라고 판단되기 때문에 다른 영리법인의 상무에 종사할 수 있도록 하였다.

또한, 은행의 직원은 그 업무의 중요도 및 영업상 기밀에의 접근 정도가 임원의 경우보다 적을 것이므로 타 영리법인의 겸직에 대하여 금지하지 않고 있다. 그러나 은행의 직원이 다른 영리법인의 상무에 종사할 경우 정실대출에 가담하게 됨으로써 은행 자산내용의 악화를 초래하거나 은행의 업무수행에 장애요인이 될 수 있겠는 바, 은행이 그 소속직원을 다른 영리법인의 상무에 종사하게 하고자 할 경우에는 이러한 점에 유의하여야 할 것이다.

한편, 부실기업의 원활한 정비와 은행의 채권관리를 위해 채무자회생및파산에관한법률에 따라 금융기관의 임원이 관리인으로 선임되거나, 경업금지의무의 예외에 해당되는 경우에는 예외로 인정하고 있다.

Ⅲ. 수뢰 등의 금지(제21조)

금융기관의 임원 및 직원은 직무와 관련하여 직접·간접에 불문하고 증여 기타 수뢰의 요구, 수득 또는 이에 관한 약속을 할 수 없다.

1. 연혁 및 제정 취지

이 조는 제정 당시 제29조에 규정되어 제1차 개정 당시 '중역'이 '임원'으로 변경된 후 제11차 개정 당시 '대출업무'가 '직무'로 대상업무의 범위가 확대되고 조 위치도 제21조로 이관되어 현재에 이르고 있다.

은행업무는 영리적 영업행위라는 측면을 부인하지 못할 것이지만 그 사회경제적 기능과 국민경제 전반에 미치는 영향의 중대성에 비추어 공공성이 뚜렷하며, 특히 여신업무를 비롯한 업무처리의 공정·타당성 여부는 은행 자체뿐만 아니라 국민경제의 발전 및 예금자 보호와 밀접한 관련이 있으므로 증여 또는 수뢰로 인한 직무의 불공정 내지 부정처리를 금지하기 위하여 이 조를 규정하고 있다.

2. 적용대상

본조의 적용대상은 은행의 임원 또는 직원이다. 특히 직원은 임원과 동일한 결정권한을 갖지 않더라도 고객과의 빈번한 접촉으로 인하여 이른바 대출 '커미션' 등 금품 등을 요구, 수득할 가능성도 없지 않다. 그리고 대형화, 지능화된 경제범죄를 예방하고 경제질서를 확립하기 위하여 제정된 특정경제범죄가중처벌등에관한법률에서도 금융기관의 임원뿐만 아니라 직원도 그 직무에 관하여 금품, 기타 이익을 수수, 요구, 약속한 때에는 가중처벌하도록 하고 있다.

3. 요 건

(1) 임·직원의 부정행위는 직무에 관한 것이어야 한다.

금융부조리의 대부분은 대출 등 신용공여와 관련하여 발생되며 그 밖에 프리미엄을 조건으로 한 예금의 유치, 금융기관 직원의 지위를 이용한 사금융 알선 등 직무와 관련하여서도 발생될 수 있다. 직무의 범위는 본인이 직접 담당하는 업무뿐만 아니라 본인이 직접 담당하지 않는다고 하더라도 은행에서 영위하는 업무의 범위에 속하면 직무라고 할 수 있다.

(2) 증여 기타 수뢰의 요구, 수득 또는 약속이 있어야 한다.

증여 기타 수뢰의 수득은 부정한 청탁 유무에 불구하고 현실적으로 재산상의 이익을 수취한 경우이며, 요구 또는 약속은 직무와 관련하여 장래의 재산상 이득발생을 조건으로 하면 되고, 그 결과의 발생을 반드시 요하는 것은 아니다. 또한 재산상의 이득발생 또는 그에 관한 요구, 약속은 그 방법상 직접 혹은 간접적인 경우를 모두 포함한다.

4. 기 타

본조 위반시에는 이 법 제66조에 따라 5년 이하의 징역 또는 2억원 이하의 벌금에 처한다. 이 외에 형법상 배임수증죄(형법 제357조①)와 상법상 독직죄(상법 제630조①) 그리고 특정경제범죄가중처벌등에관한법률(제5조 내지 제7조)에 해당되어 제재상 본조와 경합된다.

Ⅳ. 이사회의 구성(제22조)

① 삭제
② 금융기관은 이사회에 상무에 종사하지 아니하는 이사(이하 '사외이사'라 한다)를 3인 이상 두어야 하며, 사외이사의 수는 전체 이사수의 100분의 50 이상이 되어야 한다.
③ 금융기관은 사외이사후보를 추천하기 위하여 상법 제393조의2의 규정에 의한 위원회(이하 '사외이사후보추천위원회'라 한다)를 설치하여야 한다. 이 경우 사외이사후보추천위원회는 사외이사가 총위원의 2분의 1 이상이 되도록 하여야 한다.
④ 사외이사는 사외이사후보추천위원회의 추천을 받은 자 중에서 주주총회에서 선임한다.
⑤ 제3항 후단의 규정은 새로 설립되는 금융기관이 최초로 이사회를 구성하는 경우에는 이를 적용하지 아니한다.
⑥ 사외이사의 사임 또는 사망 등의 사유로 이사회의 구성이 제2항에 규정된 요건에 합치하지 아니하게 된 경우에는 그 사유가 발생한 날 이후 최초로 소집되는 주주총회일까지 이사회의 구성이 제2항에 규정된 요건에 합치하도록 하여야 한다.
⑦ 삭제
⑧ 삭제
⑨ 삭제
⑩ 이 법에 규정된 사항 외에 이사회의 운영과 구성방법·절차 등에 관하여 필요한 사항은 대통령령으로 정한다.

1. 연혁 및 취지

이 조는 은행의 이사회 구성에 관한 규정으로, 모든 은행에 대하여 사외이사 중심의 이사회제도를 운영하도록 하기 위하여 제11차 개정시 신설되었다. 이 조항에서는 사외이사의 개념을 적극적으로 정의하지 아니하고 단순히 '상무에 종사하지 아니하는 이사'로 소극적으로 정의하고 있다.

종전 은행의 이사회는 은행장의 지휘·통할 아래 있는 상임이사 중심으로 구성되어 있고, 은행의 의사결정과 집행도 은행장 중심으로 이루어짐을 이유로 그 기능이 형해화되었다는 비판을 받아 왔다. 이에 정부는 이사회의 경영진에 대한 견제·감시기능을 제고하기 위하여 비상임이사 중심의 이사회제도를 도입하고, 비상임이사 전원으로 구성되는 후보추천위원회에서 은행장 및 감사 후보를 추천하도록 하였다.

그러나 2000년 1월 증권거래법, 보험업법 등 여타 금융관련법률 개정시 증권회사, 보험회사 등에 사외이사제도가 도입됨에 따라 제17차 개정시 비상임이사제도가 사외이사제도로 변경되었다.

2. 은행의 사외이사제도

(1) 도입 배경

이사회의 핵심기능은 의사결정기능과 감독기능(대표이사 선임권 포함)이다. 그런데 이사회가 사내이사만으로 구성될 경우 의사결정의 신속성·통일성 확보에는 용이하겠으나, 견제와 균형이라는 본래의 취지를 구현하기에는 미흡하다. 사내이사의 경우 이사회의 구성원으로서는 대표이사의 업무집행을 감독하는 입장에 있으나, 업무집행 측면에서는 대표이사의 지휘·통할을 받는 입장에 있기 때문에 대표이사를 감독하는 것을 기대하기 어렵다.

일반회사 이사회의 경우 대표이사(사장)와 그의 지휘를 받는 부사장·전무이사·상무이사 등 업무담당이사(사내이사)로 구성되어, 대표이사의 업무집행을 감독하기보다는 대표이사의 명령을 수행하는 집행기구 또는 대표이사의 독단과 전횡을 합리화시켜 주는 장식물로서 기업경영의 투명성을 저해하는 등 1997년말 외환위기 발생의 주요 원인 중 하나로 지적되었던 것이다. 특히, 지배주주가 없는 은행의 경우에는 최고경영자가 자신의 이익을 위하여 경영활동을 수행할 수 있고, 재벌그룹 등 산업자본이 지배주주인 제2금융권의 경우에는 최고경영자가 지배주주의 이익을 위해 경영활동을 수행함에 따라 금융자원배분의 왜곡과 금융부실의 심화 등의 부작용이 심각하였던 것으로 평가되었다.

이에 정부는 지배주주 또는 경영진의 전횡과 독주를 견제 · 예방하고 기업지배구조를 국제적인 규범(global standard)에 맞추기 위하여 기업지배구조 개선방안을 본격적으로 논의하기 시작하였으며, IMF, IBRD 등 국제기구와 외국투자자들도 기업지배구조 개선을 권고 내지 요구하기에 이르렀다. 정부는 기업경영의 투명성 제고방안의 일환으로 이사회의 건전한 운영을 위하여 사외이사제도를 도입하기로 하고, 2000년 1월 증권거래법 등 금융관계법률을 개정하여 금융기관 및 상장법인 등에 사외이사 및 감사위원회제도를 도입하도록 하였다. 은행의 경우에도 비상임이사제도는 다른 금융권역과 마찬가지로 사외이사제도로 변경되었다.

(2) 사외이사의 개념

이사회의 구성원인 이사는 상시근무 여부 및 대표이사와의 독립성 유무에 따라 사내이사(inside director)와 사외이사(outside director)로 구별할 수 있다. 사내이사는 상시근무하는 자로서 대표이사로부터 업무지시를 받는 이사를 말하며, 사외이사는 사내이사에 반대되는 개념으로 이사회에만 참여하는 이사를 말한다. 따라서 회사의 상무에 종사하는지의 여부에 따라 실무상으로 사용되고 있는 상근이사[41] · 비상근이사의 개념은 사내이사 · 사외이사의 개념과 동일선상에 있는 개념이라 할 수 없다. 상근이사는 당연히 사외이사가 될 수 없고, 비상근이사로 할지라도 이사로 선임되기 전에 회사와 고용관계에 있었거나 경제적 이해관계가 있는 경우에는 독립성이 없기 때문이다.

그러나 은행법에서는 사외이사의 개념을 적극적으로 정의하지 아니하고 단순히 '상무에 종사하지 아니하는 이사'로 소극적으로 정의하고 있다(제22조 ②). 법률에서 사외이사의 개념을 적극적으로 정의하는 것이 곤란하기 때문이며, 각국의 입법 경향도 우리와 유사하다.

이와 같이 은행법에서 사외이사의 개념을 '상무에 종사하지 않는 자'로 규정함으로써 은행의 이사회는 상임이사와 사외이사로만 구성되어야 하며, 사

41) 은행업감독규정(제18조)에서는 상임이사라는 용어를 사용하고 있다. 이는 1997년 1월 은행법 개정시 비상임이사 중심의 이사회제도를 도입하면서 은행의 이사회를 상임이사와 비상임이사로 구성하도록 한 것에서 기인한 것이다. 상근이사를 근무형태를 기준으로 한 개념으로, 상임이사를 업무집행 담당 여부를 기준으로 한 개념으로 보아 서로 구별되는 것으로 볼 수도 있겠으나, 실무상으로는 혼용하고 있다.

외이사 자격요건을 충족하지 못하는 자를 비상근(비상임)이사로 선임할 수 없다. 이는 종전의 비상임이사 중심의 이사회제도 도입시 은행의 이사회를 상임이사와 비상임이사로 구성하도록 하였던 것과 마찬가지이다. 그러나 사외이사 중심의 이사회제도는 사외이사의 수가 이사총수의 2분의 1 이상이 되게 이사회를 구성하도록 하는 것이므로, 나머지 사내이사의 선임형태에 대하여 법률에서 제한할 필요는 없을 것이다. 따라서 은행법상의 사외이사 개념을 재정립하는 것이 바람직한 것으로 판단된다.

(3) 사외이사의 구성비율

사외이사는 3인 이상으로 이사총수의 1/2 이상이어야 한다(제22조②). 사외이사의 최저 원수를 법정하고 있는 것은 사외이사 중심의 이사회제도를 운영하도록 하기 위한 것이다. 법문상으로는 이사회를 사내이사와 사외이사를 동수로 구성할 수 있도록 되어 있으나, 동수로 할 경우 당해 이사회는 사실상 사내이사 중심으로 운영될 소지가 크다는 점에서 바람직하지 않다. 따라서 은행의 이사회는 사외이사가 과반수가 되도록 구성되어야 할 것이며, 입법적으로도 이를 명확하게 해두는 것이 바람직할 것이다.[42]

사외이사의 사임 또는 사망 등의 사유로 사외이사의 수가 법정 원수에 미달하게 된 경우 그 사유가 발생한 날 이후 최초로 소집되는 주주총회일자까지 이사회의 구성이 은행법에 합치되도록 하여야 한다(제22조⑥). 이는 사외이사 본인의 의사에 의하거나 은행의 귀책사유 없이 사외이사의 결원이 발생되었음에도 사외이사 선임만을 위한 주주총회를 개최하도록 하는 것은 은행에 부담이 되기 때문이다. 따라서 사외이사의 임기가 만료되거나 해임에 의해 결원이 발생한 경우에는 적용되지 않으며, 사외이사 선임을 위한 주주총회를 개최하여 결원을 충원하여야 한다.

---

42) 1997. 1. 비상임이사 중심의 이사회제도 도입시에는 상임이사의 수를 과반수 미만으로 제한하였으나, 2000. 1. 은행법 개정시 비상임이사의 명칭을 사외이사로 변경하면서 그 구성비율을 현행과 같이 변경하였다. 한편, 2004. 1. 26. 개정 증권거래법에서는 대규모 상장・협회등록법인의 사외이사 구성비율을 이사총수의 과반수로 개정하였다(동법 제191조의16①).

(4) 사외이사의 선임

사외이사는 사외이사후보추천위원회의 추천을 거쳐 주주총회에서 선임한다(제22조④). 사외이사후보추천위원회는 이사회내 위원회로 설치되며, 사외이사가 총위원의 2분의 1 이상이 되도록 구성되어야 한다(제22조③). 다만, 새로 설립되는 은행이 최초로 이사회를 구성하는 경우에는 사외이사후보추천위원회의 위원 구성비율에 관한 제한은 적용되지 아니한다(제22조⑤).[43]

한편, 사외이사의 해임에 관하여는 은행법에서 별도로 정하고 있지 아니하므로 상법상의 이사의 해임에 관한 규정(제385조①)이 적용된다.

(5) 사외이사의 임기

은행법상 사외이사의 임기에 관하여 별도로 규정하고 있지 아니하므로, 상법(제383조②)의 규정에 따라 3년을 초과하지 아니하는 범위 내에서 정관에서 정할 수 있다.

(6) 사외이사의 자격요건

사외이사의 자격요건에 대하여는 제18조(임원의 자격요건 등)와 관련하여 이미 설명하였으므로 생략한다.

(7) 사외이사의 권한・책임・의무

사외이사도 법적으로는 이사이며, 상법상 이사에게 인정되는 권한과 의무 및 책임에 있어서는 사내이사와 차이가 없다.

---

43) 은행법 제22조제5항의 의미는 다소 불명확하다. 은행을 새로 설립하는 경우에는 이사회 자체가 구성되어 있지 않는데도 이사회내 위원회로서 사외이사후보추천위원회를 구성하도록 하는 것은 모순되기 때문이다. 다만, 은행업 인가를 받기 위하여 일반적으로 상법상의 회사를 먼저 설립하게 되는 바, 이 경우에는 당해 회사의 이사회가 존재하므로 그 하부기관으로 사외이사후보추천위원회를 설치하는 것은 가능하다. 그러나 은행의 신규설립시 사외이사후보추천위원회의 추천절차를 거치도록 할 실익이 있는지는 의문이다. 한편, 은행간 또는 은행과 비은행금융기관간 합병시 신설합병을 하는 경우 합병의 효과로서 새로운 은행이 설립되게 되는데, 이 경우에는 원천적으로 추천절차를 거칠 수 없게 되는 바, 이에 대한 특례규정을 마련해 둘 필요가 있다.

3. 이사회의 운영

사외이사의 구성비율·선임방법 이외의 은행의 이사회운영과 구성방법·절차 등에 관하여 필요한 사항은 대통령령으로 정하도록 하고 있다(제22조⑩).

그러나 은행법 시행령에서는 상법에서 정하고 있는 이사회 운영과 구성방법 등에 대한 특례를 규정하고 있지는 않다. 다만, 은행장으로 하여금 사외이사후보를 추천한 주주 및 임원과 당해 은행과의 거래내역(예금거래 제외)을 이사회 또는 주주총회에 보고하도록 규정하고, 이사회의 의사록 기타 이사회 운영에 관하여 필요한 사항은 금감위가 정하도록 규정하고 있다. 이에 따라 금감위에서는 은행업감독규정(제23조②), 은행업감독업무 시행세칙(제15조)에 은행으로 하여금 사외이사후보를 추천한 주주 및 임원에 대한 여신현황과 주주 및 임원과의 영업소건물 임대차 등 주요 거래내역을 선임일 이후 매년 말을 기준으로 금융감독원장에게 보고함과 아울러, 매반기 말을 기준으로 공표하고 정기주주총회에 보고하도록 하고 있다.

Ⅴ. 이사회의 권한(제23조)

① 다음 각호의 사항은 이사회의 심의·의결을 거쳐야 한다.
1. 경영목표 및 평가에 관한 사항
2. 정관의 변경에 관한 사항
3. 임원 및 직원의 보수를 포함한 예산 및 결산에 관한 사항
4. 삭제
5. 해산·영업양도 및 합병 등 조직의 중요한 변경에 관한 사항
6. 제23조의3의 규정에 의한 내부통제기준에 관한 사항

② 상법 제393조제1항의 규정에 의한 이사회의 권한 중 지배인의 선임 또는 해임과 지점의 설치·이전 또는 폐지에 관한 권한은 금융기관의 정관이 정하는 바에 의하여 위임할 수 있다.

이 조는 제11차 개정 당시 비상임이사 중심의 이사회제도가 도입되면서 이사회의 경영감독기능 또는 경영통제기능을 강화하고, 이사회의 의결을 요하는 사항 중 빈번하게 발생되고 정형화되어 전체 이사회에서 심의·의결하도

록 할 필요성이 적은 사항을 상임이사회나 은행장 등에게 위임할 수 있도록 함으로써, 이사회 운영의 효율성을 제고하기 위해 신설되었다. 그 후 제14차 개정시 제4호(금감위가 정하는 규모 이상의 부실여신 및 사고처리대책에 관한 사항)가 이사회의 심의의결대상에서 삭제되었고, 제17차 개정시 제6호가 추가되어 현재까지 이르고 있다.

상법상 이사회는 법령이 정관에 의하여 주주총회의 권한으로 되어 있는 사항을 제외하고 회사의 업무집행에 관한 모든 사항에 관하여 의사결정권을 가지며, 대표이사를 비롯한 이사의 직무집행을 감독한다(상법 제361조, 제393조 참조). 또한, 주주총회의 결의를 요하는 사항이라고 하더라도 회사의 경영에 관한 주요 사항인 경우에는 이사회에서 심의할 수 있다.

이사회의 권한에 관한 제1항의 규정은 상법상의 이사회의 권한(상법 제393조)을 근간으로 한 것으로, 이사회에게 주주총회의 권한 이외의 주요 업무집행에 관한 의사결정권한과 이사의 직무집행을 감독할 권한을 부여한 근거규정이다. 따라서 은행 이사회는 은행법에서 규정하고 있는 이사회의 권한 이외에 주식회사 이사회의 일반적 권한을 규정하고 있는 상법상의 권한을 행사할 수 있고, 주권상장 은행의 경우에는 증권거래법상의 이사회의 권한도 행사할 수 있다.

이사회는 은행법 등의 규정에 반하지 않는 범위 내에서 집행부서에 권한을 위임할 수 있다. 다만, 본질적인 부분에 대해서는 제3자에게 위임할 수 없다. 따라서 문제되는 것은 상법이나 정관에서 주주총회 의결대상으로 규정된 사안임에도 불구하고 규정에 따라 이사회의 심의·의결만으로 충분한가? 은행법에 따른 이사회의 심의·의결이 상법 등에서 정한 주주총회의 의결을 갈음한다거나 대체한다는 명문규정이 없는 한 은행법뿐만 아니라 상법에서 정한 절차를 거쳐야 할 것이다.

또한, 이사회는 영업결정권한 이외의 이사의 업무집행에 대한 감독기구로서 업무집행에 관한 포괄적 감독권한을 행사할 수 있다. 이러한 견제기능은 주주를 대신하여 업무집행이사 등을 견제해야 하는 이사회의 본연의 역할이다. 따라서 이러한 감독권한도 이사회 이외의 타인에게 위임하거나 양도할 수 없다.

Ⅵ. 감사위원회제도(제23조의2)

① 금융기관은 이사회에 감사위원회(상법 제415조의2의 규정에 의한 감사위원회를 말하며, 이하 같다)를 설치하여야 한다.
② 감사위원회는 총 위원의 3분의 2 이상을 사외이사로 구성하여야 한다.
③ 사외이사가 아닌 감사위원회의 위원은 증권거래법 제191조의12제3항 각호의 1에 해당되어서는 아니된다. 다만, 감사위원회의 사외이사가 아닌 위원으로 재임중인 자는 증권거래법 제191조의12제3항제6호의 규정에 불구하고 감사위원회의 사외이사가 아닌 위원이 될 수 있다.
④ 감사위원회의 위원의 사임 또는 사망 등의 사유로 감사위원회의 구성이 제2항의 규정된 요건에 합치하지 아니하게 된 경우에는 그 사유가 발생한 날 이후 최초로 소집되는 정기주주총회에서 감사위원회의 구성이 제2항에 규정된 요건에 합치하도록 하여야 한다.
⑤ 상법 제415조의2제2항 단서는 제1항의 규정에 의한 감사위원회의 구성에 관하여는 이를 적용하지 아니한다.

1. 연혁 및 취지

회사의 감사기관을 어떻게 자리매김할 것인가는 각국의 기업문화 등에 따라 다르다. 회사 감사기관의 유형은 업무집행기능과 감시기능을 구분하여 담당하는 이원적 제도(독일형)와 업무집행기능과 감시기능을 이사회가 통합하여 담당하는 일원적 제도(미국형)로 대별되며, 이원제와 일원제 가운데 하나를 선택하도록 하는 입법례와 이들 제도를 변형한 입법례도 있다.

종래 우리나라는 주식회사에 대하여 업무집행기관으로서의 이사회・대표이사, 감시기관으로서의 감사를 설치하도록 하는 이원제를 채택하였었다. 그러나 감시기관으로서의 감사를 이사회와 독립・대등의 기관으로 자리매김하였음에도 실제 운용면에서 독립성이 미약하고 그 기능을 제대로 수행하지 못하고 있다는 비판을 받고 있었다. 그러던 중 1997년말 외환위기 이후 기업경영의 투명성 제고를 위한 경영감독기구의 개편이 절실한 문제로 부각되기 시작하였으며, IMF나 IBRD 등 국제기구뿐만 아니라 외국투자자들까지도 우리 정부에 대하여 미국식 감사위원회제도의 도입을 강력하게 권고하였다. 또한 1999년 3월, 민간자율위원회로 설립된 기업지배구조개선위원회에서도 1999년

9월 제정한 「기업지배구조모범규준」을 통하여 대규모 공개기업, 정부투자기관, 금융기관에 대하여 감사위원회의 설치를 권고하였다. 이에 정부는 1999년 12월 상법을 개정하여 미국식 감사위원회제도를 도입하게 되었다. 동 개정상법에 따르면 주식회사의 경우 정관의 규정에 따라 감사위원회를 설치할 수 있도록 하고, 감사위원회를 설치하는 회사는 감사를 둘 수 없도록 하였다(상법 제415조의2). 나아가 정부는 금융기관 등 상장법인에 대해 감사위원회 설치를 의무화하는 요지로 증권거래법(제191조의12) 등 관련법규를 개정하였고, 그 일환으로 이 조는 제17차 개정시 신설되었다.

그러나 감사위원회의 감사기능은 원래 대표이사 등 이사를 그 대상으로 하고 주주 등 회사의 이해관계자를 위하여 수행된다는 점을 고려할 때, 이사회 내의 한 위원회로 설치하도록 한 점에 대해서는 논란의 여지가 크다. 특히, 감사위원회를 둘 경우에는 감사를 둘 수 없도록 하고 있고, 감사에 관한 상법 규정이 감사위원회에 적용(상법 제415조의2)되고 있는 상법의 취지에서 볼 때, 감사위원회를 이사회 내의 한 위원회로 설치·운영하는 점은 개선해야 할 것이다.

2. 감사위원회의 지위

감사위원회의 지위와 관련하여 "금융기관은 이사회에 감사위원회를 설치하여야 한다"는 제1항의 규정을 근거로 감사위원회는 이사회 내의 위원회로서 법적·형식적으로 이사회의 하부기관이라는 견해가 있을 수 있다. 또한, 감사위원회와 동일한 기능을 수행하는 등 모델이 되고 있는 감사가 이사회와 독립된 기관이라는 점과 상장법인의 경우 주주총회에서의 감사선임을 규정하고 있는 증권거래법(제191조의11)을 근거로 이사회 내에 설치되어 있으나 이는 어디까지나 형식적·관례적 측면에서의 위치를 정한 것에 불과하다는 점 등을 이유로 실질적·기능적 측면에서는 이사회와 독립된 별도의 위원회로 보아야 한다는 견해가 있을 수 있다. 특히 상법상(제393조의2④) 이사회내 위원회에서 결의한 사항에 대해 이사회가 이를 다시 결의할 수 있도록 규정하고 있는 점과 관련하여, 감사위원회의 결의사항에 대하여 이사회가 달리 결의하는 것이 타당한지는 의문이다. 감사위원회의 경우 이사회내 다른 위원회와는 달리 위원의 수를 3인 이상으로 하고, 위원의 3분의 2 이상을 사외이사로 선임하도록 하는 한편 그 권한이 법정되어 있다는 점에서 볼 때, 다른 위원회와 동일하게 취급하는 것은 감사에 갈음하여 설치되는 감사위원회의 기능을 형해화할 소지가 크다. 이러한 점을 감안하여 이사회에게 재의결권을 부여한 상법규정은 감사위원회에 적용되지 않는다는 견해도 있다.[44] 그러나 감사위원회가 이사회내 위원회로 설치되는 것이 명백한 이상 동 상법규정이 감사위원회에는 적용되지 않는 것으로 보기에는 무리가 있다는 견해도 있다.

따라서 감사위원회의 독립성 제고를 위해서는 독일방식과 같이 집행기능과 감독기능을 구분하는 이원적 방식을 채택하는 것이 본질에 부합하며, 최소한 감사위원회의 결정에 대하여 이사회가 이를 달리 결정할 수 없도록 개정하는 것이 타당하다.[45]

이와 같은 입법조치가 이루어지기 이전이라도 이사회가 감사위원회의 권한행사에 개입하는 것을 자제하도록 유도함으로써 감사위원회제도가 조기에 정착될 수 있도록 노력하여야 할 것이다.[46]

3. 감사위원회의 구성

은행의 감사위원회는 이사회 내에 설치하되, 3인 이상의 이사로 구성되어야 하며, 위원의 3분의 2 이상이 사외이사로 구성되어야 한다. 이와 같이 사외이사 중심으로 감사위원회를 구성하도록 하는 것은, 대표이사인 은행장으로부터 독립성을 확보함으로써 은행장 등 경영진에 대한 견제 감시기능을 제대로 이행하게 하기 위한 것으로 이해할 수 있다.

한편, 감사위원회의 2/3 이상이 사외이사로 구성되기 때문에 상근감사위원을 둘 수 있는 여지가 있다. 상근감사위원이 복수인 경우라고 하더라도 각자가 독립적인 회사의 기관이라기보다는 감사위원회의 구성원의 일원이라고 보는 것이 타당하다.

---

44) 정동윤, "한국형 감사위원회제도의 허와 실", 상장, 한국상장회사협의회, 2000. 12, 15면.

45) 상법을 개정하는 방안이 바람직하지만, 여의치 않을 경우 감사위원회 설치가 강제되는 은행 등에 우선 적용하기 위하여 은행법 등 금융관계법률을 개정하는 방안도 고려해 볼 수 있을 것이다.

46) 감사위원회와 은행장 등 경영진간의 극한 대립관계가 형성되어 이사회의 중재가 필요하지 않는 한, 감사위원회의 권한행사에 개입하지 않는 것이 사외이사 중심의 감사위원회제도를 도입한 취지에 부합되는 제도 운영일 것이다.

4. 감사위원회 위원의 자격요건

감사위원의 자격요건에 대해서는 상장법인의 경우와 마찬가지로(증권거래법 제191조의12) 소극적 요건을 규정하고 있다. 또한 은행의 경우 은행의 업무를 맡았던 이사 및 피용자 또는 선임된 날로부터 2년 이내에 업무를 담당한 이사 및 피용자였던 자나, 최대주주가 자연인인 경우 본인·배우자·직계존비속 등에 해당하는 자가 위원의 1/3을 넘을 수 없도록 제한하고 있는 상법규정(제415조의2② 단서)의 적용이 배제되기 때문에 일반회사의 경우보다 감사위원의 자격요건은 완화되었다고 할 수 있다. 그러나 감사위원회가 감시기능을 대신하고 있고 경영진에 대한 감시기능을 제고할 필요성이 있다는 측면에서 볼 때 상법 제415의2제2항 단서의 적용을 배제하고 있는 은행법 제23조의2제5항의 규정은 폐지되어야 한다.

5. 감사위원회 위원의 선임 및 해임

감사위원의 선임 및 해임에 대해서는 은행법에서 별도로 규정하고 있지 아니하다. 그러므로 증권거래법 및 상법상의 이사선임 및 해임에 관한 규정에 따라야 할 것이다.

6. 감사위원회 위원의 임기

상법 및 은행법상 감사위원회 위원의 임기에 대하여는 규정되어 있지 않다. 따라서 은행의 정관에 감사위원의 임기에 관한 규정이 있으면 그에 따르고, 정관에 규정이 없으면 이사회가 정할 수 있다. 다만, 감사위원은 이사의 자격을 전제로 하고 있으므로 이사의 임기를 초과할 수는 없다. 만일, 이사회도 임기를 정하지 않은 때에는 위원으로 선임된 때에 임기가 개시되고, 이사의 임기가 종료되는 때에 감사위원으로서의 임기도 종료된다고 보아야 할 것이다. 물론, 이사의 임기종료 전에 감사위원직에서 해임된 때에는 이사의 임기 전에 임기가 종료된다고 보아야 한다. 또한 감사위원회 위원은 이사의 자격을 전제로 하는 것이므로, 감사위원으로서의 임기중이라 하더라도 이사로서의 임기가 만료되면 감사위원으로서의 지위를 당연히 상실하게 되며, 이사로서 중임되더라도 감사위원의 지위가 당연히 회복되는 것은 아니다.

7. 감사위원회의 권한

감사위원회는 감사에 갈음하여 설치되는 것이므로 상법은 감사의 권한 및 책임과 관련하여 기존의 감사제도에 관한 상법규정의 적용을 원칙으로 하되, 독임제 기관인 감사와 합의제 기관인 감사위원회의 체계적인 차이를 고려하여 개별적으로 준용하도록 하고 있다(상법 제415조의2⑥). 따라서 감사위원회의 권한은 감사의 그것을 준용함으로써 감사와 동등하다고 할 수 있다.

〈참고〉 상법상 감사의 권한 및 책임

1. 권 한

가. **업무감사권**: 감사는 이사의 직무의 집행을 감사한다(제412조①). 여기에는 이사 개개인의 직무집행뿐만 아니라 이사회의 권한사항(중요한 자산의 처분 및 양도, 대규모 재산의 차입, 지배인의 선임 또는 해임과 지점의 설치・이전 또는 폐지 등; 제393조①)을 포괄하며 회계감사권은 업무감사권에 포함된다. 업무감사를 위하여 감사는 언제든지 이사에 대하여 영업에 관한 보고를 요구하거나 회사의 재산상태를 조사할 수 있으며(제412조②), 정기적인 결산감사를 위해서는 이사로부터 재무제표와 영업보고서를 제출받아야 한다(제447조의3). 감사결과는 이사회에서의 의견진술・보고(제391조의2), 유지청구(제402조), 주주총회에서의 의견진술(제413조), 감사록(제413조의 2)・감사보고서(제447조의4) 등을 통하여 표현된다.

나. **자회사의 감사권**: 감사는 그 직무수행을 위한 범위에서 자회사의 영업에 관해서도 보고를 요구하거나 조사할 수 있는 권한을 가지며, 모회사[47]의 감사는 그 직무를 수행하기 위하여 필요한 때에는 자회사에 경우 영업의 보고를 요구할 수 있다(제412조의4①). 자회사가 모회사 감사의 보고요구에 지체없이 응하지 아니하거나 보고의 내용을 확인할 필요가 있는 경우 자회사의 업무와 재산상태를 조사할 수 있으며(제412조의4②), 자회사는 정당한 이유가 없는 한 이러한 보고요구 및 조사를 거부할 수 없다(제412조의4③).

다. **이사회출석・의견진술권**: 감사는 이사회에 출석하여 의견을 진술할 수 있다(제391조의2①). 따라서 이사회를 소집할 때에는 감사에게도 소집통지를 하여야 하며(제390조②), 소집통지를 생략하고자 할 때에는 사전에 감사의 동의를 얻어야 한다(제390조③).

---

47) 여기에서 모・자관계는 상법 제342조의2에서 정한 바에 따라 다른 회사의 발생주식총수의 100분의 50을 초과하는 주식을 가진 회사를 '모회사', 상대방 회사를 '자회사'라고 한다.

라. 이사회의사록의 기명·날인권 : 이사회의사록에는 안건, 경과요령, 그 결과, 반대하는 자와 그 반대이유를 기재하고 출석한 이사 및 감사가 기명·날인 또는 서명하여야 한다(제391조의3②). 따라서 감사가 이사회에 출석한 경우 이사회의사록에 반드시 기명·날인하여야 하는 바, 이는 감사의 출석을 보장하고 의사록 작성의 공정성·정확성을 담보하기 위함이다.

마. 이사의 보고수령권 : 이사는 회사에 현저한 손해를 미칠 염려가 있는 사실을 발견할 때에는 즉시 감사에게 이를 보고하여야 한다(제412조의2). 이는 회사의 업무집행권을 보유하고 있는 이사회와 감사간의 정보불균형으로부터 발생할 수 있는 감시체제의 실효성 저하를 방지하고자 하는 취지이다. 이사로부터 보고를 받은 감사는 당해 사실을 조사하여 진상을 파악하고 이사회와 주주총회에서 의견을 진술해야 하며, 주주총회의 소집청구(제412조의3), 유지청구권 행사(제402조), 이사에 대한 책임추궁 등 사안에 따라 해당되는 권한을 적시에 행사하여야 한다.

바. 주주총회소집청구권 : 감사는 회의의 목적사항과 소집의 이유를 기재한 서면을 이사회에 제출하여 임시총회의 소집을 청구할 수 있다(제412조의3①). 동 청구가 있은 후 이사회가 지체없이 총회소집절차를 밟지 않은 경우 감사는 법원의 허가를 얻어 총회를 소집할 수 있다(제412조의3②, 제366조②).

사. 유지청구권 : 이사가 계획하고 있는 위법행위로 인하여 회사에 회복할 수 없는 손해가 생길 우려가 있는 경우 감사는 이사에 대해 동 행위를 유지할 것을 청구할 수 있다(제402조).

아. 감사해임에 관한 의견진술권 : 감사는 주주총회에서 감사의 해임에 관하여 의견을 진술할 수 있다(제409조의2). 이는 감사의 업무의 객관성을 보장하기 위한 방안이며, 이를 배제한 경우 주주총회 결의취소사유가 될 수 있다.

사. 회사와 이사간의 소 대표권 : 회사가 이사에 대하여, 이사가 회사에 대하여 또는 소수주주가 회사에 대하여 이사의 책임추궁을 위한 소를 제기한 경우 감사는 그 소에 관하여 회사를 대표하게 된다(제394조①).

차. 각종 소 제기권 : 감사는 회사설립무효의 소(제328조), 결의취소의 소(제376조 ①), 신주발행무효의 소(제429조), 감자무효의 소(제445조), 합병무효의 소(제529조)를 제기할 수 있다.

카. 감사의 보수 : 감사의 보수는 정관에 그 액을 정하지 아니한 경우 주주총회의 결의로 이를 정해야 한다(제415조, 제388조). 아울러 주권상장법인 및 협회등록법인은 감사의 독립성을 제고하는 차원에서 주주총회 목적사항으로 감사의 보수결정을 위한 의안을 상정하는 경우 이사의 보수결정을 위한 의안과는 별도로 상정하여 결의하여야 한다(증권거래법 제191조의11②).

2. 의 무

감사는 회사의 수임인으로서 선량한 관리자의 주의의무를 지며, 회사의 영업비밀을 유지할 의무를 부담하는 바(제415조, 제382조의4), 구체적인 내용은 다음과 같다.

가. 이사회에 대한 보고의무 : 감사는 이사가 법령 또는 정관에 위반한 행위를 하거나 그 행위를 할 염려가 있다고 인정한 때에는 이사회에 이를 보고하여야 한다(제391조의2②).

나. 주주총회에서의 의견진술 : 감사는 이사가 주주총회에 제출할 의안 및 서류를 조사하여 법령 또는 정관에 위반하거나 현저하게 부당한 사항이 있는 지의 여부에 관하여 주주총회에 그 의견을 진술하여야 한다(제413조).

다. 감사록의 작성 : 감사는 감사에 관한 감사록을 작성하여야 하며(제413조의2①). 감사록에는 감사의 실시요령과 그 결과를 기재하고, 감사를 실시한 감사가 기명·날인하여야 한다.

3. 감사의 책임

감사가 그 책임을 해태한 경우 감사는 회사에 대하여 연대하여 손해를 배상할 책임을 지며(제414조①), 악의나 중대한 과실로 그 임무를 해태한 때에는 제3자에 대해서도 손해를 배상할 책임을 진다(제414조②). 감사가 회사나 제3자에 대하여 손해를 배상할 책임이 있는 경우로서 이사도 그 책임이 있는 때에는 감사와 이사가 연대하여 배상할 책임이 있다(제414조③). 감사의 책임은 소수주주가 대표소송으로 추궁할 수 있으며(제415조, 제403조), 총주주의 동의로 책임을 면제할 수 있다(제415조, 제400조). 그러나 주주의 수가 다수인 주권상장법인이나 협회등록법인의 경우에는 총주주의 동의를 받는다는 것이 현실적으로 불가능하기 때문에 감사의 책임 면제를 기대하기는 어렵다 하겠다.

Ⅶ. 내부통제기준 등(제23조의3)

① 금융기관은 법령을 준수하고 자산운영을 건전하게 하며 예금자를 보호하기 위하여 당해 금융기관의 임원 및 직원이 그 직무를 수행함에 있어서 따라야 할 기본적인 절차와 기준(이하 '내부통제기준'이라 한다)을 정하여야 한다.
② 금융기관은 내부통제기준의 준수 여부를 점검하고 내부통제기준에 위반하는 경우 이를 조사하여 감사위원회에 보고하는 자(이하 '준법감시인'이라 한다)를 1

인 이상 두어야 한다.
③ 금융기관은 준법감시인을 임면하고자 하는 경우 이사회의 결의를 거쳐야 한다. 다만, 제58조제1항의 규정에 의한 외국금융기관의 지점의 경우에는 그러하지 아니하다.
④ 준법감시인은 다음 각호의 요건에 적합한 자이어야 한다.
1. 다음 각목의 1에 해당하는 경력이 있는 자일 것
   가. 한국은행 또는 금융감독기구의설치등에관한법률 제38조의 규정에 의한 검사대상기관(이에 상당하는 외국금융기관을 포함한다)에서 10년 이상 근무한 경력이 있는 자
   나. 금융관계분야의 석사 이상의 학위소지자로서 연구기관 또는 대학에서 연구원 또는 전임강사 이상의 직에 5년 이상 근무한 경력이 있는 자
   다. 변호사 또는 공인회계사의 자격을 가진 자로서 당해 자격과 관련된 업무에 5년 이상 종사한 경력이 있는 자
   라. 재정경제부・금융감독위원회・증권선물위원회 또는 제44조의 규정에 의한 금융감독원에서 5년 이상 근무한 경력이 있는 자로서 당해 기관에서 퇴임 또는 퇴직한 후 5년 이상 경과한 자
2. 제18조제1항 각호의 1에 해당하지 아니할 것
3. 최근 5년간 금융관련법령을 위반하여 금융감독위원회 또는 제47조의 규정에 의한 금융감독원장으로부터 주의・경고의 요구 등에 해당하는 조치를 받은 사실이 없을 것
⑤ 내부통제기준과 준법감시인에 관하여 필요한 사항은 대통령으로 정한다.

1. 연혁 및 취지

이 조항은 제17차 개정 당시 신설된 것으로, 제4항과 제5항은 제20차 개정시 추가되었으며, 금융기관 내부통제기준의 준수 여부를 점검하는 준법감시인의 설치, 준법감시인의 임면절차와 자격요건에 대해서 규정하고 있다.

2. 내부통제기준의 개념

이 조에서의 내부통제기준에 대해서는 통상적인 의미의 내부통제제도 또는 내부통제 시스템으로 일컬어지고 있으며, 본조 이외에는 내부통제(Internal Control)에 대해서 별도로 규정하고 있지 않으므로 이 조항에서의 정의, 즉 금융기관의 임직원이 그 직무를 수행함에 있어서 준수해야 하는 기본적인 절차

와 기준으로 이해하는 것이 타당하다. 또한 시행령(제17조의2)에서는 내부통제기준에 포함되어야 할 사항을 나열하고, 구체적인 절차나 기준은 금융기관 스스로 정하되 이사회의 결의를 거치도록 하고 있으며, 검사결과 법령위반 사실이 드러나는 경우 재발방지를 위하여 금융감독 당국에 대하여 변경권고권를 부여하고 있다.

특히, 내부통제기준에 포함될 사항과 관련하여 감독규정(제59조의2)에서는 예시적으로 금융기관이 자산의 운용을 위탁할 목적으로 증권투자신탁 수익증권 또는 증권투자회사 주식을 취득하고자 하는 경우 내부통제기준에 자산운용업자의 선임·해임기준 및 절차, 자산운용업자의 자산운용실적 평가 등을 포함하도록 하고 있으나, 구체적인 사항은 금융기관에 위임하고 있다. 따라서 내부통제기준은 금융기관이 내규로 정하여 운용해야 할 영업준칙으로 업무운영의 효율성 제고, 정확하고 신뢰성 있는 재무보고 체제의 유지, 관련법규 및 내부정책·절차의 준수 등과 같은 경영목표의 달성을 위하여 합리적 확신(reasonable assurance)을 갖고 내부에서 고안하여 이사회, 임직원 등 금융기관의 모든 구성원들에 의해서 지속적으로 실행되는 일련의 과정 또는 체제로 이해해야 한다.

3. 내부통제제도의 운영

(1) 내부통제제도의 역할

금융기관은 적절한 내부통제기준 또는 내부통제제도의 운영을 통해 자산의 보전, 신뢰성 있는 재무보고체계의 유지, 법규준수 등 경영목표를 효과적으로 달성할 수 있으며, 영업활동상의 오류나 위법행위의 발생을 예방하고 실제로 발생하는 경우에는 시의적절하게 대처하는 등 사후관리를 하게 된다. 반면에, 비효율적인 내부통제제도는 금융기관의 영업손실을 초래하고 재무적인 안전성을 위협하는 등 경영 불안정을 유발함으로써, 이러한 특정 은행의 경영안정은 전염효과를 통하여 다른 은행의 경영 불안정뿐만 아니라 금융시스템 전반의 안정성을 위협할 수도 있다. 궁극적으로 금융기관의 내부통제제도는 내·외부감사기능과 함께 금융기관의 건전한 경영과 금융시스템의 안정을 담보하기 위한 감독당국의 기능을 보완하는 역할을 수행하게 된다.

(2) 내부통제제도의 목적

금융기관은 적절한 내부통제제도의 운영을 통하여 다음 3가지의 목적을 달성하게 된다.

1) 성과목적(Performance Objective)

내부통제제도는 모든 구성원들이 제한적인 자원을 효율적으로 사용하여 금융기관의 목표달성을 위해 노력하도록 보장한다.

2) 정보목적(Information Objective)

내부통제제도를 통하여 경영의사결정을 위한 시의적절하고 신뢰성이 있으며, 합목적적인 각종 보고서를 준비하고 주주, 감독당국, 기타 이해관계자에게 신뢰성 있는 재무제표 및 기타 재무관련사항을 제공하고 공시한다.

3) 준법목적(Compliance Objective)

내부통제제도는 금융기관의 모든 활동이 관련법규, 감독규정, 당해 은행의 제반정책 및 절차에 따라 이루어지도록 한다.

4. 내부통제제도의 요소

개별 금융기관에 적합한 내부통제제도는 주로 영업규모, 영업활동의 다양성 및 리스크 특성 등에 의해 결정된다. 즉, 소형 금융기관의 내부통제제도가 다소 비형식적이고 비조직적이더라도, 앞서 언급한 내부통제제도의 3가지 목적을 달성하기에 적절하다면 대형 금융기관이 운영하는 고도로 체계화되고 소직화된 내부통제제도만큼 효과적일 수 있는 것이다. 이러한 내부통제도가 제대로 운영되기 위해서는 다음 5가지 기본적인 요소를 금융기관의 여건을 고려해서 적절하게 갖추어야 한다.

(1) 통제환경 및 통제문화

통제환경(control environment)은 내부통제에 적합한 조직구조, 효과적인 보상체계, 적절한 인사정책 및 교육정책 등과 같이 내부통제의 효율적인 운영을 위한 환경적 요인의 구비 정도를 의미한다. 특히, 강력한 통제환경을 형성하기 위해서는 금융기관내 모든 구성원이 내부통제제도의 중요성을 인식하고,

제반 정책 및 절차를 준수하겠다는 실천의지를 공유하는 통제문화(control culture)를 형성하는 것이 무엇보다 중요하다.

(2) 리스크 평가

리스크 평가(risk assessment)는 금융기관이 직면한 모든 종류의 리스크를 인식·측정·분석하는 것을 의미하는데, 효과적인 내부통제제도가 되기 위해서는 금융기관의 목표달성에 부정적인 영향을 미칠 수 있는 중요한 리스크 요소를 인식하고 평가하는 것이 중요하다.

(3) 통제활동 및 직무분리

통제활동(control activities)은 모든 구성원이 이사회와 경영진이 제시한 경영방침이나 지침에 따라 일상업무를 수행할 수 있도록 정책 및 절차를 마련하고, 이러한 정책 및 절차가 준수되도록 확인하는 제반활동을 의미한다. 한편, 효율적인 내부통제제도가 되기 위해서는 적절한 직무분리(segregation of duties)를 통하여 이해가 상충되는 2개 이상의 직무를 동일인이 담당하지 않도록 하고, 이해상충의 가능성이 있는 직무분야를 찾아내 이를 최소화하는 한편, 업무수행 내용은 독립적인 제3자에 의해 심도 있게 모니터링되어야 한다.

(4) 회계, 정보 및 의사소통 시스템

회계, 정보 및 의사소통 시스템(accounting, information and communication sytems)은 이사회, 경영진 및 직원들이 그들의 책임을 적절하게 수행할 수 있도록 시의적절한 정보를 수집·제공하는 역할을 하는데, 적절한 정보의 생산 및 의사소통은 내부통제제도의 원활한 작동을 위해서 필수적이다.

(5) 자기평가 및 모니터링

자기평가(self-assessment)는 동일한 부서에 근무하는 직원에 의해 자체적으로 내부통제활동이 적절히 이루어지고 있는지 여부를 부서별 혹은 영업부문별로 평가해야 하는 것이며, 모니터링(monitoring)은 내부통제기준이 올바르게 준수되고 있는지 여부를 점검하는 활동으로서 금융기관의 일상적인 영업활동의 일부분으로 상시 이루어져야 한다.

5. 준법감시

(1) 준법감시의 개념

준법감시(Compliance)란 일반적으로 고객 재산의 선량한 관리자로서 회사의 임·직원 모두가 제반 법규를 철저하게 준수하도록 사전 또는 상시적으로 통제·감독하는 것을 의미한다. 우리나라의 경우 그 동안 준법감시에 대해 사회적으로 정형화된 개념, 업무범위 및 방법 등에 대한 정의가 없었으나, 2001년 금융관련 법규의 개정을 통하여 '준법감시'로 통칭되고 있다. 금융기관에 있어서 준법감시기능은 금융기관 임직원이 직무를 수행함에 있어 법규를 준수하도록 하는 준법감시체제(Compliance System)를 마련하고 이를 운영·점검하는 활동을 말하며, 준법감시인(Compliance Officer)은 이러한 업무에 종사하는 자를 말한다. 우리나라의 현행 금융관련 법규은 준법감시업무를 리스크 관리를 포함한 내부통제의 전반적 내용을 포괄하고 있는 '내부통제기준'의 준수 여부를 점검하는 것으로 규정하고 있다.

(2) 준법감시인의 직무

원칙적으로 준법감시인은 임직원의 내부통제기준 준수 여부를 점검하고 사전에 시정하여 이를 은행장 등 대표이사에 대하여 책임을 부담하는 반면, 감사위원회는 전반적인 내부통제 시스템에 대한 평가를 내부감사(재무, 업무, 준법, 경영, IT 감사) 기능을 수행하고 이사회에 책임을 부담한다. 이와 같이 준법감시인의 내부통제기준 준수 여부 점검업무는 감사위원회의 고유업무와 중복되므로, 이를 최소화하기 위해 금융기관은 준법감시인과 감사위원회의 업무분장 범위를 자율적으로 정하여, 준법감시인은 가급적 준법감시 등 법규준수 관련업무에 중점을 두고, 감사위원회는 준법감시인의 준법감시 결과를 내부통제 시스템의 적정성 평가시 가급적 활용하고 있다.

한편, 은행법 시행령(제17조의3④)상 금융기관의 준법감시인은 자산운용업무, 은행(고유)업무 및 부수업무, 겸영업무의 수행이 금지되어 있음을 이유로, 이들 업무에 해당되지 않는 소송업무 등 여타 업무를 원칙적으로 수행할 수 있는 것처럼 해석할 수도 있다. 그러나 금융기관 및 임직원이 법규에 맞게 업무수행하고 있는지를 점검하는 것이 준법감시인의 직무라는 점을 고려할 때,

시행령에서 규정된 업무의 수행만이 금지된다고 해석하는 것은 지나치게 형식적으로 해석하는 것으로 판단된다. 따라서 준법감시인이 '내부통제기준 준수 여부 점검 및 감사위원회 보고' 등 고유업무를 보다 엄정하게 수행하기 위해 소송업무 등 '여타 업무'를 겸무하는 것은 바람직하지 아니하다.

(3) 준법감시인의 자격

준법감시인이 내부통제기준의 준수 여부를 점검하는 등 업무를 수행하기 위해서는 금융지식 등 일정수준 이상의 전문성이 요구되며, 이러한 전문성을 가진 전문인력의 자격요건에 대해서는 본조 제4항에서 규정하고 있다. 이러한 요건 중에서 하나의 요건을 충족하면 된다. 특히, 금융감독임무를 담당하는 재정경제부 등에서 근무한 자의 경우 퇴임·퇴직후 5년 경과 요건은, 금융감독 관련법규의 준수 여부를 확인하는 것을 주업무로 하는 준법감시인의 자격요건으로는 준법감시인의 직무나 전문가활용차원 측면에서 볼 때 부적합하다. 금융기관은 동 자격요건을 충족하는 자 중에서 준법감시인으로 임면하고자 하는 경우 이사회의 결의를 거쳐야 한다.

그리고 해임은 금융관련 법령을 위반하거나 금융관련 법령상 결격사유에 해당되어 준법감시인으로서 공정한 업무수행을 할 수 없는 경우 이사회의 결의로 해임된다. 이 경우 의결정족수는 금융기관이 자율적으로 운용할 수 있다. 그리고 금융기관은 준법감시인을 임면한 때에는 그 사실을 금감위에 통보하여야 한다.

Ⅷ. 감사위원회 위원 후보의 추천(제24조)

감사위원회의 위원후보는 사외이사 전원으로 구성된 후보추천위원회에서 추천한다. 이 경우 후보추천위원회는 재적 사외이사 3분의 2 이상의 찬성으로 의결한다.

1. 연혁 및 취지

이 조는 제11차 개정시 비상임이사 중심의 이사회제도 도입과 함께 은행장 및 감사 후보 추천권한을 비상임이사만으로 구성되는 기구에 부여함으로써, 이사회의 은행장 등 경영진에 대한 견제 및 감독기능을 강화하기 위한 조치의 일환으로 신설되었다.

그 후 제17차 개정시 감사제도가 감사위원회제도로 대체됨에 따라 후보추천위원회의 추천대상이 은행장 후보와 감사위원 후보로 변경되었다가, 제20차 개정시 은행장 선임방식의 자율화에 따라 추천대상에서 은행장 후보가 제외되고 감사위원 후보만 한정되어 현재에 이르고 있다. 그러나 사외이사인 감사위원을 후보추천위원회에서 추천하도록 할 필요성이 있는지 의문을 제기하는 견해가 있다. 종전 상근감사를 후보추천위원회에서 추천하도록 하였던 것을 감사제도가 폐지되고 감사위원회제도가 도입됨에 따라 그 구성원 전원을 후보추천위원회에서 추천하도록 한 것이나, 사외이사인 감사위원에 대하여 사외이사 자격요건 이외에 별도의 감사위원 자격요건이 설정되어 있지도 않고, 상근감사위원의 경우 은행장 등 경영진으로부터 독립적인 인사를 선임하기 위하여 사외이사만의 추천기구에서 추천하도록 할 필요가 있듯이, 사외이사의 경우도 은행장 등 경영진으로부터 독립적이어야 한다는 점에 비추어 후보추천위원회의 추천절차를 거치도록 하는 것이 바람직하다.

2. 후보추천위원회의 성격

후보추천위원회의 지위에 대하여는 별도로 규정하고 있지 아니하여 이사회와의 관계설정에 있어 논란의 소지가 있다. 이에 대하여는 후보추천위원회의 위원이 사외이사 전원으로 구성됨을 이유로 이사회내 위원회로 보는 견해가 있을 수 있겠으나, 후보추천위원회의 결의사항을 이사회가 다시 의결할 수 있게 되는 문제가 있다. 이 조항에서 후보추천위원회를 사외이사 전원으로 구성하고 그 의결방법까지 규정하고 있는 바, 이는 은행장 등 경영진의 업무집행을 감시하는 감사위원을 은행장 등 경영진이 참여하지 않는 상태에서 추천하도록 하기 위함이라는 점을 감안할 때, 후보추천위원회는 이사회내 위원회가 아니라 법상 인정된 특별기구로 보는 것이 타당하다.

3. 감사위원의 선임·해임 절차

감사위원회가 이사회내 위원회의 하나라는 현행법(제23조의2①; 상법 제415

조의2①)의 테두리 안에서 감사위원회의 위원은 이사 중에서 이사회에서 선임되며, 그 해임도 이사회의 권한이라 할 수 있다(상법 제293조의2②).[48][49]

그러나 금융회사의 감사위원회는 상법뿐만 아니라 은행법의 규정도 따라야 하므로, 사외이사 전원으로 구성되는 후보추천위원회는 재적위원 2/3 이상의 찬성으로 후보자를 선정하여야 한다. 그러나 은행법에서는 후보추천위원회의 추천시기에 관하여 규정하고 있지 않다. 다만, 은행으로 하여금 상근감사위원 후보를 선정함 경우에는 그 선임 전에 금융독원장에게 보고하도록 하고 있다(감독규정 제19조). 한편, 증권거래법은 상근감사위원의 선임에 있어서는 최대주주(특수관계인 포함)의 의결권행사를 3%로 제한하고(제191조의11①), 감사위원이 되는 사외이사 선임시에는 주주의 의결권행사를 3%로 제한(제191조의17②, 제54조의6⑥)하고 있다. 이에 따라 은행이 후보추천위원회를 언제 개최하여야 하는지 문제될 수 있다.

은행법과 상법만이 적용되는 비상장은행의 경우, 상근감사위원의 선임에 있어 대주주의 의결권에 제한이 없기 때문에 상근감사위원회 후보추천은 주주총회에서 이사로 선임되기 이전에 이루어져야 한다. 그러나 사외이사인 감사위원 후보의 추천은 이사회의 감사위원 선임 이전에 이루어지면 족하다.

한편 은행법, 상법 이외에 증권거래법까지 적용되는 상장은행의 경우에는 사정이 다르다. 즉, 증권거래법상 주주총회에서 감사위원이 되는 이사의 선임시에는 주주의 의결권행사가 제한되고 후보추천위원회의 감사위원 추천은 상근감사위원 여부에 관계없이 주주총회에 이전에 이루어져야 할 뿐만 아니라, 주주총회에서 선임할 이사 후보자의 약력이 주주총회일 2주 전에 이루어지는 주주총회 소집통지·공고에 포함되어야 하므로(증권거래법 제191조의10①), 감사위원 후보추천은 주주총회 소집통지·공고 이전에 이루어져야 한다.

---

48) 상법은 이사회내 위원회의 위원 선임권한을 직접적으로 규정하지 아니하고, 이사회의 권한 중 위원회에 위임할 수 없는 사항을 규정하고 있는데, 그 중의 하나가 위원회의 위원의 선임과 해임에 관한 사항으로 규정함으로써 위원회의 위원의 선임과 해임권이 이사회의 권한임을 간접적으로 규정하고 있다(상법 제393조의2③제3호).

49) 이에 대해 증권거래법(제191조의11①)은 상근감사위원은 이사회가 아닌 주주총회에서 선임하도록 규정하고 있다고 보는 견해도 있다[김상규·윤선희, "사외이사와 감사위원회제도의 개선에 관한 연구"(상장협 연구보고서 2000-3), 2000. 12, 한국상장회사협의회, 50면].

Ⅸ. 이해관계자의 의결권 제한(제25조)

이사회의 의결에 있어서 당해 의안과 특별한 이해관계가 있는 이사는 의결권을 행사하지 못한다.

이 조는 제11차 개정 당시 신설된 것으로, 비상임이사 중심의 이사회제도가 도입되면서 비상임이사 후보의 80%가 주주대표에 의해 추천됨에 따라, 비상임이사가 본인을 추천한 특정 주주의 이해관계를 대변하는 것을 방지함으로써 이사회 의결의 공정성을 확보하기 위한 규정이다. 그러나 이와 같은 규정은 상법(제391조③, 제368조④)상의 규정과 중복되는 것으로, 단순하게 이사들이 주의의무를 환기하는 의미에서 비롯된 것으로 이해된다.

여기서 '특별한 이해관계'의 의미에 대해서는 구체적인 규정을 두고 있지 아니하므로, 구체적인 사안에 따라 판단할 수밖에 없을 것이다. 먼저 이사와 은행간의 자기거래승인에 관한 이사회결의에 있어서 당사자인 이사가 특별한 이해관계를 가지는 것에 대하여는 논란의 여지가 없다. 또한 이사 또는 은행장(대표이사)의 선임이나 해임에 관한 결의에 있어 후보자 또는 대상자인 이사나 은행장이 특별이해관계인에 해당된다는 점에 대해서는 이론이 없다. 그러나 같은 대주주에 의해 추천된 다른 이사는 이에 해당되지 않는다고 보는 것이 타당하다. 그리고 정관이나 주주총회에서 정한 이사의 보수총액을 각 이사에게 배분하는 결의에 있어 각 이사는 특별이해관계인에 해당되지 않는다고 본다.

한편, 특별이해관계에 있는 이사는 이사회결의에 있어 의결권을 행사할 수 없으나, 이사회에 출석하여 의견을 진술할 수 있으므로 동 이사에 대하여도 이사회 소집통지를 하여야 한다(상법 제390조②). 또한, 정족수 산정에 있어서도 재적이사의 수에 포함된다. 다만, 결의성립에 필요한 표결수를 산정함에 있어서는 출석한 이사의 수에 산입하지 아니한다(상법 제391조③, 제371조②).

Ⅹ. 적용배제(제26조)

대통령령이 정하는 외국인이 설립하는 금융기관과 제15조제3항의 규정에 의하여 외국인이 의결권있는 발행주식 총수의 100분의 50을 초과하는 주식을 보유하는 금융기관에 대하여는 제23조 및 제24조의 규정을 적용하지 아니한다.

1. 연혁 및 취지

이 조는 제11차 개정 당시 신설된 것으로, 제22조상의 이사회구성에 관한 조항 중 일부 조항과 제22조 내지 제24조의 적용을 배제하는 금융기관을 적시하고 있다. 즉 당초에는 제22조 규정의 적용배제 대상 금융기관으로 합작금융기관, 외국인의 지분율이 10/100 초과 50/100 이하인 금융기관, 안정된 경영주체가 있다고 금감위의 승인을 얻은 금융기관이 있고, 제22조 내지 제24조 규정의 적용배제 금융기관으로는 외국인설립 금융기관과 외국인지분율이 50/100을 초과하는 금융기관으로 규정하였다가, 제14차 개정시 일부 내용이 변경된 후 제20차 개정시 현재와 같이 개정되었다.

이와 같이 외국인이 설립하는 은행과 동일 외국인지분율이 50%를 초과하는 은행 등에 대하여 이 법상의 이사회 관련규정 일부의 적용을 배제한 것은, 비상임이사 중심의 이사회제도가 엄격한 소유규제로 인해 대부분의 은행에서 책임경영주체가 형성되지 않은 상황을 전제로 하여 도입되었으나, 현지법인, 합작은행 등의 경우는 지배주주가 확립되어 있기 때문에 이들 지배주주에 대하여 자율권을 제공하기 위함이다.

2. 적용배제대상 은행

은행법상 이사회관련 규정의 일부가 적용되지 않는 은행은 외국인의 현지법인인 은행과 동일 외국인이 금감위의 승인을 얻어 의결권있는 발행주식총수의 50/100를 초과하여 보유하고 있는 은행이다. 양자는 동일 외국인의 지분율이 설립 당시부터 50/100을 초과하느냐 여부에 따른 것으로 근본적인 차이는 없다.

그러나 적용배제대상 은행을 이와 같이 규정한 것은 현행 은행법체계와 맞지 않는다. 즉, 제20차 개정 이전에는 내국인의 경우 외국인의 보유지분율 범위 내에서 은행의 주식을 보유할 수 있었으므로, 내국인이 50%를 초과하여 주식을 보유한 은행이 있을 수 없었으나, 이와 같은 내국인에 대한 역차별이 폐지되고 비금융주력자에 해당되지 아니하는 내국인의 경우에는 외국인의 주식보유와 관계없이 금감위의 승인을 얻어 주식을 보유할 수 있으므로, 지배대주주가 외국인이냐 여부에 따라 달리 규제하는 것이 타당하지 않다. 또한 앞에서 살펴본 바와 같이, 외국인이 설립하는 은행과 동일 외국인의 지분율이 50/100을 초과하는 은행을 구별하는 실익도 없다.

따라서 적용배제대상 은행을 지분율이 50%를 초과하는 지배대주주가 출현한 은행으로 변경하여야 할 필요성이 있으나, 이 조는 존치 필요성이 없으므로 삭제하는 것이 바람직하다.

3. 적용배제의 내용

(1) 이사회권한 관련규정

이 법 제23조에서는 은행 이사회의 권한을 규정하고 있으나, 이는 은행의 경영에 관한 주요 사항을 이사회에서 반드시 심의·의결토록 주의적으로 규정한 것에 불과하다. 그러나 지배대주주가 있는 은행의 경우에는 이사선임권한을 행사하고, 이사회 구성원으로 참여하는 등 이사회를 통하여 은행장을 견제하는 등 은행장에 의해 이사회가 형해화되는 것을 방지할 수 있음을 이유로 이사회권한 관련규정의 적용을 배제하고 있다.

그러나 은행법에서 이사회의 권한으로 규정하고 있는 사항은 지배대주주의 출현 여부에 관계없이 금융기관에 적용되는 상법상의 이사회의 권한에 속하는 사항이기 때문에, 이 법에서 적용을 배제한다고 하더라도 상법에 따라 적용됨에도 불구하고 이 법에서 적용을 배제함으로써, 마치 동 은행들의 경우 은행법 제23조에서 정한 사항을 이사회에서 결정하지 않아도 되는 것으로 오해할 소지가 있다.

(2) 후보추천위원회 관련규정

감사위원 후보는 원칙적으로 이 법 제24조의 규정에 따라 사외이사 전원으로 구성되는 후보추천위원회에서 추천하여야 하나, 적용배제대상 은행에 대하여는 은행법 제24조의 규정이 적용되지 않는다. 왜냐하면 감사위원은 이사 중에서 선임되나 지분율이 50/100을 초과하는 대주주가 있는 경우에는 추천 절차 자체가 무의미하기 때문이다.

다만, 상근감사위원을 지배대주주가 사실상 선임할 수 있도록 하는 것은 대주주나 경영진으로부터의 독립성을 유지할 수 없게 되는 결과가 초래될 수 있으므로 바람직하지 않다. 또한 증권거래법(제191조의17)상 상근감사위원 선임시 최대주주의 의결권행사를 3%로 제한하고 있어, 상장은행의 경우에는 후보추천을 3% 주주에게 맡기는 것과 마찬가지이다. 따라서 후보추천위원회 관련규정의 적용을 배제하는 것 역시 바람직하지 않다.

참고로 후보추천위원회 관련규정의 적용을 배제한 것은 당초 후보추천위원회에서 은행장 후보도 추천토록 하고 있어, 이를 지배대주주가 있는 은행에 대하여서까지 적용하는 것은 타당하지 않았기 때문이나, 제20차 개정시 추천대상에서 은행장 후보가 제외되었으므로 후보추천위원회 관련규정의 적용을 배제할 필요성도 없어졌다고 보아야 할 것이다.

제 5 장

은행업무

이 장은 은행업무 등 영업활동 및 대주주에 대한 규제와 관련된 사항을 규정한 것으로, 업무범위(제27조), 겸영업무의 인가(제28조), 신탁업무(제29조), 예금지급준비금과 금리 등에 관한 준수사항(제30조), 상업금융업무 및 장기금융업무(제31조), 당좌예금의 취급(제32조), 사채 등의 발행(제33조), 동일차주 등에 대한 신용공여한도(제35조), 금융기관의 대주주에 대한 신용공여한도(제35조의2), 대주주가 발행한 주식의 취득한도(제35조의3), 대주주의 부당한 영향력행사의 금지(제35조의4), 대주주에 대한 자료제출요구 등(제35조의5), 정부대행기관에 대한 대출(제36조), 다른 회사에 대한 출자제한 등(제37조), 금지업무(제38조), 비업무용자산의 처분(제39조) 등 16개 조문으로 구성되어 있다.

Ⅰ. 업무범위(제27조)

① 금융기관은 이 법 기타 관계법률의 범위 안에서 은행업에 관한 모든 업무(이하 '은행업무'라 한다)를 영위할 수 있다.
② 제1항의 규정에 의한 은행업무의 범위에 관하여는 대통령령으로 정한다.

1. 연혁 및 취지

이 조는 이 법 제정 당시 제18조에 규정된 것으로, 당초 제2항은 은행업무에의 해당 여부에 대한 결정권을 한국은행 감독부장에게 주어진 것으로 규정하였으나, 제1차 개정시 한국은행 은행감독원장으로 변경된 후 제11차 개정시 제27조로 조가 체하되고 은행업무의 범위 결정권으로 변경됨과 아울러 그 결정권자도 재정경세원 상관으로 변경되었으며, 제13차 개정시 재정경제부 장관으로 변경되었다가 제15차 개정시 대통령령으로 정하도록 개정되어 현재에 이르고 있다.

이 조는 은행이 취급할 수 있는 은행업무의 범위를 규정하고 있는 것으로, 은행의 영업활동의 범위를 이 법 기타 관계법률의 범위내로 제한하고 있으며, '관계법률의 범위 안에서' 은행업에 관한 모든 업무를 영위할 수 있다는 것은 이 법 이외에도 은행업을 영위하면서 준수하여야 하는 법적 의무가 있음을 명시하고 있는 것이다. 즉, 은행은 예금을 수입할 경우 한국은행법에 따른 지급준비금을 한국은행에 예치하여야 하며, 예금자보호법에 따라 예금보험료를 예금보험공사에 납부해야 함과 아울러 감독기구설치법에 따라 금감원이 정한 방법으로 보고서를 제출하여야 하는 것 등을 그 예로 들 수 있다. 또한 외국환거래업을 영위함에 있어서는 외국환거래법에 따른 인·허가, 신고 등의 절차를 거쳐야 함은 물론이다. 기타 법인세법, 상법, 어음법, 수표법, 독점규제법, 금융실명거래에관한법률 등에서 은행이 은행업을 영위하면서 준수하여야 할 사항을 준수해야 한다.

2. 주요 은행업무

이 조에서 말하는 은행이 영위할 수 있는 은행업무는 시행령 제18조의2에서 정하는 은행업무(고유업무)와 이에 부수되는 업무로서 재경부장관이 정하여 고시한 업무(부수업무)로 나눌 수 있다. 고유업무라 함은 자금의 중개라는 은행의 본질적 기능에서 우러나오는 은행의 중심업무로, 예금 및 적금의 수입업무인 수신업무와 자금의 대출 또는 어음의 할인업무인 여신업무, 그리고 환업무가 이에 속한다. 반면에, 부수업무라 함은 은행이 고유업무를 영위함에 있어 당연히 부수적으로 필요하거나 은행의 사회·경제적 기능을 충분히 발휘함에 도움이 되는 업무를 말하는 것으로, 일반적으로 채무의 보증 및 어음의 인수, 상호부금, 유가증권 투자 및 대여, 상업어음·무역어음의 매출, 국공채·회사채 및 환매조건부채권의 매매, 팩토링, 보호예수, 수납 및 지급대행 등의 업무가 여기에 해당된다. 부수업무의 범위는 확정된 것이라기보다는 국민의 요구 등 경제여건과 은행 고유업무와의 연관성 등을 종합적으로 고려하여 탄력적으로 판단하여야 할 것이다. 따라서 부수업무라고 판단되기 위해서는 고유업무와 상당한 정도의 관련성 내지 친근성이 있어야 하고, 그 취급량

이 본업을 능가할 정도가 되어서는 아니되며, 어디까지나 종속적인 규모에 그쳐야 할 뿐만 아니라 본업을 방해하지 않는 범위 내에서 행할 수 있는 것이어야 한다. 또한 업무취급의 사회적 필요성이 크고 동 업무만을 전속적으로 영위하는 기존업계에 별다른 영향을 주지 않아야 할 것이다.

그 밖에 은행이 겸영할 수 있는 은행업이 아닌 업무는 신탁업무, 신용카드업무 등이 있으며, 이에 대해서는 후술한다.

(1) 예금업무

1) 개 요

예금은 일반대중 또는 기업, 공공기관 등 불특정다수인으로부터 은행이 위탁을 받아 관리·운용할 수 있는 자금으로, 은행의 중요한 자금조달 수단이다.

일반은행이 취급하고 있는 예금의 종류는 일시적 보관 또는 출납편의의 도모를 목적으로 하는 요구불예금과 저축 또는 이자수입을 주목적으로 하는 저축성예금으로 구별하기도 하였지만, 수신기반의 확충 및 고객의 다양한 욕구충족을 위해 연결상품 및 복합상품의 개발로 인하여 그 구분의 의미가 퇴색하였다. 다만, 최근에는 기한에 관계없이 입출금이 자유로운 예금과 기한의 제한을 받는 예금으로 구분하기도 한다.

한편, 은행은 수신업무와 관련된 이자와 기타 지급금의 최고율을 자율적으로 정하되 당좌예금은 무이자로 하고 있다. 또한 만기, 가입대상 등 수신조건도 가계 당좌예금의 경우 개인에 한하고, 정기예금의 경우 만기 1월 이상이어야 하며, 정기적금이나 상호부금·주택부금의 경우 만기 6월 이상, 그리고 근로자 주택마련저축의 경우 만기 1년 이상이라는 조건 이외에는 금융기관이 자율적으로 정하고 있다(금통위의 금융기관여수신이율등에관한규정 제2조, 제3조). 이러한 규정을 위반하는 금융기관에 대해서는 한국은행의 은행에 대한 대출의 한도 감축, 기존 대출금 회수 등의 제재조치를 취할 수 있다(금통위 동 규정 제5조).

2) 예금계약의 법적 성질

은행의 예금계약은 요물소비임치계약[50]으로 목적물인 돈의 수수가 있어야 비로소 성립한다고 보는 것이 대법원 판례 및 통설적 견해이다.

(가) 보통예금

기간약정이 없어서 언제나 입출금이 가능한 예금이다. 이 점에서 정기예금과 다르고, 수표의 지급자금이 아니며 부리가 된다는 점에서 당좌예금과도 다르다.

보통예금계약은 요물소비임치계약으로 계속적 계약이라는 특성이 있다. 따라서 입금 때마다 독립된 예금채권이 성립한다고 보기보다는 입금할 때마다 기존의 예금잔액과 합하여 하나의 예금채권이 성립한다고 풀이함이 타당하다.[51] 이에 대한 논거로는 입금할 때마다 민법(제500조)상의 경개가 성립된다는 견해와 당사자의 의사를 근거로 삼는 견해가 있으나, 예금주는 자기 자신의 필요에 따라 일시에 또는 분산하여 잔액에 상당하는 예금채권을 행사할 수 있고, 예금계약 자체는 은행과 예금거래약정서에 기명·날인함으로써 성립하고 그 이후의 입금출 행위는 그에 부속되는 행위에 불과하다는 점, 보통예금의 소멸시효는 최종거래일로부터 기산하는 것이 타당하다는 점 등을 고려할 때 은행과 예금주가 잔액만큼의 하나의 예금채권을 약정하고 있다고 보는 것이 당사자의 진의에 맞다고 보아야 할 것이다.

이러한 점에서 볼 때 보통예금의 경우는 장래에 대하여 계약을 실효시키는 이른바 해지(민법 제550조)는 가능하나, 계약체결 당시로 소급하여 이를 무효로 만드는 해제(민법 제548조)는 인정할 수 없다고 보아야 할 것이다.

참고로 공동명의로 예금계좌가 개설된 경우 공동명의 예금채권자들이 각자 분담하여 출연한 돈을 예금하였다면, 그 예금채권은 분량적으로 분할되어 각 공동명의 예금채권자들에게 공동으로 귀속되고, 각 공동명의 예금채권자들은 예금채권에 대하여 갖는 각자의 지분에 대한 관리처분권을 갖는다.[52]

(나) 정기적금

정기적금이란 거래처가 계약기간 동안 매월 이미 정한 일자에 약정금액

---

50) 소비임치계약이란 임치인이 돈이나 쌀 등 대체물의 보관을 위탁하고, 수치인이 이를 맡되, 수치인이 그 목적물의 소유권을 얻어 소비할 수 있고, 후에 동종·동질·동량의 것으로 반환하면 된다는 내용의 계약으로, 목적물을 수치인이 받아야 비로소 계약이 성립하는 것으로 하는 요물소비임치계약과, 보관을 위탁한다와 맡겠다는 합의만으로 계약이 성립하는 낙성소비임치계약으로 나눌 수 있다.

51) 정찬형·도제문, 은행법, 235면.

52) 대법원 2004.10.14.선고 2002다55908판결.

을 입금하면 은행은 계약금액을 지급하는 무명계약(비전형계약)으로, 일반예금의 법적 성격과는 다른 낙성계약이다. 즉, 일반예금계약은 요물계약으로 금전의 입금이 있어야 계약이 성립하는 반면, 정기적금은 적금가입의 합의만으로 계약이 성립한다. 다만, 그 합의와 동시에 제1회 월부금의 입금을 받는 방식으로 실무처리를 하고 있을 뿐이다.

또한, 정기적금계약은 유상・편무계약이다. 이에 대하여는 거래처가 약정금액의 입금의무를 지고 은행은 만기에 계약금액의 지급의무를 부담하는 것으로 보는 유상・쌍무계약이라는 견해도 있었으나, 거래처의 약정금액의 입금을 조건으로 하여 조건대로 입금이 이루어지면 은행은 계약된 금액의 지급의무를 부담하게 된다는 유상・편무계약설이 타당하다. 거래처가 약정금액의 입금의무이행을 지연하거나 이행하지 아니한다고 하더라도 은행은 거래처에 대하여 이행청구권을 행사하지 못하고 단지 만기이연이나 중지계좌로 편입시켜 지급금액을 달리할 수 있을 뿐이기 때문이다.

(다) 당좌예금

당좌예금이란 예금주가 은행과 체결한 당좌계정거래계약에 따라 발행한 당좌수표나 환어음 또는 은행도 약속어음의 지급자금으로 삼을 수 있는 예금이다.

당좌예금은 당좌계정거래계약과 관련하여 그 성질이 규명되어야 한다. 당좌계정거래계약의 법적 성질에 관하여는 위임계약・요물소비임치계약의 혼합 내지 포괄계약설, 즉 위임계약 및 요물소비임치계약의 예약설, 위임계약・요물소비임치계약・상호계산계약의 혼합 내지 포괄계약설이 있다. 요컨대 당좌예금의 법적 성질은 요물소비임치이되 독립적으로 성립되는 것이 아니라, 당좌계정거래계약에 포괄되어 불가분적으로 또는 동 계약상 예약에서부터 부가적으로 성립되며, 그 예금의 지급은 예금주가 발행한 수표・어음에 대한 지급방식으로 해야 한다는 특약이 부가된 것이라고 보는 것이 타당하다.

3) 예금계약의 성립시기

예금의 성립시기에 관하여는 현실적으로 입금대상(현금, 어음, 수표)이나 입금장소(창구, 점외에서의 수금, ATM), 입금방법(통장입금, 무통장입금, 계좌이체 등)에 따라 차이가 있다. 이와 관련하여 법원에서는

"예금관계가 성립하기 위하여는 은행 등 금융기관에 의하여 그 조직상 예정된 절차에 따라 현금이나 그 증권 등이 예입받을 권한이 있는 사람에게 현실적으로 점유가 옮겨지는 것으로 족하다 할 것이고, 고객의 편의나 사무처리 절차상 인정되는 입금증이 작성되지 아니하였다거나 미처 그 원장에 기재되지 아니하였다고 하여 예금의 효력이 생기지 않는 것은 아니라 할 것이다"라거나 "은행과의 예금계약은 예금자가 예금의 의사로 은행에 금원을 지급하고 은행이 이를 승낙하여 수납하면 성립한다"

는 입장을 취하고 있다.53)

이와 관련하여 은행의 예금거래기본약관(제7조)에서는 예금의 성립시기에 대해서 현금으로 입금한 경우에는 은행이 이를 받아 확인하였을 때에 예금이 성립하고, 현금으로 계좌송금하거나 계좌이체한 경우에는 예금원장에 입금으로 기록된 때, 그리고 증권으로 입금하거나 계좌송금한 경우에는 은행이 그 증권을 교환에 돌려 부도반환시한이 지나고 결제를 확인한 때에 예금이 성립하되, 개설점에서 지급해야 할 증권은 그날 안에 결제를 확인한 때에 예금으로 성립한다고 정하고 있다. 그러나 증권으로 입금하거나 계좌송금한 경우라고 하더라도 증권이 자기앞수표이고, 지급제시기간 안에 사고신고가 없으며 결제될 것이 틀림없음을 은행이 확인하였을 때에는 예금원장에 입금의 기록이 된 때 예금이 된다고 규정하고 있다.

(2) 대출업무

1) 개 요

일반은행의 여신업무는 예금수입 등을 통하여 조달한 자금을 자금수요자에게 융자해 주는 대출업무와 은행의 공신력을 바탕으로 자금의 직접적인 공급없이 신용을 공여하는 지급보증업무로 크게 구별된다. 이 중 대출업무에 있어 일반은행은 상업어음할인, 무역금융 등 단기운전자금 외에 수출산업설비자금대출 등 장기시설자금도 아울러 취급하고 있는데, 운전자금대출은 통상 1년 이내를 기한으로 하고 있다. 그리고 대출금리는 은행이 자율적으로 하고 있다(금통위의 금융기관여수신이율등에관한규정 제4조).

한편, 은행의 여신운용과 관련하여 은행의 편중여신을 억제하고 은행경

53) 대구고법 83.4.19.선고 4.19판결 ; 대판 85.5.28. 84다카2180.

영의 안전성과 건전성을 확보하기 위하여 동일인, 동일차주, 대주주 등에 대한 신용공여한도제도가 있고, 불건전 여신 또는 불건전 투자를 제한함과 아울러 중소기업에 대한 여신확대를 위해 중소기업대출의무비율제도가 운용되고 있다.

은행의 대출은 형식에 따라 어음할인과 일반대출로 구분되며, 일반대출은 다시 어음대출, 증서대출 및 당좌대월로 나누어진다. 어음할인은 상거래에 수반하여 차주가 취득한 어음을 은행이 어음만기일까지의 이자를 차감하고 매입함으로써 차주에게 자금을 공급하는 대출형식이며, 어음대출은 차주가 은행을 수취인으로 하여 발행하는 약속어음을 은행이 받고 자금을 공급하는 대출형식이다. 증서대출은 대출시 차주로부터 어음 대신 차용금증서를 징구하는 대출형식으로, 주로 특약할 사항이 많은 대출이나 한번 취급하고 나면 상환시까지 재대출이 일어나지 않는 대출에 주로 활용되고 있는데, 현재 금융기관은 가계에 대한 대출 및 1년을 초과하는 대출은 반드시 증서대출로 취급하고 이자는 후취하도록 하고 있다. 한편, 당좌대월은 당좌계정거래자와 은행의 약정에 따라 일정금액 범위 내에서 당좌예금 잔액을 초과하여 발행된 수표나 어음을 은행이 자동대출의 형태로 지급에 응하는 대출형식이다.

이와 같은 대출형식 중 어음대출이 가장 많이 활용되고 있는데, 이는 금전소비대차계약에 의한 민법상의 채권 외에 어음법상의 채권도 확보할 수 있어 채권보전상 증서대출에 비해 유리할 뿐만 아니라, 어음에 배서하여 한국은행으로부터 대출을 받을 수 있는 이점이 있기 때문이다.

2) 법적 성격

(가) 어음대출

어음대출이란 은행이 거래처 발행의 약속어음을 받고 자금을 공여하는 형태의 대출이다. 이때 약속어음은 첫째, 금전소비대차증서의 대용이라는 기능과 대출금채권의 지급확보를 위한 채권담보라는 기능을 겸하게 된다. 결국 어음대출은 금전의 소비대차계약이다. 따라서 어음대출에 있어서 은행이 공여한 대출금의 소유권은 거래처에게 이전되고 거래처는 소유권에 기초하여 그 금전을 사용・수익・처분할 수 있으며(민법 제211조), 약정기한에 같은 액수의 금전을 은행에 반환하면 되는 것이다.

어음대출이 금전소비대차계약이라고 하지만, 요물계약인지 낙성계약인지에 대하여는 논란의 여지가 있다. 그러나 은행대출약정서를 작성하고, 담보를 취득한 후에 대출이 실행된다는 점에서 볼 때 약정서 작성 시점에 소비대차계약을 성립시킬 의사가 당사자에게 있다고 보아야 할 것이며, 이러한 관점에서 볼 때 후자의 견해가 타당하다. 따라서 어음대출은 낙성계약인 만큼 당사자간의 합의만으로 계약이 성립되므로 계약서가 작성될 경우에는 쌍방이 서명・날인한 때, 그리고 일방만 서명・날인하고 제출하는 경우에는 상대방의 이의 없이 이를 수리한 때에 계약이 성립되었다고 해석하여야 할 것이다.

대출계약이 성립되면 쌍무계약으로 은행은 금전을 대출해 주어야 하는 의무를 부담하고, 거래처는 은행에 대한 대출금지급청구권을 가지게 된다. 이 경우 거래처의 채권자가 이 대출금 지급청구권을 압류할 수 있는가 하는 문제가 제기된다. 이에 대하여는 대출의 경우 특정 대상자의 신용상태, 자금용도, 대출조건 및 담보설정 등에 대한 엄격한 심사를 거쳐 이루어지는 것이므로, 특정 거래처에게 특정 자금용도로 대출됨으로써 비로소 채권의 목적을 달성할 수 있다는 점과 특히 은행은 이러한 목적을 달성할 수 없다고 판단되는 경우 대출금을 거래처에 지급하기 전까지는 언제든지 대출계약 자체를 파기할 수 있다고 볼 수 있다는 점 등을 이유로 대출채권은 성질상 양도할 수 없다고 할 것이므로, 압류대상이 될 수 없다고 보는 것이 타당하다.

(나) 증서대출

증서대출이란 은행이 거래처로부터 어음 대신에 금전소비대차약정서(종래의 차용금증서)를 받고 자금을 공여하는 형태의 대출로, 어음대출과 마찬가지로 금전소비대차계약이다. 이때의 금전소비대차약정서는 계약성립에 꼭 필요한 것은 아니지만(비요식계약이므로) 대출금액, 이자율과 그 계산・지급방법, 원금 변제기와 그 지급방법 등 합의된 계약내용을 상세히 기재하고 있어 계약의 성립과 계약내용에 관한 증서로서 채권자의 권리행사를 확실하게 하고, 채무자의 채무이행을 촉진하며 당사자간의 분쟁을 방지하는 기능을 한다. 예금・적금・신탁수익권 담보대출 등과 같이 그 자체 담보가 충분하고 또한 대출계약과 담보권설정계약을 한 증서로 작성하는 것이 편리한 경우나 장기대출이나 분할상환대출과 같이 대출조건을 상세히 특약할 필요가 있는 경우에 증서

대출이 이용된다.

(다) 어음할인

어음할인은 은행이 만기 미도래의 어음을 소지한 자에게 만기일까지의 이자 및 비용 등을 뺀 금액을 공여하고 동 어음의 발행인 등으로부터 동 어음의 만기일에 액면금액을 취득하는 거래로, 상업어음, 은행인수어음, 화환어음 등이 그 대상이다.

그리고 어음할인의 법적 성질에 대하여는 매매설, 소비대차계약설, 매매와 소비대차병존설, 명목계약설 등의 견해가 있으나, 어음할인이 있으면 그 어음을 할인·매입하여 소지인이 된 은행과 어음발행인간에 어음의 채권·채무관계가 발생할 뿐 어음을 할인·매도한 어음소지인이었던 자가 동 어음채무의 보증인이 되는 것이 아니다는 점을 이유로 매매설이 판례[54] 및 통설이다. 그러나 금융실무상 할인을 받는 자는 할인받을 당시 어음상에 배서를 하고 발행인이 어음상의 채무를 이행하지 않는 경우 은행에 대하여 이를 이행해야 한다는 점을 감안할 때 매매와 소비대차병존설이 타당하다.

(3) 내국환업무

내국환이란 국내 격지자간의 채권·채무의 결제 또는 자금수수를 당사자간의 직접적인 현금의 수수 없이 금융회사를 매개로 이행하는 금융거래 방법을 말한다. 환업무는 원래 예금이나 대출과 같이 자금의 조달과 운용에 따르는 이자의 획득을 목적으로 하는 것이 아니고 격지간의 자금이전을 돕는 업무로서, 동 업무를 통하여 은행은 수수료 수입을 얻을 뿐만 아니라 송금 또는 추심대전을 단기간 은행에 머물게 함으로써 운용자금의 확대효과도 얻는 이점을 누리며, 국민경제적 차원에서도 현금수수에 따른 위험 배제, 시간과 경비의 절감 등을 통해 자금유통의 원활화에도 크게 기여하고 있다. 이에 따라 환업무는 예금·대출업무와 더불어 은행의 3대업무로 간주되고 있다.

일반적으로 내국환거래는 형태면에서 채무자가 은행을 통하여 채권자에게 자금을 송부하는 송금환(또는 순환)과 채권자가 은행을 통하여 채무자에 대한 채권의 회수를 의뢰하는 추심환(또는 역환), 그리고 환거래당사자 은행이 같

54) 대판 1985.2.13. 84다카1832; 대판 1984.11.15. 84다카1227.

은 은행의 본・지점인 '자행환'과 은행이 서로 다른 타행환, 신청인에게서 송금이나 추심 등을 직접 위탁받아 이를 자은행의 다른 지점이나 은행에 재위탁하는 당발환과 다른 지점이나 은행으로부터 위탁받아 처리하는 타발환 등으로 나뉘어진다.

한편, 내국환업무의 취급결과 발생한 은행간의 환대차는 원칙적으로 서울어음교환소에서 집중교환결제되는데, 교환결제자금으로는 각 은행이 한국은행에 지급준비금으로 예치한 당좌예금이 이용되므로 결국 각 은행간의 환대차는 한국은행 지준예치금계정의 대체결제로 정리된다.

(4) 외국환업무

내국환이 국내 격지간의 자금수수를 중개하는 것인데 반해, 외국환은 국제간의 대차관계를 현금수송에 의하지 않고 국내외 은행의 중개에 의하여 결제하는 방법이다. 따라서 내국환과 같은 기능과 성격을 가지나 단지 국내채권자와 국외채무자간 또는 국내채무자와 국외채권자간에 이루어지는 거래라는 측면에서만 차이가 있다. 원화와 외환간의 국제결제를 완결하기 위해서는 원화결제 시스템과 외화결제 시스템을 필요로 한다. 원화결제는 통상의 내국환결제시스템을 이용하여 결제가 완결되며, 외화결제는 국내외 은행간 환거래협약을 통해 해당 통화 국가의 은행에 예치계좌를 개설하고, 동 계좌를 이용하여 외화자금을 수수함으로써 완결된다.

한편, 외국환거래법에서 정하고 있는 외국환거래업무는 순수한 환업무뿐만 아니라 외화예금, 외화대출 등의 업무도 포함되므로, 은행법상 외국환업무와는 차이가 있으나 은행의 경우 은행법상의 은행업무와 더불어 외국환거래법상의 외국환거래업무의 영위도 허가받기 때문에 이들 두 업무를 모두 영위하고 있다.

(5) 지급보증업무

지급보증이란 은행이 거래처의 의뢰에 따라 동 거래처가 제3자에게 부담하고 있는 채무(확정채무)의 지급을 약정하거나 보증채무 등 장래에 부담하게 될 가능성이 있는 채무(불확정채무)를 인수는 것으로, 그 성질상 여신업무에 속하나 신용공여시 자금의 공급이 수반되지 않는 점에서 어음할인이나 대출과 구분된다. 지급보증은 통상 지급보증서를 발급하는 형식으로 이루어지고 있으나 신용장개설, 환어음의 인수 또는 보증, 약속어음의 보증 등의 형식으로도 이루어진다. 또한, 지급보증서에는 당초 용도 외로 사용되지 못하도록 대상채무의 범위·금액·기간 및 상대처 등이 명시되어 있다. 그리고 은행의 지급보증은 대출과 사모사채의 인수 등과 같은 자금지원적 성격의 유가증권 매입 기타 금융거래상의 신용위험을 수반하는 직접·간접적 거래 등과 함께 신용공여한도 관리대상에 포함된다.

은행과 거래처 사이의 지급보증거래의 법적 성질은 보증을 서줄 것을 위탁하는 민법상의 위임계약이다(민법 제680조). 이 위임계약에 기초하여 위임인인 거래처가 구체적으로 채무보증을 위탁하면 수임인인 은행은 위임사무 처리의 일환으로 거래처가 지정한 채권자에게 보증을 서주게 되는데, 이를 지급보증이라 하고 이러한 내용이 구체적으로 기재된 그 서면을 '지급보증서'라 한다.

(6) 유가증권투자업무

일반은행은 조달한 자금을 대출에 운용하는 외에 각종 유가증권에도 투자하여 보유자산의 다양화와 수익성 제고를 도모하고 있다. 일반은행이 보유하고 있는 유가증권으로는 국민투자채권, 통화안정증권, 국민주택채권 등 국공채와 산업금융채권 등의 금융채 이외에 지방채, 주식, 사채 등이 있다.

그러나 유가증권은 그 시장가치가 수시로 변화하는 위험자산이고 은행의 경우 자산운용의 안전성을 확보하고 예금 및 대출업무 중심의 자금중개적 기능을 충실히 수행할 필요성이 있다는 점을 감안하여 은행법(제38조)에서는 과도한 유가증권투자를 규제하고 있다. 즉, 주식이나 상환기간 3년을 초과하는 유가증권(국채, 통안채 제외)에 대한 투자는 은행 자기자본의 60/100 이내로 제한되어 있다. 다만, 은행이 금융산업의구조개선에관한법률(제11조①제1호)에 따라 회사정리절차개시 결정기업, 화의개시 결정기업, 기업개선작업 대상기업, 산업합리화지정기업 및 은행 공동으로 정상화 추진중인 기업에 대한 대출금 등을 출자금으로 전환함에 따라 주식을 소유하게 된 경우에는 한도산정에서 제외한다.

또한, 은행의 특정 기업 지배에 따른 자금의 편중운용 및 자금의 고정화

가능성을 차단하기 위하여 유가증권보유한도 이내라고 하더라도, 일반기업을 지배할 우려가 있는 범위를 초과하는 유가증권투자는 금지되고 있다. 즉, 은행법(제37조)에서는 그 범위를 의결권있는 주식의 15/100로 설정하고, 이를 초과하는 주식의 소유를 금지하고 있다. 다만, 은행업을 영위함에 직・간접적으로 필요한 업종을 주로 영위하는 회사의 주식에 대해서는 예외적으로 동 한도를 초과할 수 있다. 필요한 업종의 범위는 은행업무의 다기화 및 복합화 추세에 걸맞게 지속적으로 확대되고 있다. 은행업감독규정(제49조)에서 인정되는 업종으로는 은행업, 장기신용은행업무, 증권업, 보험업, 신탁업 등이 있다.

또한, 기업구조조정촉진을 위해 필요한 것으로 금감위의 승인을 얻은 경우에도 15/100의 한도를 초과할 수 있다. 승인을 얻기 위해서는 은행의 경영상태, 동 은행이 출자한 자회사의 경영상태, 자회사 출자의 총한도 등에 관한 요건(감독규정 제50조)을 충족하여야 한다.

유가증권투자업무와 더불어 현재 은행이 영위하고 있는 증권업에는 채권의 인수・매출업무와 환매조건부 국공채매출업무 등이 있다. 채권의 인수・매출업무는 은행이 기관투자가로서의 역할을 증대시키기 위하여 1977년 3월부터 그 취급이 허용되었으나 취급실적은 매우 부진한 편이다. 한편, 환매조건부 국공채 매출은 재정적자 보완을 위해 대량발행된 사채를 은행이 대부분 인수하게 됨에 따라 은행의 자금부담을 완화해 주고 은행업무의 다양화도 도모하기 위하여 1982년 9월부터 그 취급이 허용되었다.

3. 은행업무의 성격 결정

이 법(제27조)에서는 은행업무에 대하여 특별히 규정하지 아니하고 단지 '이 법 기타 관계법률의 범위 안에서 은행업에 관한 모든 업무'라고 규정하고, 시행령(제18조의2)에서 구체적으로 열거하되 열거된 업무에 부수되는 업무로서 재정경제부장관이 정하여 고시하는 업무를 은행업무로 정하고 있다. 즉, 재경부장관은 열거된 업무에 부수되는 업무범위 내에서 은행업무를 정할 수 있다. 재경부장관은 이를 위하여 「은행업무중부수업무의범위에관한지침」을 운용하고 있다. 동 지침에서 규정하고 있는 업무 이외의 업무를 취급하고자 하는 경우에는 업무계획, 손익예상, 기타 필요한 서류를 첨부하여 재경부장관에게 은행업 해당 여부에 관한 결정을 신청하여야 한다. 이 경우 재경부장관은 주로 금감원의 의견을 들어 결정하고 있다.

은행업무범위 결정권자와 관련하여 제11차 개정 이전에는 한국은행 은행감독원장이 결정하였으나, 금융감독체계 개편으로 은행설립 인가권이 금통위에서 재정경제원장관으로 이관됨에 따라 은행업무범위 결정권한도 재정경제원으로 이관된 후 제15차 개정시 대통령령으로 정하도록 되었으나, 재경부와 금감위(원) 사이의 의견 상충으로 시행령에 반영되지 못하고 종전의 재경부고시 형태로 존속하였다. 그 후(2000. 6. 23) 시행령의 개정으로 고유업무(수신, 여신, 환)에 대해서는 시행령에 직접 규정하고, 부수업무의 범위는 재정경제부장관이 정하여 고시하도록 변경되었으며, 이에 따라 재경부에서는 은행업무중 부수업무의범위에관한지침(재정경제부고시 제2000-8호, 2000. 6. 29)을 제정하여 운용하고 있다.

Ⅱ. 겸영업무의 인가(제28조)

① 금융기관이 은행업이 아닌 업무로서 대통령령이 정하는 업무를 직접 영위하고자 하는 경우에는 금융감독위원회의 인가를 받아야 한다. 이 경우 그 인가에 관하여는 제8조제2항 및 제3항의 규정을 준용한다.
② 제1항의 업무를 영위하는 때에는 그 업무를 은행업무와 구별하여야 하며, 별도의 장부와 기록문서를 보유하여야 한다.

1. 연혁 및 취지

본 조는 제정 당시부터 규정된 것으로 조문 위치가 당초 제25조에서 제11차 개정 당시 제28조로 체하되었으며, 내용에 있어서도 인가신청 접수창구가 한국은행 감독부장에서 한국은행 은행감독원장으로(제1차 개정) 변경되었다가 삭제(제11차 개정)되었고, 인가권자도 금통위에서 재정경제원장관(제11차 개정)을 거쳐 재정경제부장관(제13차 개정)과 금융감독위원회(제17차 개정)로 변경된 후 현재에 이르고 있다. 또한, 인가방법을 정하는 제1항 단서 조항은 제17차 개정 당시 추가되었다.

금융회사에서 영위하는 금융업은 은행업, 증권업, 보험업, 신탁업 등 금융소비자의 수요에 따라 다양해지고 있다. 이러한 금융업을 영위할 수 있는 방법으로는 직접 영위하는 방식과 자회사를 통하여 영위하는 방법이 있다. 은행업과 기타 증권, 보험업 등의 금융업을 동시에 겸영할 수 있는 은행제도를 채택하고 있는 겸업주의 국가와는 달리, 우리나라는 각각의 업종을 구분하여 영위하도록 하는 전업주의를 채택하고 있다. 이에 따라 은행법에 따른 은행업은 소위 상업은행업으로 국한되며, 투자은행업은 은행업이 아닌 증권업으로 분류된다. 그러나 미국 등 전업주의를 채택하는 국가에서도 점차 겸영의 범위를 확대해 나가는 추세에 있고, 우리나라에서도 자회사 방식으로 겸영업무를 영위하는 것 이외에도 금융지주회사 방식으로도 겸업화를 추진할 수 있도록 금융지주회사제도를 운용하고 있다.

이 조항은 상업은행업무 이외의 금융업종을 은행이 직접 겸영할 수 있는 근거가 된다는 점에서 그 의미가 크다고 하겠다.

2. 겸영 가능 업무

은행은 은행업 이외에도 증권업이나 보험업 또는 신탁업이나 신용카드업을 금융감독 당국의 인(허)가를 받아 겸영업무로서 영위할 수 있다. 그러나 증권업무 중 유가증권의 인수·매출, 유가증권의 모집 또는 매출의 주선, 국공채 및 회사채의 매매 등의 업무를 부수업무로 영위하고 있다. 따라서 실제로 겸영업무로 영위하고 있는 업무는 신탁업법에 따른 신탁업무와 여신전문업법에 의한 신용카드업무가 있다. 이들 업무는 은행의 특수한 능력과 신용에 비추어 은행업무와 유사하거나 특수한 관계에 있다고 판단되어 허용된 것으로, 은행의 기능 다양화 및 대고객 서비스 확대 등을 가능케 한다는 점에서 그 이점이 있다.

이들 업무를 겸영업무로 영위하는 경우에는 별도의 장부와 기록문서를 보유하여야 한다. 신탁업무의 경우는 이러한 원칙에 따라 별도의 재무제표와 조직으로 관리되고 있으나, 신용카드업무의 경우는 은행실무상 은행업무에 포함하여 관리되고 있다.

Ⅲ. 신탁업무(제29조)

① 신탁업무를 겸영하는 금융기관은 당해 업무에 속하는 자금·유가증권 또는 소유물을 구별하여 별도의 장부와 기록문서를 보유하여야 한다.
② 제1항의 규정에 의한 신탁업무에 대하여는 제30조제1항의 규정을 적용하지 아니한다.

1. 연혁 및 취지

이 조항은 제정 당시부터 제24조에 위치하되 현재와 같이 2개 항으로 구분하되 제2항에서 신탁업무와 관련된 자금, 유가증권 또는 소유물에 대해서는 자본금, 적립금 기타 잉여금에 대한 규정을 적용하지 아니하고 특히 자금에 대해서는 예금지불준비금에 관한 규정의 적용을 배제하였으나, 제11차 개정시 제29조로 이관하고 적용배제대상이 전체 신탁업무로 확대된 반면, 예금지불준비금과 지급보증한도로 제한되어 현재에 이르고 있다. 이 조는 은행이 신탁업을 겸영함에 있어 은행업무와 신탁업무를 명확히 구분하여 별도의 장부 등을 보유하여야 하는 의무를 부과함으로써 신탁재산별로 명확하게 구분하고, 동 신탁업무에 대하여는 신탁의 법적 성격을 고려하여 은행업무에 적용되는 예금지급준비금과 예금지급준비자산을 보유하여야 하는 의무 등 일부 내용의 적용을 배제하고 있다.

이를 항별로 구분하여 살펴 보면 다음과 같다. 즉, 제1항은 제정 당시부터 "신탁업무를 겸영하는 금융기관은 당해 업무에 소속되는 자금, 유가증권 또는 소유물을 구별하여 별개의 장부와 기록문서를 보유하여야 한다"로 규정되었고, 그 후에도 별다른 개정 없이 현재까지 운용되고 있다. 다만, 제11차 개정시 '별개'가 '별도'로 자구가 수정되는 정도였다. 또한, 제2항은 최초 제정시 "전항의 자금, 유가증권 또는 소유물은 제15조의 정한 자본금과 적립금 기타 잉여금에 관한 규정의 적용을 받지 아니하며 전항의 자금은 본법 제31조의 정한 예금지불준비금에 관한 규정의 적용도 받지 아니한다"라고 규정되었다. 그후 제4차 개정시 '전항의 자금'이 '제1항의 자금'으로, '전항'이 '동항'으로, '본법'이 '이 법'으로, '예금지불준비금'이 '예금지급준비금'으로 개정된 후 제11차 개정시 "제1항의 규정에 의한 신탁업무에 대하여는 제30조제1항 및 제34조의 규정을 적용하지 아니한다"라고 개정되었고, 제14차 개정시 '제34조'가 삭제되면서 현재에 이르고 있다.

2. 별도의 장부와 기록문서 보유의무

신탁업무를 겸영하는 은행에 대하여 당해 업무에 속하는 자금・유가증권 또는 소유물을 구별하여 별도의 장부와 기록문서를 보유하도록 한 것은 신탁의 기본적 정의에 입각한 것이라 할 수 있다. 즉, 신탁이란 신탁설정자(위탁자)와 신탁을 인수하는 자(수탁자)가 특별한 신임관계에 기하여 위탁자가 특정의 재산권을 수탁자에게 이전하거나 기타의 처분을 하고, 수탁자로 하여금 일정한 자(수익자)의 이익을 위하여 또는 특정의 목적을 위하여 그 재산권을 관리・처분하게 하는 법률관계를 말하는 것으로, 수탁자인 은행은 위탁자인 고객이 믿고 맡긴 재산을 선관주의의무를 다하여 관리・처분하여야 하는 의무가 있다. 따라서 수탁자로서 위탁자의 재산을 관리하고 있는 은행은 우선적으로 고유계정이라고 할 수 있는 은행계정의 재산상태를 나타내고 있는 재무제표와는 독립된 재무제표 등의 장부를 사용하고 기록문서를 보유하여야 하며, 이에 더하여 위탁자별로 구분하여 별개의 장부를 사용하여야 하는 등 각 신탁자산에 관하여 그 사무의 처리와 계산을 명백히 하여야 한다.

재무제표 등의 회계처리는 신탁업법 시행령(제15조①)에 따라 정한 회계처리기준을 준수하여야 할 것이다.

3. 예금지급준비금과 예금지급준비자산 보유의무 배제

은행은 예금채무에 대한 지급준비를 위하여 한국은행법(제4장 제2절)의 규정에 의한 최저율 이상의 예금지급준비금과 예금지급준비자산을 보유하여야 한다. 그러나 신탁업무의 경우에는 동 의무가 배제되어 있다. 이와 같이 신탁업무에 대해서 지급준비금과 지급준비자산에 관한 규정의 적용이 배제되고 있는 것은 예금과의 성격 차이 때문이다. 즉 예금은 은행과 예금주간의 소비임치계약에 따라 은행이 예금주에게 부담하는 자기채무로서 예금계약 해지시 원금과 약정이자를 지급할 채무가 있는 반면, 신탁의 경우는 수탁재산이 금전이라고 하더라도 수탁받은 자산을 운용하여 얻은 결과 자체를 수익자에게 교부하는 실적배당상품으로, 원칙적으로 원본 및 수익에 대하여 보전할 의무가 없다. 다만, 과거 은행이 원금보전을 약정한 상품의 경우에는 예금지급준비금과 예금지급준비자산의 보유의무를 부담하여야 함에도 불구하고 이 규정에 따라 면제된 것으로 보아야 할 것이다.

한편, 신탁업법 등 신탁관련 법규에서는 은행이 수탁자로서 고객의 재산을 선관주의의무를 다하여 충실히 관리하도록 신탁자금 운용방법의 제한, 일정규모 이상의 주식운용 제한 등 각종 한도규제, 신탁재산에 대한 회계감사 등을 통해 금전신탁을 거래하는 위탁자 및 수익자의 보호를 위한 장치를 두고 있다. 또한, 신탁재산은 수탁자의 고유재산이 된 것을 제외하고는 수탁자의 파산재단을 구성하지 아니하며, 수탁자의 상속재산에 속하지 아니하고 강제집행 또는 경매를 할 수 없도록 법률적으로 보호되고 있는 바, 이는 금융회사의 파산시 일정금액 이하의 예금의 지급을 보장하는 예금보호제도와 유사한 제도적 장치라 하겠다.

〈금전신탁과 예금과의 성격 비교〉

구 분	금전신탁	예 금
재산관계	신탁재산	고유재산
계약관계인	위탁자, 수탁자, 수익자	예금자, 은행
행위의 성립	계약, 유언	계약
주요 관계법	신탁업법, 신탁법	민법
운용방법	신탁계약 또는 법령의 범위내	제한 없음
이익배당	원칙적으로 실적배당	약정이자
원본보전 및 이익보전	원칙적으로 원본 및 수익에 대한 보전의무 없음	원금과 약정이자의 지급 의무 부담

Ⅳ. 예금지급준비금과 금리 등에 관한 준수사항(제30조)

① 금융기관은 예금채무에 대한 지급준비를 위하여 한국은행법 제4장 제2절의 규정에 의한 최저율 이상의 예금지급준비금과 예금지급준비자산을 보유하여야 한다.

② 금융기관은 한국은행법에 의한 금융통화위원회가 행하는 다음 각호의 결정 및 제한 등을 준수하여야 한다.

1. 금융기관의 각종 예금에 대한 이자 기타 지급금의 최고율의 결정
2. 금융기관의 각종 대출 등 여신업무에 대한 이자 기타 요금의 최고율의 결정
3. 금융기관이 행하는 대출의 최장기한 및 담보의 종류에 대한 제한
4. 극심한 통화팽창기 등 국민경제상 긴절한 경우 일정한 기간내의 금융기관의 대출과 투자의 최고한도 또는 분야별 최고한도의 제한
5. 극심한 통화팽창기 등 국민경제상 긴절한 경우 금융기관의 대출에 대한 사전승인

1. 연 혁

이 조는 제정 당시 제30조와 제31조에서 규정된 사항을 제11차 개정시 통합된 것이다. 이를 구체적으로 살펴보면 제1항의 경우는 제정 당시 제31조 제1항에서 규정된 것으로, 제4차 개정시 예금지불준비금의 예금지급준비금과 예금지급준비자산으로 구분된 후 제11차 개정시 제30조제1항으로 위치가 변경되어 현재에 이르고 있다. 제2항의 경우는 제정 당시 제30조에서 규정하였다가 제11차 개정시 제30조제2항으로 편입된 후 현재에 이르고 있다.

2. 지급준비

지급준비제도는 은행예금의 일정비율 해당액을 법령에 따라 시재금으로 보유하거나 중앙은행에 예치하도록 하는 금융의 양적 조절수단의 하나이다. 원래 이 제도는 은행으로 하여금 예금자의 예금인출요구에 대비하여 충분한 현금을 보유케 함으로써 예금자를 보호하려는 목적으로 출발하였으나, 오늘날에는 그 비율의 변경을 통하여 은행의 신용창출능력을 조절하는 제도로 금리정책 및 공개시장정책과 함께 주요 통화신용정책 수단이 되고 있다.

지급준비제도는 예금지급준비율 또는 지준율의 변경을 수단으로 하는 통화신용정책으로, 이의 변경은 통화승수의 변화를 가져와 통화공급에 영향을 주기 때문에 중앙은행은 부득이한 경우가 아니면 이를 통화관리 수단으로 이용하는데 주저해 왔다. 또한, 이 지준율은 은행의 자금사정이나 수지문제와 관계없이 일률적으로 적용되며, 빈번히 변경될 수 없기 때문에 비탄력적이다. 따라서 지준율 변경은 주로 통화신용정책 기조의 변화에 대응하는 장기적인 조정수단으로 사용되는 것이 일반적이다.

3. 금융통화위원회의 결정 준수

우리나라의 경우 지급준비율은 한국은행법에 따라 금통위가 정하는데, 현재 적용되고 있는 예금지급준비율은 근로자재산형성저축, 근로자장기저축, 장기주택마련저축 등 저축성예금에 대하여 1.0%, 정기예금, 정기적금, 상호부금, 주택부금 등에 대하여 2.0%, 요구불예금, 저축예금, 기업자유예금에 대하여 5.0%를 적용하고 있다. 그러나 지급준비금은 모두 한국은행에 예치하여야 하는 것은 아니며, 지급준비금 중 25%까지는 현금시재금으로 보유할 수 있다.

은행은 수신과 여신기능을 기초로 파생통화를 창출하는 기능을 수행하는 만큼 중앙은행의 통화신용정책 수행에 있어 중요한 경로에 위치해 있다. 전통적인 통화신용정책은 양적 통제와 질적 통제로 구분된다. 양적 통제는 공여되는 자금의 용도와 관계없이 자금의 공급량만을 조절함으로써 소기의 목표를 달성하려는 것으로, 이러한 양적인 조절수단에는 재할인율정책, 공개시장조작정책, 지급준비율정책 등이 있다. 반면에, 질적 통제는 그 미치는 효과의 범위를 특정 부문에 한정시켜 목표로 하는 것으로서 소비자신용규제, 수입금융규제 등을 들 수 있다.

이 조에서는 민간에 대한 은행의 여·수신 이자율에 대한 통제, 대출의 최장기간 및 담보종류 제한, 극심한 통화팽창기의 긴급조치권 등에 관한 규제를 포괄하고 있다. 이러한 통제에 대해서는 한은법에도 동일하게 규정되어 있다(동법 제28조). 금통위는 여·수신 이자율 등과 관련하여 당좌예금의 경우 무이자로 한다는 점과 수신의 만기조건만을 규제하고 있을 뿐 기타 수신금리 및 여신금리에 대하여는 은행이 스스로 정하도록 자유화하고 있고, 대출의 경우에도 최장기간과 담보종류 등에 대하여도 별도로 규정하지 아니하고 은행의 자율에 일임하되, 불건전한 여신이나 투자가 초래되지 않도록 포괄적·일반적으로 제한하고 있을 따름이다(금통위의 금융기관여신운용규정 제2조, 금융기관여수신이율등에관한규정 제2~4조).

Ⅴ. 상업금융업무 및 장기금융업무(제31조)

> ① 금융기관은 상업금융업무와 장기금융업무를 겸영할 수 있다.
> ② 삭제

1. 연혁 및 취지

이 조는 제정 당시 제19조에 규정된 것으로 11차 개정시 제31조로 이관되었고, 제정 당시 제21조제2항에 규정되었던 3년 초과 대출금의 할부매입 관련조항은 제11차 개정시 이 조 제2항으로 이관된 후 제17차 개정시 삭제되었다. 이 조항은 상업금융업무와 장기금융업무는 근본적으로 성격을 달리하므로 별개의 은행에 의하여 경영되어야 한다는 취지에 따라 상업금융업무와 장기금융업무를 구분한 데서 출발한다.

그러나 우리나라는 유동성자금이 은행의 공신력을 이유로 은행에 집중되는 반면, 낙후된 경제의 발전을 위한 장기시설자금의 수요가 컸던 법 제정 당시의 경제여건 등을 감안하여 겸업주의를 채택하고 있었고, 현재에도 은행업무의 다양화 추세와 이익구조의 다변화 필요성, 금융소비자 요구에의 부응 필요성 등을 감안할 때 이를 구분하여 운용할 필요성이 없다. 따라서 상업금융업무와 장기금융업무를 구별하는 의미가 없다.

2. 장·단기금융경영의 유형

(1) 분업주의 경영

분업주의적 경영방식의 전형은 영국의 은행제도에서 볼 수 있는데, 프랑스도 그 영향을 많이 받은 나라이다. 영국에서 분업주의가 발달한 것은 ① 자본주의경제가 제일 먼저 발달하였기 때문에 일반대중이 은행에 예금할 수 있는 경제적 여유가 있었다는 점, ② 자본주의 발전 초기 세계무역시장을 거의 독점함에 따라 기업은 충분한 자본을 축적하였을 뿐만 아니라, 소요자금을 직접 대중으로부터 조달할 수 있어 시설자금을 은행에 의존할 필요성이 적었다는 점, ③ 국제무역이 경제의 주축인 관계로 비교적 단기의 무역금융이 은행의 주요업무가 되었으며, 분업의 진행으로 소규모의 기업형태를 초래하여 거액의 장기투자자금에 대한 수요가 적었다는 점을 들 수 있다.

그러나 독일, 미국 등 신흥 자본주의국가의 경우 경제가 급속도로 발전하여 국제시장에서의 경쟁이 치열해진 반면, 대규모의 새로운 설비투자의 필요성을 전통적인 단기금융만으로 대처할 수 없게 됨에 따라 상업은행에서도 장기금융업무를 취급하게 되었다. 한편, 프랑스의 경우는 19세기말 이전에는 겸업주의 경영형태가 지배적이었다. 그러나 1882년 '유니온제너럴'은행이 파산하게 되자, 이 은행과 밀접한 관련이 있던 '리욘'은행에까지 파급되어 은행계에 일대 혼란이 일어났다. 이 사건을 계기로 '리욘'은행은 상업금융만을 전담하게 되었고, 다른 은행도 예금은행업무과 증권인수업무를 완전히 분리하는 분업주의 경영방식을 취하게 되었다. 이와 같은 분업주의 경영방식은 1945년 금융관련 법규가 제정됨에 따라 예금은행, 기채은행, 중장기은행의 3형태로 크게 구분되었고, 1967년 은행법 개정으로 장・단기금융분리제도가 사실상 사라진 후 1984년 「신은행법」의 제정으로 장단기분리체제가 완전히 폐지되었다.

참고로 1930년대의 세계금융공황기에 영국, 프랑스 등은 단기상업금융만을 전담하는 분업주의 은행경영으로 그 영향을 비교적 적게 받았다고 한다.

(2) 겸업주의 경영

겸업주의는 금융의 종류에 관계없이 모든 형태의 자금을 수입하여 이것을 운용하는 방식이다. 즉, 한 은행이 장・단기 금융업무를 혼합하여 영위하는 방식이다. 이 형태는 독일을 중심으로 발달된 경영방식이므로 대륙식 또는 독일식 경영이라고도 한다. 영국, 프랑스를 제외한 나라들은 대체로 이 영향을 많이 받았는데, 미국의 경우는 겸업의 범위가 일층 광범위하여 거의 모든 종류의 금융업무를 취급하는 형태로, 백화점식 은행경영 또는 미국식 은행경영이라고 부른다.

겸업주의 은행경영 방식이 독일에서 발달한 이유로는 영국에 비해 자본주의 경제의 발달이 늦었다는 점 이외에 (i) 기업의 자본축적이 부족하여 산업설비자금의 은행의존도가 높았다는 점, (ii) 수표의 유통이 영국과 같이 보급되지 않아 예금업무만으로서는 채산이 맞지 않아 유가증권투자도 겸영하여야 했다는 점, (iii) 봉건적 경제체제하에서 정부의 보호육성책의 하나로 공영은행제도가 병행되어 일반 민간은행과 경쟁을 하게 됨에 따라, 일반은행은 그 업무분야를 확대하지 아니하고는 경영난을 면하기 어려웠다는 점 등을 들 수 있다. 이와 같은 겸업주의 은행경영은 장기성예금이 전체 예금 중 상당한 비중을 차지할 뿐만 아니라 장기성 대출의 비중이 커 경영의 유동성·건전성을 저해할 우려가 있다. 이러한 결함을 보완하기 위하여 (i) 자기자본을 충실하게 하고, (ii) 장기성예금을 증강하며, (iii) 유가증권의 인수체를 조직하여 위험의 분산을 도모하고, (iv) 거래회사에 감사를 파견하여 회사경리를 검사케 하는 등의 방법이 강구되었다.

그럼에도 불구하고 1930년대 세계경제 공황기에 많은 겸업주의 은행이 파산하게 되어 이러한 경영방식에 대한 비판의 소리가 높아지자, 각국에서는 장기신용전담은행을 비롯하여 각종 특수 금융기관을 설립하는 등 그 결함에 대한 보완책을 강구하게 되었다.

즉, 미국에서는 원래 일반적 상업금융 이외에 장기공업금융, 농업금융, 증권금융, 소비자금융, 신탁, 기타 수수료를 받는 각종 서비스의 제공 등 다각적 경영을 하고 있는 바, 이 경영방식을 가리켜 백화점식 은행경영 방식이라고 한다. 그러나 1930년대의 세계공황을 경험한 이래 증권업무를 은행업무에서 분리하는 조치를 취하는 등 겸업주의에 대한 반성이 있었으나, 은행은 여유자금의 운용에 부심하게 되어 대출의 대상을 넓히지 않을 수 없었던 반면, 기업측에서도 증권시장의 기능이 제대로 발휘되지 못함에 따라 장기자금의 조달을 상업은행에 의존하지 않을 수 없었다. 그 후에도 겸업주의적 경향은 여전히 계속되었으며, 제2차 세계대전 후의 비약적인 경제성장을 통하여 ① 기업의 자기자금능력이 현저히 증대한 점, ② 증권시장의 발달과 보험업계의 번영으로 말미암아 기업의 은행에의 의존도가 저하된 점, ③ 1931년 이래(특히 전시중) 정부의 적자재정을 은행의 공채인수로 보전하게 되고, 은행은 공채보유가 증가함에 따라 점차 수익성이 저하되는 경향이 나타난 점 등으로 인하여 은행은 수익성의 향상을 도모코자 대출대상을 대기업으로부터 소기업으로, 또 기업으로부터 소비자에게로 옮기는 이른바 저변개척을 활발히 하는 한편, 대출방법에 있어서도 종래의 어음할인에서 기한부대출, 설비자금이나 주택건설자금에 대한 분할상환대출, 소비자에 대한 할부신용 등과 같은 특수한 방법을 강구하게 되었다. 이에 따라 미국의 상업은행은 특수한 겸업형태로 발전되었던 것이다.

3. 장·단기 금융업무의 의미

(1) 상업금융업무

은행법(제2조①)상 상업금융업무라 함은 대부분 요구불예금의 수입에 의하여 조달한 자금을 1년 이내의 기한으로 대출하거나, 금감위가 예금총액을 고려하여 정하는 최고대출한도를 초과하지 아니하는 범위 안에서 1년 이상 3년 이내의 기한으로 대출하는 업무를 말한다.

자금의 운용 측면에서는 대출기한을 1년 이내라고 제한하고 있으나, 조달측면에서는 '대부분 요구불예금이 수입에 의한 자금'이라는 점 이외에는 특별한 제한이 없다. 그러므로 1년 이상의 기한부예금 등 요구불예금이 아니더라도 상업금융업무의 자원이 될 수 있다. 1년 이상의 기한부예금에 의한 장기자금을 가지고 1년 이내의 단기대출로 운영하는 것은 예금지급자금의 준비 또는 유동성 확보의 측면에서 별다른 문제가 없기 때문이다.

(2) 장기금융업무

은행법(제2조①)상 장기금융업무라 함은 자본금·적립금 기타 잉여금, 1년 이상의 기한부예금 또는 사채 기타 채권의 발행에 의하여 조달한 자금을 1년을 초과하는 기한으로 대출하는 업무를 말한다. 그 기한의 상한에 대해 종래에는 10년 이내로 하고 금통위가 인정하는 경우에 한하여 예외적으로 10년 이상의 대출도 가능하였으나, 제9차 개정시 이러한 제한이 폐지되었다.

Ⅵ. 당좌예금의 취급(제32조)

당좌예금은 상업금융업무를 영위하는 금융기관만이 취급할 수 있다.

이 조는 제11차 개정 당시 신설되어 현재에 이르고 있으며, 당좌예금의 취급대상 금융기관을 상업금융업무를 영위하는 금융기관으로 제한하고 있다. 당좌예금은 은행과 당좌거래계약을 체결한 자가 일상의 상거래 등에서 취득한 현금·수표 등을 은행에 예입하고 그 예금액 또는 대월 한도 범위 내에서 거래은행으로부터 교부받은 용지로 발행한 수표나 어음에 한해서 지급할 것을 은행에 위임하는 예금으로, 일반적인 예금과는 달리 지급위탁을 주 목적으로 하고 있다.

당좌예금은 예금주의 측면에서 보면 일상의 지급거래를 위한 출납예금으로서의 기능을 갖는 외에 어음이나 수표의 발행에 의한 신용유통의 수단이 되는 반면, 은행의 측면에서 보면 당좌대월 등의 형태에 의한 신용창출의 원천이 됨과 아울러 전형적인 요구불예금으로서 항상 다액의 지급준비를 요하는 제약을 받게 된다. 따라서 단기성예금을 재원으로 하여 이를 단기적(보통 1년 이내)으로 운용하는 상업금융업무를 취급하는 은행에 한하여 당좌예금을 취급할 수 있도록 하고 있다.

현재 우리나라에서는 상업금융기관인 일반은행과 설립에 관한 특별법에서 이 조항의 적용을 배제하지 않고 있는 특수은행에 한하여 당좌예금을 취급하고 있다.

Ⅶ. 사채 등의 발행(제33조)

금융기관의 사채 기타 이에 준하는 채권의 발행조건·발행방법 등에 관하여 필요한 사항은 대통령령으로 정한다. 이 경우 사채 등의 발행한도는 자기자본의 5배의 범위 내에서 대통령령으로 정한다.

1. 연혁 및 취지

이 조는 제정 당시 제26조에서 "장기금융업무를 영위하는 금융기관의 장기사채 기타 채권의 발행조건과 기한은 법률로써, 장기예금에 관한 조건과 기한은 금통위의 규정으로써 정한다"라고 규정되었던 것이, 제7차 개정시 제1항과 제2항으로 분리되어 사채발행에 관한 사항은 장기금융업무를 영위하는 금융기관으로 하고, 그 채권발행한도는 자기자본의 5배 이내로 제한하되 사채 기타 채권의 발행조건, 발행방법 등에 관하여 필요한 사항은 금통위의 의견을 들어 대통령령으로 정하도록 변경되었다가, 제11차 개정시 현재와 같이 개정되었다. 특히, 이 조항과 관련하여 대통령령이 제정되지 않다가, 1997년 2월 5일 시행령 개정시에야 비로소 은행의 사채발행에 관한 사항이 규정됨에 따라 은행은 금통위의 승인을 얻어 사채를 발행할 수 있게 되었다. 그리고 승인권자가 금감위로 변경되었다가 1999년 5월 시행령 개정시 규제완화 차원에서 승인제도가 폐지되었다.

이 조는 은행의 자금조달 수단의 하나인 사채(금융채)의 발행에 관한 규정이다. 주식회사 형태로 설립되는 은행은 국민경제에서 차지하는 비중 및 공신력 보호 필요성 등을 이유로 사채발행에 관하여 상법상의 주식회사와는 달리 규제되고 있다. 그러나 은행의 기업성이 강조됨에 따라 자금조달 수단을 다양화하고 외국은행과의 경쟁력을 강화하기 위해 금융채 발행을 수월하게 할 필요성이 커짐에 따라 장기사채 기타 채권의 발행조건, 발행방법 등에 관하여 필요한 사항을 대통령령에서 정할 수 있는 법적 근거가 마련되었다.

2. 금융채 발행에 관한 사항

(1) 금융채의 종류

은행이 발행할 수 있는 금융채로는 상법이 정하는 사채・전환사채・신주인수권부사채 기타 이에 준하는 사채이다(시행령 제19조①). 기타 이에 준하는 사채에는 이익참가부사채나 교환사채 이외에 자기자본의 조달 수단인 주식이면서 사채의 성격을 띠고 있는 무의결주식, 비참가적우선주식, 상환주식 등도 이에 포함된다고 할 수 있다.

(2) 금융채 발행한도

상법상 주식회사의 사채 발행한도는 최종 대차대조표상 순자산액의 4배이나(상법 제470조①), 은행 금융채의 경우 당초 제11차 개정부터 자기자본의 5배로 규정되었다. 그러나 제14차 개정시부터 자기자본의 개념이 국제결제은행기준(기본자본+보완자본)으로 변경되고, 금융채 발행한도도 은행 자기자본의 3

배로 운용하고 있다(시행령 제19조① 본문). 다만, 금융채를 새로이 발행하지 않았음에도 불구하고 자기자본의 감소, 합병, 전환 등의 사유로 인하여 금융채의 발행금액이 은행 자기자본의 3배를 초과하게 되는 경우에는 그 발행금액이 자기자본의 3배 이내가 될 때까지 새로이 금융채를 발행할 수 없다(시행령 제19조① 단서).

한편, 은행이 이미 발행한 금융채를 상환하기 위하여 새로 금융채를 발행하는 경우에는 상환할 금융채의 발행금액은 발행한도에 산입하지 아니한다. 이 경우 상환하기로 한 금융채는 새로 금융채를 발행한 후 1월 이내에 상환하여야 한다(시행령 제19조②). 이는 구사채를 상환하기 위하여 사채를 모집하는 경우 구사채의 액은 사채총액에 산입하지 않되, 신사채의 납입기일(분할납입의 경우 제1회 납입기일)로부터 6월 이내에 구사채를 상환하도록 규정하고 있는 상법(제470조②)상의 특례와 같은 차원에서 규정한 것이라고 할 수 있다.

(3) 금융채의 발행방법

사채의 발행방법으로는 회사가 직접 발행하는 방법과 간접발행 방법이 있고, 직접발행 방법에는 직접 일반대중으로부터 사채를 모집하는 직접모집 방법과 사채 총액을 확정하지 않고 일정한 기간을 정하여 그 기간 내에 개별적으로 채권을 매출하는 매출발행 방법이 있다. 그리고 간접발행 방법으로는 중개자를 개입시켜서 사채를 모집하는 위탁모집 방법과 기채회사가 수탁회사와 인수 및 모집계약을 체결하여 사채모집의 수탁회사가 사채총액에 대하여 그 응모액이 미달되는 때에 그 잔액에 대해 인수의무를 지는 인수모집 방법이 있다.[55] 일반 주식회사의 경우 채권은 사채금액의 납입이 완료된 후가 아니면 발행할 수 없으므로(상법 제478조) 매출발행 방법이 불가능하여 상법상 인정되지 아니하나, 한국산업은행의 산업금융채권 등 특수은행의 채권발행에 대하여 인정되고 있었던 점을 감안하여 일반은행에 대하여도 이를 허용한 것이다.

시행령에서 정하고 있는 사항 이외의 금융채 발행방법에 관하여는 상법, 증권거래법 등에서 정하는 바에 따른다.

---

55) 최기원, 상법학원론, 박영사, 2005, 667~668면.

(4) 금융채의 발행조건

금융채의 상환기간은 1년 이상이어야 하고, 발행후 1년 이내에 중도상환할 수 없다. 다만, 외국에서 발행한 경우나 합병 또는 전환한 은행이 합병일 또는 전환일 이전에 중도상환이 가능한 조건으로 발행한 경우에는 중도상환할 수 있다(시행령 제19조④). 외국에서 금융채를 발행하는 경우 당해 금융채의 발행조건은 당해 외국의 관계법령에서 정하는 바에 따라야 하며, 은행이 비은행 금융기관과 합병하거나 비은행 금융기관이 은행으로 전환하기 이전에 당해 금융기관의 설립근거법에 따라 발행된 채권에 대하여는 합병 또는 전환을 이유로 그 발행조건을 변경하도록 강제할 수 없기 때문이다.[56]

(5) 증권거래법의 적용

은행이 발행한 금융채의 경우는 증권거래법을 적용함에 있어 동법 제2조제1항제3호의 '특별한 법률에 의하여 설립된 법인이 발행한 채권'에 해당하는 유가증권으로 보아(시행령 제19조⑤) 증권거래법이 적용된다.

3. 기 타

(1) 외국은행 국내지점의 금융채발행 가능 여부

이 법(제59조①)에서는 외국은행 국내지점을 하나의 은행으로 간주하고 있고 적용배제대상 은행법 조항에 금융채발행을 규정하고 있는 이 조항이 포함되지 아니하여 외국은행 국내지점이 금융채를 발행할 수 있는가 하는 문제가 제기된다. 금융채는 주식회사의 사채에 해당되고, 이 법에서는 상법에서 정하고 있는 사채의 발행한도·방법·조건 등에 관하여 특례를 규정하고 있을 뿐이고 발행자격 자체에 대해서는 예외를 인정하고 있지 아니하므로, 상법상의 주식회사가 아닌 외국은행 국내지점은 금융채를 발행할 수 없다고 본다. 특히, 이 법 제59조제1항 단서에서 이 조의 적용을 명시적으로 배제하지 않고 있는 것은 외국은행 국내지점의 성격상 주식회사를 전제로 하는 규정은 성질상 당연히 적용되지 않기 때문이다.

---

56) 이와 같은 점에 비추어 은행법 시행령 제19조제4항 단서의 규정은 법률체계상 당연한 내용을 주의적으로 규정하였다고 볼 수도 있다.

(2) 특수은행의 채권발행

한국산업은행 등 특수은행은 그 설립목적에 상응한 업무수행을 위하여 설립근거법에서 채권발행에 관하여 별도로 규정하고 있으며, 은행법상의 금융채 발행관련 규정의 적용을 배제하고 있다(예: 한국산업은행법 제2조②).

〈특수은행의 채권발행한도〉

	채권명	발행한도	비 고
한국산업은행	산업금융채권	자기자본의 30배	산은법 제25조
한국수출입은행	수출입금융채권	자기자본의 30배	수은법 제23조
중소기업은행	중소기업금융채권	자기자본의 20배	기은법 제36조의2
농협중앙회	농업금융채권	자기자본의 5배	농협법 제153조
수협중앙회	수산금융채권	자기자본의 5배	수협법 제135조
장기신용은행	장기신용채권	자기자본의 20배	장은법 제10조

Ⅷ. 동일차주 등에 대한 신용공여의 한도(제35조)

① 금융기관은 동일한 개인·법인 및 그와 대통령령이 정하는 신용위험을 공유하는 자(이하 '동일차주'라 한다)에 대하여 당해 금융기관의 자기자본의 100분의 25를 초과하는 신용공여를 할 수 없다. 다만, 다음 각호의 1에 해당하는 경우로서 대통령령이 정하는 경우에는 그러하지 아니하다.

1. 국민경제를 위하여 또는 금융기관의 채권확보의 실효성 제고를 위하여 필요한 경우
2. 금융기관이 추가로 신용공여를 하지 아니하였음에도 불구하고 자기자본의 변동, 동일차주 구성의 변동 등으로 인하여 본문의 규정에 의한 한도를 초과하게 되는 경우

② 금융기관이 제1항제2호의 규정에 의하여 제1항·제3항 및 제4항 본문에 규정한 한도를 초과하게 되는 경우에는 그 한도가 초과하게 된 날부터 1년 이내에 제1항·제3항 및 제4항 본문에 규정한 한도에 적합하도록 하여야 한다. 다만, 대통령령이 정하는 부득이한 사유에 해당하는 경우에는 금융감독위원회가 그 기간을 정하여 연장할 수 있다.

③ 금융기관은 동일한 개인이나 법인 각각에 대하여 당해 금융기관의 자기자본의 100분의 20을 초과하는 신용공여를 할 수 없다. 다만, 제1항 단서에 해당하는 경우에는 그러하지 아니하다.
④ 동일한 개인이나 법인 또는 동일차주 각각에 대한 금융기관의 신용공여가 당해 금융기관의 자기자본의 100분의 10을 초과하는 거액 신용공여의 총합계액은 당해 금융기관의 자기자본의 5배를 초과할 수 없다. 다만, 제1항 단서에 해당하는 경우에는 그러하지 아니하다.

1. 연혁 및 취지

(1) 취 지

신용공여한도제는 특정 차주에 대한 신용공여 또는 거액신용공여의 총량을 일정한도 내로 제한함으로써, 거래처의 부실화로 금융기관이 동반 부실화되는 것을 예방하는 등 은행경영의 건전성을 확보하기 위한 기본적인 감독수단 중의 하나이다. 금융기관의 여신이 특정 기업에 편중되어 있는 상태에서 거액의 당해 여신이 연체 또는 회수불능 상태에 빠지는 일이 발생한다면 금융기관의 건전성이 위태롭게 될 소지가 있는 반면, 자금의 안정적 운용만을 위하여 일부 우량대기업에 여신이 집중될 경우에는 중소기업 및 벤처산업 등에 금융자산의 균형적 배분이 어렵게 될 수 있다. 따라서 동일한 개인이나 법인, 즉 동일인에 대한 신용공여를 제한하는 목적은 금융기관의 자산건전성 확보와 금융자금의 균점배분 및 금융기관에 의한 기업경영지배를 방지하는데 있다. 만약, 금융기관의 동일인에 대한 여신취급이 무제한 허용된다면 금융자산은 일개 또는 수 개의 법인에 의하여 독점되고 금융자본에 의한 기업 및 산업의 지배, 나아가서는 금융재벌의 형성이 가능할 것이다.

이 법에서는 동일인에 대한 신용공여제한 이외에도 동일한 개인·법인 및 독점규제법(제2조제2호)의 규정에 의한 기업집단에 속하는 회사, 즉 동일차주에 대한 신용공여를 제한하고 있는 바, 이는 동일계열에 속한 기업간의 상호출자, 인사교류, 높은 거래의존도 등을 감안할 때 한 기업이 재정적인 어려움에 처할 경우 다른 기업들도 채무상환이 어려워질 수 있는 등 사실상 신용위험을 공유하고 있고, 많게는 수십 개에 이르는 계열소속 기업에 대하여 동일인 신용공여한도만 적용하게 되면, 계열 전체에 대한 실제 신용공여한도는 은행 자기자본을 훨씬 상회할 수도 있어 편중여신 규제목적을 달성하기 곤란하기 때문이다. 또한, 은행감독에 대한 국제적인 기준을 제시하는 「바젤핵심준칙」에서도 관계인에 대한 신용공여를 포함한 동일차주에 대한 신용공여한도를 설정·운영하도록 명시하고 있다.

그리고 자기자본의 10/100을 초과하는 거액신용공여의 총합계액을 제한하고 있는 바, 이는 동일인에 대한 신용공여한도가 철저히 준수된다고 하더라도 신용공여를 동일인 한도까지 운용하는 경우 여전히 소수 대기업에 자금이 편중될 소지가 있기 때문이며, 거액신용공여라는 개념을 통해 편중여신의 총액한도를 관리하여 금융기관 자산운용의 건전성을 도모하는데 있다.

(2) 연 혁

동일인에 대한 편중여신규제는 이 법 제정 당시 제27조제4호에 금융기관의 동일인에 대한 대출한도를 은행 자기자본의 25/100로 정하고, 그 이상을 취급하고자 할 경우에는 은행감독원장의 승인을 받도록 규정한 이래 제4차 개정(1977. 12. 30)까지는 별다른 변동없이 시행되어 왔었다. 그러나 제6차 개정(1982. 12. 31)시 제27조제1항제4호의2를 신설하여 그 동안 은행감독원장의 통첩으로 운용하던 동일인에 대한 지급보증한도에 대한 규제근거를 마련하고 이를 은행자기자본의 100분의 50으로 제한하되, 예외 취급시 은행감독원장의 승인을 받도록 규정함과 아울러 동법 시행령을 제정하여 은행감독원장의 동일인 여신한도초과 승인대상 및 범위를 명확히 규정하는 등 편중여신규제가 한층 강화되었다.

한편, 1980년대 후반에 금융기관의 자기자본 규모가 크게 증대되었을 뿐만 아니라 금융시장의 개방화·자율화의 지속적 추진 등으로 금융환경이 급변함에 따라 금융기관의 건전성 확보가 중요한 과제로 대두됨으로써 제7차 개정시(1991. 12. 31) 동일인에 대한 대출은 은행 자기자본의 25/100에서 20/100로, 지급보증은 은행 자기자본의 50/100에서 40/100로 각각 축소되었다. 이와 함께 은행법 시행령을 개정(1992. 5. 19)하여, 은행감독원장의 예외승인 범위를 대출은 은행 자기자본의 50/100에서 30/100로, 지급보증은 은행 자기자본의 100/100에서 60/100으로 각각 축소하였다.

그 후 제8차 개정시 동일인 대출한도와 채무의 보증 또는 인수의 한도가 자기자본의 20/100 및 40/100에서 15/100 및 30/100으로 각각 축소되었고, 거액여신총액한도제가 신설되어 금융기관 자기자본의 15/100를 초과하는 동일한 개인 또는 법인이나 동일계열기업군에 대한 여신을 거액여신으로 분류하고 금통위가 거액여신의 총합계액을 금융기관 자기자본의 8배 이내로 제한할 수 있도록 하였을 뿐만 아니라 그 후(1997. 8. 1)에 동일계열기업군 여신한도제가 새로이 도입되어 자기자본의 45/100를 초과할 수 없도록 제한되었다.

그러나 제14차 개정(1999. 2. 5)시 한도관리대상인 여신의 범위가 너무 제한적이었다는 점이 IMF 금융위기의 주요한 원인으로 지목되면서, 정부는 여신한도제를 국제기준에 맞춰 개편하기로 IMF와 합의하고 대출, 지급보증 외에도 어음 및 채권의 매입, 기타 금융거래상의 위험을 수반하는 직・간접적 거래까지도 한도관리대상 여신에 포함시키는 새로운 신용공여한도제를 도입하였다. 즉, 현행 신용공여한도제의 골격이 마련되었는데, 동일인의 경우 동일인 대출한도(은행 자기자본의 15/100) 및 동일인 지급보증한도(은행 자기자본의 30/100)가 동일인 신용공여한도(은행 자기자본의 20/100)로 일원화되었고, 동일차주의 경우에도 동일계열 대출 및 지급보증한도(은행 자기자본의 45/100)가 동일차주 신용공여한도(은행 자기자본의 25/100)로 각각 축소되었다. 또한, 거액신용공여한도의 적용대상 신용공여도 자기자본의 15/100 이상 신용공여에서 10/100 이상 신용공여로 확대되었다. 아울러 한도관리의 기준이 되는 자기자본도 종전의 '자본금과 적립금 기타 잉여금의 합계액'에서 기본자본과 보완자본에서 공제항목을 차감하여 산출한 BIS기준 자기자본으로 변경되었다. 즉, 신용공여라는 개념을 통해 한도관리대상을 대폭 확대하고 동일인, 동일차주의 한도를 대폭 축소함으로써 IMF 합의사항의 충실한 이행과 기업구조조정의 수단으로서의 유용성을 제고할 수 있도록 하였다.

이와 같이 새로이 도입된 신용공여한도제는 2000년 1월 1일부터 시행되었으며, 동법 시행 당시 한도를 초과하고 있는 은행들은 2002년 12월 31일까지 한도초과분을 해소하도록 경과규정을 두었다. 2000년 1월 1일 당시 동일인(24개 은행, 60개 업체, 한도초과액 1조 2,981억원), 동일차주(33개 은행, 84개 계열, 한도초과액 32조 7,145억원), 대주주(한미은행, 삼성계열, 한도초과액 1조 2,491억원)에 대한 신용공여가 법상 한도를 초과하였던 은행들은 2002년 말까지 모든 한도초과분을 성공적으로 감축함으로써 IMF 금융위기 당시 국내은행의 편중여신 현상을 해소하고, 여신 포트폴리오 운영의 건전성을 유지할 수 있는 기반을 구축하였다.

2. 신용감독제도 개요

신용감독은 금융회사가 신용을 공여하고 있는 차주에 대하여 신용위험을 적절히 통제하고, 이미 발생한 부실여신을 효율적으로 관리하도록 함으로써 금융회사 자산의 건전성을 제고하기 위한 것이다. 부수적으로는 금융회사와 차주와의 건전한 금융거래관계를 확립하고, 차주의 재무구조 개선 및 건전경영을 유도하는 측면도 있다.

이러한 신용감독의 목적을 달성하기 위해 여러 가지 감독수단이 활용되었으나, 크게 보면 (i) 금융회사의 편중여신 억제와 (ii) 부실여신의 발생 예방 및 조기 건전화를 위한 것으로 나눌 수 있는 바, 여기서는 금융회사의 편중여신 억제와 관련된 수단에 대해서 살펴 보고자 한다.

〈신용감독제도의 개요〉

기본목표	중간목표	관리수단
금융기관 자산의 건전성 제고	편중여신 억제	동일인 신용공여한도 관리
		거액신용공여 총액한도 관리
		동일차주 신용공여한도 관리
		자회사 및 대주주 신용공여한도 관리
	부실여신 예방 및 조기 건전화	주채무계열제도 운영
		기업신용위험 상시평가제도 운영
		신용공여현황 상시모니터링
		신용정보관리제도 운영

3. 편중여신 억제를 위한 감독수단-신용공여한도제도

(1) 원 칙

신용공여한도제도는 특정 차주에 대한 신용공여 또는 거액신용공여의 총량을 제한함으로써 차주의 부실화에 따른 해당 금융기관의 동반 부실화를 방지하기 위한 제도이다. 2000년 1월 1일부터 시행되고 있는 현재의 '신용공여한도제'는 IMF와의 합의내용에 따라 마련된 것으로, 종전에 비해 신용공여의 범위가 대폭 확대되는 반면 한도비율이 축소되었다. 즉, 신용공여의 범위에 종전의 대출, 지급보증 이외에도 자금지원적 성격의 유가증권 매입, 기타 신용위험을 초래하는 직·간접거래(Exposure)가 확대 포함되었으며, 한도산출의 기준이 되는 은행 자기자본은 단순자기자본(기본자본)에서 국제적 기준에 부합하는 BIS기준 자기자본(기본자본+보완자본-공제항목)으로 변경되었다.

구체적인 신용공여한도는 다음과 같다. 즉, 동일인에 대한 신용공여한도는 자기자본의 20/100 이내이고, 동일차주(동일한 개인·법인 및 그와 신용위험을 공유하는 자[57])에 대한 신용공여한도는 자기자본의 25/100 이내이다. 또한, 동일인 또는 동일차주 각각에 대한 신용공여가 당해 은행 자기자본의 10/100을 초과하는 거액신용공여의 합계액은 은행 자기자본의 5배를 초과할 수 없으며, 당해 은행의 의결권있는 발행주식총수의 10/100(전국을 영업구역으로 하지 않는 금융기관의 경우에는 15/100)를 초과하는 주식을 보유하는 대주주에 대한 신용공여도 자기자본의 25/100에의 해당 금액과 대주주 출자비율에 해당하는 금액 중 적은 금액을 한도로 하며, 은행이 발행주식의 15/100를 초과하는 주식을 소유한 자회사에 대한 신용공여도 개별자회사의 경우 자기자본의 10/100, 자회사 전체의 경우 자기자본의 20/100으로 제한된다.

(2) 한도초과의 경우

신용공여는 원칙적으로 한도 이내에서 운용되어야 하나 한도초과가 불가피한 경우에는 이를 예외적으로 인정하고 있다. 그러나 그 예외사유가 대주주 또는 자회사 등 차주의 신분에 따라 차이가 있는 바, 이는 통일시키는 것이 타

---

57) 독점규제법 제2조제2호에서 규정한 기업집단에 속하는 회사

당하다. 일반적인 경우에는 추가적인 신용공여가 없었음에도 불구하고 (i) 환율변동에 따라 신용공여의 원화환산액이 증가한 경우, (ii) 당해 금융기관의 자기자본이 감소한 경우, (iii) 동일차주의 구성에 변동이 있는 경우, (iv) 신용공여를 받은 기업간의 합병 또는 영업의 양도・양수가 있는 경우, (v) 기타 급격한 경제여건 변화 등 불가피한 사유로 금융기관 귀책사유 없이 신용공여한도를 초과하였다고 금감위가 인정하는 경우에는 감축계획을 포함하여 사후보고하고, 한도초과일로부터 1년 이내에 해소하여야 한다. 금감원장은 한도초과 현황을 매분기 금감위에 보고하고 해당 은행이 한도초과 보고시 제출한 감축계획의 이행상황을 점검하여야 한다.

한편, 추가적인 신용공여 제공이 가능한 한도초과 사유로는 첫째, 도산절차가 진행중이거나 기업구조조정 등 경영정상화를 추진중인 회사에 대하여 금융기관 공동으로 추가로 신용공여를 제공하는 경우로서 이러한 회사를 인수한 자에 대하여 인수계약에서 정하는 바에 따라 추가로 신용공여를 제공하는 경우, 둘째, 사회간접자본시설사업 추진 등 산업발전 또는 국민생활 안정을 위하여 불가피하다고 금감위가 인정하는 경우가 있다.

대주주에 대해서는 한도를 초과하는 추가적인 신용공여는 인정하지 않고 있으며, 추가적인 신용공여 없이 대통령령 등에서 정하는 부득이한 사유로 한도를 초과하는 경우에만 한도초과를 인정하고 있다. 이와 같은 부득이한 사유로는 ① 환율변동에 따른 원화환산액의 증가, ② 금융기관 자기자본의 감소, ③ 동일인 구성의 변동, ④ 기업간 합병 또는 영업의 양수, ⑤ 지급보증대지급금의 발생, ⑥ 금리상승에 따른 사채지급보증액의 증가, ⑦ 신용공여의 범위 변경, ⑧ 금융기관 대차대조표 계정과목의 변경 등이 있다.

자회사에 대하여 한도를 초과하는 추가적인 신용공여가 가능한 사유로는 (i) 금융기관 이사회에서 합병하기로 결의한 자회사에 대한 유동성 지원이 불가피한 경우, (ii) 금융기관 공동으로 경영정상화를 추진중인 자회사에 대하여 유동성을 지원하기로 합의한 경우가 있다. 또한 추가적인 신용공여 없이 한도초과가 인정되는 사유로는 (i) 환율변동에 따른 원화환산액의 증가, (ii) 금융기관 자기자본의 감소, (iii) 자회사간의 합병 또는 영업의 양수, (iv) 지급보증대지급금의 발생, (v) 신용공여의 범위 변경, (vi) 금리상승에 따른 사채지급보증액의 증가, (vii) 금융기관 대차대조표 계정과목의 변경, (viii) 기업구조조정

촉진을 위해 필요한 것으로 금감위 승인을 얻어 비금융자회사 발행주식의 15/100를 초과하는 주식을 소유하게 되는 경우 등이 있다.

(3) 금융지주회사그룹의 신용공여한도

금융지주회사법에 의해 금융지주회사그룹에 대하여도 신용공여한도제도가 운영되고 있는데, 동 그룹의 포괄범위는 지주회사와 그 자회사 중 은행, 종금사, 증권사로 제한하고 있다. 즉 동일인 및 동일차주에 대한 신용공여한도는 금융지주회사 및 자회사의 자기자본 순합계액에 대하여 각각 20/100와 25/100이며, 금융지주회사의 의결권있는 발행주식총수의 10/100을 초과하는 주식을 보유하는 대주주에 대한 신용공여한도는 동 자기자본의 순합계액의 25/100에 해당하는 금액과 대주주의 당해 금융지주회사에 대한 출자비율에 해당하는 금액 중 적은 금액으로 제한하고 있다.

또한, 동일 지주회사 소속 자회사간의 신용공여한도는 개별 자회사에 대해서는 당해 금융기관 자기자본의 10/100, 전체 자회사에 대해서는 당해 금융기관 자기자본의 20/100으로 제한되어 있다. 자회사간 신용공여시에는 적격담보를 확보하여야 하며 불량자산의 거래는 금지되어 있는데, 자회사 등의 구조조정에 필요한 신용공여 등의 경우에는 예외로 한다. 한편 신용공여한도 초과사유 및 초과시 감축의무 등은 은행의 경우와 동일하다.

Ⅸ. 금융기관의 대주주에 대한 신용공여한도 등(제35조의2)

① 금융기관이 당해 금융기관의 대주주(그 특수관계인을 포함한다. 이하 같다)에게 할 수 있는 신용공여는 당해 금융기관 자기자본의 100분의 25의 범위 안에서 대통령령이 정하는 비율에 해당하는 금액과 당해 대주주의 당해 금융기관에 대한 출자비율에 해당하는 금액 중 적은 금액을 초과할 수 없다.
② 금융기관이 당해 금융기관의 전체 대주주에게 할 수 있는 신용공여는 당해 금융기관 자기자본의 100분의 25의 범위 안에서 대통령령이 정하는 비율에 해당하는 금액을 초과할 수 없다.
③ 금융기관은 제1항 및 제2항의 규정에 의한 신용공여한도를 회피하기 위한 목적으로 다른 금융기관과 교차하여 신용공여를 하여서는 아니된다.
④ 금융기관은 당해 금융기관의 대주주에 대하여 대통령령이 정하는 금액 이상

의 신용공여(대통령령이 정하는 거래를 포함한다. 이하 이 조에서 같다)를 하고자 하는 때에는 미리 이사회의 의결을 거쳐야 한다. 이 경우 이사회는 재적이사 전원의 찬성으로 의결한다.
⑤ 금융기관은 당해 금융기관의 대주주에 대하여 대통령령이 정하는 금액 이상의 신용공여를 한 때에는 지체없이 그 사실을 금융감독위원회에 보고하고 컴퓨터통신 등을 이용하여 공시하여야 한다.
⑥ 금융기관은 당해 금융기관의 대주주에 대한 신용공여에 관한 사항을 대통령령이 정하는 바에 따라 분기별로 컴퓨터통신 등을 이용하여 공시하여야 한다.

1. 연혁 및 취지

금융기관의 대주주는 경영진 임면 등 각종 주주권행사 등의 방식을 통하여 금융기관의 경영에 상당한 영향력을 행사할 수 있으며, 특히 각종 여신에 관한 의사결정에 있어 부당하게 영향력을 행사할 경우 당해 금융기관에 손해를 끼칠 우려가 있을 뿐만 아니라, '금융중개기관'이라는 금융기관 본연의 기능 수행을 저해할 소지가 있기 때문에 이러한 부작용을 차단하기 위해 대주주에 대한 신용공여와 관련하여 한도 및 절차 등을 규제할 필요가 있다. 이러한 필요성에도 불구하고 종전에는 동일인의 주식보유한도가 4/100 이내로 한정되어 의사결정에 별다른 영향을 미치지 못할 것으로 판단하여 별도의 규제가 시행되지 않았으나, 합작금융기관의 경우나 외국인의 금융기관 주식보유를 이유로 금감위의 승인을 얻는 경우에는 4/100의 주식보유한도를 초과하여 금융기관 주식을 보유할 수 있게 됨에 따라 제11차 개정시 대주주에 대한 신용공여한도가 처음 도입되었다. 다만, 신용공여의 개념이 도입되기 이전으로 여신한도제도가 운용되고 있었으므로 대주주에 대한 대출과 지급보증의 합계액이 당해 금융기관 자기자본의 45/100 범위 내에서 대통령령이 정하는 비율과 대주주의 출자비율에 해당하는 금액 중 적은 금액을 초과할 수 없도록 제한되었다(제15조).

그 후 제14차 개정시 신용공여 개념의 도입으로 동일인 및 동일차주에 대한 신용공여한도제도가 새롭게 개편됨에 따라 대주주 신용공여한도의 경우에도 동일차주의 경우와 동일한 수준인 자기자본의 25/100 범위 내에서 대통령령으로 정하도록 규정하였다. 이어서 제20차 개정시 동일인의 금융기관 주식

소유한도가 종전 4/100에서 10/100으로 확대되는 등 소유제한이 완화됨과 동시에 은행경영진을 감시하는 대주주에 대한 감독 강화 차원에서 전체 대주주에 대한 신용공여한도 및 신용공여절차상의 요건 등이 추가되었다(제35조의2).

2. 대주주에 대한 신용공여한도제도

금융기관 자기자본의 25/100 범위 안에서 대통령령에서 정하도록 하고 있는 대주주에 대한 신용공여한도는 동일차주의 경우와 같이 25/100로 규정되어 있어(시행령 제20조의5), 법에서 허용하고 있는 최대한도로 규정하고 있다. 이와는 별개로 금융기관의 주식을 10/100 이상 소유하는 대주주가 다수 나타날 수 있는 상황에서 금융기관의 신용공여가 이들 대주주에게 편중될 경우 신용위험이 증대되고 금융중개기능이 상실되는 것을 방지하기 위하여 전체 대주주에 대한 신용공여한도를 자기자본의 25/100 이내로 제한하고 있다. 특히, 다른 금융기관과 교차하여 신용공여하는 것도 금지하고 있다. 이 경우 금지되는 신용공여는 한도초과를 회피하기 위하여 사전 협의에 따라 이루어지는 경우를 말한다. 만일, 사전에 협의가 없었다고 하더라도 교차하여 공여한 규모가 한도를 초과한다는 사실을 안 이후에는 한도 이내로 감축하여야 할 것이다.

그리고 한도산정시 또 하나의 기준인 출자비율에 해당하는 금액은 대주주가 보유하는 당해 금융기관의 의결권있는 주식수를 당해 금융기관의 의결권있는 발행주식총수로 나눈 비율에 당해 금융기관의 자기자본을 곱한 금액을 사용하고 있다(시행령 제20조의5). 의결권있는 주식수를 기준으로 하기 때문에 의결권이 없는 주식은 제외된다.

신용공여한도 규제에 있어 동일차주에 대하여는 추가적인 신용공여로 인한 한도초과를 인정하고 있으나, 대주주의 경우에는 이를 인정하지 않는 점이다. 이는 대주주의 경우 당해 금융기관 이외의 다른 금융기관으로부터 신용을 공여받을 수 있으므로 내부관계에 있는 당해 금융기관으로부터 법상 한도를 초과하면서 신용을 공여받는 것은 적절치 않다고 판단한 것으로 볼 수 있다.

한편, 자기자본 감소 및 환율변동 등 외부적 요인으로 추가신용공여 없이 한도를 초과하는 경우에는 동일차주와 동일하게 인정된다(시행령 제20조의5). 다만, 동일차주의 한도초과는 사후보고로 처리되는 반면, 대주주의 경우에는 3개월 이내 한도초과분에 대한 감축계획을 금감위에 제출하여 승인을 얻도록 하고 있다. 여기서 3개월의 기간이 승인완료시한인지 감축계획 제출시한인지에 대해서는 논란의 여지가 있다. 그러나 승인완료시한으로 해석할 경우 금융기관이 금감위의 승인행위를 구속하게 되고, 금감위의 일정 등을 이유로 3월 이내에 승인 받을 수 없게 되는 경우 동 신용공여의 적법성이 문제가 되며, 차주의 의사와는 관계없이 외부적 요인으로 초과되었음에도 불구하고 승인까지 요구하는 것은 무리라는 점 등을 감안할 때 감축계획 제출시한으로 보는 것이 타당하다. 한편, 이를 제출시한으로 볼 경우 3월의 기간이 동일인·동일차주의 한도초과일 보고기간인 15일과 비교해 볼 때 지나치게 장기간인 점을 감안하여 실무적으로는 제출기한을 1개월로 제한하여 운용하고 있다(감독규정 제16조의3).

3. 절차상 규제 및 공시

대주주에 대해서는 신용공여한도 규제 이외에도 신용공여 취급시 별도의 절차를 거치도록 함과 아울러, 신용공여 현황을 주기적으로 공시토록 함으로써 대주주의 우월적 지위남용 방지와 거래의 객관성 및 투명성을 제고하였다. 즉, 거래절차상의 규제로서 단일거래금액이 자기자본의 1/1,000 또는 50억원 중 적은 금액으로 규정하고 있으며, 그 이상의 신용을 공여하거나 대주주 발행 사채권을 취득하는 경우 미리 이사회의 재적이사 전원의 찬성에 의한 의결을 거치도록 하고 있다.

바젤은행감독위원회가 제시한 핵심준칙(제10조)에서도 금융기관이 주요주주 등 특수관계인에 대해 일정금액 이상의 신용공여를 취급하는 경우에는 이사회 승인을 얻도록 명시하고 있다.

한편, 단일거래금액의 산정시 거래주체와 거래시점을 고려할 필요가 있다. 거래주체와 관련하여 은행법에서 명시한 대주주는 특수관계인을 포함하고 있는 바, 거래상대의 주체로서 대주주를 구성하는 동일한 개인 또는 법인 단위로 할 것인지, 대주주 전체로 할 것인지 여부가 결정되어야 한다. 대주주 전체를 하나의 거래상대방으로 인정할 경우 실제 계약의 상대방이 될 수 없고 신용위험을 부담하는 실질적인 주체가 될 수 없는 점을 감안할 때, 대주주를 구성하는 동일한 개인 또는 법인 단위로 단일거래를 판단하는 것이 바람직하다.

또 다른 기준으로서 어느 시점에서 거래가 이루어진 것으로 볼 것인가 하는 문제가 있다. 통상 금융기관의 신용공여는 은행과 차주간에 한도거래약정을 체결하고, 동 약정에서 정한 한도 범위 내에서 차주가 자금수요에 따라 수시로 분할하여 인출하는 방식으로 이루어진다. 이러한 거래형태를 고려하면 거래약정을 맺음으로써 금융기관은 신용을 공여할 의무를 부담하게 되므로, 약정체결 이전에 이사회의 의결을 거치는 것이 법상 요구되는 사전의결을 충족하는 것으로 볼 수 있다. 아울러 거래의 단일성 여부는 개별적인 자금인출을 기준으로 하기보다는 약정체결을 기준으로 보는 것이 타당하다. 다만, 규제를 회피할 목적으로 다수의 약정으로 분할하여 거래하는 것을 방지하기 위해 동일자에 이루어지는 다수의 신용공여약정은 합산하여 관리할 필요가 있다.

아울러 동일내용의 신용공여약정을 갱신·대환·연장하는 경우 새로운 단일거래로 간주하여야 하는지 살펴볼 필요가 있는 바, 이 경우에도 이사회의 의결을 거치도록 하는 것이 바람직하다. 이는 기존의 신용공여약정을 갱신·대환·연장할 때 종전 약정체결 이후에 발생한 차주의 경영상태 및 제반 경제여건 변화 등을 반영하여 새로이 의사결정을 할 필요가 있으며, 종전 이사회 개최 이후 이사회 구성에 변동이 있는 경우 새롭게 구성된 이사회 구성원들의 의사를 반영할 필요가 있기 때문이다.

아울러 대주주에 대한 신용공여 취급현황은 분기별로 컴퓨터통신 등을 통해 공시해야 한다. 이 경우 신용공여규모, 분기중 증감액, 거래조건뿐만 아니라 신용공여 형태별 자금용도, 신용공여기간·적용금리 등 거래조건, 담보의 종류 및 평가액, 주요 특별약정내용이 공시내용에 포함되어야 한다.

Ⅹ. 대주주 발행주식의 취득한도 등(제35조의3)

① 금융기관은 자기자본의 100분의 1의 범위 안에서 대통령령이 정하는 비율에 해당하는 금액을 초과하여 당해 금융기관의 대주주가 발행한 주식(출자지분을 포함한다. 이하 이 조에서 같다)을 취득(신탁업무에 의하여 취득하는 것을 포함한다. 이하 이 조에서 같다)하여서는 아니된다. 이 경우 금융감독위원회는 전단의 규정에 의한 취득한도 이내에서 주식의 종류별로 취득한도를 따로 정할 수 있다.

② 금융기관의 대주주가 아닌 자가 새로 대주주가 됨에 따라 금융기관이 제1항의 규정에 의한 한도를 초과하게 되는 경우 당해 금융기관은 대통령령이 정하는 기간 이내에 그 한도를 초과한 주식을 처분하여야 한다.
③ 금융기관이 당해 금융기관의 대주주가 발행한 주식을 대통령령이 정하는 금액 이상으로 취득하고자 하는 때에는 미리 이사회의 의결을 거쳐야 한다. 이 경우 이사회는 재적이사 전원의 찬성으로 의결한다.
④ 금융기관이 당해 금융기관의 대주주가 발행한 주식을 대통령령이 정하는 금액 이상으로 취득한 때에는 지체없이 그 사실을 금융감독위원회에 보고하고 컴퓨터통신 등을 이용하여 공시하여야 한다.
⑤ 금융기관은 당해 금융기관의 대주주가 발행한 주식의 취득에 관한 사항을 대통령령이 정하는 바에 따라 분기별로 컴퓨터통신 등을 이용하여 공시하여야 한다.
⑥ 금융기관은 당해 금융기관의 대주주가 발행한 주식의 의결권을 행사함에 있어 당해 대주주 주주총회의 참석주식수에서 당해 금융기관이 소유한 주식수를 차감한 주식수의 의결내용에 영향을 미치지 아니하도록 의결권을 행사하여야 한다. 다만, 대주주의 합병, 영업의 양도·양수, 임원의 선임, 그 밖에 이에 준하는 사항으로서 당해 금융기관에 손실을 초래할 것이 명백하게 예상되는 경우에는 그러하지 아니하다.

1. 연혁 및 취지

은행은 이 법 제37조제1항의 규정에 따라 다른 회사 주식의 15/100까지 취득할 수 있으므로, 대주주가 다른 회사를 계열회사로 편입하거나 계열회사를 신설하는 경우 자신이 대주주로 있는 은행의 자금을 활용할 소지가 있다. 이와 같이 대주주가 은행의 자금을 이용하여 계열사를 확장하는 것을 방지하기 위하여 대주주가 발행한 주식의 취득을 제한하는 규정으로, 제20차 개정시 대주주에 대한 감독강화 방안의 일환으로 신설되어 현재에 이르고 있다.

2. 취득한도

은행은 은행 자기자본의 1/100을 초과하여 당해 은행의 대주주가 발행한 주식을 취득할 수 없다(시행령 제20조의6①). 이 경우 대주주의 발행주식에는 출자지분이 포함되며 신탁업무에 의하여 취득한 주식도 포함된다(시행령 제20조의6②). 다만, 특정금전신탁의 운용 차원에서 취득한 주식은 제외한다. 특정

금전신탁의 경우 수탁자인 은행은 위탁자의 운용지시에 따라 단순히 시행하는 등 의사결정에 영향을 미치지 못한다고 판단하였기 때문이다.

한편, 금감위는 대주주 발행주식 취득한도 내에서 주식의 종류별로 취득한도를 따로 정할 수 있음(제35조의3① 후단)에 따라 대주주 발행주식 중 유가증권시장, 즉 증권거래법에 의한 유가증권시장·협회중개시장 또는 이와 유사한 시장으로 외국에 있는 시장에서 거래되지 않는 비상장주식은 금융기관 자기자본의 0.5/100를 초과하여 취득할 수 없도록 정하고 있다(감독규정 제16조의4①).

또한, 금융기관의 대주주가 아닌 자가 새로 대주주가 됨에 따라 은행이 이러한 한도를 초과하게 되는 경우 당해 은행은 1년 이내에 그 한도를 초과한 주식을 처분하여야 한다. 이 경우 금감위는 은행이 초과보유한 주식의 규모, 증권시장의 상황 등에 비추어 부득이하다고 인정되는 경우 그 기간을 정하여 연장할 수 있다. 은행이 처분기간을 연장받고자 하는 경우에는 금융감독원장을 경유하여 금감위에 그 연장을 신청하여야 한다.

3. 절차적 규제

은행은 대주주가 발행한 주식을 자기자본의 0.1/100 또는 50억원 중 적은 금액 이상으로 취득하고자 하는 때에는 미리 이사회의 의결을 거쳐야 한다(시행령 제20조의6③). 이 경우 이사회는 재적이사 전원의 찬성으로 의결한다. 또한, 의결대상거래인지 여부는 단일한 매매계약에 의한 취득금액을 기준으로 산정하여야 하나, 같은 날에 다수의 매매계약이 체결되는 경우에는 그 합계액을 기준으로 산정한다(감독규정 제16조의4③).

이와 같이 은행이 일정금액 이상의 대주주 발행주식을 취득한 경우에는 금감위에 보고하고, 컴퓨터통신 등을 이용하여 공시하여야 할 뿐만 아니라, 분기별로 주식취득 상황을 컴퓨터통신 등을 이용하여 공시하여야 한다. 공시할 경우에는 매 분기말 현재 대주주가 발행한 주식을 취득한 규모, 분기중 보유주식의 증감액, 보유주식의 취득가격, 취득목적, 분기말 현재 보유주식의 지분율 및 시가, 당해 분기중 보유주식을 처분한 경우 처분가격 및 처분에 따른 손익현황이 포함되어야 하며, 대주주 발행주식 취득현황은 발행회사별로 구분하여 공시되어야 한다(감독규정 제16조의4⑤).

4. 금융기관의 의결권행사

은행은 당해 은행의 대주주가 발행한 주식의 의결권을 행사함에 있어 당해 대주주 주주총회의 참석주식수에서 당해 은행이 소유한 주식수를 차감한 주식수의 의결내용에 영향을 미치지 아니하도록 의결권을 행사하여야 한다(Shadow voting). 다만, 대주주의 합병, 영업의 양도・양수, 임원의 선임, 그 밖에 이에 준하는 사항으로서 당해 은행에 손실을 초래할 것이 명백하게 예상되는 경우에는 자유로이 의결권을 행사할 수 있다.

5. 과징금부과 및 벌칙

은행이 이와 같은 주식취득한도를 초과하여 대주주 발행주식을 취득한 경우 금감위는 초과취득한 주식의 장부가액 합계액의 100분의 20 이하 범위내에서 과징금을 부과할 수 있고(제65조의3제3호), 5년 이하의 징역 또는 2억원 이하의 벌금에 처한다(제66조제4호).

XI. 대주주의 부당한 영향력행사의 금지(제35조의4)

금융기관의 대주주는 당해 금융기관의 이익에 반하여 대주주 개인의 이익을 취할 목적으로 다음 각호의 1에 해당하는 행위를 하여서는 아니된다.

1. 부당한 영향력을 행사하기 위하여 당해 금융기관에 대하여 외부에 공개되지 아니한 자료 또는 정보의 제공을 요구하는 행위. 다만, 제17조제5항의 규정에 해당하는 경우를 제외한다.
2. 경제적 이익 등 반대급부의 제공을 조건으로 다른 주주와 담합하여 당해 금융기관의 인사 또는 경영에 부당한 영향력을 행사하는 행위
3. 경쟁사업자의 사업활동을 방해할 목적으로 신용공여를 조기회수하도록 요구하는 등 금융기관의 경영에 영향력을 행사하는 행위
4. 그 밖에 제1호 내지 제3호에 준하는 행위로서 대통령령이 정하는 행위

1. 연혁 및 취지

이 조는 제20차 개정 당시 신설된 것으로, 금융기관의 대주주에 대하여

대주주로서의 권한을 남용하는 사례가 없도록 행위의 제한을 가함으로써 금융기관 경영의 건전성을 확보하기 위한 제도적 장치이다.

2. 부당한 영향력행사의 금지

금융기관의 경영방침이나 거래행위는 시장 전체의 질서에 미치는 영향이 일반회사보다 크다고 할 수 있으므로, 금융기관의 대주주라 하더라도 금융기관에 대해 경영이나 거래행위 등에 영향력을 행사하거나 부당하게 결정을 하지 않도록 규제할 필요가 있다. 이러한 규제는 재산권행사에 제한을 가하는 것으로 금융기관의 공공성에 기인하는 조치라고 할 수 있다. 이러한 행위는 대주주가 당해 금융기관의 이익에 반한다는 것을 인식하고 개인의 이익을 취할 목적으로 행해져야 한다. 따라서 대주주의 인식이 없거나 이익을 취할 목적이 없는 경우에는 이에 해당되지 않는다고 보아야 한다. 금지되는 행위의 유형은 다음과 같다.

(1) 자료 또는 정보제공 요구

금융기관의 대주주가 부당한 영향력을 행사하기 위하여 당해 금융기관에 대하여 외부에 공개되지 아니한 자료 또는 정보의 제공을 요구하여서는 아니된다. 다만, 일반주주로서 당연히 행사할 수 있는 회계장부열람권의 경우는 주주의 정당한 권리행사이므로 제외된다. 여기서 학문적 연구목적이나 정보입수 차원에서 외부에 공개되지 아니한 자료 또는 정보의 제공을 요구한 경우 이에 응해야 하는가 하는 문제가 대두된다. 외부에 공개되지 않는 자료나 정보가 대주주를 통하여 공개 또는 유출되는 경우 이로 인하여 피해 가능성 또한 배제할 수 없으므로, 부당한 영향력행사 여부와 관계없이 외부에 공개되지 아니한 자료나 정보는 제공하여서는 아니된다. 다만, 대주주가 이를 구체적으로 입증하고 요구하는 경우에는 제공할 수 있다.

(2) 반대급부 제공을 조건으로 인사 또는 경영에 부당한 영향력행사

금융기관의 대주주는 주주총회에서의 의결권이나 소수주주권의 행사를 통하여 당해 금융기관의 인사 또는 경영에 참여할 수 있다. 다만, 경제적 이익 등 반대급부의 제공을 조건으로 다른 주주와 담합하여 당해 금융기관의 인사 또는 경영에 부당한 영향력을 행사하는 경우 금융기관의 경영에 좋지 않은 영향을 미칠 소지가 클 뿐만 아니라 자신에게 주어진 권리를 남용한다고 할 수 있으므로 금지하는 것이 타당하다.

(3) 경쟁사업자의 사업활동 방해목적의 영향력행사

금융기관은 대주주가 누구인지에 관계없이 경영진의 합리적 판단에 따라 운영되어야 하며, 이를 위하여 각종 법규가 있고 내부규정과 위원회가 운영되고 있다. 그러나 대주주가 주주총회에서의 경영진 선임권 등을 무기로 자신의 경쟁사업자에게 대출을 금지시키거나 담보를 요구하는 등의 행위를 하게 할 경우, 당해 금융기관의 건전성을 저해할 뿐만 아니라 여신정책을 왜곡시킬 소지가 크고, 전체 시장질서를 문란하게 할 가능성이 크다. 따라서 대주주는 경쟁사업자의 사업활동을 방해할 목적으로 신용공여를 조기회수하도록 요구하는 등 금융기관 경영에 영향력을 행사하는 행위를 하여서는 아니된다.

(4) 기 타

그 밖에 금융기관의 대주주는 경쟁사업자에 대한 신용공여시 정당한 이유없이 금리, 담보 등 계약조건을 불리하게 하도록 요구하는 행위를 할 수 없다. 여기서 문제되는 것은 대주주가 정당한 이유가 있다고 판단되는 경우 경쟁사업자에 대한 신용공여의 계약조건을 불리하게 하도록 요구할 수 있는가 하는 문제가 제기된다. 그러나 앞에서 언급한 바와 같이 대주주는 주주권행사를 통한 경영개입 이외에는 어떠한 간섭도 있어서는 아니된다는 차원에서 볼 때 정당성 여부를 논의할 필요없이 이러한 행위는 금지된다고 보아야 한다.

3. 위반시 벌칙

이러한 규정을 위반한 자에 대해서는 5년 이하의 징역 또는 2억원 이하의 벌금에 처한다(제66조제5호).

Ⅻ. 대주주에 대한 자료제출요구 등(제35조의5)

① 금융감독위원회는 금융기관 또는 그 대주주가 제35조의2 내지 제35조의4의 규정을 위반한 혐의가 있다고 인정할 때에는 금융기관 또는 그 대주주에 대하여 필요한 자료의 제출을 요구할 수 있다.
② 금융감독위원회는 금융기관 대주주(회사에 한한다)의 부채가 자산을 초과하는 등 재무구조의 부실화로 인하여 금융기관의 경영건전성을 현저히 저해할 우려가 있는 경우로서 대통령령이 정하는 경우에는 금융기관에 대하여 당해 대주주에 대한 신용공여의 제한을 명하는 등 대통령령이 정하는 조치를 할 수 있다.

1. 개 설

이 조는 제20차 개정 당시 신설된 것으로, 금융기관을 감독하는 금감위로 하여금 금융기관의 대주주에 대하여 일정한 경우 자료제출을 요구하거나 금융기관에 대하여 당해 대주주에 대한 신용공여를 제한하는 등의 명령을 할 수 있는 권한을 부여하고 있다. 즉, 금융기관의 경우 법인으로서의 속성상 금융감독 당국의 명령이나 지시 또는 요구에 성실하게 응해야 할 의무가 있으나, 이러한 금융감독 당국의 권한은 금융기관 또는 그 임직원에만 미치는 것으로 대주주에 대해서는 원칙적으로 그 효력이 미치지 아니한다. 그러나 제1항은 이러한 일반원칙에 대한 예외를 규정한 것이다. 즉, 금융기관이 대주주에 대해 한도를 초과하여 신용공여를 하였거나 대주주가 발행한 주식을 취득한 경우 또는 대주주가 부당한 압력을 행사한 경우 등 일정한 경우 필요한 자료의 제출을 요구할 수 있다.

제2항에서는 금융기관 대주주가 회사인 경우로서 부채가 자산을 초과하는 등 재무구조의 부실화로 인하여 금융기관의 경영건전성을 현저히 저해할 우려가 있는 경우 금융기관에 대해 신용공여제한 등 보다 강력한 조치를 취할 수 있는 권한을 금감위에 부여하고 있다. 그러나 이러한 조치는 헌법상 보장된 금융기관의 영업행위를 제한하고 대주주의 영업에 치명적인 피해를 줄 우려가 있기 때문에 그 요건을 엄격하게 적용하고 신중하게 운용되어야 한다.

2. 대주주에 대해 신용공여의 제한 등을 명할 수 있는 경우

(1) 부채가 자산을 초과하는 경우

부채가 자산을 초과하는 경우라 함은 파산의 원인인 채무초과 상태에 있는 경우가 이에 해당된다. 즉, 채무초과라 함은 부채총액이 자산총액을 초과하는 상태(도산법 제306조)로, 회사의 재산으로써 채무를 완제할 수 없는 상태이다. 다시 말하면, 대차대조표 또는 재산목록상의 각각의 자산과 부채를 금전으로 환산한 결과 부채총액이 자산총액을 초과하는 상태를 말하는 것으로, 채무초과 여부를 판단함에 있어서는 변제기가 도래한 채무뿐만 아니라 변제기가 도래하지 않은 채무도 계상한다. 그러나 장래의 신용이나 수입은 자산액에 계상하지 아니한다. 또한 채무초과 여부를 판단하는 시점, 즉 재산의 평가기준시점은 금감위가 이러한 권한을 행사하고자 하는 당시를 기준으로 하는 것이 타당하다.

(2) 대주주에 대한 신용공여가 가장 많은 금융기관(당해 대주주가 대주주인 금융기관 제외)이 금감위가 정하는 자산건전성분류기준에 따라 당해 대주주의 신용위험을 평가한 결과 금감위가 정하는 기준 이하로 분류한 경우

금융기관은 정기적으로 차주의 채무상환능력과 금융거래내용 등을 감안하여 보유자산의 건전성, 즉 차주의 신용상태를 정상, 요주의, 고정, 회수의문, 추정손실의 5단계로 분류하고, 회수의문 또는 추정손실로 분류된 부실자산을 조기에 상각하여야 한다. 대주주에 대한 신용위험평가는 경영내용, 재무상태 및 미래의 현금흐름 등을 감안하여 채무상환능력이 양호하여 채권회수에 문제가 없는 경우에는 '정상'으로 하고, 채권회수에 즉각적인 위험이 발생하지는 않았으나 향후 채무상환능력의 저하를 초래할 수 있는 잠재적인 요인이 존재하거나 1월 이상 3월 미만의 연체대출금을 보유하고 있는 경우에는 '요주의'로 분류한다. 또한 경영내용, 재무상태 및 미래 현금흐름 등을 감안할 때 채무상환능력의 저하를 초래할 수 있는 요인이 현재화되어 채권회수에 상당한 위험이 발생한 것으로 판단되거나 3월 이상 연체대출금을 보유하고 있는 경우 또는 최종부도 발생, 청산·파산절차 진행 또는 폐업 등의 사유로 채권회수에 심각한 위험이 존재하는 것으로 판단되는 경우에는 '고정'으로 분류한다. 채무상환능력이 현저히 악화되어 채권회수에 심각한 위험이 발생한 것으로 판단되거나 3월 이상 12월 미만 연체대출금을 보유하고 있는 경우에는 '회수의문'으로 분류하고, 채무상환능력의 심각한 악화로 회수불능이 확실하여 손실처리가 불가피한 것으로 판단되거나 12월 이상 연체대출금을 보유하고 있는 경우에는 '추정손실'로 분류한다(감독규정 별표 3 자산건전성분류기준).

이와 같이 대주주의 신용상태를 분류한 결과 '고정' 이하로 분류된 경우가 이에 해당된다. 금융기관은 그 대주주가 이러한 경우에 해당하게 된 때에는 그 사실을 지체없이 금감원장에게 보고하여야 한다.

(3) 신용정보의이용및보호에관한법률에 의한 신용평가업무를 영위하는 신용정보업자 2 이상이 투자부적격 등급으로 평가한 경우

신용평가업무라 함은 '회사채, 특수채 등 증권거래법에서 정한 유가증권 중 투자자보호를 위하여 객관적 평가가 필요하다고 인정되어 그 원리금이 상환될 가능성을 평가하는 행위'(신용정보의이용및보호에관한법률 제2조)로 2001년 이전에는 상위법령의 위임없이 증권업감독규정에서 금감위가 신용평가회사에 대해 지정 및 퇴출·감독하도록 규정하였으나, 같은 해 7월 신용정보의이용및보호에관한법률의 개정을 통해 신용평가회사에 대한 허가제 도입과 감독 등에 대한 법률적 근거가 마련되었다.

한편, 신용평가회사의 평가방식은 본평가, 정기평가 및 수시평가 등으로 구분된다. 본평가는 최초 무보증사채 발행시 신용평가회사가 발행사에 대해 부여하는 신용등급평가 단계를 말하며, 정기평가는 1년에 반기별로 두 번 실시된다. 수시평가는 해당 기업에 대한 특별한 요인 발생시 실시하고 있으며, 신속한 등급조정을 통해 투자자를 보호하려는 목적을 갖고 있다. 무보증사채, 유동화증권, 기업어음 및 외국법인 발행 원화표시 채권 등은 의무적으로 평가를 받아야 하는 유가증권이다. 신용평가는 시장지위, 수익창출능력, Risk 현황 및 관리(자산건전성), 자본적정성 등에 대한 계량적 지표를 바탕으로 단계별로 평가하되, 일정 등급 이하에 대해서는 투자부적격 등급으로 평가하고 있다. 이와 같이 2개 이상의 신용정보업자가 투자부적격 등급으로 평가할 경우에는 조치대상에 포함된다.

참고로 2007년 말부터 국내에 시행될 예정인 신BIS협약(BASEL Ⅱ)에 따르면 차주의 신용도에 따라 위험가중치를 차등화하여야 하는데, 신용리스크를 내부등급법 또는 표준방법으로 측정할 것을 제시하고 있다. 내부등급법은 은행 등 금융기관이 자체적으로 위험가중치를 차등 적용하여 리스크를 측정하는 것을 허용하는 방법으로 감독당국의 사전승인을 필요로 하는 반면, 표준방법은 적격 외부신용평가기관이 평가한 신용등급에 따라 위험가중치를 차등 적용토록 하는 방법으로 감독당국의 승인을 요구하지 않는다.

3. 부실한 대주주에 대한 조치

재무구조가 부실하여 금융기관의 경영건전성을 크게 저해할 우려가 있는 대주주의 경우에는 자신이 가진 권한을 행사하여 금융기관으로부터 신용공여를 제공받아 자신이 직면하고 있는 위험으로부터 벗어나기를 원할 것이다. 그러할 경우 대주주 자신은 물론 금융기관까지도 부실해질 가능성이 있고, 더 나아가 금융시스템 전체에 위험을 초래할 가능성을 배제할 수 없다. 이 조항은 이러한 위험을 사전에 차단하기 위해 특별히 마련된 대주주에 대한 권리제한규정이다. 따라서 기본권을 규정한 헌법의 제정 취지에 맞게 이러한 권리제한은 최소화하여야 하고, 정상적인 절차에 따라 진행되어야 할 것이다.

금융감독 당국이 취할 수 있는 조치로는 신규 신용공여의 금지, 증권거래법(제2조③④)에서 정하는 모집 또는 매출의 방법에 의하여 발행되는 사채권을 취득하는 거래의 제한, 대주주가 발행한 주식의 신규취득금지 등이 이에 해당된다.

〈A 신용평가회사의 은행에 대한 평가기준(예시)〉

(단위 : %)

계량적 지표	비중	점수	등 급 구 간					
			AAA	AA	A	BBB	BB	B
1. 시장지위	25	60						
총자산시장점유율		15	〉25	10~25	5~10	0.5~5	0.3~0.5	〈=0.3
총예수금기준시장점유율		15	〉25	10~25	5~10	0.5~5	0.3~0.5	〈=0.3
총대출기준시장점유율		15	〉25	10~25	5~10	0.5~5	0.3~0.5	〈=0.3
저금리예수금기준시장점유율		15	〉25	10~25	5~10	0.5~5	0.3~0.5	〈=0.3

계량적 지표	비중	점수	등급구간					
			AAA	AA	A	BBB	BB	B
2. 수익창출능력	25	60						
충당금적립전이익/위험가중자산평잔		10	〉3.5	3.0~3.5	2.5~3.0	1.5~2.5	0.5~1.5	〈=0.5
순이자마진		10	〉3.0	2.5~3.0	2.0~2.5	1.5~2.0	1.0~1.5	〈=1.0
대손상각비/대손적립전이익		10	〈15	15~20	20~30	30~40	40~50	〉=50
ROA		10	〉1.0	0.8~1.0	0.6~0.8	0.4~0.6	0.2~0.4	〈=0.2
ROE		10	〉20	15~20	13~15	10~13	5~10	〈=5
Cost-Income ratio		10	〈30	30~40	40~50	50~65	65~80	〉=80
3. Risk현황 및 관리(자산건전성)	25	60						
고정 이하 여신/총여신		10	〈0.5	0.5~1.0	1.0~2.0	2.0~3.0	3.0~4.0	〉=4
대손충당금/고정 이하 여신		10	〉100	90~100	80~90	70~80	60~70	〈=60
요주의 이하 여신/총여신		10	〈2.0	2.0~3.0	3.0~4.0	4.0~5.0	5.0~6.0	〉=6.0
대손충당금/요주의 이하 여신		10	〉60	55~60	45~60	30~45	15~30	〈=15
*(고정 이하 여신-대손충당금)/자기자본		10	〈0	0~2	2~5	5~10	10~15	〉=15
*(요주의 이하 여신-대손충담금)/자기자본		10	〈20	20~25	25~30	30~35	35~40	〉=40
*자기자본이 (-)인 경우 최하 구간								
4. 자본적정성	25	60						
BIS비율		10	〉12	11~12	10~11	8~10	5~8	〈=5
기본자본비율		10	〉7	6~7	5~6	4~5	3~4	〈=3
배당 및 잠재부실 반영 후의 반존량 비율		30	〉8	7~8	6~7	5~6	4~5	〈=4
이익회수기간(충담금적립전이익 기준)		10	〈0	0~0.5	0.5~1.0	1.0~1.5	1.5~2.0	〉=2.0
계량적 지표 소계		240						

〈각 항목별 및 계량점수 · 소계점수의 등급구간〉

	AAA	AA	A	BBB
항 목	50점 이상	37.5점 이상	25점 이상	25점 미만
소 계	200점 이상	150점 이상	100점 이상	100점 미만

XIII. 정부대행기관에 대한 대출(제36조)

한국은행법에 의한 정부대행기관에 대한 금융기관의 대출은 그 원리금의 상환에 관하여 정부가 보증한 경우에 한한다.

1. 연혁 및 취지

본 조는 일반은행의 정부대행기관에 대한 대출조건에 관한 규정으로, 제정 당시 제23조로 규정된 후 제11차 개정시 현재와 같이 제36조로 이관되었으나 내용에는 변동이 없었다.

일반은행의 정부대행기관에 대한 대출은 그 원리금 상환에 관하여 정부의 보증이 있어야 한다. 이는 정부대행기관에 대한 대출이 정부사업을 대행하고 있는 기관에 대한 대출이므로 그 성질상 국가예산회계의 일부라고 볼 수 있고, 대출상환에 대한 종국적인 책임을 동 사업효과의 실질적인 귀속자인 정부로 하여금 부담토록 하는 것이 타당하기 때문이다.

2. 정부대행기관

은행법상 정부대행기관에 대해서는 별다른 언급이 없어 이해하는데 어려움이 있다. 따라서 정부대행기관에 대한 자의적인 운용 등을 예방하기 위해 이에 대해 명확하게 정의하는 조항을 두는 것이 필요하다. 정의조항이 없는 현재의 상황에서는 한국은행법(제77조)에서 정의되고 있는 내용을 차용한다고 하더라도 별다른 무리가 없을 것 같다.

한국은행법(제77조)상 '정부대행기관'이라 함은 생산·구매·판매 또는 배급에 있어서 정부를 위하여 공공의 사업 또는 기능을 수행하는 법인으로서 정부가 지정한 법인을 말한다. 따라서 정부대행기관이 되기 위해서는 그 법인의 사업 또는 기능이 정부를 위하여 공공적으로 생산·구매·판매 또는 배급하는 것이어야 하고, 또한 재정경제부장관이 관계부처의 장과 협의한 후 국무회의의 심의를 거쳐 대통령의 승인을 얻어 지정하며, 동 지정을 취소할 경우에도 지정과 같은 절차를 거치도록 하고 있다(시행령 제15조). 이러한 절차에 따라 지정된 정부대행기관으로는 현재 유일하게 농업협동조합중앙회의 비료사업부문[58]이 있다(1961. 10. 23. 재무부고시 제256호).

한편 타 법률에서 직접 정부대행기관을 지정하는 경우도 있는데, 금융기

58) 농협중앙회 비료사업부문의 기능에 관하여 비료관리법의 규정내용을 살펴보면, 농림부장관은 비료의 수급조절과 가격안정을 위하여 필요하다고 인정할 때에는 농협중앙회로 하여금 비료를 공급하게 할 수 있으며(동법 제7조), 농협중앙회는 자체의 경리와 구분하여 비료계정을 따로 설치·운영하여야 한다고 규정하고 있다(동법 제8조).

관부실자산등의효율적처리및한국자산관리공사의설립에관한법률에 따라 설립된 한국자산관리공사(구 성업공사)에 설치된 '부실채권정리기금'이 그것이다(동법 제39조③).[59]

3. 정부대행기관과의 여·수신업무

한국은행은 정부대행기관의 예금을 수입하며, 이에 대하여 대출할 수 있다. 본래 정부대행기관은 정부 자체 또는 정부 내의 기구가 아니므로 엄밀하게 말하자면 한국은행의 정부대행기관과의 여·수신업무는 정부의 은행으로서의 중앙은행의 일반적 기능으로 볼 수 없다. 그러나 정부대행기관이 정부의 시책에 따라 정부를 위하여 공공의 기능을 수행하고 있다는 점과 정부대행기관이 국민경제에 있어 중요한 역할을 담당하고 있는 현실을 고려하여 한국은행의 직접 여·수신거래 대상기관으로 인정하고 있는 것이다. 이에 따라 한국은행은 당좌예금거래 대상기관에 정부대행기관을 포함하고 있다(한국은행의 당좌예금거래대상기관에관한규정 제2조제2호).[60]

한편, 한국은행은 금융기관이 정부대행기관에 대한 대출의 결과 취득한 신용증권을 재할인·할인 또는 매매하거나 이를 담보로 당해 금융기관에 대출함으로써 정부대행기관에 대하여 간접적으로 신용을 제공할 수도 있다(제64조①).

4. 대출조건

여기서 한국은행의 정부대행기관에 대한 대출은 그 원리금 상환에 대하여 정부가 보증한 경우에 한한다. 이는 정부대행기관은 정부를 위하여 공공의 사업을 하는 기관으로, 그 사업의 효과가 실질적으로는 정부에 귀속되므로 동 기관에 대한 여신의 상환에 관한 종국적인 책임을 정부가 부담토록 한 것이다. 이와 같은 정부대행기관의 여신에 대한 정부의 보증은 일반 금융기관이 정부대행기관에 대출하는 경우에도 요구된다(제36조).

---

59) 동 기금이 한국은행으로부터 자금을 차입하는 경우에 한하여 이를 한국은행법 제77조제2항의 규정에 의한 정부대행기관으로 지정된 것으로 본다.

60) 실무적으로는 농협중앙회에 대하여 금융기관으로서의 당좌계정과 정부대행기관으로서의 당좌계정을 각각 설치하는 것이 아니라, 농협중앙회의 비료사업부문도 농협중앙회에 포함되는 것이므로, 동 중앙회에 대하여 하나의 당좌계정을 설치하고 그 계정이나 내부항목으로 이들을 구분하고 있다.

한국은행의 정부대행기관에 대한 대출이율 기타 조건은 금융통화위원회가 정한다. 구 한국은행법은 정부대행기관에 대한 여신의 이율 기타 조건을 금통위가 정하도록 하면서(동법 제86조①), 농산물 기타 생산물의 구매자금 대출기간을 1년 이내로 제한하였으며(동법 제87조), 기타 용도로 대출받는 경우의 대출기간 및 기간연장에 관하여도 규제하였다(동법 제88조).[61] 그러나 제6차 한국은행법 개정시 이들 제한규정이 삭제됨으로써 대출기간에 대해서도 금통위가 자율적으로 정할 수 있게 되었다.

XIV. 다른 회사에 대한 출자제한 등(제37조)

① 금융기관은 다른 회사의 의결권있는 발행주식(출자지분을 포함한다. 이하 이 조에서 같다)의 100분의 15를 초과하는 주식을 소유할 수 없다.
② 금융기관은 제1항의 규정에 불구하고 금융감독위원회가 정하는 업종에 속하는 회사 또는 기업구조조정 촉진을 위해 필요한 것으로 금융감독위원회의 승인을 얻은 경우에는 의결권있는 발행주식의 100분의 15를 초과하는 주식을 소유할 수 있다. 다만, 다음 각호의 1에 해당하는 경우에 한한다.

1. 금융기관이 의결권있는 발행주식의 100분의 15를 초과하는 주식을 소유하는 회사(이하 '자회사'라 한다)에 대한 출자의 총합계액이 금융기관 자기자본의 100분의 20의 범위 내에서 대통령령이 정하는 비율에 해당하는 금액을 초과하지 아니하는 경우
2. 대통령령이 정하는 바에 의하여 금융감독위원회가 따로 정하는 요건을 충족하는 경우

③ 금융기관은 당해 금융기관의 자회사와의 거래에 있어서 다음 각 호의 1에 해당하는 행위를 하여서는 아니된다.

1. 당해 자회사에 대한 금융감독위원회가 정하는 한도를 초과하는 신용공여
2. 당해 금융기관의 자회사의 주식을 담보로 하는 신용공여와 당해 금융기관의 자회사의 주식을 매입시키기 위한 신용공여
3. 당해 금융기관의 자회사의 임원 또는 직원에 대한 대출(금융감독위원회가 정하는 소액대출을 제외한다)

---

61) 구 한국은행법 제88조는 농산물 기타 생산물의 구매자금 이외의 용도로 대출하는 경우의 대출기간을 1년 이내로 제한하였으며, 대출기간의 연기 또는 갱신은 금통위의 인허를 얻어 1회에 한하여 원기간의 2분의 1을 초과할 수 없도록 하였다.

④ 금융기관은 제2항의 규정에 의한 자회사 출자를 한 때에는 7일 이내에 금융감독위원회에 그 사실을 보고하여야 한다.
⑤ 제6항 내지 제8항에서 '모은행' 및 '자은행'이라 함은 금융기관이 다른 금융기관의 의결권있는 발행주식총수의 100분의 15를 초과하여 주식을 소유하는 경우의 당해 금융기관과 그 다른 금융기관을 말한다. 이 경우 모은행과 자은행이 합하여 자은행이 아닌 다른 금융기관의 의결권있는 발행주식총수의 100분의 15를 초과하여 주식을 소유하는 경우 그 다른 금융기관은 당해 모은행의 자은행으로 본다.
⑥ 자은행은 다음 각호의 행위를 하여서는 아니된다.
1. 모은행 및 당해 모은행의 다른 자은행(이하 '모은행 등'이라 한다)이 발행한 주식을 소유하는 행위(대통령령이 정하는 경우를 제외한다)
2. 다른 금융기관의 의결권있는 발행주식의 100분의 15를 초과하여 주식을 소유하는 행위
3. 대통령령이 정하는 기준을 초과하여 모은행 등에 대한 신용공여를 하는 행위
4. 그 밖에 당해 자은행의 건전한 경영을 저해하거나 금융거래자의 이익을 침해할 우려가 있는 행위로서 대통령령이 정하는 행위
⑦ 자은행과 모은행 등 상호간에 신용공여를 하는 경우에는 대통령령이 정하는 기준에 따라 적정한 담보를 확보하여야 한다. 다만, 당해 자은행과 모은행 등의 구조조정에 필요한 신용공여 등 금융감독위원회가 정하는 요건에 해당하는 경우에는 그러하지 아니하다.
⑧ 자은행과 모은행 등 상호간에는 대통령령이 정하는 불량자산을 거래하여서는 아니된다. 다만, 당해 자은행과 모은행 등의 구조조정에 필요한 거래 등 금융감독위원회가 정하는 요건에 해당하는 경우에는 그러하지 아니하다.

1. 연혁 및 취지

이 조는 제정 당시 제27조(금지사항)제1항제10호에서 "금융기관의 주식 또는 상업, 공업 기타 영리회사의 자본금과 적립금 합계액의 백분의 이십을 초과하는 주식의 매입 또는 항구적 소유"로 규정되었다가, 제3차 개정시 "금융기관의 주식 또는 상업, 공업 기타 영리회사의 자본금과 적립금 기타 잉여금 합계액의 100분의 10을 초과하는 주식의 매입 또는 항구적 소유, 다만 한국은행 은행감독원장이 승인한 때는 예외로 한다"로 변경된 후, 다시 제4차 개정시 '상업, 공업 기타 영리회사의 자본금과 적립금 기타 합계액의'가 '타 주

식회사 발행주식'으로 변경되었다. 제8차 개정시는 2개의 호로 나뉘어 제9호에서 "금융기관의 주식의 매입 또는 항구적 소유, 다만 한국은행 은행감독원장이 승인한 경우에는 예외로 한다"와 제10호 "타 주식회사의 100분의 10을 초과하는 주식의 매입 또는 항구적 소유(이하 '자회사 출자'라 한다), 다만 자회사 출자의 총합계액이 금융기관 자기자본의 100분의 20을 초과하지 아니하는 범위 안에서 한국은행 은행감독원장이 정하는 업종에 속하는 회사의 주식을 매입 또는 소유하는 경우 및 자회사 출자의 총합계액이 금융기관 자기자본의 100분의 20을 초과하는 경우로서 대통령령이 정하는 바에 의하여 한국은행 은행감독원장이 따로 정하는 요건을 충족하는 경우에는 그러하지 아니한다"로 변경되었고, 다시 제9차 개정당시 제9호의 단서가 "다만 의결권없는 주식의 취득 등 대통령령이 정한 요건을 갖춘 경우에는 그러하지 아니하다"로 변경되었다.

그 후 제11차 개정시 제37조로 이관되고 규정방식도 현재와 같이 변경되었으나 내용은 그대로 유지되었다가, 다시 제12차 개정시 다른 회사 주식소유한도가 10/100에서 15/100으로 상향조정되고, 15/100를 초과할 수 있는 경우로서 기업구조조정 촉진을 위해 필요한 것으로 금감위의 승인을 얻은 경우가 추가되었다. 그리고 제14차 개정시 자회사에 대한 총출자한도가 '금융기관 자기자본의 20/100'에서 '20/100범위 내에서 대통령령이 정하는 비율에 해당하는 금액'으로 변경되었으며, 제17차 개정에서 취득제한대상 주식이 의결권있는 주식으로 제한되어 현재에 이르고 있다.

이 조는 은행의 산업자본 지배를 방지함과 아울러 과도한 출자 등에 따른 건전성 악화를 방지하고자 하는 은행의 다른 회사에의 출자를 제한하는 한편, 금융의 겸업화가 가능하도록 일정범위 내에서 자회사 출자를 허용하기 위한 규정으로, 다른 회사에 대한 출자제한의 원칙과 예외(제1항 내지 제4항), 그리고 모은행의 자은행간의 거래제한(제5항 내지 제8항)에 대해 규정하고 있다.

금융기관은 불특정다수인으로부터 조달한 자금을 자금이 필요한 개인이나 기업에게 고루고루 제공하여 이들의 자금수요를 충족시켜 주어 이자수입을 거두는 대신 국민경제 발전에 기여해야 하는 책무를 안고 있다. 특히, 금융기관은 특정회사나 부문에 과도하게 투자할 경우 당해 기업의 실적에 얽매이게 되는 등 금융기관의 건전성이 위태롭게 될 소지가 있는 것을 방지하기 위해 특정 기업주식에 대한 과도한 투자를 제한하고 있다. 이러한 차원에서 제1항 내지 제4항은 자회사 진출을 제한하고 있고 이들과의 거래의 공정성을 확보하도록 주의를 가하고 있다고 할 수 있다. 특별히 자회사가 은행일 경우에는 같은 업종으로서 보통의 회사인 경우보다 밀착경영할 소지가 크기 때문에 불량자산이나 신용공여거래 등 특정한 거래를 금지하거나 제한하고 있다.

2. 다른 회사에 대한 출자제한 원칙

금융기관은 전통적으로 자금중개기능을 수행하는 기관이므로 특정 기업이나 부문의 주식에 집중적으로 투자하는 것은 바람직하지 않다. 그렇다고 이를 철저하게 금지할 경우 수익원 다변화를 저해하고 영업활동을 제한한다는 비난의 소지가 크다. 이러한 점을 감안하여 다른 회사의 의결권있는 발행주식의 15/100를 한도로 하여 이를 조정하고 있다. 즉, 출자대상으로는 회사라고 규정하고 있으나, 자금의 고정화 방지 및 편중지원 억제라는 취지를 감안할 때 조합의 경우도 포함된다고 보는 것이 타당하다.[62] 또한 의결권있는 주식을 대상으로 하기 때문에 무의결권주식은 제한없이 허용된다고 볼 수도 있다. 따라서 의결권있는 주식으로 전환할 수 있다고 하더라도 전환하지 않는 이상 대상에서 제외된다. 또한, 의결권의 행사가 제한된 주식의 경우에는 의결권이 있기 때문에 산정대상에 포함된다고 할 수 있다. 아울러 제한되는 행위는 '소유'이기 때문에 담보로 취득하는 것까지를 금지하는 것은 아니다. 그리고 15/100 산정의 기준이 되는 주식은 의결권있는 발행주식이다.

3. 자회사 출자

(1) 자회사의 정의

자회사라 함은 자본참가 등으로 다른 회사의 지배하에 있는 회사를 말하는 것으로, 지배관계의 기준으로 보통 발행주식 또는 의결권있는 주식의 과반수 소유를 기준으로 삼는 경우도 있고, 지배적 영향력을 기준으로 삼는 경우

62) 다른 회사에 대한 출자제한의 취지에 비추어 출자상대방의 법적 형태(회사, 조합 등)에 따라 규제를 달리하는 것은 형평에 맞지 아니할 뿐만 아니라, 규제회피를 조장할 소지도 있음을 감안하여 금융감독원에서는 이를 각 은행에 유의사항으로 통보한 바 있다(은감총 6128-10191, 2002. 11. 30).

도 있다. 우리 상법에서는 지배관계의 기준으로 발행주식 소유를 기준으로 삼아 다른 회사(A)가 발행한 주식총수의 50/100을 초과하는 주식을 가진 회사(B)를 말하며(제342조의2), B회사가 또 다른 회사(C)가 발행한 주식총수의 50/100을 초과하여 소유하는 경우에 C회사는 B회사의 자회사인 동시에 A회사의 자회사가 된다. 즉, 다른 회사가 발행한 주식총수의 50/100 이상의 주식을 보유하고 있는 경우에 모·자회사관계가 성립된다.

그러나 은행의 경우에는 이를 강화하여 은행이 다른 회사의 의결권있는 발행주식총수의 15/100를 초과하여 주식을 소유하는 경우 그 다른 회사를 자회사로 규정하고 있다(제37조②). 이와 같이 이 법에서는 은행이 다른 회사를 실질적으로 지배하고 있는지 여부를 불문하고, 은행의 당해 회사에 대한 지분율이 15/100를 초과하는지 여부만을 기준으로 자회사 해당 여부를 판단하고 있다. 또한, 은행이 직접 소유하고 있는 주식만을 기준으로 하므로, 은행과 자회사가 합하여 다른 회사의 주식을 15/100를 초과하여 소유하고 있더라도 은행의 지분율이 15/100 이내인 경우 자회사에 해당되지 아니하며, 손자회사의 경우에도 자회사에 해당되지 않는다.[63]

그러면 은행은 자회사 주식취득에 제한이 없는가? 이 법(제37조)에서는 무분별한 자회사 투자에 따른 자금의 고정화 방지 등 자금중개기능의 충실한 수행과 은행의 기업지배를 방지하기 위하여 은행의 자회사 업종을 금융업 및 금융유관업종으로 제한하고 있다(제37조②; 감독규정 제49조). 그 밖에 자회사를 취득할 수 있는 경우는 기업구조조정 촉진을 위하여 필요한 것으로 금융감독당국의 승인을 얻은 경우이다.

(2) 은행이 다른 회사 주식의 15/100 이상을 취득할 수 있는 경우

은행업감독규정(제49조)에서는 은행의 자회사 업종으로 은행업을 비롯하여 증권 및 투자자문업, 보험사업, 종합금융회사업무, 신탁업, 위탁회사업무, 상호저축업무 등 금융업무뿐만 아니라 금융전산업, 금융연구업, 기업구조조정전문화사업무 등 금융업무와 연관된 업무 등을 열거하고 있으며, 그 밖에 이

63) 현행 은행법상의 자회사 개념에 따르면 은행이 지배하지 않는 회사가 자회사에 해당되는 경우와 은행이 지배하는 회사가 자회사에서 제외되는 경우가 발생한다. 따라서 은행의 자회사 개념을 지배력 기준으로 변경하는 것이 바람직하다고 판단된다.

에 준하는 것으로 금감위가 인정하는 업무로 해외에서 이러한 업무를 영위하는 것이 이에 해당된다. 특히, 금융전산업의 경우는 은행업무 관련자료를 처리・전송하는 프로그램을 제공하고 이를 관리하는 업무, 은행업무관련 전산시스템을 판매 또는 임대하는 업무, 은행업무 관련자료를 중개・처리하는 부가통신업무, 인터넷을 통해 지급결제 서비스를 제공하는 업무에 해당하는 업무로서, 당해 법인의 총 매출액과 총 운영비용의 70/100 이상이 은행의 업무와 연관되어야 한다(시행세칙 제35조). 이와 같이 업종을 엄격하게 제한하고 있는 것은 은행의 무분별한 자회사 진출에 따른 리스크의 증대를 억제하면서도 적절한 규모의 수익 다변화를 허용하기 위함이다.

은행은 금융업종이나 이와 연관된 업종을 영위하는 금융회사뿐만 아니라, 이러한 업종에 속하는 회사가 아닌 회사인 비금융자회사에 대해서도 기업구조조정 촉진을 위해 금감위가 승인하는 경우에 15/100 이상의 지분을 취득할 수 있다.

(3) 자회사 출자요건

은행이 다른 회사 주식의 15/100 이상을 취득하기 위해서는 은행의 자회사에 대한 출자총액이 은행 자기자본의 15/100 이내여야 하고(시행령 제21조①), 금융기관의 경영상태, 금융기관이 이미 출자한 자회사의 경영상태, 자회사 출자의 총한도 등에 관하여 금감위가 따로 정하는 요건을 충족하여야 한다(제21조②).

즉, 금감위에서 정한 요건으로는 (i) 은행에 대한 최근 경영실태평가 결과가 1등급 내지 3등급이어야 하며, 전년말 현재 위험가중자산에 대한 자기자본비율이 8/100 이상이어야 하고 원화유동성비율이 100/100 이상이어야 하며, (ii) 은행이 이미 출자한 자회사(감독규정 제51조의 규정에 의해 승인을 받은 자회사는 제외)의 최근 회계연도 경영실태평가 결과가 1등급 내지 3등급이어야 한다. 다만, 자회사로부터 준비금 또는 재평가적립금의 자본전입에 따라 발행된 주식을 교부받거나 이익배당을 주식으로 받는 경우에는 자기자본비율 요건이나 원화유동성비율 또는 경영실태평가 결과 요건이 충족된 것으로 본다(감독규정 제50조②). 특히, 자회사 경영실태평가 결과는 5단계로 구분한다(감독규정 제50조③). 또한 (iii) 자회사 출자요건으로 자회사 출자의 총합계액이 취득가액을 기준으로 하여 은행 자기자본의 30/100이어야 한다. 이 경우 법령의 규정에 따라 출자하는 경우와 금감위가 불가피한 것으로 인정하는 경우는 예외로 한다. 그리고 비금융자회사에 대한 출자의 경우라고 하더라도 당해 은행의 위험가중자산에 대한 자기자본비율이 100분의 8 이상이거나, 자기자본비율이 8/100 미만인 경우로서 금감위로부터 경영개선계획의 승인을 받은 경우에는 이러한 요건을 충족하는 것으로 본다(감독규정 제51조②).

이와 관련하여 금산법(제24조)에서는 산업의 독과점에 따른 폐해를 방지하기 위해서 금융기관 또는 금융기관과 같은 기업집단에 속하는 금융기관이 타회사 의결권있는 발행주식의 100분의 20 이상을 소유하거나 100분의 5 이상을 소유하고 당해 회사를 사실상 지배하는 것으로 인정되는 경우로서, 주식소유비율이 제1위에 해당되거나 주식의 분산도로 보아 주주권행사에 의한 지배관계가 형성되는 경우 금감위의 사전승인을 받도록 하고 있다. 승인심사시 금감위는 금융기관의 주식소유행위가 시장의 경쟁을 실질적으로 제한하는지 여부를 공정거래위원회와 협의하여야 함과 아울러, 당해 주식소유가 금융기관이 아닌 다른 회사를 사실상 지배하기 위한 것이 아닌지 여부와 당해 주식소유가 관련시장에서의 경쟁을 실질적으로 제한하는지 여부를 심사하여야 한다(금산법 시행령 제6조①).

4. 자회사 취득 이후 감독규제

은행과 자회사간의 이해상충행위를 방지하고 리스크의 전파를 차단하기 위해 신용공여제한 등 각종 장치를 마련하여 은행과 자회사(자은행)간의 불공정한 행위 발생을 사전에 차단하고 있다.

(1) 신용공여제한

자회사에 대한 신용공여를 제한하는 것은 자회사에 대해 과도한 신용공여를 억제하고 자회사 부실화로 인해 모은행이 부실화되는 위험을 사전에 차단하며, 자회사를 타회사에 비해 부당하게 우대하는 행위를 금지하기 위함이다.

자회사 신용공여한도제도는 제11차 개정시 도입되어 개별 자회사에 대한 세부한도를 대출 및 지급보증으로 나누어 각각 은행 자기자본의 10/100과

30/100으로, 그리고 전체 자회사에 대해서는 40/100으로 제한하였다. 그 후 제15차 개정시 신용공여 개념이 도입되면서 대출과 지급보증 구분없이 개별 자회사에 대해서는 은행 자기자본의 10/100으로, 전체 자회사에 대해서는 20/100으로 한도가 축소되었다. 다만, 은행 이사회에서 합병하기로 결의한 자회사에 대한 유동성지원이 불가피한 경우나, 금융기관 공동으로 경영정상화를 추진중인 자회사에 대하여 유동성을 지원하기로 합의한 경우에는 자회사에 대한 신용공여한도를 초과할 수 있도록 하였다.

아울러 은행이 추가적인 신용공여를 하지 아니하였음에도 불구하고 환율변동에 따른 원화환산액 증가, 당해 은행의 자기자본 감소, 자회사간의 합병 또는 영업의 양수도, 지급보증 대지급금 발생, 금리상승에 따른 사채지급보증액 증가, 대차대조표 개정과목의 변경, 신용공여 범위의 변경 등의 사유로 신용공여한도를 초과하게 된 경우에는 감축계획을 한도 초과일로부터 1월 이내에 금감원장에게 제출하여야 하고(감독규정 제52조②), 보고한 감축계획의 이행상황을 매분기말 다음달 20일까지 금감원장에게 제출하여야 한다(시행세칙 제46조).

(2) 당해 금융기관의 자회사의 주식을 담보로 하는 신용공여

원래 자회사의 주식은 유가증권이므로 당연히 담보로 취득할 수 있다. 그러나 담보는 대출실행후 대출거래처가 도산하거나, 그 밖의 내적·외적 사정 등으로 회수불능에 처할 경우에 대비하여 채무자의 재산을 미리 확보하기 위한 수단임을 고려할 때, 금융기관이 자회사의 주식을 담보로 취득하는 것은 모회사로서 자회사에 대한 최종적인 청산책임을 부담하는 금융기관의 재산적 기초를 위태롭게 할 가능성이 크다. 이러한 점을 감안하여 금융기관은 자회사의 주식을 담보로 하는 신용공여를 금지하고 있다. 금지되고 있는 주식의 범위가 자회사 주식에 국한되므로 손자회사의 경우에 대해서는 논란의 소지가 있으나, 금융기관의 건전성 제고 차원에서 금지시키는 당초의 취지 등을 감안할 때 포함되는 것으로 운영하는 것이 바람직하다.

여기서 문제가 되는 것은 신용공여를 제공한 후 담보 보강 차원에서 자회사주식을 담보로 취득하는 것도 금지되는가 하는 점이다. 신용공여 당시 정상적인 절차에 따라 신용공여가 이루어졌고, 그 후 채무자의 신용등급 변화 등의 여건 변화를 이유로 추가적인 신용공여의 제공 없이 이루어진 담보 보강의 경우까지를 금지한다고 보는 것은 타당하지 아니하다.

(3) 당해 금융기관의 자회사의 주식을 매입시키기 위한 신용공여

신용공여계약은 채권자인 금융기관과 채무자가 자유로운 의사에 따라 체결되어야 한다. 특히, 자금의 용도는 채무자의 필요에 따라 채무자가 결정해야 할 사안으로, 우월적 지위에 있다고 할 수 있는 금융기관이 이를 결정하는 것은 신용공여계약의 근간을 훼손하는 일이다. 따라서 금융기관은 직접적으로나 간접적으로든 어떤 형태로라도 거래기업 등에 대하여 자회사주식의 매입을 권고 내지 추천 또는 강요해서는 아니된다. 특별히 차주의 자회사주식 매입이 신용공여 후에 이루어졌다고 하더라도, 차주의 영업현황이나 자금사정 등에 비추어 볼 때 상관관계가 있다고 판단되는 경우에는 이 규정에 저촉된다고 할 수 있다.

(4) 금융기관의 자회사 임·직원에 대한 대출

금융기관 자회사의 임직원의 경우에도 원칙적으로 경제활동을 하기 때문에 자금을 필요로 할 수도 있고, 금융기관으로부터 자금을 조달하는 것은 자연스러운 것이다. 특히, 종업원에 대한 복지후생 차원에서 보다 유리한 조건으로 제공해 줄 것을 기대하는 것도 무리한 것은 아니다.

그러나 금융기관이나 그 자회사에 종사하는 임직원들에게 취급하는 대출금의 규모가 크면 클수록 일반 거래자에게 제공할 수 있는 자금의 규모가 감소된다. 특히, 금융기관 자회사의 임원 또는 직원이 직권을 남용하여 대출을 받는 경우 대출금 회수 및 관리에 어려움이 있고, 생산활동에의 지원이라는 금융기관의 본연의 기능을 제대로 수행할 수 없게 되는 가능성도 배제할 수 없다. 이 점을 감안하여, 이 법에서는 원칙적으로 금융기관 자회사의 임원 또는 직원에 대한 대출을 금지하고 있다. 그러나 금융기관 자회사의 임원 또는 직원도 경제인으로서 요구되는 기본적 욕구를 누릴 권한이 있으며, 이 법 역시 이러한 권한을 무제한적으로 배제할 수 없으므로, 제7차 개정시부터 당해 금융기관 자회사의 임원 또는 직원에 대한 대출을 금지하되 소액대출인 경우에 한하여 허용되고 있다.

소액대출의 범위와 관련하여 당초에는 은행감독원장이 정하도록 위임함에 따라 일반자금대출의 경우 1천만원(급부 포함)까지, 주택자금대출의 경우에는 일반자금을 포함하여 3천만원까지, 그리고 사고금정리대출의 경우에는 일반자금 및 주택자금 대출을 포함하여 4천만원까지로 하되, 근로자의주거안정과목돈마련지원에관한법률에 의한 주택저축 및 재형저축관련 대출은 동법에서 정하는 바에 따르도록 하였다. 제11차 개정시부터는 금감위 앞으로 위임됨에 따라 일반자금대출 2천만원, 주택자금대출(일반자금대출 포함) 5천만원, 사고금정리대출(일반자금 및 주택자금대출 포함) 6천만원 이내로 하되, (i) 특별법에 따라 정부로부터 자금을 지원받아 취급하는 대출금이나 (ii) 관계법령 또는 금융기관의 내규에서 정하는 바에 따라 일반고객과 동일한 조건으로 취급하는 근로자의주거안정및목돈마련지원에관한법률에 따른 주택저축 및 재형저축 관련 대출금, (iii) 조세특례제한법에 따른 장기주택마련저축 관련 대출금, (iv) 가계당좌대출금, (v) 예금 · 적금, 상호부금, 신탁수익권 등을 담보로 예금액 또는 납입액 범위 내에서 취급하는 대출금, (vi) 임직원 소유 주택에 의해 담보된 대출금, (vii) 임직원이 주택법에 따라 공동주택을 분양받은 자로서 시공사가 당해 은행을 지정하여 이주비 또는 중도금을 대출받은 경우의 대출금 등을 제외하고 있다.

5. 자은행에 대한 감독

이 조항은 제20차 개정시 신설된 것으로, 자회사의 개념에서 은행업을 영위하는 은행을 별도로 규제하기 위하여 분리 · 독립시킨 것이다. 여기서 모은행이라 함은 다른 은행의 의결권있는 발행주식총수의 15/100를 초과하여 주식을 소유하고 있는 은행을 말하고, 그 소유대상이 되는 은행은 자은행이라 한다. 또한, 모은행과 자은행이 합하여 다른 은행의 의결권있는 발행주식총수의 15/100를 초과하여 주식을 소유하고 있는 경우에도 동 은행을 자은행이라고 한다. 모 · 자은행간에는 통상적인 거래관계 이상의 소유 · 지배관계가 형성되어 있기 때문에 거래의 공정성을 상실할 위험이 크다는 점을 감안하여 몇가지 제한을 가하고 있다.

(1) 모은행 및 당해 모은행의 다른 자은행이 발행한 주식을 소유하는 행위

모・자은행간의 주식의 상호보유는 자은행의 경영지배 및 업무제휴를 통하여 시장확대 및 수익극대화를 꾀할 수 있는 이점이 있는 반면, 자기주식 취득과 같이 출자의 환급에 해당되어 자본의 공동화를 가져오고 다른 주주의 이익을 해할 우려가 있다. 이러한 점을 감안하여 자은행에 대하여 모은행이나 다른 자은행이 발행한 주식을 소유할 수 없게 하고 있다. 의결권의 보유여부와 관계없이 주식이면 모두 이에 해당된다. 전환권이 부여된 사채의 경우에는 전환권행사 이전에는 소유할 수 있다고 본다. 소유하는 것을 금지하므로 의결권 대리행사 등 보유의 경우에는 이에 해당되지 아니한다.

그러나 자은행이 모은행의 새로운 다른 자은행이 발행한 주식을 이미 소유하고 있는 경우, 모은행의 새로운 자은행이 당해 모은행 또는 그 자은행이 발행한 주식을 이미 소유하고 있는 경우, 주식의 포괄적 교환이나 포괄적 이전, 합병 또는 영업 전부의 양・수도, 권리실행의 결과 모은행이나 그 자은행이 발행한 주식을 소유하게 된 경우에는 예외적으로 모은행이나 다른 자은행의 주식을 소유할 수 있다. 이 경우 자은행은 모은행이나 그 자은행이 발행한 주식을 소유한 날로부터 2년 이내 당해 주식을 처분하여야 한다. 다만, 금감위는 자은행이 소유한 주식규모, 증권시장의 상황 등에 비추어 부득이하다고 인정되는 경우 그 기간을 연장할 수 있다. 자은행이 처분기간을 연장받고자 하는 경우에는 금감원장을 경유하여 신청하여야 한다.

(2) 다른 금융기관의 의결권있는 발행주식의 15/100를 초과하여 주식을 소유하는 행위

다른 회사의 의결권있는 주식의 15/100를 초과하여 주식을 소유할 수 없도록 규제하는 것과 같은 차원의 규제이다. 즉, 자금의 고정화 및 편중여신 방지를 통한 자금중개기능의 효율적 수행을 위한 조치로 이해할 수 있겠다. 문언상으로만 보면 의결권없는 주식은 무제한 취득할 수 있다. 그러나 당초의 규제도입 취지에서 볼 때 의결권 유무와 관계없이 규제하는 것이 바람직하다.

(3) 일정한 한도를 초과하여 모은행 등에 대해 신용공여를 하는 행위

모은행에 대한 과도한 신용공여 제공은 자금의 편중화를 초래하는 등 자금의 효율적 배분이라는 금융기관의 기능을 저해한다. 본 조항은 동일인에 대한 신용공여한도와 같은 차원에서 도입된 것이다. 그 한도의 규모는 보다 보수적이다. 즉, 모은행에 대해서는 원칙적으로 신용공여가 금지되며, 다른 자은행에 대한 신용공여는 당해 자은행 자기자본의 10/100 이내여야 하고, 다른 자은행에 대한 신용공여 합계액이 당해 자은행 자기자본의 20/100 이내여야 한다. 그러나 모・자관계를 형성하기 이전에 이미 모은행에 신용공여를 한 경우나 모은행의 새로운 자은행에 대해 한도를 초과하는 신용공여를 한 경우 또는 환율변동에 따른 원화 환산액의 증가, 당해 자은행의 자기자본의 감소, 은행간 합병 또는 영업의 양수 등의 사유로 한도를 초과한 경우에는 그 사유가 발생한 날로부터 2년 이내에 기준에 적합하도록 하되, 자은행의 신용공여규모 등에 비추어 부득이하다고 인정되는 경우 금융감독 당국은 1년 이내의 범위 내에서 그 기간을 연장할 수 있다.

여기서 부득이하다고 인정되어 기간을 연장할 수 있는 경우로는 (i) 이미 제공한 신용공여의 기한이 도래하지 아니하여 기간내 회수가 곤란한 경우, (ii) 환율변동에 따른 원화환산액의 증가나 당해 금융기관의 자기자본의 감소 등의 사유가 장기간 지속되고 당해 신용공여를 회수할 경우 신용공여를 받은 모은행의 경영안정이 크게 저해될 우려가 있는 경우, (iii) 그 밖에 한도초과상태가 일정기간 지속되어도 당해 자은행의 자산건전성이 크게 저해되지 아니한다고 금융감독원장이 인정하는 경우가 이에 해당한다. 한편, 자은행은 이와 같은 사유로 한도를 초과하는 경우 한도 초과일로부터 1월 이내에 금감원장에게 보고하여야 한다.

(4) 자은행의 건전한 경영을 저해하거나 금융거래자의 이익을 침해할 우려가 있는 행위

모・자은행관계는 지배・종속관계가 분명하고 자은행은 모은행의 이익을 위해 존재하는 것으로 오해될 소지가 크다. 이러한 경우 전체 시스템의 안정성을 저해할 우려가 크기 때문에, 자은행을 지배하는 모은행이라고 하더라도 자은행의 건전한 경영을 저해하거나 금융거래자의 이익을 침해할 우려가 있는 행위를 하여서는 아니된다. 이에 대한 예로는 모은행이 발행한 주식을 담보로 하거나 이를 매입시키기 위한 신용공여, 모은행의 임·직원에 대한 대출 등을 들 수 있다.

(5) 기타 상호간의 거래에 있어서의 제한

앞에서 기술한 바와 같이 모·자은행간에는 경영지배관계가 형성되어 있기 때문에 공정한 거래원칙을 위반할 소지가 크다. 이러한 점을 감안하여 모·자은행간의 신용공여에 있어서는 통상의 신용공여의 경우보다 엄격한 담보요건을 요구하고 있다. 즉, 자은행 등이 모은행이나 다른 모은행의 자은행에 대하여 신용공여를 하는 경우에는 신용공여액의 일정비율 이상의 담보를 확보하여야 한다. 담보비율은 담보물에 따라 100/100~130/100으로 차등적이다. 예를 들어 예·적금, 정부 및 한국은행에 대한 채권, 정부 및 한국은행이 보증한 채권, 정부 및 한국은행이 발행 또는 보증한 증권에 의해 담보된 채권은 100/100을, 그리고 지방자치단체, 지방자치단체로부터 결손보전이 이루어지는 지방공기업, 정부출자기관 및 이에 준하는 기관에 대한 채권이나 이들이 보증한 채권 또는 이들이 발행한 증권에 의해 담보된 채권은 110/100을 담보로 취득하여야 하고, 그 밖의 경우는 130/100을 담보로 확보하여야 한다.

그러나 이러한 적정담보 확보의무는 당해 자은행과 모은행 등의 구조조정에 필요한 신용공여로서 금감위가 정하는 요건에 해당하는 경우에는 면제된다. 현재 면제되는 경우로는 당해 자은행이 모은행의 자은행이 되기 이전에 한 신용공여나, 추심중에 있는 자산을 근거로 제공한 일시적인 신용공여, 종합금융회사에 관한 법률에 의한 자금중개회사를 통한 통상적 수준 이내에서의 단기자금거래, 당일 자금상환을 조건으로 제공한 통상적 수준 이내에서의 당좌대월이 이에 속한다(시행세칙 제52조의4②). 그러나 '요주의' 이하로 분류된 불량자산이나 당해 자은행 및 모은행 등에 대한 채권이나 이들이 보증한 채권 또는 이들이 발행하거나 보증한 증권에 의해 담보된 채권은 적정한 담보라고 할 수 없다. 즉 정식담보로 인정될 수 없다(시행세칙 제52조의4④).

두 번째로 상호간의 거래가 제한되고 있는 것은 불량자산거래이다. 자산의 가치는 장부가격이나 감정가격 또는 시장가격 중 어느 것을 택하느냐에 따라 차이가 크며, 특히 건전성이 불량한 자산의 경우는 평가 입장이나 관점에 따라 커다란 차이가 있다. 따라서 모・자은행간의 자산거래에 있어서는 통상적인 거래와는 달리 유리한 가격을 기준으로 거래할 소지가 크다. 이러한 점을 감안하여 이 법에서는 모・자은행 상호간에는 불량자산의 거래를 금지시키고 있다. 여기서 말하는 불량자산이라 함은 경영내용, 재무상태 및 미래의 현금흐름 등을 감안할 때 상환에 어려움이 있거나 있을 것으로 판단되는 채무자 등에 대한 채권으로서, 자산건전성 분류기준에 따라 요주의 이하로 분류된 자산을 말한다.

XV. 금지업무(제38조)

금융기관은 다음 각호의 1에 해당하는 업무를 하여서는 아니된다.

1. 주식 기타 상환기간 3년을 초과하는 유가증권(국채・한국은행통화안정증권을 제외한다)에 대한 투자로서 자기자본의 100분의 100의 범위 내에서 대통령령이 정하는 비율에 해당하는 금액을 초과하는 투자. 이 경우 금융감독위원회는 필요한 경우 동 투자한도의 범위 내에서 주식 및 유가증권인 파생상품 등에 대한 투자한도를 따로 정할 수 있다.
2. 업무용 부동산이 아닌 부동산(저당권 등 담보권의 실행으로 인하여 취득한 부동산을 제외한다)의 소유
3. 자기자본의 100분의 100의 범위 내에서 대통령령이 정하는 비율에 해당하는 금액을 초과하는 업무용 부동산의 소유
4. 상품 또는 유가증권에 대한 투기를 목적으로 하는 자금의 대출
5. 직접・간접을 불문하고 당해 금융기관의 주식을 담보로 하는 대출 또는 다른 주식회사의 발행주식의 100분의 20을 초과하는 주식을 담보로 하는 대출(사회간접자본시설에 대한 민간투자사업자 등 대통령령이 정하는 사업자에 대한 대출을 제외한다)
6. 직접・간접을 불문하고 당해 금융기관의 주식을 매입시키기 위한 대출
7. 직접・간접을 불문하고 정치자금의 대출
8. 당해 금융기관의 임원 또는 직원에 대한 대출(금융감독위원회가 정하는 소액대출을 제외한다)
9. 삭제

1. 유가증권투자

(1) 연혁 및 취지

이 조는 제정 당시 제22조 독립조문으로 "금융기관은 상환기한 삼년을 초과하는 사채 기타 유가증권에 대하여 그 요구불예금의 백분의 이십을 초과하는 투자를 할 수 없다. 단 한국은행 통화안정증권은 예외로 한다"라고 규정되었던 것이, 제1차 개정시 투자금지대상으로 '주식의 인수'가 추가되고 그 제한기준도 백분의 이십오로 확대되었다가, 제7차 개정시 투자의 제한기준이 요구불예금의 25/100에서 자기자본의 100/100으로 변경됨과 아울러 예외적용대상에 국채가 추가되었다. 제11차 개정시 현재와 같이 제38조제1호로 이관되고 단서에 금감위가 투자한도 범위 내에서 주식 및 유가증권인 파생상품 등에 대한 투자한도를 따로 정할 수 있도록 하였다. 그 후 제14차 개정시 투자한도가 자기자본의 100/100의 범위 내에서 대통령령이 정하는 비율로 변경되어 현재에 이르고 있다.

이 조는 시장상황에 따라 가치가 변동되는 위험이 내재되어 있는 주식에 대한 투자를 제한하고 자산의 장기운용에 따라 초래될 자금의 고정화를 방지함으로써 금융기관 자산의 건전성 및 유동성을 유지하자는 취지에서 규정되었다. 그러나 자본시장의 발달에 따라 환가성에 별다른 어려움이 없는 현 시점에서는 자금의 고정화 방지라는 의미는 퇴색되었고, 한정된 금융자원을 기업부문에 적정하게 배분하여 균형있는 국민경제 발전에 기여하여야 한다는 측면이 더욱 부각되어야 할 것이다.

(2) 투자한도의 내용

금융기관의 주식 또는 상환기한 3년 초과의 유가증권에 대한 투자는 당해 금융기관 자기자본의 100분의 100 범위 내에서 대통령이 정하는 비율(100분의 60)을 초과할 수 없다.

1) 주 식

이 조의 제정시에는 유가증권투자한도의 적용대상으로 상환기한 3년을 초과하는 사채 기타 유가증권만이 명시되었다. 그 후 1962년 1월 증권거래법이 제정되고 은행의 증권업 영위가 가능해지자 동 업무의 과도한 취급으로 인해 은행의 건전성에 미칠 영향을 고려하여 제1차 개정시 동 적용대상에 주식이 추가되었다. 한편, 제7차 개정 전에는 '주식의 인수'라고 규정되어 있었으나 증권거래법상의 '주식의 인수'와 구분하기 위하여 '주식에 대한 투자'로 명백히 구분하였다.

2) 상환기한 3년 초과의 유가증권에 대한 투자

유가증권은 사법상의 재산권을 표창하는 증권으로, 권리자로 하여금 권리의 입증을 용이하게 하는데 불과한 증거증권(예: 차용증서, 영수증, 운송장, 보험증권)이나 채무자를 위한 면책적 효력만이 있는 면책증권(예: 예금통장, 보관증, 신발표, 철도수화물 상환증) 또는 증권 그 자체가 법률상 제한된 특정한 목적을 위하여 금전에 갈음하는 효력이 있는 금액권(예: 우표, 수입인지, 지폐)과 구분된다. 유가증권에는 어음, 수표, 채권, 화물상환증, 선하증권, 창고증권 등이 있으나, 상환기한 3년 초과기준 적용대상 주요 유가증권으로는 어음이나 채권을 들 수 있겠다.

그리고 상환기한 3년을 정함에 있어 그 기준을 유가증권 발행 당시의 만기일로 볼 것인지, 아니면 투자시점에서의 잔존기간으로 볼 것인지가 문제된다. 그러나 자금의 고정화 방지라는 규제의 취지에서 볼 때 유가증권이 환가를 통해 현금화되는데 소요되는 기간으로 보아야 하므로 잔존기간을 기준으로 하는 것이 타당하다. 그러나 국채와 한국은행 통화안정증권의 경우는 일반 주식이나 사채와 같이 유가증권임에는 틀림이 없으나 가액의 안전성이 크고 환가성도 확실하며 공개시장조작의 수단으로 이용되기 때문에 상환기간이 3년을 초과하더라도 무방하다.

3) 유가증권투자한도 적용 배제

주식은 원칙적으로 유가증권투자한도 적용대상에 포함되고 있으나, 그 취득사유가 은행의 의사와는 무관하거나 비자발적인 경우에도 이를 한도산정에 포함시키는 것은 불합리하다. 이러한 점을 고려하여 금융기관이 도산법에 따라 회생절차개시 결정을 받은 기업이나 기업구조조정촉진법(제34조)에 따라 금융기관이 구조조정을 추진중인 기업, 조세특례제한법에 의한 산업합리화지정기업, 기타 금융기관 공동으로 정상화를 추진중인 기업에 대한 대출금 등을 출자로 전환함으로써 소유하게 된 주식의 경우에는 이 조항의 적용대상 유가증권투자에서 제외된다. 즉 한도산정에서 제외된다.

2. 부동산의 소유

(1) 연혁 및 취지

은행의 고유기능 중에 하나는 자금중개기능이다. 이 기능을 원활하게 수행하기 위해서는 자금이 한곳에 고정되는 것을 방지해야 한다. 그러나 부동산의 경우는 특별한 경우를 제외하고는 주식 등 유가증권보다 환금성이 떨어진다. 반면에, 업무수행을 위해서는 부동산을 보유할 필요가 있다. 그렇다고 금융기관이 업무용 부동산을 과도하게 소유하게 되면 자금운용상 압박을 받게 될 것이고, 경영외적인 측면에서도 금융기관이 은행업이 아닌 부동산사업에 치중한다는 비난을 면하기 어려울 것이다. 따라서 자산의 고정화 방지 및 건전성유지 차원에서 업무수행상 필요한 부동산 이외의 부동산의 매입 또는 항구적 소유를 금지하고 있다.

이 호는 제정 당시 제27조상의 금융기관 금지업무의 일부로(제2호), '업무수행상 필요한 이외의 부동산의 매입 또는 항구적 소유'로 규정되었다가, 제3차 개정시 단서조항(저당권 실행으로 인하여 취득하게 된 경우에는 취득후 지체없이 이를 처분하여야 한다)이 추가되고, 업무용 부동산의 취득한도를 금융기관의 자본금과 적립금 기타 잉여금으로 제한하는 내용으로 별도의 호가 추가되었다. 그 후 제6차 개정시 '부동산의 매입 또는 항구적 소유'가 '부동산의 소유'로, 업무용부동산의 취득한도로서 '자본금과 적립금 기타 잉여금의 합계액'이 '자기자본'으로 변경되었다. 그 후 제11차 개정시 조문형태가 현재와 같이 변경되고, 제14차 개정 당시 업무용 부동산의 소유한도가 '자기자본의 100/100의 범위 내에서 대통령령이 정하는 비율에 해당하는 금액'으로 변경되어 현재에 이르고 있다.

(2) 비업무용 부동산의 개념 및 업무용 부동산의 범위

비업무용 부동산의 의미에 대해서는 이 법에서 정하지 아니하고 은행업감독규정(제55조)에서 업무용 부동산을 나열하고 있다. 동 규정상 업무용 부동산이라 함은 영업소 및 사무소, 사택, 합숙소, 연수원, 체육시설 및 휴양시설과 감독원장이 정하는 부동산으로 직장보육시설이 있다. 따라서 비업무용 부동산이라 함은 이와 같이 업무용 부동산에 해당되지 아니하는 부동산을 말한다. 이러한 비업무용 부동산은 원칙적으로 소유하지 못하며, 비업무용으로 판명된 부동산은 즉시 처분해야 한다.

여기서 문제되는 것은 업무용으로 사용되는 부동산의 인정범위이다. 예를 들어, 금융기관이 3층 이상 건물 중 1~2층은 업무용으로 사용하고, 3층 이상은 임대하는 등 영업용 토지나 건물의 일부를 임대료 또는 사용료를 받고 임대하는 경우, 그 부분을 업무용 부동산으로 볼 수 있는지가 문제이다. 생각건대 업무용으로 직접 사용하는 부분만을 업무용으로 인정한다면, 업무용으로 사용하지 않는 건물의 일부 또는 건물에 부착된 토지의 일부만을 분할하여 처분하여야 하는데 이는 사실상 불가능하다. 그렇다고 부동산의 일부를 비업무용으로 해석한다면 영업활동 규모에 비하여 과다하게 보유한 부동산의 전부를 사용토록 강요하게 되는 결과가 초래되어 비효율적일 뿐만 아니라, 도시계획 등 건축관련법규에 따라 금융기관의 의사와 관계없이 필요 이상의 면적을 건축해야 할 형편에 놓이는 경우에는 더욱 더 불합리하다. 따라서 영업용 토지나 건물의 일부를 영업 이외 목적으로 사용하더라도 부득이하다고 인정될 상당한 이유가 있을 때에는 이를 업무용 부동산으로 간주하여야 할 것이다.

(3) 업무용 부동산에 대한 투자범위

업무용 부동산에 대한 투자라 함은 업무용 부동산의 매입·신축·보수 및 그 가치의 증가를 수반하는 일체의 자본적 지출을 포함하나, 점포의 단순한 수리 등과 같은 수익적 지출은 해당되지 아니한다.

여기서 업무용 부동산의 임차에 관하여는 논란의 여지가 있다. 임차보증금은 영업점에 대한 투자로서 업무용 건물취득과 동일한 목적을 가지며 자금운용을 사실상 제한하기 때문에 규제대상에 포함시켜야 한다는 의견도 있을 수 있다. 그러나 업무용 부동산의 취득보다는 고정화되는 자금의 규모가 작고, 업무용 부동산의 양적 한계 등을 고려할 때 임차보증금을 업무용 부동산의 투자범위에서 제외하는 것이 불가피하다고 생각된다.

그리고 금융기관의 업무용 부동산에 대한 투자한도는 자기자본의 100/100

이내에서 대통령령이 정하는 비율에 해당하는 금액 이내이다. 이에 은행법 시행령(제21조의2)에서는 업무용 부동산에 대한 소유한도를 자기자본의 60/100 이내로 유지하도록 규정하고 있다. 그러나 금융기관이 업무용 부동산을 새로이 취득하지 아니하였음에도 불구하고 손실발생 등으로 부득이하게 자기자본이 감소하여 한도를 초과하게 된 때에는 그 초과하게 된 날부터 1년 이내에 그 한도에 적합하게 하여야 하며, 금감위는 금융기관이 초과보유한 부동산의 규모, 부동산시장의 상황 등에 비추어 부득이하다고 인정되는 경우에는 그 기간을 연장할 수 있다(시행령 제21조의2②).

3. 상품 또는 유가증권에 대한 투기를 목적으로 하는 자금의 대출

본 호는 제정 당시 제27조제3호로 규정되다가 제11차 개정시 제38조제4호로 이관된 후 현재에 이르고 있으나, 규정내용 자체는 전혀 변동이 없다.

자금의 대출업무는 금융기관의 주요 업무이나 금융기관의 공공성 측면에서 무제한 허용되는 것은 아니다. 상품 또는 유가증권에 대한 투기를 목적으로 하는 자금의 대출은 그 중의 좋은 예라고 할 수 있다. 왜냐하면, 이러한 행위는 매점매석 등에 의한 비정상적 가격형성을 통하여 이익을 추구함으로써 국민경제질서에 해악적 요인이 될 우려가 있기 때문이다.

이러한 점을 감안하여 대출계약을 체결할 당시 자금의 용도를 파악하고 있으나, 대출취급 이후에라도 이러한 용도로 사용된 것을 인지한 경우에는 즉시 회수하는 등의 노력을 기울여야 한다.

4. 직접·간접을 불문하고 당해 금융기관의 주식을 담보로 하는 대출 또는 다른 주식회사의 발행주식의 100분의 20을 초과하는 주식을 담보로 하는 대출

본 호는 개정 당시 제27조제5호에서 '직접·간접에 불구하고 금융기관의 주식 또는 타 주식회사의 불입자본금과 적립금 합계액의 백분의 이십을 초과하는 주식을 담보로 하는 대출'로 규정된 후, 제1차 개정시 '불입자본금'이 '자본금'으로 변경되었고, 제4차 개정시 타주식회사 발행주식을 담보로 하는 대출 기준이 '자본금과 적립금 합계액'에서 '발행주식' 자체로 변경되었으며, 제7차 개정시 "사회간접자본시설에 대한 민간투자사업자 등 대통령령이 정하는 사업자에 대한 대출을 제외한다"라는 단서가 추가된 후 현재에 이르고 있다.

원칙적으로 금융기관의 주식은 유가증권으로 재산의 일종이므로 담보로 취득할 수 있다. 그러나 담보는 대출실행후 대출거래처가 도산하거나 그 밖의 내적·외적 사정 등으로 대출금의 회수가 어려운 경우에 대비하여 채무자의 재산을 미리 확보하는 수단임을 고려할 때, 금융기관이 자행주식을 담보로 취득함에 따라 금융기관의 재산적 기초가 위태롭게 될 소지가 많다. 이는 회사로 하여금 원칙적으로 자기주식을 질권의 목적으로 취득하지 못하도록 한 상법규정(제341조의3)과 같은 취지로 이해할 수 있을 것이다.

또한, 금융기관은 다른 주식회사의 발행주식의 100분의 20을 초과하는 주식을 담보로 하는 대출을 취급할 수 없다. 주식가액은 그 발행회사의 영업실적이나 주식시장의 사정에 따라 등락이 심하고, 특정 회사의 주식만을 담보로 대출을 취급한다면 그 회사의 도산으로 인하여 대출금을 회수하지 못하는 사태가 발생할 수 있기 때문에 담보취급의 한도를 정한 것이다.

여기서 은행이 주식담보로 지급보증을 취급후 대지급이 발생한 경우에는 대지급 발생시점에서 동조를 적용하여 지급보증시 취득한 발행주식의 20/100을 초과하는 담보주식을 반환조치하여야 한다는 의견이 있을 수 있다. 그러나 대지급이 발생한 경우에도 지급보증을 위한 담보로 취득한 주식은 주식담보취득한도의 제한을 받지 않는다고 보는 것이 타당하다. 왜냐하면 주채무자가 채무불이행 등의 사유로 대지급을 발생시켜 담보 보강이 요구되는 시점에서 오히려 기 취득담보주식을 일부해제하여 반환토록 하는 것은 은행자산의 건전화에 역행하기 때문이다. 다만, 은행이 지급보증 대지급금을 대출금으로 전환할 경우에는 동조가 당연히 적용되어 발행주식의 20/100을 초과하는 담보주식은 반환하여야 할 것이다.

그러나 지급보증과 대출은 각각 구분됨을 이유로 지급보증에 대한 담보로는 무제한 취득할 수 있다는 주장이 있을 수 있으나, 지급보증의 경우에도 신용공여의 일부로 관리되고 있고 궁극적으로 금융기관에 자금부담을 야기할 소지가 있다는 점을 감안할 때, 지급보증의 경우에도 이 조항을 준용하여 운용하는 것이 바람직하다.

한편, 사업간접자본시설에 대한 민간투자사업자 등에 대해 대출하는 경우에는 100분의 20을 초과하여 다른 주식회사의 주식을 담보로 취득할 수 있다.

여기서 민간투자사업자라 함은 국가나 지방자치단체와 정부투자기관 또는 특별법에 의해 설립된 각종 공사와 공단을 제외한 자로서, 사회기반시설에 대한 민간투자법에 따라 사업시행자의 지정을 받아 민간투자사업을 시행하는 법인을 말한다(시행령 제21조의3).

5. 직접·간접을 불문하고 당해 금융기관의 주식을 매입시키기 위한 대출

본 호는 이 법 제정 당시부터 제27조제6호에 규정되었다가, 제7차 개정시 제38조제6호에 이관되어 현재에 이르고 있다.

대출자금의 용도는 자금을 필요로 하는 대출자가 결정하는 것이 당연하다. 그러나 금융기관은 자금의 공급자라는 우월적 지위를 이용하여 대출자에 대하여 대출의 조건으로 당해 금융기관 주식의 매입을 강요할 소지가 있다. 특히, 주식의 가격이 경영진의 주요 평가요소가 된 현재의 상황에서 주가관리 차원에는 주요한 유혹의 요인이 될 수가 있다.

이러한 불합리한 소지를 제거하기 위해 금융기관은 직접·간접에 불구하고 자행주식 매입을 목적으로 하는 자에게 대출할 수 없도록 하고 있다. 이는 자행주식 매입을 위하여 취급된 대출금의 회수불능시에는 자행주식을 환수해야 하거나 자본환급과 같은 결과를 초래하는 등 재산의 기초를 위태롭게 하는 것을 방지하기 위한 것이다. 금융기관의 강제 여부에 대한 논란의 소지를 사전에 차단하는 차원에서 어떠한 경우라도 당해 금융기관의 주식매입과 관련된 대출은 금지된 것으로 이해하는 것이 바람직하다.

6. 정치자금의 대출

본 호는 이 법 제정 당시 제27조제7호 규정된 후, 제11차 개정시 제38조제7호로 이관되어 현재에 이르고 있다.

금융기관의 업무는 국민경제의 발전에 직결되기 때문에 생산금융이나 유통금융은 물론 소비금융을 취급하는 경우에도 국민경제의 발전에 기여하는 방향으로 운용되어야 할 것이며, 정치적인 측면에서는 중립성을 띠어야 할 것이다. 따라서 정당이나 정치인을 지원하기 위하여 선거자금의 용도로 대출한다든지 정치목적으로의 사용을 위하여 대출하는 것이 금지된다.

여기서 정치목적의 결사단체인 정당이 당사를 신축하거나 매입하기 위해 또는 국회의원 등 정치인이 주택을 신축하거나 매입하기 위해 대출받고자 하는 경우에도 금융기관은 대출을 해서는 안되는가 하는 문제가 제기된다. 정당의 당사 신축이나 매입 또는 정치인의 주택신축이나 매입을 위한 자금은 정치자금과는 직접적인 관계가 없다손 치더라도 그 구별이 용이하지 않다. 그러나 정당이나 정치인으로서가 아닌 한 단체 또는 개인으로서 누릴 수 있는 기본적 욕구를 충족시키기 위하여 필요한 대출까지도 금지하는 것은 과도한 제한이라는 비난의 여지가 있다. 결국 정당이나 정치인에 대한 대출취급 여부는 자금을 필요로 하는 자의 구체적 상황에 따라 결정되어야 할 것이다.

7. 임·직원에 대한 대출 제한

본 호는 개정 당시 제27조제8호에 '당해 금융기관의 중역 또는 직원에 대한 대출'로 규정되었다가, 제1차 개정시 '중역'이 '임원'으로 변경된 후 제4차 개정시 "다만 한국은행 은행감독원장이 정하는 소액대출의 경우는 그러하지 아니하다"라는 단서가 추가되었으며, 제11차 개정시 제38조제8호로 이관되고 단서의 '한국은행 은행감독원장'이 '금융감독위원회'로 변경되어 현재에 이르고 있다. 금융기관이 자금을 조달하는 것은 원칙적으로 국민경제 발전을 위한 생산적인 부문에 자금을 제공하기 위함이다. 금융기관이 그의 임원 또는 직원에 대하여 과도하게 대출을 취급한 경우 대출금 관리에 어려움이 있고, 생산활동에의 자금지원이라는 금융기관 본연의 기능을 제대로 수행하지 못한다는 비난의 소지가 있다.

그러나 금융기관 임원 또는 직원도 인간으로서 요구되는 기본적 권리를 향유할 권한이 있다는 점을 무시할 수 없다. 이러한 점을 감안하여 당해 금융기관의 임·직원에 대한 대출은 원칙적으로 금지하되, 소액대출이나 일반고객과 동일한 조건으로 취급하는 경우에 한하여 허용하고 있다. 즉 일반대출의 경우 2천만원(급부 포함)까지, 주택자금대출의 경우에는 일반자금대출을 포함하여 5천만원까지, 그리고 사고금정리대출의 경우에는 일반자금 및 주택자금대출을 포함하여 6천만원까지 허용하되(감독규정 제56조), 특별법에 따라 정부로부터 자금을 지원받아 취급하는 대출금이나 관계법령 또는 금융기관의 내규에서 정하는 바에 따라 일반고객과 동일한 조건으로 취급하는 대출금에 대하여는 임직원 대출한도에서 제외하고 있다. 즉, 근로자의주거안정과목돈마련지원에관한법률에 따른 주택저축 및 재형저축 관련 대출금, 조세특례제한법에 따른 장기주택마련저축 관련 대출금, 가계당좌 대출금, 예금·적금·상호부금·신탁수익권 등을 담보로 예금액 또는 납입액 범위 내에서 취급하는 대출금, 임직원 소유 주택에 의해 담보된 대출금, 임직원이 주택조합 조합원으로서 시공사가 당해 은행을 지정하여 이주비 또는 중도금으로 받은 대출금, 합병으로 존속 또는 신설되는 금융기관의 임직원이 합병 당시 재임 또는 재직한 금융기관 이외의 합병당사자인 금융기관으로부터 받은 대출금의 경우는 한도에서 제외되고 있고, 임원 또는 직원으로 임명되기 전에 취급된 대출금의 경우도 취임 또는 임명 당시 당해 대출금의 취급조건(약정기한 포함) 범위 내에서 계속 허용되고 있다.

XVI. 비업무용 자산 등의 처분(제39조)

> 금융기관은 그 소유물 또는 기타 자산 중 이 법에 의하여 그 취득이나 보유가 금지되거나 저당권 등 담보권의 실행으로 인하여 취득한 자산이 있는 경우에는 금융감독위원회가 정하는 바에 의하여 이를 처분하여야 한다.

1. 연혁 및 취지

이 조는 제정 당시 제41조에 "본 법 시행일 현재의 금융기관의 소유물 또는 기타 자산, 정당한 신용업무에 의하여 획득한 소유물 또는 기타 자산으로서 본 법의 규정에 부합되지 아니하는 것은 금융통화운영위원회의 정하는 바에 의하여 즉시 처분하여야 한다"라고 규정되었다가, 제11차 개정시 제39조로 이관되고 그 내용도 현재와 같이 변경되어 현재에 이르고 있다.

2. 처분대상 자산 및 처분

이 조에서 열거하고 있는 처분대상 자산은 이 법에 의하여 그 취득이나 보유가 금지된 비업무용 자산과 저당권 등 담보권의 실행으로 인하여 취득한 자산이다. 비업무용 자산은 원칙적으로 업무용 자산이 아닌 것을 말하며, 취득경위 등은 불문한다. 특히, 업무용으로 사용하다가 용도변경 등으로 업무용으로 사용하지 않는 경우에도 이에 해당된다. 그리고 대출금을 변제받지 못하여 법원을 통한 경매절차에 의하여 저당권을 실행함으로써 담보물을 취득한 경우도 이에 해당된다. 그러나 이와 같은 방식으로 취득하였다고 하더라도 이를 업무용 부동산으로 활용할 수 있다. 따라서 여기서 처분대상이 되는 것은 취득후 업무용으로 사용하지 아니하는 자산이 그 대상이다.

이와 같이 취득이나 보유가 금지되거나 저당권 등 담보권의 실행으로 인하여 취득한 재산 중에서 업무용으로 사용되지 아니하는 자산은 1년 이내에 처분하여야 한다(제39조; 감독규정 제58조①). 다만, 공매유찰 및 공매보류의 사유로 비업무용자산 처분연기보고를 하였을 경우에는 연기보고일 이후 1년 이내에 처분하여야 한다. 또한, 금융기관은 비업무용 자산을 처분함에 있어 공정을 기할 수 있도록 매각절차 및 매각방법 등에 관한 내부지침을 마련하여야 한다(감독규정 제58조).

한편, 금융기관이 비업무용 자산 여부에 대해 의문이 생길 때에는 감독원장이 이를 결정하며, 금융기관의 자산 중 비업무용 자산으로 판명된 경우 지체없이 그 내용을 금감원장에게 보고하여야 한다(시행세칙 제45조의2).

제 6 장

회　계

이 장은 은행 회계처리의 기준을 정하고 동 기준에 따라 작성된 재무제표의 공고 등을 정한 것으로, 이익준비금의 적립(제40조), 재무제표의 공고 등(제41조), 대차대조표 등의 제출(제42조), 자료공개의 거부(제43조) 등 4개 조문으로 구성되어 있다.

Ⅰ. 이익준비금의 적립(제40조)

금융기관은 적립금이 자본금의 총액에 달할 때까지 결산순이익금을 배당할 때마다 그 순이익금의 100분의 10 이상을 적립하여야 한다.

1. 연혁 및 취지

이 조는 제1차 개정 당시 제17조의2로 "금융기관은 자본의 총액에 달할 때까지 결산순이익금을 배당할 때마다 그 순이익금의 십분의 일 이상을 적립금으로서 적립하여야 한다"라고 규정되었었다. 그후 제8차 개정시 '자본의 총액에 달할 때까지'가 '적립금이 자본금의 총액에 달할 때까지'로 변경되었으며, 제11차 개정시 제40조로 이관하고 그 내용 중 '적립금으로서'가 삭제되어 현재에 이르고 있다.

2. 준비금

준비금이라 함은 회사의 자본을 충실히 하고, 그 재산적 기초를 공고히 함과 동시에 회사 채권자의 보호를 위하여 회사의 자본액을 초과하는 금액을 이익배당 등으로 처분하지 아니하고 회사내부에 유보하여 둘 경우의 그 재산적 금액을 말한다. 즉, 준비금은 자본과 마찬가지로 계산상의 금액으로서 특정한 재산형태로 존재하는 것은 아니다.

준비금에는 법률이 그 적립을 강제하는 법정준비금과 정관 또는 주주총회의 결의에 의하여 적립하는 임의준비금이 있다. 법정준비금에는 매 결산기 이익의 일부를 의무적으로 적립하도록 하는 이익준비금과 영업활동으로부터 생기는 이익 이외의 재원, 즉 자본거래로부터 생기는 잉여금에 의한 자본준비금이 있는데, 이 조항은 금융기관이 장래의 영업부진 또는 재산의 가격변동 등으로 말미암아 예측하지 못한 손실을 입었을 경우 이의 보전에 사용될 재원을 내부에 유보토록 함으로써, 건전경영의 유지를 도모하려는 취지에서 이익준비금의 적립기준과 적립의무를 규정한 것이다. 상법상의 일반 주식회사가 자본의 2분의 1에 달할 때까지 매 결산기의 금전에 의한 이익배당액의 10분의 1 이상을 적립하면 되는데도(상법 제458조), 금융기관에 대하여 보다 무거운 적립의무를 부과하고 있는 것은 일반영리회사에 비해 강하게 요청되는 공공성 때문이다. 한편, 여기서 말하는 자본은 납입자본금을 뜻하며, 결산순이익금이라 함은 대차대조표상의 당기순이익을 말한다.

금융기관이 이익준비금을 적립하여야 할 시기는 매년 결산에 의하여 주주에게 이익을 배당할 때이다. 그러나 외국은행 국내지점의 경우 국내은행과는 달리 국내에 주주가 없어 이익배당을 하지 않고 결산에 의한 이익을 본국으로 송금하게 되므로, 이익준비금을 적립할 시기를 '결산할 때'로 별도 규정하고 있다(시행령 제23조).

3. 이익준비금의 용도

이익준비금은 자본의 결손보전에 충당하거나 자본전입에 사용될 수 있다. 자본의 결손이란 회사의 순자산액이 자본과 법정준비금의 합계액에 미달되는 경우로서, 법정준비금의 액을 그 차액만큼 감소시키면 그 결손이 보전된다. 자본의 결손은 먼저 이익준비금으로 보전하고, 이것이 부족한 경우에는 자본준비금으로 충당한다(상법 제460조). 이익준비금의 적립에 있어서 이와 같이 사용된 액은 처음부터 없는 것으로 하여 그 후의 적립한도가 정하여진다. 임의준비금이 있는 경우에는 먼저 임의준비금을 사용하여 결손을 보전하여야 한다. 상법 및 기업회계기준에 따른 결손금에 대한 보전은 ① 임의준비금, ②

기타 법정준비금, ③ 이익준비금, ④ 자본준비금의 순서로 처분된다(상법 제460조; 기업회계기준 제78조).

준비금과 자본은 이익산정을 위한 공제항목으로서 회사에 유보할 재산의 한도를 정하는 점에서는 동일하나, 준비금은 결손보전에 사용함으로써 용이하게 감소될 수 있는데 반하여 자본은 그 감소가 용이하지 않다. 따라서 준비금을 자본에 전입하더라도 주주로서는 별로 불리할 것이 없고, 회사 채권자로서는 오히려 유리하다. 이에 따라 상법은 이사회의 결의에 의하여 준비금의 전부 또는 일부를 자본에 전입하는 것을 인정하고, 그 전입액에 대하여는 신주를 발행하여 주주에게 무상으로 교부하게 하고 있다(상법 제461조).

Ⅱ. 재무제표의 공고 등(제41조)

① 금융기관은 그 결산일 후 3월 이내에 금융감독위원회가 정하는 서식에 의하여 결산일 현재의 대차대조표, 당해 결산기의 손익계산서 및 금융감독위원회가 정하는 연결재무제표를 공고하여야 한다. 다만, 부득이한 사유로 3월 이내에 공고할 수 없는 서류에 대하여는 금융감독위원회의 승인을 얻어 그 공고를 연기할 수 있다.
② 제1항의 규정에 의한 대차대조표·손익계산서 및 연결재무제표에는 대표자 및 담당책임자가 서명·날인하여야 한다.
③ 금융기관의 결산일은 12월 31일로 한다. 다만, 금융감독위원회는 결산일의 변경을 지시할 수 있으며, 금융기관은 금융감독위원회의 승인을 얻어 결산일을 변경할 수 있다.

1. 연혁 및 취지

이 조는 제정 당시 제35조에 "① 금융기관은 그 결산 종료후 60일 이내에 한국은행 감독부장이 재정하는 양식에 의하여 결산일 현재의 종합대차대조표를 공고하여야 한다. ② 종합대차대조표에는 대표자와 담당책임자의 서명·날인이 있어야 한다. ③ 금융기관의 결산일은 삼월 삼십일과 구월 삼십일로 한다. 단, 한국은행 감독부장의 명령 또는 승인에 의하여 변경할 수 있다"라고 규정되었었다. 그후 제1차 개정시 '한국은행 감독부장'이 '한국은행 은행감독원장'으로 변경되었고, 제4차 개정시 제3항의 결산일이 삼월 삼십일과 구월 삼십일이 12월 31일로 변경되었으며, 제7차 개정시 공고기한이 결산종료후 60일 이내에서 그 결산일후 3개월 이내로, 그리고 공고대상이 종합대차대조표에서 대차대조표, 손익계산서 및 연결재무제표로 확대되었다.

그 후 제8차 개정으로 공고대상 연결재무제표의 범위는 한국은행 은행감독원장이 정하고, 3개월 이내에 공고할 수 없는 경우 한국은행 은행감독원장의 승인을 얻어 공고를 연기할 수 있도록 하는 단서조항이 신설되었으며, 제11차 개정시 각종 승인권자가 '한국은행 은행감독원장'에서 '금융감독위원회'로 변경된 후 현재에 이르고 있다.

상법은 주식회사에 관하여 특별한 계산규정을 두고 있다. 즉, 이사는 매 결산기에 대차대조표, 손익계산서, 이익잉여금처분계산서 또는 결손금처리계산서와 그 부속명세서를 작성하여 이사회의 승인을 얻어야 하며, 정기주주총회일 6주일 전에 이를 감사에 제출하여야 함과 아울러 정기주주총회에 제출하여 그 승인을 요구하여야 한다. 총회의 승인을 얻은 때에는 지체없이 대차대조표를 공고하여야 한다(상법 제447조 내지 제449조).

이 조항은 이러한 상법의 일반원칙에 따른 것으로, 금융기관의 경우 일반기업에 비하여 공공성과 사회적 책임이 더 강조되고 있기 때문이며, 특히 연결재무제표의 공고를 의무화한 것은 자회사를 통한 금융기관의 타 업무 진출이 확대되고 있어, 자회사의 경영상태를 포괄하는 금융집단 전체의 재무정보를 일반인에게 제공할 필요성이 있기 때문이다.

2. 재무제표

(1) 공고대상

금융기관의 공고대상 재무제표는 대차대조표, 손익계산서 및 연결재무제표이다. 일반적으로 대차대조표는 일정시점에 있어서의 회사의 재산상태를, 손익계산서는 일정회계기간의 영업실적을 각각 나타내는 대표적 결산서류이다. 연결재무제표는 법률적으로 독립된 두 개 이상의 기업을 하나의 경제적 실체로 보고 이들 기업 각각의 재무제표를 일정한 기준에 따라 합산한 것으로, 「연결재무제표준칙」에서는 연결재무제표의 종류를 연결대차대조표, 연결손익계산서, 연결자본변동표 및 연결현금흐름표로 정하고 있다. 이 중 이조에 따른 공고대상은 연결대차대조표와 연결손익계산서를 말한다(감독규정 제32조③).

(2) 공고시한

금융기관이 재무제표를 공고하여야 할 시한은 결산일후 3개월 이내이다. 금융기관의 결산일은 원칙적으로 12월 31일이므로 금융기관은 3월 말까지 전회계연도의 결산재무제표를 공고하여야 한다.

그러나 부득이한 사유로 3월 이내에 공고할 수 없는 서류에 대해서는 금감위의 승인을 얻어 그 공고를 연기할 수 있다. 이를 위해서는 연기대상 재무제표의 종류, 연기기한 및 연기사유가 기재된 서류 등 필요한 서류를 결산일로부터 2월 이내에 제출하여야 한다.

(3) 재무제표에의 서명·날인

재무제표에는 금융기관 대표자와 담당책임자의 서명·날인이 있어야 한다. 이는 대차대조표 내용에 관한 책임의 소재를 명백하게 하기 위함이다. 만일, 정기주주총회에서 금융기관의 대표자가 변경된 경우에는 결산일 당시의 대표자가 아니라, 재무제표를 작성하여 주주총회에서 승인을 받을 당시의 대표자가 서명·날인한 후 공고하여야 한다.

한편, 공고할 대차대조표와 손익계산서는 반드시 주주총회에서 승인·확정된 것이라야 하며, 총회에서 수정된 경우에는 수정된 대로 공고하여야 할 것이다. 허위공고시에는 1천만원 이하의 과태료(제69조②)의 벌칙이 있다.

3. 금융기관의 결산일

금융기관의 결산일은 12월 31일이다. 상법상 주식회사의 결산일은 특별히 규정되어 있지 않으나, 은행법은 금융기관에 대하여 그 결산일을 12월 31일(연 1회)로 특정하고 있다. 결산일을 이같이 지정한 것은 금융업무의 공공성에 기인한 규제로서 각 금융기관의 회계기간을 확정함으로써 은행 경영상태를 상호비교하고, 감독상의 편의를 도모하기 위함이다.

한편, 각 금융기관은 금감위의 지시 또는 승인을 받아 결산일을 변경할 수 있다. 지시는 금감위가 일방적으로 그 변경을 명하는 경우이고, 승인은 금융기관의 신청이 있을 경우 금감위가 이를 허용하는 것을 말한다. 법문상 결산일이 1회로 지정되어 있으므로, 이의 변경은 예컨대 12월 31일을 10월 31일로 하는 경우와 같이 그 일자를 변경할 수 있음에 지나지 않으며, 연 1회 실시케 되는 결산을 연 2회로 변경하는 것과 같은 결산횟수의 변경은 허용되지 않는다고 본다. 현재 금감위의 승인을 받아 결산일을 변경 실시하고 있는 경우는 일부 외국은행이 본국은행의 결산일에 맞추려는 것이 대부분이다. 즉 일본계 은행은 3월 31일, 호주계 은행은 9월 30일, 캐나다계 은행은 10월 31일, 기타 외국계 은행은 12월 31일을 각각 그 결산일로 하고 있다.

4. 공고의 방법

상법상 회사의 공고는 관보 또는 시사에 관한 사항을 게재하는 일간신문에 하여야 한다고 규정하고 있고, 공고하는 방법을 정관에서 정하도록 하고 있다. 그러나 은행법에서는 재무제표의 공고방법을 별도로 정하지 아니하고 상법상의 공고방법을 따르도록 하다가, 제20차 개정시 금감위가 정하는 방법에 따라 전자문서에 의하여 공고하는 것도 가능하도록 하였다. 이에 따라 금감위는 전국은행연합회의 인터넷 홈페이지를 통하여 일반인으로 하여금 열람할 수 있도록 허용하였다.

5. 외국은행 지점의 특례

외국은행 지점은 결산일로부터 30일 이내에 당해 영업기간의 결산보고서에 재무제표를 첨부하여 금감원장에게 제출하여 승인을 받아야 한다. 이 경우 재무제표에는 공인회계사법에 의한 회계법인의 감사보고서가 첨부되어야 한다. 특히, 결산한 결과 결손이 발생하였을 경우에는 대차대조표상의 자본잉여금과 이익잉여금 중 제준비금이나 본점으로부터 공급받은 외화자금에 의하여 결산일로부터 90일 이내에 당해 결손을 보존하여야 하며, 그 결과를 지체없이 금감원장에게 보고하여야 한다.

금감원장은 외국은행 지점의 결산내용이 회계처리기준 및 관련법규에 위배되거나 부적당하다고 판단되는 경우 이의 시정 또는 기타 필요한 조치를 할 수 있다. 또한, 금감원장의 결산승인후 이익잉여금처분계산서에 따라 본점 송금액을 송금한 경우 그 내역을 다음달 10일 이내에 금감원장에게 보고하여야 한다.

Ⅲ. 대차대조표 등의 제출(제42조)

① 금융기관은 매월 말일을 기준으로 한 대차대조표를 다음 달 말일까지 한국은행이 정하는 서식에 의하여 한국은행에 제출하여야 하며, 한국은행은 이를 한국은행통계월보에 게재하여야 한다.
② 제1항의 규정에 의한 대차대조표에는 담당책임자 또는 그 대리인이 서명·날인하여야 한다.
③ 금융기관은 법률이 정하는 바에 의하여 제1항의 규정에 의한 대차대조표 외에 한국은행이 정하는 업무수행상 필요로 하는 정기적 통계자료 또는 정보를 한국은행에 제공하여야 한다.

1. 연혁 및 취지

이 조는 이 법 제정 당시 제36조에 "① 금융기관은 익월 삼십일 이내에 한국은행 감독부장이 제정하는 양식에 의하여 당해 월의 업무내용을 개술하는 보고서를 한국은행 감독부장에게 제출하여야 한다. ② 전항의 보고서에는 대표자와 담당책임자 또는 그 대리인의 서명·날인이 있어야 한다"라고 규정되었었다. 제1차 개정시 '한국은행 은행감독부장'이 '한국은행 은행감독원장'으로 변경되었으며, 제6차 개정시 제3항에 "금융기관은 한국은행 은행감독원장이 업무의 수행을 위하여 요구하는 자료를 제공하여야 한다"가 추가되었고, 제7차 개정시 '한국은행 은행감독원장'이 '한국은행 조사부'로 변경되고 대차대조표가 한국은행 조사통계월보에 게재되도록 하는 내용이 제2항에 추가되었다. 그 후 제11차 개정시 대차대조표의 작성기준이 매월 말일로 되고, 제출기한도 다음달 말일로 구체화됨과 아울러 제3항의 제공대상자료로 대차대조표 이외에 정기적 통계자료 또는 정보가 추가되는 내용으로 변경되어 현재에 이르고 있다.

2. 한국은행에의 자료 제출

한국은행은 한국은행법 제86조에 따라 통화신용정책의 수립에 필요한 통화와 은행업무·재정·물가·임금·생산·국제수지 기타 경제일반에 관한 통계자료의 수집·작성과 경제에 관한 조사를 할 수 있으며, 이를 위하여 필요한 자료와 정보를 정부기관이나 법인 또는 개인에게 요구할 수 있다. 이 조항은 이러한 한국은행법상의 권한을 은행법에 그대로 규정한 것이다.

즉, 금융기관은 한국은행이 정하는 서식에 의한 대차대조표를 다음달 말까지 제출하여야 하며, 제출되는 보고서는 정확성 및 책임소재를 명확하게 하기 위하여 담당책임자 또는 그 대리인이 서명·날인하여야 한다. 또한, 한국은행은 이 대차대조표를 한국은행 통계월보에 게재하여야 한다. 통계월보는 한국은행 조사국 및 경제통계국이 발행하는 자료로, 금융기관의 대차대조표가 포함된 통화금융, 증권, 재정, 물가, 국제수지·무역·외환, 산업·기업경영, 고용·임금·가계, 국민계정, 자금순환, 산업연관표 등에 관한 통계자료를 수록하고 있다.

금융기관은 이 밖에도 법률이 정한 바에 따라 한국은행의 업무수행상 필요로 하는 기타 정기적 통계자료 또는 정보를 제공하여야 한다. 한국은행의 경제통계 업무는 금융, 재정조사 등 경제 전반에 영향을 미치는 바, 동 업무의 원활한 수행을 위하여 대차대조표 이외에 필요하다고 인정되는 기타 자료를 제출토록 하는 의무를 부과하고 있다.

Ⅳ. 자료공개의 거부(제43조)

금융기관은 상법 제466조제1항의 규정에 의한 회계의 장부와 서류의 열람 또는 등사의 청구가 있는 경우에 거래자의 권익을 심히 손상할 염려가 있을 때에는 그 청구를 거부할 수 있다.

1. 연혁 및 취지

이 조는 제3차 개정 당시 제26조의2로 신설된 후, 제11차 개정시 제43조로 이관되어 현재에 이르고 있다. 금융기관에 대하여 상법 제466조에서 정하고 있는 주주의 회계장부열람청구권을 거래자의 권익을 심히 손상할 염려가 있는 경우 제한할 수 있는 근거가 되는 조항이다.

2. 주주의 회계장부열람권

주주는 그 권리를 확보하거나 행사하기 위하여 또는 이사에 대한 책임추궁의 소를 제기하기 위하여 여러 가지 권한을 행사할 수 있다. 즉, 주주는 회사의 경영성적이나 자산상태를 알기 위하여 재무제표 및 부속명세서와 경영보고서 등 필요한 자료를 열람할 수 있다. 그러나 이 자료는 그것 자체가 원시기록이 아니므로 그 기재가 진실하고 정확한 것인가의 여부를 알 수 없으며, 그것에 나타나지 않은 세부적인 것까지를 알 수 없으므로 원시기록 자체를 직접 열람할 필요가 있다. 이에 따라 우리 상법은 미국의 경우를 참고로 하여 주주에게 회계에 관한 장부와 서류의 열람등사청구권(상법 제466조①)을 인정하고 있다.[64]

(1) 열람권자

회계에 관한 장부・서류의 열람권을 개개의 주주에게 인정하면 남용할 우려가 있으므로, 발행주식의 총수의 100분의 3 이상에 해당하는 주식을 가진 주주에 한하여 이를 인정하고 있다. 이 경우의 주식은 의결권없는 주식을 포함된다. 그리고 소수주주가 그 청구를 함에는 이유를 붙인 서면으로 하여야 한다.

한편, 은행법에서는 상법상 주주의 회계장부열람청구권의 행사요건을 완화하고 있다. 즉, 6월 이상 계속하여 금융기관의 발행주식총수의 1만분의 5 이상(최근 사업연도말 현재 자산총액이 2조원 이상인 금융기관의 경우에는 10만분의 25 이상)에 해당하는 주식을 보유한 자는 상법 제466조에서 규정하는 회계장부열람청구권을 행사할 수 있다(법 제17조⑤).

64) 우리 상법상의 회계장부열람청구권은 일본 상법과 유사하다. 일본 상법의 모델이 된 미국법에서 장부열람권은 보통법상으로 인정되어 왔고, 현재 각 주의 회사법에서 이 권리를 규정하고 있다.

(2) 권리의 내용

소수주주는 회계의 장부와 서류의 열람 또는 등사를 청구할 수 있다(상법 제466조①). 회계의 장부라는 것은 재무제표나 그 부속명세서 작성의 기초가 되는 원시기록인 장부 및 서류 등을 가리킨다. 따라서 회계학상의 회계장부는 모두 포함된다.[65] 회계의 서류라 함은 회계장부의 기초가 되는 서류나 그것을 실질적으로 보충하는 서류로, 편지・계약서・납품서・영수증 모두 이에 속한다.

(3) 권한행사의 방법

열람 또는 등사의 청구는 이유를 붙인 서면에 의하여 행사하여야 한다. 따라서 단순히 구두에 의한 청구 또는 서면에 의하더라도 이유를 붙이지 않은 청구는 그 효력이 없으며, 회사는 이에 응할 의무가 없다. 그 이유에는 열람의 목적을 구체적으로 기재하여야 하며, 또 청구서에 청구주주의 기명・날인 또는 서명이 있어야 한다. 이 열람이나 등사는 반드시 주주가 직접 할 필요는 없고 변호사, 회계사 등의 대리인에 의하여 할 수 있는 것이며, 또 적당한 보조자를 이용하는 것도 무방하다. 등사에 필요한 비용은 청구하는 주주가 부담하여야 한다.

(4) 열람의 거부

회계장부열람청구권은 주주가 주주로서 가지는 권리의 확보나 행사를 위하여 인정된 것이므로 그러하지 않는 경우, 이를테면 주주의 자격을 떠나서 고용계약상으로나 거래계약상의 권리의 확보를 위한 경우에는 허용되지 않는다. 그러나 주주의 정당한 청구가 있음에도 불구하고 회사측에서 이를 부당하게 거부함으로써 주주의 권리행사를 방해하는 것은 허용될 수 없다. 회사가

---

65) 회계의 장부와 서류의 내용에 대해서는 견해가 대립되고 있다. 협의로 해석하는 견해에 따르면 회계장부는 상법 제29조상의 회계장부만을 의미하며, 회계의 서류는 회계장부의 작성재료가 된 서류가 되는 전표, 영수증, 계약서, 납품서 등을 의미한다. 반면 광의로 해석하는 견해에 따르면, 회계장부는 반드시 상법상의 회계장부뿐만 아니라 임의로 작성하는 모든 경리관련장부를 포함하며, 회계의 서류에는 회사의 경리상황을 나타내는 일체의 서류가 포함된다. 회계장부열람청구권이 주주의 경영감독상의 실효성 제고를 위해서 인정되는 권리라는 점에서 가급적 넓게 해석하는 것이 타당하다.

주주의 장부열람·등사청구를 거부하기 위해서는 그 청구가 부당함을 증명하여야 한다(상법 제466조②).66)

3. 은행 주주의 회계장부열람권에 대한 제한

앞에서 살펴본 바와 같이 상법은 소수주주의 회계장부열람권을 인정하고, 청구의 부담에 대한 구체적인 입증책임을 회사측에 부담시키고 있으나, 은행법에서는 거래자의 권익을 심히 손상할 염려가 있을 경우 금융기관으로 하여금 그 청구를 거부할 수 있도록 함으로써, 주주의 회계장부열람권보다는 거래자의 권익을 중시하고 있다.

따라서 주주의 청구가 정당하더라도 금융기관은 예금자 및 대출거래처 등 거래자 또는 주주나 금융기관의 권익을 손상할 가능성이 크다고 인정되면 이를 거부할 수 있다. 한편, 일본의 경우에는 금융기관에 대하여 주주의 장부열람권을 배제하고 있다(일본 은행법 제23조).

여기서 어떠한 경우가 거래자의 권익을 심히 손상할 염려가 있는가 하는 문제가 제기되는데, 상황에 따라 합리적으로 판단하여야 할 것이다.

---

66) 1997. 4. 1. 폐지된 자본시장육성에관한법률에서는 상장법인의 경우에는 주주가 정당성을 증명하도록 하였으며, 공공적 법인은 국가안보상 필요한 경우에는 주주의 열람청구를 제한할 수 있도록 하였다(동법 제24조). 또한, 이 법률이 폐지되면서 대부분의 규정들을 흡수한 증권거래법에서도 열람청구에 정당한 이유가 있음을 주주가 증명하도록 하였으나 1998. 2. 24. 증권거래법 개정시 삭제되었다.

제 7 장

감독, 검사

이 장은 금융기관에 대한 감독의 일반원칙과 구체적인 방법 및 수단, 그리고 제재에 대해 규정한 것으로, 금융기관의 감독(제44조), 건전경영의 지도(제45조), 예금지급불능 등에 대한 조치(제46조), 업무보고서 등의 제출(제47조), 검사(제48조), 전환대상자에 대한 검사(제48조의2), 분담금(제49조), 적립금보유 및 손실처리의 요구(제50조), 경영공시(제51조), 약관의 변경 등(제52조), 금융기관에 대한 제재(제53조), 임・직원에 대한 제재(제54조) 등 12개 조문으로 구성되어 있다.

Ⅰ. 금융기관의 감독(제44조)

금융감독기구의설치등에관한법률에 의하여 설립된 금융감독원(이하 '금융감독원'이라 한다)은 금융감독위원회의 규정과 지시가 정하는 바에 의하여 이 법, 기타 관계법률, 금융감독위원회의 규정・명령 및 지시에 대한 금융기관의 준수 여부를 감독하여야 한다.

1. 연혁 및 취지

이 조는 종전 은행법 제7조의 규정내용을 감독주체가 한국은행 은행감독원과 금융통화운영위원회에서 금융감독원과 금융감독위원회로 변경된 것을 제외하고는 그대로 규정하고 있으며, 금융감독원의 감독에 대한 근거와 그 범위에 대해 규정하고 있다.

2. 은행감독의 의의

은행감독이라 함은 광의로는 은행 내·외부의 모든 기관의 업무 및 회계 전반에 관하여 행하여지는 각종 감독·검사 및 처분 등의 행위를 총칭한다. 은행은 은행 내부적으로 은행업무 및 회계 전반에 관한 감사의 내부감사가 행하여지고, 은행 외부적으로 주식회사의외부감사에관한법률(이하 '외감법'이라 한다)에 의한 회계감사, 은행법 등에 의한 감독기관에 의한 감독이 행하여지고 있는데, 광의의 은행감독은 이러한 모든 감독이 포함되는 것이다. 그러나 일반적으로 은행감독이라고 할 경우에는 감독기관에 의하여 행하여지는 감독을 의미한다.

특히, 은행은 영리를 목적으로 하는 주식회사임에도 일반회사와 달리 높은 수준의 규제와 감독을 받고 있는 바, 이는 국민경제 내에서 수행하고 있는 은행의 역할이 중요하고, 은행이 도산할 경우 경제에 미치는 파급효과가 막대하기 때문이다. 또한, 금융의 세계화·통합화가 크게 진전된 1980년대 이후에는 국제적으로 영업하는 은행이 도산할 경우 그 파급효과가 특정한 국가에 국한되지 아니하고 다수 국가에 영향을 미치게 됨에 따라 은행감독도 국제적 성격을 띠게 되었고, 국제적으로 통일된 기준에 따라 수행된다.

이와 같이 은행감독은 은행의 건전한 운영을 도모하고 자금중개기능의 효율성을 제고하여 예금자를 보호하고, 신용질서를 유지함으로써 금융시장의 안정과 국민경제 발전에 이바지하는데 그 목적이 있다. 이와 같은 목적을 달성하기 위하여 은행법에서는 은행업 진입기준에 관한 사항, 은행의 소유 및 경영지배구조에 관한 사항, 경영지도기준에 관한 사항, 은행의 업무범위에 관한 사항, 합병 등 퇴출에 관한 사항 등 은행의 조직 및 영업활동 전반에 걸친 규제장치를 규정하고 있으며, 은행감독은 이를 구체적으로 이행하는 것이라고 할 수 있다.

3. 금융감독기구

(1) 설립 배경

1980년대 후반 이후 금융의 자유화(liberalization) 및 탈규제화(deregulation), 금융산업의 대외개방 및 세계화(globalization)와 더불어 정보통신기술의 비약적인 발전으로 은행, 증권, 보험 상품의 성격을 내포하는 신종 금융거래가 크게 확대됨에 따라 은행, 증권, 보험 등 권역별로 분산되어 있는 다원적인 금융감독체계로는 금융기관의 건전성 등에 대한 감독업무를 효과적으로 수행하는데 많은 어려움이 있었다. 반면에, 낙후된 금융산업을 전략산업으로 육성하기 위해서는 각종 제도, 관행, 인식을 근본적으로 개혁해야 한다는 공감대가 널리 형성되어 있었다.

이에 따라 1997년 1월 대통령직속으로 설치된 금융개혁위원회에서는 5개월간의 논의를 거친 끝에 금융산업의 경쟁력 강화, 금융시장의 효율성 제고 및 건전한 금융기관 확립방안을 다루는 외에, 중앙은행 및 금융감독 체계의 개편방향에 대한 보고서를 제출하였고, 정부에서는 동 보고서를 토대로 1997년 7월 금융개혁법안을 마련한 후, 금융감독기구설치에관한법률 제정안을 입법 예고하였으며, 국무회의(8월)의 심의를 거쳐 국회 재경위 법안심사소위의 표결절차를 거쳤으나(11월), 재경부와 한국은행 등 관련기관간의 이해상충으로 통과가 지연되었다.

한편, 태국에서 촉발된 외환위기가 필리핀, 인도네시아 등 동아시아 전역으로 빠르게 확산되면서 1997년말 우리나라도 외환위기에 직면하였으며, 12월 3일 우리나라와 국제통화기금(IMF)간 구제금융양해각서가 체결되는 상황에 이르렀다. IMF는 외환위기를 촉발한 요인 중 하나로 우리나라의 부적절한 금융감독체계를 지적하고, 통합감독기구를 설치하여 운영 및 예산상의 자율성을 보장하고 부실금융기관을 효과적으로 처리하는 데에 필요한 권한을 부여하도록 권고하였다. 이에 따라 그동안 논란이 되었던 금융감독기구의설치등에관한법률 제정이 급물살을 타면서 1997년 12월 29일 동 법률이 국회에서 전격 의결되어 법률 제5490호로 공포되었다. 동 법에 따라 1998년 4월 1일 국무총리 소속하의 합의제 행정기구로 금융감독위원회가 발족되었으며, 그동안 금융권역별로 분산되어 독자적인 감독업무를 수행하던 4개 감독기관의 통합 작업이 본격화되었다.

금감위가 발족된 후 금융감독원 설립작업을 추진하기 위해 구성된 금융감독원설립위원회[67]는, 새로운 조직이 금융감독의 국제적 정합성을 갖출 수

67) 금감원설립위원회는 윤원배 금감위 부위원장을 위원장으로 하고, 이용근 금감위 상임위원, 김종창 증권선물위원회 상임위원, 강신경 은행감독원 부원장, 이종남 증권감독원 부원장,

있도록 컨설팅업체인 맥킨지(McKinsey)사의 자문과 국제부흥개발은행(IBRD)의 1998년 10월 제2차 구조조정 차관자금 도입에 따른 정책 프로그램 합의서상의 권고 등을 바탕으로 설립작업을 진행하여 1999년 1월 2일 42개 부서, 1,265명 규모의 금융감독원이 출범하였다.

(2) 금융감독위원회

1) 성 격

금감위는 건전한 신용질서와 공정한 금융거래 관행을 확립하고, 예금자 및 투자자 등 금융수요자를 보호함으로써 국민경제 발전에 기여함을 목적으로 1998년 4월 감독기구설치법에 따라 국무총리 소속기관으로 설립되었으며, 금융기관 감독과 관련된 규정의 제정 및 개정, 금융기관의 경영과 관련된 인・허가, 금융기관에 대한 검사・제재와 관련된 주요사항 등에 대해 심의・의결하는 행정기관이다.

여기서 금감위가 정부조직법(제5조)상의 합의제 행정기관인지 여부에 대해서는 논란의 여지가 있겠으나, 그 권한에 속하는 사무를 독립적으로 수행하는 반면, 대통령이나 국무총리의 계층적 감독이나 후견적 감독을 받지 않는 점에 비추어 볼 때, 정부조직법상의 행정청이 아닌 정부조직으로부터 유리된 독립행정청[68]이라는 견해가 있다. 이 견해에 따르면 국무총리 소속하에 두는 것은 위원장의 예우와 예산의 소속을 의미할 뿐이라고 한다. 그러나 금감위는 예산, 업무감사, 국정감사 등에 있어 국무총리 소속기관으로서의 많은 책무를 부담하고 있어 사실상의 계층적 감독을 받고 있다는 점을 감안할 때 합의제 행정기관이라고 할 수 있다.

2) 구 성

금감위 위원은 위원장 1인, 부위원장 1인, 당연직위원으로 재정경제부 차

문병학 보험감독원 부원장, 양종태 신용관리기금 전무, 이우철 금감위 기획행정실장, 정계성 변호사, 오성환 서울대 교수 등 9명의 위원으로 구성되었다.

68) 독립행정청이란 계층적으로나 후견적으로도 감독기관이 있으며, 정부조직법이 아닌 다른 법률에 따라 독립성이 부여되어 있으나 법인격이 없으며 부처에 소속되지 않는 행정청을 말한다. 이러한 점에서 독립행정청은 중앙의 국가기관이기는 하나 계층적 감독을 받는 직접행정기관인 중앙행정기관이나 후견적 감독을 받는 간접행정기관인 영조물법인과 다르다[이광윤, "금융감독기구의 법적지위", 조사연구 Review 제18호(2006. 11), 금융감독원, 8면].

관 및 한국은행 부총재와 예금보험공사 사장, 그리고 임명직 위원으로 금감위원장이 추천하는 금융전문가 1인, 재정경제부장관이 추천하는 회계전문가 1인, 법무부장관이 추천하는 법률전문가 1인, 대한상공회의소 회장이 추천하는 경제계대표 1인 등 총 9인으로 구성된다(감독기구설치법 제4조①). 위원장은 국무회의 심의를 거쳐 대통령이 임명하며, 부위원장은 재정경제부장관의 제청으로 대통령이 임명한다. 재정경제부 차관 등 3인의 당연직위원을 제외한 나머지 위원은 추천기관의 추천을 받아 대통령이 임명한다(감독기구설치법 제4조②). 금감위원장이 추천하는 금융전문가 1인은 상임으로 한다. 위원장, 부위원장, 상임위원 및 당연직위원을 제외한 위원의 임기는 3년이며, 1차에 한하여 연임할 수 있다(감독기구설치법 제6조①).

3) 권 한

금감위의 소관사무는 금융감독업무와 관련된 사항의 심의・의결업무와 금감원의 업무・운영・관리에 대한 지시・감독업무로 구분된다. 즉, 금융감독업무와 관련된 심의・의결업무로는 금융기관 감독관련 규정의 제정 및 개정, 금융기관의 설립, 합병, 전환, 영업 양수・도 등의 인・허가, 금융기관의 경영과 관련된 인・허가, 금융기관에 대한 검사・제재와 관련된 주요 사항, 증권・선물시장의 관리・감독 및 감시 등과 관련된 주요 사항과 기타 법령에서 금감위에 부여된 업무에 관한 사항이 있다.

금감원에 대한 지시・감독업무(제18조)로는 정관변경에 대한 승인, 조직 및 기구에 관한 사항, 예산 및 결산 승인, 직원의 보수기준 결정, 기타 필요한 사항의 심의・의결업무가 있다. 한편, 설치법 외에 기타 금융관련 법령에서 금감위에 부여한 업무도 수행하고 있다.

4) 운 영

금감위 회의는 위원장이 소집한다. 금감위 정례회의는 매월 둘째 주와 넷째 주의 금요일에 소집되며, 임시회의는 3인 이상의 위원의 요구가 있을 때 또는 위원장이 필요하다고 인정하는 때에 소집한다. 금감위는 의결방법에 대하여 특별한 규정이 있는 경우를 제외하고는 재적위원 과반수의 출석과 출석위원 과반수의 찬성으로 의결한다. 다만, 위원장이 불가피하다고 인정하는 때에는 의안을 서면으로 의결할 수 있으며, 이 경우 그 불가피성을 설명하는 이유서를 첨부하여야 한다.

위원은 자기와 직접적인 이해관계가 있는 사항과 배우자, 4촌 이내의 혈족, 2촌 이내의 인척의 관계가 있는 자 또는 자기가 속한 법인과 이해관계가 있는 사항에 대해서는 의결에서 제척된다(감독기구설치법 제11조).

(3) 증권선물위원회

1) 성 격

증권선물위원회는 증권・선물시장의 불공정거래 조사, 기업회계의 기준 및 회계감리에 관한 업무, 금감위가 심의・의결하는 증권・선물시장 관련 주요 사항에 대한 사전심의, 증권・선물시장 관련 금감위로부터 위임받은 업무 등의 소관사무를 수행하기 위해 금감위 내에 설치되었으며, 특히 업무의 전문성과 객관성을 담보하기 위하여 민간전문가가 참여하더라도 금감위의 계층적 감독을 받는 합의제 행정기관이다(감독기구설치법 제19조).

2) 구 성

증권선물위원회는 금감위 부위원장이 겸임하는 위원장 1인, 금융・증권・선물 또는 회계분야에 관한 경험이 있는 2급 이상의 공무원의 직에 있던 자, 대학에서 법률학・경제학・경영학 또는 회계학을 전공한 자로서 대학이나 공인된 연구기관에서 부교수 이상 또는 이에 상당하는 직에 15년 이상 있었던 자, 기타 금융・증권・선물 또는 회계분야에 관한 학식과 경험이 풍부한 자 중 금감위원장이 추천한 4인 등 총 5인으로 구성된다. 증권선물위원회 위원은 금감위원장의 추천을 받아 대통령이 임명하며, 위원장을 제외한 나머지 위원 중 1인을 상임위원으로 한다. 증권선물위원회 위원의 임기는 3년이며 1차에 한하여 연임할 수 있다.

3) 권 한

증권선물위원회의 업무는 ① 증권・선물시장의 불공정거래조사, ② 기업회계의 기준 및 회계감리에 관한 업무, ③ 증권・선물시장의 관리・감독 등과 관련된 주요 사항에 대한 사전심의, ④ 기타 증권・선물시장의 관리・감독 등을 위하여 금감위로부터 위임받은 업무, ⑤ 기타 다른 법령에서 증권선물위원회에 부여한 업무이다(제19조). 그 밖에 상기 업무수행과 관련하여 금융감독원에 지시·감독할 수 있는 권한이 부여되어 있다(제23조).

4) 운 영

증권선물위원회 회의는 위원장이 소집한다. 정례회의는 매월 둘째 주와 넷째 주의 수요일에 소집하고, 임시회의는 2인 이상의 위원의 요구가 있거나 위원장이 필요하다고 인정하는 때에 소집한다. 위원회의 안건은 출석위원 중 3인 이상의 찬성으로 의결한다. 다만, 위원장이 불가피하다고 인정하는 때에는 의안을 서면으로 의결할 수 있다. 이 경우에는 그 불가피성을 설명하는 이유서를 첨부하여야 한다. 위원은 자기와 직접적인 이해관계가 있는 사항과 배우자, 4촌 이내의 혈족, 2촌 이내의 인척의 관계가 있는 자 또는 자기가 속한 법인과 이해관계가 있는 사항에 대해서는 의결에서 제척된다.

(4) 금융감독원

1) 설립목적 및 기능

금감원은 1999년 1월 2일 금융감독기구의설치등에관한법률에 따라 설립되었다. 금감원의 설립목적은 건전한 신용질서와 공정한 금융거래관행을 확립하고 예금자 및 투자자 등 금융수요자를 보호하여 국민경제에 기여하는 데 있다(동법 제1조).

금감원은 무자본 특수법인으로서 중앙정부 또는 지방자치단체로부터 독립하여 특정한 공공사무를 담당하는 특수공법인의 성격을 지니고 있다. 여기서 금감원을 무자본특수법인으로 규정하고 있으나 상업적 업무가 아닌 행정업무를 수행하는 행정적 영조물법인으로 규정하는 것이 타당하고, 금감원장은 합의제 행정청인 금감위원장을 동시에 겸하고 있는 점을 근거로 금감원을 금감위의 분권기관이 아닌 집행기관의 성격을 지닌다고 한다. 금감원을 정부조직으로 하지 않고 독립된 공법인으로 법제화한 것은 금융기관 감독업무와 관련하여 금융감독기구가 정치적 압력 또는 행정부의 영향력에 의해 자율성을 잃지 않도록 함으로써, 중립적이고 전문적인 금융감독기능을 구현하는 것이 절실한 시대적 과제였기 때문이었다.

금감원은 금감위의 지시를 받아 금융기관에 대한 감독업무, 이들 기관의 업무 및 재산상황에 대한 검사와 검사 결과에 따른 제재업무, 금융분쟁의 조정 등 금융소비자 보호업무, 기타 금감위의 업무 보좌 등의 기능을 수행하고 있다.

2) 금융유관기관과의 관계

우리나라의 금융감독체계는 통합 금융감독기구인 금감위 및 금감원이 중심축을 이루고 있다. 그러나 금감위 및 금감원이 금융감독업무를 수행하는 과정에서 금융관련 법령의 제・개정 등 금융정책을 총괄하는 재정경제부, 통화신용정책의 수립 및 집행을 담당하고 있는 한국은행, 예금보험기금의 운영을 담당하고 있는 예금보험공사 등의 업무와 직・간접적으로 관련되어 있다.

즉, 재정경제부장관은 금융감독에 관련되는 법령을 제정 또는 개정하고자 하는 경우 금감위와 협의하고 금감위에 재경부차관이 당연직 위원으로 참여하고 있다. 또한 한국은행 내에 설치된 금통위는 통화신용정책의 수행을 위하여 필요하다고 인정하는 경우 금감원에 대하여 금융기관에 대한 검사를 요구하거나, 한국은행 직원이 금감원의 금융기관 검사에 공동으로 참여할 수 있도록 요구할 수 있고, 금감원에 대하여 검사결과의 송부를 요청하거나 검사결과에 대하여 필요한 시정조치를 요구할 수 있으며, 금감위가 통화신용정책과 직접 관련되는 조치를 하는 경우 이러한 조치에 대해 이의가 있을 때에는 재의를 요구할 수 있다. 특히 통화신용정책과 금융감독정책의 유기적인 연계운영이 가능하도록 한국은행 부총재가 금감위의 당연직위원으로 참여하고 있다.

그리고 예금보험공사는 금감위 또는 금감원에 대하여 부보금융기관에 대한 검사를 요청하거나, 예금보험공사 직원이 검사에 공동으로 참여할 수 있도록 요청할 수 있으며, 금감원은 특별한 사유가 없는 한 이에 응하여야 한다. 아울러 예금보험공사 사장은 금감위의 당연직위원으로, 그리고 금감위 부위원장은 예금보험위원회[69]의 당연직위원으로 참여하고 있다. 마지막으로, 한국자산관리공사와 관련하여 금감위는 한국자산관리공사의 업무를 감독하며 그 감독상 필요한 명령을 할 수 있고, 한국자산관리공사에 대해 업무・ 회계 및 재산에 관한 사항 등을 보고하게 하거나 금감원장으로 하여금 검사하게 할 수 있다. 또한, 금감위는 동 공사의 경영관리위원회 위원으로 금감원 집행간부 1

69) 예금보험공사 내에 설치된 위원회로서 예금보험기금 운용계획 등을 심의하는 기능을 수행하고 있다.

인을 지정하며, 한국자산관리공사 사장이 추천한 3인의 위원을 위촉하고 있고, 동 공사 주총에서 선임한 사장에 대한 승인권 및 감사의 임면권을 가지고 있다(감독기구설치법 제15조, 제17조).

〈우리나라 금융감독체계〉

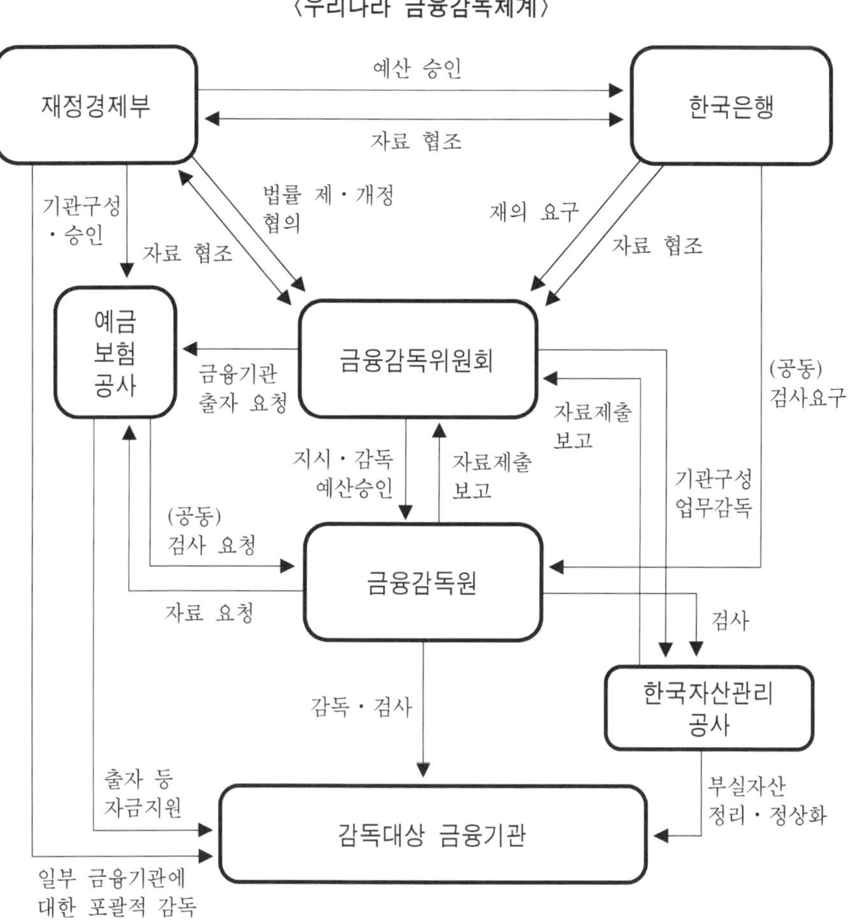

4. 은행감독의 수단

(1) 지시, 명령

지시 · 명령은 감독권자가 은행법 등을 근거로 하여 일반적인 규정이나 통첩을 제정하고 이를 금융회사에 시달하여 실시하도록 하는 것으로, 개별법의 조항에서 정하는 구체적인 근거에 따라 제정하는 법규명령과 이 조항과 같은 일반적 조항을 근거로 발하거나, 특정 은행에 대하여 감독권에 기해 특정 행위를 명하는 행정명령이 있다.

현행 은행법에서 정하고 있는 지시・명령권으로는 (i) 전환계획 이행명령(제16의조3③) 및 한도초과보유요건 이행명령(제16의조4③), (ii) 동일인・비금융주력자・전환대상자 및 한도초과보유주주에 대한 은행주식의 처분명령(제16조②, 제16조의2⑤, 제16조의3⑤, 제16조의4⑤), (iii) 경영개선계획의 제출, 자본금의 증액, 이익배당의 제한, 자회사 주식의 처분 등 경영개선을 위하여 필요한 조치(제45조④), (vi) 전환대상자에 대한 검사시 업무 또는 재산의 보고, 자료의 제출, 관계자의 출석 및 진술 요구(제46조, 제47조) 등이 있다.

또한, 은행업감독규정에서 은행의 경영개선을 위하여 필요한 조치로 정하고 있는 지시・명령권으로는, (i) 경영개선계획 또는 약정서 제출 요구(제39조), (ii) 정정공시 또는 재공시 요구(제41조⑤), (iii) 적기시정조치(제34~36조) 등이 있다.

(2) 인가, 승인

1) 인 가

인가라 함은 제3자의 법률행위를 보충하여 그 법률상의 효력을 완성시켜 주는 행정행위를 말한다. 인가는 법률행위의 효력요건이므로 무인가행위는 원칙적으로 무효이다. 이러한 점에서 일반적인 금지의 해제를 의미하는 허가가 적법요건에 불과한 것과 구별된다.

은행법에서는 은행업의 영위(제8조), 분할・합병・은행의 해산 또는 은행업 폐지・영업 양수도(제55조) 및 금융산업의구조개선에관한법률 제4조에 의한 합병・전환, 외국은행 지점 신설・폐쇄 및 사무소의 신설(제58조), 겸영업무 영위(제28조) 등의 경우를 금감위의 인가대상행위로 규정하고 있다.

금감위는 예비인가절차를 거쳐 본인가절차를 진행한다. 예비인가는 인가사항에 대한 사전심사 및 확실한 실행을 위하여 인가 이전에 예비적으로 행하여지는 인가권자의 의사표시로 인가의 효력을 가지지 아니한다. 동 예비인가 신청이 있는 경우 의견수렴 등을 위하여 신청일자, 신청인, 신청취지 및 내용, 의견제시 방법 및 기간 등을 보도자료나 인터넷 홈페이지 등을 통하여 공고하고, 필요한 경우 이해관계인에 대하여 의견을 요청하며, 금융시장에 중대한 영향을 미칠 우려가 있는 등 필요하다고 판단되는 경우에는 공청회를 개최할 수 있다. 또한, 금감원장은 신청내용의 진위 여부를 확인하고 이해관계인, 일반인 및 관계기관 등으로부터 제시된 의견을 감안하여 신청내용이 인가심사기준에 부합하는지를 심사하고, 사업계획의 타당성을 평가하기 위하여 평가위원회를 구성・운영할 수 있으며, 신청내용의 확인・발기인 및 경영진과의 면담 등을 위하여 실지조사를 실시할 수 있다.

예비인가에는 조건을 붙일 수 있으며, 예비인가를 거부하는 경우에는 서면으로 통보한다. 신청인은 예비인가의 내용 및 조건을 이행한 후 인가신청을 할 수 있으며, 인가일로부터 6월 이내에 인가대상행위를 실행하여야 한다.

2) 승 인

승인이라 함은 감독주체가 감독객체의 특정한 행위에 대하여 부여하는 일종의 동의의 의사표시를 말하며, 인가적인 것과 허가적인 것으로 구분할 수 있으나 대부분 허가와 비슷한 의미를 지니는 것으로, 법령에서 명백히 금지 또는 제한되어 있는 사항 중 예외적・일회적으로 허용할 필요가 있는 규제를 의미한다. 특히, 감독관계에서 동의나 승낙을 얻기 위한 목적의 규제는 승인이란 용어를 사용한다.

은행법에서는 동일인 및 비금융주력자의 금융기관주식 한도초과보유(제15조③, 제16조의2③), 비금융주력자의 전환계획(제16조의2③) 등을 금감위의 승인대상으로 규정하고 있다. 승인도 신청에 의해 행하여진다.

(3) 신고, 보고

1) 신 고

신고는 행정청에 대하여 일정한 사항을 통지하는 행위로, 법령 등이 정하는 바에 따라 당해 통지가 의무로 되어 있는 작용을 말한다. 행정절차법은 신고가 (i) 신고서의 기재사항에 하자가 없고, (ii) 필요한 구비서류가 첨부되어 있으며, (iii) 기타 법령 등에 규정된 형식상의 요건에 적합한 경우에는 신고서가 제출기관에 도달한 때에 신고의무가 이행된 것으로 본다고 규정하고 있다(동법 제40조②).

이와 같이 의무를 이행한 신고에 대해서는 행정청의 수리라는 개념이 개입할 여지가 없다.[70] 다만, 행정청은 신고서에 형식상의 흠이 있는 때에는 지체없이 상당한 기간을 정하여 그 보완을 요구하여야 하고, 신고인이 이 기간 내에 보완하지 않는 경우에는 그 이유를 명시하여 당해 신고서를 되돌려 보내야 한다(동법 제40조③·④). 이 경우 행정청의 반려행위는 거부처분의 성질을 가진다고 할 수 있다.

은행법상 신고사항으로는 정관변경 및 자본금 감소(제10조), 외국은행 지점 이전 및 사무소 폐쇄(제58조③)가 있다.

2) 보 고

보고는 신고와 같이 행정청에 대한 통지의무로서 감독기관이 알고 있어야 할 필요성이 있다고 인정되는 것을 말하지만, 신고규제와 달리 그 내용을 아는 것으로 충분하고 시정·보완조치가 필요치 않은 사항에 대하여 사후적으로 부과되는 의무이다. 보고는 단순한 사항의 통지에 불과하므로 엄격한 의미에서는 직접적인 감독권의 행사수단은 아니지만, 피감독자에 대하여 일정한 사항에 대한 보고의무를 부담시킴으로써 피감독자로 하여금 주의감을 갖도록 한다는 점에서 간접적인 감독수단으로 작용할 수 있다. 또한, 보고는 감독기관의 입장에서도 보고사항을 접수·검토하는 과정에서 감독방침 기타 감독상 필요한 조치를 준비할 수 있게 한다는 점에서 유용한 감독수단으로 작용한다.

보고대상업무로 은행법에서 명시된 사항으로는 (i) 동일인의 은행지주회사 주식 4/100 초과보유 등 보고(제16조②), (ii) 금융기관이 대주주에 대한 신용공여한도 초과시 보고(제35조의2⑤), (iii) 업무보고서(제47조) 등이 있고, 은행업감독규정에 규정된 보고대상업무로는 은행지주회사의 주주분포현황(제11조의2②), 신용공여한도의 초과보고(제16조③), 임원 선임·해임 등의 보고가 있다. 다만, 은행업감독규정상의 보고의무 위반에 대해서는 과태료를 부과하지 않는다.

(4) 검사, 점검

1) 검 사

검사라 함은 금융기관에 대한 직접적인 감독수단으로서 금융기관의 업무활동을 분석하고 자산 및 부채를 가능한 한 실질적으로 파악하여 경영성과를

---

70) 김동희, 행정법 I [제5판], 박영사, 1999, 359면.

평가하며, 금융기관이 취급한 업무가 관계법령, 지시 등에 위배되었는지 여부를 확인·조사하는 행위를 말한다.

검사의 법적 성질은 행정조사이다. 검사는 사법상의 강제수사나 세무공무원의 세법에 따른 질문·검사·수색과 같이 직접적으로 강제할 수 있는 강제조사에 해당하지는 않는다.

2) 점 검

점검이란 일정한 조건하에 금융기관에 부과되는 의무의 이행 여부를 정기적으로 확인하는 행위를 말한다. 점검은 대체로 조사의 범위나 감독의 강도가 검사보다 낮으며, 금융기관을 직접적으로 방문하기보다는 주로 정기적인 자료제출을 통해 이루어진다. 점검 결과 의무를 불이행한 것으로 판단되는 경우 금감위는 당해 금융기관에 대하여 의무의 이행을 명할 수 있다. 은행법상 점검대상으로는 비금융주력자의 전환계획 이행실태(제16조의3) 등이 있다.

(5) 과징금, 이행강제금, 벌칙, 과태료

은행법에서는 금융기관에 대한 감독의 실효성을 높이기 위해 법 위반행위에 대하여 과징금, 이행강제금, 징역 및 벌금, 과태료를 부과하고 있다. 이에 대한 구체적인 내용은 제9장 및 제10장을 참고하기 바란다.

(6) 기 타

상기 (1)~(5) 이외에도 협의, 지도 및 권고 등과 같은 비강제적·비권력적 행정지도와 투자자 등의 합리적인 의사결정을 위한 공시의무 등도 감독수단으로 활용되고 있다.

행정지도는 건전경영 유지를 위한 일반적인 기준을 설정하여 지도하거나 또는 법규 등에 위배되는 사항은 아니나 감독차원에서 개선 등이 필요하다고 판단될 경우 당해 금융기관에 대하여 행하는 것으로, 감독당국이 선량한 관리자로서의 의무를 다한다는 입장에서 취해지는 감독행위라 할 수 있다.

한편, 공시의무는 금융지주회사 등의 영업 및 재무상태 등과 관련하여 투자자 등의 의사결정에 중대한 영향을 미칠 수 있는 경우에 부과함으로써 시장규율에 의한 감독이 가능하도록 한다. 은행법에서는 재무제표의 공고(제41조), 경영공시(제51조) 등에 대해 공시의무를 부과하고 있다.

5. 금융감독기구의 독립성

바람직한 감독기구가 확립되기 위해서는 독립성, 책임성, 투명성, 청렴성 등 4가지 핵심요소가 필요하다. 특히 기관운영상의 독립, 규제상의 독립, 감독상의 독립, 예산상의 독립으로 표상되는 독립성과 책임성은 동전의 양면과 같아서 적절한 책임성이 없는 독립성은 효과적이지 못하며, 투명성은 책임성을 작동하도록 하고 독립성을 보장하는 수단으로 청렴성을 확보하는데 도움이 되므로, 투명성 관련수단을 공개함으로써 감독기구 임직원들이 더욱 잘 보호될 수 있다. 감독기구 임원의 선임 및 해임에 관한 명시적 기준과 감독기구 임직원에 대한 법적 보호도 감독기구의 독립성과 청렴성을 제고하는데 기여한다.

그러나 독립성과 책임성을 확보하기 위한 제도적 장치를 마련하기 위해서는 입법부의 지원이 필요하므로, 독립성과 책임성이 투명성과 청렴성보다 달성하기가 어렵다. 일단, 독립성과 책임성이 법에 의해 확보되면 감독기구의 투명성과 청렴성은 이상적으로 작동할 수 있다. 이는 투명성과 청렴성은 건전한 지배구조를 구성하고 독립성과 책임성을 강화하는데 필요한 내부적 요소이기 때문이다. 구체적으로 독립성이 개선되기 위해서는 감독기구 임원의 법적 면책, 건전성 규정에 대한 제・개정 권한 보유, 예산의 자율성 등과 같은 제도적 장치가 일반적으로 인정되어야 할 것이고, 책임성을 개선하기 위해서는 입법부 및 행정부와의 협조, 피감독기관의 재심요청 허용, 감독정책 사항에 대해서 피감기관과 사전적 협의, 인터넷의 광범위한 사용에 따른 투명성 증진 등이 필요하다.

그러나 감독기구의 독립성에 대해서는 회의적이고 감독기구에 대한 신뢰성이 부족하며, 이러한 현상은 책임성에 대한 과도한 강화나 직접적 통제 조치로 나타나게 된다. 구체적으로 감독기구의 의사결정기구에 정부가 참여하거나 감독기구의 운영에 간섭하고 은행의 인가 또는 퇴출에 대한 권한을 행사하게 된다.

한편 금융감독기구의 독립성은 목표의 독립성과 수단의 독립성으로 구분할 수 있다. 목표의 독립성은 감독기구가 감독기구설치법의 규정에 따라 달성해야 할 목표를 말하며, 감독기관은 법에서 정한 규제・감독의 목표를 어떻게 달성할 것인지를 결정하고, 실패할 경우 책임을 지는 자율권을 보유하여야 한다. 또한, 수단의 독립성이란 전문가인 감독기관 임직원이 결정하는 감독·규제정책의 수립 및 시행상의 독립을 말하는 것으로, 이에는 기관운용상의 독립성,[71] 규제상의 독립성,[72] 감독상의 독립성[73] 및 예산상의 독립성[74] 등 4가지

---

71) 입법부 및 행정부로부터의 독립을 의미하며, 기관의 독립성을 보장하기 위한 3대 요소로 임직원의 선임 및 해임기준, 감독기관의 지배구조, 의사결정의 공개 및 투명성 등을 들 수 있다. 임직원의 선임 및 해임 기준은 감독기관 임직원의 자격 및 정직성과 관련된 기준으로 선임 및 해임의 기준이 투명하면 기관 독립성이 높다. 동 기준에 따라 임직원의 임기 및 정년이 보장되고 정부로부터의 해임에 대한 두려움 없이 자기소신에 따라 업무를 집행할 수 있다.

72) 감독기관이 법에서 정한 바에 따라 감독대상 부문의 건전성과 관련된 규제나 규정을 제정할 수 있는 자율권을 의미한다.

73) 감독기구가 금융시스템의 안정을 위한 감독 당국의 주요 수단인 현장검사, 모니터링, 제재, 제재의 실행(인가취소 포함) 등에 있어서 독자적인 판단과 권한을 행사할 수 있는 것을 의미하며, 금융부문의 안정을 위해 반드시 필요한 것으로 금융감독기구의 4가지 독립성 요소 중에서 확보하기가 가장 어려운 요소이다. 특히 인가는 감독상의 독립을 위한 핵심적인 첫 단계이고, 금융감독 당국 또한 개별 은행의 성장 가능성을 결정하는데 가장 적합한 위치에 있으므로, 감독당국의 인가 및 인가취소에 대한 최종결정권한을 보유해야 한다. 독립성을 저해하는 전형적인 경우는, 정부가 개별 은행에 대한 최종 인가권을 가지는 가운데, 부정부패 또는 영업계획에 대한 평가능력 부족 등으로 부적합한 은행의 설립을 인가하는 것이다. 한편, 감독업무 수행과 관련한 감독기구 직원의 법적 보호는 감독상의 독립성을 강화하기 위해 가장 중요한 사항이다. 왜냐하면 감독기구 직원에 대한 적절한 법적 보호장치가 없는 경우에는 감독업무의 마비(paralyzing effect)가 발생할 수도 있기 때문이다. 그리고 감독기구의 독립성을 강화하는 또 다른 수단은 직원에 대한 적절한 보수 수준이다. 적절한 보수는 감독업무에 대해 전문성을 가지고 부정·부패에 빠지지 않을 우수한 자질의 전문가를 확보할 수 있게 하고, 감독권의 행사가 감독자의 재량권에 근거하지 않고 시스템에 근거하여 집행될 수 있도록 할 수 있기 때문이다. 아울러 감독행위에 대한 소송은 특별법원(specialist tribunals)에만 제기할 수 있도록 하여, 감독당국에 대한 소송 남발이나 악의적인 소송제기를 방지할 수 있어야 할 것이다.

74) 감독당국이 자체 예산규모를 결정하고 확정된 예산을 우선순위에 따라 집행할 수 있는 권한을 보유하고 있는 것을 의미한다. 예산 자율권이 높으면 감독당국은 예산과 관련된 압력을 이용한 정부의 간섭으로부터 보다 자유롭고, 새로운 감독수요가 발생하는 곳에 즉각 대응할 수 있으며, 유능한 직원을 채용하기 위해 필요한 높은 급여수준을 제공할 수 있다. 감독기관이 동 기관에 대해 감사권을 행사하는 정부부처 등으로부터 예산을 조달할 경우 감독기관은 다양한 형태의 정치적인 간섭에 노출될 위험이 크다. 즉, 감독기구가 금융회사에 대해 엄격하게 감독할 경우 정부는 예산의 승인 보류 또는 삭감 등을 수단으로 위협할 소지가 있고, 정부예산의 긴축이 필요한 시기에는 은행시스템의 불안정도 증가하여 감독상의 수요가 늘어남에도 감독기구 예산은 오히려 삭감될 소지가 있다. 따라서 감독기구가 정부로부터 예산을 조달하는 것이 불가피할 경우라 하더라도 감독기구의 예산은 감독기구가 시장상황과 연계하여 감독목적에 맞게 근거를 제시하여 작성·제출할 수 있어야 한다. 한편, 피감독기관으로부터의 감독분담금 및 수수료 등을 통해 예산을 조달할 경우 정부로부터 조달하는데 따른 문제점의 발생을 방지할 수 있으나, 감독분담금 및 수수료를 통한 예산조달

의 독립성으로 구분할 수 있다. 이 중 규제 및 감독의 독립성이 핵심적 독립성이며, 기관 및 예산의 독립성은 핵심적 독립성이 발휘되도록 지원하기 위한 필수적인 요소이다.

Ⅱ. 건전경영의 지도(제45조)

① 금융기관은 은행업을 영위함에 있어서 자기자본을 충실히 하고 적정한 유동성을 유지하는 등 경영의 건전성을 확보하여야 한다.
② 금융기관은 경영의 건전성을 유지하기 위하여 다음 각호의 사항에 관하여 대통령령이 정하는 바에 따라 금융감독위원회가 정하는 경영지도기준을 준수하여야 한다.
1. 자본의 적정성에 관한 사항
2. 자산의 건전성에 관한 사항
3. 유동성에 관한 사항
4. 기타 경영의 건전성 확보를 위하여 필요한 사항
③ 제2항의 규정에 의하여 금융감독위원회가 경영지도기준을 정함에 있어서는 국제결제은행이 권고하는 금융기관의 건전성 감독에 관한 원칙을 충분히 반영하여야 한다.
④ 금융감독위원회는 금융기관이 제2항의 규정에 의한 경영지도기준을 충족시키지 못하는 등 경영의 건전성을 크게 해칠 우려가 있다고 인정되는 때에는 자본금의 증액, 이익배당의 제한 등 경영개선을 위하여 필요한 조치를 요구할 수 있다.

1. 연혁 및 취지

이 조항은 제7차 개정 당시 제18조제3항 내지 제5항에 걸쳐 신설된 후, 제11차 개정시 제45조로 이관되었으며, 제14차 개정으로 제3항이 추가되고, 제17차 개정시 제2항이 현재와 같이 대통령령으로 정할 수 있는 사항이 구체적으로 열거되어 현재에 이르고 있다.

을 적절한 수준으로 조정하지 않으면 피감기관에 과도하게 예산을 의존하는 문제가 발생하며, 금융산업이 침체된 경우에는 수수료를 통한 예산조달에 제약을 받을 우려가 크기 때문에, 이러한 문제점을 해결하기 위해서는 감독기구가 적립금을 충당할 수 있도록 허용하는 것이 바람직하다.

규정내용을 살펴보면 제1항에서는 은행업을 영위하는 금융기관에 대하여 자기자본을 충실히 하고 적절한 유동성을 유지하는 등 경영의 건전성 확보의무를 부과하고 있고, 제2항에서는 경영의 건전성 유지에 대한 판단기준으로 금감위가 정하는 경영지도기준을 규정하고, 경영지도기준에서 정해야 될 구체적인 사항으로 자본의 적정성·자산의 건전성·유동성과 그 밖에 필요한 사항을 열거하되, 구체적인 사항은 대통령령에서 정하는 범위 내에서 금감위가 정할 수 있도록 하고 있다. 특히 제1항과 제2항과의 관계에 있어 은행 역시 기본적으로 회사로서의 성격을 무시할 수 없으므로, 건전경영의 개념과 범위를 정함에 있어서는 예금자 등 거래자의 높은 신뢰성과 일반적인 회사성을 고려하되, 논란을 피하기 위해 그 구체적인 예로 자기자본과 유동성을 제시하고 있다. 즉, 제1항은 금융기관에 의하여 건전경영 확보의무를 부과하는 추상적·일반적인 조항이며, 제2항에서 구체화되고 있다. 제3항에서는 금감위가 경영지도기준을 정함에 있어서는 금융의 세계화, 감독기준의 국제적 정합성 제고 차원에서 국제결제은행이 권고하는 원칙을 충분히 반영하도록 권고하고 있다. 이어 제4항에서는 금융기관이 금감위에서 정하는 경영지도기준을 충족시키지 못하는 등의 사유로 경영의 건전성을 크게 해칠 우려가 있을 경우에 당해 금융기관에 대하여 자본금의 증액이나 이익배당의 제한 등 경영개선을 위해 필요한 조치를 취할 수 있는 권한을 부여하고 있다.

2. 금융기관의 건전경영의무

은행은 불특정다수인으로부터 예금을 받아 자금을 필요로 하는 자에게 대출해 주는 자금중계기능을 수행한다. 이 경우 예금자는 단순히 은행이라는 이유로 아무런 의심없이 자신에게 중요한 돈을 맡긴다. IMF 금융위기를 경험한 이후에는 은행도 망할 수 있다는 의식이 어느 정도 일반화되었지만 아직도 은행에 돈을 맡기면 안전하다는 생각이 일반적이다. 이와 같이 은행을 무조건 신뢰하는 자들을 위해 은행은 건전하게 경영해야 하고, 예금자의 신뢰이익을 보호할 책무가 있다. 반면에 금융의 자유화 및 세계화로 금융기관간 경쟁이 심화되고 금융리스크도 다양해짐에 따라 금융기관 경영을 시장원리에만 맡겨둘 경우 금융기관의 부실화 및 금융시장의 혼란가능성은 상존한다. 따라서 은행의 건전성과 금융시장의 안전성을 유지하기 위하여는 어느 정도의 규제가 필요하다.

이 조항은 이러한 점을 감안하여 우선 은행에 대하여 장기적인 안정성 및 지급능력을 나타내는 자기자본과 단기적인 지급능력을 나타내는 유동성을 적정하게 유지토록 하는 건전경영의무를 부과하고 있다. 또한 이러한 의무를 직접적・사후적으로 규제하기보다는 간접적・사전적으로 규제하는 방식을 취하여 은행의 건전성 확보를 위해 필요한 경영지도기준을 정하고 이를 지키지 못하는 등의 사유로 부실화의 우려가 큰 은행에 대하여는 필요한 조치를 취할 수 있도록 하고 있다.

(1) 자본의 적정성에 관한 사항

은행은 보유자산 또는 거래의 위험도를 감안하여 산출되는 위험가중자산에 대하여 8/100 이상의 자기자본을 보유하여야 하다. 이를 위험가중자산에 대한 자기자본비율이라고 하며, 국내에서는 일반적으로 BIS비율 또는 BIS기준 자기자본비율이라고 일컬어지기도 한다.

이 자기자본비율 규제는 금융의 세계화의 흐름 속에서 국제적인 은행시스템의 안정성을 높이고, 각국간 규제의 차이로 인한 경쟁상의 불평등을 제거하기 위하여 1988년 7월 바젤은행감독위원회가 G-10국가 중앙은행 총재의 합의를 거쳐 마련한 국제적 통일기준(International Convergence of Capital Measurement and Capital Standard)으로서, 현재 BIS 회원국뿐만 아니라 비회원국도 대부분 도입하여 운용중에 있다. 그러나 1988년 발표된 기준은 거래상대방 또는 채무자의 신용리스크만을 기준으로 일정한 위험가중치를 반영하여 위험가중자산을 산출함으로써 은행이 직면하는 다양한 리스크를 반영하지 못할 뿐만 아니라, 각 거래상대방의 신용도를 감안하지 않고 획일적인 위험가중치를 적용함으로써 정확한 리스크를 반영하지 못하는 한계점을 내포하고 있었다. 이에 바젤은행감독위원회는 발전된 리스크 측정기법에 따라 정확한 리스크량을 산출하여 소요 자기자본을 산출하는 개정안을 발표하는 등의 노력을 기울인 결과, 1996년 1월 시장리스크를 감안하여 위험가중자산을 산출하도록 수정안(Amendment to the Capital Accord to Incorporate Market Risk)을 마련한 이후, 1999년 6월 BASEL-II 또는 New Basel Capital Accord로 불리는 새로운 위험가중자산산출기준 초안을 발표하고 2006년말 기준 자기자본비율 산출시부터 G-10국가 은행에 대한 적용을 추진한 바 있다.

이 New Basel Capital Accord는 기존의 신용리스크 산출기준을 획기적으로 개선하여 각 거래상대방 또는 채무자의 신용등급에 따라 위험가중치를 차등화함과 아울러, 운영리스크를 위험가중자산 산출대상 리스크에 새로이 포함시킴으로써 과거보다 정확하게 리스크량과 소요 자기자본을 산출하도록 하고 있다. 또한 신용, 시장, 운영리스크에 기초한 최저 자기자본비율뿐만 아니라 은행별 리스크 특성에 따라 적정 자기자본을 평가하여 충분한 자기자본을 보유하도록 하는 한편, 감독당국이 그 적정성을 점검하고 필요시 감독상의 조치를 취하도록 요구하고 관련정보를 충분히 공시하여 시장에 의한 규율을 받도록 하고 있는 점이 특징이다.

우리나라에서는 1992년 7월 당시 한국은행 은행감독원의 금융기관경영지도에관한규정 시행세칙 〈별표 1〉에 BIS기준 자기자본비율제도가 규정됨으로써 비로소 경영지도비율의 하나로 도입된 후 1993년 말부터 적용되었으며, 잠정적으로 최저기준을 7.25/100로 정한 후 1995년 말부터 현재와 같은 8/100을 최저기준으로 적용(동 시행세칙 부칙 제2조)하고 있다. 국내 도입시기가 선진국(1990년말 7.25/100, 1992년말 8/100)에 비해 3년 정도 늦었는 바, 이는 국내 금융시장에 대한 충격을 완화하기 위함이다. 또한 시장리스크 기준 자기자본비율 산출기준은 2000년 12월 30일 국내에 도입된 후 2002년부터 적용(동 시행세칙 부칙 제1조)되었다.

한편, 현행 은행법 시행령 제24조에서는 위험가중자산에 대한 자기자본비율 산출기준을 경영지도기준에 포함하도록 규정하고 있으며, 구체적인 최저 자기자본비율, 자기자본 및 위험가중자산 산출기준 등은 은행업감독규정 제26조, 은행업감독업무 시행세칙 제17조, 동 세칙 〈별표 3〉 및 〈별표 3-2〉에서 정하는 바에 따른다. 즉, BIS기준 자기자본비율은 신용리스크에 대한 위험가중자산 대비 자기자본비율 산출방식을 근간으로 하는데, 일일기준으로 트레이딩목적자산·부채가 1조원 이상 또는 총자산대비 10/100 이상되는 은행에 대해서는 시장리스크도 감안하여 자기자본비율을 산출한다. 여기서 말하는 자기자본은 은행을 청산에 이르게 하지 않고 영업의 계속성을 유지하는 과정에서 발생할 수 있는 불특정 손실을 보전하는데 충당할 수 있는 자금으로, 현행 규정하에서는 이를 기본자본과 보완자본 및 공제항목으로 구분한다. 기본자본은 영구적 자본으로서 기능할 수 있는 자본금, 자본준비금, 이익잉여금 등으로 구성되며, 보완자본은 회계상 자기자본은 아니지만 일정한 조건하에서 자기자본을 보완할 수 있다고 판단되어 감독당국이 재량으로 자기자본으로 인정하는 항목으로, 기본자본의 100/100 이내에서만 인정한다. 보완자본으로는 재평가적립금, 자본조정 중 매도가능증권 및 지분법 적용주식 평가이익의 45/100 상당액, 자산건전성분류 결과 정상 · 요주의에 대해 적립한 대손충당금 중 위험가중자산의 1.25/100 이내, 부채성자기자본조달 수단인 누적적우선주 · 영구후순위채무 · Hybrid Securities와 기한부후순위채무로서 최저만기 10년 이상인 상위 기한부후순위채무와 최저만기 5년 이상인 하위 기한부후순위채, 최저만기 2년 이상인 단기후순위채무 등이 있다.

공제항목은 자기자본규제 목적상 자본적 성격이 없다고 판단된 자산항목들로 성격에 따라 기본자본 또는 보완자본에서 각각 공제한다. 기본자본 공제항목으로는 영업권, 연결조정차계정, 이연법인세차, 자본조정 중 매도가능증권 평가손실 및 지분법적용투자주식 평가손실 등이 있고, 자기자본 공제항목으로는 비연결 금융자회사 출자금, 타은행 발행 자본조달 수단, 부실금융기관 발행 후순위채무, 자기자본비율 제고를 목적으로 한 상호보유 자본조달수단 등이 있다.

(2) 자산의 건전성에 관한 사항

이 조 제2항에서 자산건전성에 관한 규정을 둔 목적은 보유자산의 부실화 정도를 평가하여 이에 대한 적정수준의 충당금을 적립하고 추가담보 징구, 채권의 조기회수 등 필요한 조치를 강구함으로써 부실자산의 발생을 사전에 예방하는 한편, 이미 발생한 부실자산의 조기정상화를 촉진함으로써 은행 자산운용의 건전화를 도모하는데 있다. 만약, 보유자산이 부실화될 경우 일차적으로 이자수익이 감소되어 수익성이 악화되고, 운용자금이 고정화되어 유동성 문제가 야기되며, 나아가 원금의 회수불능규모가 커지고 연체기간이 장기화될 경우 해당 은행이 예금자에게 약속한 원리금지급을 제대로 이행하지 못하는 지급불능(Insolvency) 사태에 직면할 수 있다. 따라서 은행이 보유자산의 건전성 정도를 상시평가하고 분석하는 것은 은행 자체의 수익성 및 유동성 확보를 위하여 가장 기초적이면서 필수불가결한 업무이며 매우 중요한 의의를 지닌다고 하겠다.

자산의 건전성은 1999년말 도입된 신자산건전성분류기준(FLC)에 따라 분류하고 있는데, 과거의 금융거래실적 뿐만 아니라 차주의 미래 채무상환능력 등을 감안하여 정상·요주의·고정·회수의문·추정손실의 5단계로 분류하고, 적정한 수준의 대손충당금을 적립토록 하고 있다. 여기서 건전성 분류대상자산은 대출채권, 확정지급보증, 유가증권, 리스자산, 기타 건전성분류가 필요하다고 인정되는 자산이며, 은행은 감독원장이 정한 대손충당금 적립기준을 반영하여 차주의 채무상환능력 평가기준을 포함한 자산건전성 분류기준 및 대손충당금 적립기준을 설정하고, 동 기준에 따른 자산건전성 분류 및 대손충당금적립 결과를 매분기 종료후 20일 이내에 금감원에 보고하여야 한다. 또한, 자산건전성 분류 및 대손충당금적립의 적정성·객관성을 확보하기 위하여 독립된 여신감리기능을 유지하는 등 필요한 내부통제체제를 구축·운영하여야 하고, 회수의무 또는 추정손실로 분류된 부실자산을 조기에 상각하여야 한다.

만일, 금감원장이 은행의 자산건전성 분류 및 대손충당금 적립의 적정성을 점검하고 부적정하다고 판단될 경우 이의 시정을 요구할 수 있고, 은행이 보유하고 있는 부실자산에 대한 상각실적이 미흡하다고 인정되는 경우에는 특정 부실자산의 상각을 요구할 수 있다. 상각을 지연하는 경우에는 대손상각요구를 위한 검사를 실시할 수 있다. 그러나 차주가 대한민국 정부 또는 지방자치단체의 자산과 정상으로 분류된 대출채권 중 환매조건부채권 매수, 은행간 대여금 및 외화대여금은 대출충당금을 적립하지 아니할 수 있다. 특히, 금융사고가 발생하여 은행의 전월말 현재 자기자본의 1/100에 상당하는 금액을 초과하는 손실이 발생하였거나 발생이 예상되는 경우, 감독원장은 당해 은행에 대하여 해당 분기 말까지 손실예상액 전액을 특별대손충당금으로 적립할 것을 요구할 수 있고, 은행이 특별대출충당금을 적립한 후 당해 손실예상분에 대한 자산건전성분류가 확정되는 경우에는 동 충당금을 환입하고 대손충당금을 적립할 수 있다(감독규정 제29조).

〈대손충당금 적립기준(2007. 4. 현재)〉

	원 칙	가계자금대출	신용카드채권	지급보증
정 상	0.5/100	0.75/100	1/100	-
요 주 의	2/100	8/100	12/100	-
고 정	20/100	20/100	20/100	20/100
회수의문	50/100	55/100	60/100	50/100
추정손실	100/100	100/100	100/100	100/100

(3) 유동성에 관한 사항

은행의 유동성은 예금청구에 대한 지급, 기타 채무의 상환 및 신규대출 취급, 경영에 필요한 자산의 취득과 적정한 성장에 필요한 자금 등을 시의적절하게 그리고 합리적으로 조달할 수 있는 능력을 나타낸다. 이러한 은행의 유동성 상태를 측정하기 위하여 원화유동성비율을 이용하고 있으며, 은행은 100/100 이상을 유지하여야 한다. 동 비율은 은행계정과 종금계정의 모든 자산・부채 뿐만 아니라 난외계정도 포함하여 잔존만기 3월 이내의 원화유동성 자산을 잔존말기 3월 이내의 원화유동성 부채로 나누어서 계산한다. 그러나 3월 이내에 현금화가 불가능하거나 현금화에 비용이 소요되는 고정자산이나 담보로 제공된 자산 등은 유동성자산에서 제외된다. 일반은행 및 외국은행 지점은 원화유동성비율을 100/100 이상을 유지하여야 하나, 외화자산 및 부채의 비중이 높은 경우는 70/100 이상을 유지하여야 한다.

이와 같은 원화유동성비율과는 별도로 외화유동성비율을 정하여 운용하고 있다. 즉, 외국환관련법에 의한 외국환 업무등록기관에 대해서는 국내 본지점 이외에 해외지점과 해외현지법인, 역외계정의 외화자산 및 부채를 모두 포괄하여 외화자금조달 및 운용의 적정성을 지도하고 있다. 다만, 외국은행 국내지점에 대해서는 적용을 배제하고 있다. 외화유동성관련 경영지도기준으로는 외화유동성비율, 외화자산부채만기불일치비율, 중장기외화대출재원조달비율을 사용하고 있다.

3. 바젤은행감독위원회가 권고하는 은행의 건전성 감독에 관한 원칙

제3항은 금감위가 경영지도기준을 정함에 있어 감독기준의 국제적 정합성 확보 차원에서 국제기구에서 권고하는 은행의 건전성 감독에 관한 원칙을 충분히 반영하도록 선언적으로 명시하고 있고, 국제기구의 한 예로 국제결제은행(Bank for International Settlement; BIS)을 규정하고 있다. 그러나 국제결제은행은 감독기능을 수행하는 기구라기보다는 중앙은행간의 지급결제기능을 수행하는 중앙은행의 중앙은행이고, 국제적 감독기준을 정하는 기구는 국제결제은행 건물에 소재하고, 국제결제은행의 회원들이 주축을 이루고 있는 바젤은행감독위원회(Basel Committee on Banking Supervision; BCBS)이다. 따라서 이 항에서의 국제결제은행은 바젤은행감독위원회로 이해하는 것이 타당하며, 향후 은행법 개정시 수정되어야 할 것이다.

바젤은행감독위원회는 독일의 Herstatt Bankhaus의 파산(1974년 7월)을 계기로 은행감독당국간 상호협력을 위하여 1974년 12월 G-10국가 중앙은행 총재회의의 결정과 국제결제은행의 후원 아래 설립된 조직으로, (i) 은행감독업무의 질적 수준과 국제적인 표준화, (ii) 각국 감독제도의 잠재적인 문제점에 대한 조기경보체제 개선, (iii) 각국 감독당국간 협력증진 및 정보교환촉진 등 은행감독에 대한 국제기준을 정하는 주요 기능으로 하고 있으나, 통상적으로 은행감독에 대한 국제기준을 정하고 있다.

이 항에서 국제결제은행이라 함은 중앙은행간의 지급결제기능을 속행하는 조직을 지칭하는 것이 아니라 바젤은행감독위원회를 지칭하는 것이다. 회원으로는 G10국가(캐나다, 프랑스, 독일, 이탈리아, 일본, 스웨덴, 영국, 미국, 스페인, 스위스) 및 베네룩스 3개국의 중앙은행과 은행감독 당국의 고위실무자를 비롯하여 IMF, World Bank의 은행감독부분 담당자로 구성되며, 회의는 연 4회 개최된다. 이 위원회에서 정한 주요 은행업에 대한 주요 감독기준으로는

① 은행의 해외점포 설립인가절차(1983. 3, Authorization Procedure for Bank's Foreign Establishment)

② 은행 해외점포에 대한 감독원칙(1983. 5, Principles for the Supervision of Bank's Foreign Establishment)

③ 은행감독당국간 정보교환(1990. 4, Information Flows Between Banking Supervisory Authorities)

④ 국제 은행그룹 및 해외점포에 대한 최소 감독기준(1992. 7, Minimum Standards for the Supervision of International Banking Groups and Cross-Border Establishments)

⑤ 효과적 은행감독을 위한 핵심준칙(1997. 9, Core Principles for Effective Banking Supervision)

⑥ 핵심준칙 방법론(1990. 10, Core Principles Methodology)

⑦ 은행감독당국간 협력서의 필수요소(2001. 5, Essential Elements of a Statement of Cooperation between Banking Supervisors)

⑧ 국제전자금융업에 대한 관리 및 감독(2003. 7, Management and Supervision of Cross-Border Electronic Banking Activities)

⑨ 국가간 신바젤협약 이행을 위한 상위원칙(2003. 8, High-Level Principles for the Cross-Border Implementation of the New Accord)[75]

등이 있다. 이 중 은행의 건전성 감독과 관련된 것으로는 효과적인 은행감독을 위한 핵심준칙(⑤)과 국가간 신바젤협약 이행을 위한 상위원칙(⑨)을 들 수 있다.

바젤은행감독위원회에서 정하는 기준은 강제적 효력을 지니기보다는 권고적 효력에 불과하나 국제금융업무에 참가하는 국가나 금융회사들이 이를 채택·적용하고 있고 바젤은행감독위원회에서 각국의 이행상황을 모니터링할 뿐만 아니라 IMF, World Bank 등 국제기구도 거시경제 및 금융시스템의 안정성 제고를 위한 국가지원에 활용하기 때문에 우리나의 경우도 회원국이 아니면서도 별다른 비판없이 수용하고 있는 편이다.

현재 시행되고 있는 감독기준 중에서 가장 기본적인 사항을 정하고 있는 중요한 기준은 '효과적인 감독을 위한 핵심준칙'인 바, 구체적인 내용은 다음과 같다.

---

75) 국제은행업에 대한 주요감독기준(2004. 10, 금융감독원).

효과적인 감독을 위한 핵심준칙

1. 도입배경

1996년 6월 리용 G-7 정상회담 이후 바젤은행감독위원회, BIS, IMF, World Bank 등의 국제금융기구들은 세계 금융시장의 안정성 강화를 위한 제 방안들을 모색하던 중, 그 일환으로 동 위원회는 건전성규제 강화를 위하여 G-10 회원국 및 신흥금융시장 국가들과의 공동노력으로 효과적 은행감독을 위한 핵심준칙(일명 바젤 핵심준칙)과 동 위원회가 제시한 기존의 권고안, 지침, 기준 등에 대한 개요서(compendium)를 발간하고 동 내용을 G-10 중앙은행 총재회의의 승인을 얻어 1997년 6월 덴버 G-7 및 G-10 재무장관회의에 보고하였다. 핵심준칙 제정작업 과정에는 16개 non-G-10 국가의 은행감독 당국과 지역별 그룹이 참여하여 의견을 개진하였다. Non-G-10국가로는 각 지역별 은행감독관련 협의체 의장국인 칠레, 중국, 체코, 홍콩, 멕시코, 러시아, 태국이 참여하였고, 그 외에 아르헨티나, 브라질, 헝가리, 인도, 인도네시아, 한국, 말레이시아, 폴란드, 싱가포르 등 9개국과도 긴밀하게 협력해 왔다.

핵심준칙은 효과적인 은행감독에 필요한 25개의 기본적 사항을 포괄하고 있고 효과적 은행감독을 위한 기초여건(준칙 1), 설립인가 및 조직구조(준칙 2~5), 건전성규제 및 요건(준칙 6~15), 은행 영업활동에 대한 감독수단(준칙 16~20), 정보공시(준칙 21), 은행감독 당국의 공식적 권한(준칙 22), 국제적 은행업무(준칙 23~25) 등 6개 부문으로 구성되어 있다.

2. 주요 내용

(1) 효과적 은행감독을 위한 기초여건

1) 은행감독제도가 효과적으로 운영되기 위해서는 ① 은행감독기관의 책임과 목적의 명확한 설정 및 운영상의 독립성과 적정한 자원 보장, ② 은행 설립인가 및 영업활동감독에 관한 규정, 안전성 및 건전성 규제기준과 법규 준수를 위한 지시권한, 은행감독당국의 법적 보호 등에 관한 적정한 법률체계 확립, ③ 감독당국간 정보의 공유 및 비밀보장에 관한 제도 구축 등의 요건이 충족되어야 한다.

(2) 설립인가 및 조직구조

2) '은행'이 수행 가능한 업무범위를 명확히 규정하고, '은행'이라는 명칭 사용도 최대한 제한되어야 한다.

3) 은행설립인가 당국은 인가기준 설정권한 및 인가기준을 충족하지 않는 경우 인가를 거부할 수 있는 권한을 보유해야 하고, 인가절차에는 최소한 은행의 소유구조·경영진·영업계획 및 내부통제, 그리고 추정재무제표 등에 대한 심사가 포함되어야 하며, 신청인이 외국은행인 경우에는 본국 감독당국의 사전동의를 받아야 한다.

4) 은행감독 당국은 은행의 소유구조 또는 지배권의 중대한 변경을 초래할 모든 계획을 심사하고 승인을 거부할 수 있는 권한을 보유해야 한다.

5) 은행감독 당국은 은행의 중요한 인수결정이나 투자를 심사하고, 자회사 또는 조직구조가 은행에 과도한 위험을 초래하거나 효과적인 감독을 저해하지 않도록 하기 위해 관련기준을 설정할 수 있는 권한을 보유해야 한다.

(3) 건전성 규제 및 요건

6) 은행감독 당국은 모든 은행에 대해 적정수준의 최저자기자본비율을 설정하여야 한다. 이러한 자기자본 규제기준은 은행이 부담하는 위험을 반영해야 하고, 손실흡수능력을 고려하여 자본의 구성요소를 규정하여야 한다. 또한 적어도 국제적 영업을 수행하는 은행의 경우에는 바젤협정에서 정한 수준보다 높은 자기자본비율을 적용하여야 한다.

7) 감독제도의 핵심사항은 은행의 여신취급·투자·대출 및 자산리스크 분산 등과 관련된 방침·관행 및 절차를 평가하는 것이다.

8) 은행감독 당국은 은행이 자산건전성, 대손충당금 및 적립금의 적정성을 평가하기 위한 적절한 방침·관행 및 절차를 수립·준수하고 있는지 여부를 확인하여야 한다.

9) 은행감독 당국은 은행 경영진이 여신의 편중 여부를 판별할 수 있는 경영정보시스템을 보유하고 있는지를 확인하여야 하고, 동일인 및 동일 계열기업군에 대한 편중여신을 규제하기 위해 건전성 규제기준을 도입하여야 한다.

10) 은행감독 당국은 내부자에 대한 대출남용을 방지하기 위해 은행이 효과적인 감시가 가능한 범위 내에서만 동 대출을 취급하도록 적정한 한도를 설정하여야 하며, 동 리스크를 통제·완화하기 위한 적절한 조치를 취하여야 한다.

11) 은행감독 당국은 은행이 시장리스크를 정확하게 측정하고 적절하게 관리토록 해야 하며, 시장리스크 익스포져에 대하여 일정한 한도를 설정하거나 자기자본요건을 충족토록 해야 한다.

12) 은행감독 당국은 은행이 시장리스크를 정확하게 측정하고 적절하게 관리하도록 하여야 하며, 시장리스크 익스포져에 대하여 일정한 한도를 설정하거나 자기자본요건을 충족하도록 하여야 한다.

13) 은행감독 당국은 은행으로 하여금 여타의 모든 리스크를 확인・측정・감시・관리하기 위한 포괄적인 리스크관리절차(경영진의 적절한 감독을 포함)를 마련토록 하고, 필요한 경우 이들 리스크에 상응하는 자기자본을 보유토록 해야 한다.

14) 은행감독 당국은 은행으로 하여금 영업의 성격 및 규모에 적합한 내부통제제도를 구비토록 해야 하고, 내부통제제도에는 ① 권한과 책임의 명확화, ② 은행의 계약체결, 자금의 지출, 자산・부채의 회계처리 등과 관련된 기능의 분리, ③ 상기 과정들의 조화로운 운영, ④ 은행자산에 대한 안전장치, 그리고 ⑤ 이러한 통제제도, 관련법규 및 규정의 준수 여부를 점검하기 위한 독립적인 내부 또는 외부감사제도 등이 포함되어야 한다.

15) 은행감독 당국은 은행으로 하여금 금융부문의 도덕성과 전문성의 수준을 보다 제고시키고, 은행업이 범죄에 이용되는 것을 방지하기 위해 적절한 방침(예: 엄격한 '고객신분 확인' 방침), 관행 및 절차를 구비토록 하여야 한다.

(4) 은행 영업활동에 대한 감독수단

16) 효과적인 은행감독제도는 임점검사와 상시감독으로 구성되어야 한다.

17) 은행감독 당국은 은행 경영진과 정기적으로 접촉해야 하고, 은행의 경영상태를 철저히 파악하여야 한다.

18) 은행감독 당국은 개별 은행과 통합기준에 의한 건전성관련 보고서 및 통계자료를 징구하여 검토・심사할 수 있는 수단을 구비하여야 한다.

19) 은행감독 당국이 은행그룹을 연결기준에 의해 감독할 수 있는 능력을 갖추어야 한다.

(5) 정보 공시

20) 은행감독 당국은 각 은행으로 하여금 은행의 재무상태 및 수익성을 정

확하고 공정하게 반영할 수 있도록 통일된 회계원칙에 따라 회계기록을 작성·유지토록 하고, 은행의 재무상태가 공정하게 반영된 재무제표를 정기적으로 공시하도록 해야 한다.

(6) 은행감독당국의 공식적 권한

21) 은행감독 당국은 은행이 건전성 규제기준(최저자기자본비율 등)을 충족하지 못하거나 법규를 위반한 경우 또는 여타의 이유로 예금자가 보호받지 못하는 경우 시의적절한 시정조치를 취할 수 있어야 한다. 동 시정조치는 극단적인 경우 은행업인가를 취소하거나 취소를 권고할 수 있는 권한까지도 포함한다.

(7) 국제적 은행업무

22) 은행감독 당국은 은행의 해외지점, 합작회사, 자회사 등의 모든 국제적 업무에 대하여 건전성 규제기준을 적절히 적용하고 점검하는 등 국제적 업무를 영위하는 은행에 대해 통합연결기준의 감독을 실시하여야 한다.

23) 연결기준감독의 핵심적 사항은 현지 감독당국을 포함한 여타의 감독당국과의 접촉 및 정보교환 채널을 구축하는 것이다.

24) 은행감독 당국은 국내진출 외은지점에 대해서도 국내은행과 동일한 감독기준을 적용하고, 외은지점의 본국 감독당국이 연결기준의 감독을 수행하는데 필요한 정보를 제공할 수 있는 권한을 보유해야 한다.

(참고)

국제결제은행(Bank for International Settlements; BIS)

(1) 설립 배경

20세기초 유럽을 중심으로 중앙은행간의 협력증진을 위한 '중앙은행의 은행'(as a bank for central banks)과 같은 다자간기구의 설립논의가 진행되었으나 제1차 세계대전의 발발로 중단되었다가 제1차 세계대전이 끝난 후 독일의 전쟁배상금 지급문제가 장기간 지연되고 금본위체제 붕괴에 따른 국가간의 통화협력 증진의 필요성과 각국 중앙은행간의 협력을 주도할 수 있는 국제금융기구에 대한 필요성이 제기되어 다자간 기구의 설립논의가 재개되었다. 아울러 독일의 전쟁배상금 문제에 관한 사항이 헤이그협정의 체결로 해결의 실마리를 찾게 되자 이를 계기로 1930년 11월 20일 배상금 결제를 전담하기 위한 기구로 국제결제은행을 설립하기로 하였다.

설립에 관한 사항은 영국, 프랑스, 이탈리아, 일본, 벨기에, 독일 등 여섯 나라의 중앙은행이 주도하였고, BIS의 설립예정지로 지정된 스위스와 함께 '국제결제은행에 관한 협정'을 체결하였다. 1930년 2월에는 BIS에 미국이 참여하였고 설립헌장과 정관이 채택되었으며, 동년 5월 17일 스위스 바젤에 본부를 둔 BIS가 공식적으로 업무를 시작하였다.

(2) 활동 및 목적

BIS의 설립목적은 중앙은행간의 협력증진, 국제금융거래의 원활화를 위한 편의제공, 그리고 국제결제업무와 관련한 수탁자 및 대리인으로서의 역할을 수행하는 것이다(정관 제3조). 이러한 설립목적에 따라 BIS는 각국의 중앙은행이 거의 대부분 출자하여 운영하고 있는 중앙은행 중심의 기구로, BIS에 대한 정부의 개입과 BIS의 정부에 대한 융자도 엄격하게 금지하고 있다.

BIS는 결제기관으로서의 역할수행이라는 초기의 설립목적으로부터 변화하는 시대적인 상황에 따라 중앙은행간의 국제금융협력체로서의 기능수행에 초점을 두고 있다. 또한, BIS는 스위스 국내법에 따라 설립된 주식회사이나 국내법의 적용을 받지 않는 중앙은행간 협력기구로 유럽과 미국 중심의 폐쇄적 성격을 띠고 있다는 점이 특징이라고 할 수 있다.

(3) 구성과 조직

BIS 가입자격은 국가간의 통화협력 증진과 BIS 활동에 기여한 바가 크다고 여겨지는 국가의 중앙은행으로 제한하고 있다(정관 제8조제3항). BIS에는 창설가맹은행과 일반가맹은행이 있다. 창설가맹은행은 BIS 창설과 함께 참여했던 미국, 독일, 영국, 프랑스, 이탈리아, 벨기에 등 6개국의 중앙은행이 회원으로 구성되어 있다. 일본은 BIS 설립 당시에는 가맹은행에 포함되어 있었으나, 제2차 세계대전 이후 지위를 상실하였다가 그 후 일반가맹은행으로 재가입하였다. 현재 총 55개국의 중앙은행이 가맹은행으로 되어 있다.

BIS의 조직은 총회(General Meeting), 이사회(Board of Directors), 그리고 총재(President)와 사무총장(General Manager)을 포함하여 일반업무를 관장하는 집행부로 구성되어 있다. 총회는 BIS의 최고의사결정기구로서 가맹은행 중앙은행 총재로 구성된다. 정기총회는 매년 1회 정기적으로 개최하는 연차총회로서 장소는 스위스의 바젤 소재 BIS이다. 또한, 정관의 개정과 같은 중요한 사항을 결정하기 위하여 수시로 임시총회가 가능하게 되어 있다.

이사회는 실질적인 의사결정기구로서 총회 권한사항 이외의 모든 사항을 결정한다. 이사회는 당연직이사, 지명직이사, 그리고 선출직이사로 구성되며, 이사회의 의장은 총회의 의장을 겸임한다.

(4) **기능과 활동**

BIS는 1969년 독일의 전쟁배상과 관련된 업무를 중심으로 활동하였으나, 배상문제가 완결되면서 정관 개정을 통하여 각국 중앙은행, 일반상업은행 및 국제금융기구 등을 대상으로 수신업무, 중앙은행에 대한 담보대출・어음할인・환어음과 같은 여신업무, 각국 중앙은행을 위한 외환거래 및 금 운용업무 등 국제금융기구로서의 역할을 강화하였다. 또한, BIS는 바젤은행감독위원회 등 각종 위원회에 대해 지원하고 있다.

(5) **우리나라와의 관계**

우리나라(한국은행)는 1975년 이후 옵저버 자격으로 매년 연차총회에 참석하여 오다가 1996년 9월 BIS 이사회의 결정에 따라 1997년 1월 중국, 홍콩, 인도, 브라질, 멕시코, 러시아, 사우디아라비아, 싱가포르 등 9개국과 동시에 가입하게 되어 일반가맹은행으로, BIS 주최 연차총회, 총재회의 및 임원회의에 참여하고 있으며, 주요국 중앙은행 총재 및 고위급 임원들과 국제통화 및 금융에 관한 정보를 교환하면서 상호협력을 강화하고 있다.

4. 경영개선을 위한 조치

제4항은 금융기관이 경영지도기준을 충족시키지 못하는 등 경영의 건전성을 크게 해칠 우려가 있다고 인정되는 경우 금감위로 하여금 자본금의 증액, 이익배당의 제한 등 경영개선을 위하여 필요한 조치를 요구할 수 있는 근거조항이다. 이와 같이 경영개선조치를 요구하기 위해서는 그 위험의 정도에 따라 요구하는 내용도 차등화되어야 한다. 이와 같이 위험의 정도를 평가하는 장치로서 경영실태평가제도를 운용하고 있고, 그 결과에 따라 경영개선 권고, 경영개선조치요구, 경영개선조치명령 등의 조치를 시행하고 있다.

(1) 경영실태평가

경영실태평가제도는 개별 금융기관의 경영부실 위험을 적기에 파악・대처하는 한편, 금융시스템의 안정을 제고시키기 위하여 은행의 경영상태를 체계적이고 객관적으로 평가하는 제도로, 1992년 7월 도입되었다.

1) 평가방식 개요

금감원장은 금융지주회사 등의 경영실태를 분석하여 경영의 건전성 여부를 감독하여야 하는데, 검사 등을 통하여 경영실태를 평가하고 그 결과를 감독 및 검사업무에 반영할 수 있다(감독규정 제33조①・②). 이러한 경영실태평가는 은행의 경영실태에 대한 종합평가를 원칙으로 하나(시행세칙 제27조①), 전산업무, 신탁업무, 리스크관리업무 등 은행 경영의 특수부문에 대하여는 별도의 평가체계를 운영할 수 있으며, 이 경우 특수부문에 대한 평가결과는 경영실태평가시 감안할 수 있도록 하고 있다(시행세칙 제27조②). 리스크관리업무에 대한 평가에 대해서는 검사기준일 현재 평가대상기관 본점의 리스크 관리실태를 은행업감독업무 시행세칙의 〈별표 9〉에서 정하는 바에 따라 부문별로 구분평가하고, 부문별 평가결과를 감안하여 종합평가하며, 동 결과는 경영실태평가시 경영관리의 적정성부문에 반영할 수 있다.

평가는 검사기준일 현재 평가대상기관의 경영실태를 6개 부문(CAMELS)으로 구분평가하고, 그 결과와 전반적인 재무상태 등을 고려하여 종합평가하는 방식이다. 이 6개 부문은 자본적정성(Capital adequacy), 자산건전성(Asset quality), 경영관리의 적정성(Management), 수익성(Earnings), 유동성(Liquidity), 시장리스크에 대한 민감도(Sensitivity to market risk)이며, 이들 6개 평가부문을 계량지표와 비계량 평가항목으로 각각 구분하여 평가한다(시행세칙 제28조①제1호). 다만 외국은행 지점이나 국내은행 국외지점에 대해서는 당해 지점의 리스크관리, 경영관리 및 내부통제, 법규준수, 자산건전성 등의 4부문으로 나누되 각각을 계량지표와 비계량평가항목으로 구분하여 평가한다(시행세칙 제28조①제2호).

2) 평가등급 및 평가항목

경영실태평가는 1등급(우수), 2등급(양호), 3등급(보통), 4등급(취약), 5등급(위험)의 5등급으로 구분한다(감독규정 제33조③). 구체적인 각 부문별 평가항목 및 동 평가항목 중 계량지표의 산정기준, 경영실태 평가등급별 정의는 은행감독업무 시행세칙 제28조 〈별표 6~8〉에서 자세히 설명하고 있다(시행세칙 제28조②③). 평가등급은 평가부문별로 계량지표, 비계량평가항목 및 평가부문별 중요도 등을 감안하여 종합평가등급을 산정함을 원칙으로 한다(시행세칙 제28조④). 경영실태평가후 계량지표에 의해 은행 본점에 대해 분기별로 실시하는 간이평가결과가 악화되는 경우[76] 비계량평가항목을 감안하여 당해 평가등급의 조정 여부를 판단하여야 한다. 다만, 당해 은행에 대해 즉각적인 시정조치가 필요하다고 판단될 경우 비계량평가항목을 감안하지 아니하고 평가등급을 조정할 수 있다(시행세칙 제28조⑤). 외국은행 지점 또는 국내은행 현지법인 및 국외지점에 대해 반기별로 실시하는 간이평가결과에 대하여도 비슷한 사유가 있는 경우에는 마찬가지이다(시행세칙 제28조⑥ · ⑦).

(2) 적기시정조치

적기시정조치는 자본적정성지표 수준 등에 따라 부실화 우려가 있는 불건전 은행에 대하여 적절한 경영개선조치를 취하여 조기에 경영을 정상화하도록 하고, 경영정상화 가능성이 없는 은행은 조기에 퇴출시킴으로써 금융부실에 따른 사회적 비용을 경감시키고 금융제도의 안정성을 도모하는 제도이다. 적기시정조치에 대해서는 이 조항 이외에도 금융산업의구조조정에 관한법률(제10조)에서 일반적으로 규정하고 있고, 구체적으로는 이들 법규정에 따라 은행업감독규정(제34~38조)에서 규정하고 있다. 특히, 이 조항에서는 금감위에 대하여 선택적 · 임의조항으로 규정하고 있으나, 금산법에서는 의무적 사항으로 규정하고 있어 혼란의 여지가 있음을 감안하여 규정에서 의무적 사항으로 규정함으로써 혼란의 여지를 제거하였다.

현행 법규상 적기시정조치로는 경영개선권고, 경영개선요구, 경영개선명

---

76) 악화되는 경우의 예 : i) 분기별로 실시하는 계량지표에 의한 간이평가등급이 최직근 종합평가등급 평가시 산출된 계량등급보다 2등급 이상 악화된 경우, ii) 분기별로 실시하는 계량지표에 의한 간이평가등급이 최직근 종합평가등급 평가시 산출된 계량등급보다 2분기 연속해서 악화되는 경우, iii) 종합등급이 1~3등급으로 평가되었으나 분기별 간이계량평가에 의한 자본적정성 또는 자산건전성부문의 등급이 4~5등급으로 산정된 경우, iv) 분기별로 실시하는 계량지표에 의한 간이평가등급이 1~3등급이나 계량예측모형 등을 이용한 경영실태분석 결과 부실화될 가능성이 높다고 판단되는 경우, v) 기타 경영상태가 심각하게 악화되었다고 판단되는 경우.

령의 3종류가 있다. 그 밖에 유동성의 급격한 악화로 예금지급준비금 및 예금지급준비자산의 부족, 대외차입금의 상환불능 등의 사태에 이른 경우로서 예금자의 이익을 크게 저해할 우려가 있다고 인정되는 경우 그 위험을 제거하기 위해 취할 수 있는 긴급조치가 있다.

적기시정조치요건에 해당된다고 하더라도 은행이 자본의 확충 또는 자산의 매각 등으로 기준을 충족시킬 것이 확실시 되는 경우 등 일정한 사유가 있다고 인정되는 경우 당해 조치권자는 일정기간 동안 동 조치를 유예할 수 있다.

1) 경영개선권고(감독규정 제34조)

경영개선권고는 가장 낮은 단계의 적기시정조치로서, 경영개선요구 및 경영개선명령의 조치권자가 금감위인 것과는 달리 금감원장이 권고의 주체가 된다. 금감원장 앞으로의 권한위임에 따라 권고주체가 된 것은 금산법(제10조⑤)에 따른 것으로 이해될 수 있으나, 동법 시행령에서 구체적인 규정이 없어 이의 적법성에 대해 논란의 소지가 있으므로 향후 동법 시행령 개정시 반영해야 할 것이다.

그러면 경영개선권고는 어느 때에 발동되는가? 경영개선권고가 발동되기 위해서는 은행이 (i) 위험가중자산에 대한 자기자본비율이 100분의 8 미만인 경우, (ii) 경영실태평가 결과 종합평가등급이 1등급 내지 3등급으로서 자산건전성 또는 자본적정성 부문의 평가등급을 4등급 또는 5등급으로 판정받은 경우, (iii) 거액의 금융사고 또는 부실채권의 발생으로 이와 같은 기준에 해당될 것이 명백하다고 판단되는 경우이다. 은행이 이들 3가지 요건 중 한 가지만이라도 해당되면 가능하다. 여기서 금융사고나 부실채권과 관련하여 거액의 기준이 대해서는 구체적으로 언급되지 않아 논란의 여지가 있으나, 그 규모와는 관계없이 결과론적으로 BIS 자기자본비율이 8/100 미만이거나 경영실태를 평가할 경우 그 등급이 이에 해당된다고 판단되면 가능하다.

경영개선권고의 내용으로는, ① 인력 및 조직운영의 개선, ② 경비절감, ③ 영업소 관리의 효율화, ④ 고정자산투자, 신규업무영역에의 진출 및 신규출자의 제한, ⑤ 부실자산의 처분, ⑥ 자본금의 증액 또는 감액, ⑦ 이익배당의 제한, ⑧ 특별대손충당금의 설정 등이 있다. 이들 중 하나 또는 전부를 요구할 수 있으며, 그 판단은 전적으로 조치권자인 금감원장의 몫이다. 이러한 조치는 은행에 대해 영향을 미치므로 이 규정에서 정한 내용으로 한정된다고 볼 수 있으며, 그 방식은 문서나 구두 등 제한이 없다고 할 수 있다. 그러나 통상적으로 문서에 의하고 있다. 한편, 금감원장은 경영개선권고를 하는 경우에 당해 은행 또는 관련 임원에 대하여도 주의 또는 경고조치를 취할 수 있다.

이와 같이 경영개선권고는 해당 요건이 되면 감독원장이 반드시 조치하여야 할 의무사항이지만, 이를 획일적으로 운영할 경우 불합리한 결과가 나올 수도 있다. 예컨대, 단시일 내에 자본확충이 확실한데도 일시적으로 자본적정성비율이 기준 이하로 떨어졌음을 이유로 경영개선권고를 내린다면, 당해 은행의 대외신인도가 하락하여 경영건전성 개선에 불리하게 작용할 수 있다. 따라서 일정한 경우에는 경영개선권고를 유예할 수 있도록 하였다. 즉 감독원장은 경영개선권고의 발동요건에 해당하는 은행이 자본의 확충 또는 자산의 매각 등으로 기준을 충족시킬 것이 확실시되거나, 단기간에 충족시킬 수 있다고 판단되는 경우 또는 이에 준하는 사유가 있다고 인정되는 경우에는 일정기간 동안 조치를 유예할 수 있다.

여기서 의문이 제기되는 것은 경영개선권고에 대한 은행의 반영 여부이다. 경영개선권고는 단순한 금융감독 당국의 자문 내지 권하는 의사표시에 불과하기 때문에 이에 대한 채택 여부는 은행에서 결정할 사안임에는 틀림없다. 그러나 경영개선권고를 당할 정도로 경영의 건전성에 위험을 초래한 경영진이 이를 외면한다는 것은 기대하기 곤란하다. 따라서 설령 경영개선권고라고 하더라도 은행에 미치는 효력에 있어서는 별다른 차이가 없다 하겠다.

2) 경영개선요구(감독규정 제35조)

경영개선요구는 금감위의 은행에 대한 처분요구로서 은행의 행위를 제한하고 특정한 행위를 요구하기 때문에 법적근거가 있어야 하고 또 그 타당성이 인정되어야 한다. 이러한 측면에서 볼 때 은행법상의 규정만으로는 그 근거로서 미흡하고 금산법의 원용이 필요하다. 그렇다고 하더라도 금산법에서 정하고 있는 적기시정조치요구사항의 범위와 규정에서 정하고 있는 범위간에는 다소 차이가 있다. 이를 일치시키는 것이 바람직하다.

금감위는 (i) 위험가중자산에 대한 자기자본비율이 100분의 6미만이거나,

(ii) 경영실태평가 결과 종합평가등급을 4등급 또는 5등급으로 판정받은 경우, (iii) 거액의 금융사고 또는 부실채권의 발생으로 (i), (ii)에 해당될 것이 명백하다고 판단되는 경우, (iv) 경영개선권고를 받은 은행이 경영개선계획을 성실히 이행하지 아니하는 경우 당해 은행에 대하여 경영개선을 요구할 수 있다. 금감위는 은행이 (i), (ii)의 경우에 해당된 사실을 인식한 경우에는 지체없이 경영개선요구를 위한 절차를 진행하여야 한다. 지체함으로 인해 발생하는 금융시스템의 불안정성에 대해서는 금감위가 책임을 부담해야 한다.

금감위가 경영개선조치로 요구할 수 있는 사항은 규정에 한정되어 있으며, 이 중 일부만 요구할 수도 있고, 전부에 해당하는 조치를 요구할 수도 있다. 즉 그 범위는 금감위가 결정할 수 있다. 그러나 그 범위는 최소한에 그쳐야 할 것이다. 경영개선조치로 요구할 수 있는 사항으로는 (i) 영업소의 폐쇄·통합 또는 신설제한, (ii) 조직의 축소, (iii) 위험자산보유 제한 및 자산의 처분, (iv) 예금금리수준의 제한, (v) 자회사 정리, (vi) 임원진 교체 요구, (vii) 영업의 일부정지, (viii) 합병, 금융지주회사의 자회사로의 편입(단독으로 또는 다른 금융기관과 공동으로 금융지주회사를 설립하여 그 자회사로 편입하는 경우를 포함), 제3자 인수, 영업의 전부 또는 일부 양도계획의 수립, (ix) 경영개선권고시 이행요구할 수 있는 사항 등이다.

3) 경영개선명령(감독규정 제36조)

경영개선명령은 부실 정도가 심한 경우에 내릴 수 있는 가장 강력한 적기시정조치로, 은행이 (i) 금산법 제2조제3호에서 정하는 부실금융기관에 해당되는 경우, (ii) 위험가중자산에 대한 자기자본비율이 100분의 2 미만인 경우, (iii) 경영개선요구를 받은 은행이 경영개선계획의 주요사항을 이행하지 않아 금감원장으로부터 이행촉구를 받았음에도 이를 이행하지 아니하거나 이행이 곤란하여 정상적인 경영이 어려울 것으로 인정되는 경우에 발동된다.

또한 경영개선명령으로 내릴 수 있는 조치는 (i) 주식의 전부 또는 일부 소각, (ii) 임원의 직무집행 정지 및 관리인의 선임, (iii) 합병 또는 금융지주회사의 자회사로의 편입(단독으로 또는 다른 금융기관과 공동으로 금융지주회사를 설립하여 그 자회사로 편입하는 경우 포함), (iv) 영업의 전부 또는 일부의 양도, (v) 제3자에 의한 당해 금융지주회사의 인수, (vi) 6월 이내의 영업의 정지, (vii)

계약의 전부 또는 일부의 이전, (viii) 경영개선요구시 이행을 요구하도록 정해진 사항의 일부 또는 전부이다. 여기서 영업의 전부정지, 영업의 전부양도, 계약의 전부이전 또는 주식의 전부소각의 조치는 부실금융기관이거나 위험가중자산에 대한 자기자본비율이 100분의 2 미만이고 건전한 신용질서를 해할 우려가 현저하다고 인정되는 경우에 한한다.

5. 기 타

(1) 정부(또는 예금보험공사)의 지원을 받은 은행에 대한 특례

금감위는 경영개선권고 또는 경영개선요구를 받은 은행으로서 외부로부터 자금지원 없이는 정상적인 경영이 어렵다고 판단되어 정부 또는 예금보험공사가 출자하기로 한 은행에 대하여 자본증가 또는 자본감소를 명령할 수 있다(감독규정 제36조③).

(2) 적기시정조치의 유예(감독규정 제37조)

금감위는 경영개선명령의 발동요건에 해당하는 은행이 자본의 확충 또는 자산의 매각 등으로 기준을 충족시킬 것이 확실시되거나 단기간에 충족시킬 수 있다고 판단되는 경우 또는 이에 준하는 사유가 있다고 인정되는 경우에는 일정기간 동안 조치를 유예할 수 있다. 유예할 수 있는 기간은 당해 은행의 경영상태 등을 종합적으로 고려하여 합리적으로 결정하여야 할 것이다.

(3) 경영개선계획 제출 및 평가(감독규정 제39조)

경영개선권고나 경영개선요구 또는 경영개선명령을 받은 은행은 동 조치를 받은 후 2월의 범위 내에서 당해 조치권자가 정하는 기한 내에 경영개선권고 또는 경영개선요구 내용이 반영된 계획(경영개선계획)을 금감원장에게 제출하여야 한다. 경영개선권고에 의한 경영개선계획은 금감원장이, 그리고 경영개선요구 및 경영개선명령에 의한 경영개선계획은 금감위가 각각 승인 여부를 결정한다. 제출된 경영개선계획은 외부전문가로 구성된 경영평가위원회의 사전심의를 거쳐 승인 여부가 결정되는데, 긴급을 요하거나 심의의 실익이 크지 아니하다고 금감원장이 인정하는 경우에는 사전심의절차를 생략할 수 있다.

승인 여부는 경영개선계획을 제출받은 후 1월 이내에 결정하여야 하나, 경영평가위원회의 심의가 지연되는 경우에는 15일 이내에서 그 기한을 초과할 수 있다.

경영개선계획의 타당성이 인정되지 않을 경우에는 감독원장 또는 금감위가 동 계획을 불승인할 수 있다. 이 때 경영개선요구시에 일부 또는 전부에 해당하는 조치를 요구하고, 동 조치내용이 반영된 계획을 일정기간 내에 제출토록 하여 승인 여부를 결정한다. 특히, 금감위는 계획의 타당성이 인정되지 않을 경우 경영개선명령시 요구할 수 있는 조치의 일부의 이행을 요구하거나 명령할 수 있다.

한편, 경영개선계획을 승인받은 금융기관은 매 분기말 익월 10일까지 동 계획의 분기별 이행실적을 금감원장에게 제출하여야 하며, 감독원장은 그 이행실적이 미흡하거나 관련제도의 변경 등 여건변화로 인하여 이행이 곤란하다고 판단되는 경우 경영개선계획의 수정요구, 일정기간내 이행촉구 등 필요한 조치를 취할 수 있다. 이 경우 금감원장은 그 조치내용을 금감위에 사전보고하여야 한다. 경영개선계획의 수정요구로 인하여 금융기관이 경영개선계획의 주요사항을 수정하여 제출한 경우에는 새로운 경영개선계획으로 보아 그 승인절차를 준용한다.

(4) 경영개선계획의 이행

경영개선계획의 이행기간은 경영개선권고의 경우 승인일로부터 1년 이내, 경영개선요구의 경우 승인일로부터 1년 6월 이내이다. 경영개선명령의 경우에는 경영개선계획의 이행기간이 규정되어 있지 않으나 이행이 가능한 때로부터 지체없이 이행하는 것이 타당하다. 또한, 경영개선권고를 받은 은행이 경영개선계획 이행중 경영개선요구를 받은 경우의 이행기간은 경영개선권고에 따른 경영개선계획의 승인일로부터 1년 6월 이내로 한다. 다만, 금감원장으로부터 경영개선계획의 수정요구 또는 일정기간내 이행촉구를 받은 경우에는 1년 6개월을 초과할 수 있으나, 동 초과기간은 당초의 이행기간(1년 또는 1년 6개월) 이내여야 한다. 즉 초과기간이 본래의 기간보다 길 수는 없다.

그러나 자본확충 또는 부실채권정리 등 경영개선계획의 주요 사항을 조기에 달성하여 경영상태가 현저히 개선된 경우 당해 조치권자는 권고・요구 또는 명령한 조치의 내용을 완화하거나 그 이행을 면제할 수 있다. 또한, 경영개선계획 이행기간이 만료되어 경영상태가 충분히 개선되었다고 인정되는 경우 당해 조치권자는 당초의 조치가 종료되었음을 통지하여야 하며, 경영상태가 각 적기시정조치의 기준에 해당하는 경우에는 동 조항에 따라 별도의 경영개선권고, 경영개선요구 또는 경영개선명령을 하여야 한다.

Ⅲ. 예금지급불능자 등에 대한 조치(제46조)

금융감독위원회는 금융기관의 파산 또는 예금지급불능의 우려 등 예금자의 이익을 크게 해칠 우려가 있다고 인정되는 때에는 예금수입 및 여신의 제한, 예금의 전부 또는 일부의 지급정지 기타 필요한 조치를 명할 수 있다.

1. 취 지

이 법에서는 은행의 건전경영의무, 금감위의 경영지도기준 설정·운용 및 경영지도기준을 충족하지 못하는 등 경영의 건전성을 크게 해칠 우려가 있다고 인정되는 은행에 대한 적기시정조치에 관한 규정을 두고 있다. 즉, 제45조에서 정하는 적기시정조치 또는 건전성유지조치가 일상적인 감독수단에 따른 조치라고 한다면, 이 조항에서 정하는 긴급조치는 은행이 일시적인 유동성 부족으로 인한 예금지급불능사태 등의 경우 금감위로 하여금 예금수입 및 여신의 제한, 예금지급정지 등 당해 은행과 금융시스템의 안전성을 보호하기 위해 필요한 조치를 취할 수 있도록 하고 있다.[77]

2. 긴급조치의 요건

금감위가 은행에 대하여 긴급조치를 취할 수 있는 경우는 (i) 유동성의 급격한 악화로 예금지급준비금 및 예금지급준비자산의 부족, 대외차입금의 상환불능 등의 사태에 이른 경우, (ii) 휴업, 영업의 중지, 예금인출 쇄도 또는 노사분규 등 돌발사태가 발생하여 정상적인 영업이 불가능하거나 어려운 경

77) 이에 따라 이 조의 구체적 내용을 규정하고 있는 감독규정 제46조에서는 그 제목을 긴급조치로 명시하고 있다.

우, (iii) 파산위험이 현저하거나 예금지급 불능상태에 이른 경우에 해당되어 예금자의 이익을 크게 저해할 우려가 있다고 인정되는 경우이다(감독규정 제38조①).

3. 긴급조치의 내용

금감위가 취할 수 있는 긴급조치는 (i) 예금의 수입 및 여신의 제한, (ii) 예금의 전부 또는 일부의 지급정지, (iii) 채무변제행위의 금지, (iv) 자산의 처분이다(감독규정 제38조②). 예금의 수입을 제한하는 이유는 경영상태가 위태로운 은행이 신규로 예금을 수입함으로써 추가적으로 손해를 입는 예금자가 없도록 하기 위한 것이고, 여신에 대하여 제한조치를 취하는 것은 예금에 대한 운용상의 제한을 가함으로써 유동성을 보다 많이 확보하기 위함이다. 예금의 전부 또는 일부에 대하여 지급정지 조치를 취할 수 있도록 한 것은 특정 예금자의 부당한 우선변제를 제한하는 등 예금자를 공평하게 보호하려는 취지이고, 채무변제행위 금지조치를 취할 수 있도록 한 것 역시 유동성의 확보와 예금자 등 채권자를 공평하게 보호하려는 취지이다. 한편, 자산의 처분을 명할 수 있도록 한 것은 유동성을 확보하도록 하기 위한 취지이다.

4. 긴급조치의 절차

이 조에 의한 긴급조치는 금감위의 권한이다. 다만, 금감위는 합의제 행정기관인 점을 감안하여 회의를 소집할 수 없는 긴급한 경우에는 금융감독위원장이 우선 필요한 긴급조치를 취할 수 있다. 이 경우 금융감독위원장은 지체없이 회의를 소집하고 그 조치내용을 보고하여야 한다(감독규정 제38조① 단서).

5. 긴급조치의 효력 범위

금감위가 은행업무에 대해서 긴급조치를 취할 수 있음에 대해서는 이론의 여지가 없으나, 신탁업이나 신용카드업 등 겸영업무에 대하여도 취할 수 있는지 여부에 대해서는 명확하지 않다. 이에 대하여 은행법은 금융기관이 영위하고 있는 업무 중 본업인 은행업에 대하여만 효력을 미치므로 겸영업무에 대하여는 긴급조치를 취할 수 없다는 견해가 있을 수 있다. 그러나 이 조의 경우 다른 조항들과는 달리 은행업을 포함한 비상사태에 직면한 은행 자체에 대한 조치의 성격이 강하며, 겸영업무를 이 조에 의한 조치대상에서 제외할 경우 조치의 실효성 및 정당성을 확보할 수 없을 뿐만 아니라 겸영업무의 경우에도 금감위의 인가를 받고 영위한다는 점 등을 고려할 때 겸영업무에 대하여도 긴급조치를 취할 수 있다고 보는 것이 타당하다.

Ⅳ. 업무보고서 등의 제출(제47조)

① 금융기관은 매월의 업무내용을 기술한 보고서를 다음 달 말일까지 금융감독원 원장(이하 '금융감독원장'이라 한다)이 정하는 서식에 의하여 금융감독원장에게 제출하여야 한다.
② 제1항의 규정에 의한 보고서에는 대표자와 담당책임자 또는 그 대리인이 서명·날인하여야 한다.
③ 금융기관은 금융감독원장이 업무수행을 위하여 요구하는 자료를 제공하여야 한다.

1. 연혁 및 취지

이 조는 제정 당시부터 제36조로 규정된 것으로, 제1차 개정 당시 한국은행 감독부장이 한국은행 은행감독원장으로 변경되었고 제6차 개정 당시 제3항이 추가되었으며, 제11차 개정 당시 제47조로 이관되고 한국은행 은행감독원장이 금감원장으로 변경된 후 현재에 이르고 있다.

금융회사에 대한 감독은 금융회사의 영업현황에 대한 정보의 입수로부터 시작되며, 업무보고서는 가장 중요한 정보입수 수단이다. 제1항에서는 금융회사의 보고서제출의무를 규정함과 아울러 금감원장에게 보고서 서식을 정할 수 있는 권한을 부여하고, 금융회사의 보고서 제출기한을 정하고 있다. 이어 제2항에서는 금융회사에서 작성한 보고서의 진실성과 책임성을 담보하는 수단으로 대표자와 담당책임자 또는 그 대리인의 서명·날인을 요구하고 있으나 통상적으로 서명으로 대신하고 있다. 그리고 제3항에서는 제1항에서 정하는 정기보고서 이외에 금감원장의 필요에 따라 수시로 요구하는 각종 자료의 제공의무를 규정하고 있다. 다만, 금감원장은 업무수행을 위하여 필요한 범위로 제한되어 있다.

2. 업무보고서의 제출

(1) 내용 및 양식

금감원장은 금융회사의 보고서를 통하여 금융회사의 제규정 및 지도사항 준수 여부와 영업상태를 파악할 수 있으며, 이의 효율적인 수행을 위하여 그 서식을 일반은행, 특수은행, 외국은행으로 나누어 관리하고 있다. 업무보고서에는 일반현황, 재무현황, 업무규제준수현황, 파생상품거래현황, 은행유형별 업무현황, 내·외부 통제현황 등으로 구분되며, 구체적으로는 다음과 같다.

〈업무보고서현황〉

(i) 일반현황: 인원, 기구, 업무제휴 현황 등

(ii) 재무현황: 대차대조표, 손익계산서, 자기자본비율, 여신건전성 등

(iii) 업무규제준수현황: 유가증권투자·업무용부동산투자, 거액여신총액한도 등

(iv) 파생상품거래현황: 이자율·통화·주식관련 상품거래 등

(v) 은행유형별 업무현황: 연결기준 경영지표, 자회사 경영평가 등

(vi) 내·외부 통제현황: 대외기관 수검사항, 자체검사 및 상시감시실적

(2) 제출시한 및 제출방법

업무보고서는 금융회사의 업무를 집대성한 것이므로 작성에는 많은 부서가 상당한 시간과 노력을 투입해야 하는 점을 감안하여 1개월의 기간을 두었다. 이는 업무전산화 및 DB 사용이 일반화되지 않았을 당시를 기준으로 한 것으로, 업무전산화 및 DB 사용이 일반화된 현재 시점에서는 굳이 1월의 기간을 설정할 실익이 없다고 본다.

업무보고서는 당초 서면으로 작성하여 다음달 말일까지 제출하였으나 2000년 말부터 전자문서 방식의 금융정보교환망을 이용하여 제출하고 있으며, 구체적인 서식은 은행업감독업무 시행세칙 제99조제1항에서 정한 〈별책서식〉에 의한다.

(3) 서명·날인

업무보고서에는 대표자와 담당책임자 또는 그 대리인의 서명·날인이 있어야 하도록 규정하고 있는 바, 이는 제출되는 보고서 서식의 적법성 및 내용의 정확성에 대한 책임소재를 명확히 하기 위함이다. 그러나 서명이 일반화된 현재에는 서명만으로 충분하다. 아울러 서명주체는 보고서관련 업무를 담당하는 부서장 및 동 업무책임자로 하고 있다.

3. 기타 보고서의 제출

제1항에서 정하는 보고서는 정기보고서에 대해 규정하고 있는 반면, 제3항에서는 금감원장이 업무수행을 위하여 수시로 요구하는 수시보고서에 대해 규정하고 있다. 이는 정형적·정기적인 보고사항만으로는 은행경영정보의 적기수집이 곤란하고, 금융회사에 대한 감독 및 검사업무의 원활한 수행을 위해서는 충분한 정보의 확보가 필요하기 때문이다.

여기서 유의해야 할 점은 단순히 서류에 의한 보고뿐만 아니라 회의록, 의사록, 등기부등본, 통장, 디스켓 등 업무와 관련된 각종 자료가 이에 포함된다는 점이다. 또한 금융회사의 의무는 단순히 도덕적·선언적 의무에 그치는 것이 아니라, 위반의 경우 과태료뿐만 아니라 경고 등의 조치가 취해질 수 있는 법률적·강제적 의무이며, 정확한 자료를 제때에 제대로 제출해야 하는 의무이다.

Ⅴ. 검사(제48조)

① 금융감독원장은 금융기관의 업무와 재산상황을 검사한다.
② 금융감독원장은 제1항의 규정에 의한 검사를 함에 있어서 필요하다고 인정하는 때에는 금융기관에 대하여 업무 또는 재산에 관한 보고, 자료의 제출, 관계자의 출석 및 의견의 진술을 요구할 수 있다.
③ 금융감독원장은 주식회사의외부감사에관한법률에 의하여 금융기관이 선임한 외부감사인에 대하여 당해 금융기관을 검사한 결과 알게 된 정보 기타 경영의 건전성에 관련되는 자료의 제출을 요구할 수 있다.
④ 제1항의 규정에 의하여 검사를 하는 자는 그 권한을 표시하는 증표를 지니고 관계자에게 내보여야 한다.

1. 연혁 및 취지

이 조는 제정 당시 제32조로서 제1항에 한국은행 감독부장의 금융기관에 대한 정기검사와 제2항에 금융기관의 검사수행상 필요한 자료 등의 제출의무를 명시하였다가 제9차 개정 당시 제3항이 신설되었으며, 제17차 개정 당시 제2항의 표현방식이 금융기관의 의무에서 금융감독원장의 요구방식으로 변경되고 제4항이 신설되었다.

이 조는 금감원장이 은행에 대하여 검사할 수 있는 범위와 검사방법을 정함과 아울러 금융회사가 아닌 외부감사인에 대해서도 자료를 요구할 수 있는 근거조항이다.

2. 검 사

(1) 정 의

검사란 가장 직접적인 감독수단이며 일반적으로 검사원이 피검사기관의 영업현장에 임점하여 그 영업실태를 파악하는 것으로, 보고서의 징구 및 신고의 접수 등 단순한 감시수단만으로 알 수 없는 사항까지를 파악할 수 있는 강력한 감독수단이다.

검사주체인 금융감독 당국은 검사를 통하여 금융기관의 업무활동을 분석하고 자산 및 부채의 건전성 등을 실질적으로 파악하여 경영성과와 능력을 평가하며 관계법규 등의 준수 여부를 확인한다. 이러한 검사과정에서 수집한 정보와 적출된 사항은 각종 감독조치나 금융정책 수립에 활용됨으로써 상호 보완작용을 하게 된다.

(2) 검사의 목적

은행은 불특정다수인으로부터 예금을 조달하기 때문에 사회 일반의 공신력을 근간으로 운영되어야 하며, 이를 위해서는 건전한 경영, 사회적 책임의 이행, 공정한 업무운영 등이 요청된다. 감독기관은 검사를 통하여 금융기관 경영의 건전성을 제고시킴으로써 예금자를 보호하고 사회적 공공기능을 발휘하도록 함은 물론, 국민경제 발전에 기여할 수 있도록 유도하는 한편 공정한 업무운영을 통하여 신용질서를 유지토록 하여야 할 것이다.

1) 건전경영의 유도

예금자를 비롯한 거래자를 보호하기 위하여는 자산운용의 건전성, 즉 안정성 · 유동성 및 수익성이 유지되어야 할 것이다. 즉, 자금운용에 있어 그 대상이나 방법이 통상적인 범위를 벗어나지 아니하고 안전하며, 예측 가능하여야 할 것이고, 예금자의 환급요청에 항상 응할 수 있어야 할 것이며, 예금이자와 영업비용을 보전하고도 수익을 올릴 수 있어야 할 것이다. 만약에 금융기관이 이러한 건전경영을 이루지 못한다면 결국 수입한 예금에 대응되는 자산의 부족을 초래케 됨으로써 예금자와 대출자뿐만 아니라 임직원 및 주주에 대한 폐해를 초래하고, 심한 경우에는 금융시스템의 붕괴 등 신용경제사회의 혼란을 초래하게 된다.

2) 사회적 책임이행

금융기관은 불특정다수인으로부터 수입한 예금으로 각 경제주체에게 필요한 자금을 공급하는 자금중개기능을 수행하는 등 국민경제에 있어 중추적인 역할을 담당한다. 특히, 금융기관은 자금을 공급함에 있어서 국민경제의 균형 있는 발전을 위해 특정 지역이나 부문에 편중되지 않도록 노력함과 아울러 사치성향적 소비나 투기를 조장하는 등 불요불급한 부문에 제공되지 않도록 억제하는 한편, 기업의 기술개발과 생산성 향상에 기여할 수 있도록 노력하여야 한다.

이와 같은 금융기관의 사회적 책임은 경우에 따라 건전성의 원칙과 배치될 수 있다. 즉 법령, 기타 정부에서 요구하는 책임을 성실하게 이행하려면 건전성을 어느 정도 희생하여야 하고, 건전성만 추구하다 보면 사회적 책임을 이행하지 못하는 경우가 생길 수도 있다. 따라서 금융기관을 경영함에 있어서는 일반기업이 부담하게 되는 것보다 훨씬 높은 정도의 공공성이 요구되어 이윤추구라는 본래의 기업성과와의 조화가 요구된다. 금융기관을 검사함에 있어 이러한 사회적 책임의 이행 여부에 대한 확인 등은 중소기업에 대한 대출 등 주로 여신취급실적 위주로 이루어지고 있다.

3) 업무운영의 공정성 확보

금융기관은 인가기업으로서 금리결정이나 각종 거래에 있어 독점적 지위에 있기 때문에 각종 업무를 일방적 · 배타적으로 처리할 소지가 크다. 특히 예금자나, 대출자 등 거래자와의 관계에 있어 금융기관이 우월적 지위를 남용할 경우 분쟁의 소지가 크고 비난의 대상이 될 수 있다. 이러한 점을 감안하여 금융기관을 검사함에 있어서는 각종 금융거래뿐만 아니라 물품조달이나 부동산구입 등 일상적인 거래에 있어서도 투명성, 공정성 등이 유지되는지 여부를 확인하여야 할 것이다.

(3) 검사의 성격

은행검사의 핵심인 임점검사는 검사원이 직접 금융기관에 임점하여 장표 및 서류 등을 검증하는 방식으로, 업무활동을 분석하고 자산을 평가·실증하며 부채를 가능한 한 실질적으로 평가하여 경영의 성과와 능력을 측정하고, 금융기관이 취급한 업무가 관계법령, 규정, 지시 등에 위배되었는지 여부를 확인한다. 그러나 금융기관이나 그 임직원이 검사에 필요한 자료의 제출을 거부할 경우 이를 직접적으로 강제할 수 없고 과태료를 부과할 수 있을 따름이다. 이러한 점에서 볼 때 금감원의 검사는 영장에 의한 사법상의 강제수사나 세법에 따른 질문·검사·수색과 같이 직접적으로 강제할 수 있는 강제조사에 해당하지 아니하고, 과태료 부과라는 수단을 이용하여 간접적으로 이의 집행이 보장되는 간접적인 강제조사에 해당된다고 할 수 있다.

(4) 검사대상, 검사방법 및 절차

1) 검사대상

검사대상은 금융기관이다. 감독기구설치법(제38조)상 은행법상의 금융기관을 비롯하여 보험회사나 상호저축은행 등 금융업무를 영위하는 금융회사는 검사대상에 해당되나, 이 법의 적용을 받고 이 조에 따라 검사를 할 수 있는 금융기관은 은행이다. 검사대상업무는 금융기관의 '업무와 재산'이다. 여기서 업무는 고유업무뿐만 아니라 부수업무나 겸영업무로 포함되며, 이러한 업무를 지원하는 IT업무나 서무업무 등 각종 업무를 망라한다. 즉 금융기관이 영위하는 영업업무는 물론이고, 임원 선임 및 이사회 운영 등 경영일반에 관한 사항과 조직·인사, 서무관리 등 관리업무도 검사대상이 된다. 또한, 재산의 경우는 대출채권이나 예금 등 적극적 재산이나 소극적 재산에 관계없고, 부동산이나 특허권 등 지적재산권 등 재산의 유·무형과 관계없이 재산적 가치가 있는 모든 재산을 총칭한다고 할 수 있다. 그러나 검사업무의 효율성 제고 및 금융기관에 대한 자율권 보장 차원에서 이러한 업무나 재산 중 일부에 대한 검사는 해당 금융기관이나 제3자에게 위임 내지 위탁할 수 있을 것이다.

2) 검사방법 및 절차

검사는 단순히 금융기관의 업태파악 및 이에 따른 사후조치에 그치지 아니하고 검사결과 도출된 제반 정보를 통해 보다 실효성 있는 각종 정책을 수립하여야만 비로소 그 유효성이 있다. 이러한 검사는 통상 검사계획수립, 검사사전준비, 검사실시, 검사결과보고, 검사사후관리 순으로 진행된다.

검사계획은 연간・분기별・매 회차별로 수립하며, 금융환경의 급격한 변화 등의 사유로 불가피한 경우 연감검사계획에 포함되지 아니한 사항에 대해서도 부문검사를 실시할 수 있다. 통상 현장검사는 예고없이 착수하는 것이 원칙이나, 금융기관 본점에 대한 종합검사 등의 경우에는 사전에 검사실시 사실을 검사대상기관에 통보할 수 있다. 착수시각은 영업시간 종료후 또는 개시 전에 하는 것이 일반적인 관례이며, 검사착수 당일 각 계정 잔액과 B/S대사 현물에 대한 검사 등을 실시한다. 검사착수가 완료되면 검사사전징구자료 이외에 검사업무수행상 필요한 자료를 검사대상기관 부점장에게 요구할 수 있다.

검사는 중점검사사항을 우선적으로 하되 검사대상기관의 일상업무수행에 지장이 없도록 하여야 한다. 검사진행중 납득하기 어려운 사항이 있을 때에는 일차적으로 취급책임자로부터 취급경위와 의견을 청취하여야 하고, 검사결과 나타난 위법부당행위에 대해서는 확인서, 질문서, 의견서, 문서 및 장표의 사본 등과 같은 입증자료를 받아야 하며, 관련자 또는 당해 금융기관에 대해서는 확인서에 의견서를 첨부하거나 문답서 또는 질문서 형식으로 의견을 진술할 기회를 주어야 한다. 특히, 금융기관 또는 그 임직원에게 과태료 부과 등 제재를 하고자 하는 경우에는 10일 이상의 기간을 정하여 의견진술기회를 주거나 행정심판의 제기 등 불복할 수 있는 권리에 관한 사항을 제재대상자에게 알려 주어야 한다(행정절차법 제22조③). 아울러 검사업무 수행중 중대한 위법부당행위나 사고가 발견되어 긴급조치가 필요하다고 인정될 경우 즉시 필요한 조치를 취하여야 하며, 검사대상기관의 임직원이 특정경제범죄가중처벌에관한

법률에서 정한 범죄를 범한 사실을 인지하였을 때에는 지체없이 수사기관에 고발하여야 한다.

그리고 통상적으로 검사업무수행상 필요한 경우에는 관계법령에서 정하는 바에 따라 당해 금융기관 또는 금융기관 이외의 관계자 및 관계거래처 또는 증인에게 출석답변(자료제출)협조요청서를 송부하여 사실 및 상황관련 증언, 진술 기타 필요한 장부, 서류 등 자료제출을 요구할 수 있으나, 은행법의 경우에는 금융기관과 그 관계자 및 외감법상의 외부감사인만을 요구 가능 대상자로 명시하고 있다. 그 밖의 자에 대해서는 협조 차원으로 제한되어야 하고, 그 이상의 무리한 요구는 부당한 처사라고 할 수 있다. 한편, 요구를 받은 금융기관이나 그 관계자가 이에 응하지 아니할 경우에는 과태료에 처하거나 행정벌에 속하는 제재조치를 취할 수 있다.

검사를 하는 자는 그 권한을 표시하는 증표를 휴대하여 관계인에게 내보여야 한다. '증표'는 반드시 서면일 필요는 없겠으나, 실무적으로는 금감원장의 직인을 날인한 검사명령서를 검사대상 금융기관의 장 또는 대상점포의 장에게 교부하고 있고[금융기관검사및제재에관한규정(이하 '제재규정') 시행세칙 제18조], 검사원임을 증명하는 증표로써 금융감독원 신분증을 제시하여야 한다. 검사명령서에는 검사대상기관 및 점포, 검사종류, 검사실시일자, 검사원, 검사주관부서 등이 명시되어 있다(제재규정 시행세칙 제3조②).

그 밖에 검사의 방법이나 절차, 검사결과처리 기타 검사업무와 관련하여 필요한 사항은 금감원이 정한 제재규정과 동 규정 시행세칙에서 정한 바에 따른다.

(5) 검사의 종류

검사는 운영방식에 따라 종합검사와 부문검사, 검사실시 방법에 따라 현장검사와 서면검사로 구분할 수 있다(제재규정 제3조). 종합검사는 금융기관의 업무 전반 및 재산상황에 대하여 종합적으로 실시하는 검사로, 연간검사계획에 따라 검사대상기관을 미리 선정하고 금융회사규모, 지난 번 검사결과 문제점 여부 등을 고려하여 검사시기와 기간, 연인원 등을 결정한다. 부문검사는 주로 금융사고 예방, 금융질서 확립, 기타 금융감독정책상의 필요에 따라 금융기관의 특정 부문에 대하여 실시한다.

그리고 현장검사는 검사원이 금융기관에 실제로 임점하여 현물, 제 장부, 전표 등을 제출하게 하여 확인·점검하는 검사로, 전형적인 검사형태로서 임점검사라고도 한다. 이 검사방법은 제 증빙서류를 직접 확인함과 아울러 취급 관련자의 의견을 청취할 수 있어 검사의 정도를 높일 수 있으나, 많은 인력과 시간을 투입하여야 하는 한계가 있다. 서면검사는 검사원이 임점하지 아니하고 필요한 자료를 징구하여 사무실에서 검토·확인하는 검사로, 은행의 업무 및 점포망이 확대됨에 따라 격증하는 검사업무를 효율적으로 수행하기 위하여 채택된 것으로서, 경비 및 인력을 절감할 수 있으나 검사자료가 정확하여야만 검사의 효과를 거둘 수 있다는 문제점이 있다. 그러나 그 결과 처리는 현장검사와 동일하게 이루어진다(제재규정 제3조).

(6) 검사결과의 처리

금감원장은 검사를 실시한 후 그 결과보고서를 금감위에 제출하여야 한다. 동 보고서에는 은행법 기타 금융관련 법령, 은행법에 의한 처분 또는 금감위 규정에 위반한 사실이 있는 때에는 그 처리에 관한 의견서를 첨부하여야 한다. 금융기관의 검사 및 제재에 관하여는 감독기구설치법도 적용되는데, 금감원의 감독과 검사업무의 수행을 거부·방해 또는 기피하는 경우 보고서 또는 자료를 허위로 작성하거나 그 제출을 태만히 한 경우 등 일정한 때에는 금감원장이 당해 기관장에게 이를 시정하게 하거나 당해 직원의 면직·정직·감봉·견책 및 경고 등 징계를 요구할 수 있다(감독기구설치법 제38조, 제41조).

3. 감사인에 대한 정보 및 자료 요구

직전 사업연도 말의 자산총액이 70억원 이상인 주식회사(동 회사가 분할하거나 다른 회사와 합병하여 새로운 회사를 설립한 경우에는 설립시점의 자산총액이 70억원 이상인 주식회사)는 외부의 감사인에 의한 회계감사를 받아야 함에 따라(외감법 제2조, 동법 시행령 제2조①) 금융기관의 경우 주식회사로서 자산총액이 70억을 초과하기 때문에 회계법인 등의 외부감사를 받고 있다. 외부감사인은 금융기관 및 당해 금융기관의 주식을 일정비율 이상 소유하고 있는 관계회사와 계열회사의 회계에 관한 장부와 서류를 열람 또는 등사하거나 회계에 관한 자료의 제출을 요구할 수 있다. 그 직무수행을 위하여 필요한 경우 업무와 재산상태를 조사할 수 있고(외감법 제6조①), 그 감사범위, 감사의견과 이해관계의 합리적 의사결정에 유익한 정보가 포함된 감사보고서를 작성하여 금감위 등에 제출하여야 함과 아울러, 당해 금융기관의 주주총회의 요구가 있는 경우 출석하여 의견을 진술하거나 주주의 질문에 답변해야하는 등의 의무를 부담하고 있다.

이와 같이 금융기관의 재무상황에 대해 전반적으로 감사한 결과를 금융기관의 감독업무에 반영하여야 할 것이다. 이러한 차원에서 이 조항이 신설된 것이며, 이에 대응 여부는 감사인이 독자적·자율적으로 결정하여야 할 것이다. 특히, 회계법인 등이 그 직무상 알게 된 비밀을 누설하는 경우에는 3년 이하의 징역 또는 3천만원 이하의 벌금에 처해지는데(외감법 제9조, 제20조①), 은행법에 이에 대한 특별규정을 두어 예외를 허용하고 있는 것이다. 이는 금융기관의 공공성과 금감원의 감독목적을 감안한 것으로 이해된다.

Ⅵ. 전환대상자에 대한 검사(제48조의2)

① 금융감독위원회는 다음 각호의 1에 해당하는 경우에는 금융감독원장으로 하여금 그 목적에 필요한 최소한의 범위 안에서 전환대상자의 업무 및 재산상황을 검사하게 할 수 있다.
1. 제16조의3제2항의 규정에 의한 점검결과를 확인하기 위하여 필요한 경우
2. 전환대상자가 차입금의 급격한 증가, 거액의 손실발생 등 재무상황의 부실화로 인하여 금융기관과 불법거래를 할 가능성이 크다고 인정되는 경우

② 제1항의 규정에 의한 검사의 구체적 범위, 방법 그 밖에 검사에 필요한 사항은 금융감독위원회가 정한다.

③ 제48조제2항 내지 제4항의 규정은 제1항의 규정에 의한 검사에 이를 준용한다.

1. 연혁 및 취지

본 조항은 제20차 개정 당시 신설된 것으로, 비금융주력자가 2년 이내에 비금융주력자가 아닌 자로 전환하기 위해 제출한 전환계획의 이행상황을 점검하거나 전환대상자가 차입금의 급격한 증가 등 재무상황의 부실화로 인하여 금융기관과 불법거래를 할 가능성이 크다고 인정되는 경우에는 비금융주력자

의 업무나 재산상황을 직접 확인할 필요성이 있다는 점을 인식하고 이를 규정화한 것이다. 즉, 전환대상자인 비금융주력자는 금융기관이 아니기 때문에 원칙적으로 감사대상이 아니나, 금융기관에 미치는 영향이 크기 때문에 예외적으로 검사할 수 있도록 한 것이다. 특히, 비금융주력자인 산업자본이 금융기관을 지배하지 못하도록 한 규정의 취지를 살리고 전환대상자의 부실로 인해 금융기관의 건전경영에 위험이 초래되지 않도록 하기 위함이다.

2. 검사실시 사유

전환대상자에 대한 검사는 다음 두 가지 경우에만 가능하다.

첫째, 금감위로부터 승인을 받은 비금융주력자의 전환계획 이행상황을 점검한 결과를 확인할 필요성이 있는 경우이다. 비금융주력자는 전환계획의 이행상황을 매분기 보고하여야 하고, 금융감독 당국은 이를 토대로 점검한 결과를 확인할 필요성이 있는 경우가 있다. 확인할 수 있는 방법으로 추가자료 제출, 면담 등의 방식도 있을 수 있으나 이러한 방법을 통하여도 의문이 해소되지 않는 경우에는 현장검사를 할 수밖에 없다. 그러나 예외적으로 인정되는 점을 감안하여 최소한의 범위로 제한되어야 할 것이다.

둘째, 전환대상자가 차입금의 급격한 증가, 거액의 손실발생 등 재무상황의 부실화로 인하여 은행과 불법거래를 할 가능성이 크다고 인정되는 경우이다. 이러한 정보의 취득경로에 대해서는 아무런 제한이 없으나 합법적인 경우에 한한다고 할 수 있다. 여기서 문제되는 것은 '급격한 증가'나 '거액의 손실규모' 그리고 재무상황의 부실화의 정도 등에 대한 개념으로, 전환대상자나 당해 은행의 자산 및 부채규모, 건전성 정도 등을 합리적으로 평가하여 결정하여야 할 것이다. 전환대상자는 은행의 대주주이므로 자신의 영향력하에 있는 은행과 부당거래를 할 유혹을 받으며, 특히 전환대상자가 재정적으로 어려움을 겪는다면 그 위험이 더욱 커진다.

3. 검사범위

금감원장은 그 목적에 필요한 최소한의 범위 안에서 전환대상자의 업무 및 재산상황을 검사할 수 있다. 그러나 검사는 전환계획의 이행상황이나 은행과의 불법거래 여부에 한정되어야 하며, 그 밖의 사항까지 확장하여서는 아니된다. 즉, 금감원장은 전환대상자의 전환계획 및 동 계획 승인조건 등의 이행 상황을 확인하고, 전환대상자의 재무변동상황 및 금융거래내역 등을 검사하게 된다(제재규정 제47조의2).

4. 검사절차

검사절차는 금융기관에 대한 검사절차와 동일하다(제48조의2③). 즉, 금감원장은 검사상 필요하다고 인정하는 때에는 전환대상자에 대하여 업무 또는 재산에 관한 보고, 자료의 제출, 관계자의 출석 및 진술을 요구할 수 있고, 검사를 하는 자는 그 권한을 표시하는 증표를 휴대하여 이를 관계인에게 내보여야 한다. 또한, 금감원장은 외감법에 따라 전환대상자가 선임한 외부감사인에 대하여 감사 결과 알게 된 정보, 기타 경영의 건전성에 관련되는 자료의 제출을 요구할 수 있다.

Ⅶ. 분담금(제49조)

① 금융감독원의 검사를 받는 금융기관은 검사비용에 충당하기 위한 분담금을 금융감독원에 납부하여야 한다.
② 제1항의 규정에 의한 분담금의 분담요율・한도 기타 분담금의 납부에 관하여 필요한 사항은 대통령령으로 정한다.

1. 연혁 및 취지

이 조는 은행법 11차 개정 당시 신설된 것으로, 검사를 받는 금융기관으로 하여금 검사비용에 상당하는 금액을 납부하도록 규정한 것이다. 분담금은 금감원 운영에 필요한 예산을 충당하는 중요한 재원인 점을 감안할 때, 검사비용으로 제한하는 것보다는 감독비용으로 확대하는 것이 바람직하다. 이와 관련하여서는 감독기구설치법(제47조) 및 동법 시행령(제12조)에도 규정하고 있다.

한편, 금감원의 금융기관에 대한 검사업무는 금융질서 유지를 위한 공권력적인 행정행위로서의 성격뿐만 아니라 건전경영 지도를 위한 용역제공이라는 양면성이 있으나 검사비용에 충당하기 위한 분담금을 납부하도록 한 점에서 볼 때 후자의 측면이 강하다. 즉 검사를 통해 금융기관 경영의 안전성을 제고시키고 업무를 공정하게 처리토록 함으로써 공신력을 유지하게 하는 등 경영건전성 확보에 기여한다고 보는 것이다.

분담금의 요율・한도 기타 분담금의 납부에 관하여는 감독기구설치법 시행령(제12조)에서 규정하고 있다.

2. 분담금의 법적 성격

분담금의 법적 성격에 대해서는 수수료라는 견해, 특별분담금이라는 견해, 수수료 겸 수익자부담금이라는 견해, 부담금이라는 견해가 있으며, 구체적인 내용은 다음과 같다.

첫째 수수료라는 견해로,[78] 감독분담금은 공법상 공과금적 성격을 띠고 있으나, 검사대상기관에 대하여 검사용역 등을 제공하고 그 반대급부로 부과하는 수수료로, 특정 공익사업과의 관련성이 없다는 점에서 부담금관리기본법상의 부담금과 구별될 뿐만 아니라 등가성의 원칙이 강하게 적용되지 않는다는 점에서 사용료와 구별되며, 금융시장의 건전성과 안정성을 보장하기 위한 국가의 감독・검사의무라는 일반적 과제에 대한 대가라는 점에서 국가의 특수한 과제를 수행하기 위하여 부과・징수되고 특별 회계나 특수기금의 형태로 관리・지출되는 공법상의 금전부담인 특별부담금과 구별된다고 한다.

두 번째로는 수수료라는 견해로,[79] 감독분담금은 금감원 출범 이전 4개 감독기관이 그 소요예산을 조달하던 방식인 검사수수료나 자산운용수익을 감독분담금으로 그 표현을 일원화한 것으로, 피감독기관에 대한 감독・검사서비스라는 용역제공의 대가로서 수익자부담 원칙에 따라 부과하는 반대급부라고 한다. 또한, 감독분담금은 대가관계성에 기초한 수수료적 성격이 강하다는 점과 결산후 남은 잉여분을 익년도에 반납하고 체납시에 강제집행절차가 없다는 점에서 부담금관리기본법상의 부담금과 구분되며, 특히 감독분담금의 대가성과 관련하여 엄격하게 구체적인 연계성 등을 따져서 그에 상응하는 금액을 산

78) 김성수, "금융감독 재원조달의 법적 과제," 「조사연구리뷰」(금융감독원, 특별호, 2007. 3), 157면.
79) 박상희, ""감독분담금의 법적 성격," 상게서, 29면.

정하는 방식이 아니라도 특정성, 응익성, 비용변상 원칙 등 수수료징수 원칙에 위반되지 않는다고 한다.

셋째는 특별분담금이라는 견해이다.[80] 감독분담금은 피감독금융기관의 부채비율 등 일정기준에 따라 매년 일괄부과되므로 엄격하게 비용원인에 비례하여 부과되는 것이 아니지만 포괄적으로 서비스 비용을 징수하는 것으로 엄격한 의미의 수수료와 포괄적 금융감독비용에 해당하는 부분이 포함되는 특별분담금이라고 한다. 그리고 감독분담금은 금융감독서비스 제공과 관련하여 실제의 비용을 분담시킨다는 점에서 '재화 또는 용역의 제공과 관계없이' 사업비용을 조달하고자 하는 준조세 성격으로 부과하는 부담금관리기본법상의 부담금과 구별되고, 특히 부담금관리기본법은 부담금의 무분별한 설치를 제한하고 그 운용의 공정성과 투명성의 보장을 목적으로 한다. 그러므로 감독분담금을 부담금관리기본법의 적용대상으로 하더라도 실익이 없고, 오히려 부담금관리기본법의 적용대상으로 볼 경우 금감원의 독립성 훼손, 감독기구설치법이 보장하는 업무상 독립과 예산상 독립에 반한다는 문제가 있음을 이유로, 부담금관리기본법 및 감독기구설치법의 입법취지상 감독분담금에 관한 감독기구설치법 규정을 부담금관리기본법의 특별법으로 볼 수 있다고 한다.

넷째는 수수료 겸 수익자부담금이라는 견해이다.[81] 감독분담금은 금감원이라는 공주체가 감독대상기관에게 제공한 서비스의 대가로서 수수료적 측면이 있으나, 분담금의 분담요율 결정방식과 부과대상기관이 검사대상기관으로 한정된 점에서 일반적인 수수료와 다르다. 그리고 감독분담금은 특정 공익사업의 시행으로 특별한 이익을 받은 자가 그 이익의 범위 내에서 사업경비를 부담하게 하고자 부과하는 수익자 부담금의 성격을 갖고 있으나, 감독·검사 업무의 종국적 수혜자인 일반국민인 금융수요자가 아닌 금융기관들이 금감원의 업무에 대한 금전적 부담을 지게 한다는 점에서 일반 수익자부담금과 성격이 다르다고 한다.

다섯째는 부담금이라는 견해로서,[82] 감독분담금은 검사 등에 대한 수수료적 부분도 있으며 그 외에 금융회사에게 강제할당되는 부분도 존재하나, 강

80) 박균성, "금융감독분담금에 관한 연구," 상게서, 125면.
81) 정하명, "감독분담금의 법적 성격," 상게서, 59면.
82) 박종수, "감독분담금의 법적 성질," 상게서, 91면.

제할당되는 부분의 경우 금융회사들이 금융감독기관으로서 행정사무를 위탁받아 수행하는 행정청인 금감원에 납부하는 공법상의 금전급부의무로서 일종의 '비조세적 금전지급의무'라고 한다. 그리고 감독분담금은 조세도 아니고 수입획득 또는 행위유도의 목적이 없으므로 공법상의 수수료[83]로도 볼 수 없을 뿐만 아니라 재정조달 목적의 특별부담금[84]에도 해당하지 않으나 부담금관리기본법상의 부담금 정의는 전통적인 특별부담금 이외의 다른 부담금도 포함가능한 포괄적인 개념이므로, 감독분담금은 이에 해당된다고 한다.

3. 분담금 납부

금융기관의 분담금 분담요율은 직전사업연도말 총부채금액에 대하여 1만분의 30 이내에서 금감원의 재원, 검사대상기관별 자산, 여·수신 규모 및 영업특성 등을 감안하여 매년 금감위가 정하는 비율로 한다(감독기구설치법 시행령 제12조①). 분담금의 한도는 금감원의 당해 회계연도 예산의 범위 안에서 실제 소요된 비용으로부터 금감원에 대한 각종 출연금(정부의 출연금, 한국은행의 출연금, 검사대상 금융기관의 출연금)의 운용수익 및 기타 수입을 차감한 금액으로 한다(동법 시행령 제12조②).

금감원은 회계연도별로 분담금의 한도를 초과하여 징수한 분담금을 금감위가 정하는 바에 따라 분담금을 납부한 기관에 납부금액비율에 따라 반환하여야 한다. 다만, 금감위의 승인을 얻은 경우에는 다음 회계연도에 이월할 수 있으나, 다음 연도의 분담금 징수시 그 이월된 금액을 감안하여야 한다(동 법 시행령 제12조③). 기타 분담금의 징수방법과 분담금의 반환 등에 관하여 필요한 사항은 금감위가 정하도록 하여(동법 시행령 제12조④) 현재 금융기관분담금징수등에관한규정이 마련되어 있다.

금감원장은 검사대상기관별 감독분담금을 산정하여 원칙적으로 매년 3월 15일까지 금융기관에 분담액·산출근거 및 납부방법 등을 명시한 고지서를 발부하게 되는데, 예산성립의 지연 등 금감원장이 특별히 인정하는 경우가 아

83) 공법상 수수료의 징표는 공권적으로 부과된 금전급부의무로, 개별적 급부제공행위가 필요하며, 수입획득 또는 행위유도의 목적이 있고 비용충당에 기여하여야 한다.

84) 특별부담금의 요건은 ① 동질적 납부의무자 집단, ② 납부의무자들이 공적 과제수행에 관하여 특별한 집단책임 보유, ③ 집단의 유익을 위한 부담금 사용, ④ 시간적 제한성 등을 들고 있다.

닌 한 금융기관은 분담금을 균등하게 분할하여 매 분기별로 각각 3월·5월·7월·10월 말일까지 납부하여야 한다(금융기관분담금징수등에관한규정 제6조).

Ⅷ. 적립금보유 및 손실처리의 요구(제50조)

금융감독원장은 금융기관의 경영의 건전성 유지를 위하여 필요하다고 인정하는 때에는 금융기관에 대하여 다음 각호의 1에 해당하는 조치를 요구할 수 있다.
1. 자산의 장부가격의 변경
2. 불건전한 자산을 위한 적립금의 보유
3. 가치가 없다고 인정되는 자산의 손실처리

1. 연혁 및 취지

이 조는 은행법 제정 당시부터 규정된 조항(당시 제34조)으로, 제11차 개정 시부터 현행과 같은 열거방식으로 변경되었다. 은행의 건전성 유지는 일차적으로 당해 은행의 책임으로 은행장을 비롯한 경영진 등에 의해 이루어지는 것이 원칙이나, 경영진 등이 이를 소홀히 하거나 게을리하는 경우 금융시스템의 안정성에 대해 최종책임을 부담하고 있는 금감원장으로 하여금 필요한 조치를 취할 수 있도록 권한을 줄 필요가 있다.

이 조항은 금융기관 경영의 건전성 유지를 위하여 필요하다고 생각되는 조치로서 자산의 장부가격 변경 등을 요구할 수 있도록 규정한 것으로, 금감원장으로 하여금 금융기관의 경영 건전성 유지를 위하여 필요하다고 인정되는 경우에 한하되 최소한의 범위 내에서 제한적으로 행사하도록 하고 있다.

2. 자산의 장부가격의 변경요구

자산의 정당한 재평가에 대하여는 상법(제452조)에서 자산유형별로 그 평가기준을 마련하고 있을 뿐만 아니라 자산재평가법에서 그 자산평가방법, 시기, 범위 및 재평가 후의 조치 등에 관하여 광범위하게 규정하고 있다. 그러나 기업은 그 수지사정, 납세전략 등의 관점에서 정당한 평가를 기피하는 경향이 없지 않다.

이러한 점을 감안하여 금감원장은 금융기관 자산의 장부가격이 현실에 적합하지 않는다고 인정하는 경우 그 자산의 장부가격 변경을 요구할 수 있다. 따라서 금감원장은 금융기관이 보유하는 각종 자산, 즉 유가증권, 업무용 동산 및 부동산 등의 가격이 시가와 현격한 차이가 있다고 판단하였을 경우 그 시정을 요구할 수 있다.

3. 적립금의 보유요구

일반적으로 적립금이란 주식회사의 이익을 주주에게 배당하지 않고 일정한 목적을 위하여 적립하여 두는 계산상의 금액을 말하는 것으로, 상법상의 준비금을 의미한다. 여기서 말하는 적립금은 이 조의 규정에 따라 적립되는 것으로, 법정준비금의 범주에 포함시킬 수 있다. 그러나 그 적립액, 시기 등이 감독원장의 요구에 따라 결정되기 때문에 상법(제458조) 및 은행법(제40조)에서 규정하는 협의의 법정준비금과는 그 성격이 상이하며, 적립 여부・적립액・시기 및 처분이 자유로운 임의준비금과도 엄격히 구별되는 독특한 준비금이다. 따라서 이 적립금은 금감원장의 특별한 요구가 있을 때 비로소 적립케 되는 것이며, 그 적립의 목적은 불건전한 자산을 위한 것에 국한되고 다른 용도로 사용할 수 없다.

4. 자산의 손실처리요구

금감원장이 금융기관의 채권 중 대출금, 매입어음, 가지급금, 매입외환, 지급보증대지급금, 신용카드채권, 종금계정 중 할인어음 및 금융리스 채권과 산업・기업・수출입・농협 및 수협중앙회의 채권 중 대출금, 매입어음, 가지급금, 매입외환, 지급보증대지급금, 신용카드채권 중 추정손실로 분류된 채권에 대해 대손상각을 요구할 수 있다. 특히 추정손실로 분류된 5백만원 이하의 가계대출, 신용카드채권, 카드자산, 할부금융으로서 금융기관이 자체 상각한 것은 감독원장이 대손인정한 것으로 본다(시행세칙 제19조; 금융기관채권대손인정업무 세칙 제3조).

이와 같이 금감원장이 금융기관에 대해 가치 없다고 인정하는 자산의 상각처리를 요구하는 것은 법인세법상 회수할 수 없는 대손금으로 인정되어 내국법인의 각 사업연도의 소득계산에서 공제될 수 있기 때문이다(법인세법 제9조, 동법 시행규칙 제9조②제6호).

Ⅸ. 경영공시(제51조)

금융기관은 예금자 및 투자자의 보호를 위하여 필요한 사항으로서 대통령령이 정하는 사항을 금융감독위원회가 정하는 바에 따라 공시하여야 한다.

1. 취 지

이 조항은 1997년말 IMF 금융위기 이후 금융기관에 대한 예금자 및 투자자의 보호를 위하여 기본적인 재무제표 이외에 좀 더 넓은 범위의 경영정보공시가 필요하다는 인식하에 제11차 개정 당시 신설된 것으로, 재무제표 이외에 경영상황에 관한 주요 정보 및 기타 자료를 공시하도록 하던 것이 제17차 개정시 공시범위나 예금자 및 투자자 보호를 위하여 필요한 사항으로서 대통령령이 정하는 사항으로 구체화되었다. 이는 금융기관의 거래당사자인 예금자 및 투자자에게 필요한 정보를 제공함으로써 이들의 금융기관에 대한 알권리를 충족시키고, 금융기관의 책임경영체제 확립 및 경영의 투명성을 제고하는 등 이해관계자에 의한 시장규율(Market Discipline)을 강화하기 위함이다.

2. 경영공시사항

은행은 기본적인 재무제표 이외에 필요한 정보를 추가로 공시하여 예금자, 투자자 등 이해관계자의 금융기관에 대한 알권리를 충족시키고, 건전한 투자가 정착될 수 있도록 책임을 다하여야 한다. 현행 공시방법은 정기공시와 수시공시로 구분하여 운영되고 있으며, 금융기관은 경영상태가 적정하게 공시될 수 있도록 공시자료를 (i) 금융소비자, 주주 및 기타 이해관계자가 알기 쉽도록 간단명료하게 작성하고 개인의 사생활을 침해하여서는 아니되며, (ii) 객관적인 사실에 근거하여 작성하고 일반의 오해를 초래할 우려가 있는 정보를 포함하여서는 아니 될 뿐만 아니라, (iii) 금융기관의 경쟁적 지위를 해치거나 투기행위를 야기할 가능성이 있는 내용을 포함하여서는 아니되며, (iv) 공시비용을 적정수준으로 유지하고 공시목적에 부합되지 않는 홍보성격의 내용은 최대한 배제하여야 하는 등 전국은행연합회가 정한 금융업경영통일공시기준(제3조)에 따라야 한다.

금융기관은 결산결과 공시자료를 결산일로부터 3월 이내에 공시하여야 하되, 상반기 또는 분기 가결산 결과의 공시자료를 가결산일로부터 2월 이내에 공시하여야 함과 아울러 이러한 공시자료를 주주, 금융소비자 및 기타 이해관계자가 용이하게 열람할 수 있도록 공시일로부터 2년간(상반기 또는 분기 공시자료의 경우 당해 회계연도 결산결과 공시일까지) 비치하거나 고객전용 단말기 등을 설치할 수 있으며, 동 공시자료 및 수시공시자료를 당해 금융기관의 홈페이지와 전국은행연합회 홈페이지에 공시하여야 한다. 다만, 홈페이지가 없는 외국은행 국내지점의 경우에는 전국은행연합회 홈페이지에 공시한다(동 기준 제6조).

공시항목으로는 경영계획・조직 및 임직원 등 일반현황, 수익성・생산성 등 경영실적, 대출금운용・유가증권투자 및 운용현황 등 재무상황, 신용리스크 및 시장리스크 등 리스크관리, 여수신금리결정체계 및 금리현황 등 기타현황, 재무제표 등이 있고, 외국은행 국내지점에 대해서도 별도의 공시항목을 정하고 있다. 구체적으로 시행령(제24조의3)상의 정기경영공시대상항목으로 재무 및 손익에 관한 사항, 자금의 조달 및 운용에 관한 사항, 동법 제53조(금융기관에 대한 제재) 또는 금산법 제10조(합병 및 전환시 인가)・제14조(행정처분)의 규정에 의한 조치를 받은 경우 그 내용, 기타 예금자 및 투자자의 보호를 위하여 공시가 필요하다고 인정되는 사항으로서 금감위가 정하는 사항이 있다. 은행업감독규정(제41조제1항)상의 경영공시대상항목으로는 조직 및 인력에 관한 사항, 재무 및 손익에 관한 사항, 자금조달・운용에 관한 사항, 건전성・수익성・생산성 등을 나타내는 경영지표에 관한 사항, 경영방침・리스크관리 등 은행경영에 중요한 영향을 미치는 사항 등이 있다. 그리고 정기공시 이외에 경영건전성을 크게 해치거나 해칠 우려가 있는 사항은 수시공시항목으로 운용하고 있다.

한편, 금융기관이 허위로 공시하거나 중요한 사항을 누락하는 등 불성실하게 공시한 경우 금감원장은 금융기관에 대해 정정공시 또는 재공시를 요구할 수 있다(감독규정 제41조⑤).

이와 같은 전형적인 일반인을 상대로 하는 공시방법 이외에 주주를 상대로 하는 보고가 있다. 주주는 원래 회사에 대하여 경제적 이익확보를 위한 재산권적 권리인 자익권과 업무집행에 대한 행정적 권리인 공익권이 있으며, 이들의 총회인 주주총회는 회사의 기본조직과 경영에 관한 중요사항에 관하여 회사의 의사를 결정하는 최고기관이다. 따라서 주주들은 금융기관에 대해 보다 직접적인 이해관계가 있기 때문에 일정사항의 경우 정기주주총회에 보고하도록 하고 있는 바, 구체적인 보고대상 사항으로는 당해 회계연도중 무수익여신 증감현황, 당해 회계연도중 거액 무수익여신 증가업체 현황(시중은행 20억원, 지방은행 10억원 이상), 대출 및 지급보증 지원금액이 100억원 이상인 업체로서 당해 회계연도중 신규발생한 채권재조정업체 현황 및 동 업체에 대한 채권재조정 내역, 당해 회계연도중 지출한 기부금내역, 자회사의 영업성과와 재무상태에 대한 경영평가결과 등이 있다(감독규정 제41조⑥).

Ⅹ. 약관의 변경 등(제52조)

① 금융기관은 이 법에 의한 업무를 취급함에 있어서 금융기관 이용자의 권익을 보호하여야 하며, 금융거래와 관련된 약관을 제정 또는 변경하고자 할 때에는 미리 금융감독위원회에 보고하여야 한다. 다만, 이용자의 권익이나 의무에 불리한 영향이 없는 경우로서 금융감독위원회가 정하는 경우에는 약관의 제정 또는 변경후 10일 이내에 금융감독위원회에 보고할 수 있다.
② 금융감독위원회는 건전한 금융거래질서의 유지를 위하여 필요한 경우에는 금융기관에 대하여 제1항의 규정에 의한 약관의 변경을 권고할 수 있다.
③ 금융감독위원회는 제1항의 규정에 의한 약관의 제정 또는 변경에 대한 보고의 시기·절차 기타 필요한 사항을 정할 수 있다.
④ 금융기관은 금융거래상의 계약조건 등을 금융감독위원회가 정하는 바에 의하여 공시하여야 한다.

1. 연혁 및 취지

이 조는 제7차 개정 당시 신설된 후 제11차 개정에서 제3항과 제4항이 추가된 것이다. 금융소비자 보호정책의 일환으로 약관의 제정 또는 변경 등에 있어 금융감독기구가 개입할 수 있는 근거로 규정되었으며, 금융거래의 특수성을 인정하여 일반회사의 약관과 달리 규제하고 있다.

2. 약관 일반

약관이라 함은 그 명칭이나 형태 또는 범위를 불문하고 계약의 일방 당사자가 다수의 상대방과 계약을 체결하기 위하여 일정한 형식에 의하여 미리 마련된 계약의 내용을 의미한다[약관의규제에관한법률(이하 '약관규제법') 제2조 ①]. 따라서 금융기관과의 거래에 있어서는 어떠한 경우라고 하더라도 약관이 존재하고 약관에 따라 이해관계가 정리된다고 보는 것이 타당하다. 그러나 약관의 속성상 약관을 작성함에 있어 소비자보호단체나 대학교수 등 전문가의 자문을 받는다고 하더라도 일반 금융소비자보다 우월적인 지위에 있고 영리성을 추구할 수밖에 없는 금융기관의 입장에서 볼 때, 그 내용을 자신에게 유리하게 작성하고 이를 적용하려는 현실적인 유인을 가지게 된다.

약관규제에 대한 일반법인 약관규제법에서는 공정거래위원회에 변경명령권 등 사후적인 시정권한을 부여하고 있는데 반하여, 은행법에서는 약관의 제·개정에 따른 시행 전에 사전보고의무를 규정하여 약관규제법보다 높은 수준의 규제를 가하고 있다. 이는 금융거래가 국민 대다수와 연관되어 있어 불공정한 약관 운영시 피해범위가 광범위하고, 사후구제에만 의존할 경우 피해구제에 많은 시간과 비용이 소요되는 등 효과적인 금융소비자 보호가 어렵기 때문이다. 다만, 은행법(제52조제2항)에서는 약관규제법에서의 변경명령보다 낮은 수준의 약관변경권고권만을 인정하는 바, 이는 지나친 규제로 인한 상품개발의 지연 등 은행의 건전한 영업활동까지 제약하는 것을 방지하기 위한 것이다.

또한, 금융거래상의 조건 등을 금감위가 정하는 바에 따라 공시토록 하고 있다. 이는 금융거래시 주요 사항을 사전에 공시하여 금융소비자가 합리적인 상품선택을 할 수 있도록 하기 위함이다.

3. 약관 보고의무

(1) 보고대상기관

은행법상의 금융기관은 약관을 제정 및 변경하고자 할 경우 미리 금감위에 보고하여야 한다. 중소기업은행, 한국산업은행 등 특수은행의 경우에도 설치근거법에서 동 조항 적용을 배제하지 않고 있으므로 적용된다.

(2) 보고대상 약관

그 명칭이나 형태를 불문하고 금융기관이 금융거래와 관련하여 다수의 이용자와의 거래를 위하여 미리 작성한 계약의 내용을 말한다(감독규정 제84조 본문). 다만, 신용카드업무나 신탁업무와 같은 겸영업무와 관련된 약관으로서 관계법령에 의하여 별도로 정하고 있는 경우에는 보고할 필요가 없다(감독규정 제84조 단서).

(3) 보고시기

금융기관이 약관을 제정 또는 변경하고자 하는 경우 당해 약관이나 약관 내용을 이해하는데 필요한 관련서류를 시행예정일로부터 10영업일 전까지 감독원장에게 제출하여야 한다. 그러나 이용자의 권익을 확대하거나 의무를 축소하기 위한 약관의 변경, 이미 보고된 약관의 내용과 동일하거나 유사한 약관의 제정 또는 변경, 기존상품의 약관을 신상품의 약관으로 원용하는 경우, 법령의 개정 또는 금감위의 명령에 의한 약관의 변경 등 이용자의 권익이나 의무에 불리한 영향이 없는 약관의 제정이나 변경의 경우에도 사후보고를 인정하여 시행후 10영업일 이내에 보고하도록 하고 있다(제52조① 단서; 감독규정 제86조; 시행세칙 제60조).

4. 변경권고

(1) 심사기준

금융감독 당국은 금융기관으로부터 약관에 관해 보고를 받은 경우 동 약관 보고안이 은행법 등 관련법규에 저촉되는지 여부 등을 심사하여야 한다. 동 심사기준은 약관심사업무를 담당하는 자나 관련은행의 준비 정도 등에 관계없이 일관성있고 객관성있게 운용되어야 한다.

약관조항 중 (i) 금융기관의 고의 또는 중대한 과실로 인한 법률상의 책임을 배제하는 조항, (ii) 상당한 이유없이 금융기관의 손해배상범위를 제한하거나 금융기관이 부담하여야 할 위험을 이용자에게 이전시키는 조항, (iii) 이용자에 대하여 부당하게 과중한 지연배상금 등의 손해배상의무를 부담시키는 조항, (iv) 법률의 규정에 의한 이용자의 해제권 또는 해지권을 배제하거나 그 행사를 제한하는 조항, (v) 금융기관에게 법률에서 규정하고 있지 아니하는 해제권・해지권을 부여하거나 법률의 규정에 의한 해제권・해지권의 행사요건을 완화하여 이용자에 대하여 부당하게 불이익을 줄 우려가 있는 조항, (vi) 상당한 이유없이 금융기관이 이행하여야 할 급부나 이용자의 채무내용 등을 금융기관이 일방적으로 결정・변경할 수 있도록 권한을 부여하는 조항, (vii) 법률의 규정에 의한 이용자의 항변권・상계권 및 대위권 등의 권리를 상당한 이유없이 배제 또는 제한하는 조항, (viii) 이용자에게 부여된 기한의 이익을 상당한 이유없이 상실케 하는 조항, (ix) 이용자의 제3자와의 계약체결을 부당하게 제한하는 조항, (x) 금융기관과 이용자의 의사표시와 관련한 부당한 의제를 통하여 이용자에게 부당하게 불이익을 주는 조항, (xi) 보증인 또는 담보제공인에게 과도하게 책임을 부담시키거나 책임한계를 모호하게 함으로써 보증인 또는 담보제공인에게 부당하게 불이익을 주는 조항, (xii) 기타 약관규제법 등 관계법령에서 정한 사항에 위배되는 조항 등은 관련법규에 저촉된다고 할 수 있다.

(2) 변경권고 약관의 범위

금감원장은 금융기관으로부터 제출받은 약관을 심사하고 건전한 금융거래질서의 유지를 위하여 약관내용의 변경이 필요하다고 인정되는 경우 당해 금융기관에 대하여 당해 약관의 변경을 권고할 수 있고(감독규정 제86조②), 다른 금융기관에 대해서도 동일한 약관내용을 사용하지 말 것을 권고할 수 있으며, 필요하다고 인정하는 경우 금융기관이 이미 사용하고 있는 약관에 대해서도 동일한 내용의 변경을 권고할 수 있다(시행세칙 제61조②).

변경권고를 받은 금융기관은 당해 권고의 수락 여부를 금감원장에게 보고하여야 하고, 특히 공정거래위원회 등 행정기관으로부터 약관의 시정명령, 시정권고 또는 약관과 관련한 자료제출 요청을 받았을 경우에도 금감원장에게 보고하여야 한다(시행세칙 제60조③).

5. 금융기관의 약관해석 또는 운용시의 의무

약관의 해석 및 운용과 관련하여 금융기관은 약관에서 정하고 있는 사항에 관하여 금융기관과 이용자간에 약관의 내용과 다르게 합의한 사항이 있을 때에는 당해 합의사항을 약관에 우선하여 적용하여야 한다. 이러한 합의사항은 특약에 해당되기 때문이다.

또한, 약관은 신의성실의 원칙에 따라 공정하게 해석하고 이용자에 따라 다르게 해석하여서는 아니된다. 일관성을 유지하여야 한다는 것이다. 다만, 구체적인 적용에 있어서는 달리할 수도 있을 것이다. 그리고 약관의 뜻이 명백하지 아니한 경우에는 이용자에게 유리하게 해석하여야 한다. 즉 작성자 불리의 원칙이다. 아울러 약관내용은 가능한 한 쉽게 표현하고 이용자의 권리・의무에 중대한 영향을 미치는 내용은 큰 글자나 두드러지게 표시하여 이용자가 인지할 수 있도록 함은 물론 계약체결시 약관내용을 이용자가 충분히 이해할 수 있도록 설명하여야 하며, 이용자가 금융기관과 대등한 입장에서 계약을 체결하도록 하여야 한다. 이를 위해서는 약관의 형식이 계약서 방식으로 변경되어야 한다.

마지막으로, 약관에 대한 공시방법의 일환으로 금융기관은 이용자가 언제든지 열람할 수 있도록 약관을 영업점에 비치하여야 한다.

XI. 금융기관에 대한 제재(제53조)

① 금융감독위원회는 금융기관이 이 법 또는 이 법에 의한 규정・명령 또는 지시를 위반하여 금융기관의 건전한 경영을 해할 우려가 있다고 인정되는 경우에는 금융감독원장의 건의에 따라 다음 각호의 1에 해당하는 조치를 하거나 금융감독원장으로 하여금 당해 위반행위의 중시 및 경고 등 적절한 조치를 하게 할 수 있다.
1. 당해 위반행위의 시정명령
2. 6월 이내의 영업의 일부정지

② 금융감독위원회는 금융기관이 다음 각호의 1에 해당하는 경우에는 당해 금융기관에 대하여 6월 이내의 기간을 정하여 영업의 전부정지를 명하거나 은행업의 인가를 취소할 수 있다.
1. 허위 기타 부정한 방법으로 은행업의 인가를 받은 경우
2. 인가내용 또는 인가조건에 위반한 경우
3. 영업의 정지기간중에 그 영업을 한 경우
4. 제1학제1호의 규정에 의한 시정명령을 이행하지 아니한 경우

5. 제1호 내지 제4호 외의 경우로서 이 법 또는 이 법에 의한 명령이나 처분에 위반하여 예금자 또는 투자자의 이익을 크게 해할 우려가 있는 경우

1. 연혁 및 취지

이 조의 경우 제정 당시에는 금융기관의 위법행위 중지를 위해 금통위에 대하여 대법원 및 유관기관과 협력을 청구하도록 의무를 부과하는 내용으로 규정되었으나, 1차 개정시 은행감독원장에 대하여 위법행위 중지 또는 영업정지권한을 부여하였고, 금통위에 대해서도 인가취소권을 부여하였다. 그 후 제7차 개정시에 금통위에 의해 인가가 취소된 경우 해산하고, 해산하는 경우 이해관계인 또는 금통위의 청구나 직권으로 청산인을 선임하거나 해임할 수 있도록 변경된 후, 제11차 개정시 불건전한 영업행위의 중지나 6월 이내의 영업정지에 대한 조치권자가 금통위에서 금감위로 그리고 인가취소권자가 재경원장관으로 각각 변경되었으며, 제13차 개정으로 재경원장관이 재경부장관으로 변경되었다. 그후 17차 개정시에 조치권자가 재경부장관에서 금감위로 변경됨과 아울러 금감위가 영업의 전부정지 또는 인가취소를 변경할 수 있는 구체적인 경우를 열거한 후 현재에 이르고 있다.

한편 은행업을 영위하는 금융기관은 사기업으로서 원칙적으로 영업의 자유가 인정되지만, 은행업이 국민경제에 미치는 영향이 막대함에 따라 금융기관에 대하여 건전성 유지, 자금중개기능의 효율성, 예금자 보호 기타 신용질서 유지를 위해 각종 규제가 이루어지고 있다. 이러한 규제의 실효성을 확보하기 위하여 규제권자에게 위반하는 자에 대한 제재권한을 부여하고 있으며, 효율적인 제재수단으로 형사벌과 허가의 취소, 영업의 정지 등 직접적인 행정제재 권한을 부여하고 있다. 그러나 다양화 · 복잡화 · 세계화 등으로 특징지워지는 금융산업의 특색에 따라 과징금부과제도, 이행강제금제도, 적기시정조치(금산법) 등이 새롭게 등장하여 주요 제재수단으로 활용되고 있다.

이 조항은 금융기관의 영업행위를 제한하거나 극단적으로 자격 자체를 박탈하는 제재근거를 규정한 것으로, 죄형법정주의와 법치행정원리에 따른 것이다.

2. 금융기관에 대한 제재의 종류

금융감독 당국이 금융기관에 대해 취할 수 있는 제재로는 인가취소, 영업의 전부 또는 일부 정지, 영업점의 폐쇄, 영업점 영업의 전부 또는 일부의 정지, 당해 위반행위의 중지, 위법내용의 공표 또는 개시요구, 경고 및 주의 등의 단순 행정벌 이외에 과징금, 과태료 등의 금전적 행정벌 등이 있다.

인가취소 및 영업 전부의 정지를 제외한 제재의 사유로는 (i) 금융기관이 은행법, 한국은행법 및 감독기구설치법과 이들 법에 의한 규정・명령 또는 지시를 고의로 위반하고, (ii) 그 결과로 금융기관이 건전한 경영을 해할 우려가 있다고 인정되어야 한다. 여기서 한국은행법 및 감독기구설치법의 경우는 금융기관운영의 기본법(제3조)이고, 금융감독원 감독의 준거법(제44조)이기 때문이다. 또한, 그러한 위반행위로 인하여 금융기관의 건전한 경영을 해할 우려가 있다고 인정되어야 하므로, 비교적 중요한 위반행위만을 제재의 대상으로 삼고 있다고 할 수 있다. 즉, 건전한 경영을 해할 우려가 있는지의 여부는 당해 위반행위의 성격과 그 위반행위가 당해 금융기관에 미치는 영향 등 제반 사정을 종합적으로 고려하여 판단하여야 한다. 그러한 위험이 있는 경우이면 되고, 실제로 건전성을 해하는 결과가 초래되어야 하는 것은 아니다.

제재의 종류에 따른 제재사유에 대해 살펴 보면 다음과 같다. 즉 영업의 인・허가취소 및 영업의 전부정지는 (i) 허위 또는 부정한 방법으로 인가를 받거나 인가내용이나 조건에 위반한 경우, (ii) 은행법에 의한 명령이나 처분에 위반하여 건전경영을 심히 훼손하거나 당해 금융기관 또는 금융거래자 등에게 중대한 손실을 초래하였거나 초래할 우려가 있는 경우, (iii) 영업의 전부 또는 일부에 대한 정지기간중에 당해 영업을 계속하는 경우, (iv) 위법부당행위에 대한 시정명령을 이행하지 아니하는 경우를 그 원인으로 하고 있다. 그리고 영업의 일부에 대한 정지는 (i) 금융기관의 건전한 영업 또는 업무를 저해하는 행위를 함으로써 건전경영을 훼손하거나 당해 금융기관 또는 금융거래자 등에게 재산상 손실을 초래한 경우, (ii) 영업점 폐쇄, 영업점 영업의 정지조치 또는 위법・부당행위의 중지조치를 받고도 당해 영업점 영업을 계속하거나 당해 행위를 계속하는 경우, (iii) 기관경고를 받고도 동일 또는 유사한 위법・부당행위를 반복하는 경우를 그 원인으로 하고 있다. 이울러 영업점의 폐쇄, 영업점 영업의 전부 또는 일부의 정지의 경우는 (i) 금융기관의 위법・부당행위가 영업의 일부에 대한 정지사유에 해당되나 그 행위가 일부 영업점에 국한된 경우로서 위법・부당행위의 경중에 따라 당해 영업점의 폐쇄 또는 그 영업의 전부 또는 일부를 정지시킬 필요가 있는 경우이고, (ii) 위법・부당행위의 중지는 금융기관의 위법・부당행위가 계속되고 있어 이를 신속히 중지시킬 필요가 있는 경우이며, (iii) 위법내용의 공표 또는 게시요구의 경우는 금융거래자의 보호를 위하여 위법・부당내용을 일간신문, 정기간행물 기타 언론에 공표하거나 영업점에 게시할 필요가 있는 경우이다.

한편, 기관경고의 경우는 (i) 영업의 일부에 대한 정지사유에 해당되나 그 위반의 정도가 비교적 가벼운 경우, (ii) 위법・부당행위로서 ① 그 동기・결과가 당해 금융기관의 경영방침이나 경영자세에 기인한 경우, ② 관련점포가 다수이거나 부서 또는 점포에서 조직적으로 이루어진 경우, ③ 임원이 주된 관련자이거나 다수의 임원이 관련된 경우, ④ 동일유형의 민원이 집단적으로 제기되거나 금융거래자의 피해규모가 큰 경우, ⑤ 금융실명법의 중대한 위반행위가 발생한 경우, ⑥ 수사당국에 고발 또는 통보된 사항으로서 금융기관의 중대한 내부통제 또는 감독 소홀 등에 기인한 경우이며, (iii) 최근 1년 동안 내부통제업무 소홀 등의 사유로 금융사고가 발생하여 당해 금융기관의 최직근 분기말 현재 자기자본의 100분의 2를 초과하는 손실이 발생하였거나 발생이 예상되는 경우 등을 그 원인으로 하고 있다. 그리고 정상참작의 사유가 크거나 위법・부당행위의 정도가 상당히 경미한 경우에는 기관주의를 할 수 있다.

이와 별도로 금감위는 금융기관 또는 그 임직원이 은행법에서 정한 과징금(제65조의3) 또는 과태료(제69조)의 부과대상이 되는 위법행위를 한 경우 금감원장의 건의에 따라 이를 부과할 수 있다. 이 경우에는 금융기관 검사 및 제재에 관한 규정상의 과징금부과기준 및 과태료부과기준에 따른다.

그 밖에 금감원장은 금융기관에 대한 감독・상시감시 또는 검사결과 나타난 경영상의 취약점의 개선을 위한 확약서의 제출을 요구하거나, 당해 금융기관과 이의 개선대책의 수립・이행을 주요 내용으로 하는 양해각서를 체결할 수 있다. 또한, 금감원장은 금융기관 임직원이 위법・부당한 행위로 당해 금융기관에 재산상의 손실을 초래하여 이를 변상할 책임이 있다고 인정되는 경우에는 당해 기관의 장에게 변상조치할 것을 요구할 수 있고, 금융기관 또는 그 임직원의 업무처리가 법규를 위반하거나 기타 불합리하다고 인정하는 경우에는 당해 기관의 장에게 업무방법의 개선 등을 요구할 수 있다.

특히, 외국 금융기관의 지점 또는 대리점의 경우에는 그 금융기관의 본점이 위법행위, 불건전한 영업행위 등의 사유로 본국의 감독기관으로부터 인가취소에 해당하는 제재를 받은 경우에는 우리나라에 있는 지점 또는 대리점에 대해서도 인가를 취소할 수 있다(제60조①제1호).

이와 같은 금융기관 자체에 대한 제재는 그러한 요건사실에 해당하는 객관적인 사실이 발생하면 충분하며, 특별히 고의나 과실을 요하지 아니한다(대법원 1980.5.13.선고 79누251판결 참조).

3. 금융기관에 대한 제재절차

금융기관의 위법행위는 통상적으로 금감원의 업무수행과정에서 적출되고, 이를 적출한 금감원은 적절하게 대처해야 할 의무가 있다. 즉, 직접적으로 제재할 수 있는 사안에 대해서는 제재조치를 하고, 금감위에 제재권한이 있는 경우에는 이를 건의해야 한다. 인가취소와 6월 이내의 영업 전부의 정지를 제외한 그 밖의 제재에 대해서는 금감원장의 건의가 있어야 한다.

여기서 인가취소와 6월 이내의 영업 전부의 정지의 경우 금감원의 건의 등의 절차 없이 금감위가 직접적으로 조치를 취할 수 있는가 하는 문제가 대두된다. 이들 두 가지 조치는 금융기관에 대한 가장 엄한 극단적인 조치로서 금융기관과 직접적으로 접촉하면서 감독업무를 수행하는 금감원의 건의 등의 의사간여 없이 이루어지는 것은 매우 위험천만하다. 실무적으로도 이러한 점을 감안하여 금감원 내에 설치된 제재심의위원회85)의 심의를 거치고 있다. 이와 같이 자문기구로 제재심의위원회를 둔 것은 금융감독 당국의 정식적인 처분에 앞서 이를 심의하도록 하여 제재의 적정성과 공정성 그리고 투명성을 기하기 위해서이다. 따라서 이들 두 가지 조치의 경우에도 금감원의 건의절차를 경료

85) 금융기관검사및제재에관한규정(제33조)에 따르면 금감원장이 제재에 관한 사항을 심의하기 위하여 심의회를 설치하고, 금감원장은 필요하다고 인정하는 경우 심의회 심의를 생략할 수 있다고 정하고 있다. 또한, 동 심의회와 유사한 기능을 수행하는 증권・선물조사심의회는 명백히 자문기구임을 밝히고 있다(증권・선물조사업무규정 제40조).

하는 것이 타당하며, 이러한 사안을 금감원의 건의 없이 금감위에서 조치한 경우에는 절차상의 하자를 이유로 피해구제대상이 될 수 있다.

그 밖에 제재대상자에게 제재내용을 사전에 통지하여야 하고(제재규정 제35조), 상당한 기간을 정하여 구술 또는 서면에 의한 의견진술 기회를 주어야 하며(제재규정 제35조), 인가취소의 경우에는 청문절차를 거쳐야 한다(제64조). 아울러 제재를 하는 경우 그 제재에 관하여 이의신청, 행정심판, 행정소송의 제기, 기타 불복할 수 있는 권리에 관한 사항을 제재대상자에게 알려 주어야 한다(제재규정 제36조).

한편, 금융기관은 금융감독 당국의 제재처분이 위법 또는 부당하다고 생각되는 경우에는 재심을 청구할 수 있다. 이는 행정쟁송절차와는 별도의 구제절차로서, 그러한 재심의 청구가 이유있다고 인정되는 경우 금융감독 당국은 종전의 처분을 취소·변경한다(제재규정 제37조). 이러한 재심에 의한 취소·변경은 법률상으로는 종전의 처분을 직권취소하고 새로운 처분을 하는 효력이 있다.

금융기관에 대한 제재조치는 그 처분서가 당해 금융기관에 도달하는 때에 그 처분의 내용에 따라 효력이 발생하며, 당해 금융기관은 즉시 필요한 조치를 취하여야 한다. 특히, 인가취소의 법적 성질은 행정행위의 철회로 보는 것이 타당하다. 따라서 이제까지 유효한 인가행위가 장래를 향하여 그 효력을 부인하는 것이며, 인가의 취소는 금융기관의 해산사유가 된다. 따라서 인가가 취소된 경우 금감위는 청산인의 선임을 법원에 청구하는 등 해산절차를 취할 수 있다. 참고로 금융기관이 인가취소의 조치를 받고도 계속 영업을 하면 이 법 제66조에 의하여 형사적인 처벌을 받게 된다.

Ⅻ. 임·직원에 대한 제재(제54조)

① 금융감독위원회는 금융기관의 임원이 이 법 또는 이 법에 의한 규정·명령 또는 지시를 고의로 위반하거나 금융기관의 건전한 운영을 크게 해치는 행위를 하는 때에는 금융감독원장의 건의에 따라 당해 임원의 업무집행의 정지를 명하거나 주주총회에 대하여 그 임원의 해임을 권고할 수 있으며, 금융감독원장으로 하여금 경고 등 적절한 조치를 하게 할 수 있다.

② 금융감독원장은 금융기관의 직원이 이 법 또는 이 법에 의한 규정·명령 또는 지시를 고의로 위반하거나 금융기관의 건전한 운영을 크게 해치는 행위를 하는 때에는 면직·정직·감봉·견책 등 적절한 문책처분을 할 것을 당해 금융기관의 장에게 요구할 수 있다.

1. 연혁 및 조치

이 조는 제정 당시 금융기관이 은행법관련 명령·지시 등을 고의로 위반한 경우 금통위가 당해 금융기관의 주주총회에 대하여 중역의 경질을 권고할 수 있도록 규정되었으나, 제1차 개정시 '중역의 경질'이 '임원의 경질'로 변경되었다.

그 후 제6차 개정시 제재사유로 금융기관의 건전한 운영을 저해하는 경우가 추가되었으며, 제재종류도 '업무집행정지'가 추가되고 '임원의 경질'이 '임원의 해임'으로 변경되었다. 그 후 제8차 개정에서 위반행위의 주체가 '금융기관'에서 '금융기관의 임원'으로 변경되고 직원에 대한 문책처분요구권이 제2항으로 신설된 후 현재에 이르고 있다.

2. 임원에 대한 제재

이 조항은 금융기관 임직원에 대한 제재를 임원과 직원으로 구분하여 규정하고 있는 것으로, 금융기관인 법인 자체에 대한 제재(제53조)와는 제재요건에 있어 다소 차이가 있다. 즉 금융기관의 경우는 은행법 등에의 위반행위가 있어야 하고, 그 결과로 금융기간의 건전한 운영을 해할 우려가 있어야 하는 반면, 임직원의 경우에는 위반행위를 하거나 금융기관의 건전한 운영을 해치는 행위를 하는 것으로 족하다는 점에서 차이가 있다.

임직원의 제재요건으로는 임직원의 행위가 은행법 및 이 법에 의한 규정, 명령, 지시나 한국은행법, 감독기구설치법과 이에 근거한 규정, 명령, 지시 등을 고의로 위반한 경우이다. 여기서 임원이란 주주총회에 의하여 선임된 이사와 감사를 말하며, 이사에는 업무집행을 담당하는 이사뿐만 아니라 사외이사도 포함한다. 이사는 이사회의 구성원으로서 이사회를 통하여 금융기관의 중요한 의사결정을 하며, 대표이사 등 집행임원은 이사회의 결의사항을 집행하는 등 금융기관의 경영을 담당하는 자로서 그 명칭에 관계없다. 특히, 이사회의 결의과정이나 업무집행과정에서 은행법을 위반하거나 그 하위법령 및 은행법에 근거한 감독기관의 규정·명령 또는 지시를 위반하는 경우에 제재의 대상이 된다.

또한 이러한 위반행위는 고의에 기하여야 한다. 고의 여부의 규명이 지극히 어려운 일임을 감안할 때 제재의 요건을 엄격히 한 것으로 이해되나, 이러한 문구가 없는 다른 금융업법의 경우와 비교할 때 미필적 고의나 인식있는 과실에 의한 위반의 경우에도 포함되는지 여부에 대해서는 논란의 소지가 있다. 그러나 형사벌의 경우에는 죄형법정주의 원칙상 제외시키는 것이 타당하고, 경고 등 행정벌의 경우에는 포함시킨다고 하더라도 별다른 무리가 없을 것이다.

둘째, 금융기관의 건전한 운영을 크게 해치는 행위를 한 경우이다. 금융기관의 임원은 은행법의 구체적인 규정을 위반한 경우가 아니더라도 법령이나 정관·내부규정을 위반하거나 기타 충실의무·선관주의의무를 위반하여 당해 금융기관의 건전한 운영을 크게 해치는 행위를 하는 때에도 제재의 대상이 된다. 금융기관의 건전성유지는 예금자 보호와 국민경제에 미치는 영향이 크므로, 은행법은 금융기관의 건전성유지를 위한 각종 규제를 하고 있을 뿐만 아니라 금융기관의 건전성에 대한 포괄적인 감독권을 부여하고 있으며, 그 실효성 확보의 수단으로써 금융기관의 건전성을 해치는 행위를 하는 임원에 대한 제재의 근거를 마련하고 있는 것이다.

또한, 금융기관에 대한 제재를 규정한 이 법 제53조에서는 건전한 경영이라고 규정하고 있는 반면, 이 조에서는 건전한 운영이라고 표현하고 있는 점에서 볼 때, 건전한 운영은 재산상의 견실을 지칭하는 건전한 경영보다 포괄적인 개념으로, 재산상의 견실뿐만 아니라 건전한 금융질서의 유지까지를 포괄하는 개념으로 이해되어야 한다. 즉, 금융기관 임·직원의 고의에 의한 법규위반뿐만 아니라 과실에 의한 법규위반의 결과로서 금융질서를 저해한 경우에도 제재대상에 포함되는 것으로 봄이 타당하다.

3. 제재의 종류 및 사유

(1) 임원에 대한 제재

1) 제재의 종류

감독기구설치법, 금산법 및 금융업관련법의 규정에 따라 금융기관의 임원에 대하여 취할 수 있는 제재의 종류로는 해임권고, 업무집행의 전부 또는 일부의 정지, 문책경고, 주의적 경고 및 주의가 있다. 이들 제재사유는 다음과 같다.

(가) 해임권고

① 고의로 중대한 위법・부당행위를 함으로써 금융질서를 크게 문란시키거나 금융기관의 공신력을 크게 훼손한 경우

② 금융기관의 건전한 운영을 크게 저해하는 행위를 함으로써 당해 금융기관의 경영을 심히 위태롭게 하거나, 당해 금융기관 또는 금융거래자 등에게 중대한 재산상의 손실을 초래한 경우

③ 고의 또는 중과실로 재무제표 등에 허위의 사실을 기재하거나 중요한 사실을 기재하지 아니하여 금융거래자 등에게 중대한 재산상의 손실을 초래하거나 초래할 우려가 있는 경우 또는 위의 행위로 인하여 금산법 제10조에서 정한 적기시정조치를 회피하는 경우

④ 고의 또는 중과실로 금감원장이 금융관련법규에 의하여 요구하는 보고서 또는 자료를 허위로 제출함으로써 감독과 검사업무 수행을 크게 저해한 경우

⑤ 고의 또는 중과실로 직무상의 감독의무를 태만히 하여 금융기관의 건전한 운영을 크게 저해하거나 금융질서를 크게 문란시킨 경우

⑥ 기타 금융관련 법규에서 정한 해임권고 사유에 해당하는 행위를 한 경우

(나) 업무집행의 전부 또는 일부의 정지

위법・부당행위가 해임권고사유에 해당되나 정상참작의 사유가 있는 경우

(다) 문책경고

① 금융관련 법규를 위반하거나 그 이행을 태만히 한 경우

② 당해 금융기관의 정관에 위반되는 행위를 하여 신용질서를 문란시킨 경우
③ 금감원장이 금융관련 법규에 의하여 요구하는 보고서 또는 자료를 허위로 제출하거나 제출을 태만히 한 경우
④ 직무상의 감독의무 이행을 태만히 하여 금융기관의 건전한 운영을 저해하거나 금융질서를 문란시킨 경우
⑤ 금융관련 법규에 의한 금감원의 감독과 검사업무의 수행을 거부・방해 또는 기피한 경우
⑥ 금감위, 금감원장, 기타 감독권자가 행한 명령・지시 또는 징계요구의 이행을 태만히 한 경우
⑦ 기타 금융기관의 건전한 운영을 저해하는 행위를 한 경우

(라) 주의적 경고

문책경고사유에 해당되나 정상참작의 사유가 있거나 위법・부당행위의 정도가 비교적 가벼운 경우

(마) 주의

문책경고사유에 해당되나 정상참작의 사유가 크거나 위법・부당행위의 정도가 상당히 경미한 경우

2) 제재절차

금감원장은 금융기관의 임원이 해임권고나 업무집행의 전부 또는 일부의 정지에 해당하는 사유가 있는 경우 당해 임원에 대하여 이에 해당하는 조치를 취할 것을 금감위에 건의할 수 있으며, 그 밖의 제재사유에 해당하는 경우에는 직접적으로 조치를 취할 수 있다. 금감위가 금융기관 임원에 대하여 해임권고나 업무집행의 전부 또는 일부의 정지에 해당하는 조치를 취한 경우 당해 금융기관의 장은 지체없이 필요한 조치를 취하고 그 결과를 감독원장에게 보고하여야 한다. 업무집행정지의 경우에는 6월 이내로 한다.

3) 효력발생

금감위가 하는 임원에 대한 업무집행정지처분이나 금감원장이 하는 경고 등의 처분은 처분서가 당사자에게 도달하는 즉시 그 효력이 발생한다. 그러나

임원 해임권고조치는 조치를 받은 당해 금융기관이 지체없이 주주총회를 개최하여 당해 임원을 해임하는 절차를 거쳐야 한다. 다만, 임원 해임권고조치의 실효성을 확보하기 위해서는 당해 임원으로 하여금 해임권고조치 공문이 도달한 날부터 주주총회일까지 업무를 수행하지 못하도록 업무집행정지조치를 병과하는 것이 타당하다. 특히, 문책경고 이상의 제재를 받은 임원은 이와 같은 직접적인 효과 외에 은행법(제18조) 및 은행업감독규정(제17조 및 제18조)의 규정에 따라 일정기간 임원 선임의 제한을 받게 된다.

(2) 직원에 대한 제재

제재요건은 앞에서 설명한 임원에 대한 제재의 요건과 동일하다. 즉, 금융기관의 직원이 이 법 또는 이 법에 의한 규정·명령 또는 지시를 고의로 위반하거나 금융기관의 건전한 운영을 크게 해치는 행위를 하는 때에 제재의 대상이 된다. 여기서 직원이란 금융기관과의 고용계약 등에 의하여 채용되어 은행업무를 담당하는 자를 말한다. 은행법 등의 위반을 이유로 한 금융기관의 직원에 대한 제재는 금감원장이 위반행위를 한 직원에 대한 면직·정직·감봉·견책 등 적절한 문책처분을 할 것을 당해 금융기관의 장에게 요구하는 형식으로 이루어진다.

부행장이나 본부장 등 비등기 집행임원의 경우에는 임명방법에 차이가 있으나, 임명권자가 주주총회가 아니라는 점을 이유로 직원에 해당한다고 봄이 타당하다. 다만, 그 수행업무 내용과 금융기관에서의 역할을 감안할 때, 이들에 대한 제재를 금융기관에 맡길 경우 그 적정성을 기하기 어려운 점을 감안하여, 금감원은 이들에 대한 제재요구시 제재양정을 정하여 요구하고 있으나 금융기관의 자율성에 대한 과도한 규제라는 비난의 소지가 있다.

직원에 대한 제재는 금감원장의 문책요구에 따라 당해 금융기관이 내부제재절차에 따라 해당 직원에 대하여 면직·정직·감봉·견책 등 적절한 제재를 함에 따라 효력이 발생한다. 금감원장의 문책요구는 제재종류를 특정하지 아니하고 단순히 문책만을 요구하는 것이 일반적이나, 이사·감사 또는 사실상 이와 동등한 지위에 있는 자와 관련된 위법·부당사항으로 직원이 주행위자인 경우, 금융사고·금융실명제 위반·분식회계보고서 허위제출·검사자료 제출 거부 등 금융질서를 문란시키거나 감독·검사업무를 방해하는 등의 위법・부당사항의 경우에는 제재의 종류를 지정하여 조치를 요구할 수 있다(제재규정 세칙 제45조).

(3) 기 타

1) 퇴직한 임직원에 대해 제재

일반적으로 제재는 특별한 신분관계에 근거하여 임면권자 또는 감독권자가 피임면권자나 피감독자에 대하여 가하는 신분상의 불이익처분이다. 제재당시 퇴임이나 퇴직으로 이러한 특별한 신분관계가 해소된 경우에는 제재할 수 없는 것이 일반적이다. 그러나 금융업무의 특성상 위법・부당한 행위를 적시에 적출하기 곤란하여 나중에 적출하고 이를 이유로 제재할 필요성에 따라 신분관계를 유지하고 있는 자들에 대하여는 제재하면서 퇴임 또는 퇴직후 다른 금융기관에 종사하는 자에 대해서는 제재하지 않는 경우 형평에 맞지 않는다는 문제점이 있다.

이러한 문제점을 해결하기 위하여 보험업법(제135조)에서는 금감위로 하여금 보험회사의 퇴임한 임원 또는 퇴직한 직원이 재임 또는 재직중이었더라면 조치를 받았을 것으로 인정되는 조치의 내용을 당해 보험회사의 장에게 통보하고, 통보를 받은 보험회사의 장은 이를 당해 임원 또는 직원에게 통보함과 아울러 인사기록부에 기록・유지하도록 하고 있다. 다른 법률에서도 이러한 조항을 신설할 필요가 있다 하겠다. 또한, 외국은행 국내지점의 경우에도 제재사실을 본국 당해 금융기관의 장 또는 감독당국에 위법・부당사실 및 제재내용을 통보하고, 필요한 경우에는 국내 대표자의 교체를 요구할 수 있다(제재규정 제46조).

2) 제재요구의 법적 성격

검사결과 조치요구사항은 금감원장의 명령에 해당하므로, 조치요구사항의 불이행 또는 이행태만은 그 자체가 또 다른 제재의 사유가 된다. 그러나 이러한 조치요구가 행정소송의 대상이 되는지에 대해서는 논란의 여지가 있다.

이에 대하여 서울행정법원에서는 행정소송의 대상이 되는 행정처분을 행정청의 공법상의 행위로서 특정 사항에 대하여 법규에 의하여 권리를 설정하고 의무를 명하여 기타 법률상의 효과를 발생케 하는 등 국민의 권리・의무에 직접 관계가 있는 행위라고 정의하고, 금융감독 당국의 요구만으로 금융기관 직원의 권리·의무나 법적 지위에 어떤 변동을 가져오는 것이 아니라면서 행정소송의 대상이 되는 행정처분이 아니라고 판시한 바 있다. 즉, 금융감독 당국의 조치의 근거가 되는 감독기구설치법(제41조)과 은행법(제54조②) 및 그 하위법령 어디에도 조치요구를 받은 금융기관이 이에 따라 제재행위를 하여야 할 의무를 규정하고 있지 아니하므로, 금융감독 당국의 금융기관 직원에 대한 조치요구는 징계권자인 금융기관의 협력을 기대하여 행하는 단순한 사실의 통지에 불과하고, 비록 이 조치에 불응하는 경우 금융감독 당국이 당해 금융기관의 영업정지 또는 그 임원에 대한 문책경고 등의 제재를 할 수 있어 사실상 조치를 요구받은 금융기관이 이를 거부하기 어렵다고 하더라도, 실제로 징계처분이 내려지기까지는 그러한 요구만으로 당해 직원의 권리·의무나 법적 지위에 어떤 변동을 가져오는 것이 아니라는 것이다.[86]

86) 서울행정법원 2003.9.5.선고 2003구합3093판결.

제 8 장

합병, 폐업, 해산

이 장은 금융기관의 퇴출과 관련된 절차를 정한 것으로, 합병 · 해산 · 폐업의 인가(제55조), 금융기관에 대한 해산명령 등(제56조), 청산인 등의 선임(제57조) 등 3개 조문으로 구성되어 있다.

Ⅰ. 합병 · 해산 · 폐업의 인가(제55조)

① 금융기관이 다음 각호의 1에 해당하는 행위를 하고자 할 때에는 대통령령이 정하는 바에 따라 금융감독위원회의 인가를 받아야 한다.
1. 분할 또는 다른 금융기관과의 합병(분할합병을 포함한다.)
2. 해산 또는 은행업의 폐지
3. 영업의 전부 또는 일부의 양도 · 양수
② 금융감독위원회는 제1항의 규정에 의한 인가에 조건을 붙일 수 있다.

1. 연혁 및 취지

이 조는 제정 당시 제9조에 인가대상으로 (i) 금융기관의 신설 또는 금융기관의 지점 · 대리점의 신설, (ii) 금융기관의 자본금, 정관 또는 상호의 변경, (iii) 2개 이상의 금융기관의 합병, (iv) 금융기관의 본점 · 지점 · 대리점의 주소의 변경, (v) 금융기관의 해산을 열거하였으나, 제2차 개정시 제4호에 지점 대리점의 폐쇄가 인가사항으로 추가되었다. 제6차 개정시 제5호에 사무소의 신설 · 폐쇄가 인가대상으로 추가되고, 제2항에 금융통화운영위원회에 인가조건 부과 근거가 마련되었으며, 제7차 개정시에는 은행업 영위 인가를 위해 별도의 항(제1항)의 신설과 인가대상으로 은행업 폐지가 추가되고, 본점 · 지점 · 대리점의 주소변경이 본점 · 지점 · 대리점 기타 영업소의 이전으로 변경되었다. 그 후 제8차 개정시 대통령이 정하는 자본금의 감소 또는 상법 제461조의 규정에 의한 준비금의 자본전입이 인가대상에 추가된 반면, 자본금의 변경이 인가대상에서 제외되었다. 제9차 개정시 정관의 변경과 지점·대리점 기타 영업소 및 사무소의 신설·폐쇄 또는 본점·지점·대리점 기타 영업소의 이전 중 경미한 사항은 사후신고로 갈음할 수 있게 하였다.

제11차 개정시 은행업 인가를 제8조에, 그리고 합병, 해산 또는 은행업의 폐지, 영업의 전부 또는 일부의 양도·양수 인가의 경우에는 제55조에 규정하고, 금융기관에 대한 해산명령제도가 제56조에 규정되었다가 해산명령제도는 제14차 개정에서 삭제되었다. 그 밖의 조항은 인가권자의 변경(재경부장관 → 금융감독위원회) 이외에 별다른 변동 없이 현재에 이르고 있다.

이 조는 은행의 합병 등 조직의 중요한 변경을 은행의 자율에 맡기지 아니하고 감독기관이 인가할 수 있는 근거가 되는 규정이다. 즉, 은행의 합병 등 조직변경과 해산 및 은행업의 폐지는 주주, 예금주 등 채권자의 권익을 침해할 수 있을 뿐만 아니라, 독과점 문제 야기 등 국민경제와 금융산업에 중대한 영향을 미치기 때문에 공익보호 차원에서 금감위의 인가대상으로 운용하고 있다.

2. 인가의 절차

금감위의 인가절차 등에 대하여는 제11조에서 이미 설명하였으므로 여기에서는 생략하기로 한다.

3. 인가대상

(1) 분 할

1) 분할의 개념

회사의 분할이라 함은 1개 회사(분할회사)의 적극·소극재산이 분리되어 1개 이상의 신설회사 또는 기존회사에 부분적으로 포괄승계되고, 그 대가로 신설회사 또는 기존회사의 주식 내지 사원권이 원칙적으로 분할회사의 출자자인 주주 내지 사원에게 부여되는 회사법상의 제도이다. 즉, 1개의 회사가 2개 이상의 회사로 분리되어 분할회사의 권리·의무가 분할 후의 회사에 포괄승계되고, 원칙적으로 분할회사의 사원이 분할후 회사의 사원이 되는 회사법상의 법률요건을 말한다. 분할은 일반적으로 합병에 반대되는 제도로 이해된다.

상법에서는 회사의 분할을 회사가 분할에 의하여 1개 또는 수개의 회사를 설립하는 단순분할[87]과 회사가 분할에 의하여 1개 또는 수개의 회사와 합병하는 분할합병으로 구분하고 있다. 또한 회사가 단순분할과 분할합병을 겸할 수도 있다(상법 제530조의2).

그러나 은행법에서는 분할합병을 합병의 개념에 포함시키고 있다. 이는 합병되는 부분이 분할되는 회사의 일부분이라는 것을 제외하고는 합병의 일종으로 볼 수 있고, 감독기관에서도 합병과 분할합병의 인가를 달리 취급할 필요가 없기 때문이다.

2) 인가심사기준

금감위는 금융의 효율화 및 신용질서의 유지에 관한 사항, 영업계획에 관한 사항과 소유구조 및 조직운영에 관한 사항 등 3가지 사항에 대해 심사한다. 금융의 효율화 및 신용질서 유지에 관한 사항에 대한 심사를 위하여 은행업무의 효율적 영위, 금융구조조정의 촉진 등 분할목적이 타당한지 여부, 예금자·대출거래자뿐만 아니라 주주나 기타 채권자 등 기존 거래자에 대한 불이익이 없는지 여부, 이사회 및 주주총회 등 상법 및 증권거래법 기타 관계법령에서 정하는 절차를 제대로 이행하는지 여부 등을 확인한다. 또한, 영업계획에 관한 사항에 대한 심사를 위하여 분할 이후 3개년간 추정재무제표 및 수익전망이 영업계획에 비추어 타당성이 있는지 여부, 주된 시장·고객·서비스내용 등 영업전략 및 업무범위가 적정한지 여부, 분할후 영위할 수 없는 업무의 정리계획이 적정한지 여부 등을 확인하며, 소유구조 및 조직운영과 관련하여서는 분할후 주주구성계획이 이 법 제15조 및 제16조의2 규정에 적합한지 여부, 임원이 이 법 제18조 규정에서 정한 자격요건을 충족하는지 여부, 이사회구성계획이 이 법 제22조 내지 제26조에서 정한 이사회의 구성방법에 부합한지 여부, 조직 및 인력운영체계에 적합한지 여부 등을 심사한다.

여기서 문제되는 것은 이와 같은 심사기준을 인가받은 이후에도 계속 유

87) 상법에서는 '분할'로 규정하고 있으나, 분할의 한 종류인 분할합병과 구분하기 위하여 일반적으로 단순분할이라는 용어를 사용하고 있다.

지하여야 하는지 여부이다. 즉 순수한 인가요건인지, 아니면 유지요건인지가 제기된다. 대부분의 사항은 인가 당시에만 갖추면 되는 순수한 인가요건이라고 할 수 있겠으나, 분할후 영위할 수 없는 업무의 정리계획 등은 인가 이후에도 지속적으로 유지·이행되어야 한다.

(2) 합병 및 분할합병

1) 합병의 개념

회사의 합병이라 함은 2개 이상의 회사의 일부 또는 전부가 소멸하거나 청산절차를 거치지 아니하고 소멸하는 회사의 모든 권리·의무가 존속 또는 신설되는 회사에 포괄적으로 승계되고 사원이나 주주를 수용하는 회사법상의 법률요건이다. 상법상 합병의 종류에는 흡수합병과 신설합병이 있다. 흡수합병은 합병계약을 체결한 2개 이상의 회사 중에서 하나의 회사는 존속하고 나머지 회사는 소멸하는 형태의 합병을 말한다. 반면에, 신설합병은 합병계약을 체결한 모든 회사가 소멸하면서 그 권리·의무 일체가 합병에 의하여 새롭게 설립되는 회사에 포괄승계되는 형태의 합병을 말한다. 실제에 있어서는 대부분 흡수합병 형태로 이루어지는 바,[88] 이는 신설합병의 경우에는 설립위원을 선임하여야 하는 등 절차가 복잡하기 때문이다.

한편, 은행법에서는 앞에서 살펴본 바와 같이 분할합병을 합병의 일종으로 취급하고 있다.

2) 인가심사기준

금감위는 합병을 위한 심사기준으로 4가지 항목을 제시하고 있다. 즉, 금융의 효율화 및 신용질서 유지에 관한 사항으로 (i) 업무 또는 영업구역의 보완, 금융구조조정의 촉진 등 합병 목적이 타당할 것, (ii) 지역금융의 위축 또는 기존 거래자에 대한 불이익이 없을 것, (iii) 상법 및 증권거래법 기타 관계법령의 규정에 따른 절차이행에 하자가 없을 것 등의 요건이 충족되는지 여부를 심사하고, 경쟁제한에 관한 사항으로 합병에 대한 공정거래위원회의 경쟁제한성에 대한 검토결과가 적정하여야 한다.

---

88) 은행간 합병, 은행과 비은행 금융기관간 합병의 경우에도 흡수합병의 경우가 대부분이었으나, 2001년 11월 1일에 합병한 (구)국민은행과 (구)한국주택은행은 신설합병 형태를 취하였다.

또한, 영업계획에 관한 사항과 관련하여 (i) 합병 이후 3개년간 추정재무제표 및 수익전망이 영업계획에 비추어 타당성이 있어야 하고, (ii) 주된 시장, 주된 고객, 주된 서비스내용 등 영업전략 및 업무범위가 적정하여야 하며, (iii) 합병후 영위할 수 없는 업무의 정리계획이 적정하여야 한다. 특히 종합금융회사가 은행과 합병하여 은행이 되는 경우 종합금융회사에관한법률 제7조제1항 제1호의 업무(어음관련 업무)와 이 규정에 의한 어음관리계좌업무를 영위할 수 있으나, 이 경우 은행업무와 구분하여 계리하여야 한다.

마지막으로, 소유구조 및 조직운영에 관한 사항으로 (i) 주주구성계획이 이 법 제15조 및 제16조의2의 규정에 적합할 것, (ii) 임원이 이 법 제18조에서 정한 자격요건을 충족할 것, (iii) 이사회구성계획이 이 법 제22조 내지 제26조에서 정한 이사회의 구성방법에 부합할 것, (iv) 조직 및 인력운영체제가 적합할 것 등의 요건이 충족되는지 여부를 심사한다(은행업인가지침 제13조).

3) 금융산업의구조개선에관한법률상의 특례

(가) 은행법과의 관계

은행법에서 규정하고 있는 합병은 당사자가 모두 은행인 경우로 제한되며, 은행과 비은행 금융기관간의 합병에 대하여는 금산법이 적용된다. 금산법(제3조)에 따르면 동법의 적용을 받은 금융기관은 같은 종류 또는 다른 종류의 금융기관과 서로 합병하여 같은 종류 또는 다른 종류의 금융기관이 될 수 있으며, 금융기관이 동법에 의한 합병을 하고자 할 때에는 미리 금감위의 인가를 받아야 한다(동법 제4조).

따라서 은행간 합병의 경우에는 은행법과 금산법이 동시에 적용되어 양 법률 적용의 우선순위가 제기되나, 금융기관의 합병에 관하여 금산법에서 정하는 것을 제외하고는 당해 금융기관의 영업의 인가·허가 등의 근거가 되는 법률과 상법 등 관계법령의 규정에 따르도록 규정하여 금산법의 우선적용을 규정하고 있다(동법 제24조의2).[89]

또한, 금산법에서는 동법에 의한 합병인가를 받은 경우에는 금융기관의 영업, 영업의 폐지 또는 합병에 대한 인가·허가 또는 지정을 받은 것으로 간

89) 실제로 외환위기 이후 이루어진 은행간 합병, 은행과 비은행 금융기관간 합병의 경우 모두 금산법에 의한 인가를 받았다.

주하고 있다(동법 제5조①). 따라서 신용카드업을 겸영하고 있지 아니하는 은행과 신용카드회사가 합병하는 경우에는 금산법에 의한 합병인가 이외에 여신전문금융업법에 의한 신용카드업 영위 허가 및 은행법에 의한 신용카드업 겸영 인가를 받을 필요가 없을 뿐만 아니라, 신용카드업 폐지관련 인·허가를 받지 않아도 된다.

한편, 금감위는 금융기관의 합병을 인가하고자 하는 경우 금융기관 상호간의 경쟁을 실질적으로 제한하지 아니하는지의 여부에 대하여 미리 공정거래위원회와 협의하여야 한다(동법 제4조④). 실무적으로는 금감원에서 이에 대한 의견을 조회하고 공정거래위원회에서 회신하는 형식으로 이루어지고 있다.

(나) 합병절차의 간소화

가) 채권자보호절차

상법(제527조의5)상 회사가 합병하는 경우 합병결의가 있은 날로부터 2주 내에 채권자에 대하여 합병에 이의가 있으면 1월 이상의 기간 내에 이를 제출할 것을 공고하고, 알고 있는 채권자에 대하여는 따로 이를 최고하여야 한다. 그러나 금산법(제5조③)에서는 금융기관이 주주총회에서 합병의 결의를 한 경우 상법 규정(제232조① 단서)에도 불구하고 채권자에 대하여 10일 이상의 기간을 정하여 이의를 제출할 것을 2 이상의 일간신문에 공고할 수 있도록 함과 아울러, 동 공고를 하는 경우에는 개별채권자에 대한 최고를 생략할 수 있도록 규정하고 있다. 이는 은행의 경우에는 상법에 따라 예금자를 비롯한 수많은 채권자에게 일일이 최고함에 따라 소요되는 막대한 인적·물적 비용으로 합병 자체가 곤란해질 우려가 있고 합병인가시 금융기관의 건전경영 확보와 관련하여 제반 사항을 심사하므로 채권자보호절차가 소홀하게 될 우려가 희박하기 때문이다.

나) 기타 사항

채권자보호절차의 간소화 이외에도 금산법에서는 금융기관간 합병절차를 간소화하고 있다. 즉 주주명부 폐쇄의 경우 원칙적으로 합병승인 주주총회 소집을 위한 주주총회 폐쇄기간 기준일로부터 2주간 전에 공고하여야 하나, 이를 기준일로부터 7일 전에 2개 이상의 일간신문에 공고하는 것으로 대체하게 할 수 있다. 또한 합병승인 주주총회 소집 및 공고와 관련하여서도 주주총회일 2주간 전에 소집통지하고 2개 이상 일간신문에 2회 이상 공고하는 것을 주주총회일 7일 전에 2개 이상의 일간신문에 2회 이상 공고하는 것으로 갈음할 수 있는 등 상법상의 방식보다 그 절차 및 방식을 수월하게 할 수 있도록 하고 있는 바, 구체적인 내용을 살펴보면 다음과 같다.

〈금산법상의 간소화 현황〉

구 분	상 법	금산법
주주명부 폐쇄공고 (기준일 공고)	합병승인 주주총회 소집을 위한 주주명부 폐쇄기간(기준일) 2주간 전에 공고(제354조④)	폐쇄기간(기준일)부터 7일 전에 2 이상의 일간신문에 공고(제5조⑥)
합병승인 주총소집 통지 및 공고 (주식매수청구 포함)	주주총회일 2주간 전에 소집통지 및 2개 이상 일간신문에 2회 이상 공고(제363조) - 소집통지 및 공고시 주식매수청구권의 내용 및 행사방법 명시	서면통지 발송일 이전에 2개 이상의 일간신문에 공고(제5조④) - 좌동
재무제표 등의 공시	주주총회일 12주 전부터 합병을 한 날 이후 6월이 경과하는 날까지 합병계약서, 합병비율산정의 이유를 기재한 서면, 각 회사의 최종의 대차대조표와 손익계산서를 본점에 비치(제522조의2)	주주총회일 7일 전부터 본점에 대차대조표를 비치(제5조⑤)
주식매수청구기간 만료	합병 반대주주는 합병승인 주주총회 결의일로부터 20일 내에 회사에 대하여 주식매수를 청구(제522의조3①)	10일 이내에 주식매수를 청구(법 제5조⑧, 제12조⑦)
주주총회 소집통지 · 공고	주주총회일 2주간 전에 소집통지(제363조)	서면통지발송일 이전에 2개 이상 일간신분에 공고(제5조⑪)

(3) 금융기관의 해산

1) 해산의 개념

주식회사의 법인격은 해산에 의하여 소멸한다. 회사 법인격의 소멸을 가져오는 원인이 되는 법률사실을 해산이라고 하고, 해산에 이어 기존의 법률관계를 마무리하는 절차를 청산이라고 한다. 회사의 법인격은 해산에 의하여 곧 소멸하는 것이 아니라 청산절차가 종료한 때에 비로소 소멸하게 된다.

다만, 해산의 사유가 합병・분할・분할합병인 경우에는 존속회사 또는 신설회사가 해산회사의 권리・의무를 포괄승계하고 그 주주를 수용하여 기존의 법률관계의 정리가 불필요하므로 청산절차를 거치지 않고 곧 해산회사는 소멸한다. 또한, 해산의 사유가 파산인 경우에는 청산절차에 들어가지 않고 통합도산법에 따라 파산절차에 들어가게 된다. 이 때에도 파산절차의 종료에 따라 법인격이 소멸한다.

주식회사의 해산원인은 ① 존립기반의 만료 기타 정관으로 정한 사유의 발생, ② 회사의 합병, ③ 회사의 파산, ④ 법원의 명령 또는 판결, ⑤ 회사의 분할 또는 분할합병, ⑥ 주주총회의 결의이다(상법 제517조). 이 밖에 허위 기타 부정한 방법으로 은행업의 인가를 받은 경우, 인가내용 또는 인가조건에 위반한 경우, 영업의 정지기간중에 그 영업을 한 경우, 금감위의 위반행위 시정명령을 이행하지 아니한 경우, 은행법 또는 동법에 의한 규정・명령 또는 처분을 위반하여 예금자 또는 투자자의 이익을 크게 해할 우려가 있는 경우 금감위는 인가를 취소할 수 있고, 인가가 취소된 때에는 해산하여야 하는 바, 금감위의 인가취소도 금융기관의 해산사유가 된다(제53조②, 제56조②).

2) 인가대상 해산사유

금융기관의 해산과 관련하여 상법 또는 은행법상의 해산사유와 관계없이 금감위의 인가를 받아야 하는지 여부가 문제가 된다. 주주총회의 결의에 따라 해산하는 경우에는 인가를 받아야 하나 분할, 합병(분할합병)으로 인한 해산의 경우에는 분할, 합병(분할합병)에 대하여 인가를 받아야 하므로, 해산에 대하여 별도의 인가를 받을 필요가 없다. 또한, 파산 및 법원의 명령 또는 판결에 따른 해산의 경우에는 법원의 감독 아래 관련절차가 진행되므로 해산에 대하여 별도의 인가를 받아야 할 필요는 없다. 그리고 금감위의 은행업 인가취소로 인하여 해산하는 경우에는 인가취소에 따라 해산의 법적 효력이 발생되므로 별도의 인가를 받을 필요가 없다.

여기서 문제되는 경우는 '존립기간의 만료 기타 정관으로 정한 사유의 발생'이다.[90] '존립기간의 만료 기타 정관으로 정한 사유의 발생'은 법률행위가 아닌 단순한 사실행위 또는 사건의 발생이며, 이러한 사유의 발생으로 당해 금융기관은 더 이상 은행업을 영위할 수 없으므로, 인가제도의 목적이 달성되었음을 이유로 인가대상에 해당되지 않는다고 보아야 한다는 의견이 있을 수 있다. 그러나 해산절차에서의 감독기관 개입으로 인한 절차의 투명성 및 내용의 공정성 확보라는 해산인가제도의 목적에 비추어 볼 때 이 경우에도 인가대상에 포함시키는 것이 타당하다.[91]

3) 인가심사기준

금융기관의 해산은 당해 금융기관의 예금자나 거래처와 국민 및 국민경제 전반에 미치는 영향이 매우 크기 때문에 이를 금융기관의 의사에만 맡겨두지 아니하고 금감위의 인가를 받도록 하고 있다. 금감위는 금융기관의 해산 또는 은행업 폐지를 인가하고자 하는 경우 (i) 당해 금융기관의 경영 및 재무상태 등에 비추어 부득이한지 여부, (ii) 예금자 등 이용자 보호 및 신용질서 유지에 지장을 줄 염려가 없는지 여부, (iii) 상법 및 증권거래법 기타 관계법령의 규정에 따른 절차이행에 하자가 없는지 여부를 심사한다(시행령 제24조의 4②; 은행업인가지침 제15조).

(4) 은행업의 폐지

은행업의 폐지는 금융기관이 그 목적을 변경하여 다른 종류의 업무를 영위하는 경우나 다른 종류의 업무를 영위하는 회사에 합병되는 경우에 발생되는 것으로, 해산과 구별되나 사실상 해산과 동일한 효과를 가져온다. 이러한 점을 감안하여 해산의 경우와 같이 금감위의 인가를 받도록 규정하고 있고,

90) 금융기관이 원시정관에 또는 정관변경을 통하여 존립기간 또는 해산사유를 규정할 가능성이 미미하다는 점에서 문제가 될 소지는 크지 않을 것이다.

91) 그러나 금융기관이 존립기간의 만료 또는 정관에서 정한 사유의 발생으로 해산하는 경우 당해 금융기관은 더 이상 은행업을 영위할 수 없게 되고, 인가제도의 목적을 달성할 수 없게 된다. 따라서 인가제도의 조화로운 운용을 위해 은행법에 특례규정(금감위의 해산인가를 받을 때까지는 효력을 정지하는)을 두는 것이 바람직한 것으로 생각된다.

금감위의 인가심사기준도 같다.

(5) 영업의 전부 또는 일부의 양도·양수

1) 영업 양도·양수의 개념

은행법에서 영업이나 영업 양수도에 관한 개념을 정의하고 있지 않으므로 상법상의 그것에 따라야 할 것이다. 일반적으로 영업은 주관적 의미에서의 영업과 객관적 의미에서의 영업이라는 두 가지 의미로 이해된다. 주관적 의미에서의 영업은 기업(상인)의 영리활동을, 객관적 의미에서의 영업은 일정한 영리목적을 위하여 조직화된 유기적 조직체로서의 영업재산 전체를 의미한다. 영업 양도라 함은 영리목적으로 조직화된 기능적 일체로서의 객관적 의미의 영업을 채권계약의 성질을 갖는 양도계약에 의하여 그 동일성을 유지하면서 양수인에게 이전하는 것을 말한다(통설). 한편, 영업 양수는 영업 양도에 대비되는 개념이다.

2) 인가대상

상법상(제374조①) 영업의 전부 또는 중요한 일부를 양도하거나 다른 회사의 영업 전부를 양수하거나 회사의 영업에 중대한 영향을 미치는 다른 회사 영업의 일부를 양수하는 경우에는 주주총회의 특별결의를 거쳐야 하나, 은행법에서는 이에 더하여 모든 영업의 양수·양도를 금감위의 인가대상으로 하고 있다.

그런데 금융기관은 은행업 이외에도 신탁업, 신용카드업 등을 영위하고 있는 바, 이들 겸영업무를 양수도 하는 경우에도 이 조의 인가대상에 해당되는지 여부에 대해 의문이 제기될 수 있다. 신탁업과 신용카드업이 금융기관 영업의 일부임에는 이론이 없으나 은행법은 원칙적으로 은행업에 대하여 적용되고 겸영업무는 별도의 법에서 규정하고 있기 때문이다. 그러나 이 조에서 '은행업'의 양도·양수가 아닌 '영업'의 양도·양수로 규정하고 있고, 신탁업과 신용카드업 등 겸영업무를 영위하고 있는 금융기관이 신탁회사나 신용카드사와 합병하는 경우에는 인가를 받아야 함에도 영업의 양수·양도의 경우에는 인가를 받지 않도록 하는 것은 형평에 맞지 아니하다. 뿐만 아니라, 은행법의 모든 조항이 반드시 금융기관이 영위하는 은행업만을 규율하기보다는 금융기관(법인) 자체를 규율하는 조항도 포함하고 있다는 점 등을 감안할 때, 이 조에서 규정하는 영업에는 겸영업무도 포함된다고 보는 것이 타당하다. 즉, 겸영업무의 양・수도의 경우도 인가대상에 포함시키는 것이 타당하다.

또한, 금융기관의 '영업용 중요재산'을 양도하거나 양수하고자 하는 경우에도 이 조에 따른 인가를 받아야 하는지 여부에 대해 논란의 소지가 있다. 앞에서 살펴본 바와 같이 영업의 개념을 영업재산 전체로 보는 객관적 의미로 보면 영업용 중요재산도 당연히 영업의 개념에 포함되고, 전산설비 등 영업용 중요재산의 양도는 단순히 자산의 양도라기보다는 금융기관의 영업 자체에 중대한 영향을 미치는 특수한 형태의 조직변경에 해당된다고 볼 수 있으므로, 영업 양도에 준하여 처리하는 것이 바람직하다.[92]

3) 인가심사기준

영업 양수의 경우에는 합병 인가심사기준을 준용하며, 영업의 전부양도의 경우에는 금융기관 해산 또는 은행업 폐지 인가심사기준을 준용한다(은행업인가지침 제13조-가). 영업의 일부양도에 대한 인가와 관련하여 금감위는 (i) 금융기관의 해산 또는 은행업 폐지 인가심사기준을 충족하는지 여부, (ii) 영업 양도 이후 3개년간 추정재무제표 및 수익전망이 영업계획에 비추어 타당성이 있는지 여부, (iii) 주된 시장, 주된 고객, 주된 서비스내용 등 영업전략 및 업무범위가 적정한지 여부, (iv) 영업 양도후 영위할 수 없는 업무의 정리계획이 적정한지 여부를 심사한다(은행업인가지침 제13조-가).

Ⅱ. 금융기관에 대한 해산명령 등(제56조)

① 삭제
② 금융기관은 제53조의 규정에 의하여 은행업 인가가 취소된 때에는 해산한다.
③ 법원은 금융기관이 제2항의 규정에 의하여 해산한 경우에는 이해관계인 또는 금융감독위원회의 청구에 의하거나 직권으로 청산인을 선임하거나 해임할 수 있다.

---

92) 금감위는 2002년 4월 당시 한빛은행(현재 우리은행)의 전산부문 양도인가신청에 대하여 이 조에 의한 인가대상이 아니라고 판단하여 인가신청을 반려한 바 있다.

1. 연혁 및 취지

이 조 제1항의 자금보증한도초과 미해소 은행에 대한 해산명령권 조항은 제11차 개정 당시 신설되었다가 제14차 개정시 삭제되었다. 또한 제2항과 제3항은 제7차 개정시 신설되고, 제11차 개정 당시 제40조에서 제56조로 이관되어 현재에 이르고 있다.

금융기관이 일정한 사유에 해당하는 경우 금감위는 청문절차를 거쳐 은행업의 인가를 취소할 수 있음은 앞서 살펴본 바와 같다(제53조②, 제64조). 이 조는 금감위의 은행업 인가취소의 효력과 해산한 경우 청산인 선임 및 해임절차를 규정하고 있다.

2. 해 산

회사의 해산은 회사의 법인격을 소멸시키는 원인이 되는 법률사실을 말한다. 상법상 주식회사는 존립기간의 만료 기타 정관으로 정한 사유의 발생, 합병, 분할 또는 분할합병, 파산, 법원의 명령 또는 판결, 주주총회의 결의가 있는 경우 해산한다.[93] 금융기관의 경우는 이와 같은 상법상의 해산사유에 금감위의 은행업 인가취소를 강제해산사유로 추가하고 있다.[94]

회사는 이와 같은 해산사유의 발생으로 당연히 해산하고 해산등기나 기타 그 절차는 그 요건이 아니다. 다만, 금융기관의 경우 주주총회의 결의에 의하여 해산하기 위해서는 금감위의 인가를 받아야 한다(제55조).

이 조에 따라 금융기관이 해산하는 경우에는 지체없이 주주에 대하여 해산의 통지를 하고, 무기명주권을 발행한 경우에는 이를 공고하여야 한다(상법 제521조). 또한 해산사유가 있은 날부터 본점 소재지에서는 2주간내, 지점 소재지에서는 3주간 내에 해산등기를 하여야 한다(상법 제521조의2, 제228조).

---

93) 이 밖에 상법은 장기간 휴면상태에 있는 회사는 일정한 절차를 밟아 해산한 것으로 의제된다(상법 제520조의2).

94) 특히 은행업 이외에 신탁업, 신용카드업을 영위하는 금융기관에 대하여 은행업 인가만이 취소된 경우에도 신탁회사 또는 여신전문금융회사로서의 요건을 충족하고 있으므로 해산하지 않아도 된다고 보아야 한다. 이에 대하여는 신탁업과 신용카드업은 은행업을 영위하는 금융기관이 겸영하는데 지나지 않으므로, 주업무인 은행업을 영위하기에 부적절한 것으로 판단되어 인가취소를 당한 금융기관에 대하여 신탁회사나 여신전문금융회사로 전환하도록 허용되어서는 아니된다는 반대의견이 있을 수 있다.

3. 청 산

주식회사가 해산하면, 합병・분할・분할합병과 파산의 경우를 제외하고는 청산을 하여야 하며, 청산회사의 권리능력은 청산의 목적범위로 한정된다(상법 제542조①, 제245조).

주식회사가 청산에 들어가면 청산인을 선임하여야 한다.[95] 청산인은 이사가 되는 것이 원칙이나(상법 제531조), 금융기관의 은행업 인가가 취소된 경우 인가취소에 책임이 있는 인가취소 당시의 이사가 청산인이 되는 것은 불합리하다. 또한, 금감위는 인가취소의 당사자로서 인가취소의 취지가 제대로 구현되도록 법원에 대하여 청산인의 선임을 청구하여야 하고, 선임된 청산인이 청산업무를 수행할 수 없는 경우에는 이의 해임을 청구하여야 한다. 이해관계인의 범위에는 예금자나 대출거래처 등의 영업상의 거래관계자뿐만 아니라 주주나 임직원 등도 포함된다. 금감위에 대하여 청구권을 부여한 것은 금융회사에 정통한 감독권자로서 원활한 청산절차의 진행은 금융시스템의 안정성을 제고하기 때문이다(상법 제531조②).

금감위의 부실금융기관에 대한 도산신청은 법원에 대한 재판상의 청구로서, 그 자체가 국민의 권리나 의무에 어떠한 영향을 미치는 것이 아닐 뿐만 아니라, 도산신청으로 인하여 부실금융기관이 도산절차 내에서 여러 가지 법률상 불이익을 입는다 할지라도 도산법원이 관할하는 도산절차 내에서 그 신청의 적법 여부를 다투어야 할 것을 이유로, 금감위의 도산신청은 행정소송법상 취소소송의 대상이 되는 행정처분이라 할 수 없다고 한다.[96]

Ⅲ. 청산인 등의 선임(제57조)

① 금융기관이 해산 또는 파산한 때에는 금융감독원장 또는 그 소속직원 1명이 청산인 또는 파산관재인으로 선임되어야 한다.

---

95) 청산인은 이사에 갈음하여 회사의 청산사무를 집행하고 회사를 대표하는 기관이 된다. 청산인과 회사와의 관계는 이사와 회사와의 관계와 마찬가지로 위임관계이다(상법 제542조②).

96) 대법원 2006.7.28.선고 2004두13219판결.

② 제1항의 규정에 의하여 청산인 또는 파산관재인으로 선임된 금융감독원장 또는 그 소속직원은 그 임무에 대하여 보수를 청구할 수 없다. 다만, 그 임무수행상 소요된 정당한 경비는 당해 재산에서 지급받을 수 있다.

1. 연혁 및 취지

이 조는 제11차 개정 당시 신설된 것으로, 금융기관의 공익성 등 특수성을 고려하여 상법 및 도산법상의 청산인 또는 파산관재인 선임에 관한 특례를 규정하고 있다.

2. 청 산

(1) 청산 개요

청산이라 함은 해산한 회사의 모든 법률관계를 종료하고 그 재산을 분배하는 것을 목적으로 하는 절차를 말한다. 청산회사는 청산의 목적범위 내에서 존속하고, 회사의 영업활동을 전제로 한 상법의 규정을 적용받지 아니한다. 청산에 있어서는 잔여재산을 금전으로 주주에게 분배하는 것을 최종의 목적으로 한다. 상법(제542조①, 제254조①)에서는 이를 위하여 청산인의 직무권한으로 현존 사무의 종결, 채권의 추심과 채무의 변제 등 네 가지를 열거하고 있다. 그러나 이것은 청산사무의 범위를 표기한 것에 지나지 아니하며, 청산인은 청산에 필요한 모든 행위를 할 수 있다. 상법에서 정한 부수적인 청산업무로는 법원에의 신고(제532조), 회사재산의 조사・보고(제533조), 주주총회의 소집(제542조②), 청산 대차대조표 등의 비치(제534조) 등이 있다.

이러한 청산업무를 집행하는 청산인은 원칙적으로 이사가 되나 정관으로 다른 자를 지정할 수도 있고, 주주총회의 결의에 의하여 선임할 수도 있으며, 이와 같은 청산인이 없는 때에는 이해관계인의 청구에 따라 법원이 선임한다(상법 제531조). 청산인의 자격에는 상법상 제한이 없다. 청산인의 수에 관하여도 규정이 없으므로 합의체기관인 청산인회라는 것이 인정되고 있어 적어도 2인 이상은 있어야 한다고 본다. 임기에 관하여도 규정이 없으나 선임에 있어서 그 임기를 청산완료시까지로 정하거나 또는 일정한 기간으로 한정하는 것도 무방하다.

(2) 금융기관의 청산인

금융기관은 예금자를 비롯하여 거래자, 주주 등 수많은 이해관계인이 있으므로, 청산사무를 당해 금융기관의 이사에게만 일임할 경우 자칫 이들의 이익을 무시함으로써 관계 당사자간의 이해충돌을 야기할 우려가 있기 때문에 금융기관의 청산사무를 공정하게 처리할 필요가 있다.

이러한 점을 감안하여 상법(제531조)이나 은행법 이외에도 금산법(제15조)과 공적자금특별관리법(제20조)에서 각각 규정하고 있다. 이들 법률의 적용상의 우선순위는 상법이나 은행법보다 금산법이나 공적자금특별관리법이 우선 적용된다고 보는 것이 타당하다. 이러한 원칙에 따라 청산금융기관의 최대채권자가 예금보험공사인 경우 금감위는 예금보험공사의 임원 또는 직원을 법원에 추천하고 법원은 이를 청산인으로 선임한 경우가 있었으나, 이와 같은 예금보험공사 임직원의 선임에 관한 특례는 공적자금특별관리법의 부칙(제2조)에 따라 동법 시행일(2000. 12. 20)로부터 5년이 경과된 현재에는 적용되지 아니한다. 따라서 금융기관의 경우 금감위는 금융기관이나 금융감독기관 등에서 5년 이상 근무한 경력이 있는 자 등 금융관련 업무지식이 풍부하며 청산인의 직무를 효율적으로 수행하기에 적합하다고 인정되는 자를 법원에 청산인으로 추천하고, 법원은 이를 청산인으로 선임하여야 한다.

이 경우 법원은 금감위의 추천에 구속을 받아야 하는가 하는 문제가 대두된다. 이에 대하여는 청산인의 선임권을 법원에게 부여하고 있는 금산법의 입법취지나 상법 등을 근거로 금감위의 추천에 구속되지 않는다는 견해와 금융감독원장 또는 그 소속직원 1명이 청산인으로 선임되도록 규정된 은행법(제57조)의 취지와 청산사무도 금융감독대상 범위에 속한다는 입장 등을 근거로 구속된다는 견해가 있을 수 있다. 금감위는 금감원장 또는 그 소속직원 중에서 금융뿐만 아니라 청산사무에도 지식이 풍부한 자를 청산인으로 법원에 추천하여야 하고, 법원은 이를 청산인으로 선임하는 것이 바람직하다는 입장에서 후자의 견해가 타당하다.

3. 파 산

(1) 파산관재인 개요

파산관재인은 법원이 선임한다(통합도산법 제355조). 관재인의 자격요건과 관련하여 관재인은 채무자 및 채권자로부터 독립성 및 중립성을 유지할 수 있는 성향의 경제적·법적인 전문가여야 하지만 변호사나 공인회계사 등의 자격이 필요한 것은 아니다. 그러나 당해 사건에 대하여 이해관계를 가지는 자, 즉 채무자 또는 이에 준하는 자, 파산채권자, 이들의 친족 및 기타 파산절차상의 이해관계인, 자문계약을 체결한 변호사나 소송대리인 등 대리인, 청산인 등은 공평한 직무수행을 기대하기 곤란하므로 피선자격이 없다.

그리고 관재인은 원칙적으로 1인이지만 복잡한 대형사건이거나 도산을 반대하는 노동쟁의가 있는 경우와 장기간 미제의 사건인 경우, 그리고 관재인에게 법적·사실상의 장애사유가 있거나 관재인이 도산사건과 이해관계가 있는 경우 등 법원이 필요하다고 인정하는 경우에는 복수로 선임될 수도 있다. 이와 같이 파산관재인이 여럿인 경우에는 공동으로 그 직무를 행하며, 법원의 허가를 받아 직무를 분장할 수 있다. 아울러 제3자에 대한 의사표시는 그 1인에 대하여 함으로써 족하다.

아울러 파산관재인의 보수는 법원이 정한다(통합도산법 제30조). 이 경우 파산재단의 규모, 배당률, 관재사무의 난이(채권자 수, 현가방법, 채무자의 입증), 관재인의 직무태도 및 사무처리능력, 회수율, 관재업무가 관재인의 본래의 업무에 미친 영향, 관재인의 수, 배당액과 보수액 및 배당률과 보수율의 균형, 물가, 급여수준 등 일반사회의 경제상태, 기타 제반 사정을 고려하여 특별보상금도 지급할 수 있다(통합도산법 제30조). 보수는 정기적으로 주는 방법과 성과급으로 일시에 주는 방법이 있으나, 파산관재인의 신속한 배당업무 수행을 독려하는 의미에서 중간배당 및 최후배당의 허가시 보수를 지급하는 성과급제가 바람직하다(법원의 파산실무준칙).

(2) 금융기관의 파산관재인

파산관재인의 경우도 청산인과 같다. 그러나 금감위가 추천한 자가 파산관재인으로 적합하지 아니하다고 인정되는 경우나 추천된 자 이외에 다른 파산관재인을 복수로 선임하는 경우 또는 금감위의 추천이 없는 경우에는 파산재단의 확보 및 환가 등에 필요한 법률지식이 풍부한 자 중에서 파산관재인의 직무를 효율적으로 수행하기에 적합한 자를 파산관재인으로 선임한다. 이 경우 법원은 변호사협회, 기타 적절한 기관에 파산관재인을 지원하는 자의 추천을 의뢰하여 미리 적임자 명단을 확보하고 있다가 이를 활용할 수 있다.

파산관재인의 수와 관련하여서도 파산하는 금융회사의 규모, 파산관재인이 수행하여야 할 업무의 내용과 난이도, 기타 제반 사정에 비추어 2인 이상 복수의 파산관재인을 선임하는 것이 필요하다고 인정되는 경우에는 복수의 파산관재인을 선임한다. 다만, 법원은 금융회사 파산관재인을 선임함에 있어 1인으로 하여금 수개 금융기관의 파산관재인을 겸직하게 하여서는 아니된다. 그러나 파산하는 금융회사의 업종이 유사하고 비교적 소규모로서, 파산관재인 업무의 효율성 제고 및 비용의 절감 등을 위하여 필요하다고 인정되는 경우에는 겸직하게 할 수 있다. 이 경우에도 겸직 수는 개개의 사건에서 파산관재인의 업무가 소홀해지지 않을 정도의 적당한 범위 이내여야 한다.

4. 청산인 또는 파산관재인의 보수

청산 또는 파산관재인으로 선임된 금감원장 또는 소속직원은 그 청산사무 또는 파산사무처리에 대하여 보수를 청구할 수 없는데, 이는 상법 또는 도산법상의 청산인 또는 파산관재인이 위임관계에 기초하여 그 보수를 청구할 수 있는데 대한 특례조항이다(상법 제542조②; 통합도산법 제30조).

이것은 금융기관으로서의 자격이 상실됨에 따라 금감위 및 금감원장의 감독권이 적용될 여지가 없어졌다고는 하나, 그 청산 또는 파산사무의 실질은 공익성 확보를 위한 감독권의 연장임에 틀림이 없을 뿐만 아니라, 감독기관 직원으로서의 신분을 상실하지 아니하고 청산인 등을 겸하는 것이므로 금감원 직원의 신분에서 받은 보수를 그의 정당한 보수로 볼 수 있기 때문이다. 그러나 업무수행상 소요되는 정당한 경비는 해당 재산에서 보전받을 수 있다.

제 9 장

외국금융기관의 국내지점

이 장은 외국금융기관이 국내에서 영업하기 위한 방법과 퇴출절차를 정한 것으로, 외국금융기관의 은행업인가 등(제58조), 외국금융기관에 대한 법 적용(제59조), 인가취소 등(제60조), 인가취소시의 지점폐쇄・청산(제61조), 외국금융기관의 국내자산(제62조), 자본금에 대한 규정의 적용(제63조) 등 6개 조문으로 구성되어 있다.

Ⅰ. 외국금융기관의 은행업 인가 등(제58조)

① 외국금융기관(외국법령에 의하여 설립되어 외국에서 은행업을 영위하는 자를 말한다. 이하 같다)이 대한민국 내에서 은행업을 영위하기 위하여 지점・대리점 또는 사무소를 신설하거나 지점 또는 대리점을 폐쇄하고자 하는 때에는 대통령령이 정하는 바에 따라 금융감독위원회의 인가를 받아야 한다.
② 금융감독위원회는 제1항의 규정에 의한 인가에 조건을 붙일 수 있다.
③ 외국금융기관이 제1항의 규정에 의하여 인가를 받은 지점 또는 대리점을 이전하거나 사무소를 폐쇄하고자 하는 때에는 미리 금융감독위원회에 신고하여야 한다.

1. 연혁 및 취지

이 조항은 제7차 개정 당시 제37조의2로 신설된 것으로, 제11차 개정시 인가권자가 '한국은행 은행감독원장의 추천에 의하여 금융통화운영위원회'에서 '금융감독위원회의 추천에 의하여 재정경제원장관'으로 변경된 후, 제13차 개정시 재정경제원장관이 재정경제부장관으로 변경되었다. 제17차 개정으로 대통령령이 정하는 바에 따라 금감위의 인가로 변경되었고, 인가대상 업무도

'지점·대리점의 신설, 폐쇄·이전 및 사무소의 신설·폐쇄'에서 '지점·대리점 또는 사무소의 신설, 지점 또는 대리점의 폐쇄'로 축소되는 반면, 지점·대리점의 이전과 사무소의 폐쇄는 사전신고 대상으로 조정되었고, 조 편성도 제1항 후단에 규정된 사항이 제3항으로 독립·신설되었다. 즉 외국금융기관이 대한민국내 지점·대리점 또는 사무소를 신설하거나, 지점 또는 대리점을 폐쇄하고자 하는 경우에는 금감위의 인가를 받아야 함을 규정하고 있다.

2. 영업소 신설

(1) 인가절차

외국금융기관이 대한민국 내에서 은행업을 영위하기 위하여 지점 또는 대리점을 신설하고자 할 때에는 지점 또는 대리점마다 금감위의 인가를 받아야 한다. 이 경우 대한민국에 지점을 신설하고자 하는 외국금융기관의 대표자는 은행업인가지침상의 인가신청서 및 기타 서류를 금감위에 제출하여야 한다. 인가신청서 제출시 외국금융기관의 대표자는 신청서가 외국어로 작성된 경우 한국어 번역본을 첨부하여야 하며, 외국에서 작성된 서류는 현지의 공증을 받아야 한다(시행세칙 제97조 준용).

인가는 예비인가와 본인가로 나뉘는데, 예비인가 신청시 인가요건을 갖추었다고 판단되는 경우에는 예비인가절차를 생략할 수 있다(은행업인가지침 제11조). 한편, 인가신청서를 접수한 금감위는 은행업인가지침에 따라 신청사실의 공고 및 의견수렴 기간(통상 14일)을 거쳐 예비인가 심사에 들어간다. 외국은행 지점 등의 신설에 관한 인가심사항목은 동 인가지침 제17조에 따라 외국은행 본점에 관한 사항과 외국은행 지점에 관한 사항이 있다. 금감위의 예비인가를 얻으면 특별한 경우를 제외하고는 6개월 이내에 인가신청서 및 관련서류를 금감위에 제출하여 본인가를 받아야 한다.

(2) 인가신청권자

최초지점의 설치인가 신청은 외국금융기관의 대표자에 의해 이루어져야 함에 대해서는 이론의 여지가 없다. 통상적으로 이에 대한 대리권을 위임받은 법무법인을 통하여 이루어진다. 여기서 문제가 되는 것은 추가로 지점을 설치할 경우의 인가신청이다. 이에 대해서는 외국금융기관 최초지점의 지점장도 가능하다는 의견이 있을 수 있다. 그는 대한민국에 있어서의 대표자로서 상법(제614조제1항, 제4항 및 제209조)의 규정에 따라 대표자에 갈음하여 영업에 관한 재판상 또는 재판외의 모든 행위를 할 수 있기 때문이다. 그러나 지점장의 권한은 당해 영업소와 관련된 것에 한하므로, 신분상의 행위와 같이 그 성질상 영업에 관한 것이 아닌 행위는 이에 포함되지 않는다. 또한, 영업에 관한 행위는 영업의 계속성을 전제로 하는 것이므로 영업의 폐지, 양도와 같은 영업 자체의 처분행위나 다른 지점의 설치 같은 것은 그 권한의 범위에서 제외된다고 보는 것이 타당하다.

(3) 외국기관의 영업소 형태

이 조 제1항은 외국금융기관의 국내영업소 형태를 지점 및 대리점으로 규정하고 있는 바, 이 법 제13조에 의해 금융기관에 대하여 인정하고 있는 기타 영업소를 외국금융기관이 국내에 설치할 수 있는가 하는 의문이 제기될 수 있다. 이 조항은 외국은행 국내지점에 대하여 지점 또는 대리점 설치시마다 은행업 인가를 받도록 하고 있는 것으로 볼 때, 외국은행 국내지점에 대하여 지점 또는 대리점 이외의 영업소 형태를 상정하지 않고 있으며, 또한 현실적으로도 외국은행 국내지점간에는 국내은행의 본·지점과 같은 통할관계가 없어 출장소 형태의 영업소를 설치할 필요가 없으므로, 외국은행 국내지점은 지점 또는 대리점 이외의 기타 영업소를 설치할 수 없다고 보아야 할 것이다.

3. 영업소 폐쇄

외국금융기관의 지점 등 영업소의 폐쇄는 금융기관의 소멸을 의미하므로 예금자 등 거래처뿐만 아니라 일반경제에도 큰 영향을 미치므로 금감위의 인가를 받도록 하고 있다.

외국금융기관이 그 최초지점을 폐쇄하기 위해 금감위의 인가를 받고자 하는 경우 은행업인가지침서상 인가신청서 및 관련서류를 금감위에 제출하여야 한다. 금감위는 폐쇄되는 지점의 직원과 자산 및 부채에 대한 처리, 예금자 및 기타 거래고객에 대한 조치계획 등을 면밀히 확인하고, 그 타당성이 인정되는 경우 예비인가 및 본인가를 해준다. 외국금융기관이 추가지점을 폐쇄하는 경우에도 인가신청서 및 관련서류를 금감위에 제출하여 인가를 받아야 한다. 다만, 지점 폐쇄시 청산절차를 밟아야 하는가에 대하여는 견해가 엇갈리고 있는 바, 이에 대하여는 제61조에서 살펴보기로 한다.

4. 사무소 신설

외국금융기관이 최초로 국내에 진출하고자 할 경우에는 지점의 형태보다는 우선 사무소 형태로 진출하고 있다. 이는 당초 지점 설치 이전에 사무소 설치를 의무화했던 '사무소 전치주의'의 영향이며, 지점설치·운용시에 요구되는 우리나라 금융경제법규, 관습 등에 적응하기 위해 필요한 기간을 확보하고자 함에 있다.

외국금융기관 국내사무소의 일반적인 업무범위는 국내 금융기관 해외사무소의 업무범위와 유사하다. 즉 외국금융기관 국내사무소는 영업을 영위할 수 없으며, 본점과의 업무연락, 각종 금융경제동향 조사 및 정보수집업무만을 수행하여야 한다(감독규정 제4조). 국내에 사무소를 신설하고자 하는 외국금융기관의 대표자는 은행업인가지침상의 인가신청서 및 기타 서류를 금감위에 제출하여야 한다.

인가는 예비인가와 본인가로 나뉘는데, 예비인가 신청시 인가요건을 갖추었다고 판단되는 경우에는 예비인가절차를 생략할 수 있다(은행업인가지침 제11조).

한편, 인가신청서를 접수한 금감위는 은행업인가지침에 따라 신청사실의 공고 및 의견수렴 기간(통상 14일)을 거쳐 예비인가 심사에 들어간다. 외국은행 지점과 달리 사무소는 영업기능이 없는 관계로 인가심사항목이 간단한 편이다. 즉 (i) 본국 감독당국의 적법한 설립 동의가 있는지 여부, (ii) 본국에서 은행업 영위를 인가받고 감독당국으로부터 체계적인 감독을 받고 있는지 여부, (iii) 본점의 경영상태가 양호하며 국제적인 신인도가 인정되는지 여부를 심사한다. 금감위의 예비인가를 얻으면 특별한 경우를 제외하고는 6개월 이내에 인가신청서 및 관련서류를 금감위에 제출하여 본인가를 받아야 한다.

5. 인가의 조건

금감위는 이 조의 인가에 대한 조건을 붙일 수 있다. 인가될 내용은 원래 당사자의 신청에 의하여 결정되어야 하나, 이 조와 같이 법률의 근거가 있는 경우에는 조건을 붙임으로써 그 내용을 수정하여 인가할 수 있다.

6. 지점이전 및 사무소 폐쇄

은행법 제7차 개정 이전에는 지점 이전 및 사무소 폐쇄도 인가사항으로 운용하였으나, 국내예금자 등 금융거래자의 보호에 지장을 줄 염려가 크게 없고 국내 은행과의 형평을 유지하는 차원에서 신고사항으로 완화하고 이 조 제3항으로 신설되었다. 현재 지점 이전 및 사무소 폐쇄에 관하여는 그 권한을 금감원장에게 위임하고 있으며, 금감원장은 위임받은 업무처리의 결과를 매반기별로 금감위에 보고하고 있다(감독규정 제5조).

지점을 이전하거나 사무소를 폐쇄하고자 하는 외국금융기관의 경우 은행업감독규정에서 정하는 신고서류를 금감원장에게 제출하여야 한다. 한편 신고서를 접수한 금감원장은 은행업감독규정 제9조에 따라 지점 이전시 영업계획의 타당성 및 국내 금융거래자의 보호에 지장을 줄 염려가 없는지 여부, 사무소 폐쇄의 경우에는 사무소 직원 및 자산·부채처리계획이 적절한지 여부를 심사하여 수리 여부를 결정한다.

이와 같은 외국금융기관 국내지점의 이전이나 사무소의 폐쇄와 관련하여서는 국내은행의 영업점 신설·폐쇄·이전의 자유가 보장된 점과 비교해 볼 때 과도하다는 비난의 소지가 있으므로, 규제완화 차원에서 해결하는 것이 바람직하다.

Ⅱ. 외국금융기관에 대한 법적용(제59조)

① 제58조제1항의 규정에 의하여 인가를 받은 외국금융기관의 지점 또는 대리점은 이 법에 의한 금융기관으로 보며, 외국금융기관의 국내대표자는 이 법에 의한 금융기관의 임원으로 본다. 다만, 제4조·제9조 및 제15조의 규정은 이를 적용하지 아니한다.
② 하나의 외국금융기관이 대한민국 내에 2 이상의 시점 또는 대리점을 두는 경우 당해 지점 또는 대리점 전부를 하나의 금융기관으로 본다.

1. 연 혁

이 조는 제7차 개정 당시 신설된 후, 제11차 개정시 제59조로 이관되었으며, 제14차 개정으로 적용배제 조항에서 제18조제1항제1호 및 제9조가 제외된 후 현재에 이르고 있다.

2. 외국금융기관의 지위

외국금융기관은 은행업무를 영위하는 외국회사이다. 따라서 별도의 규정이 없는 한 외국금융기관은 외국회사에 관한 상법규정 등이 적용된다. 상법(제621조)상 외국회사는 원칙적으로 한국에서 설립된 동종 또는 가장 유사한 회사로 보아 그 성질이 허용하는 한 내국회사와 동일하게 취급되며, 외국회사가 국내에서 영업을 하고자 할 때에는 영업소를 설치하여야 한다(상법 제614조①).

외국금융기관의 국내영업소인 지점 또는 대리점은 본점이라는 통일적인 중심에 의하여 지휘를 받으므로 권리의 주체가 될 수 없으나, 이 조의 규정에 따라 대한민국 내에서 은행업을 영위하는 범위 내에서 독립된 기관으로 보아, 국내 금융기관과 같이 은행법 및 이에 의하여 발하는 명령・규정을 준수하도록 하는 등 독립된 법인격을 부여하고 있다.

3. 외국금융기관의 국내 대표자

외국회사가 대한민국에서 영업을 하고자 하는 때에는 대한민국에서의 대표자를 정하여야 한다. 통상적으로 최초 신설지점의 지점장이 이에 해당하나, 다수의 지점장이 있는 경우에는 본점에서 정한 자가 이에 해당된다. 이러한 대표자는 회사의 영업에 관하여 재판상 또는 재판외의 모든 행위를 할 수 있는 권한을 가질 뿐만 아니라, 이에 대한 제한은 선의의 제3자에게 대항하지 못한다(상법 제614조①④, 제209조). 또한 금융기관 임원의 자격요건, 겸직제한 및 벌칙에 관한 규정(제18・20・21・66・67・68조)이 적용된다. 이러한 점을 고려하고 금융기관의 공공성 및 전문성을 강조하여 이 조 제1항 후단에서는 외국금융기관의 국내대표자를 금융기관 임원으로 의제하고 있다.

4. 외국금융기관 국내영업소에 대한 은행법 적용관계

외국금융기관 국내영업소는 원칙적으로 대한민국에서 설립된 동종 또는 가장 유사한 회사인 은행의 일종으로 국내은행에 적용되는 은행법이 예외없이 적용되어야 할 것이다. 그러나 금융기관의 본점이 아닌 외국금융기관 영업소로서 갖는 특성상 적용하기 어려운 일부 조항은 적용하지 아니한다.

〈외국금융기관 국내영업소에 적용되지 않는 은행법 조항〉

은행법	규정의 내용	적용되지 않는 이유
제4조	영업주체의 제한	외국금융기관 국내영업소는 외국법을 근거로 하여 설립되고, 그 본점이 외국에 소재하는 외국 금융기관의 지점으로 독립된 법인격을 갖지 못하기 때문
제9조	최저자본금	최저자본금은 금융기관의 성립요건인 동시에 존속요건이나 지점 자체와는 아무런 관계없음. 다만 외국금융기관 국내지점의 특성을 인정하여 영업기금을 자본금으로 의제(시행령 제26조)
제15조	동 일 인 주식보유한도	외국금융기관 국내영업소는 주식발행을 할 수 없음

5. 복수 국내영업소의 법적 지위

이 조 제2항에서는 외국금융기관이 대한민국 내에 2 이상의 지점 또는 대리점을 두는 경우 당해 지점 또는 대리점 전부를 단일체로 인정하여 하나의 금융기관으로 보고 있다. 따라서 지급보증한도, 업무용 부동산 투자한도, 동일인 대출 및 지급보증 한도 등의 적용시 동일 외국금융기관의 국내 모든 지점을 합산하여 한도준수 여부를 관리하며, 최초지점에서 은행업이 아닌 업무의 겸영인가를 받으면 다른 지점은 별도의 인가없이 동 겸영업무를 영위할 수 있다. 제7차 개정 이전에는 은행감독원장의 '외국금융기관 국내지점의 성격결정'(1977. 12. 13, 은행감독원장 결정)에 따라 외국금융기관이 2개 이상의 지점을 둘 경우 이를 각각 독립된 금융기관으로 간주하여 은행법을 적용하여 온 경우도 있다.

Ⅲ. 인가취소 등(제60조)

① 금융감독위원회는 외국금융기관의 본점이 다음 각호의 1에 해당하게 되는 경우에는 당해 외국금융기관의 지점 또는 대리점에 관한 제58조제1항의 규정에 의한 인가를 취소할 수 있다.
1. 합병·영업의 양도로 인하여 소멸한 경우
2. 위법행위, 불건전한 영업행위 등의 사유로 인하여 감독기관으로부터 징계를 받은 경우
3. 휴업하거나 영업을 중지한 경우

② 외국금융기관의 지점·대리점 또는 사무소는 당해 외국금융기관의 본점이 제1항 각호의 1에 해당하게 되는 경우에는 그 사유가 발생한 날부터 7일 이내에 그 사실을 금융감독위원회에 보고하여야 한다.

③ 외국금융기관의 본점이 해산 또는 파산하였거나 은행업을 폐지한 경우 또는 은행업의 인가가 취소된 경우에는 당해 외국금융기관의 지점 또는 대리점에 대한 제58조제1항의 규정에 의한 인가는 당해 사유가 발생한 날에 취소된 것으로 본다.

1. 연혁 및 취지

이 조는 제7차 개정 당시 신설된 후 제8차 개정시 본점의 해산 또는 영업의 폐지, 은행업 인가의 취소, 파산 등과 같이 본점이 은행업을 영위할 수 없게 된 경우 당연히 그에 소속되어 있는 지점의 경우도 은행업을 영위할 수 없게 됨을 이유로 임의적 인가취소 사유에서 제외하고 별도의 항을 신설하여 당연히 취소된 것으로 간주하는 내용으로 변경되었다. 그후 제11차 개정 당시 현재와 같이 제60조로 이관되고, 제15차 개정시 인가권자 등이 재경부장관에서 금융감독위원회로 변경되었다.

이 조는 외국금융기관이 은행업을 영위할 수 없게 되거나 불건전하게 은행업을 영위하여 감독기관으로부터 제재 등을 받는 경우 그 조직의 일부인 국내지점 또는 대리점에 대해서도 이를 이유로 인가를 취소할 수 있게 함으로써 당해 지점 또는 대리점의 예금자 등 거래자의 보호에 만전을 기하고 있다.

한편, 외국금융기관의 본점이 합병 또는 영업의 양도로 인해 소멸되거나 휴업 또는 영업을 중지하였는지 여부 등은 당해 외국은행 국내지점이 가장 먼

저 인지할 수 있으므로, 본점에 이러한 사유가 발생된 후에도 동 지점에서 은행업을 계속 영위하는 경우를 예방하고 인가취소가 본점의 해산 등 인가취소 요건 발생시점보다 후에 행해짐에 따라 발생될 수 있는 제반 문제점을 최소화하기 위하여 지점, 대리점 및 사무소로 하여금 동 사실을 지체없이(7일 이내) 금감위에 보고토록 하고 있다. 외국은행 국내지점이 보고하지 않았다 하더라도 금감위가 이러한 사실의 발생을 자체적으로 인지한 경우에는 이를 이유로 인가를 취소할 수 있다.

2. 임의적 인가취소 사유

(1) 합병 및 영업의 양도로 인한 소멸

합병이란 기업의 가장 적극적인 경영전략으로 둘 이상의 기업이 하나의 기업으로 통합되어 단일기업을 형성하는 것을 말한다. 흡수합병에 따라 해당 금융기관이 타 금융기관에 흡수되거나 신설합병으로 새로운 금융기관으로 되는 경우 해당 금융기관 자체가 소멸되므로 이를 인가취소사유로 규정하고 있다. 그러나 현실적으로는 금융기관간 합병으로 본점이 소멸된다고 하더라도 이를 흡수한 은행이 존속하는 경우에는 외국은행 국내지점을 철수하기 보다는 명칭만 변경하는 방식으로 처리하는 것이 일반적이다. 즉, 존속은행이 피합병은행의 모든 권리와 의무를 승계함에 따라 외국은행 국내지점에 대한 은행업의 인가도 승계된다고 인정하여, 기존 지점의 인가취소와 신설 금융기관에 대한 신설인가 등의 절차를 생략하고 금융기관 명칭의 변경보고로 내체하고 있다.

한편, 이 조에서 정하고 있는 영업의 양도라 함은 영업의 일부 양도가 아닌 전체 영업의 포괄적인 양도로 보아 흡수합병과 동일하게 간주하여 처리되고 있다.

(2) 위법행위, 불건전 영업행위 등의 사유로 인한 감독기관으로부터의 제재

외국금융기관 자체가 위법행위, 불건전 영업행위 및 변칙회계처리 등의 사유로 본국 감독기관으로부터 자산동결, 휴업, 영업정지 등의 제재를 받음으로써 지점의 영업을 계속하는 것이 거래자 및 금융시스템 안정에 위험요인이 된다면, 금감위는 이를 이유로 국내지점 또는 대리점에 대한 인가도 취소할 수 있다. 만일 이러한 제재의 요인이 국내 지점이나 대리점의 행위에 기인한다면 금감위는 이를 이유로 적절한 제재조치를 취할 수 있다.

(3) 휴업 또는 영업의 중지

외국금융기관이 자체적으로 휴업 또는 영업을 중지하거나 위법행위 등을 이유로 감독기관 등으로부터 이러한 제재조치를 받은 경우이다. 이러한 경우에는 외국금융기관의 국내지점 또는 대리점도 사실상 영업을 영위할 수 없고 국내예금자 등 거래자에게 손해를 끼칠 우려가 있다. 그러므로 이로 인한 폐해를 최소화하기 위해 금감위는 이를 이유로 인가를 취소할 수 있다.

3. 당연인가취소 사유

외국은행 본점이 해당국의 관련법에 따라 법원으로부터 해산판결을 받은 경우 또는 동 은행의 정관에서 정한 사유로 해산되거나 본국 감독당국으로부터 은행업의 폐지명령을 받은 경우에는 외국금융기관 자체가 은행업을 영위할 수 없으므로 국내 영업소의 경우에도 당연히 사유발생일로부터 인가취소된 것으로 간주한다. 마찬가지로, 외국금융기관이 위법행위, 불건전 영업행위 등으로 본국 감독당국으로부터 은행업 인가를 취소받은 경우와 지급불능 등의 사태로 본국 법원으로부터 파산선고를 받은 경우에도 당해 외국금융기관은 은행으로서 영업을 계속을 할 수 없게 되므로, 국내지점 및 대리점의 경우도 당연히 본점 소재지의 표준시를 기준으로 본점에 대한 조치의 효력이 발생한 시점에 인가취소된 것으로 간주한다.

Ⅳ. 인가취소시의 지점 폐쇄·청산(제61조)

① 외국금융기관의 지점 또는 대리점이 제53조·제60조제1항 또는 동조 제3항의 규정에 의하여 인가가 취소되거나 취소된 것으로 보게 되는 때에는 당해 지점 또는 대리점은 폐쇄되며 대한민국 내에 있는 재산의 전부에 대하여 청산하여야 한다.

② 법원은 제1항의 경우에 이해관계인 또는 금융감독위원회의 청구에 의하거나 직권으로 청산인을 선임하거나 해임할 수 있다.
③ 상법 제620조제2항의 규정은 제1항의 규정에 의한 청산에 관하여 이를 준용한다.

1. 연혁 및 취지

이 조항은 제7차 개정 당시 신설된 것으로, 제8차 개정시 일부 문구가 수정된 후 제11차 및 제13차와 제14차 개정으로 청산인의 선임 및 해임 청구권자가 재정경제원장관 → 재정경제부장관 → 금융감독위원회로 변경된 후 현재에 이르고 있다. 이 조는 외국금융기관의 지점 또는 대리점의 인가취소를 당연 폐쇄 사유로 규정하면서, 국내에 있는 재산의 전부에 대한 청산의무를 부과함과 아울러 청산인의 해임이나 선임에 관한 권한이 법원에 있음을 강조하는 차원에서 규정하고 있다.

2. 상법상의 외국회사 영업소 폐쇄명령

외국회사가 (i) 영업소의 설치목적이 불법인 경우, (ii) 영업소의 설치등기를 한 후 정당한 사유없이 1년 내에 영업을 개시하지 아니하거나 1년 이상 영업을 휴지한 때 또는 정당한 사유없이 지급을 정지한 경우, (iii) 회사의 대표자 기타 업무를 집행하는 자가 법령 또는 선량한 풍속 기타 사회질서에 위반한 행위를 한 경우에는 이해관계인 또는 검사의 청구에 의하여 그 영업소의 폐쇄를 명할 수 있다(상법 제619조①).

이러한 영업소의 폐쇄명령제도는 내국회사에 대한 해산명령과 동일한 제도적 의의가 있다. 법원은 폐쇄를 명하기 전일지라도 이해관계인이나 검사의 청구에 의하여 또는 직권으로 관리인의 선임 기타 회사재산의 보전에 필요한 처분을 할 수 있다(상법 제619조②, 제176조②). 이해관계인이 폐쇄명령을 청구한 경우 회사가 이해관계인의 청구가 악의임을 소명하여 청구하면 법원은 상당한 담보제공을 명할 수 있다(상법 제619조②). 법원은 영업소의 폐쇄를 명한 경우에 이해관계인의 신청에 의하거나 직권으로 국내에 있는 그 회사재산의 전부에 대한 청산의 개시를 명할 수 있으며, 이 경우 법원은 청산인을 선임하여야 한다(상법 제620조①).

청산절차에 관하여는 그 성질이 허용하는 한 주식회사의 청산에 관한 규정을 준용한다(상법 제620조②).

3. 외국금융기관의 영업소 폐쇄 및 청산

외국금융기관의 지점이나 대리점은 앞에서 언급한 상법상의 법원의 폐쇄명령 이외에 은행법(제60조①・③, 제53조②)의 규정에 따른 금감위의 인가취소의 경우에도 폐쇄된다. 다만, 인가취소 원인은 은행법 제53조, 제60조제1항 또는 제3항으로 국한된다. 이 경우 국내에 있는 재산의 전부에 대하여 청산하여야 한다. 이는 외국금융기관의 지점 또는 대리점의 인가가 취소되는 경우 자산을 국외로 유출할 위험이 있으므로 폐쇄와 동시에 청산의무를 부여함으로써 예금자 등 채권자의 이익을 보호하려는 것이다.

여기서 문제되는 것은 법원의 해산 명령이나 금감위의 인가취소 없이 당해 금융기관의 자율적인 판단에 따라 지점을 폐쇄하고자 하는 경우에도 반드시 청산절차를 밟아야 하는가 하는 점이다. 이에 대해서는 은행법상 열거되지 않았음을 이유로 청산절차를 거칠 필요가 없다는 견해가 있을 수 있으나 인가취소 등에 따른 폐쇄의 경우 청산의무를 부여한 것은 국내 채권자 및 거래관계자의 이익을 보호하기 위한 것이라는 점을 감안한다면, 자진 폐쇄의 경우에도 청산절차를 거치는 것이 타당하다. 즉, 외국금융기관이 국내지점을 폐쇄하고자 하는 경우에는 은행법상 인가받은 은행업무를 더 이상 영위하지 않겠다는 것으로 인가 취소에 준용하여 처리하여야 할 것이다.

한편, 국내에 2개 이상의 영업소를 설치하고 있는 외국금융기관의 일부 영업소에 대해 인가가 취소된 경우 인가가 취소된 일부 영업소에 대하여만 청산하여야 하는지 의문이 제기될 수 있다. 은행법상 외국금융기관이 국내에 2 이상의 지점 또는 대리점을 두는 경우 당해 지점 또는 대리점 전부를 하나의 금융기관으로 간주하고(제59조②) 이 조 제1항에서 '국내에 있는 재산의 전부'에 대하여 청산토록 하고 있음에 비추어 볼 때, 일부 영업소에 대한 인가가 취소되었을 경우 당해 외국금융기관의 국내지점 전부가 청산되어야 할 것이다. 특히, 제53조제2항의 규정에 따라 특정 지점의 인가가 취소되는 경우에는 당해 지점에 대해서만 청산절차를 밟는 것이 타당하다. 이 경우에는 청산절차보다는 다른 지점으로 영업을 양도하는 방식이 간편하다. 지점신설 당시 도입한 갑기금 등 기타 순잔여자산도 본점앞 송금보다는 양도하는 것이 바람직하다. 순잔여자산을 확정하기 위해서는 공인회계사에 의한 외부감사절차를 거쳐야 할 것이다.

외국금융기관의 지점 또는 대리점이 청산하는 경우 법원은 예금자 등 거래자나 직원, 이해관계인 또는 금감위의 청구에 의하거나 직권으로 청산인을 선임하여야 한다. 통상적으로 직원 및 변호사 중에서 2~3명의 청산인이 선임되고 있는데 2인 중 1인은 금감원 직원이어야 한다(제57조).

청산인과 외국금융기관 지점간에는 위임관계가 성립하기 때문 청산인이 선관주의의무를 위반하는 등 위임관계를 종료시킬 만한 사유가 있는 경우 선임과 같은 방식에 따라 해임할 수 있다. 외국금융기관의 청산절차에 관하여는 상법 제620조제2항에 따라 주식회사의 청산절차에 관한 상법 제535조 내지 제537조와 제542조의 규정이 준용된다. 청산이 종결된 경우 청산인은 청산종결의 등기를 하여야 한다(상법 제542조, 제264조).

Ⅴ. 외국금융기관의 국내자산(제62조)

① 외국금융기관의 지점 또는 대리점은 대통령령이 정하는 바에 의하여 자산의 전부 또는 일부를 대한민국 내에 보유하여야 한다.
② 외국금융기관의 지점 또는 대리점이 청산을 하거나 파산한 때에는 그 자산・자본금・적립금 기타 잉여금은 대한민국 국민과 대한민국 내에 주소 또는 거소가 있는 외국인에 대한 채무변제에 우선 충당되어야 한다.

1. 연혁 및 취지

이 조는 제7차 개정 당시 신설된 후 제11차 개정시 제62조로 이관되어 현재에 이르고 있으며, 국내진출 국내금융기관 자산의 국내 보유의무와 청산 또는 파산시 거주자에 대한 우선변제에 대하여 규정하고 있다.

2. 자산의 국내 보유의무

이 조는 외국금융기관의 지점 또는 대리점으로 하여금 대통령령이 정하는 바에 따라 자산의 전부 또는 일부를 국내에 보유토록 함으로써 외국금융기관 국내 지점 또는 대리점의 예금자 및 거래관계자의 보호를 도모하고 있다. 이에 따라 외국금융기관 지점이 국내에 보유하여야 하는 자산의 범위는 영업기금에 상당하는 자산으로 하고 있다. 여기서 국내에 자산을 보유토록 한다는 것은 원칙적으로 자산이 국내에 소재하여야 하겠으나 국내법에 따라 강제집행 가능성이 있는 경우에도 이에 해당된다고 보아야 할 것이다. 특히, 국내에서 일정액의 영업기금 유지의무 이행을 강제할 수 있는 경우에도 이에 해당된다.

한편, 외국금융기관이 국내에 진출하기 위해서는 영업개시 전까지 본점이 내국지급수단을 대가로 하여 한국은행에 외화자금을 매각하고, 당해 외국금융기관 지점에 공급하는 자금을 포함한 영업기금에 상당하는 자산을 국내에 보유하여야 한다. 아울러 외국은행 국내지점의 국내 보유자산이 영업기금에 미달하는 경우 당해 지점은 해외 운용자산의 국내 운용 전환 등으로 지체없이 이를 시정하여야 한다. 만일, 외국은행 국내지점의 국내 보유자산이 영업기금 상당액에 미달하는 경우 사유발생일로부터 90일 이내에 이를 보전하여야 하며, 사유발생일로부터 90일 이전이라도 금감원장은 국내 보유자산 미달액에 대한 보존을 명령할 수 있다. 이 경우 외국은행 국내지점은 당해 명령을 받은 날부터 30일 이내에 이를 보전하여야 한다.

이와 같은 국내 보유자산의 보전은 국외 보유자산의 국내로의 회수 또는 본점으로부터의 자금공급을 통하여 이루어져야 하며, 해당 외국은행 국내지점은 그 보전결과를 지체없이 금감원장에게 보고하여야 한다.

3. 우선변제

(1) 의 의

대한민국 내에 있는 외국금융기관의 자산, 자본금, 적립금, 기타 잉여금은 대한민국 국민과 국내에 주소 또는 거소가 있는 외국인의 채권변제에 우선 충당되어야 한다. 상법에서는 청산절차 또는 외국법인의 본국법에 따라 한국인 또는 한국법인이 동일한 지위를 가지는 한 외국인 또는 외국법인 역시 청산 또는 파산절차 진행에 있어 한국인 또는 한국법인과 동등한 지위를 갖는다.

그러나 이 조에서는 외국은행 국내지점의 자본금, 적립금, 기타 잉여금을 포함하는 해당 외국은행의 한국 내의 모든 자산을 대한민국 국민과 국내에 주소 또는 거소가 있는 외국인의 채권변제에 우선 충당되어야 한다고 함으로써 국내 채권자를 우선적으로 보호하고 있다. 이는 금융기관의 청산 내지는 파산에 따르는 영향이 일반기업에 비할 수 없을 만큼 막대할 뿐만 아니라, 우리나라의 신용질서에 미치는 영향도 매우 크기 때문이다. 따라서 해당 외국금융기관 국내영업소의 재산상의 최후 보루인 자기자본 기타 외국은행이 국내에 보유하는 자산만큼은 적어도 다른 해외 채권자에 우선하여, 대한민국 국민과 국내에 주소 또는 거소가 있는 외국인의 채권변제에 우선 충당되어야 한다. 그러나 이와 같은 우선변제는 채권자 평등의 원칙에 대한 중대한 예외조항으로 금융의 글로벌 추세에 역행한다는 비난의 소지가 있다. 통상적으로 외국은행 국내지점 청산의 경우 채무보다 보유자산이 월등히 많고 자산부족을 이유로 채무불이행할 경우 본점의 명예에 커다란 불이익이 초래됨을 이유로 변제의 우선순위에 관계없이 전체 채무가 변제되므로 우선변제 충당의 실효성이 약하다고 할 수 있다.

(2) 우선변제권의 순위

이 조 규정에 의한 우선변제권과 도산법상의 별제권자 및 일반 우선권자 간에는 어느 것이 우선할 것인가가 문제된다. 이 규정에서 정한 우선변제권은 그 법적 성질이 일종의 우선특권이라 할 수 있다. 그러나 현행 민법은 구민법과는 달리 선취특권제도를 인정하지 않고 있는데, 특수한 채권자에게 법률로써 그 우선변제적 효력을 인정하는 것은 담보권자에게 불측의 손해를 가져올 가능성이 클 뿐만 아니라, 채권관계에 대한 국가의 간섭을 가급적 배제하려는 근대 자유주의적 입법취지에도 배치된다. 따라서 선취특권은 사회적 내지는 공공적 요청이 강한 특수한 경우에 국한하여 제한적으로 허용하는 것이 원칙이며, 그 운용에 있어서도 가급적 엄격하게 이를 해석하지 않으면 안된다. 민법의 이러한 태도를 감안할 때 파산재단에 속하는 재산에 대한 유치권, 질권, 저당권 또는 전세권 등 별제권자의 권리는 이 규정에 의한 우선변제권보다 우선하는 것으로 해석하는 것이 타당할 것이다. 선취특권의 전형이라 할 수 있는 국세징수의 우선권도 조세의 존부 및 범위를 담보물권 취득자가 예측할 수 있는 시기를 기준으로 하여 일정한 법정기일 이전에 등기 또는 등록된 전세권, 질권 및 저당권에 대하여는 양보되고 있는 것을 보더라도 이렇게 해석하는 것이 합당하다.

한편, 일반 우선권자와의 관계는 각각의 경우에 따라 해석하면 될 것이다. 즉 상법 제468조의 신원보증금 반환채권, 기타 회사와 사용인간의 고용관계로 인한 채권 등은 이들이 한국국민인 경우에는 문제가 없으나 한국국민이 아닌 때에는 문제가 될 수 있다. 그러나 상법에 대하여 은행법이 특별법의 관계에 있다는 점을 고려하면 이 조의 규정이 우선적용되어야 할 것이다. 금감위는 외국은행 국내영업소의 폐쇄인가시 청산자원의 범위를 정하고 이를 청산종료시까지 국내에 보유토록 하는 부대조건을 부과함으로써 국내 채권자 및 폐쇄과정에서 알려지지 않은 기타 채권자를 보호하고 있다.

Ⅵ. 자본금에 관한 규정의 적용(제63조)

외국금융기관의 지점 또는 대리점에 대하여 이 법 중 금융기관의 자본금에 관한 규정을 적용함에 있어서는 대통령령이 정하는 바에 의한다.

1. 연혁 및 취지

이 조는 제7차 개정시 신설되어 제11차 개정시 제63조로 이관되어 현재에 이르고 있다.

외국은행 국내지점은 하나의 독립된 법인체의 한 지점에 불과하기 때문에 통상 말하는 자본금이 존재할 수 없다. 그러나 지점의 경우라 하더라도 특히 외국금융기관이 국내에 설치한 지점의 경우에는 본국의 영업소와는 달리 독립된 인격체로 볼 수 있는 정도로 영업기금을 비롯한 인적 및 물적 설비를 갖추고 있고, 그와 거래하는 이해관계자들도 독립된 인격체로 여기고 있으므로 일반적인 회사의 지점과는 달리 대우할 필요가 있다. 이러한 점을 감안하여 외국은행 국내지점을 국내 금융기관과 대등한 지위에 있는 하나의 금융기관으로 간주하여, 그 영업기금을 자본금으로 의제하고 은행법상 자본금에 관한 규정을 적용하고 있다.

2. 영업기금제도

외국은행 국내지점의 영업기금은 이 조항 및 이 법 시행령 제26조에 의하여 자본금으로 의제되어 있다.

외국은행 국내지점의 자본금으로 의제되는 영업기금은 갑기금과 을기금으로 구성된다. 갑기금이라 함은 외국금융기관이 국내에 지점을 설치하거나 영업행위를 위하여 그 본점이 한국은행에 외화자금을 매각하여 당해 지점에 공급한 원화자금과 이 법 제40조의 규정에 따라 당해 외국은행 국내지점의 적립금에서 전입된 자금을 포함하는 개념으로, 대차대조표상에 자본금으로 표시되며 지점마다 30억원 이상이어야 한다. 한편, 하나의 외국금융기관이 대한민국 내에 복수의 지점을 두는 경우에는 각 지점의 영업기금을 합산하여 이를 당해 외국금융기관의 자본금으로 보고 있는 바, 이는 외국은행 국내지점이 추가로 신설되는 경우 국내에 이미 설치된 지점의 자기자본규모를 감축시키지 않고 추가지점 설치에 소요되는 영업기금을 따로 확보하도록 하기 위한 것이다. 이와 같이 영업기금을 인정하는 경우에는 당해 외국은행 지점의 경영의 건전성 및 자본의 충실화 정도를 고려해야 한다. 또한, 최초지점의 신설에 따른 갑기금과 외국은행 지점의 갑기금 감액은 금감위의 인정을 받아야 한다.

한편 을기금은 대차대조표상에 나타나지 않는 자본금으로서 외국은행 지점이 한국은행에 외화자금을 환매조건부로 매각하여 조달한 원화자금과 외국은행의 본점 또는 국외지점으로부터 상환기간이 1년을 초과하는 조건으로 차입한 자금 중 국내에서 운용하는 자금이 이에 해당된다. 이는 외국은행 국내지점의 동일인 신용공여한도 등 은행법상의 영업규제와 관련하여 자기자본을 확대해 줌으로써 자금공여기능이 원활히 수행될 수 있도록 정책적으로 인정되는 광의의 자본금을 말한다. 이와 같은 을기금은 대차대조표상 자본총계의 2배를 초과할 수 없다.

한편, 외국은행 지점의 영업기금 인정시에는 당해 외국은행 지점의 경영의 건전성 및 자본의 충실화 정도 등을 고려하고 있으며, 갑기금의 감액 인정시에는 감독규정 제8조(자본금 감소의 신고)를 준용하고 있다. 특히, 후자의 자금은 1년 초과 차입금에서 외국은행 지점이 그의 본점 또는 국외지점에 대여한 자금의 월평잔과 환매조건부로 한국은행에 매각하여 보유·운용하는 원화 자금의 월평잔의 전월대비 증가액을 차감하거나 감소액을 가산하여 산정한다. 특히, 자금운용 내역을 감안하여 본·지점 장기차입액이 국내에서 운용된 것으로 볼 수 없다고 판단되는 경우 이를 을기금에서 제외할 수 있다.

제 10 장

보 칙

이 장은 금융기관의 권리를 박탈하는 경우의 청문절차와 금융감독원장앞 포괄적 권한위탁 근거 등에 대해 규정한 것으로, 청문(제64조), 권한의 위탁(제65조), 전자문서에 의한 공고 등(제65조의2) 등 3개 조문으로 구성되어 있다.

Ⅰ. 청문(제64조)

금융감독위원회는 다음 각호의 1에 해당하는 처분을 하고자 하는 경우에는 청문을 실시하여야 한다.
1. 제53조의 규정에 의한 인가의 취소
2. 제60조제1항의 규정에 의한 외국금융기관의 지점 또는 대리점의 인가의 취소

1. 연혁 및 취지

이 조는 제11차 개정 당시 신설된 것으로, 제13차 개정시 청문주체가 재정경제원장관에서 재경경제부장관을 거쳐 금융감독위원회로 변경되어 현재에 이르고 있다. 이 조는 금융기관 은행업 영위 인가취소의 경우처럼 권리를 박탈하는 행정행위를 하기 전에 행정의 공정성·투명성 및 신뢰성을 확보하고, 이해당사자의 부당한 권익침해 소지를 사전에 방지하기 위하여 청문절차를 거치도록 하고 있다.

청문과 관련된 구체적인 절차 등은 은행법에 특별한 규정이 없으므로 행정절차법에서 정하는 바에 따른다(동법 제3조①).

2. 청 문

(1) 청문의 개념

행정절차법상 청문이란 행정청이 어떠한 처분을 하기에 앞서 당사자 등의 의견을 직접 듣고 증거를 조사하는 절차로(동법 제2조제5호), 국민의 권익보호를 보다 철저히 보장하기 위한 정식 의견청취 방법[97]이라고 할 수 있다. 행정청이 처분을 하고자 할 때에는 처분의 원인이 되는 사실 등을 당사자 등에게 통지한 후 주장을 청취하거나 상호간에 반증을 허용하고 증거조사를 실시하는 등의 절차를 거쳐 사실규명 및 법령의 해석・적용을 명확히 하는 것이 바람직하다. 청문절차는 이러한 취지에서 도입된 행정절차로, 이해관계자가 행정청의 불이익부과처분에 앞서 자신에게 유리한 사실을 진술하거나 필요한 증거를 제출할 수 있는 절차적 권리의 법률적 실현방법 중의 하나이다.

(2) 청문대상 처분

행정절차법상 청문대상이 되는 경우로는 (i) 다른 법령 등에서 공청회를 개최하도록 규정하고 있는 경우, (ii) 당해 처분의 영향이 광범위하여 널리 의견을 수렴할 필요가 있다고 행정청이 인정하는 경우이다(동법 제22조①). 이와 같이 청문대상을 한정적으로 규정하고 있는 것은 청문이 재판에 준하는 절차로서 행정청에 상당한 부담이 되기 때문이다.

(3) 청문주재자

청문주재자는 중립적인 위치에서 청문의 전 과정을 원활하게 진행하여 행정청과 당사자간의 쟁점을 명확히 밝히고 합리적인 방향으로 결론을 유도하는 역할을 수행한다. 청문주재자는 행정청이 그 소속직원 또는 당해 청문의 사안과 관련된 분야에 전문적 지식이 있고 동 분야에서 종사한 경험이 있는 자 중에서 선정하되, 행정청은 청문주재자의 선정이 공정하게 이루어지도록

---

97) 행정절차법에 따르면 행정청은 당사자에게 의무를 부과하거나 권익을 제한하는 처분(불이익부과처분)을 하는 경우에는 사전통지후 당사자 등의 의견을 청취하도록 하고 있으며, 의견청취의 종류를 청문, 공청회, 의견제출 등 3가지 유형으로 구분하여 규정하고 있다(동법 제22조).

노력하여야 한다(행정절차법 제28조①). 청문주재자는 독립하여 공정하게 직무를 수행하며, 그 직무수행상의 이유로 본인의 의사에 반하여 신분상 어떠한 불이익도 받지 아니한다(동법 제28조②). 또한 청문주재자는 제척·기피·회피의 적용을 받는다(동법 제29조).

(4) 청문참가자

청문에 참가하는 자는 행정청의 처분에 대하여 직접 그 상대가 되는 당사자와 행정청이 직권 또는 신청에 의하여 행정절차에 참여하게 한 이해관계인으로 제한된다(행정절차법 제2조제4호). 따라서 행정청은 필요한 경우 처분으로 당사자 이외에 법률상 또는 사실상의 이해관계를 가지는 자를 청문에 참가시킬 수 있다. 은행업 인가취소의 경우처럼 법인의 존폐와 관련된 경우에는 당해 금융기관의 주주[98]나 임직원, 예금자 등 거래자도 이해관계인의 범주에 속한다고 할 수 있다.

(5) 사전통지

청문에 참여하는 자는 의사표시를 위한 준비에 충분한 기간을 가져야 한다. 이에 따라 행정청은 청문이 시작되는 날로부터 10일 전까지 처분의 제목, 당사자의 성명(명칭)과 주소, 처분의 원인이 되는 사실과 처분의 내용 및 법적 근거, 청문주재자의 소속·직위 및 성명, 청문의 일시 및 장소, 청문에 응하지 아니하는 경우의 처리방법 등을 당사자 등에게 통지하여야 한다(행정절차법 제21조②).

그리고 청문일 10일 전까지 청문서가 통지되어야 한다는 규정에 위반하여 소정기간을 준수하지 못한 경우 전체 청문절차 및 그에 따른 행정처분 자

---

98) 금감위의 경기은행에 대한 영업정지명령과 자산부채의 이전명령과 관련된 판결에서, 대법원은 법인의 주주의 경우 법인에 대한 행정처분에 관하여 사실상이나 간접적인 이해관계를 가질 뿐이어서 스스로 그 처분의 취소를 구할 원고적격이 없는 것이 원칙이라고 할 것이나, 그 처분으로 인하여 법인이 더 이상 영업 전부를 행할 수 없게 되고 영업에 대한 인·허가의 취소 등을 거쳐 해산·청산되는 절차 또한 처분 당시 이미 예정되어 있으며, 그 후속절차가 취소되더라도 그 처분의 효력이 유지되는 한 당해 법인이 종전에 행하던 영업을 다시 행할 수 없는 예외적인 경우에는 주주도 그 처분에 관하여 직접적이고 구체적인 법률상 이해관계를 가진다고 보아 그 효력을 다툴 원고적격이 있다고 판결한 바 있다(대판 2002, 두5213, 2005.1.27).

체는 위법한 것으로 본다.[99] 다만, 청문서 도달기간을 다소 어겼다 하더라도 처분의 상대방이 이에 대하여 이의를 제기하지 아니한 채 스스로 청문일에 출석하여 그 의견을 진술하고 변명하는 등 방어기회를 충분히 가졌다면 청문서 도달기간을 준수하지 않은 하자는 치유되어 적법한 청문절차로서 효력을 갖게 된다.[100]

(6) 청문의 공개

청문의 신뢰성 제고를 위해 원칙적으로 청문은 당사자의 신청이 있거나 청문주재자가 필요하다고 인정하는 경우 이를 공개할 수 있다. 다만, 공익 또는 제3자의 정당한 이익을 현저히 해할 우려가 있는 경우에는 공개하여서는 아니된다(행정절차법 제30조).

(7) 청문절차상의 의견의 구속력

청문에서 나타난 결과를 반영하는 것은 필요하지만 청문절차에서 나타난 의견에 행정청이 구속되지는 않는다.[101] 그러나 이해관계인의 정당한 의견을 무시한 채 이루어진 행정청의 결정은 사실오인 또는 재량하자 등을 이유로 위법한 것으로 처리될 수 있다.

(8) 청문절차 없이 한 처분의 효력

관계법령상 규정되어 있는 소정의 청문절차를 거치지 아니하거나, 거쳤다고 하여도 그 절차적 요건을 제대로 준수하지 아니한 경우에는 처분사유가 명백히 존재한다고 하더라도 그 처분은 위법하여 취소를 면할 수 없다.[102] 한편, 법령상 근거없이 훈령(행정규칙)상으로만 요구되는 청문절차가 결여된 경우에는 위법하지 않다는 것이 법원의 일관된 태도이다.[103]

---

99) 대법원 1992.2.11.선고 91누11575판결.
100) 대법원 1992.10.23.선고 92누 2844판결.
101) 대법원 1995.12.22.선고 95누30판결.
102) 대법원 1991.7.9.선고 91누971판결.
103) 대법원 1993.5.25.선고 92누18726판결.

Ⅱ. 권한의 위탁(제65조)

① 삭제
② 금융감독위원회는 이 법에 의한 권한의 일부를 대통령령이 정하는 바에 의하여 금융감독원장에게 위탁할 수 있다.

이 조는 제11차 개정 당시 신설되고 제5차 개정시 제1항이 삭제되어 현재에 이르고 이르고 있다. 이 법에 규정된 금감위의 권한의 일부를 금융감독원장에게 위탁할 수 있는 포괄적 위임근거가 되는 조항이다.

금감위는 국무총리 소속하의 합의제 행정기관으로(감독기구설치법 제3조 ①) 금융기관에 대한 감독과 관련된 규정의 제・개정, 금융기관의 설립・합병・전환・영업양수도 등의 인・허가, 금융기관의 경영과 관련된 인・허가, 금융기관에 대한 검사・제재와 관련된 주요사항 등을 심의・의결한다(감독기구설치법 제18조). 금감위의 이러한 업무는 금융에 대한 경험과 지식이 요구되는 전문적인 업무로, 직접적으로 수행하기에는 인력・물적인 한계가 많다. 반면에, 금감원의 경우는 과거 통합 이전부터 금융기관에 대한 주된 감독기관으로서 많은 노하우와 경험을 보유하고 있다. 따라서 전문성이 요구되는 금융감독업무를 이들 업무의 전문가집단이라고 할 수 있는 금감원에 위탁할 수 있도록 한 이 규정은 이를 반영한 것이라고 할 수 있다. 특별히 위탁의 범위와 관련하여 대통령령에서 정하지 아니하여 논란의 여지가 있겠으나, 본질적인 내용을 제외한 대부분의 권한은 위탁할 수 있다고 본다. 다만, 이 경우에도 금감위에서 정기적인 보고 등의 장치가 마련되어야 할 것이다.

여기서 관심을 가져야 할 단어는 '위탁'이다. 원래 '위탁'이라 함은 각종 법률에 규정된 행정기관의 장의 권한 중 일부를 다른 행정기관의 장에게 맡겨 그의 권한과 책임하에 행사하도록 하는 것을 말한다. 이러한 점에서 각종 법률에 규정된 행정기관의 장의 권한 중 일부를 그 보조기관 또는 하급행정기관의 장이나 지방자치단체의 장에게 맡겨 그의 권한과 책임하에 행사하도록 하는 위임과 구분된다(행정권한의위임및위탁에관한규정 제2조).

따라서 금감위와 금감원은 법적 지위와 구성 등에 있어 서로 다른 별도의 독립된 기관으로, 이 조항은 당초 재정경제부장관의 권한의 일부를 별도의 기관인 금감위나 금감원에 위탁할 수 있는 근거로서 규정된 것이다. 그러나 금감위는 수많은 업무를 직접 수행할 수 없음에 따라 대통령령에서 규정하지 않고 있음에도 불구하고, 내부규정인 은행업감독규정에서 그 권한의 일부를 금감원장에게 위임하고 있다. 이는 내부위임에 불과한 것으로 위탁이라는 단어를 사용하고 있는 은행법의 제정취지에 반한다.

Ⅲ. 전자문서에 의한 공고 등(제65조의2)

> 금융기관이 제41조・제42조 또는 제47조의 규정에 의하여 공고를 하거나 자료를 제출하는 때에는 각각 금융감독위원회・한국은행총재 또는 금융감독원장이 정하는 바에 따라 전자문서의 방법에 의할 수 있다.

이 조는 제20차 개정 당시 신설된 것으로, 전자통신기술의 발달로 각종 보고방식이 전산화됨에 따라 은행법상의 각종 보고 및 제출의무의 이행방식에 있어서도 이를 채택한 것이다.

금융기관은 앞에서 살펴본 바와 같이 그 결산일후 3월 이내에 재무제표를 공고하고(제41조), 매월 말일을 기준으로 한 대차대조표를 한국은행에 제출하여야 하며(제42조), 매월의 업무내용을 기술한 보고서를 다음달 말일까지 금감원장에 제출하여야 한다(제47조). 이 경우 통상적으로 종이로 된 문서로 작성하여 공고하거나 제출하는 것이 일반적이나, 전자문서 방식으로 한다고 하더라도 별다른 문제가 없는 경우에는 이를 거부할 이유가 없다. 이러할 경우 제3자의 침입에 의해 공고 및 제출내용이 조작 또는 변경될 수 없도록 제출경로 및 제출자 신원파악 등을 위한 보안장치를 강구하여야 할 것이다. 제41조 규정에 의한 재무제표의 공고를 전국은행연합회의 인터넷 홈페이지에 공고하는 것이나, 제47조 규정에 따른 업무보고서를 정보통신망이용촉진및정보보호등에관한법률에서 정하는 정보통신망을 이용한 전자문서의 방식으로 제출하는 것 등이 이에 속한다.

제 11 장

과징금 등의 부과 및 징수

이 장은 제재수단의 일환인 과징금의 부과근거 및 기준 등을 정한 것으로, 과징금(제65조의3), 과징금의 부과(제65조의4), 의견제출(제65조의5), 이의신청(제65조의6), 과징금납부기한의 연장 및 분할납부(제65조의7), 과징금징수 및 체납처분(65조의8) 등 6개 조문으로 구성되어 있다.

Ⅰ. 과징금(제65조의3)

금융감독위원회는 금융기관이 제35조・제35조의2・제35조의3・제37조・제38조 또는 제62조의 규정을 위반한 경우에는 다음 각호의 구분에 따라 과징금을 부과할 수 있다.

1. 제35조제1항・제3항・제4항 또는 제37조제3항제1호・제6항제3호의 규정에 의한 신용공여한도를 초과한 경우 : 초과한 신용공여액의 100분의 10 이하
2. 제35조의2제1항 또는 제2항의 규정에 의한 신용공여한도를 초과한 경우 : 초과한 신용공여액의 100분의 20 이하
3. 제35조의3제1항의 규정에 의한 주식취득한도를 초과한 경우 : 초과취득한 주식의 장부가액 합계액의 100분의 20 이하
4. 제37조제1항・제2항 또는 제6항제2호의 규정에 의한 주식소유한도를 초과한 경우 : 초과소유한 주식의 장부가액 합계액의 100분의 10 이하
5. 제37조제3항제2호를 위반하여 신용공여를 한 경우 : 당해 신용공여액의 100분의 2 이하
6. 제37조제6항제1호를 위반하여 주식을 소유한 경우 : 소유한 주식의 장부가액 합계액의 100분의 2 이하
7. 제37조제7항 본문을 위반하여 적정한 담보를 확보하지 아니하고 신용공여를 한 경우 : 당해 신용공여액의 100분의 10 이하
8. 제37조제8항 본문을 위반하여 불량자산을 거래한 경우 : 당해 불량자산의 장

부가액의 100분의 10 이하
9. 第38조제1호의 규정에 의한 유가증권 투자한도를 초과한 경우 : 초과투자액 의 100분의 10 이하
10. 第38조제2호를 위반하여 부동산을 소유한 경우 : 소유한 부동산의 취득가액 의 100분의 10 이하
11. 第38조제3호의 규정에 의한 부동산 소유한도를 초과한 경우 : 초과소유한 부동산 취득가액의 100분의 10 이하
12. 第38조제4호 또는 제6호를 위반하여 대출한 경우 : 대출금액의 100분의 2 이하
13. 第38조제5호를 위반하여 당해 금융기관의 주식을 담보로 대출한 경우 : 대출금액의 100분의 2 이하
14. 第38조제5호를 위반하여 다른 회사의 발행주식의 100분의 20을 초과하는 주식을 담보로 대출한 경우 : 대출금액의 100분의 10 이하
15. 第62조제1항의 규정에 의한 자산을 보유하지 아니한 경우 : 위반금액의 100분의 2 이하

1. 행정적인 제재수단 개요

은행법은 금융회사 및 그와 이해관계가 있는 자를 규제대상으로 하고 있으며, 이러한 규제가 실효성을 확보하기 위해서는 위반자에 대한 제재수단 등 각종 의무의 이행을 확보하거나 강제할 수 있는 수단이 있어야 한다.

행정상의 의무를 확보하거나 강제하기 위한 방법으로는 행정기관 스스로의 힘에 의해 강제하는 행정강제와 법원에 의해 강제집행하는 사법강제 등이 있는데, 우리나라에서는 대륙법계 국가에서 주로 채택하는 행정강제를 채택하고 있다. 이와 같은 전통적인 의무이행 확보수단으로는 좁은 의미의 행정강제와 행정벌이 있으나, 행정작용의 확대·다양화와 행정법이론의 발전에 따라 행정상의 강제수단도 다양해지고 있다. 이러한 전통적인 의무이행 확보수단이 그 기능을 충분히 발휘하지 못하자 경제적 부담, 공급거부, 관허사업의 제한, 명단의 공표, 수익적 행정행위의 철회·정지, 국외여행의 제한 등 새로운 수단 등이 등장하고 있다.

(1) 행정강제

행정강제에는 행정상 강제집행과 즉시강제가 있다. 행정상 강제집행에는 (i) 행정청이 의무자가 행하여야 할 행위를 스스로 행하거나, 제3자에게 이를 행하고 그 비용을 의무자로부터 징수하는 대집행, (ii) 행정청이 직접 의무자의 신체 또는 재산에 실력을 행사하여 행정상의 필요한 상태를 실현하는 직접강제, (iii) 행정청이 일정한 기간 내에 의무를 이행하지 않으면 일정한 이행강제금을 과할 것을 의무자에게 계고함으로써 심리적 압박을 가하여 의무자로 하여금 스스로 의무를 이행하게 하되 그 기간 안에 이행하지 않는 경우에는 이행강제금을 부과하는 집행벌, (iv) 공법상 금전급부의무 불이행의 경우에 행정청이 의무자의 재산에 실력을 가하여 의무가 이행된 것과 동일한 상태를 실현하는 강제징수가 있다. 그리고 행정상 즉시강제는 의무를 과할 시간적 여유가 없거나 성질상 의무를 과하여서는 목적을 달성할 수 없는 경우에 국민의 신체나 재산에 실력을 가해 행정상 필요한 상태를 실현하는 것이다. 이에는 (i) 대인적 강제로 불심검문, 교통차단, 위험발생 방지조치, 동행명령 등이 있고, (ii) 타인의 물건에 실력을 가함으로써 행정상 필요한 상태를 실현시키는 대물적 강제로 임시영치, 물건의 폐기・압수・압류・영치, 강제처분, 응급조치 등이 있으며, (iii) 대가택강제로 주택수색, 차량・선박・항공기 등의 수색이 있다.

(2) 행정벌

행정벌이라 함은 행정법상의 의무위반자에 대하여 일반 통치권에 기하여 과하는 제재로서의 처벌이다. 이에는 형법 및 형사소송법에 따른 행정형벌(사형, 징역, 금고, 자격상실, 자격정지, 벌금구류, 과료, 몰수), 형법에 형명이 없고 비송사건절차법규에 따라 부과되는 과태료 등의 행정질서벌과 조례에 의한 과태금이 있다.

(3) 행정조사

행정조사라 함은 행정청이 행정작용을 적당하고 효과적으로 하기 위하여 여러 가지의 자료나 정보를 수집・정리하는 일체의 행정작용을 말한다. 이에는 그 방법에 따라 직접조사와 간접조사, 대상에 따라 대인적 조사・대물적 조사·대가택조사가 있고, 성질에 따라 행정기관의 일방적인 명령강제를 수단으로 하는 권력적 행정조사와 비권력적 행정조사가 있다.

(4) 새로운 이행수단

전통적인 행정의 실효성 확보수단을 보완하기 위하여 새롭게 등장한 수단으로, 경제적인 제재수단인 과징금, 가산세, 부당이득세, 공표제도, 공급거부 등이 있다.

1) 과징금

과징금이란 독점규제법에 의하여 도입된 것으로, 행정법규 위반이나 행정법상의 의무위반으로 경제적 이익를 얻게 되는 경우에 당해 위반으로 인한 경제적 이익을 박탈하기 위하여 그 이익액에 따라 행정기관이 과하는 행정상의 제재금을 말한다. 이는 당사자에 대한 침익적 행위이므로 반드시 개별법에 근거규정이 있어야 한다.

2) 가산금, 가산세, 부당이득세

가산금이란 행정법상의 금전급부의무의 불이행에 대한 제재로서 가해지는 금전부담으로, 국세를 납부기한까지 납부하지 않을 때에 국세징수법에 따라 고지세액에 가산하여 징수하는 금액과 납부기한 경과후 일정기한까지 납부하지 아니한 때에 그 금액에 다시 가산하여 징수하는 금액을 말한다(국세기본법 제2조). 반면에, 가산세라 함은 개인의 세법상의 의무위반에 대한 경제적 불이익으로, 본래의 조세채무와는 별개로 과해지는 행정상의 제재로 가산금을 제외한다. 또한, 부당이득세라 함은 행정법규에 위반하여 거래를 함으로써 부당한 이득을 취한 경우에 그 부당이득을 징수하여 행정법규의 준수를 확보하는 조세의 일종이다.

3) 명단의 공표

명단의 공표란 행정법상의 의무위반 또는 의무불이행의 경우에 그 위반자의 성명·위반사실 등을 일반에게 공개하여 명예 또는 신용에 침해를 가하고 심리적인 압박을 가하여 행정법상의 의무이행을 확보하는 간접강제수단이다. 공표대상자의 명예·신용 또는 프라이버시에 대한 침해를 초래하므로 법적 근거가 있는 경우에 한한다.

4) 공급거부

공급거부라 함은 행정법상의 의무를 위반하거나 불이행한 자에 대하여 행정상의 서비스 또는 재화의 공급을 거부하는 행위로, 국민생활에 필수적인 전기·수도와 같은 재화 또는 서비스의 제공을 거부함으로써 행정법상의 의무의 이행을 간접적으로 강제하는 수단이다.

5) 관허사업의 제한

관허사업의 제한이란 행정법상의 의무를 위반하거나 불이행자에 대하여 각종 인·허가를 거부함으로써 행정법상 의무의 준수 또는 의무의 이행을 확보하는 간접적 강제수단을 말한다.

2. 은행법상의 과징금

(1) 의 의

과징금은 행정청이 행정상의 의무위반자로부터 그 의무위반으로 발생한 경제적인 이익을 박탈하는 등 경제적인 불이익을 가함으로써 행정의 실효성을 확보하는 금전적인 제재수단이다. 금융감독행정의 실효성 확보수단으로는 전통적으로 인가취소나 영업정지 등의 행정처분이나 형벌, 과태료 등이 주로 활용되어 왔으나, 금융산업의 발전에 따라 과징금부과제도가 제20차 개정 당시 도입되었다.

과징금제도는, 대부분의 금융업법의 위반행위가 금전적인 동기에 의하여 발생한다는 점을 착안하여, 그 위반행위로 발생하는 이익을 박탈함과 동시에 금전적인 제재를 가함으로써 징벌적인 효과와 함께 장래 위반행위의 재발을 억제하는 효과를 얻을 수 있다. 또한 금전적인 제재는 영업허가의 취소·정지 처분이나 형벌에 따르는 필요 이상의 부작용을 피할 수 있는 제재수단으로, 금융감독과 관련하여 중요한 제재수단으로 자리매김하여 가고 있다. 우리나라에서도 각 금융업관련법에 과징금부과제도를 도입한 이래 점차 확대하는 추세에 있고, 중요한 제재수단으로 활용되고 있다.

과징금은 행정청에 의하여 부과되는 점에서 형사사법절차에 따라 부과되는 벌금과 구별되며, 이에 대한 불복절차도 일반 행정처분과 같이 행정쟁송절차에 의하고, 그 집행절차도 행정청이 직접 국세체납처분의 예에 따라 징수한다.

이 조에서는 과징금부과요건으로 타 금융업법과는 달리 법 위반에 대한 고의 또는 중과실을 명시하고 있지 않아 논란의 여지가 있다. 그러나 과징금이 당초 행정법상의 의무위반에 대한 경제적 이익 박탈을 위하여 도입되었으나 현재는 징벌적인 성격도 가지고 있고, 은행의 경우에 신용공여한도초과 등 과징금부과금액이 대체적으로 커서 당사자에게 미치는 경제적 불이익이 큰 점 등을 고려할 때, 이 조의 경우에도 고의 또는 중과실이 있는 경우에 한한다고 보는 것이 타당하다. 한편, 과징금부과는 벌금이나 과태료에 비하여 그 액수가 다액이고 당사자가 받는 불이익이 큼으로 인하여 그 부과절차에서 당사자에게 의견제출의 기회를 주고 이의신청절차를 규정하는 등 적법절차를 보장하고 있다.

현재 은행법에서는 신용공여한도규제, 주식취득 및 출자의 제한, 부동산 소유규제 등 위반행위에 대하여 과징금을 부과할 수 있도록 규정하고 있다. 그러나 부과의 대상은 법인인 금융기관으로 한정되어 있고, 그러한 위반행위를 한 임직원에 대하여는 아직 부과할 수 있는 근거가 마련되어 있지 않다. 한편, 은행법은 동일한 위반행위에 대하여 과징금, 형벌 및 과태료의 부과대상으로 규정하고 있는 경우가 있다. 그러한 경우에 감독기관으로서는 감독목적 달성을 위하여 필요하고 적절한 제재를 선택하여 집행할 수 있으며, 병과할 수도 있다.

(2) 부과대상 위반행위와 부과한도

1) 동일차주 등에 대한 신용공여한도와 자회사 또는 모은행 등에 대한 신용공여한도의 초과(제35조①·③·④, 제37조③제1호·⑥제3호, 제65조의3제1호)

금융기관은 원칙적으로 특정한 개인이나 법인 등에 대하여 과도한 신용공여제공행위를 할 수 없다. 다만 예외적으로, (i) 국민경제를 위하여 또는 금융기관의 채권확보의 실효성 제고를 위하여 필요한 경우, (ii) 추가신용공여 없이 자기자본의 변동, 동일차주 구성의 변동 등으로 인하여 한도를 초과하는 경우로서 일정한 경우에 한하여 자기자본의 100분의 25를 초과하여 신용공여를 할 수 있다. 이와 같이 은행법에서 인정되는 예외의 사유로 동일한 개인이나 법인에 대하여 당해 금융기관의 자기자본의 100분의 20을 초과하여 신용공여를 하거나, 동일한 개인이나 법인 또는 동일차주의 각각에 대한 금융기관 신용공여가 당해 금융기관 자기자본의 100분의 10을 초과하는 거액신용공여의 총합계액이 당해 금융기관의 자기자본의 5배를 초과하는 경우에는 초과한 신용공여액의 100분의 10 이하의 과징금을 부과할 수 있다.

또한, 금융기관은 당해 금융기관의 자회사에 대하여 금감위가 정하는 한도(개별 자회사; 당해 금융기관 자기자본의 10/100, 전체 자회사; 당해 금융기관 자기자본의 20/100)를 초과하는 신용공여를 하거나, 자은행의 모은행에 대한 신용공여한도 또는 당해 모은행의 다른 자은행에 대한 신용공여한도(다른 자은행; 당해 자은행 자기자본이 10/100, 전체 다른 자은행; 당해 자은행 자기자본의 20/100)를 초과한 경우에도 초과한 신용공여액의 100분의 10 이하의 과징금을 부과할 수 있다.

2) 대주주에 대한 신용공여한도의 초과(제35조의2①·②, 제65조의3제2호)

금융기관이 (i) 당해 금융기관의 대주주(그 특수관계인을 포함)에게 당해 금융기관 자기자본의 100분의 25에 해당하는 금액과 당해 대주주의 당해 금융기관에 대한 출자비율에 해당하는 금액 중 적은 금액을 초과하여 신용공여를 하거나, (ii) 당해 금융기관의 전체 대주주에 대한 신용공여가 자기자본의 100분의 25를 초과하는 경우에는 초과한 신용공여액의 100분의 20 이하의 과징금을 부과할 수 있다.

3) 대주주가 발행한 주식의 취득한도의 초과(제35조의3①, 제65조의3제3호)

금융기관이 자기자본의 100분의 1에 해당하는 금액을 초과하여 당해 금융기관의 대주주가 발행한 주식 또는 출자지분을 취득하거나 신탁업무에 의하여 이를 취득하는 경우에는 초과취득한 주식의 장부가액 합계액의 100분의 20 이하의 과징금을 부과할 수 있다.

4) 다른 회사에 대한 출자제한의 위반(제37조①·②·⑥제2호, 제65조의3④)

금융기관은 금감위가 정하는 업종에 속하는 회사 또는 기업구조조정 촉진을 위해 필요한 것으로, 금감위의 승인을 얻은 경우를 제외하고 다른 회사의 의결권있는 발행주식이나 출자지분의 100분의 15를 초과하여 소유하거나 자은행이 다른 금융기관의 의결권있는 발행주식의 100분의 15를 초과하여 주식을 소유하는 경우에는 초과소유한 주식의 장부가액 합계액의 100분의 10 이하의 과징금을 부과할 수 있다.

5) 자회사 주식을 담보로 하는 신용공여 및 자회사 주식의 매입을 위한 신용공여 금지의 위반(제37조③제2호, 제65조의3제5호)

금융기관이 당해 금융기관의 자회사의 주식을 담보로 하는 신용공여를 하거나 당해 자회사의 주식을 매입시킬 목적으로 신용공여를 하는 경우에는 당해 신용공여액의 100분의 2 이하의 과징금을 부과할 수 있다.

6) 모은행 등 주식의 소유금지의 위반(제37조⑥제1호, 제65조의3제6호)

자은행이 모은행의 새로운 다른 자은행이 발행한 주식을 이미 소유하고 있는 경우 등 대통령령이 정하는 경우 이외의 사유로 모은행 및 당해 모은행의 다른 자은행이 발행한 주식을 소유하는 경우에는 그 소유주식의 장부가액 합계액의 100분의 2 이하의 과징금을 부과할 수 있다.

7) 자은행과 모은행 등 상호간의 무담보신용공여 금지의 위반(제37조⑦ 본문, 제65조의3제7호)

자은행과 모은행 및 모은행의 다른 자은행 사이에 신용공여를 하는 경우에는 신용공여액의 150/100의 범위 내에서 금감위가 정하는 비율 이상의 담보를 확보하여야 한다. 당해 자은행과 모은행 등의 구조조정에 필요한 신용공여 등 금감위가 정하는 요건에 해당하는 경우에는 예외가 인정된다. 이러한 예외 인정사유에 해당되지 않음에도 불구하고 적정한 담보를 확보하지 아니하고 신용공여를 하는 경우 당해 신용공여액의 100분의 10 이하의 과징금을 부과할 수 있다.

8) 자은행과 모은행 등 상호간의 불량자산거래 금지의 위반(제37조⑧ 본문, 제65조의3제8호)

자은행과 모은행 및 당해 모은행의 다른 자은행 상호간에는 원칙적으로 자산건전성분류기준상 요주의 이하로 분류되는 불량자산을 거래해서는 아니된다. 다만, 자은행과 모은행 등의 구조조정에 필요한 신용공여 등 금감위가 정하는 요건에 해당하는 경우에는 제외된다. 이와 같은 예외사유에 해당되지 않음에도 불구하고 자은행과 모은행 등이 불량자산을 거래하는 경우에는 그 불량자산의 장부가액의 100분의 10 이하의 과징금이 부과될 수 있다.

9) 주식 등 유가증권에 대한 법정투자한도의 초과(제38조제1호, 제65조의3제9호)

금융기관은 자기자본의 100분의 60을 초과하여 국채 및 한국은행통화안정증권을 제외한 주식 또는 상환기간 3년을 초과하는 유가증권에 투자할 수 없다. 만일, 이를 초과하여 투자한 경우에는 초과투자액의 100분의 10 이하의 과징금이 부과될 수 있다.

10) 비업무용 부동산의 소유(제38조제2호, 제65조의3제10호)

금융기관은 원칙적으로 저당권 등 담보권의 실행으로 인하여 취득한 부동산을 제외한 비업무용 부동산을 소유할 수 없다. 만일, 비업무용 부동산을 소유한 경우에는 소유한 비업무용 부동산의 취득가액의 100분의 10 이하의 과징금을 부과할 수 있다.

11) 법정한도를 초과한 업무용 부동산의 소유(제38조제3호, 제65조의3제11호)

금융기관이 자금중개기능을 원활하게 수행하기 위해서는 업무용 부동산이라고 하더라도 무제한 소유할 수 없다. 따라서 은행법에서는 금융기관의 업무용 부동산의 소유한도를 자기자본의 100분의 100으로 제한하고 있다. 이러한 비율에 해당하는 금액을 초과하여 업무용 부동산을 소유하는 경우에는 초과소유한 부동산 취득가액의 100분의 10 이하의 과징금을 부과할 수 있다.

12) 투기자금대출 및 자사주 매입자금대출 금지의 위반(제38조제4호·제6호, 제65조의3제12호)

금융기관은 상품 또는 유가증권에 대한 투기를 목적으로 하는 자금을 대출하거나, 직접·간접을 불문하고 당해 금융기관의 주식을 매입시키기 위한 대출을 할 수 있다. 만일, 이러한 대출을 취급한 경우에는 대출금액의 100분의 2 이하의 과징금을 부과할 수 있다.

13) 당해 금융기관 주식의 담보취득 금지의 위반(제38조제5호, 제65조의3제13호)

금융기관이 직접·간접을 불문하고 당해 금융기관의 주식을 담보로 대출한 경우에는 대출금액의 100분의 2 이하의 과징금을 부과할 수 있다.

14) 다른 회사 발행주식의 담보취득제한의 위반(제38조제5호, 제65조의3제14호)

금융기관은 사회기반시설에 대한 민간투자사업자에 대한 대출을 제외하고 직접·간접을 불문하고 다른 회사 발행주식의 100분의 20을 초과하는 주식을 담보로 대출할 수 없으며, 이를 초과하여 대출한 경우에는 대출금액의 100분의 10 이하의 과징금을 부과할 수 있다. 이 경우 대출금액이라 함은 20/100을 초과하는 대출금으로 이해해야 할 것이다. 왜냐하면 20/100 이내의 대출은 허용되기 때문이다.

15) 외국금융기관의 국내자산 보유의무의 위반(제62조①, 제65조의3제15호)

외국금융기관의 지점 또는 대리점은 영업기금에 상당하는 자산을 대한민국 내에 보유하여야 하며, 만일 이 보유의무를 위반한 경우에는 위반금액의 100분의 2 이하의 과징금을 부과할 수 있다.

(3) 금융기관에 대한 과징금 산정방식

금융기관에 대한 과징금은 먼저 과징금 부과의 기초가 되는 기준금액을 정한 후, 기준금액에 이 조에서 정한 부과비율(법정최고 부과비율)을 곱하여 법정부과한도액을 산정한다. 여기서 기준금액은 법정부과한도액 산정의 기초가 되는 금액으로 이 조에서 정한 위반금액을 말하며, 위반행위가 일정기간 지속된 경우에는 그 기간중 위반금액의 최고금액을 말한다. 법정부과한도액을 산정한 후 기준금액에 따라 적용되는 기본부과율을 곱하여 기본과징금을 산정하고, 위반자의 가중·감경사유에 따라 기본과징금을 조정한다. 그 밖에 위반자의 특수한 사정, 금융시장 및 경제여건 등을 고려하여 최종적으로 부과할 과징금을 정한다(과징금부과기준).

〈기본 부과율〉

기준금액	기본부과율
10억원 이하	7/10
10억원 초과 100억원 이하	7/20
100억원 초과 1천억원 이하	7/40
1천억원 초과 1조원 이하	7/80
1조원 초과	7/100

Ⅱ. 과징금의 부과(제65조의4)

① 금융감독위원회는 제65조의3의 규정에 의하여 과징금을 부과하는 경우에는 다음 각호의 사항을 참작하여야 한다.
1. 위반행위의 내용 및 정도
2. 위반행위의 기간 및 횟수
3. 위반행위로 인하여 취득한 이익의 규모
② 과징금의 부과에 관하여 그 밖에 필요한 사항은 대통령령으로 정한다.

과징금의 부과권자는 금감위이다. 금감원장은 검사결과 등으로 금융기관이 과징금부과 대상이 되는 위법행위를 한 것을 적발한 경우 제재심의위원회의 심의를 거쳐 금감위에 과징금의 부과건의를 하며, 금감위는 금감원장의 건의에 따라 과징금부과를 심의·의결한다.

은행법 제63조의3에서는 위반행위별 과징금부과의 최고한도액만을 정하고 개별사안에 있어서의 구체적인 금액은 금감위의 재량판단에 맡겨져 있다. 그러나 그 재량은 자유재량은 아니며, 위반행위의 동기·태양·결과 등 제반요소를 고려하여 위반행위와 과징금부과금액이 비례의 원칙과 과잉금지의 원칙에 적합하도록 적정한 금액을 부과하여야 한다.

이 조에서는 금감위가 과징금을 부과하는 경우에 있어서 위반행위의 내용 및 정도, 위반행위의 기간 및 횟수, 위반행위로 인하여 취득한 이익의 규모를 참작하도록 하고 있는 바, 이는 이러한 명문의 규정이 없더라도 당연히 고려하여야 할 사항으로 주의환기를 위한 규정이라 할 것이다. 금감위는 이 조에서 열거하고 있는 고려사유 외에도 위반행위의 동기, 고의 또는 중과실 유무, 전과 유무 등 제반 양정요소를 고려하여 구체적으로 타당한 액수를 산정하여 부과하여야 한다.

한편, 금감위는 과징금을 부과하고자 하는 경우 그 위반행위의 종별과 당해 과징금의 금액을 명시하여 이를 납부할 것을 서면으로 당사자에게 통지하여야 하며, 이러한 통지를 받은 자는 통지가 있은 날부터 60일 이내에 금감위가 정하는 수납기관에 이를 납부하여야 한다(시행령 제26조의2).

금융기관 또는 그 임·직원에 대하여 과징금을 부과하는 경우 당해 과징금 부과행위를 이유로 한 금융기관이나 임직원에 대한 제재는 감경하거나 면제할 수 있다(제재규정 제31조).

Ⅲ. 의견제출(제65조의5)

① 금융감독위원회는 과징금을 부과하기 전에 미리 당사자 또는 이해관계인 등에게 의견을 제출할 기회를 주어야 한다.
② 제1항의 규정에 의한 당사자 또는 이해관계인 등은 금융감독위원회의 회의에 출석하여 의견을 진술하거나 필요한 자료를 제출할 수 있다.

행정절차법(제21조①)상 행정청은 당사자에게 의무를 과하거나 권익을 제한하는 처분을 하는 경우 미리 처분하고자 하는 원인이 되는 사실과 처분의 내용 및 법적 근거, 이에 대하여 의견을 제출할 수 있다는 뜻과 의견을 제출하지 아니하는 경우의 처리방법, 의견제출기관의 명칭과 주소, 의견제출기한 등을 통지하여야 한다. 그러므로 금감위가 금융기관에 대해 과징금부과처분을 함에 있어서는 당연히 이와 같은 행정절차법에 따라 사전통지를 하고 의견제출의 기회를 주어야 한다. 그리고 의견제출의 기한은 의견제출에 필요한 상당한 기간을 고려하여 정하여야 한다.

이 조는 이와 같은 의견제출 기회의 부여를 분명히 하기 위하여 규정된 것으로, 이 규정에 따라 의견제출을 할 수 있는 자는 처분의 직접 상대방인 금융기관뿐만 아니라, 그러한 처분에 대하여 직·간접적으로 이해관계를 가지는 자도 포함된다. 다만 이해관계자의 범위는 금감위가 정한다. 의견제출의 방법은 서면뿐만 아니라 금감위의 회의에 출석하여 의견을 진술하는 방법으로도 할 수 있으며, 유리한 증거 등 자료를 제출할 수 있고 필요한 경우에는 증인도 신청할 수 있다. 이와 같이 의견제출 기회를 부여한 것은 통상 과징금의 액수가 고액이어서 당사자가 입는 불이익이 크므로 당사자에게 충분한 방어와 변명의 기회를 주기 위함이다.

금감위는 처분을 함에 있어 당사자 등이 제출한 의견이 상당하다고 인정되는 경우에는 이를 반영하여야 하며(행정절차법 제27조의2), 의견제출자에 대해서도 그 처리결과를 통지하여야 한다.

Ⅳ. 이의신청(제65조의6)

① 제65조의3의 규정에 의한 과징금 부과처분에 대하여 불복이 있는 자는 그 처분의 고지를 받은 날부터 30일 이내에 그 사유를 갖추어 금융감독위원회에 이의를 신청할 수 있다.
② 금융감독위원회는 제1항의 규정에 의한 이의신청에 대하여 30일 이내에 결정을 하여야 한다. 다만, 부득이한 사정으로 그 기간 이내에 결정을 할 수 없을 경우에는 30일의 범위 내에서 그 기간을 연장할 수 있다.
③ 제2항의 규정에 의한 결정에 대하여 불복이 있는 자는 행정심판을 청구할 수 있다.

금감위나 금감원장의 처분에 대하여는 원칙적으로 재심절차가 마련(제재규정)되어 있으나, 이와 별도로 과징금부과처분에 대해서는 별도로 은행법에서 이의신청권을 부여하고 있다. 과징금부과처분을 받은 당사자는 당초 처분절차 진행과정에서 제출하지 못한 자료를 제출할 수 있는 기회를 보장하고, 금감위도 이에 대해 신속하게 결정하도록 하여 부당한 처분으로부터 신속히 구제받을 수 있도록 하기 위함이다.

이의신청은 과징금부과처분의 고지를 받은 날부터 30일 이내에 하여야 하며, 금감위는 이러한 이의신청에 대하여 원칙적으로 30일 이내에 결정을 하여야 한다. 이러한 이의신청에 대한 결정은 새로운 행정처분으로서 행정심판의 대상이 된다. 그러나 이러한 이의신청은 당사자의 권리로서 주어진 것이고, 행정쟁송의 전치절차가 아니므로 과징금부과처분을 받은 금융기관은 이러한 이의신청절차를 거치지 아니하고 당초 부과처분에 대하여 바로 행정심판청구를 하거나 행정소송을 제기할 수도 있다.

Ⅴ. 과징금 납부기한의 연장 및 분할납부(제65조의7)

① 금융감독위원회는 과징금을 부과받은 자(이하 "과징금납부의무자"라 한다)가 다음 각호의 1에 해당하는 사유로 과징금의 전액을 일시에 납부하기 어렵다고 인정되는 때에는 그 납부기한을 연장하거나 분할납부하게 할 수 있다. 이 경우 필요하다고 인정하는 때에는 담보를 제공하게 할 수 있다.
1. 재해 등으로 인하여 재산에 현저한 손실을 입은 경우
2. 사업여건의 악화로 사업이 중대한 위기에 처한 경우
3. 과징금의 일시납부에 따라 자금사정에 현저한 어려움이 예상되는 경우

② 과징금납부의무자가 제1항의 규정에 의한 과징금납부기한의 연장을 받거나 분할납부를 하고자 하는 경우에는 그 납부기한의 10일 전까지 금융감독위원회에 신청하여야 한다.

③ 금융감독위원회는 제1항의 규정에 의하여 납부기한이 연장되거나 분할납부가 허용된 과징금납부의무자가 다음 각호의 1에 해당하게 된 때에는 그 납부기한의 연장 또는 분할납부 결정을 취소하고 과징금을 일시에 징수할 수 있다.
1. 분할납부 결정된 과징금을 그 납부기한 내에 납부하지 아니한 때
2. 담보의 변경 그 밖에 담보보전에 필요한 금융감독위원회의 명령을 이행하지 아니한 때
3. 강제집행, 경매의 개시, 파산선고, 법인의 해산, 국세 또는 지방세의 체납처분을 받는 등 과징금의 전부 또는 잔여분을 징수할 수 없다고 인정되는 때
4. 그 밖에 제1호 내지 제3호에 준하는 경우로서 대통령령이 정하는 사유가 있는 때

④ 제1항 내지 제3항의 규정에 의한 과징금납부기한의 연장, 분할납부 또는 담보 등에 관하여 필요한 사항은 대통령령으로 정한다.

금감위로부터 과징금을 부과받은 금융기관은 부과통지를 받은 날로부터 60일 이내에 납부하여야 하며, 이를 기한 내에 납부하지 아니하는 때에는 가산금이 붙고, 또한 국세체납처분의 예에 따라 강제징수를 당하게 된다. 그러

나 과징금부과는 벌금이나 과태료와 비교하여 금액이 커서 과징금납부의무자로서는 자금사정상 일시에 이를 납부하기 어려운 경우가 발생한다. 이러한 경우에 대비하여 과징금납부의무자가 재해를 당하거나 사업악화 기타 사정으로 자금사정에 현저한 어려움이 있는 경우 금감위는 과징금납부의무자의 신청에 따라 그 납부기한을 연장하거나 분할납부하게 할 수 있다. 다만, 필요한 경우에는 담보제공을 조건으로 할 수 있다.

납부기한의 연장은 1년까지만 할 수 있으며, 분할납부의 경우에는 각 분할납부기한간의 간격은 6월 이내여야 하고, 분할횟수는 3회 이내로 제한된다(시행령 제26조의3). 그러나 이와 같은 납부기한의 연장이나 분할납부가 허가된 후에 과징금납부의무자가 분할납부금을 납부하지 아니하거나 금감위의 담보보전명령을 이행하지 아니하는 경우나 강제집행, 파산선고, 해산, 체납처분 등이 있는 경우에는 그러한 결정을 취소하고 과징금을 일시에 징수할 수 있다.

Ⅵ. 과징금 징수 및 체납처분(제65조의8)

① 금융감독위원회는 과징금납부의무자가 납부기한 내에 과징금을 납부하지 아니한 경우에는 납부기한의 다음날부터 납부한 날의 전일까지의 기간에 대하여 대통령령이 정하는 가산금을 징수할 수 있다.
② 금융감독위원회는 과징금납부의무자가 납부기한 내에 과징금을 납부하지 아니하는 때에는 기간을 정하여 독촉을 하고, 그 지정한 기간 이내에 과징금 및 제1항의 규정에 의한 가산금을 납부하지 아니한 때에는 국세체납처분의 예에 따라 이를 징수할 수 있다.
③ 금융감독위원회는 제1항 및 제2항의 규정에 의한 과징금 및 가산금의 징수 또는 체납처분에 관한 업무를 국세청장에게 위탁할 수 있다.
④ 과징금의 징수에 관하여 그밖에 필요한 사항은 대통령령으로 정한다.

은행법상 과징금부과는 금융기관에 대한 감독의 실효성을 확보하기 위한 것이지만, 과징금부과처분 자체에 대한 실효성 확보수단은 바로 이 조에 의한 과징금강제징수절차이다.

과징금납부의무자가 법정기한인 과징금부과의 서면통지를 받은 날로부터 60일 이내에 금감위가 정하는 수납기관에 자진납부하지 아니하고 체납하는 경우에는 납부기한의 다음날부터 납부하는 날의 전일까지의 기간에 대하여 연 100분의 6의 비율로 계산한 가산금을 징수할 수 있다(시행령 제26조의4). 이 경우 금감위는 강제징수절차를 취할 수 있다. 통상 강제징수절차는 독촉장을 발부한 후에도 과징금과 가산금을 납부하지 아니하는 경우에 금감위가 직접 국세체납처분의 예에 따라 이를 강제징수할 수 있고, 체납처분에 관한 업무를 국세청장에게 위탁할 수 있다.

금감위는 과징금체납처분에 관한 업무를 국세청장에게 위탁함에 있어서는 금감위의 의결서 · 세입징수결의서 및 고지서 · 납부독촉장을 첨부하여 서면으로 하여야 한다(시행령 제26조의6).

Ⅶ. 이행강제금(제65조의9)

① 금융감독위원회는 제16조제2항 · 제16조의2제5항 · 제16조의3제5항 또는 제16조의4제5항의 규정에 의한 주식처분명령을 받은 자가 그 정한 기간 이내에 당해 명령을 이행하지 아니한 때에는 매 1일당 그 처분하여야 하는 주식의 장부가액에 1만분의 3을 곱한 금액을 초과하지 아니하는 범위 안에서 이행강제금을 부과할 수 있다.
② 이행강제금은 주식처분명령에서 정한 이행기간의 종료일의 다음날부터 주식처분을 이행하는 날(주권교부일을 말한다)까지의 기간에 대하여 이를 부과한다.
③ 금융감독위원회는 이행강제금을 징수함에 있어서 주식처분명령에서 정한 이행기간의 종료일부터 90일을 경과하고서도 이행이 이루어지지 아니하는 경우에는 그 종료일부터 기산하여 매 90일이 경과하는 날을 기준으로 하여 이행강제금을 징수한다.
④ 제65조의4 내지 제65조의8의 규정은 이행강제금의 부과 및 징수에 관하여 이를 준용한다.

1. 이행강제금의 의의

은행법은 금융기관에 대한 감독의 실효성 확보수단으로서 이행강제금제도를 채택하고 있다. 이행강제금은 비대체적 작위의무를 강제하기 위하여 일정기한까지 이행하지 않은 경우에 금전적인 부담을 줌으로써 그 의무이행을 간접적으로 강제하는 수단이다. 통상 행정벌이 과거의 위반행위에 대한 제재의 성격을 띠고 있는 반면, 이행강제금은 행정법상의 의무불이행이 있는 경우에 장래의 의무이행을 확보하기 위한 강제집행의 수단이다.

이 조에서는 각종 법정한도를 초과하여 보유한 금융기관의 주식에 대하여 금감위가 그 처분명령을 하였음에도 불구하고 이를 이행하지 아니하는 경우에 이를 간접적으로 강제하는 수단으로 이행강제금을 부과할 수 있도록 규정하고 있다.

2. 이행강제금의 부과대상과 한도

(1) 부과대상

이행강제금은 (i) 이 법 제15조에 의한 법정보유한도를 초과하여 금융기관의 주식을 보유한 동일인이 금감위가 6월 이내의 기간을 정하여 그 초과주식의 처분을 명하였음에도 그 정한 기간 내에 이행하지 아니 한 때(제16조②), (ii) 이 법 제16조의2제4항에 위반하여 금융기관의 주식을 초과보유하게 된 비금융주력자가 금감위가 1년 이내의 기간을 정하여 그 초과주식의 처분을 명하였음에도 그 정한 기간 내에 이행하지 아니한 때(제16조의2⑤), (iii) 전환대상자가 전환계획의 이행명령을 이행하지 아니하거나, 금융기관과의 불법거래 사실이 확인되어 금감위가 6월 이내의 기간을 정하여 법정한도초과분 주식의 처분을 명하였음에도 그 정한 기간 내에 이행하지 아니한 때(제16조의3⑤), (iv) 금감위로부터 승인을 얻은 한도초과보유주주가 초과보유요건을 충족하지 못하고 그 충족명령도 이행하지 아니하여 금감위가 6월 이내의 기간을 정하여 한도초과보유주식의 처분을 명하였음에도 그 정한 기간 내에 이행하지 아니한 때(제16조의4⑤)에 각각 부과된다.

(2) 부과한도

부과한도는 매 1일당 그 처분하여야 하는 주식의 장부가액에 1만분의 3을 곱한 금액을 초과하지 아니하는 금액이며, 주식처분명령에서 정한 이행기간의 종료일 익일부터 처분하는 날까지의 기간에 대하여 부과한다. 그리고 매 90일을 단위로 이행이 이루어질 때까지 부과한다.

3. 부과절차

이행강제금의 부과권자는 금감위이며, 다른 제재조치와 마찬가지로 금감원장의 건의에 따라 부과한다.

부과절차는 과징금부과에 관한 절차가 준용된다. 즉, 이행강제금을 부과함에 있어서는 위반행위의 내용 및 정도, 위반행위의 기간 및 횟수, 그로 인하여 취득한 이익의 규모 등을 참작하여 부과금액을 정하며(제65조의4), 금감위는 이행강제금을 부과하기 전에 미리 당사자 또는 이해관계인 등에게 처분하고자 하는 원인이 되는 사실과 처분의 내용 및 법적 근거 등에 관하여 사전통지를 하고 이에 대한 의견제출의 기회를 주어야 한다(제65조의5).

그리고 금감위는 이행강제금을 부과함에 있어서는 위반행위의 종별과 금액을 명시하여 서면으로 당사자에게 통지하여야 하며, 이러한 통지를 받은 자는 60일 이내에 지정 수납기관에 납부하여야 하고, 만약에 납부기한 내에 이를 납부하지 아니한 때에는 가산금이 붙고, 국세체납처분의 예에 따라 강제징수를 당하게 된다(제65조의8). 한편, 이행강제금부과통지를 받은 금융기관이 자금사정상 일시에 이를 납부하기 어려운 때에는 납부기한의 연장이나 분할납부를 신청할 수 있다(제65조의7).

당사자가 이행강제금부과처분에 대하여 불복이 있는 경우에는 일반 행정쟁송절차에 의하는 외에 30일 이내에 금감위에 이의를 신청할 수 있다(제65조의6).

제 12 장
벌 칙

이 장은 은행법 위반자에 대한 벌칙을 정한 것으로 벌칙(제66조, 제67조, 제68조), 양벌규정(제68조의2), 과태료(제69조) 등 5개 조문으로 구성되어 있다.

Ⅰ. 벌칙 일반

은행법은 금융기관에 대한 감독의 실효성을 확보하기 위하여 주요한 위반행위에 대한 형벌을 규정하고 있다.

행정목적을 실현하기 위하여 행정법규 위반행위에 대하여 부과하는 형벌을 일반 형사형벌과 구별하여 행정형벌이라고 한다. 형사형벌의 부과대상이 되는 형사벌은 통상 법규 이전에 반윤리성・반사회성을 띠는 행위로, 형법 등에 규정된 것이다. 행정형벌의 부과대상이 되는 행정범은 행정법규가 범죄로 규정하기 이전에는 도덕적으로나 윤리적으로 자유롭게 허용되는 행위였으나, 어떤 행정목적을 달성하기 위하여 행정법규에서 이를 금지하고 그 위반행위에 대하여 형벌을 부과하는 것으로 규정함으로써 비로소 범죄가 되는 점에서 차이가 있다. 그래서 형사범을 자연범이라고 하는 반면, 행정범을 법정범이라고도 한다.

그러나 행정형벌도 국가의 법률로 규정된 이상 형사형벌과 동일한 효력을 가진다. 따라서 행정형벌에 대하여도 그 개별행정법에 특별한 규정이 없는 한 형법총칙이 그대로 적용된다(형법 제8조). 즉, 행정형벌도 죄형법정주의의 원칙에 따라 행위시의 법률에 따라 처벌되며, 행정형벌의 입법과 해석에 있어서도 명확성의 원칙, 유추해석금지의 원칙이 그대로 적용된다. 그리고 행정범의 경우에도 처벌을 하기 위하여는 형벌법규의 구성요건에 해당하고, 위법성과 책임성 등의 요소를 갖추어야 하는 바, 행정법규에는 보통 행정범의 구성요건만 규정하고 있을 뿐이므로 위법성과 책임성에 관하여는 형법총칙에 따르게 된다. 따라서 행정법상의 형벌규정의 구성요건에 해당한다고 하더라도 형법총칙에서 규정하고 있는 정당방위, 긴급피난 또는 정당행위에 해당되는 경우에는 위법성이 조각되어 범죄가 되지 아니하며, 특별히 과실행위도 처벌한다는 명문규정이 없는 한, 고의로 위반한 행위만 처벌대상이 되며 강요된 행위도 처벌할 수 없다. 여기서 고의란 '죄의 성립요소인 사실의 인식'을 의미하는 것으로, 위법성의 인식을 말하는 것이 아니므로(형법 제13조), 가사 자신의 행위가 행정법규에 의하여 금지되고 있는 것을 몰랐다 하여 고의가 인정되지 않는 것은 아니다. 또한, 판례는 일반적으로 자신의 행위가 행정법규에 의하여 금지되고 있는 것을 몰랐다 하더라도 위법성의 인식이 없는 것은 아니라고 하고 있다.[104]

한편, 은행법은 동일한 위반행위에 대하여 형벌, 과징금 및 과태료의 부과대상으로 규정하고 있는 경우가 있다. 그러한 경우에는 감독기관으로서는 감독목적 달성에 필요하고 적절한 제재수단을 선택하거나 병과할 수 있다.

Ⅱ. 벌칙부과의 절차

행정범도 일반형사범과 마찬가지로 형사사법절차에 따라 처벌된다. 즉, 수사기관에 의한 수사를 거쳐 검사의 공소 제기와 법원의 재판에 따라 처벌을 받게 된다.

그런데 금융감독원은 검사결과 등으로 금융회사 또는 그 소속 임직원의 범법행위를 발견한 경우에는 지체없이 검찰에 고발·통보 등을 해야 하며, 검찰은 이를 단서로 수사를 개시하게 된다. 특히, 이와 관련하여 누구든지 범죄가 있다고 사료하는 때에는 고발할 수 있다. 특히 공무원은 그 직무를 행함에 있어 범죄가 있다고 사료하는 때에는 고발하여야 하는 의무를 부담하고 있으

---

104) 형법 제16조에서 "자기가 행한 행위가 법령에 의하여 죄가 되지 아니한 것으로 오인한 행위는 그 오인에 정당한 이유가 있는 때에 한하여 벌하지 아니한다"라고 규정하고 있는 것은 단순한 법률의 부지를 말하는 것이 아니고, 일반적으로 범죄가 되는 경우이지만 자기의 특수한 경우에는 법령에 의하여 허용된 행위로서 죄가 되지 아니한다고 그릇 인식하고 그와 같이 그릇 인식함에 정당한 이유가 있는 경우에는 벌하지 않는다는 취지이다(대법원 2003.4.11.선고 2003도451판결 등).

며(형사소송법 第234조), 금융기관의 장이나 감사 또는 검사의 직무에 종사하는 임・직원 또는 감독기관의 감독업무에 종사하는 자는 금융기관의 임・직원이 그 직무에 관하여 죄를 범한 정을 안 경우 지체없이 이를 수사기관에 고지하여야 한다. 만일 정당한 이유없이 이를 위반한 경우에는 200만원 이하의 벌금에 처한다. 또한, 특정경제범죄가중처벌등에관한법률 제12조에서도 이를 강제하고 있다.

이 장에서 정하는 위반행위를 이유로 수사기관에 고발 등을 함에 있어서는 특별한 형식이 정하여져 있는 것은 아니며, 통상 범죄사실을 적시하고 증거자료를 첨부하여 고발하는 형식으로 이루어진다. 그리고 범인의 도주우려 등 사안이 긴급한 경우에는 검사역이 검사현장에서 즉시고발 등 조치를 취하거나 당해 금융기관으로 하여금 고발 등의 조치를 취하게 하기도 한다. 그러나 이 장에서 정하는 위반행위가 있다고 하더라도 사안이 경미하여 가벌성이 희박하다고 판단되는 경우에는 고발 등을 하지 아니할 수도 있다.

형사처벌은 과징금 부과나 인사상의 제재조치와는 그 성질이나 목적을 달리하는 별개의 처벌이므로, 하나의 행위가 동시에 형사처벌과 과징금 부과 등 행정상의 조치의 대상이 되는 경우에는 원칙적으로 병과할 수 있다. 즉, 일사부재리의 원칙이 적용되지 아니한다. 그러나 2개 이상의 조치를 함에 있어서는 실질적으로 부당하게 과중한 처벌이 되지 아니 하도록 양정에서 고려하여야 할 것이다. 특히, 과태료나 과징금 또는 벌금이나 과금의 경우에는 위반행위에 대한 재산적 부담이라는 면에서 실질적으로 차이가 없으므로 병과하는 것은 바람직하지 않다고 생각한다.

Ⅲ. 벌칙(제66조)

다음 각호의 1에 해당하는 자는 5년 이하의 징역 또는 2억원 이하의 벌금에 처한다.

1. 제8조제1항의 규정에 의한 인가를 받지 아니하고 은행업을 영위하는 자
2. 제21조의 규정을 위반한 자
3. 제35조의2제1항 내지 제3항의 규정을 위반하여 대주주에게 신용공여를 한 자와 그로부터 신용공여를 받은 대주주

4. 제35조의3제1항의 규정을 위반하여 대주주가 발행한 주식을 취득한 자
5. 제35조의4의 규정을 위반한 자
6. 금융기관의 임·직원 또는 임·직원이었던 자로서 업무상 알게 된 정보를 누설하거나 업무목적 외로 이용한 자

다음의 1에 해당하는 자에 대하여는 5년 이하의 징역 또는 2억원 이하의 벌금에 처한다.

1) 금융감독위원회의 인가를 받지 아니하고 은행업을 영위한 자(제8조①, 제66조제1호)

은행업이란 예금의 수입, 유가증권 기타 채무증서의 발행에 의하여 불특정다수인으로부터 채무를 부담함으로써 조달한 자금을 대출하는 것을 업으로 행하는 것을 말한다(제2조①제1호). 여기서 영위한다라 함은 이와 같은 수신 및 여신행위 등의 은행업을 영리를 목적으로 계속적·반복적으로 행하는 것을 말하며, 이는 은행법의 규제의 목적을 고려하여 거래의 통념에 따라 판단한다. 그러나 다른 법률에 따라 합법적으로 이와 같은 행위를 하는 경우에는 이에 위반되지 아니한다.

2) 금융기관의 임·직원이 직무와 관련하여 직접·간접을 불문하고 증여 기타 수뢰의 요구, 수득 또는 이에 관한 약속을 한 자(제21조, 제66조제2호)

금융기관의 공공성에 맞추어 금융기관 임·직원의 직무의 공정성을 확보하기 위함이다. 이는 공무원의 수뢰죄에 상응하는 것으로, 일반 사기업체의 임·직원에게 적용되는 형법상의 배임수재죄와는 달리 부정한 청탁 등 임무위배를 그 요건으로 하지 않는다. 그러나 부정한 청탁을 받고 수뢰한 때에는 이 죄와 형법상의 배임수재죄의 상상적 경합관계가 되어 둘 중에서 보다 무거운 죄로 처벌받게 되며, 부정한 청탁과 함께 이를 공여한 자는 형법상의 배임증재죄로 처벌받게 된다. 한편, 특정경제범죄가중처벌등에관한법률 제5조에도 금융기관의 임·직원의 수뢰 등의 죄를 규정하고 있는 바, 금융기관의 임·직원의 수뢰행위가 동 법률에도 해당하게 되는 경우에는 두 죄 역시 상상적 경합관계에 있게 되어 보다 중한 처벌규정이 적용된다.

3) 대주주에 대한 신용공여한도를 초과하여 신용공여를 한 자와 그로부터 신용공여를 받은 대주주(제35조의2①·②·③, 제66조제3호)

금융기관이 당해 금융기관의 대주주에게 할 수 있는 신용공여는 자기자본의 100분의 25에 해당하는 금액과 당해 대주주의 당해 금융기관에 대한 출자비율에 해당하는 금액 중 적은 금액을 초과할 수 없고, 당해 금융기관의 전체 대주주에게 할 수 있는 신용공여는 자기자본의 100분의 25에 해당하는 금액을 초과할 수 없도록 제한하고 있음에도 이를 위반한 경우이다. 대주주의 경우에는 관하여는 제2조제1항 제10호에 정의되어 있으며, 그 특수관계인을 포함한다. 또한, 이와 같은 신용공여한도를 회피할 목적으로 다른 금융기관과 교차하여 신용공여를 하는 경우에도 그 신용공여의 합계액이 이 한도를 초과하는 경우에는 처벌의 대상이 된다. 이는 다른 금융기관과 공모하여 탈법행위를 하는 것을 방지하기 위함이다.

그리고 대주주에 대한 신용공여인지 여부의 판단은 그 차주의 명의와 관계없이 실질적인 차주가 대주주 또는 그의 특수관계인인 경우에 해당된다. 거래의 형식이 아니라 거래의 경제적인 실체에 의거 판단하는 것이다. 그리고 한도를 초과하여 신용공여를 한 금융기관의 임·직원뿐만 아니라 그러한 신용공여를 받은 대주주도 처벌의 대상이 된다. 소위 쌍벌죄이다. 현실적으로 한도초과신용공여가 대주주의 요청에 따라 이루어지는 것이 통례이므로, 그러한 대주주까지 형사처벌함으로써 규제의 실효성을 확보하고자 함이다.

4) 대주주가 발행한 주식을 법정한도를 초과하여 취득한 자(제35조의3①, 제66조제4호)

금융기관은 자기자본의 100분의 1의 범위 안에서 대통령령이 정하는 비율을 초과하여 그 대주주가 발행한 주식 또는 출자지분을 직접 취득하거나, 신탁업무에 의하여 취득할 수 없도록 제한하고 있음에도 이를 위반한 경우이다. 취득한도는 자기자본의 100분의 1 범위 안에서 구체적으로 대통령령이 정하도록 위임하고 있으며, 또한 금감위는 그러한 취득한도 이내에서 주식의 종류별로 취득한도를 따로 정할 수 있도록 하고 있다. 당해 금융기관의 대주주가 발행한 주식이나 출자지분이 그 대상이므로, 여기서의 대주주는 법인이나 조합 등 단체인 경우에만 해당되고 자연인인 경우에는 적용될 여지가 없다.

5) 금융기관에 대하여 부당한 영향력을 행사한 당해 금융기관의 대주주(제35조의4, 제66조제4호)

금융기관의 대주주가 당해 금융기관의 이익에 반하여 대주주 개인의 이익을 취할 목적으로 (i) 부당한 영향력을 행사하기 위하여 당해 금융기관에 대하여 미공개 자료 또는 정보의 제공을 요구하는 경우, (ii) 반대급부의 제공을 조건으로 다른 주주와 담합하여 인사 또는 경영에 부당한 영향력을 행사하는 경우, (iii) 경쟁사업자의 사업활동을 방해할 목적으로 신용공여를 조기회수하도록 요구하는 등 금융기관의 경영에 영향력을 행사하는 경우, (iv) 그 밖에 경쟁사업자에 대한 신용공여시 정당한 이유없이 금리, 담보 등 계약조건을 불리하게 하도록 요구하거나 이들에 준하는 행위로서 대통령령이 정하는 행위를 한 경우이다. 그러나 주주의 회계장부열람권의 행사와 같이 정당한 목적으로 적법하게 자료 또는 정보를 요구하는 경우에는 이에 해당되지 아니한다.

6) 금융기관의 임·직원 또는 임·직원이었던 자로서 업무상 알게 된 정보를 누설하거나 업무목적 외로 이용한 자(제66조제6호)

법령 또는 내규 등에 의하여 보호되고 있는 금융기관의 업무상의 정보를 누설하거나 업무목적 외로 이용하는 경우이다. 그러나 이러한 정보를 법적 절차에 따라 제공하거나 이용하는 경우에는 여기에 해당되지 아니한다.

Ⅳ. 벌칙(제67조)

다음 각호의 1에 해당하는 자는 3년 이하의 징역 또는 1억원 이하의 벌금에 처한다.
1. 제35조제1항·제3항 또는 제4항의 규정에 위반하여 신용공여를 한 자
2. 제37조제1항 및 제3항 또는 제6항 내지 제8항의 규정을 위반한 자

다음의 1에 해당하는 행위를 한 자는 3년 이하의 징역 또는 1억원 이하의 벌금에 처한다.

첫째, 금융기관이 동일인에 대하여 법상 한도를 초과하여 신용공여를 한 경우이다. 즉, (i) '동일차주'에 대하여 당해 금융기관의 자기자본의 100분의

25를 초과하는 신용공여를 한 경우, (ii) 동일한 개인이나 법인 각각에 대하여 당해 금융기관의 자기자본의 100분의 20을 초과하는 신용공여를 한 경우, (iii) 동일한 개인이나 법인 또는 동일차주 각각에 대한 금융기관의 신용공여가 당해 금융기관의 자기자본의 100분의 10을 초과하는 거액신용공여의 총합계액이 당해 금융기관 자기자본의 5배를 초과하여 신용공여를 한 경우가 이에 해당된다.

둘째, 금융기관이 (i) 다른 회사의 의결권있는 발행주식 또는 출자지분의 100분의 15를 초과하는 주식을 소유한 경우, (ii) 당해 금융기관의 자회사에 대하여 금감위가 정하는 한도를 초과하는 신용공여, 자회사의 주식을 담보로 하는 신용공여와 자회사의 주식을 매입시키기 위한 신용공여, 자회사의 임원 또는 직원에 대해 대출(금감위가 정하는 소액대출 제외)을 한 경우, (iii) 자은행이 모은행 및 당해 모은행의 다른 자은행이 발행한 주식을 소유하는 행위(대통령령이 정하는 경우 제외), 다른 금융기관의 의결권있는 발행주식의 100분의 15를 초과하여 주식을 소유하는 행위, 대통령령이 정하는 기준을 초과하여 모은행 등에 대한 신용공여를 하는 행위, 그 밖에 당해 자은행의 건전한 경영을 저해하거나 금융거래자의 이익을 침해할 우려가 있는 행위로서 대통령령이 정하는 행위를 한 경우, (iv) 자은행과 모은행 등 상호간에 대통령령이 정하는 기준에 따른 적정한 담보를 확보하지 아니하고 신용공여를 한 경우, (v) 자은행과 모은행 등 상호간에 대통령령이 정하는 불량자산을 거래한 경우(제37조①·③·⑥~⑧, 제67조제2호)이다.

Ⅴ. 벌칙(제68조)

① 금융기관의 임원·지배인·대리점주(대리점주가 법인인 경우에는 그 업무를 집행하는 사원·임원·지배인 기타 법인의 대표자) 또는 청산인(이하 '금융기관의 임원 등'이라 한다)이나 그 직원이 다음 각호의 1에 해당하는 행위를 한 때에는 1년 이하의 징역 또는 3천만원 이하의 벌금에 처한다.

1. 자본금이 제9조의 규정에 의한 기준에 미달하게 된 때
2. 삭제
3. 제29조제1항의 규정을 위반한 때

4. 제30조의 규정을 위반한 때
5. 제32조의 규정을 위반한 때
6. 제33조의 규정을 위반하여 채권을 발행한 때
7. 삭제
8. 삭제
9. 삭제
10. 제38조의 규정을 위반한 때
11. 제40조의 규정을 위반한 때
12. 및 13. 삭제
14. 제55조제1항의 규정에 의한 인가를 받지 아니하고 동조동항 각호에 규정된 행위를 한 때
15. 제58조제1항(지점·대리점 또는 사무소를 신설하기 위하여 인가를 받아야 하는 경우를 제외한다)의 규정을 위반한 때
16. 제62조제1항 또는 제2항의 규정을 위반한 때
17. 삭제

② 제14조의 규정을 위반한 자는 1년 이하의 징역 또는 3천만원 이하의 벌금에 처한다.

③ 삭제

다음의 1에 해당하는 행위를 한 자는 1년 이하의 징역 또는 3천만원 이하의 벌금에 처한다.

첫째, 금융기관의 임원·지배인·대리점주(대리점주가 법인인 경우에는 그 업무를 집행하는 사원, 임원, 지배인 기타 법인의 대표자) 또는 청산인(이하 '금융기관의 임원 등'이라 한다)이나 그 직원이 다음의 1에 해당하는 행위를 한 경우이다.

(i) 금융기관의 자본금이 법정최저자본금에 미달하게 된 때(제9조, 제68조①제1호)

(ii) 금융기관의 신탁재산 별도보관의무를 위반한 때(제29조①, 제68조①제3호)

(iii) 금융기관의 법정예금지급준비자산 보유의무를 위반하거나, 금융통화위원회의 결정사항을 위반한 경우(제30조, 제68조①제4호).

(iv) 상업금융업무를 영위하는 금융기관이 아닌 금융기관이 당좌예금을 취급한 때(제32조, 제68조①제5호)

(v) 금융기관이 법정의 발행조건, 방법, 한도 등을 위반하여 사채 기타 이에 준하는 채권을 발행한 때(제33조, 제68조①제6호)

(vi) 금융기관이 비업무용 부동산을 소유하는 등 제38조에서 금지하고 있는 업무를 영위한 때(제38조, 제68조①제10호)

(vii) 금융기관의 법정이익준비금을 적립하지 아니한 때(제40조, 제68조①제11호)

(viii) 금융기관이 금감위의 인가를 받지 아니하고 분할, 합병, 해산, 은행업의 폐지, 영업의 전부 또는 일부의 양수도를 한 때(제55조①, 제68조①제14호)

(ix) 외국금융기관이 금감위의 인가를 받지 아니하고 지점, 대리점 또는 사무소를 폐쇄한 때(제58조①, 제68조①제15호)

(x) 외국금융기관의 지점 또는 대리점이 법정자산의 전부 또는 일부를 대한민국 내에 보유하지 아니하거나 청산 또는 파산시 우선변제충당 의무를 위반한 때(제62조①·②, 제68조①제16호)

둘째, 한국은행 또는 금융기관이 아닌 자가 그 상호 중에 은행이라는 문자를 사용하거나, 그 업무를 표시함에 있어서 은행업 또는 은행업무라는 문자를 사용한 경우이다.

Ⅵ. 양벌규정(제68조의2)

법인의 대표자나 법인 또는 개인의 대리인·사용인 기타 종업원이 그 법인 또는 개인의 업무에 관하여 제66조 내지 제68조의 위반행위를 한 때에는 행위자를 벌하는 외에 그 법인 또는 개인에 대하여도 각 해당 조의 벌금형을 과한다.

일반 형사범에 있어서는 자연인을 범죄의 주체로 상정하고, 행위자인 자연인만을 처벌하는 것이 보통이다. 그런데 행정범에 있어서는 행정목적의 달성을 위하여 실제의 행위자인 자연인뿐만 아니라 그 자연인이 소속된 법인 또는 사용주에 대하여도 처벌하는 양벌규정을 두는 경우가 많다.

이 조에서는 은행법 제66조 내지 제68조의 범죄주체가 원칙적으로 자연인임을 전제로 하고, 그 행위자가 소속된 법인 또는 사용주에 대하여 업무주체 또는 사용자라는 지위에서 형사책임을 지우고 있는 것이다. 이 조의 양벌규정에 의하여 처벌되는 주체는 법인 또는 개인이며 그 대표자, 대리인・사용인 기타 종업원이 그 법인 또는 개인의 업무와 관련하여 제66조 내지 제68조의 위반행위를 한 때이다. 다만, 형은 각 해당 조에서 정한 벌금형만 과할 수 있으며, 신체형 등은 적용되지 않는다. 또한 법인의 경우에는 신체형이 적용될 여지가 없다.

은행법에서 양벌규정을 둔 것은 실제 위반행위가 행위자의 개인적인 문제로 발생하는 경우보다 법인인 금융기관이나 그 행위자에 대한 사용자의 지위에 있는 자의 경영방침이나 지시・감독상의 문제가 복합되어 발생하는 경우가 많기 때문이다. 단속상의 편의 기타 감독정책상의 필요에 의하여 둔 규정이라 할 것이다.

Ⅶ. 과태료(제69조)

① 다음 각호의 1에 해당하는 자는 5천만원 이하의 과태료에 처한다.
1. 제15조제2항의 규정을 위반하여 보고를 하지 아니한 자
2. 제16조의4제2항 또는 제35조의5제1항의 규정에 의한 자료제공 등의 요구에 응하지 아니한 자
3. 제35조의2제4항 또는 제35조의3제3항의 규정을 위반하여 이사회의 의결을 거치지 아니한 금융기관
4. 제35조의2제5항・제6항 또는 제35조의3제4항・제5항의 규정을 위반하여 금융감독위원회에 대한 보고 또는 공시를 하지 아니한 금융기관
5. 제48조의2의 규정에 의한 검사를 거부・방해 또는 기피한 자
6. 그 밖에 이 법 또는 이 법에 의한 규정・명령 또는 지시를 위반한 금융기관

② 금융기관의 임원 등 또는 직원이 다음 각호의 1에 해당하는 때에는 1천만원 이하의 과태료에 처한다.
1. 제10조제1항의 규정을 위반한 때
2. 제20조의 규정을 위반한 때
3. 제41조의 규정에 의한 공고를 허위로 한 때
4. 제47조의 규정에 의한 보고서의 제출을 게을리하거나 보고서에 사실과 다른 내용을 기재한 때
5. 제48조의 규정에 의한 검사를 거부・방해 또는 기피한 때

6. 이 법에 의한 서류의 비치·제출·보고·공고 또는 공시를 게을리한 때
7. 그 밖에 이 법 또는 이 법에 의한 규정·명령 또는 지시를 위반한 때
③ 삭제
④ 제1항 및 제2항의 규정에 의한 과태료는 대통령령이 정하는 바에 의하여 금융감독위원회가 부과·징수한다.
⑤ 제4항의 규정에 의한 과태료처분에 불복하는 자는 그 처분의 고지를 받은 날부터 30일 이내에 금융감독위원회에 이의를 제기할 수 있다.
⑥ 제4항의 규정에 의하여 과태료처분을 받은 자가 제5항의 규정에 의하여 이의를 제기한 때에는 금융감독위원회는 지체없이 관할법원에 그 사실을 통보하여야 하며, 그 통보를 받은 관할법원은 비송사건절차법에 의한 과태료의 재판을 한다.
⑦ 제5항의 규정에 의한 기간 내에 이의를 제기하지 아니하고, 과태료를 납부하지 아니한 때에는 금융감독위원회는 국세체납처분의 예에 의하여 이를 징수한다.

1. 의 의

행정벌을 행정형벌과 행정질서벌로 나눈다면 과태료는 행정질서벌이다. 행정형벌이나 과징금과 같은 다른 행정제재는 직접적으로 행정목적을 침해하는 행위에 대하여 과하여지는데 반하여, 과태료는 보통 보고나 서류비치 등의 의무를 태만히 하는 것과 같이 행정목적을 달성하기 위한 중간수단적인 성격의 의무를 위반하는 행위에 대하여 과해진다. 행정질서벌인 과태료에 대하여는 형법총칙이 적용되지 아니하고 개별법이 정하는 바에 따르며, 업무해태라는 객관적인 사실에 대하여 과하는 제재라는 점을 감안할 때, 특별한 규정이 없는 한 원칙적으로 위반자의 고의·과실을 요하지 않는 것으로 보고 있다(대법원 1994.8.26.선고 94누2949판결 참조).

이 조에서는 은행법상의 각종 보고·자료제출의 의무를 위반 또는 태만히 하는 경우나 검사를 거부·방해·기피하는 경우와 그 밖에 은행법 및 은행법에 의한 규정·명령·지시를 위반하는 경우를 과태료의 부과대상으로 하고 있다.

2. 부과대상행위와 부과한도

첫째, 다음에 해당하는 자는 5천만원 이하의 과태료에 처한다. 주

(i) 동일인이 법제15조제2항에서 정한 바에 따라 금융기관 주식의 100분의 4를 초과한 주식을 보유하거나 최대주주가 된 자 또는 주식보유비율이 100분의 1 이상 변동된 사실을 보고하지 아니한 자(제15조②, 제69조①제1호)

(ii) 금감위로부터의 한도초과보유주주에 대한 초과보유요건의 충족여부를 심사하기 위한 자료 또는 정보의 제공요구나 신용공여한도・주식취득한도・부당한 영향력행사 금지를 위반한 혐의와 관련한 자료의 제출요구에 응하지 아니한 자(제16조의4②, 제35조의5①, 제69조①제2호)

(iii) 대주주에 대한 법정금액 이상의 신용공여를 하거나 대주주가 발행한 주식을 법정금액 이상으로 취득함에 있어서 필요한 이사회의 의결을 거치지 아니한 금융기관(제35조의2④, 제35조의3③, 제69조①제3호)

(iv) 대주주에 대한 법정금액 이상의 신용공여를 하거나 대주주가 발행한 주식을 법정금액 이상으로 취득함에 있어서 필요한 보고 및 공시를 하지 아니한 금융기관(제35조의2⑤・⑥, 제35조의3④・⑤, 제69조①제4호)

(v) 금감원장의 전환대상자에 대한 업무 및 재산상황검사를 거부・방해 또는 기피한 자(제48조의2, 제69조①제5호)

(vi) 그 밖에 은행법 또는 은행법에 의한 규정・명령 또는 지시를 위반한 금융기관(제69조①제6호)

둘째, 금융기관의 임원 등 또는 직원이 다음의 1에 해당하는 때에는 1천만원 이하의 과태료에 처한다. 여기서 임원 등이라 함은 금융기관의 임원・지배인・대리점주 또는 청산인을 말한다(제68조①).

(i) 금융기관이 정관변경이나 감자를 함에 있어서 금감위에 필요한 신고하지 아니한 때(제10조①, 제69조②제1호)

(ii) 금융기관의 임・직원이 겸직제한을 위반한 때(제20조, 제69조②제2호)

(iii) 금융기관의 재무제표의 공고를 허위로 한 때(제41조, 제69조②제3호)

(iv) 금감원장에 대한 금융기관의 업무보고서의 제출을 게을리하거나 보고서에 사실과 다른 내용을 기재한 때(제47조, 제69조②제4호)

(v) 금감원장이 실시하는 금융기관의 업무와 재산상태에 관한 검사를 거부・방해 또는 기피한 때(제48조, 제69조②제5호)

(vi) 은행법에 의한 서류의 비치・제출・보고・공고 또는 공시를 게을리 한 때(제69조②제6호)

(vii) 그 밖에 은행법 또는 은행법에 의한 규정・명령 또는 지시를 위반한 때(제69조②제7호)

3. 부과절차

통상 과태료는 행정청이 법원에 통보하여 법원이 결정・부과하는 경우와 행정청이 직접 부과하고 이의가 있는 경우에 한하여 법원이 재판을 하는 경우가 있는데, 이 조에서는 후자의 방법을 택하고 있다. 즉, 이 조에 의한 과태료의 부과권자는 금감위이다. 금감위는 이 조에 의한 과태료를 부과함에 있어서는 10일 이상의 기간을 정하여 그 대상자에게 의견진술의 기회를 주어야 하며, 위반행위의 동기와 결과 등을 참작하여 금액을 결정한 후 위반사실과 과태료금액 등을 명시한 서면으로 대상자에게 통지하여야 한다(시행령 제27조).

이와 같은 과태료처분의 통지를 받은 자가 이에 불복이 있는 경우에는 30일 이내에 금감위에 이의를 제기할 수 있고, 금감위로부터 그러한 사실을 통보받은 관할법원은 비송사건절차법에 따라 과태료의 재판을 한다. 과태료부과처분이 확정되었음에도 자진 납부하지 아니하는 경우에는 과징금과 마찬가지로 국세체납처분의 예에 의하여 강제징수한다.

과태료 또는 과징금이 부과되는 경우에도 이와는 별도로 위법・부당한 행위를 금융기관 임・직원에 대하여 징계조치할 수 있다는 점에 대하여는 이견이 없다. 다만, 금융기관검사및제재에관한규정 제29조에 의하면 과태료 등이 부과되는 경우 신분상 제재를 감경하거나 면제할 수 있다고 규정하고 있다. 구체적인 사항은 앞에서 기술한 과징금부과 관련조항을 참고하기 바란다.

부 록

은행법

일부개정 2007.8.3 법률 제8635호

제1장 총 칙

제1조(목적) 이 법은 금융기관의 건전한 운영을 도모하고 자금중개기능의 효율성을 제고하며 예금자를 보호하고 신용질서를 유지함으로써 금융시장의 안정과 국민경제의 발전에 이바지함을 목적으로 한다.
[전문개정 2000.1.21]

제2조(정의) ① 이 법에서 사용하는 용어의 정의는 다음과 같다.〈개정 1999.2.5, 2002.4.27, 2007.8.3〉

1. "은행업"이라 함은 예금의 수입, 유가증권 기타 채무증서의 발행에 의하여 불특정다수인으로부터 채무를 부담함으로써 조달한 자금을 대출하는 것을 업으로 행하는 것을 말한다.
2. "금융기관"이라 함은 은행업을 규칙적·조직적으로 영위하는 한국은행외의 모든 법인을 말한다.
3. "상업금융업무"라 함은 대부분 요구불예금의 수입에 의하여 조달한 자금을 1년 이내의 기한으로 대출하거나 금융감독위원회가 예금총액을 고려하여 정하는 최고대출한도를 초과하지 아니하는 범위 안에서 1년 이상 3년 이내의 기한으로 대출하는 업무를 말한다.
4. "장기금융업무"라 함은 자본금·적립금 기타 잉여금, 1년 이상의 기한부예금 또는 사채 기타 채권의 발행에 의하여 조달한 자금을 1년을 초과하는 기한으로 대출하는 업무를 말한다.
5. "자기자본"이라 함은 국제결제은행의 기준에 따른 기본자본과 보완자본의 합계액을 말한다.
6. "지급보증"이라 함은 금융기관이 타인의 채무를 보증하거나 인수하는 것을 말한다.
7. "신용공여"라 함은 대출, 지급보증 및 유가증권의 매입(자금지원적 성격의 것에 한한다) 기타 금융거래상의 신용위험을 수반하는 금융기관의 직접·간접적 거래를 말한다.
8. "동일인"이라 함은 본인 및 그와 대통령령이 정하는 특수관계에 있는 자(이하 "특수관계인"이라 한다)를 말한다.
9. "비금융주력자"라 함은 다음 각목의 1에 해당하는 자를 말한다.
   가. 동일인 중 비금융회사(대통령령이 정하는 금융업이 아닌 업종을 영위하는 회사를 말한다. 이하 같다)인 자의 자본총액(대차대조표상 자산총액에서 부채총액을 차감한 금액을 말한다. 이하 같다)의 합계액이 당해 동일인 중 회사인 자의 자본총액의 합계액의 100분의 25 이상인 경우의 당해 동일인
   나. 동일인 중 비금융회사인 자의 자산총액의 합계액이 2조원 이상으로서 대통령령이 정하는 금액 이상인 경우의 당해 동일인
   다. 「자본시장과 금융투자업에 관한 법률」에 따른 투자회사(이하 "투자회사"라 한다)로서 가목 또는 나목의 자가 그 발행주식총수의 100분의 4

를 초과하여 주식을 보유(동일인이 자기 또는 타인의 명의로 주식을 소유하거나 계약 등에 의하여 의결권을 가지는 것을 말한다. 이하 같다)하는 경우의 해당 투자회사

10. "대주주"라 함은 다음 각목의 1에 해당하는 자를 말한다.
   가. 금융기관의 주주 1인을 포함한 동일인이 금융기관의 의결권있는 발행주식총수의 100분의 10[전국을 영업구역으로 하지 아니하는 금융기관(이하 "지방금융기관"이라 한다)의 경우에는 100분의 15]을 초과하여 주식을 보유하는 경우의 당해 주주 1인
   나. 금융기관의 주주 1인을 포함한 동일인이 금융기관(지방금융기관을 제외한다)의 의결권있는 발행주식총수(제16조의2제2항의 규정에 의하여 의결권을 행사할 수 없는 주식을 제외한다)의 100분의 4를 초과하여 주식을 보유하는 경우로서 당해 동일인이 최대주주이거나 대통령령이 정하는 바에 따라 임원의 임면 등의 방법으로 당해 금융기관의 주요 경영사항에 대하여 사실상 영향력을 행사하는 자인 경우의 당해 주주 1인

② 제1항제5호 및 제7호의 규정에 의한 자기자본 및 신용공여의 구체적 범위에 대하여는 대통령령이 정하는 바에 따라 금융감독위원회가 정한다.〈신설 1999.2.5〉

제3조(적용법규) ① 대한민국내에 있는 모든 금융기관은 이 법·한국은행법·금융감독기구의설치등에관한법률 및 이에 의하여 발하는 규정 및 명령에 의하여 운영되어야 한다.
② 이 법 및 한국은행법은 상법 기타 법령에 우선하여 적용한다.

제4조(법인) 법인이 아니면 은행업을 영위할 수 없다.

제5조(농업협동조합중앙회 등에 대한 특례) 농업협동조합중앙회 및 수산업협동조합중앙회의 신용사업부문은 이를 하나의 금융기관으로 본다.
[전문개정 2000.1.28]

제6조(보험사업자 등) 보험사업자와 상호저축은행업무 또는 신탁업무만을 영위하는 회사는 이를 금융기관으로 보지 아니한다.〈개정 2001.3.28〉

제7조(금융기관 해당 여부의 결정) ① 법인이 금융기관에 해당하는지의 여부는 금융감독위원회가 결정한다.〈개정 1998.5.25, 1999.5.24〉
② 금융감독위원회는 제1항의 규정에 의한 결정을 위하여 필요한 때에는 당해 법인에 대하여 장부와 기타 서류의 제출을 요구할 수 있다.〈개정 1998.5.25, 1999.5.24〉

제2장 은행업의 인가 등

제8조(은행업의 인가) ① 은행업을 영위하고자 하는 자는 금융감독위원회의 인가를 받아야 한다.〈개정 1998.5.25, 1999.5.24〉
② 금융감독위원회가 제1항의 규정에 의한 인가여부를 결정함에 있어서는 사업계획의 타당성, 자본금 및 주주구성과 주식인수자금의 적정성, 발기인 또는 경영진의 경영능력과 성실성 및 공익성을 확인하여야 한다. 이 경우 확인방법등에 관하여 필요한 사항은 대통령령으로 정한다.〈개정 1998.5.25, 1999.2.5, 1999.5.24〉
③ 금융감독위원회는 제1항의 규정에 의한 인가에 조건을 붙일 수 있다.〈개정 1998.5.25, 1999.5.24〉

제9조(최저자본금) 금융기관의 자본금은 1천억원 이상이어야 한다. 다만, 전국을 영업구역으로 하지 아니하는 금융기관의 자본금은 250억원 이상으로 할 수 있다.

제10조(정관변경 및 자본금감소의 신고)

① 금융기관이 다음 각호의 1에 해당하는 행위를 하고자 할 때에는 금융감독위원회에 미리 신고하여야 한다.〈개정 2000.1.21〉
1. 정관의 변경. 다만, 금융감독위원회가 정하는 경미한 사항을 변경하는 경우에는 그러하지 아니하다.
2. 대통령령이 정하는 자본금의 감소
② 금융기관이 제1항제1호 단서의 규정에 해당하는 정관의 변경을 하거나 동항 제2호의 규정에 해당하지 아니하는 자본금의 변경을 한 때에는 그 사유가 발생한 날부터 7일 이내에 그 사실을 금융감독위원회에 보고하여야 한다.
③ 금융감독위원회는 제1항의 규정에 의하여 신고받은 내용이 관계법령에 위반되거나 금융기관이용자의 권익을 침해하는 것이라고 인정되는 경우에는 당해 금융기관에 대하여 그 시정 또는 보완을 권고할 수 있다.〈개정 2000.1.21〉

제11조(신청서 등의 제출) ① 제8조제1항의 규정에 의한 인가를 받고자 하는 자는 신청서를 금융감독위원회에 제출하여야 한다.〈개정 1998.5.25, 1999.5.24, 2000.1.21〉
② 제1항의 규정에 의한 신청서의 내용과 종류는 금융감독위원회가 정한다.〈개정 1999.5.24〉

제12조(인가 등의 공고) 금융감독위원회는 제8조제1항의 규정에 의한 인가를 하거나 제53조제2항의 규정에 의하여 인가를 취소한 때에는 지체없이 그 내용을 관보에 공고하고 컴퓨터통신 등을 이용하여 일반인에게 알려야 한다.
[전문개정 2000.1.21]

제13조(지점의 신설·이전 등) 금융기관이 지점·대리점 기타 영업소 또는 사무소를 외국에 신설하거나 본점을 다른 특별시·광역시·도의 지역으로 이전하고자 하는 경우에는 사전에 그 신설 또는 이전계획을 작성하여 금융감독위원회와 협의하여야 한다.
[전문개정 2000.1.21]

제14조(유사상호 사용금지) 한국은행과 금융기관이 아닌 자는 그 상호 중에 은행이라는 문자를 사용하거나 그 업무를 표시함에 있어서 은행업 또는 은행업무라는 문자를 사용할 수 없다.

제3장 금융기관주식의 보유한도 등 〈개정 2000.1.21〉

제15조(동일인의 주식보유한도 등) ① 동일인은 금융기관의 의결권있는 발행주식총수의 100분의 10을 초과하여 금융기관의 주식을 보유할 수 없다. 다만, 다음 각호의 1에 해당하는 경우와 제3항 및 제16조의2 제3항의 경우에는 그러하지 아니하다.
1. 정부 또는 예금자보호법에 의한 예금보험공사가 금융기관의 주식을 보유하는 경우
2. 지방금융기관의 의결권 있는 발행주식 총수의 100분의 15 이내에서 보유하는 경우
② 동일인(대통령령이 정하는 자를 제외한다)은 다음 각호의 1에 해당하게 된 때에는 대통령령이 정하는 바에 따라 금융감독위원회에 보고하여야 한다.
1. 금융기관(지방금융기관을 제외한다. 이하 이 항에서 같다)의 의결권있는 발행주식총수의 100분의 4를 초과하여 주식을 보유하게 된 때
2. 제1호에 해당하는 동일인이 당해 금융기관의 최대주주가 된 때
3. 제1호에 해당하는 동일인의 주식보유비율이 당해 금융기관의 의결권있는 발행주식총수의 100분의 1 이상 변동된 때
③ 제1항 각호외의 부분 본문의 규정에 불구하고 동일인은 다음 각호의 구분에 의한 한도를 각각 초과할 때마다 금융감독위원회의 승인을 얻어 금융기관의 주식을 보유할 수 있다. 다만, 금융감독위원회는 은행업의 효율성과 건전성에의 기여 가능성, 당해 금융기관 주주의 보유지분 분포 등을 감안하여 필요하다고 인정되는 때에 한하여

각호에서 정한 한도외에 별도의 구체적인 보유한도를 정하여 승인할 수 있으며, 동일인이 그 승인받은 한도를 초과하여 주식을 보유하고자 하는 경우에는 다시 금융감독위원회의 승인을 얻어야 한다.

1. 제1항 각호외의 부분 본문에서 정한 한도(지방금융기관의 경우에는 제1항제2호에서 정한 한도)
2. 당해 금융기관의 의결권있는 발행주식총수의 100분의 25
3. 당해 금융기관의 의결권있는 발행주식총수의 100분의 33

④ 금융감독위원회는 제3항의 규정에 의한 승인을 하지 아니하는 경우에는 대통령령이 정하는 기간 이내에 신청인에게 그 사유를 명시하여 통지하여야 한다.

⑤ 제3항의 규정을 적용함에 있어서 금융기관의 주식을 보유할 수 있는 자의 자격, 주식보유와 관련한 승인의 요건・절차 그 밖에 필요한 사항은 당해 금융기관의 건전성을 저해할 위험성, 자산규모・재무상태의 적정성, 당해 금융기관으로부터의 신용공여규모, 은행업의 효율성과 건전성에의 기여 가능성 등을 감안하여 대통령령으로 정한다.

⑥ 투자회사가 제3항의 규정에 의한 승인을 얻어 금융기관의 주식을 보유하는 경우 당해 투자회사에 대하여는 「자본시장과 금융투자업에 관한 법률」 제81조제1항제1호 가목 및 다목의 규정을 적용하지 아니한다. 〈개정 2007.8.3〉

[전문개정 2002.4.27]

제16조(한도초과주식의 의결권 제한 등) ① 동일인이 제15조제1항・제3항 또는 제16조의2제1항・제2항의 규정에 의한 주식의 보유한도를 초과하여 금융기관의 주식을 보유하는 경우에 당해 주식의 의결권행사의 범위는 제15조제1항・제3항 또는 제16조의2제1항・제2항의 규정에 의한 한도로 제한하며, 지체없이 그 한도에 적합하도록 하여야 한다. 〈개정 2002.4.27〉

② 금융감독위원회는 동일인이 제1항의 규정을 준수하지 아니하는 경우에는 6월 이내의 기간을 정하여 그 한도를 초과하는 주식을 처분할 것을 명할 수 있다.

제16조의2(비금융주력자의 주식보유제한 등) ① 비금융주력자(독점규제및공정거래에관한법률 제14조의2의 규정에 의하여 상호출자제한기업집단 등에서 제외되어 비금융주력자에 해당하지 아니하게 된 자로서 그 제외된 날부터 대통령령이 정하는 기간이 경과하지 아니한 자를 포함한다. 이하 제2항에서 같다)는 제15조제1항의 규정에 불구하고 금융기관의 의결권있는 발행주식총수의 100분의 4(지방금융기관의 경우에는 100분의 15)를 초과하여 금융기관의 주식을 보유할 수 없다.

② 제1항의 규정에 불구하고 비금융주력자가 제1항에서 정한 한도(지방금융기관인 경우를 제외한다)를 초과하여 보유하고자 하는 금융기관의 주식에 대한 의결권을 행사하지 아니하는 조건으로 재무건전성 등 대통령령이 정하는 요건을 충족하여 금융감독위원회의 승인을 얻은 경우에는 제15조제1항 각호외의 부분 본문에서 정한 한도까지 주식을 보유할 수 있다.

③ 다음 각호의 1에 해당하는 비금융주력자에 대하여는 제1항 및 제2항의 규정에 불구하고 제15조제1항 각호 외의 부분 본문 및 동조제3항의 규정을 적용한다.

1. 2년 이내에 비금융주력자가 아닌 자로 전환하기 위한 계획(이하 "전환계획"이라 한다)을 금융감독위원회에 제출하여 승인을 얻은 비금융주력자
2. 외국인투자촉진법에 의한 외국인(이하 "외국인"이라 한다)의 금융기관에 대한 주식보유비율 이내에서 주식을 보유하는 비금융주력자

④ 비금융주력자가 제3항제2호의 규정에 의하여 금융기관의 주식을 보유한 후 외국인의 주식보유비율을 초과하게 된 때에는 그 초과보유한 주식에 대하여는 의결권을 행사할 수 없다.

⑤ 금융감독위원회는 1년 이내의 기간을

정하여 제4항의 규정에 의하여 비금융주력자가 초과보유한 주식을 처분할 것을 명할 수 있다. 다만, 금융감독위원회는 비금융주력자가 초과보유한 주식의 규모, 증권시장의 상황 등에 비추어 부득이하다고 인정되는 경우에는 그 기간을 정하여 주식의 처분기한을 연장할 수 있다.

⑥ 비금융주력자가 제3항제2호의 규정에 의하여 주식을 보유할 수 있는 금융기관의 수는 1개에 한한다.

⑦ 제3항제1호의 규정에 의한 전환계획의 승인요건 그 밖에 승인심사에 관하여 필요한 사항은 대통령령으로 정한다.

[본조신설 2002.4.27]

제16조의3(전환계획에 대한 평가 및 점검 등) ① 제16조의2제3항제1호의 규정에 의한 승인을 신청하고자 하는 비금융주력자는 전환계획을 금융감독위원회에 제출하여야 하며, 금융감독위원회는 전환계획에 대한 전문기관의 평가가 필요하다고 인정하는 때에는 금융감독위원회가 정하는 바에 따라 그 평가를 실시할 수 있다.

② 금융감독위원회는 제16조의2제3항제1호의 규정에 의하여 전환계획에 대한 승인을 얻어 동조제1항에서 정한 한도를 초과하여 금융기관의 주식을 보유하는 비금융주력자(이하 "전환대상자"라 한다)의 전환계획 이행상황을 대통령령이 정하는 바에 따라 정기적으로 점검하고 그 결과를 컴퓨터통신 등을 이용하여 공시하여야 한다.

③ 금융감독위원회는 제2항의 규정에 의한 점검결과 전환대상자가 전환계획을 이행하지 아니하고 있다고 인정되는 경우에는 6월 이내의 기간을 정하여 그 이행을 명할 수 있다.

④ 다음 각호의 1에 해당하는 전환대상자는 제16조의2제1항에서 정한 한도를 초과하여 보유하는 금융기관의 주식에 대하여는 의결권을 행사할 수 없다.

1. 금융감독위원회로부터 제3항의 규정에 의한 이행명령을 받은 전환대상자
2. 제48조의2제1항제2호의 사유에 의한 금융감독원장의 검사결과 금융기관과의 불법거래 사실이 확인된 전환대상자

⑤ 금융감독위원회는 전환대상자가 다음 각호의 1에 해당하는 경우에는 6월 이내의 기간을 정하여 제16조의2제1항에서 정한 한도를 초과하여 보유하는 금융기관의 주식을 처분할 것을 명할 수 있다.

1. 제3항의 규정에 의한 이행명령을 이행하지 아니하는 경우
2. 제4항제2호에 해당하는 경우

[본조신설 2002.4.27]

제16조의4(한도초과보유주주에 대한 적격성심사 등) ① 금융감독위원회는 제15조제3항 및 제16조의2제3항의 규정에 의하여 금융기관의 주식을 보유하는 자(이하 이 조에서 "한도초과보유주주"라 한다)가 당해 주식을 보유한 후에도 제15조제5항의 규정에 의한 자격 및 승인의 요건(이하 이 조에서 "초과보유요건"이라 한다)을 충족하는지 여부를 대통령령이 정하는 바에 따라 심사하여야 한다.

② 금융감독위원회는 제1항의 규정에 의한 심사를 위하여 필요한 때에는 금융기관 또는 한도초과보유주주에 대하여 필요한 자료 또는 정보의 제공을 요구할 수 있다.

③ 금융감독위원회는 제1항의 규정에 의한 심사결과 한도초과보유주주가 초과보유요건을 충족하지 못하고 있다고 인정되는 때에는 6월 이내의 기간을 정하여 초과보유요건을 충족하도록 명할 수 있다.

④ 제3항의 규정에 의한 명령을 받은 한도초과보유주주는 당해 명령을 이행할 때까지 제15조제3항제1호에서 정한 한도(한도초과보유주주가 비금융주력자인 경우에는 제16조의2제1항에서 정한 한도를 말한다. 이하 제5항에서 같다)를 초과하여 보유하는 금융기관의 주식에 대하여는 의결권을 행사할 수 없다.

⑤ 금융감독위원회는 제3항의 규정에 의한 명령을 받은 한도초과보유주주가 당해 명령을 이행하지 아니하는 때에는 6월 이내의 기간을 정하여 당해 한도초과보유주주

가 제15조제3항제1호에서 정한 한도를 초과하여 보유하는 금융기관의 주식을 처분할 것을 명할 수 있다.
[본조신설 2002.4.27]

제17조(소수주주권의 행사) ① 6월 이상 계속하여 금융기관의 발행주식총수의 10만분의 5 이상에 해당하는 주식을 대통령령이 정하는 바에 의하여 보유한 자는 상법 제403조(상법 제324조, 제415조, 제424조의2, 제467조의2 및 제542조에서 준용하는 경우를 포함한다)에서 규정하는 주주의 권리를 행사할 수 있다.
② 6월 이상 계속하여 금융기관의 발행주식총수의 10만분의 250 이상(대통령령이 정하는 금융기관의 경우에는 10만분의 125 이상)에 해당하는 주식을 대통령령이 정하는 바에 의하여 보유한 자는 상법 제385조(상법 제415조에서 준용하는 경우를 포함한다) 및 동법 제539조에서 규정하는 주주의 권리를 행사할 수 있다.〈개정 2002.4.27〉
③ 6월 이상 계속하여 금융기관의 발행주식총수의 10만분의 25 이상(대통령령이 정하는 금융기관의 경우에는 100만분의 125 이상)에 해당하는 주식을 대통령령이 정하는 바에 의하여 보유한 자는 상법 제402조에서 규정하는 주주의 권리를 행사할 수 있다.〈신설 2002.4.27〉
④ 6월 이상 계속하여 금융기관의 의결권있는 발행주식총수의 1만분의 50 이상(대통령령이 정하는 금융기관의 경우에는 1만분의 25 이상)에 해당하는 주식을 대통령령이 정하는 바에 의하여 보유한 자는 상법 제363조의2에서 규정하는 주주의 권리를 행사할 수 있다.〈개정 2002.4.27〉
⑤ 6월 이상 계속하여 금융기관의 발행주식총수의 1만분의 5 이상(대통령령이 정하는 금융기관의 경우에는 10만분의 25 이상)에 해당하는 주식을 대통령령이 정하는 바에 의하여 보유한 자는 상법 제466조에서 규정하는 주주의 권리를 행사할 수 있다.〈신설 2002.4.27〉
⑥ 6월 이상 계속하여 금융기관의 발행주식총수의 1만분의 150 이상(대통령령이 정하는 금융기관의 경우에는 1만분의 75 이상)에 해당하는 주식을 대통령령이 정하는 바에 의하여 보유한 자는 상법 제366조 및 제467조에서 규정하는 주주의 권리를 행사할 수 있다. 이 경우 상법 제366조에서 규정하는 주주의 권리를 행사할 때에는 의결권있는 주식을 기준으로 한다.
⑦ 제1항의 규정에 의한 주주가 상법 제403조(상법 제324조, 제415조, 제424조의2, 제467조의2 및 제542조에서 준용하는 경우를 포함한다)의 규정에 의한 소송을 제기하여 승소한 때에는 금융기관에 대하여 소송비용 기타 소송으로 인한 모든 비용의 지급을 청구할 수 있다.
[본조신설 2000.1.21]

제4장 임원 및 직원

제18조(임원의 자격요건 등) ① 다음 각호의 1에 해당하는 자는 금융기관의 임원이 될 수 없으며, 임원이 된 후에 이에 해당하게 된 때에는 그 임원의 직을 상실한다.〈개정 1998.5.25, 1999.2.5, 2000.1.21, 2005.3.31〉

1. 삭제 〈1998.5.25〉
2. 미성년자・금치산자 또는 한정치산자
3. 파산선고를 받은 자로서 복권되지 아니한 자
4. 금고 이상의 실형의 선고를 받고 그 집행이 종료(집행이 종료된 것으로 보는 경우를 포함한다)되거나 집행이 면제된 날부터 5년을 경과하지 아니한 자
5. 이 법 또는 외국의 은행법령 기타 대통령령이 정하는 금융관련법령에 의하여 벌금 이상의 형의 선고를 받고 그 집행이 종료(집행이 종료된 것으로 보는 경우를 포함한다)되거나 집행이 면제된 날부터 5년을 경과하지 아니한 자
6. 금고 이상의 형의 집행유예 선고를 받고 그 유예기간중에 있는 자
7. 이 법・한국은행법・금융감독기구의설

치등에관한법률·금융산업의구조개선에관한법률 또는 외국의 금융관련법령에 의하여 해임되거나 징계면직된 자로서 해임 또는 징계면직된 후 5년을 경과하지 아니한 자
8. 금융산업의구조개선에관한법률 제10조제1항의 규정에 의하여 금융감독위원회로부터 적기시정조치를 받거나 동법 제14조제2항의 규정에 의하여 계약이전의 결정등 행정처분을 받은 금융기관(동법 제2조제1호의 규정에 의한 금융기관을 말한다. 이하 이 호에서 같다)의 임원 또는 직원으로 재직하거나 재직하였던 자(그 적기시정조치등을 받게 된 원인에 대하여 직접 또는 이에 상응하는 책임이 있는 자로서 대통령령이 정하는 자에 한한다)로서 그 적기시정조치등을 받은 날부터 2년이 경과되지 아니한 자
9. 이 법 또는 대통령령이 정하는 금융관련법령에 의하여 영업의 허가·인가 등이 취소된 법인 또는 회사의 임원 또는 직원이었던 자(그 취소사유의 발생에 관하여 직접 또는 이에 상응하는 책임이 있는 자로서 대통령령이 정하는 자에 한한다)로서 당해법인 또는 회사에 대한 취소가 있은 날부터 5년이 경과되지 아니한 자

② 금융기관의 임원은 금융에 대한 경험과 지식을 갖춘 자로서 금융기관의 공익성 및 건전경영과 신용질서를 해할 우려가 없는 자이어야 한다.

③ 금융기관의 임원의 자격요건에 관한 구체적인 사항은 금융감독위원회가 정한다. 〈개정 1999.2.5〉

제19조 삭제 〈1999.2.5〉

제20조(임원 등의 겸직제한) ① 금융기관의 임원 또는 직원은 한국은행, 다른 금융기관 또는 금융지주회사법에 의한 은행지주회사(이하 "은행지주회사"라 한다)의 임원 또는 직원이 될 수 없다. 다만, 다음 각호의 1에 해당하는 경우에는 그러하지 아니하다.
1. 제37조제5항의 규정에 의한 자은행(子銀行)의 임원 또는 직원이 되는 경우
2. 당해 금융기관을 자회사로 하는 은행지주회사의 임원 또는 직원이 되는 경우
3. 당해 금융기관을 자회사로 하는 은행지주회사의 다른 자회사인 금융기관의 임원이 되는 경우

② 금융기관의 상임임원은 다른 영리법인의 상무에 종사할 수 없다. 다만, 다음 각호의 1에 해당하는 경우에는 그러하지 아니하다. 〈개정 2005.3.31〉
1. 제1항 각호의 1에 해당하는 경우
2. 「채무자 회생 및 파산에 관한 법률」에 의하여 관리인으로 선임되는 경우
3. 제37조제2항의 규정에 의한 자회사의 임원 또는 직원이 되는 경우(대통령령이 정하는 경우를 제외한다)

[전문개정 2002.4.27]

제21조(수뢰 등의 금지) 금융기관의 임원 및 직원은 직무와 관련하여 직접·간접을 불문하고 증여 기타 수뢰의 요구, 수득 또는 이에 관한 약속을 할 수 없다.

제22조(이사회의 구성) ① 삭제 〈1999.2.5〉

② 금융기관은 이사회에 상무에 종사하지 아니하는 이사(이하 "사외이사"라 한다)를 3인 이상 두어야 하며, 사외이사의 수는 전체 이사수의 100분의 50 이상이 되어야 한다. 〈개정 2000.1.21〉

③ 금융기관은 사외이사후보를 추천하기 위하여 상법 제393조의2의 규정에 의한 위원회(이하 "사외이사후보추천위원회"라 한다)를 설치하여야 한다. 이 경우 사외이사후보추천위원회는 사외이사가 총위원의 2분의 1 이상이 되도록 하여야 한다. 〈개정 2002.4.27〉

④ 사외이사는 사외이사후보추천위원회의 추천을 받은 자 중에서 주주총회에서 선임한다. 〈신설 2002.4.27〉

⑤ 제3항 후단의 규정은 새로 설립되는 금융기관이 최초로 이사회를 구성하는 경우에는 이를 적용하지 아니한다. 〈신설 2002.

4.27〉
⑥ 사외이사의 사임 또는 사망 등의 사유로 이사회의 구성이 제2항에 규정된 요건에 합치하지 아니하게 된 경우에는 그 사유가 발생한 날 이후 최초로 소집되는 주주총회일까지 이사회의 구성이 제2항에 규정된 요건에 합치하도록 하여야 한다.〈개정 2000.1.21, 2002.4.27〉
⑦ 삭제 〈2002.4.27〉
⑧ 삭제 〈2002.4.27〉
⑨ 삭제 〈1999.2.5〉
⑩ 이 법에 규정된 사항 외에 이사회의 운영과 구성방법·절차 등에 관하여 필요한 사항은 대통령령으로 정한다.

제23조(이사회의 권한) ① 다음 각호의 사항은 이사회의 심의·의결을 거쳐야 한다.〈개정 2000.1.21〉
1. 경영목표 및 평가에 관한 사항
2. 정관의 변경에 관한 사항
3. 임원 및 직원의 보수를 포함한 예산 및 결산에 관한 사항
4. 삭제 〈1999.2.5〉
5. 해산·영업양도 및 합병 등 조직의 중요한 변경에 관한 사항
6. 제23조의3의 규정에 의한 내부통제기준에 관한 사항
② 상법 제393조제1항의 규정에 의한 이사회의 권한 중 지배인의 선임 또는 해임과 지점의 설치·이전 또는 폐지에 관한 권한은 금융기관의 정관이 정하는 바에 의하여 위임할 수 있다.

제23조의2(감사위원회) ① 금융기관은 이사회에 감사위원회(상법 제415조의2의 규정에 의한 감사위원회를 말하며, 이하 같다)를 설치하여야 한다.
② 감사위원회는 총 위원의 3분의 2 이상을 사외이사로 구성하여야 한다.
③ 사외이사가 아닌 감사위원회의 위원은 증권거래법 제191조의12제3항 각호의 1에 해당되어서는 아니된다. 다만, 감사위원회의 사외이사가 아닌 위원으로 재임중인 자는 증권거래법 제191조의12제3항제6호의 규정에 불구하고 감사위원회의 사외이사가 아닌 위원이 될 수 있다.
④ 감사위원회의 위원의 사임 또는 사망 등의 사유로 감사위원회의 구성이 제2항에 규정된 요건에 합치하지 아니하게 된 경우에는 그 사유가 발생한 날 이후 최초로 소집되는 정기주주총회에서 감사위원회의 구성이 제2항에 규정된 요건에 합치하도록 하여야 한다.
⑤ 상법 제415조의2제2항 단서는 제1항의 규정에 의한 감사위원회의 구성에 관하여는 이를 적용하지 아니한다.
[본조신설 2000.1.21]

제23조의3(내부통제기준 등) ① 금융기관은 법령을 준수하고 자산운영을 건전하게 하며 예금자를 보호하기 위하여 당해 금융기관의 임원 및 직원이 그 직무를 수행함에 있어서 따라야 할 기본적인 절차와 기준(이하 "내부통제기준"이라 한다)을 정하여야 한다.
② 금융기관은 내부통제기준의 준수 여부를 점검하고 내부통제기준에 위반하는 경우 이를 조사하여 감사위원회에 보고하는 자(이하 "준법감시인"이라 한다)를 1인 이상 두어야 한다.
③ 금융기관은 준법감시인을 임면하고자 하는 경우 이사회의 결의를 거쳐야 한다. 다만, 제58조제1항의 규정에 의한 외국금융기관의 지점의 경우에는 그러하지 아니 하다.〈개정 2002.4.27〉
④ 준법감시인은 다음 각호의 요건에 적합한 자이어야 한다.〈신설 2002.4.27〉
1. 다음 각목의 1에 해당하는 경력이 있는 자일 것
가. 한국은행 또는 금융감독기구의설치등에관한법률 제38조의 규정에 의한 검사대상기관(이에 상당하는 외국금융기관을 포함한다)에서 10년 이상 근무한 경력이 있는 자
나. 금융관계분야의 석사 이상의 학위소지자로서 연구기관 또는 대학에서 연

구원 또는 전임강사 이상의 직에 5년 이상 근무한 경력이 있는 자
다. 변호사 또는 공인회계사의 자격을 가진 자로서 당해 자격과 관련된 업무에 5년 이상 종사한 경력이 있는 자
라. 재정경제부·금융감독위원회·증권선물위원회 또는 제44조의 규정에 의한 금융감독원에서 5년 이상 근무한 경력이 있는 자로서 당해 기관에서 퇴임 또는 퇴직한 후 5년 이상 경과한 자
2. 제18조제1항 각호의 1에 해당하지 아니할 것
3. 최근 5년간 금융관련법령을 위반하여 금융감독위원회 또는 제47조의 규정에 의한 금융감독원장으로부터 주의·경고의 요구 등에 해당하는 조치를 받은 사실이 없을 것

⑤ 내부통제기준과 준법감시인에 관하여 필요한 사항은 대통령령으로 정한다.〈신설 2002.4.27〉
[본조신설 2000.1.21]

제24조(감사위원회 위원후보의 추천) 감사위원회의 위원후보는 사외이사 전원으로 구성된 후보추천위원회에서 추천한다. 이 경우 후보추천위원회는 재적 사외이사 3분의 2 이상의 찬성으로 의결한다.〈개정 2000.1.21, 2002.4.27〉

제25조(이해관계자의 의결권 제한) 이사회의 의결에 있어서 당해 의안과 특별한 이해관계가 있는 이사는 의결권을 행사하지 못한다.

제26조(적용배제) 대통령령이 정하는 외국인이 설립하는 금융기관과 제15조제3항의 규정에 의하여 외국인이 의결권있는 발행주식총수의 100분의 50을 초과하는 주식을 보유하는 금융기관에 대하여는 제23조 및 제24조의 규정을 적용하지 아니한다.
[전문개정 2002.4.27]

제5장 은행업무

제27조(업무범위) ① 금융기관은 이 법 기타 관계법률의 범위 안에서 은행업에 관한 모든 업무(이하 "은행업무"라 한다)를 영위할 수 있다.
② 제1항의 규정에 의한 은행업무의 범위에 관하여는 대통령령으로 정한다.〈개정 1998.5.25, 1999.5.24〉

제28조(겸영업무의 인가) ① 금융기관이 은행업이 아닌 업무로서 대통령령이 정하는 업무를 직접 영위하고자 하는 경우에는 금융감독위원회의 인가를 받아야 한다. 이 경우 그 인가에 관하여는 제8조제2항 및 제3항의 규정을 준용한다.〈개정 2000.1.21〉
② 제1항의 업무를 영위하는 때에는 그 업무를 은행업무와 구별하여야 하며, 별도의 장부와 기록문서를 보유하여야 한다.

제29조(신탁업무) ① 신탁업무를 겸영하는 금융기관은 당해 업무에 속하는 자금·유가증권 또는 소유물을 구별하여 별도의 장부와 기록문서를 보유하여야 한다.
② 제1항의 규정에 의한 신탁업무에 대하여는 제30조제1항의 규정을 적용하지 아니한다.〈개정 1999.2.5〉

제30조(예금지급준비금과 금리 등에 관한 준수사항) ① 금융기관은 예금채무에 대한 지급준비를 위하여 한국은행법 제4장제2절의 규정에 의한 최저율 이상의 예금지급준비금과 예금지급준비자산을 보유하여야 한다.
② 금융기관은 한국은행법에 의한 금융통화위원회가 행하는 다음 각호의 결정 및 제한 등을 준수하여야 한다.
1. 금융기관의 각종 예금에 대한 이자 기타 지급금의 최고율의 결정
2. 금융기관의 각종 대출 등 여신업무에 대한 이자 기타 요금의 최고율의 결정
3. 금융기관이 행하는 대출의 최장기한 및 담보의 종류에 대한 제한

4. 극심한 통화팽창기 등 국민경제상 긴절한 경우 일정한 기간내의 금융기관의 대출과 투자의 최고한도 또는 분야별 최고한도의 제한
5. 극심한 통화팽창기 등 국민경제상 긴절한 경우 금융기관의 대출에 대한 사전승인

제31조(상업금융업무 및 장기금융업무) ① 금융기관은 상업금융업무와 장기금융업무를 겸영할 수 있다.
② 삭제 〈2000.1.21〉

제32조 (당좌예금의 취급) 당좌예금은 상업금융업무를 영위하는 금융기관만이 취급할 수 있다.

제33조(사채 등의 발행) 금융기관의 사채 기타 이에 준하는 채권의 발행조건·발행방법 등에 관하여 필요한 사항은 대통령령으로 정한다. 이 경우 사채 등의 발행한도는 자기자본의 5배의 범위내에서 대통령령으로 정한다.〈개정 1999.2.5〉

제34조 삭제 〈1999.2.5〉

제35조(동일차주 등에 대한 신용공여의 한도) ① 금융기관은 동일한 개인·법인 및 그와 대통령령이 정하는 신용위험을 공유하는 자(이하 "동일차주"라 한다)에 대하여 당해 금융기관의 자기자본의 100분의 25를 초과하는 신용공여를 할 수 없다. 다만, 다음 각호의 1에 해당하는 경우로서 대통령령이 정하는 경우에는 그러하지 아니하다.
1. 국민경제를 위하여 또는 금융기관의 채권확보의 실효성 제고를 위하여 필요한 경우
2. 금융기관이 추가로 신용공여를 하지 아니하였음에도 불구하고 자기자본의 변동, 동일차주 구성의 변동등으로 인하여 본문의 규정에 의한 한도를 초과하게 되는 경우

② 금융기관이 제1항제2호의 규정에 의하여 제1항·제3항 및 제4항 본문에 규정한 한도를 초과하게 되는 경우에는 그 한도가 초과하게 된 날부터 1년 이내에 제1항·제3항 및 제4항 본문에 규정한 한도에 적합하도록 하여야 한다. 다만, 대통령령이 정하는 부득이한 사유에 해당하는 경우에는 금융감독위원회가 그 기간을 정하여 연장할 수 있다.〈개정 2000.1.21〉
③ 금융기관은 동일한 개인이나 법인 각각에 대하여 당해 금융기관의 자기자본의 100분의 20을 초과하는 신용공여를 할 수 없다. 다만, 제1항 단서에 해당하는 경우에는 그러하지 아니하다.
④ 동일한 개인이나 법인 또는 동일차주 각각에 대한 금융기관의 신용공여가 당해 금융기관의 자기자본의 100분의 10을 초과하는 거액 신용공여의 총합계액은 당해 금융기관의 자기자본의 5배를 초과할 수 없다. 다만, 제1항 단서에 해당하는 경우에는 그러하지 아니하다.
[전문개정 1999.2.5]

제35조의2(금융기관의 대주주에 대한 신용공여한도 등) ① 금융기관이 당해 금융기관의 대주주(그 특수관계인을 포함한다. 이하 같다)에게 할 수 있는 신용공여는 당해 금융기관 자기자본의 100분의 25의 범위 안에서 대통령령이 정하는 비율에 해당하는 금액과 당해 대주주의 당해 금융기관에 대한 출자비율에 해당하는 금액중 적은 금액을 초과할 수 없다.
② 금융기관이 당해 금융기관의 전체 대주주에게 할 수 있는 신용공여는 당해 금융기관 자기자본의 100분의 25의 범위 안에서 대통령령이 정하는 비율에 해당하는 금액을 초과할 수 없다.
③ 금융기관은 제1항 및 제2항의 규정에 의한 신용공여한도를 회피하기 위한 목적으로 다른 금융기관과 교차하여 신용공여를 하여서는 아니된다.
④ 금융기관은 당해 금융기관의 대주주에 대하여 대통령령이 정하는 금액 이상의 신

용공여(대통령령이 정하는 거래를 포함한다. 이하 이 조에서 같다)를 하고자 하는 때에는 미리 이사회의 의결을 거쳐야 한다. 이 경우 이사회는 재적이사 전원의 찬성으로 의결한다.
⑤ 금융기관은 당해 금융기관의 대주주에 대하여 대통령령이 정하는 금액 이상의 신용공여를 한 때에는 지체없이 그 사실을 금융감독위원회에 보고하고 컴퓨터통신 등을 이용하여 공시하여야 한다.
⑥ 금융기관은 당해 금융기관의 대주주에 대한 신용공여에 관한 사항을 대통령령이 정하는 바에 따라 분기별로 컴퓨터통신 등을 이용하여 공시하여야 한다.
[본조신설 2002.4.27]

제35조의3(대주주가 발행한 주식의 취득 한도 등) ① 금융기관은 자기자본의 100분의 1의 범위안에서 대통령령이 정하는 비율에 해당하는 금액을 초과하여 당해 금융기관의 대주주가 발행한 주식(출자지분을 포함한다. 이하 이 조에서 같다)을 취득(신탁업무에 의하여 취득하는 것을 포함한다. 이하 이 조에서 같다)하여서는 아니된다. 이 경우 금융감독위원회는 전단의 규정에 의한 취득한도 이내에서 주식의 종류별로 취득한도를 따로 정할 수 있다.
② 금융기관의 대주주가 아닌 자가 새로 대주주가 됨에 따라 금융기관이 제1항의 규정에 의한 한도를 초과하게 되는 경우 당해 금융기관은 대통령령이 정하는 기간 이내에 그 한도를 초과한 주식을 처분하여야 한다.
③ 금융기관이 당해 금융기관의 대주주가 발행한 주식을 대통령령이 정하는 금액 이상으로 취득하고자 하는 때에는 미리 이사회의 의결을 거쳐야 한다. 이 경우 이사회는 재적이사 전원의 찬성으로 의결한다.
④ 금융기관이 당해 금융기관의 대주주가 발행한 주식을 대통령령이 정하는 금액 이상으로 취득한 때에는 지체없이 그 사실을 금융감독위원회에 보고하고 컴퓨터통신 등을 이용하여 공시하여야 한다.
⑤ 금융기관은 당해 금융기관의 대주주가 발행한 주식의 취득에 관한 사항을 대통령령이 정하는 바에 따라 분기별로 컴퓨터통신 등을 이용하여 공시하여야 한다.
⑥ 금융기관은 당해 금융기관의 대주주가 발행한 주식의 의결권을 행사함에 있어 당해 대주주 주주총회의 참석주식수에서 당해 금융기관이 소유한 주식수를 차감한 주식수의 의결내용에 영향을 미치지 아니하도록 의결권을 행사하여야 한다. 다만, 대주주의 합병, 영업의 양도·양수, 임원의 선임, 그 밖에 이에 준하는 사항으로서 당해 금융기관에 손실을 초래할 것이 명백하게 예상되는 경우에는 그러하지 아니하다.
[본조신설 2002.4.27]

제35조의4(대주주의 부당한 영향력 행사의 금지) 금융기관의 대주주는 당해 금융기관의 이익에 반하여 대주주 개인의 이익을 취할 목적으로 다음 각호의 1에 해당하는 행위를 하여서는 아니된다.
1. 부당한 영향력을 행사하기 위하여 당해 금융기관에 대하여 외부에 공개되지 아니한 자료 또는 정보의 제공을 요구하는 행위. 다만, 제17조제5항의 규정에 해당하는 경우를 제외한다.
2. 경제적 이익 등 반대급부의 제공을 조건으로 다른 주주와 담합하여 당해 금융기관의 인사 또는 경영에 부당한 영향력을 행사하는 행위
3. 경쟁사업자의 사업활동을 방해할 목적으로 신용공여를 조기회수하도록 요구하는 등 금융기관의 경영에 영향력을 행사하는 행위
4. 그 밖에 제1호 내지 제3호에 준하는 행위로서 대통령령이 정하는 행위

[본조신설 2002.4.27]

제35조의5(대주주에 대한 자료제출요구 등) ① 금융감독위원회는 금융기관 또는 그 대주주가 제35조의2 내지 제35조의4의 규정을 위반한 혐의가 있다고 인정할 때에는 금융기관 또는 그 대주주에 대하여 필요한

자료의 제출을 요구할 수 있다.

② 금융감독위원회는 금융기관 대주주(회사에 한한다)의 부채가 자산을 초과하는 등 재무구조의 부실화로 인하여 금융기관의 경영건전성을 현저히 저해할 우려가 있는 경우로서 대통령령이 정하는 경우에는 금융기관에 대하여 당해 대주주에 대한 신용공여의 제한을 명하는 등 대통령령이 정하는 조치를 할 수 있다.

[본조신설 2002.4.27]

第36条(정부대행기관에 대한 대출) 한국은행법에 의한 정부대행기관에 대한 금융기관의 대출은 그 원리금의 상환에 관하여 정부가 보증한 경우에 한한다.

第37条(다른 회사에 대한 출자제한 등) ① 금융기관은 다른 회사의 의결권있는 발행주식(출자지분을 포함한다. 이하 이 조에서 같다)의 100분의 15를 초과하는 주식을 소유할 수 없다.〈개정 1998.2.24, 2000.1.21〉

② 금융기관은 제1항의 규정에 불구하고 금융감독위원회가 정하는 업종에 속하는 회사 또는 기업구조조정 촉진을 위해 필요한 것으로 금융감독위원회의 승인을 얻은 경우에는 의결권있는 발행주식의 100분의 15를 초과하는 주식을 소유할 수 있다. 다만, 다음 각호의 1에 해당하는 경우에 한한다.〈개정 1998.2.24, 1999.2.5, 2000.1.21〉

1. 금융기관이 의결권있는 발행주식의 100분의 15를 초과하는 주식을 소유하는 회사(이하 "자회사"라 한다)에 대한 출자의 총합계액이 금융기관 자기자본의 100분의 20의 범위내에서 대통령령이 정하는 비율에 해당하는 금액을 초과하지 아니하는 경우
2. 대통령령이 정하는 바에 의하여 금융감독위원회가 따로 정하는 요건을 충족하는 경우

③ 금융기관은 당해 금융기관의 자회사와의 거래에 있어서 다음 각호의 1에 해당하는 행위를 하여서는 아니된다.〈개정 1999.2.5〉

1. 당해 자회사에 대한 금융감독위원회가 정하는 한도를 초과하는 신용공여
2. 당해 금융기관의 자회사의 주식을 담보로 하는 신용공여와 당해 금융기관의 자회사의 주식을 매입시키기 위한 신용공여
3. 당해 금융기관의 자회사의 임원 또는 직원에 대한 대출(금융감독위원회가 정하는 소액대출을 제외한다)

④ 금융기관은 제2항의 규정에 의한 자회사 출자를 한 때에는 7일 이내에 금융감독위원회에 그 사실을 보고하여야 한다.

⑤ 제6항 내지 제8항에서 "모은행" 및 "자은행"이라 함은 금융기관이 다른 금융기관의 의결권있는 발행주식총수의 100분의 15를 초과하여 주식을 소유하는 경우의 당해 금융기관과 그 다른 금융기관을 말한다. 이 경우 모은행과 자은행이 합하여 자은행이 아닌 다른 금융기관의 의결권있는 발행주식총수의 100분의 15를 초과하여 주식을 소유하는 경우 그 다른 금융기관은 당해 모은행의 자은행으로 본다.〈신설 2002.4.27〉

⑥ 자은행은 다음 각호의 행위를 하여서는 아니된다.〈신설 2002.4.27〉

1. 모은행 및 당해 모은행의 다른 자은행(이하 "모은행 등"이라 한다)이 발행한 주식을 소유하는 행위(대통령령이 정하는 경우를 제외한다)
2. 다른 금융기관의 의결권있는 발행주식의 100분의 15를 초과하여 주식을 소유하는 행위
3. 대통령령이 정하는 기준을 초과하여 모은행 등에 대한 신용공여를 하는 행위
4. 그 밖에 당해 자은행의 건전한 경영을 저해하거나 금융거래자의 이익을 침해할 우려가 있는 행위로서 대통령령이 정하는 행위

⑦ 자은행과 모은행 등 상호간에 신용공여를 하는 경우에는 대통령령이 정하는 기준에 따라 적정한 담보를 확보하여야 한다. 다만, 당해 자은행과 모은행 등의 구조조정에 필요한 신용공여 등 금융감독위원회가

정하는 요건에 해당하는 경우에는 그러하지 아니하다. 〈신설 2002.4.27〉

⑧ 자은행과 모은행 등 상호간에는 대통령령이 정하는 불량자산을 거래하여서는 아니된다. 다만, 당해 자은행과 모은행 등의 구조조정에 필요한 거래 등 금융감독위원회가 정하는 요건에 해당하는 경우에는 그러하지 아니하다. 〈신설 2002.4.27〉

第38조(금지업무) 금융기관은 다음 각호의 1에 해당하는 업무를 하여서는 아니된다. 〈개정 1999.2.5, 2000.1.21〉

1. 주식 기타 상환기간 3년을 초과하는 유가증권(국채·한국은행통화안정증권을 제외한다)에 대한 투자로서 자기자본의 100분의 100의 범위내에서 대통령령이 정하는 비율에 해당하는 금액을 초과하는 투자. 이 경우 금융감독위원회는 필요한 경우 동 투자한도의 범위내에서 주식 및 유가증권인 파생상품 등에 대한 투자한도를 따로 정할 수 있다.
2. 업무용 부동산이 아닌 부동산(저당권 등 담보권의 실행으로 인하여 취득한 부동산을 제외한다)의 소유
3. 자기자본의 100분의 100의 범위내에서 대통령령이 정하는 비율에 해당하는 금액을 초과하는 업무용 부동산의 소유
4. 상품 또는 유가증권에 대한 투기를 목적으로 하는 자금의 대출
5. 직접·간접을 불문하고 당해 금융기관의 주식을 담보로 하는 대출 또는 다른 주식회사의 발행주식의 100분의 20을 초과하는 주식을 담보로 하는 대출(사회간접자본시설에 대한 민간투자사업자 등 대통령령이 정하는 사업자에 대한 대출을 제외한다)
6. 직접·간접을 불문하고 당해 금융기관의 주식을 매입시키기 위한 대출
7. 직접·간접을 불문하고 정치자금의 대출
8. 당해 금융기관의 임원 또는 직원에 대한 대출(금융감독위원회가 정하는 소액대출을 제외한다)
9. 삭제 〈2002.4.27〉

第39조(비업무용 자산 등의 처분) 금융기관은 그 소유물 또는 기타 자산 중 이 법에 의하여 그 취득이나 보유가 금지되거나 저당권 등 담보권의 실행으로 인하여 취득한 자산이 있는 경우에는 금융감독위원회가 정하는 바에 의하여 이를 처분하여야 한다.

제6장 회 계

第40조(이익준비금의 적립) 금융기관은 적립금이 자본금의 총액에 달할 때까지 결산순이익금을 배당할 때마다 그 순이익금의 100분의 10 이상을 적립하여야 한다.

第41조(재무제표의 공고 등) ① 금융기관은 그 결산일후 3월 이내에 금융감독위원회가 정하는 서식에 의하여 결산일 현재의 대차대조표, 당해 결산기의 손익계산서 및 금융감독위원회가 정하는 연결재무제표를 공고하여야 한다. 다만, 부득이한 사유로 3월 이내에 공고할 수 없는 서류에 대하여는 금융감독위원회의 승인을 얻어 그 공고를 연기할 수 있다.

② 제1항의 규정에 의한 대차대조표·손익계산서 및 연결재무제표에는 대표자 및 담당책임자가 서명·날인하여야 한다.

③ 금융기관의 결산일은 12월31일로 한다. 다만, 금융감독위원회는 결산일의 변경을 지시할 수 있으며, 금융기관은 금융감독위원회의 승인을 얻어 결산일을 변경할 수 있다.

第42조(대차대조표 등의 제출) ① 금융기관은 매월 말일을 기준으로 한 대차대조표를 다음 달 말일까지 한국은행이 정하는 서식에 의하여 한국은행에 제출하여야 하며, 한국은행은 이를 한국은행통계월보에 게재하여야 한다.

② 제1항의 규정에 의한 대차대조표에는 담당책임자 또는 그 대리인이 서명·날인하여야 한다.

③ 금융기관은 법률이 정하는 바에 의하여

제1항의 규정에 의한 대차대조표외에 한국은행이 업무수행상 필요로 하는 정기적 통계자료 또는 정보를 한국은행에 제공하여야 한다.

第43조(자료공개의 거부) 금융기관은 상법 第466조제1항의 규정에 의한 회계의 장부와 서류의 열람 또는 등사의 청구가 있는 경우에 거래자의 권익을 심히 손상할 염려가 있을 때에는 그 청구를 거부할 수 있다.

제7장 감독·검사

第44조(금융기관의 감독) 금융감독기구의설치등에관한법률에 의하여 설립된 금융감독원(이하 "금융감독원"이라 한다)은 금융감독위원회의 규정과 지시가 정하는 바에 의하여 이 법, 기타 관계법률, 금융감독위원회의 규정·명령 및 지시에 대한 금융기관의 준수여부를 감독하여야 한다.

第45조(건전경영의 지도) ① 금융기관은 은행업을 영위함에 있어서 자기자본을 충실히 하고 적정한 유동성을 유지하는 등 경영의 건전성을 확보하여야 한다.
② 금융기관은 경영의 건전성을 유지하기 위하여 다음 각호의 사항에 관하여 대통령령이 정하는 바에 따라 금융감독위원회가 정하는 경영지도기준을 준수하여야 한다. 〈개정 2000.1.21〉
1. 자본의 적정성에 관한 사항
2. 자산의 건전성에 관한 사항
3. 유동성에 관한 사항
4. 기타 경영의 건전성 확보를 위하여 필요한 사항

③ 제2항의 규정에 의하여 금융감독위원회가 경영지도기준을 정함에 있어서는 국제결제은행이 권고하는 금융기관의 건전성 감독에 관한 원칙을 충분히 반영하여야 한다. 〈신설 1999.2.5〉
④ 금융감독위원회는 금융기관이 제2항의 규정에 의한 경영지도기준을 충족시키지 못하는 등 경영의 건전성을 크게 해칠 우려가 있다고 인정되는 때에는 자본금의 증액, 이익배당의 제한 등 경영개선을 위하여 필요한 조치를 요구할 수 있다.

第46조(예금지급불능 등에 대한 조치) 금융감독위원회는 금융기관의 파산 또는 예금지급불능의 우려 등 예금자의 이익을 크게 해칠 우려가 있다고 인정되는 때에는 예금수입 및 여신의 제한, 예금의 전부 또는 일부의 지급정지 기타 필요한 조치를 명할 수 있다.

第47조(업무보고서 등의 제출) ① 금융기관은 매월의 업무내용을 기술한 보고서를 다음달 말일까지 금융감독원 원장(이하 "금융감독원장"이라 한다)이 정하는 서식에 의하여 금융감독원장에게 제출하여야 한다.
② 제1항의 규정에 의한 보고서에는 대표자와 담당책임자 또는 그 대리인이 서명·날인하여야 한다.
③ 금융기관은 금융감독원장이 업무수행을 위하여 요구하는 자료를 제공하여야 한다.

第48조(검사) ① 금융감독원장은 금융기관의 업무와 재산상황을 검사한다.
② 금융감독원장은 제1항의 규정에 의한 검사를 함에 있어서 필요하다고 인정하는 때에는 금융기관에 대하여 업무 또는 재산에 관한 보고, 자료의 제출, 관계자의 출석 및 의견의 진술을 요구할 수 있다. 〈개정 2000.1.21〉
③ 금융감독원장은 주식회사의외부감사에관한법률에 의하여 금융기관이 선임한 외부감사인에 대하여 당해 금융기관을 감사한 결과 알게 된 정보 기타 경영의 건전성에 관련되는 자료의 제출을 요구할 수 있다.
④ 제1항의 규정에 의하여 검사를 하는 자는 그 권한을 표시하는 증표를 지니고 관계자에게 내보여야 한다. 〈신설 2000.1.21〉

第48조의2(전환대상자에 대한 검사) ① 금

융감독위원회는 다음 각호의 1에 해당하는 경우에는 금융감독원장으로 하여금 그 목적에 필요한 최소한의 범위안에서 전환대상자의 업무 및 재산상황을 검사하게 할 수 있다.

1. 제16조의3제2항의 규정에 의한 점검결과를 확인하기 위하여 필요한 경우
2. 전환대상자가 차입금의 급격한 증가, 거액의 손실발생 등 재무상황의 부실화로 인하여 금융기관과 불법거래를 할 가능성이 크다고 인정되는 경우

② 제1항의 규정에 의한 검사의 구체적 범위, 방법 그 밖에 검사에 필요한 사항은 금융감독위원회가 정한다.

③ 제48조제2항 내지 제4항의 규정은 제1항의 규정에 의한 검사에 이를 준용한다.

[본조신설 2002.4.27]

第49條(분담금) ① 금융감독원의 검사를 받는 금융기관은 검사비용에 충당하기 위한 분담금을 금융감독원에 납부하여야 한다.

② 제1항의 규정에 의한 분담금의 분담요율·한도 기타 분담금의 납부에 관하여 필요한 사항은 대통령령으로 정한다.

第50條(적립금보유 및 손실처리의 요구) 금융감독원장은 금융기관의 경영의 건전성 유지를 위하여 필요하다고 인정하는 때에는 금융기관에 대하여 다음 각호의 1에 해당하는 조치를 요구할 수 있다.

1. 자산의 장부가격의 변경
2. 불건전한 자산을 위한 적립금의 보유
3. 가치가 없다고 인정되는 자산의 손실처리

第51條(경영공시) 금융기관은 예금자 및 투자자의 보호를 위하여 필요한 사항으로서 대통령령이 정하는 사항을 금융감독위원회가 정하는 바에 따라 공시하여야 한다.

[전문개정 2000.1.21]

第52條(약관의 변경 등) ① 금융기관은 이 법에 의한 업무를 취급함에 있어서 금융기관 이용자의 권익을 보호하여야 하며, 금융거래와 관련된 약관을 제정 또는 변경하고자 할 때에는 미리 금융감독위원회에 보고하여야 한다. 다만, 이용자의 권익이나 의무에 불리한 영향이 없는 경우로서 금융감독위원회가 정하는 경우에는 약관의 제정 또는 변경후 10일 이내에 금융감독위원회에 보고할 수 있다.〈개정 2002.4.27〉

② 금융감독위원회는 건전한 금융거래질서의 유지를 위하여 필요한 경우에는 금융기관에 대하여 제1항의 규정에 의한 약관의 변경을 권고할 수 있다.

③ 금융감독위원회는 제1항의 규정에 의한 약관의 제정 또는 변경에 대한 보고의 시기·절차 기타 필요한 사항을 정할 수 있다.

④ 금융기관은 금융거래상의 계약조건 등을 금융감독위원회가 정하는 바에 의하여 공시하여야 한다.

第53條(금융기관에 대한 제재) ① 금융감독위원회는 금융기관이 이 법 또는 이 법에 의한 규정·명령 또는 지시를 위반하여 금융기관의 건전한 경영을 해할 우려가 있다고 인정되는 경우에는 금융감독원장의 건의에 따라 다음 각호의 1에 해당하는 조치를 하거나 금융감독원장으로 하여금 당해 위반행위의 중지 및 경고 등 적절한 조치를 하게 할 수 있다.

1. 당해 위반행위의 시정명령
2. 6월 이내의 영업의 일부정지

② 금융감독위원회는 금융기관이 다음 각호의 1에 해당하는 경우에는 당해금융기관에 대하여 6월 이내의 기간을 정하여 영업의 전부정지를 명하거나 은행업의 인가를 취소할 수 있다.

1. 허위 기타 부정한 방법으로 은행업의 인가를 받은 경우
2. 인가내용 또는 인가조건에 위반한 경우
3. 영업의 정지기간중에 그 영업을 한 경우
4. 제1항제1호의 규정에 의한 시정명령을 이행하지 아니한 경우
5. 제1호 내지 제4호외의 경우로서 이 법 또는 이 법에 의한 명령이나 처분에 위

반하여 예금자 또는 투자자의 이익을 크게 해할 우려가 있는 경우

[전문개정 2000.1.21]

第54條(임・직원에 대한 제재) ① 금융감독위원회는 금융기관의 임원이 이 법 또는 이 법에 의한 규정・명령 또는 지시를 고의로 위반하거나 금융기관의 건전한 운영을 크게 해치는 행위를 하는 때에는 금융감독원장의 건의에 따라 당해 임원의 업무집행의 정지를 명하거나 주주총회에 대하여 그 임원의 해임을 권고할 수 있으며, 금융감독원장으로 하여금 경고 등 적절한 조치를 하게 할 수 있다.

② 금융감독원장은 금융기관의 직원이 이 법 또는 이 법에 의한 규정・명령 또는 지시를 고의로 위반하거나 금융기관의 건전한 운영을 크게 해치는 행위를 하는 때에는 면직・정직・감봉・견책 등 적절한 문책처분을 할 것을 당해 금융기관의 장에게 요구할 수 있다.

제8장 합병・폐업・해산

第55條(합병・해산・폐업의 인가) ① 금융기관이 다음 각호의 1에 해당하는 행위를 하고자 할 때에는 대통령령이 정하는 바에 따라 금융감독위원회의 인가를 받아야 한다.〈개정 1998.5.25, 1999.5.24, 2000.1.21, 2002.4.27〉

1. 분할 또는 다른 금융기관과의 합병(분할합병을 포함한다)
2. 해산 또는 은행업의 폐지
3. 영업의 전부 또는 일부의 양도・양수

② 금융감독위원회는 제1항의 규정에 의한 인가에 조건을 붙일 수 있다.〈개정 1998.5.25, 1999.5.24〉

第56條(금융기관에 대한 해산명령 등) ① 삭제 〈1999.2.5〉

② 금융기관은 제53조의 규정에 의하여 은행업인가가 취소된 때에는 해산한다.

③ 법원은 금융기관이 제2항의 규정에 의하여 해산한 경우에는 이해관계인 또는 금융감독위원회의 청구에 의하거나 직권으로 청산인을 선임하거나 해임할 수 있다.〈개정 1998.5.25, 1999.2.5, 1999.5.24〉

第57條(청산인 등의 선임) ① 금융기관이 해산 또는 파산한 때에는 금융감독원장 또는 그 소속직원 1명이 청산인 또는 파산관재인으로 선임되어야 한다.

② 제1항의 규정에 의하여 청산인 또는 파산관재인으로 선임된 금융감독원장 또는 그 소속직원은 그 임무에 대하여 보수를 청구할 수 없다. 다만, 그 임무수행상 소요된 정당한 경비는 당해 재산에서 지급받을 수 있다.

제9장 외국금융기관의 국내지점

第58條(외국금융기관의 은행업인가 등) ① 외국금융기관(외국법령에 의하여 설립되어 외국에서 은행업을 영위하는 자를 말한다. 이하 같다)이 대한민국내에서 은행업을 영위하기 위하여 지점・대리점 또는 사무소를 신설하거나 지점 또는 대리점을 폐쇄하고자 하는 때에는 대통령령이 정하는 바에 따라 금융감독위원회의 인가를 받아야 한다.〈개정 1998.5.25, 1999.5.24, 2000.1.21〉

② 금융감독위원회는 제1항의 규정에 의한 인가에 조건을 붙일 수 있다.〈개정 1998.5.25, 1999.5.24〉

③ 외국금융기관이 제1항의 규정에 의하여 인가를 받은 지점 또는 대리점을 이전하거나 사무소를 폐쇄하고자 하는 때에는 미리 금융감독위원회에 신고하여야 한다.〈신설 2000.1.21〉

第59條(외국금융기관에 대한 법적용) ① 제58조제1항의 규정에 의하여 인가를 받은 외국금융기관의 지점 또는 대리점은 이 법에 의한 금융기관으로 보며, 외국금융기관의 국내대표자는 이 법에 의한 금융기관의

임원으로 본다. 다만, 제4조·제9조 및 제15조의 규정은 이를 적용하지 아니한다. 〈개정 1999.2.5〉

② 하나의 외국금융기관이 대한민국내에 2 이상의 지점 또는 대리점을 두는 경우 당해 지점 또는 대리점 전부를 하나의 금융기관으로 본다.

第60조(인가취소 등) ① 금융감독위원회는 외국금융기관의 본점이 다음 각호의 1에 해당하게 되는 경우에는 당해 외국금융기관의 지점 또는 대리점에 관한 제58조제1항의 규정에 의한 인가를 취소할 수 있다. 〈개정 1998.5.25, 1999.5.24〉

1. 합병·영업의 양도로 인하여 소멸한 경우
2. 위법행위, 불건전한 영업행위 등의 사유로 인하여 감독기관으로부터 징계를 받은 경우
3. 휴업하거나 영업을 중지한 경우

② 외국금융기관의 지점·대리점 또는 사무소는 당해 외국금융기관의 본점이 제1항 각호의 1에 해당하게 되는 경우에는 그 사유가 발생한 날부터 7일 이내에 그 사실을 금융감독위원회에 보고하여야 한다. 〈개정 1998.5.25, 1999.5.24〉

③ 외국금융기관의 본점이 해산 또는 파산하였거나 은행업을 폐지한 경우 또는 은행업의 인가가 취소된 경우에는 당해 외국금융기관의 지점 또는 대리점에 대한 제58조제1항의 규정에 의한 인가는 당해 사유가 발생한 날에 취소된 것으로 본다.

第61조(인가취소시의 지점폐쇄·청산) ① 외국금융기관의 지점 또는 대리점이 제53조·제60조제1항 또는 동조제3항의 규정에 의하여 인가가 취소되거나 취소된 것으로 보게 되는 때에는 당해 지점 또는 대리점은 폐쇄되며 대한민국내에 있는 재산의 전부에 대하여 청산하여야 한다.

② 법원은 제1항의 경우에 이해관계인 또는 금융감독위원회의 청구에 의하거나 직권으로 청산인을 선임하거나 해임할 수 있다. 〈개정 1998.5.25, 1999.5.24〉

③ 상법 제620조제2항의 규정은 제1항의 규정에 의한 청산에 관하여 이를 준용한다.

第62조(외국금융기관의 국내자산) ① 외국금융기관의 지점 또는 대리점은 대통령령이 정하는 바에 의하여 자산의 전부 또는 일부를 대한민국내에 보유하여야 한다.

② 외국금융기관의 지점 또는 대리점이 청산을 하거나 파산한 때에는 그 자산·자본금·적립금 기타 잉여금은 대한민국 국민과 대한민국내에 주소 또는 거소가 있는 외국인에 대한 채무변제에 우선 충당되어야 한다.

第63조(자본금에 관한 규정의 적용) 외국금융기관의 지점 또는 대리점에 대하여 이 법중 금융기관의 자본금에 관한 규정을 적용함에 있어서는 대통령령이 정하는 바에 의한다.

제10장 보 칙

第64조(청문) 금융감독위원회는 다음 각호의 1에 해당하는 처분을 하고자 하는 경우에는 청문을 실시하여야 한다. 〈개정 1998.5.25, 1999.5.24〉

1. 제53조의 규정에 의한 인가의 취소
2. 제60조제1항의 규정에 의한 외국금융기관의 지점 또는 대리점의 인가의 취소

第65조(권한의 위탁) ① 삭제 〈1999.5.24〉

② 금융감독위원회는 이 법에 의한 권한의 일부를 대통령령이 정하는 바에 의하여 금융감독원장에게 위탁할 수 있다.

第65조의2(전자문서에 의한 공고 등) 금융기관이 제41조·제42조 또는 제47조의 규정에 의하여 공고를 하거나 자료를 제출하는 때에는 각각 금융감독위원회·한국은행 총재 또는 금융감독원장이 정하는 바에 따라 전자문서의 방법에 의할 수 있다.
[본조신설 2002.4.27]

제11장 과징금 등의 부과 및 징수 <신설 2002.4.27>

제65조의3(과징금) 금융감독위원회는 금융기관이 제35조·제35조의2·제35조의3·제37조·제38조 또는 제62조의 규정을 위반한 경우에는 다음 각호의 구분에 따라 과징금을 부과할 수 있다.

1. 제35조제1항·제3항·제4항 또는 제37조제3항제1호·제6항제3호의 규정에 의한 신용공여한도를 초과한 경우: 초과한 신용공여액의 100분의 10 이하
2. 제35조의2제1항 또는 제2항의 규정에 의한 신용공여한도를 초과한 경우: 초과한 신용공여액의 100분의 20 이하
3. 제35조의3제1항의 규정에 의한 주식취득한도를 초과한 경우: 초과취득한 주식의 장부가액 합계액의 100분의 20 이하
4. 제37조제1항·제2항 또는 제6항제2호의 규정에 의한 주식소유한도를 초과한 경우: 초과소유한 주식의 장부가액 합계액의 100분의 10 이하
5. 제37조제3항제2호를 위반하여 신용공여를 한 경우: 당해 신용공여액의 100분의 2 이하
6. 제37조제6항제1호를 위반하여 주식을 소유한 경우: 소유한 주식의 장부가액 합계액의 100분의 2 이하
7. 제37조제7항 본문을 위반하여 적정한 담보를 확보하지 아니하고 신용공여를 한 경우: 당해 신용공여액의 100분의 10 이하
8. 제37조제8항 본문을 위반하여 불량자산을 거래한 경우: 당해 불량자산의 장부가액의 100분의 10 이하
9. 제38조제1호의 규정에 의한 유가증권투자한도를 초과한 경우: 초과투자액의 100분의 10 이하
10. 제38조제2호를 위반하여 부동산을 소유한 경우: 소유한 부동산의 취득가액의 100분의 10 이하
11. 제38조제3호의 규정에 의한 부동산 소유한도를 초과한 경우: 초과소유한 부동산 취득가액의 100분의 10 이하
12. 제38조제4호 또는 제6호를 위반하여 대출한 경우: 대출금액의 100분의 2 이하
13. 제38조제5호를 위반하여 당해 금융기관의 주식을 담보로 대출한 경우: 대출금액의 100분의 2 이하
14. 제38조제5호를 위반하여 다른 회사의 발행주식의 100분의 20을 초과하는 주식을 담보로 대출한 경우: 대출금액의 100분의 10 이하
15. 제62조제1항의 규정에 의한 자산을 보유하지 아니한 경우: 위반금액의 100분의 2 이하

[본조신설 2002.4.27]

제65조의4(과징금의 부과) ① 금융감독위원회는 제65조의3의 규정에 의하여 과징금을 부과하는 경우에는 다음 각호의 사항을 참작하여야 한다.

1. 위반행위의 내용 및 정도
2. 위반행위의 기간 및 횟수
3. 위반행위로 인하여 취득한 이익의 규모

② 과징금의 부과에 관하여 그 밖에 필요한 사항은 대통령령으로 정한다.

[본조신설 2002.4.27]

제65조의5(의견제출) ① 금융감독위원회는 과징금을 부과하기 전에 미리 당사자 또는 이해관계인 등에게 의견을 제출할 기회를 주어야 한다.

② 제1항의 규정에 의한 당사자 또는 이해관계인 등은 금융감독위원회의 회의에 출석하여 의견을 진술하거나 필요한 자료를 제출할 수 있다.

[본조신설 2002.4.27]

제65조의6(이의신청) ① 제65조의3의 규정에 의한 과징금 부과처분에 대하여 불복이 있는 자는 그 처분의 고지를 받은 날부터 30일 이내에 그 사유를 갖추어 금융감독위원회에 이의를 신청할 수 있다.

② 금융감독위원회는 제1항의 규정에 의한 이의신청에 대하여 30일 이내에 결정을 하

여야 한다. 다만, 부득이한 사정으로 그 기간 이내에 결정을 할 수 없을 경우에는 30일의 범위내에서 그 기간을 연장할 수 있다.
③ 제2항의 규정에 의한 결정에 대하여 불복이 있는 자는 행정심판을 청구할 수 있다.
[본조신설 2002.4.27]

제65조의7(과징금 납부기한의 연장 및 분할납부) ① 금융감독위원회는 과징금을 부과받은 자(이하 "과징금납부의무자"라 한다)가 다음 각호의 1에 해당하는 사유로 과징금의 전액을 일시에 납부하기 어렵다고 인정되는 때에는 그 납부기한을 연장하거나 분할납부하게 할 수 있다. 이 경우 필요하다고 인정하는 때에는 담보를 제공하게 할 수 있다.
1. 재해 등으로 인하여 재산에 현저한 손실을 입은 경우
2. 사업여건의 악화로 사업이 중대한 위기에 처한 경우
3. 과징금의 일시납부에 따라 자금사정에 현저한 어려움이 예상되는 경우

② 과징금납부의무자가 제1항의 규정에 의한 과징금납부기한의 연장을 받거나 분할납부를 하고자 하는 경우에는 그 납부기한의 10일전까지 금융감독위원회에 신청하여야 한다.
③ 금융감독위원회는 제1항의 규정에 의하여 납부기한이 연장되거나 분할납부가 허용된 과징금납부의무자가 다음 각호의 1에 해당하게 된 때에는 그 납부기한의 연장 또는 분할납부 결정을 취소하고 과징금을 일시에 징수할 수 있다.
1. 분할납부 결정된 과징금을 그 납부기한내에 납부하지 아니한 때
2. 담보의 변경 그 밖에 담보보전에 필요한 금융감독위원회의 명령을 이행하지 아니한 때
3. 강제집행, 경매의 개시, 파산선고, 법인의 해산, 국세 또는 지방세의 체납처분을 받는 등 과징금의 전부 또는 잔여분을 징수할 수 없다고 인정되는 때
4. 그 밖에 제1호 내지 제3호에 준하는 경우로서 대통령령이 정하는 사유가 있는 때

④ 제1항 내지 제3항의 규정에 의한 과징금납부기한의 연장, 분할납부 또는 담보 등에 관하여 필요한 사항은 대통령령으로 정한다.
[본조신설 2002.4.27]

제65조의8(과징금 징수 및 체납처분) ① 금융감독위원회는 과징금납부의무자가 납부기한내에 과징금을 납부하지 아니한 경우에는 납부기한의 다음날부터 납부한 날의 전일까지의 기간에 대하여 대통령령이 정하는 가산금을 징수할 수 있다.
② 금융감독위원회는 과징금납부의무자가 납부기한내에 과징금을 납부하지 아니하는 때에는 기간을 정하여 독촉을 하고, 그 지정한 기간 이내에 과징금 및 제1항의 규정에 의한 가산금을 납부하지 아니하는 때에는 국세체납처분의 예에 따라 이를 징수할 수 있다.
③ 금융감독위원회는 제1항 및 제2항의 규정에 의한 과징금 및 가산금의 징수 또는 체납처분에 관한 업무를 국세청장에게 위탁할 수 있다.
④ 과징금의 징수에 관하여 그 밖에 필요한 사항은 대통령령으로 정한다.
[본조신설 2002.4.27]

제65조의9(이행강제금) ① 금융감독위원회는 제16조제2항·제16조의2제5항·제16조의3제5항 또는 제16조의4제5항의 규정에 의한 주식처분명령을 받은 자가 그 정한 기간 이내에 당해 명령을 이행하지 아니하는 때에는 매 1일당 그 처분하여야 하는 주식의 장부가액에 1만분의 3을 곱한 금액을 초과하지 아니하는 범위안에서 이행강제금을 부과할 수 있다.
② 이행강제금은 주식처분명령에서 정한 이행기간의 종료일의 다음날부터 주식처분을 이행하는 날(주권교부일을 말한다)까지의 기간에 대하여 이를 부과한다.

③ 금융감독위원회는 이행강제금을 징수함에 있어서 주식처분명령에서 정한 이행기간의 종료일부터 90일을 경과하고서도 이행이 이루어지지 아니하는 경우에는 그 종료일부터 기산하여 매 90일이 경과하는 날을 기준으로 하여 이행강제금을 징수한다.
④ 제65조의4 내지 제65조의8의 규정은 이행강제금의 부과 및 징수에 관하여 이를 준용한다.
[본조신설 2002.4.27]

제12장 벌 칙

제66조(벌칙) 다음 각호의 1에 해당하는 자는 5년 이하의 징역 또는 2억원 이하의 벌금에 처한다.
1. 제8조제1항의 규정에 의한 인가를 받지 아니하고 은행업을 영위한 자
2. 제21조의 규정을 위반한 자
3. 제35조의2제1항 내지 제3항의 규정을 위반하여 대주주에게 신용공여를 한 자와 그로부터 신용공여를 받은 대주주
4. 제35조의3제1항의 규정을 위반하여 대주주가 발행한 주식을 취득한 자
5. 제35조의4의 규정을 위반한 자
6. 금융기관의 임·직원 또는 임·직원이었던 자로서 업무상 알게 된 정보를 누설하거나 업무목적외로 이용한 자

[전문개정 2002.4.27]

제67조(벌칙) 다음 각호의 1에 해당하는 자는 3년 이하의 징역 또는 1억원 이하의 벌금에 처한다.
1. 제35조제1항·제3항 또는 제4항의 규정을 위반하여 신용공여를 한 자
2. 제37조제1항 및 제3항 또는 제6항 내지 제8항의 규정을 위반한 자

[전문개정 2002.4.27]

제68조(벌칙) ① 금융기관의 임원·지배인·대리점주(대리점주가 법인인 경우에는 그 업무를 집행하는 사원·임원·지배인 기타 법인의 대표자) 또는 청산인(이하 "금융기관의 임원 등"이라 한다)이나 그 직원이 다음 각호의 1에 해당하는 행위를 한 때에는 1년 이하의 징역 또는 3천만원 이하의 벌금에 처한다.〈개정 1999.2.5, 2000.1.21, 2002.4.27〉
1. 자본금이 제9조의 규정에 의한 기준에 미달하게 된 때
2. 삭제 〈2002.4.27〉
3. 제29조제1항의 규정을 위반한 때
4. 제30조의 규정을 위반한 때
5. 제32조의 규정을 위반한 때
6. 제33조의 규정을 위반하여 채권을 발행한 때
7. 삭제 〈1999.2.5〉
8. 삭제 〈2002.4.27〉
9. 삭제 〈2002.4.27〉
10. 제38조의 규정을 위반한 때
11. 제40조의 규정을 위반한 때
12. 삭제 〈2000.1.21〉
13. 삭제 〈2000.1.21〉
14. 제55조제1항의 규정에 의한 인가를 받지 아니하고 동조동항 각호에 규정된 행위를 한 때
15. 제58조제1항(지점·대리점 또는 사무소를 신설하기 위하여 인가를 받아야 하는 경우를 제외한다)의 규정을 위반한 때
16. 제62조제1항 또는 제2항의 규정을 위반한 때
17. 삭제 〈2000.1.21〉

② 제14조의 규정을 위반한 자는 1년 이하의 징역 또는 3천만원 이하의 벌금에 처한다.〈개정 2002.4.27〉
③ 삭제 〈2002.4.27〉

제68조의2(양벌규정) 법인의 대표자나 법인 또는 개인의 대리인·사용인 기타 종업원이 그 법인 또는 개인의 업무에 관하여 제66조 내지 제68조의 위반행위를 한 때에는 행위자를 벌하는 외에 그 법인 또는 개인에 대하여도 각 해당조의 벌금형을 과한다.〈개정 2002.4.27〉

[본조신설 2000.1.21]

제69조(과태료) ① 다음 각호의 1에 해당하는 자는 5천만원 이하의 과태료에 처한다. 〈개정 2002.4.27〉

1. 제15조제2항의 규정을 위반하여 보고를 하지 아니한 자
2. 제16조의4제2항 또는 제35조의5제1항의 규정에 의한 자료제공 등의 요구에 응하지 아니한 자
3. 제35조의2제4항 또는 제35조의3제3항의 규정을 위반하여 이사회의 의결을 거치지 아니한 금융기관
4. 제35조의2제5항·제6항 또는 제35조의3제4항·제5항의 규정을 위반하여 금융감독위원회에 대한 보고 또는 공시를 하지 아니한 금융기관
5. 제48조의2의 규정에 의한 검사를 거부·방해 또는 기피한 자
6. 그 밖에 이 법 또는 이 법에 의한 규정·명령 또는 지시를 위반한 금융기관

② 금융기관의 임원 등 또는 직원이 다음 각호의 1에 해당하는 때에는 1천만원 이하의 과태료에 처한다. 〈개정 2002.4.27〉

1. 제10조제1항의 규정을 위반한 때
2. 제20조의 규정을 위반한 때
3. 제41조의 규정에 의한 공고를 허위로 한 때
4. 제47조의 규정에 의한 보고서의 제출을 게을리 하거나 보고서에 사실과 다른 내용을 기재한 때
5. 제48조의 규정에 의한 검사를 거부·방해 또는 기피한 때
6. 이 법에 의한 서류의 비치·제출·보고·공고 또는 공시를 게을리 한 때
7. 그 밖에 이 법 또는 이 법에 의한 규정·명령 또는 지시를 위반한 때

③ 삭제 〈2002.4.27〉

④ 제1항 및 제2항의 규정에 의한 과태료는 대통령령이 정하는 바에 의하여 금융감독위원회가 부과·징수한다. 〈개정 2002.4.27〉

⑤ 제4항의 규정에 의한 과태료처분에 불복하는 자는 그 처분의 고지를 받은 날부터 30일 이내에 금융감독위원회에 이의를 제기할 수 있다.

⑥ 제4항의 규정에 의하여 과태료처분을 받은 자가 제5항의 규정에 의하여 이의를 제기한 때에는 금융감독위원회는 지체없이 관할법원에 그 사실을 통보하여야 하며, 그 통보를 받은 관할법원은 비송사건절차법에 의한 과태료의 재판을 한다.

⑦ 제5항의 규정에 의한 기간내에 이의를 제기하지 아니하고, 과태료를 납부하지 아니한 때에는 금융감독위원회는 국세체납처분의 예에 의하여 이를 징수한다.

은행법시행령

일부개정 2007.10.23 대통령령 제20331호

제1조(목적) 이 영은 은행법에서 위임된 사항과 그 시행에 관하여 필요한 사항을 규정함을 목적으로 한다.

제1조의2(자기자본의 범위) 은행법(이하 "법"이라 한다) 제2조제1항제5호의 규정에 의한 자기자본에 포함되는 기본자본과 보완자본은 법 제2조제2항의 규정에 의하여 다음 각호의 기준에 따라 금융감독위원회가 정하는 것으로 한다.

1. 기본자본은 자본금·내부유보금등 금융기관의 실질순자산으로서 영구적 성격을 지닌 것으로 할 것
2. 보완자본은 후순위채권등 제1호에 준하는 성격의 자본으로서 금융기관의 영업활동에서 발생하는 손실을 보전할 수 있는 것으로 할 것
3. 당해금융기관이 보유하고 있는 자기주식등 실질적으로 자본충실에 기여하지 아니하는 것은 기본자본 및 보완자본에 포함시키지 아니할 것

[본조신설 1999.5.12]

제1조의3(신용공여의 범위) ① 법 제2조제1항제7호의 규정에 의한 신용공여의 범위는 다음 각호의 것으로서 금융감독위원회가 정하는 바에 의한다.

1. 대출
2. 지급보증
3. 지급보증에 따른 대지급금(이하 "지급보증대지급금"이라 한다)의 지급
4. 어음 및 채권의 매입
5. 기타 거래상대방의 지급불능시 이로 인하여 금융기관에 손실을 초래할 수 있는 거래
6. 금융기관이 직접적으로 제1호 내지 제5호에 해당하는 거래를 한것은 아니나 실질적으로 그에 해당하는 결과를 가져올 수 있는 거래

② 금융감독위원회는 다음 각호의 1에 해당하는 거래에 대하여는 제1항의 규정에 불구하고 이를 신용공여의 범위에 포함시키지 아니할 수 있다.

1. 금융기관에 손실을 초래할 가능성이 극히 적은 것으로 판단되는 거래
2. 금융시장에 미치는 영향 등 당해거래의 상황에 비추어 신용공여의 범위에 포함시키지 아니하는 것이 타당하다고 판단되는 거래

[본조신설 1999.5.12]

제1조의4(특수관계인의 범위) 법 제2조제1항제8호에서 "그와 대통령령이 정하는 특수관계에 있는 자"라 함은 본인과 다음 각호의 1에 해당하는 관계에 있는 자를 말한다.

1. 배우자·8촌 이내의 혈족 및 4촌 이내의 인척. 다만, 독점규제및공정거래에관한법률시행령 제3조의2제1항제2호 가목의 규정에 의한 독립경영자 및 동목의 규정에 의하여 공정거래위원회가 동일인관련자의 범위로부터 분리를 인정하는 자는 그러하지 아니하다.
2. 본인 및 제1호 또는 제4호의 자가 임원의 과반수를 차지하거나 이들이 제3호

또는 제5호의 자와 합하여 100분의 50 이상을 출연하였거나 이들 중의 1인이 설립자로 되어 있는 비영리법인·조합 또는 단체
3. 본인 및 제1호·제2호·제4호의 자가 의결권있는 발행주식총수(지분을 포함한다. 이하 같다)의 100분의 30 이상을 소유하고 있거나 이들이 최다수 주식소유자로서 경영에 참여하고 있는 회사
4. 본인, 제2호 또는 제3호의 자에게 고용된 자(사용자가 법인·조합 또는 단체인 경우에는 임원을 말하고, 개인인 경우에는 상업사용인, 고용계약에 의하여 고용된 자 또는 그 개인의 금전이나 재산에 의하여 생계를 유지하는 자를 말한다)
5. 본인 및 제1호 내지 제4호의 자가 의결권있는 발행주식총수의 100분의 30 이상을 소유하고 있거나 이들이 최다수 주식소유자로서 경영에 참여하고 있는 회사
6. 본인이 독점규제및공정거래에관한법률 제2조제2호의 규정에 의한 기업집단(이하 "기업집단"이라 한다)을 지배하는 자(이하 "계열주"라 한다)인 경우에 그가 지배하는 기업집단에 속하는 회사(계열주가 단독으로 또는 독점규제및공정거래에관한법률시행령 제3조제1호 각목의 1 및 동조제2호 각목의 1에 해당하는 관계에 있는 자와 합하여 동조제1호 및 제2호 본문의 요건에 해당하는 외국법인을 포함한다. 이하 이 조에서 같다) 및 그 회사의 임원
7. 본인이 계열주와 제1호 또는 제2호의 규정에 의한 관계에 있는 자이거나 계열주가 지배하는 기업집단에 속하는 회사의 임원인 경우에 그 계열주가 지배하는 기업집단에 속하는 회사 및 그 회사의 임원
8. 본인이 기업집단에 속하는 회사인 경우에 그 회사와 같은 기업집단에 속하는 회사 및 그 회사의 임원
9. 본인 또는 제1호 내지 제8호의 자와 합의 또는 계약 등에 의하여 금융기관의 발행주식에 대한 의결권(의결권의 행사를 지시할 수 있는 권한을 포함한다)을 공동으로 행사하는 자

[본조신설 2002.8.21]
[종전 제1조의4는 제1조의7로 이동 〈2002.8.21〉]

제1조의5(금융업의 범위 등) ① 법 제2조제1항제9호 가목에서 "대통령령이 정하는 금융업"이라 함은 다음 각호의 1에 해당하는 업종 또는 업무를 말한다.〈개정 2007.10.23〉
1. 통계법 제22조제1항의 규정에 의하여 통계청장이 고시하는 한국표준산업분류에 의한 금융 및 보험업(이하 "금융업"이라 한다)
2. 다음 각목의 1에 해당하는 업무
  가. 금융업을 영위하는 회사에 대한 전산·정보처리 등 용역의 제공
  나. 금융업을 영위하는 회사가 보유한 부동산 기타 자산의 관리
  다. 금융업과 관련된 조사·연구

② 법 제2조제1항제9호 나목에서 "대통령령이 정하는 금액"이라 함은 2조원을 말한다.
[본조신설 2002.8.21]

제1조의6(사실상 영향력 행사의 기준) 법 제2조제1항제10호 나목의 규정에 의하여 금융기관의 주요 경영사항에 대하여 사실상 영향력을 행사하는 자는 다음 각호의 1에 해당하는 자를 말한다.
1. 단독으로 또는 다른 주주와의 합의 또는 계약 등에 의하여 은행장 또는 이사의 과반수 이상을 선임한 주주
2. 경영전략·조직변경 등 주요 의사결정이나 업무집행에 지배적인 영향력을 행사한다고 인정되는 자로서 금융감독위원회가 지정한 자

[본조신설 2002.8.21]

제1조의7(은행업 인가시의 타당성 등의 확인) ① 법 제8조제1항의 규정에 의하여

은행업의 인가여부를 결정함에 있어서는 다음 각호의 사항을 확인하여야 한다.〈개정 2002.8.21〉

1. 사업계획이 그 주된 영업시장에서의 지속적인 영업을 영위하기 위하여 적합하고, 추정재무제표 및 수익전망이 영업계획에 비추어 타당성이 있는지의 여부
2. 조직구조 및 관리・운용체제가 사업계획의 추진에 부합하는지의 여부
3. 사업계획의 추진에 소요되는 자본 등 재원의 조달방안이 현실성이 있는지의 여부
4. 은행업을 영위하기에 충분한 전산체제를 갖추고 있는지의 여부
5. 주주구성계획이 법 제15조 및 제16조의2의 규정에 적합한지의 여부
6. 발기인(발기인이 개인인 경우에 한한다) 및 경영진 구성계획이 법 제18조의 규정에 적합한지의 여부

② 금융감독위원회는 제1항의 규정에 의한 확인사항에 관한 구체적인 기준을 정할 수 있다.〈신설 2002.8.21〉

[본조신설 1999.5.12]

[제1조의4에서 이동〈2002.8.24〉]

제2조(자본금의 감소) 법 제10조제1항제2호에서 "대통령령이 정하는 자본금의 감소"라 함은 주식의 금액 또는 주식수의 감소에 따른 자본금의 실질적 감소를 말한다.〈개정 1999.5.12〉

제3조 삭제〈2002.8.21〉

제4조(자료제출요구 등) ① 금융기관은 동일인이 보유하는 주식의 범위를 확정하기 위하여 관련 주주에 대하여 필요한 자료의 제출을 요구할 수 있다.〈개정 2002.8.21〉

② 금융기관은 제1항의 규정에 의하여 자료의 제출을 요구받은 관련주주가 자료제출을 요구받은 날부터 10일 이내에 자료를 제출하지 아니하거나 허위의 자료를 제출한 경우에는 금융기관이 알고 있거나 얻을 수 있는 자료를 근거로 동일인이 보유하는 주식의 범위를 확정한다.

③ 금융기관은 제1항 및 제2항의 규정에 의하여 동일인이 보유하는 주식의 범위를 확정한 때에는 관련주주에게 이를 통지하여야 하며, 금융감독원장이 정하는 바에 의하여 동일인의 당해 금융기관 주식보유현황을 금융감독원장에게 보고하여야 한다.

④ 금융감독원장은 금융기관이 확정한 동일인이 보유하는 주식의 범위에 오류가 있다고 인정되는 경우에는 관련주주에 대하여 직접 필요한 자료의 제출을 요구할 수 있다.

제4조의2(주식보유상황 등의 보고) ① 법 제15조제2항 각호 외의 부분에서 "대통령령이 정하는 자"라 함은 정부 및 예금보험공사를 말한다.

② 법 제15조제2항 각호의 1에 해당하게 된 동일인은 그 사유에 해당하게 된 날(당해 동일인이 금융기관의 주식을 취득하거나 매각하지 아니하였음에도 불구하고 보고사유에 해당하게 된 때에는 그 사유에 해당하게 된 사실을 안 날을 말한다)부터 5일 이내에 그 주식보유상황 또는 주식보유비율의 변동상황을 금융감독위원회에 보고하여야 한다.

[본조신설 2002.8.21]

제4조의3(주식보유승인의 처리기간) 법 제15조제4항에서 "대통령령이 정하는 기간"이라 함은 승인신청을 받은 날부터 30일을 말한다. 다만, 승인신청한 내용에 대하여 보완이 필요한 경우 또는 천재・지변 등 불승인 사유를 통지할 수 없는 부득이한 사유가 있는 경우 그 기간은 이를 처리기간에 산입하지 아니한다.

[본조신설 2002.8.21]

제5조(한도초과보유주주의 초과보유요건) 법 제15조제5항의 규정에 의하여 금융기관의 주식을 보유하고자 하는 자는 별표에서 규정한 요건에 적합하여야 한다.

[전문개정 2002.8.21]

제6조 삭제 〈2002.8.21〉

제7조 삭제 〈2002.8.21〉

제8조(주식보유 승인의 방법 및 절차) ① 금융감독위원회는 법 제15조제3항의 규정에 의한 승인을 함에 있어서 신청인의 자격요건, 금융기관의 소유지분분포 등에 비추어 보아 필요하다고 인정할 때에는 주식취득의 시기 및 방법 등을 제한할 수 있다. 〈개정 2002.8.21〉
② 금융감독위원회는 금융산업의구조개선에관한법률 제2조제3호의 규정에 의한 부실금융기관의 정리 등 특별한 사유가 있다고 인정되는 경우에는 제5조의 요건을 갖추지 아니한 경우에도 그 승인을 할 수 있다. 〈개정 2002.8.21〉
③ 금융감독위원회는 외국인이 금융기관의 주식보유와 관련하여 법 또는 이 영에 의한 승인신청을 하고자 할 때에는 거주자(외국환거래법에 의한 거주자를 말한다)를 대리인으로 지정할 것을 명할 수 있다. 〈개정 1999.5.12, 2002.8.21〉
④ 금융기관 주식의 보유에 대한 승인신청방법 등에 관한 세부사항은 금융감독위원회가 정한다. 〈개정 2002.8.21〉

제9조 삭제 〈2002.8.21〉

제10조 삭제 〈2002.8.21〉

제11조(비금융주력자로 간주되는 기간 등) ① 법 제16조의2제1항에서 "대통령령이 정하는 기간"이라 함은 3월을 말한다.
② 법 제16조의2제2항에서 "대통령령이 정하는 요건"이라 함은 별표 제1호 가목 및 제3호 가목 내지 다목의 요건을 말한다.
[본조신설 2002.8.21]

제11조의2(전환계획의 승인요건 등) ① 법 제16조의2제3항제1호의 규정에 의한 전환계획은 다음 각호의 요건을 갖추어야 한다.
1. 시장상황에 대한 전망 등 전환계획의 전제가 된 가정이 합리적일 것
2. 처분대상인 비금융회사의 발행주식규모, 자산규모 등에 비추어 전환계획이 제시된 이행기간내에 실현될 수 있을 것
3. 분기별 이행계획이 포함되어 있을 것
② 법 제16조의3제2항의 규정에 의하여 금융감독위원회는 전환계획 이행상황을 분기별로 점검하여야 한다.
③ 금융감독위원회는 제1항 각호의 요건에 관한 구체적인 기준 및 제2항의 규정에 의한 점검방법 등 점검을 위하여 필요한 사항을 정할 수 있다.
[본조신설 2002.8.21]

제11조의3(한도초과보유주주에 대한 적격성심사 주기) 법 제16조의4제1항의 규정에 의하여 금융감독위원회는 한도초과보유주주가 초과보유요건을 충족하는지 여부를 매반기 정기적으로 심사하여야 한다. 다만, 한도초과보유주주와 금융기관과의 불법거래 징후가 있는 경우 등 특별히 필요하다고 인정할 때에는 수시심사를 실시할 수 있다.
[본조신설 2002.8.21]

제12조(소수주주권의 행사) ① 법 제17조제1항 내지 제5항에서 "주식을 대통령령이 정하는 바에 의하여 보유한 자"라 함은 다음 각호의 1에 해당하는 방법으로 주식을 보유한 자를 말한다. 〈개정 2002.8.21〉
1. 주식의 소유
2. 주주권행사에 관한 위임장의 취득
3. 2인 이상의 주주의 주주권의 공동행사
② 법 제17조제2항 내지 제5항에서 "대통령령이 정하는 금융기관"이라 함은 각각 최근 사업연도 말 현재의 자산총액이 2조원이상인 금융기관을 말한다. 〈개정 2002.8.21〉
[본조신설 2000.6.23]

제13조(임원의 자격요건 등) ① 법 제18조제1항제5호에서 "대통령령이 정하는 금융관련법령"이라 함은 다음 각호의 법률을 말한다. 〈개정 2002.8.21, 2002.12.5, 2004.2.28〉

1. 한국은행법
2. 예금자보호법
3. 한국산업은행법
4. 중소기업은행법
5. 장기신용은행법
6. 한국수출입은행법
7. 증권거래법
8. 보험업법
9. 종합금융회사에관한법률
10. 신탁업법
11. 증권투자신탁업법
12. 증권투자회사법
13. 자산유동화에관한법률
14. 주택저당채권유동화회사법
15. 산업발전법
16. 상호저축은행법
17. 여신전문금융업법
18. 신용보증기금법
19. 기술신용보증기금법
20. 신용협동조합법
21. 새마을금고법
22. 중소기업창업지원법
23. 신용정보의이용및보호에관한법률
24. 선물거래법
25. 금융감독기구의설치등에관한법률
26. 한국주택금융공사법

② 법 제18조제1항제8호에서 "대통령령이 정하는 자"라 함은 금융감독원장이 적기시정조치등을 받게 된 금융기관에 대하여 그 원인을 규명한 결과 책임이 있다고 인정된 자로서 다음 각호의 1에 해당하는 자를 말한다.〈신설 1999.5.12〉

1. 해임권고 또는 업무집행정지명령을 받은 임원
2. 정직 또는 면직의 처분을 받은 직원
3. 제1호 및 제2호의 규정에 의한 제재대상자로서 그 제재를 받기전에 사임 또는 사직한 자

③ 법 제18조제1항제9호에서 "대통령령이 정하는 금융관련법령"이라 함은 다음 각호의 법률을 말한다.〈신설 2000.6.23, 2002.8.21, 2004.2.28〉

1. 금융산업의구조개선에관한법률
2. 보험업법
3. 장기신용은행법
4. 종합금융회사에관한법률
5. 신탁업법
6. 증권거래법
7. 선물거래법
8. 증권투자신탁업법
9. 상호저축은행법
10. 신용협동조합법
11. 여신전문금융업법
12. 신용정보의이용및보호에관한법률
13. 주택저당채권유동화회사법
14. 한국주택금융공사법

④ 법 제18조제1항제9호에서 "대통령령이 정하는 자"라 함은 허가·인가 등의 취소의 원인이 되는 사유가 발생한 당시의 임·직원(금융산업의구조개선에관한법률 제14조의 규정에 의하여 허가·인가 등이 취소된 법인 또는 회사의 경우에는 동법 제10조의 규정에 의한 적기시정조치의 원인이 되는 사유발생 당시의 임·직원)으로서 다음 각호의 1에 해당하는 자를 말한다.〈신설 2000.6.23〉

1. 감사 또는 감사위원회의 위원
2. 허가·인가 등의 취소의 원인이 되는 사유의 발생과 관련하여 위법·부당한 행위로 인하여 금융감독위원회 또는 금융감독원장으로부터 주의·경고·문책·직무정지·해임요구 기타의 조치를 받은 임원
3. 허가·인가 등의 취소의 원인이 되는 사유의 발생과 관련하여 위법·부당한 행위로 인하여 금융감독위원회 또는 금융감독원장으로부터 직무정지요구이상에 해당하는 조치를 받은 직원
4. 제2호 또는 제3호의 규정에 의한 제재대상자로서 그 제재를 받기 전에 사임 또는 사직한 자

第13조의2 삭제〈2002.8.21〉

第14조 삭제〈1999.5.12〉

제15조 삭제 〈2002.8.21〉

제16조 삭제 〈2002.8.21〉

제17조(이사회 운영 등) ① 삭제 〈1999.5.12〉
② 은행장은 이사의 공정한 직무수행을 위하여 필요한 경우에는 금융감독위원회가 정하는 바에 의하여 법 제22조제3항의 규정에 의한 사외이사후보추천위원회에 사외이사후보(사외이사로 선임된 경우에 한한다)를 추천한 주주 및 임원과 당해 금융기관간의 거래(예금거래를 제외한다)내역을 이사회 또는 주주총회에 보고하여야 한다. 〈개정 2000.6.23, 2002.8.21〉
③ 이사회의 의사록 작성 기타 이사회의 운영에 관하여 필요한 사항은 금융감독위원회가 정한다.

제17조의2(내부통제기준) ① 법 제23조의3 제1항의 규정에 의한 내부통제기준(이하 "내부통제기준"이라 한다)에는 다음 각호의 사항이 포함되어야 한다.
1. 업무의 분장 및 조직구조에 관한 사항
2. 자산의 운용 또는 업무의 영위과정에서 발생하는 위험의 관리에 관한 사항
3. 임・직원이 업무를 수행함에 있어서 반드시 준수하여야 하는 절차에 관한 사항
4. 경영의사결정에 필요한 정보가 효율적으로 전달될 수 있는 체제의 구축에 관한 사항
5. 임・직원의 내부통제기준준수여부를 확인하는 절차・방법 및 내부통제기준을 위반한 임・직원의 처리에 관한 사항
6. 임・직원의 유가증권거래내역의 보고등 불공정거래행위를 방지하기 위한 절차나 기준에 관한 사항
7. 내부통제기준의 제정 또는 변경절차에 관한 사항
8. 법 제23조의3제2항의 규정에 의한 준법감시인(이하 "준법감시인"이라 한다)의 임면절차에 관한 사항
9. 제1호 내지 제8호의 사항에 관한 구체적인 기준으로서 금융감독위원회가 정하는 사항

② 금융기관이 내부통제기준을 제정하거나 변경하고자 하는 때에는 이사회의 결의를 거쳐야 한다.
③ 금융감독위원회는 법 제48조의 규정에 의한 금융감독원의 검사결과 법령을 위반한 사실이 드러난 금융기관에 대하여는 법령위반행위의 재발방지를 위하여 내부통제기준의 변경을 권고할 수 있다.
[본조신설 2000.6.23]

제17조의3(준법감시인) ① 삭제 〈2002.8.21〉
② 삭제 〈2002.8.21〉
③ 금융기관은 준법감시인을 임면한 때에는 그 사실을 금융감독위원회에 통보하여야 한다.
④ 준법감시인은 선량한 관리자의 주의로 그 직무를 수행하여야 하며, 다음 각호의 업무를 수행하는 직무를 담당하여서는 아니된다.
1. 자산운용에 관한 업무
2. 당해금융기관이 영위하는 은행업무와 그 부수업무
3. 법 제28조제1항의 규정에 의하여 당해 금융기관이 겸영하는 금융업무

⑤ 금융기관은 준법감시인이 그 직무를 수행함에 있어서 자료나 정보의 제출을 임・직원에게 요구하는 경우에는 당해 임・직원으로 하여금 이에 성실히 응하도록 하여야 한다.
⑥ 금융기관은 준법감시인이었던 자에 대하여 당해직무수행과 관련한 사유로 부당한 인사상의 불이익을 주어서는 아니된다.
[본조신설 2000.6.23]

제18조(이사회의 권한규정 등 적용배제의 기준) 법 제26조에서 "대통령령이 정하는 외국인이 설립하는 금융기관"이라 함은 다음 각호의 요건을 갖춘 금융기관을 말한다.
1. 외국인(외국인투자촉진법 제2조제1항제1호에 의한 외국인을 말한다)이 단독으로 또는 대한민국국민 또는 법인(외국인투자촉진법 제2조제1항제2호 및 제3호

에 의한 대한민국국민 또는 법인을 말한다)과 합작으로 투자하여 외국인투자촉진법에 의한 외국인투자기업으로 등록된 금융기관
2. 동일 외국인이 보유하는 당해 금융기관의 의결권있는 주식수가 당해 금융기관의 의결권있는 발행주식총수의 100분의 50을 초과하는 금융기관
[전문개정 2002.8.21]

제18조의2(은행업무의 범위) 법 제27조의 규정에 의한 은행업무의 범위는 다음 각호와 같다.
1. 예금·적금의 수입 또는 유가증권 기타 채무증서의 발행
2. 자금의 대출 또는 어음의 할인
3. 내·외국환
4. 제1호 내지 제3호의 업무에 부수되는 업무로서 재정경제부장관이 정하여 고시하는 업무
[본조신설 2000.6.23]

제18조의3(겸영업무의 범위) 법 제28조제1항의 규정에 의하여 금융기관이 겸영할 수 있는 업무는 다음 각호와 같다.〈개정 2004.3.22〉
1. 신탁업법에 의한 신탁업무
2. 여신전문금융업법에 의한 신용카드업무
3. 간접투자자산운용업법 제4조제2항의 규정에 의한 자산운용회사의 업무 및 제26조의 규정에 의한 판매회사의 업무
4. 기타 은행업무와 관련이 있는 업무로서 재정경제부령이 정하는 업무
[본조신설 2000.6.23]

제19조(금융채 등의 발행) ① 금융기관은 법 제33조의 규정에 의하여 자기자본의 3배까지 상법이 정하는 사채·전환사채·신주인수권부사채 기타 이에 준하는 사채(이하 "금융채"라 한다)를 발행할 수 있다. 다만, 금융채를 새로이 발행하지 아니하였음에도 불구하고 자기자본의 감소, 합병, 전환 등의 사유로 인하여 금융채의 발행금액이 자기자본의 3배를 초과하게 되는 경우에는 그 발행금액이 자기자본의 3배 이내가 될 때까지 새로이 금융채를 발행할 수 없다.〈개정 1999.5.12〉
② 금융기관이 이미 발행한 금융채를 상환하기 위하여 새로 금융채를 발행하는 경우에는 상환할 금융채의 발행금액은 법 제33조 후단의 규정에 의한 채권발행한도에 산입하지 아니한다. 이 경우 상환하기로 한 금융채는 새로 금융채를 발행한 후 1월이내에 상환하여야 한다.
③ 금융기관은 금융채를 매출기간을 미리 정하여 매출의 방법에 의하여 발행할 수 있다.
④ 금융채의 상환기간은 1년 이상이어야 하고, 발행후 1년 이내에 중도상환할 수 없다. 다만, 다음 각호의 1에 해당하는 경우에는 중도상환할 수 있다.〈개정 2002.8.21〉
1. 외국에서 발행하는 경우
2. 합병(분할합병을 포함한다. 이하 같다) 또는 전환한 금융기관이 합병일 또는 전환일 이전에 중도상환이 가능한 조건으로 발행한 경우
⑤ 제1항 내지 제4항의 규정에 의하여 발행된 금융채에 대하여 증권거래법을 적용함에 있어서는 이를 동법 제2조제1항제3호의 규정에 의한 채권으로 본다.

제20조 삭제〈1999.5.12〉

제20조의2(신용위험을 공유하는 자의 범위) 법 제35조제1항 본문에서 "대통령령이 정하는 신용위험을 공유하는 자"라 함은 독점규제및공정거래에관한법률 제2조제2호의 규정에 의한 기업집단에 속하는 회사를 말한다.
[본조신설 1999.5.12]

제20조의3(신용공여한도의 초과사유) ① 법 제35조제1항제1호의 사유로 금융기관의 신용공여가 자기자본의 100분의 25를 초과할 수 있는 경우는 다음 각호와 같다.〈개정 2005.3.8, 2006.3.29〉

1. 「채무자회생및파산에관한법률」에 의한 회생절차가 진행중이거나 기업구조조정 등을 위하여 금융기관 공동으로 경영의 정상화를 추진중인 회사에 대하여 추가로 신용공여를 하는 경우
2. 제1호에 해당하는 회사를 인수한 자에 대하여 인수계약에서 정하는 바에 따라 추가로 신용공여를 하는 경우
3. 사회기반시설사업의 추진 등 산업발전 또는 국민생활 안정을 위하여 불가피하다고 금융감독위원회가 인정하는 경우

② 법 제35조제1항제2호의 사유로 금융기관의 신용공여가 자기자본의 100분의 25를 초과할 수 있는 경우는 다음 각호와 같다.

1. 환율변동에 따라 원화환산액이 증가한 경우
2. 당해금융기관의 자기자본이 감소된 경우
3. 동일차주의 구성에 변동이 있는 경우
4. 신용공여를 받은 기업간의 합병 또는 영업의 양도・양수가 있는 경우
5. 기타 급격한 경제여건의 변화 등 불가피한 사유로 인하여 금융기관의 귀책사유 없이 신용공여한도를 초과하였다고 금융감독위원회가 인정하는 경우

[본조신설 1999.5.12]

제20조의4(신용공여한도 초과기간의 연장사유) 법 제35조제2항 단서에서 "대통령령이 정하는 부득이한 사유에 해당하는 경우"라 함은 다음 각호의 1에 해당하는 경우를 말한다.

1. 이미 제공한 신용공여의 기한이 도래하지 아니하여 기간내에 회수가 곤란한 경우
2. 제20조의3제2항제1호 또는 제2호의 규정에 의한 사유가 장기간 지속되고 당해 신용공여를 회수할 경우 신용공여를 받은 자의 경영안정이 크게 저해될 우려가 있는 경우
3. 기타 제1호 및 제2호에 준하는 경우로서 한도초과 상태가 일정기간 계속되어도 당해금융기관의 자산건전성이 그게 저해되지 아니한다고 금융감독위원회가 인정하는 경우

[본조신설 1999.5.12]

제20조의5(금융기관의 대주주에 대한 신용공여한도 등) ① 법 제35조의2제1항에서 "대통령령이 정하는 비율"이라 함은 자기자본의 100분의 25를 말한다.

② 법 제35조의2제1항의 규정에 의한 대주주의 당해 금융기관에 대한 출자비율에 해당하는 금액은 대주주가 보유하는 당해 금융기관의 의결권있는 주식수를 당해 금융기관의 의결권있는 발행주식총수로 나눈 비율에 당해 금융기관의 자기자본을 곱한 금액으로 한다.

③ 법 제35조의2제2항에서 "대통령령이 정하는 비율"이라 함은 자기자본의 100분의 25를 말한다.

④ 금융기관이 추가적인 신용공여를 하지 아니하였음에도 불구하고 다음 각호의 1에 해당하는 사유로 인하여 제1항 내지 제3항에서 정한 한도에 적합하지 아니하게 된 때에는 그 사유가 발생한 날부터 3월 이내에 이를 적합하게 하기 위한 계획을 금융감독위원회에 제출하여 승인을 얻어야 한다.

1. 환율변동에 따른 원화환산액의 증가
2. 당해 금융기관의 자기자본의 감소
3. 동일인 구성의 변동
4. 기업간 합병 또는 영업의 양수
5. 기타 금융감독위원회가 인정하는 불가피한 사유

⑤ 법 제35조의2제4항 및 제5항에서 "대통령령이 정하는 금액"이라 함은 단일거래금액이 자기자본의 1만분의 10에 해당하는 금액 또는 50억원 중 적은 금액을 말한다. 이 경우 단일거래금액의 구체적인 산정기준은 금융감독위원회가 정한다.

⑥ 법 제35조의2제4항에서 "대통령령이 정하는 거래"라 함은 증권거래법 제2조제3항 및 제4항의 규정에 의한 모집 또는 매출의 방법에 의하여 발행되는 사채권을 취득하는 거래를 말한다.

⑦ 법 제35조의2제6항의 규정에 의하여 금융기관은 매 분기말 현재 대주주에 대한 신

용공여규모, 분기중 신용공여의 증감액, 신용공여의 거래조건 기타 금융감독위원회가 정하는 사항을 매 분기말 경과후 1월 이내에 공시하여야 한다.
[본조신설 2002.8.21]

제20조의6(대주주 발행주식의 취득한도 등) ① 법 제35조의3제1항에서 "대통령령이 정하는 비율"이라 함은 자기자본의 100분의 1을 말한다.
② 금융기관이 위탁자(위탁자가 지정하는 자를 포함한다)가 신탁재산인 금전의 운용방법을 지정하는 신탁에 의하여 주식을 취득하는 것은 법 제35조의3제1항의 규정에 의한 주식의 취득으로 보지 아니한다.
③ 법 제35조의3제2항에서 "대통령령이 정하는 기간"이라 함은 1년을 말한다. 다만, 금융감독위원회는 금융기관이 초과보유한 주식의 규모, 증권시장의 상황 등에 비추어 부득이하다고 인정되는 경우에는 그 기간을 정하여 연장할 수 있다.
④ 법 제35조의3제3항 및 제4항에서 "대통령령이 정하는 금액"이라 함은 단일거래금액(법 제35조의3제3항의 경우 증권거래법에 의한 유가증권시장·협회중개시장 또는 이와 유사한 시장으로서 외국에 있는 시장에서 취득하는 금액을 제외한다)이 자기 자본의 1만분의 10에 해당하는 금액 또는 50억원중 적은 금액을 말한다.
⑤ 법 제35조의3제5항의 규정에 의하여 금융기관은 매 분기말 현재 대주주가 발행한 주식을 취득한 규모, 분기중 보유주식의 증감액, 보유주식의 취득가격 기타 금융감독위원회가 정하는 사항을 매 분기말 경과후 1월 이내에 공시하여야 한다.
[본조신설 2002.8.21]

제20조의7(대주주의 부당한 영향력 행사의 금지) 법 제35조의4제4호에서 "대통령령이 정하는 행위"라 함은 경쟁사업자에 대한 신용공여시 정당한 이유없이 금리, 담보 등 계약조건을 불리하게 하도록 요구하는 행위를 말한다.
[본조신설 2002.8.21]

제20조의8(대주주와의 거래제한 등) ① 법 제35조의5제2항에서 "대통령령이 정하는 경우"라 함은 대주주가 다음 각호의 1의 사유에 해당되어 당해 금융기관과 불법거래할 가능성이 크다고 인정되는 경우를 말한다.
1. 부채가 자산을 초과하는 경우
2. 대주주에 대한 신용공여가 가장 많은 금융기관(당해 대주주가 대주주인 금융기관을 제외한다)이 금융감독위원회가 정하는 자산건전성분류기준에 따라 당해 대주주의 신용위험을 평가한 결과 금융감독위원회가 정하는 기준 이하로 분류된 경우
3. 신용정보의이용및보호에관한법률에 의한 신용평가업무를 영위하는 신용정보업자 2이상이 투자부적격 등급으로 평가한 경우
② 법 제35조의5제2항에서 "대통령령이 정하는 조치"라 함은 다음 각호의 조치를 말한다.
1. 대주주에 대한 신규 신용공여의 금지
2. 제20조의5제6항의 규정에 의한 거래의 제한
3. 대주주가 발행한 주식의 신규취득 금지
[본조신설 2002.8.21]

제21조(자회사에의 출자한도 등) ① 법 제37조제2항제1호에서 "대통령령이 정하는 비율"이라 함은 100분의 15를 말한다.〈신설 1999.5.12〉
② 법 제37조제2항제2호의 규정에 의하여 금융감독위원회는 다른 회사의 발행주식을 취득할 수 있는 금융기관의 요건으로 다음 각호의 사항에 관한 요건을 정할 수 있다.
1. 금융기관의 경영상태
2. 금융기관이 이미 출자한 자회사의 경영상태
3. 자회사 출자의 총한도
③ 법 제37조제6항제1호에서 "대통령령이 정하는 경우"라 함은 다음 각호의 1에 해당

하는 경우를 말한다. 〈신설 2002.8.21〉
1. 자은행이 모은행의 새로운 다른 자은행이 발행한 주식을 이미 소유하고 있는 경우
2. 모은행의 새로운 자은행이 당해 모은행 또는 그 자은행이 발행한 주식을 이미 소유하고 있는 경우
3. 상법 제342조의2제1항의 규정에 의하여 모은행등이 발행한 주식을 소유하는 경우

④ 자은행이 제3항 각호의 1의 사유로 모은행등이 발행한 주식을 소유한 때에는 그 날부터 2년 이내에 당해 주식을 처분하여야 한다. 다만, 금융감독위원회는 자은행이 소유한 주식규모, 증권시장의 상황 등에 비추어 부득이하다고 인정되는 경우에는 그 기간을 연장할 수 있다. 〈신설 2002.8.21〉

⑤ 법 제37조제6항제3호에서 "대통령령이 정하는 기준"이라 함은 다음 각호의 1을 말한다. 다만, 제6항 각호의 규정에 해당하는 경우에는 그 사유가 발생한 날부터 2년 이내에 다음 각호의 기준에 적합하도록 하되, 자은행의 신용공여규모 등에 비추어 부득이하다고 인정되는 경우 금융감독위원회는 그 기간을 연장할 수 있다. 〈신설 2002.8.21〉
1. 모은행에 대한 신용공여의 금지
2. 다른 자은행에 대한 신용공여의 경우 당해 자은행 자기자본의 100분의 10 이내
3. 다른 자은행에 대한 신용공여의 합계액의 경우 당해 자은행 자기자본의 100분의 20 이내

⑥ 제5항에서 제6항 각호의 규정에 해당하는 경우라 함은 다음 각호의 1을 말한다. 〈신설 2002.8.21〉
1. 모자관계를 형성하기 이전에 이미 모은행에 신용공여를 한 경우
2. 모은행의 새로운 자은행에 대하여 이미 제5항제2호 및 제3호의 규정에 의한 한도를 초과한 경우
3. 제20조의5제4항제1호·제2호·제4호 및 제5호의 사유로 인하여 제5항의 규정에 의한 기준을 위반하게 된 경우

⑦ 법 제37조제6항제4호에서 "대통령령이 정하는 행위"라 함은 다음 각호의 행위를 말한다. 〈신설 2002.8.21〉
1. 모은행 등이 발행한 주식을 담보로 하거나 이를 매입시키기 위한 신용공여
2. 모은행 등의 임원 또는 직원에 대한 대출(금융감독위원회가 정하는 소액대출을 제외한다)

⑧ 법 제37조제7항의 규정에 의하여 자은행이 모은행등에 대하여 신용공여를 하는 경우에는 신용공여액의 100분의 150의 범위내에서 유가증권·부동산 등 담보의 종류에 따라 금융감독위원회가 정하는 비율이상의 담보를 확보하여야 한다. 〈신설 2002.8.21〉

⑨ 법 제37조제8항에서 "대통령령이 정하는 불량자산"이라 함은 경영내용·재무상태 및 미래의 현금흐름 등을 감안할 때 상환에 어려움이 있거나 있을 것으로 판단되는 채무자 등에 대한 채권 등으로서 금융감독위원회가 정하는 자산을 말한다. 〈신설 2002.8.21〉

제21조의2(유가증권투자한도 등) ① 법 제38조제1호 및 제3호에서 "대통령령이 정하는 비율"이라 함은 각각 100분의 60을 말한다.

② 금융기관이 업무용 부동산을 새로이 취득하지 아니하였음에도 불구하고 손실발생 등으로 부득이하게 자기자본이 감소하여 제1항의 규정에 의한 한도를 초과하게 된 때에는 그 초과하게 된 날부터 1년 이내에 그 한도에 적합하게 하여야 한다. 다만, 금융감독위원회는 금융기관이 초과보유한 부동산의 규모, 부동산시장의 상황 등에 비추어 부득이하다고 인정되는 경우에는 그 기간을 연장할 수 있다. 〈신설 2002.8.21〉
[본조신설 1999.5.12]

제21조의3(금융기관 담보대출제한의 예외) 법 제38조제5호에서 "대통령령이 정하는 사업자"라 함은 「사회기반시설에 대한 민간투자법」 제2조제7호의 규정에 의한 사업시행자를 말한다. 〈개정 2005.3.8〉

[본조신설 2000.6.23]

제22조 삭제 〈2002.8.21〉

제23조(외국은행지점의 이익준비금의 적립시기) 외국은행지점의 경우에는 "결산할 때"를 법 제40조의 규정에 의한 "배당할 때"로 본다.

제24조(경영지도기준) 법 제45조제2항의 규정에 의한 경영지도기준에는 다음 각호의 사항이 포함되어야 한다.
1. 위험가중자산에 대한 자기자본비율 등 금융기관의 신용위험에 대응하는 자기자본의 보유기준에 관한 사항
2. 대출채권등 금융기관이 보유하는 자산의 건전성분류기준에 관한 사항
3. 유동성부채에 대한 유동성자산의 보유기준에 관한 사항

[전문개정 2000.6.23]

제24조의2(분담금) 법 제49조제2항의 규정에 의한 분담금의 분담요율·한도 기타 분담금의 납부에 관하여는 금융감독기구의설치등에관한법률시행령 제12조의 규정에 의한다.

[본조신설 1998.4.1]

제24조의3(경영공시) ① 법 제51조의 규정에 의하여 금융기관은 다음 각호의 사항을 공시하여야 한다.
1. 재무 및 손익에 관한 사항
2. 자금의 조달 및 운용에 관한 사항
3. 법 제53조 또는 금융산업의구조개선에관한법률 제10조·제14조의 규정에 의한 조치를 받은 경우 그 내용
4. 기타 예금자 및 투자자의 보호를 위하여 공시가 필요하다고 인정되는 사항으로서 금융감독위원회가 정하는 사항

② 금융감독위원회는 제1항제1호 내지 제3호의 공시사항에 관한 세부기준을 정할 수 있다.

[본조신설 2000.6.23]

제24조의4(합병 등의 인가) ① 금융감독위원회는 법 제55조제1항제1호의 규정에 의하여 분할 또는 합병의 인가를 하고자 하는 때에는 다음 각호의 기준에 적합한지 여부를 심사하여야 한다.〈개정 2002.8.21〉
1. 금융산업의 효율화와 신용질서의 유지에 지장을 초래하지 아니할 것
2. 분할 또는 합병에 따른 영업계획 및 조직운영계획이 적정할 것
3. 분할 또는 합병에 따른 금융기관의 소유구조변경이 법령에 적합할 것
4. 상법 및 증권거래법 기타 관계 법령의 규정에 따른 절차이행에 하자가 없을 것

② 금융감독위원회는 법 제55조제1항제2호의 규정에 의하여 해산 또는 은행업폐지의 인가를 하고자 하는 때에는 다음 각호의 기준에 적합한지 여부를 심사하여야 한다.
1. 당해금융기관의 경영 및 재무상태등에 비추어 부득이할 것
2. 예금자 등 이용자보호와 신용질서유지에 지장을 초래하지 아니할 것
3. 상법 및 증권거래법 기타 관계법령의 규정에 따른 절차이행에 하자가 없을 것

③ 법 제55조제1항제3호의 규정에 의한 영업양수의 인가에 관하여는 제1항의 규정을, 영업양도의 인가에 관하여는 제2항의 규정을 각각 준용한다.

④ 금융감독위원회는 법 제55조제1항의 규정에 의한 인가의 세부요건·신청서류 기타 필요한 사항을 정할 수 있다.

[본조신설 2000.6.23]

제24조의5(외국금융기관의 지점신설 등의 인가) ① 금융감독위원회는 법 제58조제1항의 규정에 의하여 외국금융기관의 지점·대리점 또는 사무소의 신설인가를 하고자 하는 때에는 당해외국금융기관의 본점 및 대표자에 관한 사항을 확인하여야 한다.

② 금융감독위원회는 법 제58조제1항의 규정에 의하여 지점 또는 대리점의 폐쇄인가를 하고자 하는 때에는 다음 각호의 기준에 적합한지 여부를 심사하여야 한다.
1. 폐쇄에 따른 자산 및 부채의 정리계획이

적정하고 국내 예금자등 채권자보호에 지장을 초래하지 아니할 것
2. 내국인 근무직원에 대한 퇴직금지급등의 조치계획이 적정할 것

③ 금융감독위원회는 법 제58조제1항의 규정에 의한 인가의 세부요건·인가신청서류 기타 필요한 사항을 정할 수 있다.
[본조신설 2000.6.23]

제25조(국내보유자산의 범위) 법 제62조제1항의 규정에 의하여 외국은행지점이 국내에 보유하여야 하는 자산의 범위는 제26조의 규정에 의한 영업기금에 상당하는 자산으로 한다.

제26조(자본금의 의제) 법 제63조의 규정에 의하여 외국은행지점에 대하여는 다음 각호의 1에 해당하는 것으로서 금융감독위원회가 인정한 영업기금을 자본금으로 본다. 〈개정 2001.6.8〉
1. 외국은행지점의 설치 및 영업행위를 위하여 그의 본점이 한국은행에 외화자금을 매각하여 당해 지점에 공급한 원화자금
2. 법 제40조의 규정에 의한 당해 외국은행지점의 적립금에서 전입하는 자금
3. 외국은행지점을 추가로 설치하기 위하여 이미 국내에 설치된 외국은행지점의 이월이익잉여금에서 전입하는 자금
4. 외국은행지점이 한국은행에 외화자금을 매각하여 조달한 원화자금
5. 외국은행의 본점 또는 국외지점으로부터 상환기간이 1년을 초과하는 조건으로 차입한 자금중 국내에서 운용하는 자금

제26조의2(과징금의 부과통지 등) ① 금융감독위원회는 법 제65조의4의 규정에 의하여 과징금을 부과하고자 하는 때에는 그 위반행위의 종별과 당해 과징금의 금액을 명시하여 이를 납부할 것을 서면으로 통지하여야 한다.

② 제1항의 규정에 의하여 통지를 받은 자는 통지가 있은 날부터 60일 이내에 금융감독위원회가 정하는 수납기관에 과징금을 납부하여야 한다.

③ 이 영에서 규정한 사항외에 과징금의 부과에 관하여 필요한 사항은 금융감독위원회가 정한다.
[본조신설 2002.8.21]

제26조의3(납부기한 연장 및 분할납부) ① 법 제65조의7제1항의 규정에 의한 납부기한의 연장은 그 납부기한의 다음 날부터 1년을 초과할 수 없다.

② 법 제65조의7제1항의 규정에 의하여 분할납부를 하게 하는 경우에는 각 분할된 납부기한간의 간격은 6월 이내로 하고, 분할횟수는 3회 이내로 한다.

③ 법 제65조의7제2항의 규정에 의한 납부기한의 연장 또는 분할납부의 신청서 등에 관하여 필요한 사항은 금융감독위원회가 정한다.
[본조신설 2002.8.21]

제26조의4(가산금) 법 제65조의8제1항에서 "대통령령이 정하는 가산금"이라 함은 체납된 과징금액에 연 100분의 6을 적용하여 계산한 금액을 말한다.
[본조신설 2002.8.21]

제26조의5(독촉) ① 법 제65조의8제2항의 규정에 의한 독촉은 납부기한 경과후 15일 이내에 서면으로 하여야 한다.

② 제1항의 규정에 의하여 독촉장을 발부하는 경우 체납된 과징금의 납부기한은 발부일부터 10일 이내로 한다.
[본조신설 2002.8.21]

제26조의6(체납처분의 위탁) ① 금융감독위원회는 법 제65조의8제3항의 규정에 의하여 체납처분에 관한 업무를 국세청장에게 위탁하는 때에는 다음 각호의 서류를 첨부한 서면으로 하여야 한다.
1. 금융감독위원회의 의결서
2. 세입징수결의서 및 고지서
3. 납부독촉장

② 국세청장은 제1항의 규정에 의하여 체납처분 업무를 위탁받은 경우에는 그 사유가 발생한 날부터 30일 이내에 다음 각호의 1에 해당하는 사항을 금융감독위원회에 서면으로 통보하여야 한다.

1. 체납처분에 관한 업무가 종료한 경우에는 그 업무종료의 일시 기타 필요한 사항
2. 금융감독위원회로부터 진행상황에 대한 통보요청이 있는 경우에는 그 진행상황

[본조신설 2002.8.21]

제27조(과태료의 부과·징수절차) ① 법 제69조제1항 내지 제3항의 규정에 의하여 과태료를 부과할 때에는 당해 위반행위를 조사·확인한 후 위반사실·과태료금액 등을 서면으로 명시하여 이를 납부할 것을 과태료처분대상자에게 통지하여야 한다.

② 금융감독위원회는 제1항의 규정에 의하여 과태료를 부과하고자 할 때에는 10일이상의 기간을 정하여 과태료처분대상자에게 구술 또는 서면에 의한 의견진술의 기회를 주어야 한다. 이 경우 지정된 기일까지 의견진술이 없는 때에는 의견이 없는 것으로 본다.

③ 금융감독위원회는 과태료의 금액을 정함에 있어서는 당해 위반행위의 동기와 그 결과 등을 참작하여야 한다.

④ 과태료는 세입징수관의 사무처리에 관한 절차에 의하여 이를 징수한다. 이 경우 납입고지서에는 이의방법 및 이의기간 등을 함께 기재하여야 한다.

은행업감독규정

제정 1998.4.1
개정 2007.12.28 금융감독위원회공고 제2007-156호

제1장 총 칙

제1조(목적) 이 규정은 은행법(이하 "법"이라 한다) 및 동법 시행령(이하 "시행령"이라 한다), 외국환거래법 및 동법시행령, 장기신용은행법 및 동법 시행령, 한국산업은행법 및 동법 시행령, 중소기업은행법 및 동법 시행령, 한국수출입은행법 및 동법 시행령, 농업협동조합법 및 동법 시행령, 수산업협동조합법 및 동법 시행령, 금융감독기구의설치등에관한법률(이하 "감독기구설치법"이라 한다) 및 동법 시행령과 기타 관계법령에서 정하는 금융기관 감독에 관한 금융감독위원회(이하 "금감위"라 한다)의 소관사항의 시행에 필요한 사항을 정함을 목적으로 한다.

제2조(자기자본의 범위) ① 법 제2조제2항 및 시행령 제1조의2의 규정에 의한 자기자본은 금융기관의 개별재무제표를 기준으로 기본자본과 보완자본에서 공제항목을 차감하여 산출한다.
② 제1항의 기본자본, 보완자본 및 공제항목의 범위는 〈별표 1〉과 같으며, 보완자본의 인정범위 및 한도 등은 제26조제2항에서 정하는 자기자본계산방법을 따른다. 다만, 외국은행 국내지점의 을기금은 전액 자기자본으로 인정한다.

제3조(신용공여의 범위) 법 제2조제2항 및 시행령 제1조의3의 규정에 의한 신용공여의 범위는 〈별표 2〉와 같다.

제4조(사무소) 법 제13조 및 제58조에서 정하는 "사무소"라 함은 금융기관이 은행업에 관한 정보의 수집 및 제공, 금융경제동향조사, 본·지점 또는 고객과의 업무연락 등의 사무를 수행하기 위하여 직원을 상주시키고 있는 영업소 이외의 시설을 말한다.

제2장 신고 등

제1절 신고 절차

제5조(신고) ① 금융기관이 다음 각호의 1에 해당하는 행위를 하고자 할 때에는 금융감독원장(이하 "감독원장"이라 한다)을 경유하여 금감위에 미리 신고하여야 한다.

1. 법 제10조제1항제1호에서 정하는 정관의 변경. 다만, 다음 각목의 1에 해당하는 경우에는 그 사유가 발생한 날로부터 7일 이내에 감독원장에게 보고하여야 한다.
   가. 법, 시행령, 이 규정에서 규정한 내용 또는 법, 시행령, 이 규정에 따라 감독원장이 정하는 사항과 동일한 내용으로 정관을 변경하는 경우
   나. 법에 의하여 인가 또는 승인받은 내용과 동일한 내용으로 정관을 변경하는 경우
   다. 체제변경 등 정관의 실질적인 내용이 변경되지 아니한 경우

2. 법 제10조제1항제2호에서 정하는 자본금의 감소

② 금융기관이 제1항제2호에 해당하지 아니하는 자본금의 변경을 한 때에는 사유발생일로부터 7일이내에 그 사실을 감독원장에게 보고하여야 한다.

③ 금감위 또는 감독원장은 제1항 제1호 또는 제2호의 규정에 의하여 신고받은 내용이 제7조 또는 제8조의 기준에 적합하지 않은 경우에는 당해 금융기관에 대하여 그 시정 또는 보완을 권고할 수 있다.

④ 외국금융기관이 법 제58조제3항에서 정하는 지점의 이전 또는 사무소의 폐쇄를 하고자 할 때에는 감독원장에게 미리 신고하여야 하며 감독원장은 그 신고처리상황을 매 반기별로 금감위에 보고하여야 한다.

제6조(신고서류) 제5조에서 정하는 신고시 절차, 제출서류 및 기타 필요한 사항은 감독원장이 정한다.

제2절 신고의 심사기준

제7조(정관변경의 신고) 제5조제1항제1호에서 정하는 신고가 있을 경우에는 다음 각호에서 정하는 기준에 적합한지 여부를 심사한다.

1. 관련법규에 저촉되지 않을 것
2. 주식회사의 본질을 침해하지 않을 것
3. 이용자의 권익을 침해하지 않을 것

제8조(자본금 감소의 신고) 제5조제1항제2호에서 정하는 신고가 있을 경우에는 다음 각호에서 정하는 기준에 적합한지 여부를 심사한다.

1. 자본금 감소의 불가피성이 인정될 것
2. 예금자 및 채권자 보호에 지장을 줄 염려가 없을 것

제9조(외국은행지점 이전 등의 신고) ① 감독원장은 제5조제4항에서 정하는 외국은행지점 이전의 신고가 있을 경우에는 다음 각호에서 정하는 기준에 적합한지 여부를 심사한다.

1. 동일한 특별시·광역시·도내에서 이전하는 경우에는 이전후 영업계획의 타당성이 인정될 것
2. 다른 특별시·광역시·도의 지역으로 이전하는 경우에는 이전후 영업계획의 타당성이 인정되고 이전에 따라 국내예금자 등 금융거래자의 보호에 지장을 줄 염려가 없을 것

② 감독원장은 제5조제4항에서 정하는 외국은행 국내사무소의 폐쇄 신고가 있을 경우에는 당해 사무소 직원 및 자산·부채 처리계획이 적절한지 여부를 심사한다.

제3절 영업기금의 인정

제10조(외국은행지점의 영업기금) ① 시행령 제26조에서 정하는 외국은행지점의 영업기금은 갑기금과 을기금으로 구분한다.

② 제1항에서 정하는 갑기금은 시행령 제26조제1호 내지 제3호에 해당하는 자금으로 한다.

③ 외국은행지점의 갑기금은 지점마다 30억원이상이어야 한다.

④ 제1항에서 정하는 을기금은 다음 각호의 자금을 합산한 것으로 하되 대차대조표상 자본총계의 100분의 200을 초과할 수 없다.

1. 외국은행지점이 외화자금을 환매조건부로 한국은행에 매각하여 보유·운용하는 원화자금
2. 외국은행지점이 그의 본점 또는 국외지점으로부터 상환기간이 1년을 초과하는 조건으로 차입한 자금중 국내에서 운용하는 자금(이하 이조에서 "본지점 장기차입금"이라 한다)〈개정 2001.7.2〉

⑤ 제4항제2호의 국내에서 운용하는 자금은 1년초과 차입금에서 다음 각호의 전월대비 증가액을 차감하거나 감소액을 가산하여 산정한다.〈신설 2001.7.2〉

1. 외국은행 지점이 그의 본점 또는 국외지점에 대여한 자금의 월평잔
2. 환매조건부로 한국은행에 매각하여 보

유・운용하는 원화자금의 월평잔
⑥ 감독원장은 제5항의 규정에 불구하고 외국은행지점의 자금운용 내역을 감안하여 제4항제2호의 본지점 장기차입금이 국내에서 운용된 것으로 볼 수 없다고 판단되는 경우 이를 을기금에서 제외할 수 있다.〈신설 2001.7.2〉
⑦ 외국은행지점은 제4항제2호에서 정하는 본지점 장기차입금의 차입 및 상환내역, 계약서, 자금이체확인서 등 관련자료를 감독원장에게 제출하여야 한다.〈신설 2001.7.2〉
⑧ 하나의 외국금융기관이 국내에 복수의 지점을 두는 경우에는 각 지점의 영업기금을 합산하여 이를 당해 외국은행의 자본금으로 본다.

제11조(국내보유자산의 보전) ① 외국은행지점은 국내에 보유하는 자산이 영업기금 상당액에 미달하는 때에는 사유발생일로부터 90일이내에 이를 보전하여야 한다.
② 제1항에 의하여 국내에 보유하는 자산은 외국은행지점이 운용하는 자산의 소재지가 국내로 되어 있는 모든 원화자산과 외화자산으로 한다.
③ 감독원장은 필요하다고 인정하는 경우에는 제1항의 기간전이라도 제1항의 보전을 명령할 수 있으며, 이 경우 외국은행지점은 당해 명령을 받은 날부터 30일이내에 이를 보전하여야 한다.
④ 제1항 및 제3항의 규정에 의한 보전은 국외보유자산의 국내로의 회수 또는 본점으로부터의 자금공급에 의하며, 당해 외국은행지점은 그 보전결과를 지체없이 감독원장에게 보고하여야 한다.

제12조(영업기금 인정) ① 외국은행지점의 영업기금 인정시에는 당해 외국은행지점의 경영의 건전성 및 자본의 충실화정도 등을 고려한다.
② 갑기금의 감액인정시에는 제8조의 규정을 준용한다.
③ 외국은행지점이 갑기금을 인정받고자 하는 경우에는 감독원장이 정하는 바에 따라 감독원장에게 신청서 또는 신고서를 제출하여야 한다.
④ 외국은행 최초지점의 신설에 따른 갑기금과 외국은행 지점의 갑기금 감액은 금감위가 인정하며 제10조제4항의 을기금은 금감위의 인정을 받은 것으로 본다.
⑤ 제4항에서 정하지 아니한 갑기금은 감독원장이 인정한다. 다만, 갑기금 증액 및 적립금의 갑기금 전입은 그 실행결과의 보고로써 감독원장의 인정을 받은 것으로 본다.〈개정 2002.9.23〉

제4절 국외점포의 신설

제13조(국외점포의 신설) ① 금융기관은 대한민국 지역 이외의 지역에서의 지점(이하 "국외지점"이라 한다) 및 국외사무소와 국외지역에 소재하는 자회사(이하 "현지법인"이라 한다)를 신설하고자 하는 경우에는 사전에 그 계획을 제출하여 감독원장과 협의하여야 하며 감독원장은 그 협의처리상황을 매 반기별로 금감위에 보고하여야 한다.
② 금융기관이 제1항의 규정에 의한 사전협의를 하고자 하는 경우에는 다음 각 호의 요건을 갖추어야 한다.〈신설 2007.8.30.〉
1. 전년말 현재 위험가중자산에 대한 자기자본비율이 100분의 10이상일 것
2. 최근의 경영실태평가 종합평가등급이 1등급 내지 3등급일 것

제3장 은행주식보유

제1절 한도초과보유 승인 등 〈신설 2002.9.23〉

제14조(동일인의 주식보유한도 초과승인 등) ① 동일인이 주식보유한도를 초과하여 법 제15조제3항, 제16조의2제2항 및 제3항의 규정에 따라 금융기관의 주식을 보유하고자 하는 경우(재취득하는 경우를 포함한다)에는 감독원장을 경유하여 금감위에 승인을 신청하여야 한다.〈개정 2002.9.23〉

② 제1항의 규정에 의해 신청한 동일인이 당해 국가의 법령 또는 정부 방침에 따라 시행령 제5조 또는 제11조제2항에서 정하는 요건의 적합여부를 확인할 수 있는 서류를 제출할 수 없는 경우에는 당해 국가의 정부 또는 감독기관의 확인서로 이를 갈음할 수 있다. 다만, 확인서에는 당해 서류의 제출이 제한되어 있음과 시행령 제5조 또는 제11조제2항의 요건을 충족한다는 내용이 포함되어야 한다.〈신설 2004.10.7〉

③ 제1항의 규정에 따라 승인을 받은 자는 승인일부터 6월이내에 주식을 취득하여야 한다. 다만, 감독원장이 그 기간을 따로 정하거나 감독원장으로부터 그 기간의 연장승인을 얻은 경우에는 그러하지 아니하다.〈개정 2002.9.23〉

④ 금융기관 주식보유에 대한 승인을 함에 있어서 제1항 및 제2항에서 정하는 이외에 승인의 절차 기타 필요한 사항은 감독원장이 정한다.〈개정 2002.9.23〉

제14조의2(동일인의 주식보유상황보고) 법 제15조제2항의 규정에 따른 동일인의금융기관 주식보유상황 또는 주식보유비율 변동상황 보고절차 및 서식은 감독원장이 정하는 바에 따른다.

[본조신설 2004.12.15]

제14조의3(사모투자전문회사의 금융기관 주식취득 보고 등) ① 간접투자자산운용업법 제144조의16제3항제3호에서 "금융감독위원회가 정하는 사항"이라 함은 다음 각호의 사항을 말한다.

1. 간접투자자산운용업법 제144조의16제1항제1호 각목의 1 또는 제2호에 해당하는 사원이 소속된 동일인이 법 제2조제1항제9호의 규정에서 정하는 비금융주력자에 해당하지 않음을 입증하는 서류
2. 각 사원이 소속된 동일인의 당해 금융기관 주식보유상황

② 간접투자자산운용업법 제144조의16제4항제3호에서 "금융감독위원회가 정하는 사항"이라 함은 다음 각호의 사항을 말한다.

1. 제1항 각호에서 정하는 사항
2. 투자목적회사의 당해 금융기관 주식보유상황

③ 간접투자자산운용업법 제144조의16제3항 및 제4항의 규정에 따른 사모투자전문회사의 금융기관 주식취득상황 등의 보고절차 및 서식은 감독원장이 정하는 바에 따른다.

④ 제3항의 규정에 불구하고 사모투자전문회사는 당해 사모투자전문회사가 소속된 동일인이 제14조의2의 규정에 의하여 제출하는 보고서에 제3항의 규정에 의한 보고내용을 첨부하여 보고할 수 있다.

[본조신설 2004.12.15]

제15조(한도초과보유주주의 초과보유요건) 시행령 〈별표〉에서 "금융감독위원회가 정하는 기준"이라 함은 〈별표2-2〉와 같다.〈개정 2002.9.23〉

제15조의2(비금융주력자의 보유주식 처분기간 연장) ① 법 제16조의2제5항 단서에 의하여 보유주식의 처분기간을 연장받고자 하는 경우에는 감독원장을 경유하여 금감위에 그 연장을 신청하여야 한다.

② 제1항의 연장기간은 법 제16조의2제5항 본문에 의한 처분명령에서 정한 기간을 초과할 수 없다.

[본조신설 2002.9.23]

제15조의3(전환계획의 승인 등) ① 법 제16조의2제3항제1호의 규정에 따라 비금융주력자가 아닌 자로 전환하기 위한 계획(이하 "전환계획"이라 한다)을 승인받고자 하는 비금융주력자는 금감위에 승인신청서를 제출하여야 한다.

② 금감위는 제1항의 규정에 의한 승인신청에 대하여 시행령 제11조의2 및 이 규정 제15조의4에서 정하는 요건에 적합한지 여부를 심사하여 승인 여부를 결정하고 이를 서면으로 신청인에게 통보한다.

③ 금감위 또는 감독원장은 제2항의 심사를 하는데 있어 필요한 경우 자료의 보완

또는 추가 제출을 요구할 수 있다.
④ 전환계획을 승인함에 있어서 제1항 내지 제3항에서 정하는 사항 이외에 승인의 절차 기타 필요한 사항은 감독원장이 정한다.
[본조신설 2002.9.23]

제15조의4(전환계획의 승인요건) 시행령 제11조의2제3항의 규정에 의한 전환계획 승인요건의 구체적인 기준은 다음 각호와 같다.
1. 처분대상인 비금융회사별 처분방법, 시기 등이 구체적으로 제시되어 있을 것
2. 처분대상인 비금융회사 발행 주식(지분을 포함한다. 이하 이 조에서 같다) 보유자의 처분의사를 처분계획에 대한 이사회 승인, 공증인의 공증을 받은 처분확약서 등을 통하여 확인할 수 있을 것
3. 금융회사의 자본증가를 계획하는 경우 자본증가의 규모, 시기, 방법 등이 구체적으로 제시되어 있을 것
4. 처분대상인 비금융회사 발행 주식의 처분 및 금융회사의 자본증가가 관계법령, 주주간 계약 등에 의하여 제한되어 있지 않을 것

[본조신설 2002.9.23]

제15조의5(전환계획에 대한 평가 및 점검 등) ① 감독원장은 제15조의3제2항에 의한 금감위의 승인여부 결정에 앞서 제2항제1호에 해당하는 자를 포함한 2이상의 전문기관으로 하여금 전환계획을 평가하게 할 수 있다.
② 전환계획을 평가하는 전문기관은 다음 각호의 1에 해당하는 자이어야 한다.
1. 공인회계사법에 의한 회계법인
2. 신용정보의이용및보호에관한법률에 의한 신용평가업무를 영위하는 신용정보업자

③ 다음 각호의 1에 해당하는 자는 제2항의 전문기관이 될 수 없다. 다만, 감독원장이 부득이하다고 인정하는 경우에는 그러하지 아니하다.
1. 공인회계사법에 의하여 업무정지처분을 받은 회계법인으로서 그 정지기간 중에 있는 자
2. 주식회사의외부감사에관한법률에 의하여 특정회사에 대한 감사업무의 제한조치를 받은 회계법인으로서 그 제한기간 중에 있는 자. 다만, 당해 특정회사가 전환계획을 평가받고자 하는 비금융주력자가 아닌 경우에는 그러하지 아니하다.
3. 신용평가업무와 관련하여 금감위로부터 신용평가업무의 정지처분을 받은 신용정보업자로서 그 정지기간 중에 있는 자
4. 당해 비금융주력자에 대하여 용역을 제공하고 있거나 최근 2년이내에 용역을 제공한 사실이 있는 자
5. 당해 비금융주력자와 시행령 제1조의4 각호의 1에서 정하는 특수관계에 있는 자

④ 전환대상자는 전환계획 이행상황을 매분기 다음달 말일까지 감독원장이 정하는 바에 따라 감독원장에게 보고하여야 한다.
⑤ 감독원장은 전환계획 이행상황을 점검하여 그 결과를 금감위에 보고하고 공시한다.
[본조신설 2002.9.23]

제16조 〈삭제 2002.9.23〉

제2절 대주주 감독 〈신설 2002.9.23〉

제16조(사실상의 영향력을 행사하는 주주의 지정) 금감위 또는 감독원장은 금융기관 및 그 주주에 대하여 당해 금융기관의 주주가 시행령 제1조의6에 해당하는지 여부를 확인하는데 필요한 자료의 제출을 요구할 수 있다.
[본조신설 2002.9.23]

제16조의2(한도초과보유주주에 대한 적격성심사 등) ① 감독원장은 법 제16조의4 제1항의 한도초과보유주주가 시행령 〈별표〉 및 이 규정 〈별표2-2〉에서 정하는 요건을 충족하고 있는지 여부를 매반기 심사하여 그 결과를 금감위에 보고한다.

② 한도초과보유주주는 제1항의 심사에 필요한 자료를 감독원장이 정하는 바에 따라 감독원장에게 제출하여야 한다.
③ 제1항의 규정에 불구하고 감독원장은 한도초과보유주주와 금융기관과의 불법거래 징후가 있는 등 특별히 필요하다고 인정할 때에는 수시심사를 실시할 수 있다.
④ 감독원장은 제1항 및 제3항의 심사를 위하여 필요한 때에는 금융기관 또는 한도초과보유주주에 대하여 필요한 자료 또는 정보의 제공을 요구할 수 있다.
⑤ 감독원장은 제1항 내지 제4항에서 정하는 사항 이외에 심사에 필요한 사항을 정할 수 있다.
[본조신설 2002.9.23]

第16조의3(대주주에 대한 신용공여 등) ① 시행령 제20조의5제4항제5호에서 정하는 "기타 금융감독위원회가 인정하는 불가피한 사유"는 다음 각호의 1에 해당하는 경우를 말한다.
1. 지급보증대지급금의 발생
2. 금리상승에 따른 사채지급보증액의 증가
3. 금융기관 대차대조표 계정과목의 변경
4. 제3조에 의한 신용공여의 범위의 변경
5. 대주주의 신규 출현
6. 대주주의 주식보유비율 감소
② 금융기관은 시행령 제20조의5제4항에서 금감위의 승인을 얻도록 되어 있는 계획을 그 사유가 발생한 날(제1항제5호 및 제6호의 사유로 인한 경우에는 그 사유에 해당하게 된 사실을 안 날을 말한다)부터 1월이내에 감독원장에게 제출하여야 한다.
③ 시행령 제20조의5제5항의 단일거래금액은 동일한 개인 또는 법인 각각에 대한 개별 신용공여약정(기존의 신용공여약정을 갱신·대환·연장하는 경우를 포함한다)상의 약정금액(시행령 제20조의5제6항에서 정하는 사채권 취득의 경우에는 단일한 매매계약에 의한 취득금액을 말한다. 이하 이 조에서 같다)을 기준으로 산정한다. 다만, 동일한 법인 또는 개인에 대하여 같은 날에 다수의 약정이 체결되는 경우에는 개별 약정금액의 합계액을 기준으로 산정한다.
④ 금융기관은 법 제35조의2제4항 및 제5항에 따른 대주주에 대한 신용공여현황을 감독원장이 정하는 바에 따라 감독원장에게 보고하여야 한다.
⑤ 시행령 제20조의5제7항에서 "금융감독위원회가 정하는 사항"이라 함은 신용공여 형태별로 자금용도, 신용공여기간·적용금리 등 거래조건, 담보의 종류 및 평가액, 주요 특별약정내용을 말하며, 대주주 전체에 대한 신용공여현황을 동일한 개인 또는 법인 각각에 대한 신용공여현황을 포함하여 공시하여야 한다.
[본조신설 2002.9.23]

第16조의4(대주주 발행주식의 취득한도 등) ① 금융기관은 대주주가 발행한 주식 중 유가증권시장(증권거래법에 의한 유가증권시장·협회중개시장 또는 이와 유사한 시장으로 외국에 있는 시장을 말한다)에서 거래되지 아니하는 주식을 금융기관 자기자본의 1천분의 5를 초과하여 취득할 수 없다.
② 시행령 제20조의6제3항 단서에 의하여 대주주 발행주식의 처분기간을 연장받고자 하는 경우에는 감독원장을 경유하여 금감위에 그 연장을 신청하여야 한다.
③ 시행령 제20조의6제4항의 단일거래금액은 단일한 매매계약에 의한 취득금액을 기준으로 산정한다. 다만, 같은 날에 다수의 매매계약이 체결되는 경우에는 그 합계액을 기준으로 산정한다.
④ 금융기관은 법 제35조의3제3항 및 제4항에 해당하는 대주주 발행주식을 취득한 경우에는 감독원장이 정하는 바에 따라 감독원장에게 보고하여야 한다.
⑤ 시행령 제20조의6제5항에서 "금융감독위원회가 정하는 사항"이라 함은 다음 각호의 사항을 말하며, 대주주 발행주식 취득현황을 발행회사별로 구분하여 공시하여야 한다.
1. 취득목적
2. 분기말 현재 보유주식의 지분율

3. 분기말 현재 보유주식의 시가
4. 당해분기중 보유주식을 처분한 경우 처분가격 및 동 처분에 따른 손익현황

[본조신설 2002.9.23]

제16조의5(대주주와의 거래제한 등) ① 시행령 제20조의8제1항제2호에서 "금융감독위원회가 정하는 자산건전성분류기준에 따라 당해 대주주의 신용위험을 평가한 결과 금융감독위원회가 정하는 기준 이하로 분류된 경우"라 함은 제27조의 규정에 의한 자산건전성분류 결과 "고정"이하로 분류된 경우를 말한다.

② 금융기관은 그 대주주가 시행령 제20조의8제1항 각호의 1에 해당하게 된 때에는 그 사실을 지체없이 감독원장에게 보고하여야 한다.

[본조신설 2002.9.23]

제4장 임원의 자격요건

제1절 임원의 자격요건

제17조(은행장 및 상근감사 위원의 자격기준) 다음 각호의 1에 해당하는 자는 은행장 또는 사외이사가 아닌 감사위원회 위원(이하 "상근감사위원"이라 한다)이 될 수 없다.〈개정 2002.9.23〉

1. 법 제18조제1항 각호의 1 및 법 제23조의2제3항에 해당하는 자. 다만, 법 제23조의2제3항의 규정은 상근감사위원에 대해서만 적용한다.
2. 금융기관검사및제재에관한규정에 따라 문책경고 이상의 제재를 받은 임원으로서 다음 각목에서 정하는 기간이 경과하지 아니한 자〈개정 2002.9.23〉
   가. 해임권고 : 해임권고일부터 5년〈개정 2002.9.23〉
   나. 업무집행정지 : 업무집행정지 종료일부터 4년〈개정 2002.9.23〉
   다. 문책경고 : 문책경고일부터 3년
3. 법, 감독기구설치법, 금융관련법령에 따라 감독원장으로부터 감봉 이상의 제재를 요구받은 직원 또는 소속기관으로부터 감봉 이상의 제재를 받은 직원으로서 다음 각목의 기간이 경과하지 아니한 자〈신설 2002.9.23〉
   가. 면직 : 면직일부터 5년
   나. 정직 : 정직 종료일부터 4년
   다. 감봉 : 감봉 종료일부터 3년
4. 재임·재직당시 금감위, 금융감독원 이외의 감독·검사기관으로부터 제2호 또는 제3호에 준하는 제재를 받은 사실이 있는 임직원으로서 제2호 또는 제3호 각목에서 정하는 기간이 경과하지 아니한 자〈개정 2002.9.23〉
5. 제2호 내지 제4호의 제재에 해당하는 사유로 인하여 제재를 받기 이전에 사임·사직한 임직원 또는 사회적 물의에 대한 책임으로 사임·사직한 임직원으로서 사임·사직일부터 3년이 경과하지 아니한 자〈개정 2002.9.23〉
6. 당해 금융기관 여신거래기업과 특수관계에 있는 등 여신운용과 관련하여 특정거래기업 등의 이익을 대변할 우려가 있다고 판단되는 자〈개정 2002.9.23〉
7. 거액부실여신 또는 거액금융사고 등에 가담하였거나 연루되어 신용질서를 현저히 문란케 한 사실이 있으나 그 사실과 관련하여 아직 감독·검사기관 등의 제재를 받지 아니한 자로서 그 사실 발생일부터 3년이 경과하지 아니한 자〈개정 2002.9.23〉

제18조(상임이사 및 외국은행지점 대표자의 자격기준) 제17조제1호 내지 제5호에 해당하는 자는 상임이사 또는 외국은행지점 대표자가 될 수 없다.〈개정 2002.9.23〉

제19조(사외이사의 자격기준) ① 다음 각호의 1에 해당하는 자는 사외이사가 될 수 없다.

1. 법 제18조제1항 각호의 1에 해당하는 자
2. 〈별표2-2〉 제2호 각목의 1에 해당하는 자(〈별표2-2〉 제2호 각목의 1에 해당하

는 자가 법인인 경우에는 당해 법인의 임직원을 말한다)〈개정 2002.9.23, 2005.6.29〉

3. 금융기관, 금융기관의 자회사 또는 금융지주회사법에 의한 은행지주회사의 임직원인 자. 다만, 다음 각목의 1에 해당하는 자는 그러하지 아니하다.〈개정 2002.9.23〉
   가. 당해 금융기관의 모은행 또는 당해 금융기관을 자회사로 하는 은행지주회사의 임직원인 자
   나. 당해 금융기관의 자회사・자은행 또는 당해 금융기관을 자회사로 하는 은행지주회사의 자회사인 다른 금융기관의 상근임직원이 아닌 자
   다. 다른 금융기관의 자회사의 사외이사인 자
4. 최근 2년이내에 당해 금융기관, 당해 금융기관의 자회사 또는 자은행의 상근임직원이었던 자. 다만, 다음 각목의 1에 해당하는 자는 그러하지 아니하다.〈신설 2002.9.23〉
   가. 금융산업의구조개선에관한법률에 의하여 합병한 금융기관의 합병전 금융기관에서 퇴임・퇴직한 자
   나. 당해 금융기관을 자회사로 하는 은행지주회사의 임직원인 자
5. 금융사고 등 사회적 물의에 대한 책임으로 사임 또는 사직한 자로서 사임・사직일부터 3년이 경과하지 아니한 자〈개정 2002.9.23〉
6. 당해 금융기관에 대하여 회계감사, 세무대리, 법률・경영자문 등의 용역을 제공하는 자(용역을 제공하는 자가 법인인 경우에는 당해 법인의 사원, 임원 및 직원을 말한다)〈개정 2002.9.23〉

② 〈삭제 2002.9.23〉
③ 〈삭제 2002.9.23〉
④ 〈삭제 2002.9.23〉

第20조(임원의 자격기준 적합여부 확인) ① 금융기관은 임원을 선임하고자 하는 경우에는 제17조 내지 제19조에서 정하는 자격기준에의 적합여부를 확인하고 그 결과를 주주총회 종료후(외국은행지점의 경우 선임후) 감독원장이 정하는 바에 따라 감독원장에게 보고하여야 한다. 다만, 은행장후보자 및 상근감사위원후보자를 선정한 경우에는 이사회 또는 주주총회 개최전에 보고하여야 한다.〈개정 2002.9.23〉
② 제1항의 규정에 불구하고 증권거래법 제191조의10제2항의 규정을 적용받는 금융기관은 임원선임을 위한 주주총회의 소집통지 또는 공고 후 지체없이 임원의 자격기준 적합여부 확인결과를 감독원장에게 보고하여야 한다.〈신설 2002.9.23〉

제2절 이사회구성 등 〈개정 2002.9.23〉

第21조 〈삭제 2002.9.23〉

第22조 〈삭제 2002.9.23〉

第23조(이사회 운영 등) ① 상근감사위원은 감사위원회의 직무이외의 직무를 겸직할 수 없다.
② 감독원장은 사외이사후보추천위원회에 사외이사후보(사외이사로 선임된 경우에 한한다)를 추천한 주주 및 임원과 당해 금융기관과의 거래내역 공표에 관한 사항 기타 이사회 운영에 필요한 사항을 정할 수 있다.〈개정 2002.9.23〉

第24조(준법감시인 임면) 금융기관은 시행령 제17조의3 제3항에 따라 준법감시인을 임면한때에는 그 사실을 지체없이 감독원장에게 통보하여야 한다.

第25조(규정적용배제 금융기관) ① 금융기관은 법 제26조에 따라 규정적용이 배제되거나 동조의 규정적용배제기준을 충족하지 못하게 되는 경우에는 그 사실을 지체없이 감독원장에게 보고하여야 한다.
② 법 제26조의 적용배제기준을 충족하지 못하게 된 금융기관은 그 사유가 발생한 날

이후 최초로 개최되는 주주총회에서 법 제24조에서 정하는 바에 따라 감사위원회를 구성하여야 한다. 다만, 당해 주주총회 개최시 임기가 만료되지 아니하는 감사위원회의 위원은 법 제24조의 규정에 의한 추천을 받은 것으로 본다.〈개정 2002.9.23〉

제5장 건전경영지도

제1절 경영지도기준

제26조(경영지도비율) ① 금융기관은 법 제45조의 규정에 따라 다음 각호에서 정하는 경영지도비율을 유지하여야 한다.

1. 위험가중자산에 대한 자기자본비율: 100분의 8이상
2. 원화유동성부채에 대한 원화유동성자산비율(이하 "원화유동성비율"이라 한다): 100분의 100이상

② 제1항에서 정하는 비율의 구체적인 산정기준은 감독원장이 정한다. 다만, 제1항 제1호의 비율은 금융기관 연결대차대조표를 기준으로 하되 연결대차대조표의 작성방식, 자기자본 및 위험가중자산의 계산방법 등은 국제결제은행이 제시한 기준을 참작하여 정한다.

③ 감독원장은 제33조의 규정에 의한 경영실태분석 및 평가결과 제1항의 경영지도비율이 악화될 우려가 있거나 경영상 취약부문이 있다고 판단되는 금융기관에 대하여 이의 개선을 위한 계획 또는 약정서를 제출토록 하거나 당해 금융기관과 경영개선협약을 체결할 수 있다. 다만, 제34조 내지 제36조의 규정에 의한 경영개선권고, 경영개선요구 또는 경영개선명령을 받고 있는 금융기관의 경우에는 그러하지 아니하다.

제27조(자산건전성분류 등) ① 금융기관은 정기적으로 차주의 채무상환능력과 금융거래내용 등을 감안하여 보유자산 등의 건전성을 "정상", "요주의", "고정", "회수의문", "추정손실"의 5단계로 분류하고, 적정한 수준의 대손충당금(지급보증충당금 및 미사용약정충당금을 포함한다. 이하 같다)을 적립·유지하여야 한다.〈개정 2006.12.28〉

② 금융기관은 제1항의 규정에 따른 자산건전성 분류 및 대손충당금 적립을 위하여 〈별표 3〉 및 제29조에서 정하는 기준을 반영하여 차주의 채무상환능력 평가기준을 포함한 자산건전성 분류기준 및 대손충당금 적립기준을 설정하여야 한다.

③ 금융기관은 제2항의 규정에 의해 설정한 기준과 동 기준에 따른 자산건전성 분류 및 대손충당금 적립 결과를 감독원장에게 보고하여야 한다.

④ 감독원장은 금융기관의 자산건전성 분류 및 대손충당금 적립의 적정성을 점검하고, 부적정하다고 판단되는 경우 이의 시정을 요구할 수 있다.

⑤ 금융기관은 제1항의 규정에 따른 자산건전성 분류 및 대손충당금 적립의 적정성·객관성 확보를 위하여 독립된 여신감리(Credit Review)기능을 유지하는 등 필요한 내부통제체제를 구축·운영하여야 한다.

⑥ 금융기관은 제1항의 규정에 따라 "회수의문" 또는 "추정손실"로 분류된 자산(이하 "부실자산"이라 한다)을 조기에 상각하여 자산의 건전성을 확보하여야 한다.

⑦ 감독원장은 금융기관이 보유하고 있는 부실자산에 대한 상각실적이 미흡하다고 인정하는 경우 당해 금융기관에 대하여 특정 부실자산의 상각을 요구할 수 있다.

제28조(자산건전성 분류대상자산) 제27조 제1항에서 정하는 보유자산 등이라 함은 다음 각호에서 정하는 자산 등을 말하며, 신탁계정 및 종합금융계정(어음관리계좌 운용자산을 포함한다. 이하 같다)의 해당자산 등을 포함한다.〈개정 2006.12.28〉

1. 증권선물위원회가 정하는 은행업회계처리준칙에 의한 대출채권(이하 "대출채권"이라 한다)
2. 주채무가 확정된 지급보증(이하 "확정지급보증"이라 한다)
3. 유가증권

4. 리스자산
5. 가지급금 및 미수금
6. 기타 금융기관이 건전성 분류가 필요하다고 인정하는 자산 등〈개정 2006.12.28〉

제29조(대손충당금 등 적립기준) ① 금융기관의 보유자산 등에 대한 충당금 적립기준은 다음 각 호와 같다.〈개정 2005.12.29〉

1. 금융기관은 결산시(분기별 가결산을 포함한다. 이하 이 조에서 같다) 결산일 현재 은행계정 및 종합금융계정의 대출채권, 금융리스채권, 금융리스선급금 및 여신성가지급금에 대하여 건전성 분류결과에 따라 다음 각목에서 정하는 금액을 대손충당금으로 적립하여야 한다.
   가. "정상"분류 자산의 100분의 0.85 이상, 다만, 통계법에 따른 한국표준산업분류상 건설업(F), 도매 및 소매업(G), 숙박 및 음식점업(H), 부동산 및 임대업(L)은 100분의 0.9 이상〈개정 2006.12.28, 2007.12.13〉
   나. "요주의"분류 자산의 100분의 7 이상〈개정 2006.12.28〉
   다. "고정"분류 자산의 100분의 20 이상
   라. "회수의문"분류 자산의 100분의 50 이상
   마. "추정손실"분류 자산의 100분의 100
2. 제1호의 규정에 불구하고 가계자금대출금에 대하여는 다음 각목에서 정하는 금액을 대손충당금으로 적립하여야 한다.〈신설 2002.11.27〉
   가. "정상"분류자산의 100분의 1 이상〈개정 2006.12.28〉
   나. "요주의"분류자산의 100분의 10 이상〈개정 2006.12.28〉
   다. "고정"분류자산의 100분의 20 이상
   라. "회수의문"분류자산의 100분의 55 이상
   마. "추정손실"분류자산의 100분의 100
3. 제1호의 규정에 불구하고 신용카드채권에 대하여는 다음 각목에서 정하는 금액을 대손충당금으로 적립하여야 한다.〈신설 2002.11.27〉
   가. "정상"분류자산의 100분의 1.5 이상〈개정 2006.12.28〉
   나. "요주의"분류자산의 100분의 15 이상〈개정 2006.12.28〉
   다. "고정"분류자산의 100분의 20 이상
   라. "회수의문"분류자산의 100분의 60 이상
   마. "추정손실"분류자산의 100분의 100
4. 제1호의 규정에도 불구하고 차주가 대한민국 정부 또는 지방자치단체인 자산과 "정상"으로 분류된 대출채권중 콜론, 환매조건부채권매수, 은행간대여금, 은행간외화대여금에 대하여는 대손충당금을 적립하지 아니할 수 있다.
5. 금융기관은 결산시 결산일 현재 지급보증(배서어음을 포함한다. 이하 이 호에서 같다)에 대하여 건전성 분류결과에 따라 제1호 각목에서 정하는 적립률에 의해 산정한 금액을 지급보증충당금으로 적립하여야 한다. 이 경우 지금보증충당금은 〈별표3-2〉의 신용환산율에 의해 환산된 금액을 기준으로 적립한다.〈개정 2005.12.29, 2006.12.28〉
   가. 〈삭제 2006.12.28〉
   나. 〈삭제 2006.12.28〉
   다. 〈삭제 2006.12.28〉
   라. 〈삭제 2006.12.28〉
   마. 〈삭제 2006.12.28〉
6. 금융기관은 결산시 결산일 현재미사용약정에 대하여 다음 각 목에서 정하는 금액을 미사용약정충당금으로 적립하여야 한다. 이 경우 미사용약정충당금은 〈별표 3-2〉의 신용환산율에 의해 환산된 금액을 기준으로 적립한다.〈신설 2005.12.29, 개정 2006.12.28〉
   가. 기업자금 미사용약정 : 제1호 각목에서 정하는 적립률에 의해 산정한 금액〈개정 2006.12.28〉
   나. 가계자금 미사용약정 : 제2호 각목에서 정하는 적립률에 의해 산정한 금액〈개정 2006.12.28〉
   다. 신용카드채권 미사용약정 : 제3호 각목에서 정하는 적립률에 의해 산정한 금액〈개정 2006.12.28〉

② 감독원장은 제1항의 규정에도 불구하고 금융기관검사및제재에관한규정에서 정하는 금융사고가 발생하여 금융기관의 전월말 현재 자기자본의 100분의 1에 상당하는 금액을 초과하는 손실이 발생하였거나 발생이 예상되는 경우에는 당해 금융기관에 대하여 해당 분기말까지 손실예상액 전액을 특별대손충당금으로 적립할 것을 요구할 수 있다.
③ 금융기관이 제2항의 규정에 따라 특별대손충당금을 적립한 후 당해 손실예상분에 대한 자산건전성 분류가 확정되는 경우에는 동 충당금을 환입하고 제1항의 규정에 따라 대손충당금을 적립할 수 있다.

제29조의2(주택담보대출에 대한 리스크관리) ① 금융기관은 주택담보대출 취급시 법 제45조의 규정에 따라 경영의 건전성이 유지되도록 〈별표6〉에서 정하는 담보인정비율, 총부채상환비율, 기타 주택담보대출 취급 및 만기연장에 대한 제한 등을 준수하여야 한다.
② 감독원장은 금융기관의 경영건전성 등을 감안하여 긴급하다고 인정하는 경우 〈별표6〉에서 정한 담보인정비율 및 총부채상환비율을 10퍼센트포인트 범위 이내에서 가감조정할 수 있다. 이 경우 감독원장은 그 내용을 지체 없이 금감위에 보고하여야 한다.
③ 제1항에서 정하는 담보인정비율 및 총부채상환비율의 산정방법 및 적용대상의 세부판단기준, 주택담보대출 취급 및 만기연장 제한 등과 관련한 세부적인 사항은 감독원장이 정하는 바에 따른다.
[본조신설 2007.7.26]

제30조(리스크관리체제 등) ① 금융기관은 각종 거래에서 발생하는 제반 리스크를 적시에 인식·평가·감시·통제하는 등 리스크를 적절히 관리하고, 감독원장이 정한 바에 따라 내부자본적정성을 평가·관리할 수 있는 체제를 갖추어야 한다.〈개정 2007.6.28〉
② 금융기관은 리스크를 효율적으로 관리하기 위하여 부서별, 거래별 또는 담당자별 리스크부담한도·거래한도 등을 적절히 설정·운영하여야 한다.
③ 금융기관은 각종 거래에서 발생할 수 있는 신용리스크(신용편중리스크 포함), 운영리스크, 시장리스크, 비트레이딩 포지션(banking book)의 금리리스크, 유동성리스크, 전략 및 평판리스크 등 각종 리스크를 종류별로 평가하고 관리하여야 한다.〈개정 2007.6.28〉
④ 금융기관은 주요 리스크 변동상황을 자회사와 연결하여 종합적으로 인식하고 감시하여야 한다.
⑤ 감독원장은 금융기관의 리스크관리실태와 내부자본적정성 평가·관리체제의 적정성을 평가하고 그 결과를 감독 및 검사업무에 반영할 수 있다.〈신설 2005.12.29, 개정 2007.6.28〉

제31조(리스크관리조직) ① 금융기관의 이사회는 리스크관리에 관한 다음 각 호의 사항을 심의·의결한다. 다만 효율적인 리스크관리를 위하여 필요하다고 인정되는 경우 이사회 내에 리스크관리를 위한 위원회(이하 "위원회"라 한다)를 두고 그 업무를 담당하게 할 수 있다.
1. 경영전략에 부합하는 리스크관리 기본방침 수립
2. 금융기관이 부담가능한 리스크 수준의 결정
3. 적정투자한도 또는 손실허용한도 승인
4. 리스크관리규정의 제정 및 개정
② 금융기관은 경영상 발생할 수 있는 리스크를 실무적으로 종합관리하고 이사회(위원회 포함)와 경영진을 보조할 수 있는 전담조직을 두어야 한다.
③ 제2항의 전담조직은 영업부서와는 독립적으로 운영되어야 하며 다음 각 호의 업무를 수행하여야 한다.
1. 리스크한도의 운영상황 점검 및 분석
2. 리스크관리정보시스템의 운영
3. 이사회(위원회 포함) 및 경영진에 대한

리스크관리정보의 적시 제공

제32조(회계기준 및 결산) ① 금융기관은 회계처리 및 재무제표 작성에 있어서 증권선물위원회가 정하는 은행업회계처리준칙을 따라야 한다.

② 제1항의 은행업회계처리준칙에서 정하지 않은 회계처리, 계정과목의 종류와 배열순서 등 세부기준 및 외국환거래법시행령에서 위탁한 외국환계정의 계리기준은 감독원장이 정하는 바에 따른다.〈개정 2001.7.2〉

③ 법 제41조제1항의 "금융감독위원회가 정하는 연결재무제표"라 함은 연결대차대조표와 연결손익계산서를 말한다.

④ 금융기관이 법 제41조제1항 단서의 규정에 따라 공고시한을 연기하고자 하는 경우에는 연기대상 재무제표의 종류·연기기한 및 연기사유가 기재된 서류 등 필요한 서류를 결산일로부터 2월이내에 제출하여 감독원장의 승인을 받아야 한다.

⑤ 금융기관이 법 제41조제1항 본문의 규정에 의하여 공고하여야 할 재무제표를 전국은행연합회의 인터넷 홈페이지를 통하여 일반인이 열람할 수 있도록 하는 경우 이를 법 제65조의2의 규정에 의한 전자문서에 의한 공고로 본다. 이 경우 당해 금융기관이 공고한 것임을 식별할 수 있는 사항을 포함하여야 한다.〈신설 2002.9.23〉

제2절 경영실태평가 및 적기시정조치

제33조(경영실태분석 및 평가) ① 감독원장은 금융기관의 경영실태를 분석하여 경영의 건전성 여부를 감독하여야 한다.

② 감독원장은 금융기관에 대한 검사 등을 통하여 경영실태를 평가하고 그 결과를 감독 및 검사업무에 반영할 수 있다.

③ 제2항에 따른 경영실태평가는 검사기준일 현재 평가대상기관의 경영실태를 다음 각 호의 어느 하나에서 정한 바에 따라 부문별로 구분 평가하고 부문별 평가결과를 감안하여 종합평가한다.〈신설 2006.8.31〉

1. 금융기관 본점, 금융기관 현지법인에 대한 경우 : 당해 금융기관 또는 금융기관 현지법인 전체의 자본적정성, 자산건전성, 경영관리의 적정성, 수익성, 유동성, 시장리스크에 대한 민감도〈신설 2006.8.31〉
2. 외국은행지점, 금융기관 국외지점에 대한 경우 : 당해지점의 리스크관리, 경영관리 및 내부통제, 법규준수, 자산건전성〈신설 2006.8.31〉

④ 제3항에서 정하는 부문별 평가항목은 〈별표5〉와 같다.〈신설 2006.8.31〉

⑤ 제2항에 의한 경영실태평가는 금융기관 본점, 외국은행 지점, 금융기관 국외지점 및 현지법인을 대상으로 하며 1등급(우수), 2등급(양호), 3등급(보통), 4등급(취약), 5등급(위험)의 5단계 등급으로 구분한다.
[제3항에서 이동(2006.8.31)]

⑥ 제2항에 의한 경영실태평가를 위한 구체적인 사항은 감독원장이 정하며, 이 경우 제26조제1항제1호의 자기자본비율 산정시 연결대상이 되는 회사의 경영실태를 감안할 수 있다
[제4항에서 이동(2006.8.31)]

제34조(경영개선권고) ① 금감위는 금융기관이 다음 각호의 1에 해당되는 경우에는 당해 금융기관에 대하여 필요한 조치를 이행하도록 권고하여야 한다.〈개정 2006.8.31〉

1. 제26조에서 정하는 위험가중자산에 대한 자기자본비율이 100분의 8미만인 경우
2. 제33조의 규정에 의한 경영실태평가 결과 종합평가등급이 1등급 내지 3등급으로서 자산건전성 또는 자본적정성 부문의 평가등급을 4등급 또는 5등급으로 판정받은 경우〈개정 2002.9.23〉
3. 거액의 금융사고 또는 부실채권의 발생으로 제1호 또는 제2호의 기준에 해당될 것이 명백하다고 판단되는 경우

② 제1항에서 정하는 필요한 조치라 함은 다음 각호의 일부 또는 전부에 해당하는 조치를 말한다.

1. 인력 및 조직운영의 개선
2. 경비절감
3. 영업소 관리의 효율화
4. 고정자산투자, 신규업무영역에의 진출 및 신규출자의 제한
5. 부실자산의 처분
6. 자본금의 증액 또는 감액
7. 이익배당의 제한
8. 특별대손충당금의 설정

③ 금감위는 제1항에 의한 권고를 하는 경우 당해 금융기관 또는 관련임원에 대하여 주의 또는 경고조치를 취할 수 있다.〈개정 2006.8.31〉

제35조(경영개선요구) ① 금감위는 금융기관이 다음 각호의 1에 해당하는 경우에는 당해 금융기관에 대하여 필요한 조치를 이행하도록 요구하여야 한다.

1. 제26조에서 정하는 위험가중자산에 대한 자기자본비율이 100분의 6 미만인 경우
2. 제33조에 의한 경영실태평가 결과 종합평가등급을 4등급 또는 5등급으로 판정받은 경우〈개정 2002.9.23〉
3. 거액의 금융사고 또는 부실채권의 발생으로 제1호 또는 제2호의 기준에 해당될 것이 명백하다고 판단되는 경우
4. 제34조제1항의 규정에 의해 경영개선권고를 받은 금융기관이 경영개선계획을 성실히 이행하지 아니하는 경우

② 제1항에서 정하는 필요한 조치라 함은 다음 각호의 일부 또는 전부에 해당하는 조치를 말한다.

1. 영업소의 폐쇄・통합 또는 신설제한
2. 조직의 축소
3. 위험자산보유 제한 및 자산의 처분
4. 예금금리수준의 제한
5. 자회사 정리
6. 임원진 교체 요구
7. 영업의 일부정지
8. 합병, 금융지주회사법에 의한 금융지주회사(이하 "금융지주회사"라 한다)의 자회사로의 편입(단독으로 또는 다른 금융기관과 공동으로 금융지주회사를 설립하여 그 자회사로 편입하는 경우를 포함한다), 제3자 인수, 영업의 전부 또는 일부 양도계획의 수립
9. 제34조제2항에서 정하는 사항

제36조(경영개선명령) ① 금감위는 금융기관이 다음 각호의 1에 해당하는 경우에는 당해 금융기관에 대해 기간을 정하여 필요한 조치를 이행하도록 명령하고, 감독원장은 동 조치내용이 반영된 계획을 2월의 범위내에서 금감위가 정하는 기한내에 제출받아 그 이행여부를 점검하여야 한다.

1. 금융산업의구조개선에관한법률 제2조제3호에서 정하는 부실금융기관
2. 제26조에서 정하는 위험가중자산에 대한 자기자본비율이 100분의 2미만인 경우〈개정 2002.9.23〉
3. 제35조제1항의 규정에 의해 경영개선요구를 받은 금융기관이 경영개선계획의 주요사항을 이행하지 않아 제39조제6항의 규정에 의해 이행촉구를 받았음에도 이를 이행하지 아니하거나 이행이 곤란하여 정상적인 경영이 어려울 것으로 인정되는 경우

② 제1항에서 정하는 필요한 조치라 함은 다음 각호의 일부 또는 전부에 해당하는 조치를 말한다. 다만, 영업의 전부정지, 영업의 전부양도, 계약의 전부이전 또는 주식의 전부소각의 조치는 제1항제1호의 부실금융기관이거나 제1항제2호의 기준에 미달하고 건전한 신용질서나 예금자의 권익을 해할 우려가 현저하다고 인정되는 경우에 한한다.

1. 주식의 전부 또는 일부 소각
2. 임원의 직무집행 정지 및 관리인의 선임
3. 합병 또는 금융지주회사의 자회사로의 편입(단독으로 또는 다른 금융기관과 공동으로 금융지주회사를 설립하여 그 자회사로 편입하는 경우를 포함한다)
4. 영업의 전부 또는 일부의 양도
5. 제3자에 의한 당해 금융기관의 인수
6. 6월이내의 영업의 정지

7. 계약의 전부 또는 일부의 이전
8. 제35조제2항에서 정하는 사항

③ 금감위는 제1항의 규정에 불구하고 제34조제1항의 경영개선권고 또는 제35조제1항의 경영개선요구를 받은 금융기관으로서 외부로부터 자금지원 없이는 정상적인 경영이 어렵다고 판단되어 정부 또는 예금보험공사가 출자하기로 한 금융기관에 대하여 자본증가 또는 자본감소를 명령할 수 있다.

第36조의2(이유제시 등) 금감위는 제34조부터 제36조까지의 조치를 하는 경우에는 당해 금융기관에게 그 근거와 이유를 제시하여야 한다.〈신설 2006.8.31〉

第37조(적기시정조치의 유예) 제34조제1항, 제35조제1항 및 제36조제1항 각호의 1에서 정하는 적기시정조치의 기준에 해당하는 금융기관이 자본의 확충 또는 자산의 매각 등을 통하여 단기간 내에 그 기준에 해당하지 않을 수 있다고 판단되는 경우 또는 이에 준하는 사유가 있다고 인정되는 경우에는 당해 조치권자는 일정기간동안 조치를 유예할 수 있다.〈개정 2005.6.29〉

第38조(긴급조치) ① 금감위는 금융기관이 다음 각호의 1에 해당되어 예금자의 이익을 크게 저해할 우려가 있다고 인정되는 경우에는 그 위험을 제거하기 위한 긴급조치를 취할 수 있다. 다만, 금감위를 소집할 수 없는 긴급한 경우에는 금감위위원장은 우선 필요한 긴급조치를 취할 수 있으며 이 경우 금감위위원장은 지체없이 금감위를 소집하여 그 조치를 보고하여야 한다.

1. 유동성의 급격한 악화로 예금지급준비금 및 예금지급준비자산의 부족, 대외차입금의 상환불능 등의 사태에 이른 경우
2. 휴업, 영업의 중지, 예금인출 쇄도 또는 노사분규 등 돌발사태가 발생하여 정상적인 영업이 불가능하거나 어려운 경우
3. 파산위험이 현저하거나 예금지급불능상태에 이른 경우

② 제1항에서 정하는 필요한 긴급조치라 함은 다음 각호의 일부 또는 전부에 해당하는 조치를 말한다.

1. 예금의 수입 및 여신의 제한
2. 예금의 전부 또는 일부의 지급정지
3. 채무변제행위의 금지
4. 자산의 처분

第39조(경영개선계획 제출 및 평가 등) ① 제34조 및 제35조에 의해 경영개선권고 또는 경영개선요구를 받은 금융기관은 동 조치를 받은 후 2월의 범위 내에서 당해 조치권자가 정하는 기한내에 경영개선권고 또는 경영개선요구 내용이 반영된 계획(이하 "경영개선계획"이라 한다)을 감독원장에게 제출하여야 한다.〈개정 2001.7.2〉

② 제34조제1항 및 제35조제1항의 규정에 의해 제출한 계획에 대하여 금감위는 계획을 제출받은 후 1월이내에 승인여부를 결정하여야 한다. 다만, 제3항의 규정에 의한 경영평가위원회의 심의가 지연되는 경우에는 15일 이내에서 그 기한을 초과할 수 있다.〈개정 2002.5.1, 2006.8.31〉

③ 감독원장은 제34조 및 제35조에 의하여 경영개선권고 또는 경영개선요구를 한 경우에는 제2항의 규정에 의한 승인여부 결정에 앞서 외부 전문가로 구성된 경영평가위원회의 사전심의를 거쳐야 한다. 다만, 긴급을 요하거나 심의의 실익이 크지 아니하다고 감독원장이 인정하는 경우에는 그러하지 아니하다.

④ 제3항의 규정에 의해 경영평가위원회가 사전심의를 하는 경우에는 당해 금융기관을 출석시켜 의견을 청취할 수 있다.〈신설 2006.8.31〉

⑤ 금감위는 제34조제1항의 규정에 의해 금융기관이 제출한 계획의 타당성이 인정되지 않을 경우 동 계획을 불승인하고, 제35조제2항 각호의 일부 또는 전부에 해당하는 조치를 요구하고, 동 조치내용이 반영된 계획을 일정기간내에 제출토록 하여 승인여부를 결정한다.〈개정 2006.8.31〉

⑥ 금감위는 제4항 또는 제35조제1항의 규정에 의해 금융기관이 제출한 계획의 타당

성이 인정되지 않을 경우 동 계획을 불승인한다. 이 경우 금감위는 제35조제2항 각호의 일부 또는 전부에 해당하는 조치를 요구하고, 동 조치내용이 반영된 계획을 일정기간내에 제출토록 하여야 하며 동 계획의 타당성이 인정되지 않을 경우에는 제36조제2항에서 규정한 조치의 일부를 이행토록 요구하거나 명령할 수 있다.
[제5항에서 이동(2006.8.31)]
⑦ 제2항의 규정 따라 경영개선계획을 승인 받은 금융기관은 매분기말 익월 10일까지 동 계획의 분기별 이행실적을 감독원장에게 제출하여야 하며, 감독원장은 그 이행실적이 미흡하거나 관련제도의 변경 등 여건변화로 인하여 이행이 곤란하다고 판단되는 경우에는 경영개선계획의 수정요구, 일정기간내 이행촉구 등 필요한 조치를 취할 수 있다.
[제6항에서 이동(2006.8.31)]
⑧ 제6항의 규정에 따라 감독원장이 경영개선요구를 받은 금융기관의 경영개선계획의 주요사항을 수정요구하거나 일정기간내 이를 이행토록 촉구하는 경우에는 그 내용을 금감위에 사전보고하여야 한다.
[제7항에서 이동(2006.8.31)]
⑨ 제6항의 규정에 따라 금융기관이 경영개선계획의 주요사항을 수정하여 제출한 경우에는 제2항 내지 제5항을 준용할 수 있다.
[제8항에서 이동(2006.8.31)]
⑩ 제36조제1항의 규정에 따라 금융기관이 경영개선명령의 내용이 반영된 계획을 제출한 경우 제2항 내지 제8항을 준용할 수 있다.
[제9항에서 이동(2006.8.31)]
⑪ 제3항의 경영평가위원회의 구성・운영과 관련된 세부사항은 감독원장이 정한다.
[제10항에서 이동(2006.8.31)]

제40조(경영개선계획 이행기간 등) ① 제34조에 의하여 경영개선권고를 받은 금융기관의 경영개선계획 이행기간은 승인일로부터 1년 이내로 한다.
② 제35조에 의하여 경영개선요구를 받은 금융기관의 경영개선계획 이행기간은 승인일로부터 1년 6월 이내로 한다. 이 경우 제34조에 의하여 경영개선권고를 받은 금융기관이 경영개선계획 이행중 경영개선요구를 받은 경우의 이행기간은 경영개선권고에 따른 경영개선계획의 승인일로부터 1년 6월 이내로 한다.
③ 제39조제6항에 의하여 감독원장으로부터 경영개선계획의 수정요구 또는 일정기간내 이행촉구를 받은 경우에는 제1항과 제2항의 기간을 초과할 수 있다. 다만, 그 초과기간은 제1항 또는 제2항에서 정하는 기간이내이어야 한다.
④ 제34조 내지 제36조의 규정에 의해 경영개선권고, 경영개선요구 또는 경영개선명령을 받은 금융기관이 자본확충 또는 부실채권정리 등 경영개선계획의 주요사항을 조기에 달성하여 경영상태가 현저히 개선된 경우에는 당해 조치권자는 권고, 요구 또는 명령한 조치의 내용을 완화하거나 그 이행을 면제할 수 있다.
⑤ 제34조 내지 제36조의 규정에 의해 경영개선권고, 경영개선요구 또는 경영개선명령을 받은 금융기관의 경영개선계획 이행기간이 만료되어 경영상태가 충분히 개선되었다고 인정되는 경우에는 당해 조치권자는 당초의 조치가 종료되었음을 통지하여야 하며, 경영상태가 제34조제1항, 제35조제1항 또는 제36조제1항에 해당하는 경우에는 동 조항에 따라 별도의 경영개선권고, 경영개선요구 또는 경영개선명령을 하여야 한다.

제41조(경영공시) ① 금융기관은 법 제51조의 규정에 따라 결산일로부터 3월이내에 다음 각호에서 정하는 사항을 공시하여야 한다. 다만, 분기별 가결산 결과에 대한 공시자료는 가결산일로부터 2월이내에 공시하여야 한다.
1. 조직 및 인력에 관한 사항
2. 재무 및 손익에 관한 사항
3. 자금조달・운용에 관한 사항

4. 건전성·수익성·생산성 등을 나타내는 경영지표에 관한 사항
5. 경영방침, 리스크관리 등 은행경영에 중요한 영향을 미치는 사항

② 제1항에서 정하는 사항에 대한 구체적인 공시항목 및 방법은 전국은행연합회장이 정하는 금융업경영통일공시기준에 따른다.

③ 금융기관은 다음 각호의 1에 해당되어 경영의 건전성을 크게 해치거나 해칠 우려가 있는 경우 관련내용을 공시하여야 한다. 다만, 당해 금융기관 또는 당해 금융기관이 속하는 금융지주회사가 증권거래법 제2조제13항제3호의 주권상장법인 또는 동법 제2조제15항의 코스닥상장법인으로서 유가증권의발행및공시등에관한규정 제69조에 따라 공시하는 경우에는 이를 생략할 수 있다.〈개정 2002.9.23, 2005.3.30〉

1. 부실여신 또는 금융사고 등이 발생한 경우
2. 제34조 내지 제38조의 규정에 따라 경영개선권고 등의 조치를 받은 경우
3. 제26조제1항제2호에서 정하는 원화유동성비율을 위반한 경우〈신설 2002.9.23〉
4. 재무구조에 중대한 변동을 초래하는 사항이 발생한 때〈신설 2005.3.30〉
5. 금융기관 경영환경에 중대한 변동을 초래하는 사항이 발생한 때〈신설 2005.3.30〉
6. 재산등에 대규모 변동을 초래하는 사항이 발생한 때〈신설 2005.3.30〉
7. 채권채무관계에 중대한 변동을 초래하는 사항이 발생한 때〈신설 2005.3.30〉
8. 투자 및 출자관계에 중대한 변동을 초래하는 사항이 발생한 때〈신설 2005.3.30〉
9. 손익구조에 중대한 변동을 초래하는 사항이 발생한 때〈신설 2005.3.30〉
10. 기타 금융기관 경영에 중대한 영향을 미칠 수 있는 사항이 발생한 때〈신설 2005.3.30〉

④ 제3항에서 정하는 공시와 관련된 공시대상, 내용, 방법 및 시기 등은 감독원장이 정한다.

⑤ 감독원장은 금융기관이 제1항 내지 제3항에서 정하는 사항을 허위로 공시하거나 중요한 사항을 누락하는 등 불성실하게 공시한 경우에는 당해 금융기관에 대해 정정공시 또는 재공시를 요구할 수 있다.

⑥ 금융기관은 다음 각호의 사항을 정기주주총회에 보고하여야 한다.

1. 당해 회계연도중 무수익여신 증감현황
2. 당해 회계연도중 거액 무수익여신 증가업체 현황(시중은행 20억원, 지방은행 10억원이상)
3. 대출 및 지급보증 지원금액이 100억원 이상인 업체로서 당해 회계연도중 신규 발생한 채권재조정업체 현황 및 동 업체에 대한 채권재조정 내역
4. 당해 회계연도중 지출한 기부금내역
5. 자회사의 영업성과와 재무상태에 대한 경영평가 결과

제3절 부실금융기관 결정을 위한 자산과 부채의 평가 및 산정

제42조(평가대상 금융기관) 금융산업의구조개선에관한법률 제2조제3호에 따른 부실금융기관 결정을 위한 자산과 부채의 평가 및 산정대상이 되는 금융기관은 다음 각호의 1에 해당하는 금융기관으로 한다.

1. 거액의 금융사고 또는 거액여신의 부실화 등으로 자산의 건전성이 크게 악화되어 감독원장이 부채가 자산을 초과할 우려가 있다고 판단하는 금융기관
2. 제26조에서 정하는 위험가중자산에 대한 자기자본비율이 100분의 4미만인 금융기관
3. 제33조의 규정에 의한 경영실태 평가결과 감독원장이 정하는 평가부문의 평가등급이 5등급(위험)으로 판정된 금융기관

제43조(평가범위) ① 제42조에 의한 자산과 부채의 평가 및 산정은 원칙적으로 최근 월말 현재 금융기관 대차대조표(신탁계정을 포함한다)상 자산과 부채의 각 계정과목을 대상으로 하되 다음 각호의 1에 해당되는 항목은 평가 및 산정대상에서 제외한다.

1. 자산에 대한 평가성 충당금(대손충당금, 감가상각충당금, 기타 충당금을 말한다)
2. 신탁계정중 원금보전약정이 없는 신탁의 자산과 부채

② 금융기관 대차대조표 난외계정중에서는 다음 각호의 1에 해당되는 항목을 평가 및 산정대상으로 한다.

1. 지급보증
2. 신용공여 약정
3. 환매권부대출채권매각

제44조(평가기준) ① 제43조에 의한 평가 및 산정대상 자산과 부채 및 난외계정의 항목은 다음 각호의 기준에 의하여 평가한다.

1. 장부가액이 실질가치를 반영하는 항목에 대해서는 동 장부가액으로 평가한다.
2. 장부가액이 실질가치를 반영하지 못하는 항목에 대해서는 시가 또는 손실발생예상액을 차감한 실질가치로 조정하여 평가한다.
3. 난외계정에 대해서는 손실발생예상액을 산출하여 부채로 계상한다.

② 제1항에 따른 자산과 부채 및 난외계정의 각 항목별 구체적인 평가 및 산정기준은 감독원장이 정하는 바에 따른다.

제45조(평가절차) ① 감독원장은 자산과 부채의 평가 및 산정을 위하여 필요한 자료를 평가대상 금융기관에 요구할 수 있으며 필요한 경우에는 평가 및 산정대상 금융기관에 임점하여 자산과 부채의 실사를 실시할 수 있다.

② 감독원장은 금융기관이 제42조제2호에 해당되는 경우 위험가중자산에 대한 자기자본비율이 100분의 4를 달성할 때까지 자산과 부채의 평가 및 산정을 분기별로 실시하여야 한다.

제4절 채권발행

제46조 〈삭제 2002.9.23〉

제47조(제재) 금융기관이 시행령 제19조를 위반하여 사채등(이하 "금융채"라 한다)을 발행한 경우 감독원장은 당해 금융기관에 대해 채권발행의 일정기간 정지, 발행한도의 축소 등의 조치를 취할 수 있다.〈개정 2002.9.23〉

제48조(보고) ① 금융기관은 금융채발행실적을 감독원장이 정하는 절차 및 서식에 따라 감독원장에게 보고하여야 한다.〈개정 2005.2.29〉

② 감독원장은 매년 6월말, 12월말 기준으로 금융기관의 금융채 발행실적 및 제재실적 등을 금감위에 보고한다.

제5절 자회사 및 자은행

제49조(자회사의 업종) 법 제37조제2항에서 정하는 "금융감독위원회가 정하는 업종"이라 함은 다음 각호의 1에 해당하는 업종을 말한다.〈개정 2002.9.23〉

1. 은행법에 의한 은행업〈개정 2004.3.31〉
2. 장기신용은행법에 의한 장기신용은행업무
3. 증권거래법에 의한 증권업〈개정 2004.10.7〉
4. 보험업법에 의한 보험업〈개정 2004.10.7〉
5. 종합금융회사에관한법률에 의한 종합금융회사업무
6. 신탁업법에 의한 신탁업
7. 〈삭제 2004.10.7〉
8. 상호저축은행법에 의한 상호저축은행업무〈개정 2002.9.23〉
9. 여신전문금융업법에 의한 여신전문금융업
10. 신용정보의이용및보호에관한법률에 의한 신용정보업
11. 중소기업창업지원법에 의한 중소기업창업투자업
12. 선물거래법에 의한 선물업〈개정 2004.10.7〉
13. 은행업무의 수행과 직접 관련된 금융전산업, 금융연구업
14. 팩토링업

15. 자산유동화에관한법률에 의한 유동화 전문회사업무 및 자산관리업무
16. 주택저당채권유동화회사법에 의한 주택저당채권유동화회사업무
17. 산업발전법에 의한 기업구조조정전문회사업무
18. 간접투자자산운용업법에 의한 자산운용회사업무, 투자회사업무, 투자자문업, 일반사무관리회사업무 및 사모투자전문회사업무〈개정 2004.10.7, 2004.12.15〉

18의2. 간접투자자산운용업법에 의한 사모투자전문회사의 지분소유를 목적으로 하는 회사의 업무〈신설 2004.12.15〉

18의3. 사회기반시설에대한민간투자법제8조의2에 따라 주무관청에 의하여 지정을 받은 민간투자대상사업(법인세법제51조의2제1항제6호에 해당하는 회사를 통하여 영위하는 경우에 한한다)〈신설 2005.6.29〉

19. 금융기관의 자기자본 조달업무(당해 금융기관의 자기자본 조달만을 목적으로 설립되고, 의결권 있는 발행주식 또는 지분총수를 소유한 경우에 한한다)〈신설 2002.11.13〉
20. 기타 제1호 내지 제19호에 준하는 것으로 금감위가 인정하는 업무〈신설 2004.3.31〉

제49조의2(사모투자전문회사에 대한 특례) 금융기관이 간접투자자산운용업법에 의한 사모투자전문회사의 업무집행사원 또는 무한책임사원이거나 유한책임사원으로서 사모투자전문회사 출자총액의 100분의 30을 초과하여 지분을 보유하는 경우 당해 사모투자전문회사를 법 제37조제2항에서 정하는 자회사로 본다.
[본조신설 2004.12.15]

제50조(자회사 출자의 요건) ① 시행령 제21조제2항에서 정하는 "금융감독위원회가 정하는 요건"이라 함은 다음 각호에 해당하는 경우를 말한다.〈개정 2004.10.7〉

1. 당해 금융기관의 경영상태는 제33조의 규정에 따른 최근 경영실태평가 결과가 1등급 또는 2등급이어야 하고, 다음 각목에서 정하는 요건을 충족하여야 한다.〈개정 2002.9.23, 2004.10.7〉
   가. 전년말 현재 위험가중자산에 대한 자기자본비율이 100분의 8이상일 것〈개정 2002.9.23〉
   나. 전년말 원화유동성비율이 100분의 100이상일 것〈개정 2002.9.23〉
2. 당해 금융기관이 이미 출자한 자회사(제51조의 규정에 의해 승인을 받은 자회사는 제외한다)의 경영상태는 최근 회계연도의 자회사 경영실태평가 결과가 1등급 내지 3등급이어야 한다.〈개정 2002.9.23〉
3. 자회사 출자의 총합계액은 취득가액을 기준으로 하여 당해 금융기관 자기자본의 100분의 30이내이어야 한다. 다만, 법령의 규정에 따라 출자하는 경우와 금감위가 불가피한 것으로 인정하는 경우는 예외로 한다.

② 제1항의 규정에 불구하고 다음 각호의 1에 해당하는 경우에는 제1항제1호 및 제2호에서 정하는 요건을 충족한 것으로 본다.

1. 자회사로부터 준비금 또는 재평가적립금의 자본전입에 따라 발행된 주식을 교부받는 경우
2. 이익배당을 주식으로 받는 경우

③ 제1항제3호에서 정하는 자회사 출자의 총합계액을 산정함에 있어서는 원본보전약정이 있는 신탁계정에서의 출자액을 포함한다.

④ 제1항제2호에서 정하는 자회사의 경영실태평가 결과는 1등급(우수), 2등급(양호), 3등급(보통), 4등급(취약), 5등급(위험)의 5단계 등급으로 구분하며 평가등급 산정을 위한 구체적인 사항은 감독원장이 정한다.

제51조(비금융자회사 출자승인) ① 금융기관은 법 제37조제2항의 규정에 따라 제49조에서 정하는 업종에 속하는 회사가 아닌 회사(이하 "비금융회사"라 한다)의 의결권

있는 발행주식의 100분의 15를 초과하는 주식을 소유하고자 하는 경우(발행주식의 100분의 15를 초과하는 주식을 소유한 금융기관이 당해 회사의 발행주식을 추가로 소유하고자 하는 경우를 포함한다)에는 감독원장이 정하는 바에 따라 승인신청서를 취득예정일 30일전까지 감독원장에게 제출하여야 한다. 다만, 주식을 추가로 취득하지 아니하였음에도 불구하고 의결권 있는 발행주식수의 변동 등의 사유로 인하여 본문에서 정한 한도를 초과하게 된 때에는 동 사유발생일로부터 15일이내에 승인을 신청할 수 있다.

② 제50조제1항의 규정에 불구하고 다음 각호의 1에 해당하는 금융기관이 제1항의 규정에 따라 비금융회사의 의결권있는 발행주식의 100분의 15를 초과하는 주식을 소유하고자 승인신청을 하는 경우에는 제50조제1항의 규정을 충족한 것으로 본다.

1. 제26조에서 정하는 위험가중자산에 대한 자기자본비율이 100분의 8이상인 경우
2. 제26조에서 정하는 위험가중자산에 대한 자기자본비율이 100분의 8미만인 경우로서 제39조제2항의 규정에 따라 경영개선계획의 승인을 받은 경우

③ 금융기관이 제1항의 규정에 의하여 주식을 소유하고자 하는 비금융회사가 독점규제및공정거래에관한법률 제14조 및 동법 시행령 제17조의 규정에 의하여 지정된 상호출자 및 채무보증제한 기업집단중 자산총액의 합계액 상위 5대 기업집단 소속회사인 경우외의 승인업무는 감독원장에게 위임하며 감독원장은 그 승인결과를 매분기 금감위에 보고한다.〈개정 2002.4.2〉

第52조(자회사 신용공여한도 등) ① 법 제37조제3항제1호에서 정하는 "자회사에 대한 금융감독위원회가 정하는 한도"라 함은 자회사 각각에 대하여는 당해 금융기관 자기자본의 100분의 10, 자회사 전체에 대하여는 당해 금융기관 자기자본의 100분의 20을 말한다. 다만, 다음 각호의 1에 해당하는 경우에는 자회사에 대한 신용공여한도를 초과할 수 있다.〈개정 2004.3.31〉

1. 금융기관 이사회에서 합병하기로 결의한 자회사에 대한 유동성 지원이 불가피한 경우〈신설 2004.3.31〉
2. 금융기관 공동으로 경영 정상화를 추진중인 자회사에 대하여 유동성을 지원하기로 합의한 경우〈신설 2004.3.31〉

② 금융기관이 추가적인 신용공여를 하지 아니하였음에도 불구하고 다음 각호의 1에 해당하는 경우로서 제1항에서 정하는 한도를 초과하게 된 때에는 이를 적합하게 하기 위한 계획을 한도초과일로부터 1월 이내에 감독원장에게 제출한다.

1. 환율변동에 따른 원화환산액의 증가
2. 당해 금융기관의 자기자본 감소
3. 자회사간의 합병 또는 영업의 양수도
4. 지급보증대지급금 발생
5. 금리상승에 따른 사채지급보증액 증가
6. 금융기관 대차대조표 계정과목의 변경
7. 제3조에 의한 신용공여의 범위 변경
8. 제51조제1항의 규정에 따라 비금융회사의 의결권있는 발행주식의 100분의 15를 초과하는 주식을 소유하게 되는 경우
9. 제1항 단서의 요건에 해당하지 아니하게 되는 경우〈신설 2004.3.31〉

③ 금융기관은 자회사와의 거래에 있어서 통상의 조건에 따라야 하며, 다음 각호의 1에 해당하는 행위를 하여서는 아니된다.

1. 정당한 사유없이 자회사를 우대하는 행위
2. 정당한 사유없이 자회사가 부담하여야 할 경비를 부담하는 행위
3. 자회사 경영의 독립성 및 건전성을 침해하는 행위
4. 자회사 또는 고객에게 이익상충의 우려가 있는 거래를 하도록 영향력을 행사하는 행위
5. 업무상 지득한 고객에 대한 정보를 고객의 동의없이 자회사에 제공하거나 자회사로부터 제공받는 행위

④ 감독원장은 금융기관의 건전경영을 위하여 필요한 최소한의 범위내에서 금융기

관과 자회사와의 거래를 제한하는 등 필요한 조치를 취할 수 있다.

제52조의2(자은행의 모은행등 발행주식 소유) ① 자은행이 시행령 제21조제3항에서 정하는 사유로 모은행등이 발행한 주식을 소유하게 된 때에는 감독원장이 정하는 바에 따라 감독원장에게 보고하여야 한다.
② 자은행이 시행령 제21조제4항 단서에 의하여 모은행등이 발행한 주식의 처분기간을 연장받고자 하는 경우에는 감독원장을 경유하여 금감위에 그 연장을 신청하여야 한다.
[본조신설 2002.9.23]

제52조의3(자은행의 모은행등에 대한 신용공여) ① 자은행이 시행령 제21조제6항에서 정하는 사유로 인하여 시행령 제21조제5항의 규정에 의한 한도를 초과하는 경우에는 감독원장이 정하는 바에 따라 한도초과일부터 1월이내에 감독원장에게 보고하여야 한다. 제3항의 규정에 의하여 한도초과기간을 연장하는 경우에도 이와 같다.
② 감독원장은 제1항에 의한 자은행의 신용공여한도 초과현황을 매분기 금감위에 보고한다.
③ 시행령 제21조제5항 단서에서 "자은행의 신용공여규모 등에 비추어 부득이하다고 인정되는 경우"라 함은 다음 각호의 1을 말한다.
1. 이미 제공한 신용공여의 기한이 도래하지 아니하여 기간내에 회수가 곤란한 경우
2. 시행령 제20조의5제4항제1호 또는 제2호의 사유가 장기간 지속되고 당해 신용공여를 회수할 경우 신용공여를 받은 모은행등의 경영안정이 크게 저해될 우려가 있는 경우
3. 기타 제1호 및 제2호에 준하는 경우로서 한도초과 상태가 일정기간 지속되어도 당해 자은행의 자산건전성이 크게 저해되지 아니한다고 감독원장이 인정하는 경우

④ 시행령 제21조제5항 단서에 따라 신용공여한도 초과기간을 연장하고자 하는 경우 그 연장기간은 1년이내로 한다.
[본조신설 2002.9.23]

제52조의4(적정담보확보기준 등) ① 시행령 제21조제8항에서 "담보의 종류에 따라 금융감독위원회가 정하는 비율"이라 함은 다음 각호의 1을 말한다.
1. 예·적금, 정부 및 한국은행에 대한 채권, 정부 및 한국은행이 보증한 채권, 정부 및 한국은행이 발행 또는 보증한 증권에 의해 담보된 채권 : 100분의 100
2. 지방자치법에 의한 지방자치단체, 지방공기업법에 의한 지방공기업(다만, 결손이 발생하는 경우 정부 또는 지방자치단체로부터 제도적으로 결손보전이 이루어 질 수 있는 기관에 한한다), 정부투자기관관리기본법에 의한 투자기관 및 이에 준하는 기관(이하 "공공기관 등"이라 한다)에 대한 채권, 공공기관 등이 보증한 채권, 공공기관 등이 발행 또는 보증한 증권에 의해 담보된 채권 : 100분의 110
3. 제1호 및 제2호 이외의 자산 : 100분의 130

② 법 제37조제7항 단서에서 "당해 자은행과 모은행등의 구조조정에 필요한 신용공여 등 금융감독위원회가 정하는 요건에 해당하는 경우"라 함은 다음 각호의 1을 말한다.
1. 당해 자은행이 모은행의 자은행이 되기 이전에 한 신용공여. 다만, 이 경우 자은행으로 편입된 날부터 2년이내에 제1항의 규정에 적합하게 하여야 한다.
2. 추심 중에 있는 자산을 근거로 제공한 일시적 신용공여
3. 종합금융회사에관한법률에 의한 자금중개회사를 통한 통상적 수준 이내에서의 단기자금거래
4. 당일 자금상환을 조건으로 제공한 통상적인 수준 이내에서의 당좌대출

③ 제1항의 규정에 의한 담보자산의 감가상각, 물리적인 손상 및 시장가치의 하락

등으로 제1항의 비율에 미달하게 된 때에는 그 미달하게 된 날부터 1월이내에 그 비율에 적합하게 하여야 한다. 다만, 다음 각 호의 1의 사유로 인한 경우에는 감독원장이 그 기간을 연장할 수 있다.

1. 신용공여의 범위 변경
2. 기타 급격한 경제여건의 변화 등 불가피한 사유로 인하여 모은행등의 귀책사유 없이 담보부족이 발생한 경우

④ 제1항의 규정에 불구하고 다음 각호의 1에 해당하는 자산은 적정담보로 확보할 수 없다.

1. 시행령 제21조제9항에서 정하는 자산
2. 당해 자은행 및 모은행등에 대한 채권, 당해 자은행 및 모은행등이 보증한 채권, 당해 자은행 및 모은행등이 발행 또는 보증한 증권에 의해 담보된 채권

[본조신설 2002.9.23]

第52조의5(불량자산의 기준 등) ① 시행령 제21조제9항에서 "금융감독위원회가 정하는 자산"이라 함은 제27조의 규정에 의하여 "요주의"이하로 분류된 자산을 말한다.

② 제52조제3항의 규정은 모은행과 자은행과의 거래 또는 모은행 및 자은행의 행위에 대하여도 적용한다.

[본조신설 2002.9.23]

第53조(자회사 및 모은행등 임직원에 대한 대출) ① 법 제37조제3항제3호 및 시행령 제21조제7항제2호에서 "금융감독위원회가 정하는 소액대출"이라 함은 제56조제1항제1호 및 제2호에서 정하는 대출을 말한다. 다만, 대출조건은 일반고객과 동일하여야 한다.〈개정 2002.9.23〉

② 제1항에서 정하는 대출금의 산정에 있어서는 제56조제2항을 준용한다.

第54조(다른 회사의 주식소유 승인) 금융기관 및 그 금융기관과 같은 기업집단(「독점규제 및 공정거래에 관한 법률」 제2조제2호의 규정에 의한 기업집단을 말한다)에 속하는 금융기관(「금융산업의 구조개선에 관한 법률」 제2조제1호의 금융기관을 말한다)이 「금융산업의 구조개선에 관한 법률」 제24조제1항·제4항 및 제5항의 규정에 따라 다른 회사의 주식(지분을 포함한다)을 소유하고자 하는 경우에는 감독원장이 정하는 바에 따라 감독원장을 경유하여 금감위에 승인을 신청하여야 한다.〈개정 2002.9.23, 2007.5.3〉

第54조의2(발행주식의 범위 및 주식소유비율의 산정방법 등) ① 「금융산업의 구조개선에 관한 법률」 제24조제1항 및 제5항의 의결권 있는 발행 주식은 「상법」 제370조제1항에 의한 의결권 없는 주식을 제외한 발행주식을 말한다.

② 「금융산업의 구조개선에 관한 법률」 제24조제1항 및 제5항의규정에 따른 주식소유비율은 동일계열 금융기관이 소유하게 되는 다른 회사의 의결권있는 발행주식수를 당해 회사의 의결권 있는 발행주식총수로 나눈 비율을 말한다.

③ 제2항의 비율을 산정함에 있어 다음 각호의 어느 하나에 해당되는 주식은 동일계열 금융기관이 소유한 주식수와 합산하여 계산하여야 한다.

1. 사모단독간접투자기구(「간접투자자산 운용업법」 제175조제1항의 규정에 의한 사모간접투자기구로서 그 수익자 또는 주주가 각각 1인인 투자신탁 또는 투자회사를 말한다) 및 공모단독간접투자기구(사모단독간접투자기구가 아닌 투자신탁 또는 투자회사로서 그 수익자 또는 주주가 각각 1인인 투자신탁 또는 투자회사를 말한다)가 소유한 다른 회사의 주식
2. 동일계열 금융기관이 신탁회사에 위탁한 특정금전신탁 자금으로 신탁회사가 취득한 다른 회사 주식 또는 신탁회사에 위탁한 다른 회사 주식

[본조신설 2007.5.3]

第54조의3(긴급한 사유) 「금융산업의 구조개선에 관한 법률 시행령」 제6조제3항제5

호에서 "금융감독위원회가 정하여 고시하는 경우"라 함은 다음 각 호의 어느 하나에 해당하는 경우로서 미리 금융감독위원회의 승인을 얻을 시간적 여유가 없는 경우를 말한다.

1. 동일계열 금융기관이 투자한 「간접투자자산 운용업법」 제144조의2의 규정에 의한 사모투자전문회사의 해산 등에 따른 현물수령으로 다른 회사의 주식을 소유하는 경우
2. 동일계열 금융기관이 「금융산업의 구조개선에 관한 법률」 제24조제6항제1호나목의 규정에 의한 민간투자대상사업을 영위하는 회사 또는 「부동산투자회사법」에 의한 부동산투자회사의 주식을 소유하는 경우
3. 다음 각 목의 어느 하나에 해당하는 기업에 대한 기존 대출금 등의 출자전환으로 다른 회사의 주식을 소유하는 경우
   가. 「채무자 회생 및 파산에 관한 법률」에 의해 회생절차 개시의 결정을 받은 기업
   나. 기업구조조정 촉진을 위한 금융기관 협약에 의해 기업개선작업을 추진중인 기업

[본조신설 2007.5.3]

제54조의4(초과소유주주에 대한 초과소유요건 심사 등) ① 감독원장은 「금융산업의 구조개선에 관한 법률 시행령」 제6조의2제3호에 따라 초과소유주주의 초과소유요건 충족 여부에 대한 심사와 관련하여 2년마다 관련 서류의 검토 등 검사를 실시하고 그 결과를 취합하여 매년 초과소유주주의 결산기 종료후 금감위에 보고하여야 한다. 다만, 검사결과 초과소유주주가 초과소유요건을 충족하지 못한 사실이 확인된 때에는 지체없이 금감위에 보고하여야 한다.
② 제1항의 규정에도 불구하고 감독원장은 다른 회사의 의결권있는 발행 주식 총수중 동일계열 금융기관이 소유하는 비율의 변경, 그 밖의 사유로 「금융산업의 구조개선에 관한 법률」 제24조제6항 각 호의 초과소유요건 충족 여부를 심사할 필요가 있는 경우에는 수시로 관련 서류의 검토 등 검사를 실시할 수 있다.
[본조신설 2007.5.3]

제6절 금지업무의 영위

제55조(업무용부동산 투자기준 등) ① 법 제38조제3호에서 정하는 "업무용부동산"이라 함은 다음 각호에서 정하는 부동산을 말한다.〈개정 2002.9.23〉

1. 영업소 및 사무소
2. 사택
3. 합숙소
4. 연수원
5. 체육시설 및 휴양시설
6. 기타 감독원장이 정하는 부동산

② 시행령 제21조의2제2항 단서에 의하여 업무용부동산 소유한도 초과기간을 연장받고자 하는 경우에는 감독원장을 경유하여 금감위에 그 연장을 신청하여야 한다.〈신설 2002.9.23〉

제56조(금융기관 임직원에 대한 대출) ① 법 제38조제8호에서 정하는 "금융감독위원회가 정하는 소액대출"이라 함은 다음 각호에서 정하는 대출을 말한다.

1. 일반자금대출 : 20백만원(급부 포함)이내
2. 주택자금대출(일반자금대출 포함) : 50백만원이내
3. 사고금정리대출(일반자금 및 주택자금대출 포함) : 60백만원이내

② 제1항에서 정하는 대출금의 산정 기타 필요한 사항은 감독원장이 정한다.

제57조 〈삭제 2002.9.23〉

제58조(비업무용자산의 처분) ① 금융기관은 소유물 또는 기타 자산중 법에 의하여 보유가 금지되거나 저당권 등 담보권의 실행으로 인하여 취득한 자산(이하 "비업무용자산"이라 한다)을 법의 규정에 부합되지 아니하는 날로부터 1년 이내에 처분하여야

한다. 다만, 공매유찰 및 공매보류의 사유로 비업무용자산 처분연기보고를 하였을 경우에는 연기보고일이후1년 이내에 처분하여야 한다.

② 비업무용자산 여부에 대하여 의문이 발생하는 때에는 감독원장이 결정한다.

③ 금융기관은 제1항의 규정에 따라 비업무용자산으로 판명된 경우 지체없이 그 내용을 감독원장에 보고하여야 한다.

④ 금융기관은 제1항에 따른 비업무용자산을 처분함에 있어 공정을 기할 수 있도록 매각절차 및 매각방법 등에 관한 내부지침을 마련하여야 한다.

제59조(유가증권투자한도 적용배제) 금융산업의구조개선에관한법률 제11조제6항제1호의 규정에 의하여 금융기관이 다음 각호의 1에 해당하는 기업에 대한 대출금 등을 출자로 전환함으로써 주식을 소유하게 된 경우에는 법 제38조제1호의 규정에 의한 주식의 취득으로 보지 아니한다.

1. 회사정리법에 의한 정리절차개시 결정을 받은 기업
2. 화의법에 의한 화의개시 결정을 받은 기업
3. 기업구조조정 촉진을 위한 금융기관 협약에 의한 기업개선작업을 추진중인 기업(이하 "기업개선작업 대상기업"이라 한다)
4. 조세특례제한법에 의한 산업합리화 지정기업
5. 기타 금융기관 공동으로 정상화를 추진중인 기업

제59조의2(자산운용의 특례) ① 금융기관이 간접투자자산운용업법에 의한 자산운용회사(이하 "자산운용회사"라 한다)에 자산의 운용을 위탁할 목적으로 투자신탁 수익증권 또는 투자회사 주식을 취득하고자 하는 경우에는 다음 각호의 기준을 준수하여야 한다.〈개정 2004.10.7〉

1. 간접투자자산운용업법 제175조제1항의 규정에 의한 사모간접투자기구로서 그 수익자 또는 주주가 각각 금융기관 1인인 투자신탁 또는 투자회사(이하 '사모단독간접투자기구'라 한다)일 것〈개정 2004.10.7〉
2. 자산운용의 목적, 주요투자대상 등 운용전략, 투자제한, 성과측정, 계약취소에 관한 사항 등을 기재한 자산운용지침서에 의할 것
3. 법 제23조의3제1항 및 시행령 제17조의2제1항의 규정에 의한 내부통제기준에 다음 각목의 사항을 포함할 것
   가. 자산운용회사의 선정·해임 기준 및 절차에 관한 사항〈개정 2004.10.7〉
   나. 자산운용회사의 자산운용실적 평가에 관한 사항〈개정 2004.10.7〉
   다. 자산운용회사의 자산운용의 적정성 여부를 감시하기 위한 조직에 관한 사항
   라. 금융기관이 직접 유가증권등에 운용하는 자산과 사모단독간접투자기구 자산을 통합하여 관리하기 위한 시스템의 구축에 관한 사항〈개정 2004.10.7〉
   마. 기타 금융기관의 건전한 자산운용을 위하여 필요한 사항

② 사모단독간접투자기구가 아닌 투자신탁 또는 투자회사로서 그 수익자 또는 주주가 각각 금융기관 1인인 투자신탁 또는 투자회사(이하 "공모단독간접투자기구"라 한다)에 대하여는 제1항제2호 및 제3호의 규정을 준용한다.〈개정 2004.10.7〉

[본조신설 2003.1.3]

제59조의3(보험모집의 특례) 금융기관이 보험업법에 의한 보험대리점 또는 보험중개인으로 등록하여 보험모집을 하는 경우에는 법 제23조의3제1항 및 시행령 제17조의2제1항의 규정에 따라 정하는 내부통제기준에 다음 각 호의 사항이 포함되어야 한다.

1. 제휴보험회사의 선정·해지 기준 및 절차에 관한 사항
2. 판매대상 보험상품 선정기준에 관한 사항
3. 보험회사와 체결하는 제휴계약서에 포

함되어야 할 민원 및 분쟁 처리절차와 책임소재에 관한 사항
4. 보험회사와의 제휴계약이 종료될 경우 고객보호에 관한 사항
5. 보험상품판매와 관련한 불공정행위 방지에 관한 사항
[본조신설 2003.9.26]

第6장 외환건전성 감독

제1절 외국환업무취급기관의 등록

第60조(외국환업무취급기관) 이 장에서 "외국환업무취급기관"이라 함은 외국환거래법 제8조제1항 본문의 규정에 의하여 외국환업무의 등록을 한 기관을 말한다.

第61조(등록요건) ① 외국환거래법시행령 제13조제2항제1호에서 "금융감독위원회가 정하는 당해 금융기관에 적용되는 재무건전성 기준"이라 함은 다음 각호와 같다.
1. 은행법 제9조에서 정하는 최저자본금 기준
2. 제26조에서 정하는 자기자본에 관한 기준
② 감독원장은 외국환거래법 시행령 제13조제3항의 규정에 따라 재정경제부장관으로부터 등록요건 충족여부의 확인요청이 있을 때에는 제1항의 기준에 따라 이를 확인한다.

第62조(등록사항 변경) ① 외국환거래법 시행령 제16조제1항의 규정에 따라 외국환업무취급기관이 외국환업무를 취급하는 국내영업소를 신설·폐지하거나 주소를 변경하고자 할 경우에는 변경이 있는 날 7일전까지 감독원장에게 신고하여야 한다.
② 제1항의 신고에 따른 세부사항은 감독원장이 정한다.

제2절 외환건전성 관리

第63조(환율위험관리) ① 외국환업무취급기관은 외국환거래법시행령 제21조제2호에 따라 외국환매입초과액과 매각초과액의 한도(이하 "외국환포지션 한도"라고 한다) 준수여부를 매영업일 잔액을 기준으로 확인하여야 한다. 다만 토요일 및 뉴욕외환시장이 휴일인 날의 외국환포지션은 다음 영업일의 외국환포지션과 합산한 평균잔액을 기준으로 한다.
② 외국환업무취급기관이 외국환포지션한도를 위반한 경우에는 위반한 날로부터 3영업일이내에 감독원장에게 이를 보고하여야 한다.

第64조(유동성위험관리) ① 외국환업무취급기관은 외국환거래법시행령 제21조 제4호의 규정에 따라 외화자산 및 외화부채를 각각 잔존만기별로 구분하여 관리하고 다음 각호에서 정하는 비율을 유지하여야 한다.
1. 잔존만기 3개월이내 부채에 대한 잔존만기 3개월이내 자산의 비율 : 100분의 85 이상〈개정 2003.12.31, 시행 2004.4.1〉
2. 외화자산 및 부채의 만기 불일치비율
 가. 잔존만기 7일이내의 경우에는 자산이 부채를 초과하는 비율 100분의 0 이상
 나. 잔존만기 1개월이내의 경우에는 부채가 자산을 초과하는 비율 100분의 10이내
② 제1항에서 정하는 잔존만기의 구분방법, 자산·부채의 범위 및 비율의 산정방법은 감독원장이 정하는 바에 의한다.

第65조(중장기외화대출재원관리) ① 외국환업무취급기관은 외국환거래법시행령 제21조제4호의 규정에 따라 상환기간이 1년이상인 외화대출의 100분의 80이상을 상환기간이 1년이상인 외화자금으로 조달하여야 한다. 다만, 외화대출잔액이 미화 50백만불 미만인 경우에는 그러하지 아니하다. 〈개정 2003.12.31, 시행 2004.4.1〉
② 제1항에서 정하는 외화대출 및 외화자금조달의 범위는 감독원장이 정하는 바에 의한다.

第66조(역외금융관리) ① 외국환업무취급기관은 외국환거래법시행령 제21조제5호에 따라 외국환거래법 제3조제1항제13호에서 정하는 비거주자(이하 "비거주자"라 한다.)로부터 자금을 조달하여 비거주자를 대상으로 이를 운용(이하 "역외금융"이라 한다)하는 경우에는 역외금융계정을 설치하여 다른 거래와 구분하여 계리하여야 한다.
② 제1항의 규정에 의한 역외금융계정의 자금조달·운용방법은 다음 각호와 같다.
1. 자금조달 방법
  가. 비거주자 또는 다른 역외금융계정으로부터의 차입
  나. 비거주자 또는 다른 역외금융계정으로부터의 예수
  다. 외국에서의 외화증권발행
  라. 비거주자에 대한 외화채권의 매각
2. 자금운용방법
  가. 비거주자 또는 다른 역외금융계정에 대한 대출 및 예치
  나. 비거주자가 발행한 외화증권의 인수 및 매입

第67조(금융기관의 내부관리) ① 외국환업무취급기관은 외국환거래법시행령 제21조제6호에 따라 국가별 위험, 거액신용위험, 파생금융거래위험, 시장위험 등 외국환거래에 따르는 위험의 종류별로 관리기준을 자체적으로 설정·운영하여야 한다.
② 외국환업무취급기관은 제1항의 규정에 의한 관리기준을 설정·변경하거나 동 기준을 초과하여 외국환거래를 취급하고자 할 경우에는 내부위험관리기구의 결의를 거쳐야 한다.
③ 감독원장은 제1항의 규정에 의한 위험의 종류별로 예시기준을 정하여야 하며 외국환업무취급기관의 위험관리기준이 부적절하다고 판단될 경우에는 이의 시정을 요구할 수 있다.

第68조(적용배제) ① 외국환업무취급기관의 신탁계정 등 위탁계정에 대하여는 이 장의 규정을 적용하지 아니한다.
② 외국은행 국내지점에 대하여는 제64조, 제65조, 제67조의 규정을 적용하지 아니한다.

제3절 외환건전성규제 위반에 대한 제재

第69조(외국환포지션한도 위반에 대한 제재) ① 외국환업무취급기관이 제63조의 외국환포지션 한도를 위반한 경우에는 다음 각호에 따라 감독원장이 제재한다.
1. 한도위반일로부터 과거 1년간 1회 위반시 : 주의
2. 한도위반일로부터 과거 1년간 2회 위반시 : 일평균 한도위반금액을 한도위반일수 만큼 외국환포지션 한도에서 감축
② 외국환업무취급기관이 다음 각호의 1에 해당하는 경우에는 제1항 제2호에 의한 외국환포지션한도 감축금액을 2배로 한다.
1. 한도위반일로부터 과거 1년간 3회이상 위반시
2. 한도를 고의로 위반한 경우
3. 최초 한도위반일로부터 3영업일 이내에 제1항의 보고를 하지 않은 경우
③ 감독원장은 제1항 및 제2항의 제재를 함에 있어서 자기자본의 감소등 한도초과 사유가 부득이 하다고 인정되는 경우 당해 제재를 면제, 유예 또는 해제할 수 있다.
④ 감독원장은 외국환업무취급기관이 보고의무를 이행하지 않거나 허위로 보고한 경우 주의, 시정명령 및 외국환포지션한도이 일정기간 감축 등의 조치를 할 수 있다.

第70조(외화유동성비율 등 위반에 대한 제재) ① 외국환업무취급기관이 제64조 및 제65조에서 정하는 비율을 위반하여 위반횟수가 과거 1년동안 2회이하(단, 제64조제1항제2호가목에서 정하는 비율은 과거 1년간 4회이하)인 경우에는 감독원장이 정하는 바에 따라 사유서 및 달성계획서를 매 위반시마다 감독원장에게 제출하여야 한다.〈신설 2001.12.19, 시행 2002.1.1〉
② 외국환업무취급기관이 제64조 및 제65조에서 정하는 비율을 위반하여 위반횟수가 과거 1년동안 3회이상일 경우에는 제64

조 및 제65조의 규정에 불구하고 동 비율을 다음 각호와 같이 상향하여 당해 외국환업무취급기관에 적용한다.〈개정 2003.12.31, 시행 2004.4.1〉

1. 제64조제1항제1호에서 정하는 비율
   가. 과거 1년동안 3회 위반한 경우 : 100분의 90이상
   나. 과거 1년동안 4회 위반한 경우 : 100분의 95이상
2. 제64조제1항제2호나목에서 정하는 비율
   가. 과거 1년동안 3회 위반한 경우 : 100분의 5이내
   나. 과거 1년동안 4회 위반한 경우 : 100분의 0이내
3. 제65조제1항에서 정하는 비율을 위반시 위반횟수가 과거 1년동안 3회일 경우 : 100분의 85이상

③ 외국환업무취급기관이 다음 각호중 제1호 내지 제3호에 해당하는 경우에는 계약만기 3개월이내 신규 외화자금 차입(만기 30일이내 콜머니 제외)을, 제4호에 해당하는 경우에는 계약만기 1년이상 신규 외화대출을 동호에 따른 비율을 달성할 때까지 정지하여야 한다.〈개정 2003.12.31, 시행 2004.4.1〉

1. 제2항제1호각목 또는 제64조제1항제1호에서 정하는 비율을 위반시 위반횟수가 과거 1년동안 5회이상일 경우 : 100분의 95이상
2. 제64조제1항제2호가목에서 정하는 비율을 위반시 위반횟수가 과거 1년동안 5회이상일 경우 : 100분의 0이상
3. 제2항제2호각목 또는 제64조제1항제2호나목에서 정하는 비율을 위반시 위반횟수가 과거 1년동안 5회이상일 경우 : 100분의 0이내
4. 제2항제3호 또는 제65조제1항에서 정하는 비율을 위반시 위반횟수가 과거 1년동안 4회이상일 경우 : 100분의 85이상

④ 감독원장은 제2항 또는 제3항의 제재사유에 해당하더라도 국내외 금융・경제여건 악화 등 불가피하다고 인정하는 경우에는 금감위에 제재의 면제, 유예 또는 기 조치한 제재에 대하여 해제를 건의할 수 있다. 다만, 제재면제의 경우에는 당해 면제대상을 위반횟수에 산입하지 아니한다.〈신설 2001.12.19, 시행 2002.1.1〉

⑤ 외국환업무취급기관이 규정 제64조 및 제65조에서 정한 비율을 과거 1년동안 2회 이상 위반한 경우 감독원장은 당해 외국환업무취급기관에 대하여 제72조의 규정에 의한 보고의 주기를 단축하는 등 기타 필요한 조치를 병행할 수 있다.〈신설 2001.12.19, 시행 2002.1.1〉

제71조(제재현황 보고) 감독원장은 제69조 및 제70조의 규정에 따라 외국환업무취급기관에 대해 제재한 경우에는 그 현황을 매 분기말 종료 후 1개월 이내에 금감위에 보고하여야 한다.

제4절 외환관련 보고

제72조(보고) 외국환업무취급기관은 외화자산 및 부채현황, 만기별 외화자금조달・운용현황 기타 이 장의 시행에 필요한 사항을 감독원장이 정하는 바에 따라 보고하여야 한다.

제7장 신용위험 관리

제73조(신용공여한도의 초과사유 등) ① 시행령 제20조의3제1항제3호의 규정에 의해 신용공여한도 초과를 인정받고자 하는 금융기관은 감독원장을 경유하여 금감위에 그 인정을 신청하여야 한다. 다만, 당좌대출 등 이미 약정한 한도범위 이내에서 신용공여를 하는 경우에는 금감위의 인정을 받은 것으로 본다.

② 시행령 제20조의3제2항제5호에서 "금융감독위원회가인정하는 경우"라 함은 다음 각호의 1에 해당되는 경우를 말한다.

1. 금융산업의구조개선에관한법률 제2조제1호에서 정한 금융기관과의 합병 또는 영업의 양수・도

2. 금융산업의구조개선에관한법률 제2조제1호에서 정하는 금융기관의 종류 전환
3. 지급보증대지급금의 발생
4. 금리상승에 따른 사채지급보증액의 증가
5. 금융기관 대차대조표 계정과목의 변경
6. 제3조에 의한 신용공여의 범위의 변경

제74조(신용공여한도의 초과 보고 등) ① 금융기관은 시행령 제20조의3 및 이 규정 제73조에서 정하는 사유로 인하여 법 제35조제1항, 제3항 또는 제4항의 규정에 의한 한도를 초과하는 경우에는 한도초과일로부터 15일이내에 감독원장에게 보고하여야 한다. 시행령 제20조의4 및 이 규정 제75조에 의하여 한도초과기간을 연장하는 경우에도 이와 같다.
② 감독원장은 제1항에 의한 금융기관의 신용공여한도 취급현황을 매분기 금감위에 보고하여야 한다.
③ 금융기관의 제1항의 한도초과시 보고내용 등에 관한 사항은 감독원장이 정한다.

제75조(신용공여한도 초과기간 연장사유) ① 시행령 제20조의4 제3호에서 "금융감독위원회가 인정하는 경우"라 함은 차주에 대하여 채권회수를 위한 법적절차가 진행중인 경우를 말한다.
② 시행령 제20조의4의 규정에 따라 신용공여한도 초과기간을 연장하고자 하는 경우 그 연장기간은 1년이내로 한다.

제76조(거액신용공여의 관리) ① 금융기관은 법 제35조제4항에서 정하는 거액신용공여총액한도 초과여부를 매월말 잔액 기준으로 관리하여야 하며 매분기말 현재의 취급현황을 감독원장에게 보고하여야 한다.
② 금융기관은 다음 각호의 사항이 포함된 거액신용공여의 운용 및 관리에 관한 내부지침을 마련하여야 한다.
1. 거액신용공여 취급현황을 상시 점검할 수 있는 전산시스템 구축
2. 거액신용공여 취급 억제를 위한 사제 점검체제
③ 감독원장은 제2항에서 정하는 내부지침의 효율적인 운용 및 관리를 위하여 필요한 경우 또는 거액신용공여 총액의 급격한 증가로 한도초과의 우려가 있는 경우에는 거액신용공여 총액한도의 초과를 억제하기 위하여 필요한 조치를 요구할 수 있다.
④ 금융기관의 거액신용공여총액한도 관리에 필요한 보고내용 등에 관한 세부사항은 감독원장이 정한다.

제77조 〈삭제 2002.9.23〉

제78조(여신운용 원칙) ① 금융기관은 여신을 운용함에 있어서 다음 각호와 같이 여신의 건전성을 확보할 수 있도록 노력하여야 한다.〈개정 2002.11.27〉
1. 차주의 리스크 특성, 재무상태, 미래 채무상환능력 등에 대한 분석을 통한 철저한 신용리스크의 평가
2. 차주의 차입목적, 소요자금규모, 자금소요기간 등에 대한 종합적인 심사 및 분석을 통한 적정한 여신의 공급
3. 여신 실행 이후 여신자금의 철저한 관리를 통한 용도외 유용 방지
4. 차주의 신용상태 및 채무상환능력 변화에 대한 상시 모니터링 및 그 결과에 따른 적절한 조치
5. 산업별, 고객그룹별 등으로 여신운용의 다양화를 통한 여신편중 현상의 방지
② 감독원장은 금융기관의 여신운용의 건전성을 제고할 수 있도록 여신심사 및 사후관리 업무에 관한 구체적인 기준을 정할 수 있다.〈개정 2002.11.27〉

제79조(주채무계열) ① 감독원장은 전년말 현재 금융기관으로부터의 신용공여 잔액이 전전년말 현재 금융기관의 전체 신용공여 잔액 대비 0.1% 이상인 계열기업군(이하 "주채무계열"이라 한다) 및 그 소속기업체를 선정하고 이를 각 금융기관에 통보한다. 다만, 주채무계열 소속기업체중 자산규모, 당해 계열기업군내에서의 영향력 등 실질적인 지위를 참작하여 감독원장이 정하는

기업체(이하 "주기업체"라 한다)가 다음 각호의 1에 해당하는 당해 계열기업군은 주채무계열로 선정하지 아니하거나 주채무계열에서 제외시킬 수 있다.〈개정 2002.4.2〉

1. 독점규제및공정거래에관한법률시행령 제17조제1항 단서 제1호 내지 제4호에 해당하는 경우
2. 회사정리법에 의한 회사정리절차 개시를 신청한 경우
3. 화의법에 의한 화의절차 개시를 신청한 경우
4. 파산법에 의한 파산절차 개시를 신청한 경우
5. 은행관리기업체로 관리를 개시한 경우
6. 기업구조조정촉진을 위한 금융기관 협약('98.6.25 제정) 및 그 후속 협약, 또는 기업구조조정촉진법에 의한 채권금융기관(또는 채권은행) 공동관리를 개시한 경우〈신설 2002.4.2〉

② 제1항의 금융기관은 다음 각호의 1을 말한다.

1. 은행법에 의한 금융기관
2. 농업협동조합법에 의한 농협중앙회의 신용사업부문
3. 수산업협동조합법에 의한 수산업협동조합중앙회의 신용사업부문
4. 한국산업은행법에 의한 한국산업은행
5. 한국수출입은행법에 의한 한국수출입은행
6. 중소기업은행법에 의한 중소기업은행
7. 종합금융회사에관한법률에 의한 종합금융회사
8. 보험업법에 의한 보험사업자
9. 여신전문금융업법에 의해 설립된 여신전문금융회사〈신설 2002.4.2〉

③ 제1항의 신용공여는 다음 각호의 1을 말한다.

1. 제2항제1호 내지 제6호에서 정한 금융기관의 경우 〈별표2〉에서 정한 신용공여
2. 제2항제7호에서 정한 금융기관의 경우 종합금융업감독규정 〈별표2〉에서 정한 신용공여
3. 제2항제8호에서 정한 금융기관의 경우 보험업감독규정 〈별표1〉에서 정한 신용공여〈개정 2004.3.31〉
4. 제2항제9호에서 정한 금융기관의 경우 대차대조표상의 리스자산중 미회수원금, 신기술금융자산, 여신성 금융자산, 기계류할부금융, 사모사채, 기업어음. 다만, 제2항의 금융기관 및 정부·지방자치단체·정부투자기관관리기본법 제2조에 의한 정부투자기관·수출보험공사·신용보증기금·기술신용보증기금·산업기반신용보증기금이 원리금 상환을 보증한 경우는 제외한다.〈개정 2004.3.31〉

④ 제1항에서 정하는 계열기업군 및 그 소속기업체의 범위는 독점규제및공정거래에관한법률 제2조제2호를 준용한다.

⑤ 주채무계열 소속기업체의 편입·제외보고 등에 관한 구체적인 사항은 감독원장이 정하며, 감독원장은 편입요건에 해당된다고 인정되는 기업체의 계열편입이 정당한 사유없이 지체될 경우에는 담당 주채권은행과 협의하여 이를 해당 주채무계열에 편입할 수 있다.

제80조(주채권은행 선정 및 변경) ① 금융기관은 감독원장이 정하는 바에 따라 주채무계열 및 그 소속기업체의 주된 채권은행(이하 "주채권은행"이라 한다)을 정하여야 하며 주채무계열의 주채권은행은 당해 주채무계열 주기업체의 주채권은행으로 한다.

② 주채무계열 소속기업체의 주채권은행은 주채무계열 주채권은행과 기타 채권은행이 상호협의하여 결정한다. 다만, 협의에 의하여 결정되지 아니하는 경우에는 감독원장이 이를 결정한다.

③ 주채무계열 소속기업체는 기존 주채권은행의 동의를 얻어 주채권은행을 변경할 수 있으며, 새로운 주채권은행은 동 내용을 감독원장에게 보고하여야 한다.

④ 감독원장은 신용공여관리업무의 원활한 운용을 위하여 필요한 경우 관련 금융기관의 의견을 들어 주채무계열 소속기업체의

주채권은행을 변경할 수 있다.

제81조(계열사의 채무보증 취득 제한) ① 금융기관은 주채무계열의 소속기업체(해외현지법인을 제외한다. 이하 이 조에서 같다)에 대하여 독점규제및공정거래에관한법률 제10조의2에서 제한하고 있는 채무보증(이하 이 조에서 "채무보증"이라 한다)을 당해 주채무계열의 소속기업체(금융·보험업을 영위하는 회사는 제외)로부터 신규로 받아 여신을 취급하여서는 아니된다. 다만, 기존채무보증의 기한연기를 위한 재약정은 신규채무보증으로 보지 아니한다.
② 제1항의 여신은 은행계정 및 신탁계정상의 다음 각호를 말한다.
1. 원화대출금
2. 외화대출금
3. 내국수입유산스
4. 지급보증대지급금
5. 확정지급보증
③ 주채권은행은 주채무계열 소속기업체 선정당시 당해 소속기업체가 보유하고 있는 채무보증 잔액을 해소하기 위한 계획을 감독원장이 정하는 바에 따라 수립하고 그 이행상황을 매반기말을 기준으로 다음달 20일까지 감독원장에게 보고한다.〈개정 2002.9.23〉

제82조(주채권은행의 기능) ① 주채권은행은 담당 주채무계열 또는 그 소속기업체에 관한 여신상황을 포함한 기업정보를 종합적으로 관리하여야 하며, 금융기관은 주채권은행을 중심으로 기업정보를 공유할 수 있도록 상호 협조하여야 한다.
② 주채권은행은 담당 주채무계열 또는 그 소속기업체의 경영이 악화되어 여신의 부실화가 우려되는 경우 기타 채권은행과 채권은행협의회를 구성하여 처리대책을 수립·추진한다.
③ 주채권은행은 담당 주채무계열 및 그 소속기업체의 경영을 지도하여 재무구조개선을 유도하여야 한다.
④ 주채권은행과 기타 채권은행은 제3항의 시행에 따른 제반조치를 준수하지 아니하는 기업체에 대하여 감독원장이 정하는 바에 따라 필요한 조치를 취하여야 한다.
⑤ 감독원장은 주채무계열 소속기업체의 업종 등의 특성에 비추어 필요성이 인정되는 기업체에 대하여 제1항 내지 제4항의 규정을 적용하지 아니할 수 있다.

제83조(금융기관 손실초래자에 대한 출국금지) ① 금융기관(신용보증기관을 포함한다. 이하 이 조에서 같다)은 여신거래업체가 부도, 파산 또는 정상가동 불능 등의 사유로 금융기관에 원금 50억원 이상의 손실을 초래할 것으로 예상되는 경우에는 다음 각호의 1에 해당하는 자 중에서 채권확보상 필요한 자에 대한 출국금지를 정부에 요청하도록 금감위에 의뢰할 수 있다.
1. 경영에 실질적 책임이 있는 대표자
2. 사실상 기업을 지배하는 기업주
3. 보증금액이 50억원 이상인 연대보증인
② 제1항의 규정에 따른 출국금지 요청기간은 6월 이내로 한다. 다만, 채권보전을 위하여 필요한 경우에는 원칙적으로 1회에 한하여 6월 이내의 기간내에서 출국금지기간의 연장요청을 의뢰할 수 있다.
③ 금융기관은 제1항의 규정에 따라 출국금지된 자에게 다음 각 호의 1에 해당되는 사유가 발생하는 경우 정부에 출국금지 해제를 요청하도록 지체없이 금감위에 의뢰한다.
1. 재산조사 결과 은닉재산이 발견되지 아니하는 경우
2. 금융기관의 추가 채권보전조치가 사실상 불가능한 경우
3. 관련기업의 인수정리 등 채권보전절차가 완료되는 경우
4. 출국금지를 지속할 필요성이 없다고 인정되는 경우
④ 감독원장은 금융기관 손실초래자에 대한 채권은행의 채권확보에 필요한 사항을 정할 수 있다.

제8장 금융기관 이용자 권익보호 및 사고예방

제84조(적용대상 금융거래약관) 이 장에서 금융거래약관(이하 "약관"이라 한다)이라 함은 그 명칭이나 형태를 불문하고 금융기관이 금융거래와 관련하여 다수의 이용자와 계약을 위하여 미리 작성한 계약의 내용을 말한다. 다만 겸영업무에 관련된 약관으로서 관계법령에 의하여 별도로 정하고 있는 경우에는 이 장의 규정을 적용하지 아니한다.

제85조(약관의 작성 및 운용 기준) 금융기관은 다음 각호에서 정한 기준에 따라 약관을 작성·운용하여야 한다.

1. 신의성실의 원칙에 따라 공정하게 작성하여야 한다.
2. 금융기관 이용자의 권익을 최대한 보호하여야 한다.
3. 건전한 금융거래질서가 유지될 수 있도록 하여야 한다.
4. 약관의규제에관한법률 등 관계법령에 위배되지 아니하여야 한다.

제86조(약관의 제출 등) ① 금융기관이 약관을 제정 또는 변경하고자 하는 경우에는 당해 약관 및 약관내용을 이해하는데 필요한 관련서류를 시행예정일부터 10영업일전까지 감독원장에게 제출하여야 한다. 다만, 다음 각호의 1에 해당하는 경우에는 약관의 제정 또는 변경 후 10일이내에 제출할 수 있다.〈개정 2002.9.23〉

1. 이용자의 권익을 확대하거나 의무를 축소하기 위한 약관의 변경
2. 감독원장에게 보고된 약관의 내용과 동일하거나 유사한 약관의 제정 또는 변경
3. 기타 이용자의 권익이나 의무에 불리한 영향이 없는 경우로서 감독원장이 정하는 약관의 제정 또는 변경

② 감독원장은 제1항의 규정에 따라 제출받은 약관을 심사하고 건전한 금융거래질서의 유지를 위하여 약관내용의 변경이 필요하다고 인정하는 경우 당해 금융기관에 대하여 당해 약관의 변경을 권고할 수 있다.

③ 제2항의 규정에 따라 변경권고를 받은 금융기관은 당해 권고의 수락여부를 감독원장에게 보고하여야 한다.

④ 약관의 제정 또는 변경에 대한 보고의 절차 기타 필요한 사항은 감독원장이 정한다.〈개정 2002.9.23〉

⑤ 감독원장은 제2항 및 제3항에 의한 처리결과를 매분기 금감위에 보고하여야 한다.

제87조(심사기준) 감독원장은 제86조제1항의 규정에 따라 금융기관으로부터 제출받은 약관이 다음 각호의 1에 해당하는 내용을 포함하고 있는지 여부를 심사한다.

1. 금융기관의 고의 또는 중대한 과실로 인한 법률상의 책임을 배제하는 조항
2. 상당한 이유없이 금융기관의 손해배상범위를 제한하거나 금융기관이 부담하여야 할 위험을 이용자에게 이전시키는 조항
3. 이용자에 대하여 부당하게 과중한 지연배상금 등의 손해배상의무를 부담시키는 조항
4. 법률의 규정에 의한 이용자의 해제권 또는 해지권을 배제하거나 그 행사를 제한하는 조항
5. 금융기관에게 법률에서 규정하고 있지 아니하는 해제권·해지권을 부여하거나 법률의 규정에 의한 해제권·해지권의 행사요건을 완화하여 이용자에 대하여 부당하게 불이익을 줄 우려가 있는 조항
6. 상당한 이유없이 금융기관이 이행하여야 할 급부나 이용자의 채무내용 등을 금융기관이 일방적으로 결정·변경할 수 있도록 권한을 부여하는 조항
7. 법률의 규정에 의한 이용자의 항변권, 상계권 및 대위권 등의 권리를 상당한 이유없이 배제 또는 제한하는 조항
8. 이용자에게 부여된 기한의 이익을 상당한 이유없이 상실케하는 조항
9. 이용자의 제3자와의 계약체결을 부당하게 제한하는 조항

10. 금융기관과 이용자의 의사표시와 관련한 부당한 의제를 통하여 이용자에게 부당하게 불이익을 주는 조항
11. 보증인 또는 담보제공인에게 과도하게 책임을 부담시키거나 책임한계를 모호하게 함으로써 보증인 또는 담보제공인에게 부당하게 불이익을 주는 조항
12. 기타 약관의규제에관한법률 등 관계법령에서 정한 사항에 위배되는 조항

第88조(불건전 영업행위 금지) 금융기관은 다음 각호의 1에 해당하는 불공정한 거래행위 등 불건전한 영업행위를 하여서는 아니된다.

1. 여신취급과 관련하여 감독원장이 정하는 차주의 의사에 반하는 예금의 구속행위
2. 금융기관 이용자의 권익을 부당하게 침해하거나 건전한 금융거래질서를 문란케 할 우려가 있는 것으로 감독원장이 정하는 행위

第89조(금융거래조건 공시) ① 금융기관은 금융기관 이용자의 권익을 보호하기 위하여 금융거래상의 계약조건 등을 정확하게 공시하여야 한다.

② 금융기관은 제1항에서 규정한 계약조건 등을 공시함에 있어서 다음 각호와 같은 행위를 하여서는 아니된다.

1. 금융상품거래와 관련하여 확정되지 않은 사항을 확정적으로 표시하거나 포괄적으로 나타내는 행위
2. 구체적인 근거와 내용을 제시하지 아니하면서 현혹적이거나 타 금융상품보다 비교우위가 있음을 막연하게 나타내는 행위
3. 오해 또는 분쟁의 소지가 있는 표현을 사용하는 행위

③ 금융기관이 공시하여야 할 금융거래상의 계약조건, 거래비용 등 필요한 사항은 감독원장이 정한다.

第90조(금융사고예방) 금융기관은 자체실성에 맞는 금융사고 예방대책을 수립·운영하여야 하며, 금융사고예방을 위하여 필요한 사항은 감독원장이 정한다.

제9장 장기신용은행 등에 대한 특례

第91조(장기신용은행에 대한 특례) ① 장기신용은행법에 의한 장기신용은행(이하 "장기신용은행"이라 한다)이 장기신용은행법 제6조제1항에서 정하는 정관변경 또는 자본금감소의 인가를 신청하는 경우에는 제7조 또는 제8조에서 정하는 기준에 적합한지 여부를 심사한다.

② 장기신용은행이 장기신용은행법 제8조제1항제11호의 규정에 의하여 업무에 부대하는 업무를 영위하고자 하는 경우에는 감독원장이 정하는 바에 따라 승인을 신청하여야 한다.

③ 이 규정에서 따로 정하지 아니하는 경우 제13조 내지 제16조의5, 제26조 내지 제45조, 제47조 및 제48조, 제73조 내지 제90조의 규정은 장기신용은행에도 적용한다.〈개정 2002.9.23〉

第92조(한국산업은행에 대한 특례) ① 제5조 내지 제25조, 제26조제3항, 제32조제3항 내지 제5항, 제33조 내지 제40조, 제42조 내지 제48조, 제50조, 제51조, 제52조의2 내지 제52조의5, 제54조, 제59조, 제74조, 제91조의 규정은 한국산업은행(이하 "산업은행"이라 한다)의 경우에는 이를 적용하지 아니한다.〈개정 2002.9.23〉

② 산업은행에 대하여는 제26조제1항제2호에서 정하는 원화유동성비율을 100분의 70 이상으로 한다.

③ 산업은행에 대하여는 제29조제1항의 규정에도 불구하고 다음 각호의 1에 해당하는 기관에 대한 채권, 당해 기관이 보증한 채권, 당해 기관이 발행 또는 보증한 증권에 의하여 담보된 채권중 담보 해당금액에 대하여는 대손충당금을 적립하지 아니한다.

1. OECD 회원국가의 중앙정부 및 중앙은행
2. 지방자치단체

3. 정부투자기관관리기본법에 의한 정부투자기관

④ 산업은행은 제41조제1항 본문의 규정에도 불구하고 재정경제부장관으로부터 결산승인을 받은 날로부터 1월이내에 동조 동항 각호에서 정하는 사항을 공시할 수 있으며, 그 구체적인 공시항목 및 방법은 전국은행연합회장이 산업은행의 설립목적과 업무특성을 참작하여 이를 정한다.

⑤ 한국산업은행법시행령 제35조의6제1항 제7호 후단에서 "출자의 총합계액"이라 함은 원본보전약정이 있는 신탁계정에서의 출자액을 포함하여 취득가액을 기준으로 산정한 금액을 말한다.

⑥ 산업은행이 자회사에 출자한 때에는 7일 이내에 감독원장에게 그 사실을 보고하여야 한다.

⑦ 〈삭제 2002.9.23〉

⑧ 이 조(제52조 및 제53조를 산업은행에 적용하는 경우를 포함한다)에서 자회사라 함은 산업은행이 의결권있는 발행주식의 100분의 15를 초과하는 주식을 소유하는 회사로서 제49조의 규정에서 정하는 업종에 속하는 회사를 말한다.

第93조(중소기업은행에 대한 특례) ① 제5조 내지 제13조, 제17조 내지 제25조, 제26조제3항, 제32조제3항 내지 제5항, 제33조 내지 제37조, 제39조, 제40조, 제42조 내지 제48조, 제50조, 제51조, 제52조의2 내지 제52조의5, 제54조, 제59조, 제74조, 제91조의 규정은 중소기업은행(이하 "기업은행"이라 한다)의 경우에는 이를 적용하지 아니한다.〈개정 2002.9.23, 2004.12.15〉

② 금감위는 기업은행에 대하여 제38조의 규정에 의한 조치를 취한 경우 지체없이 재정경제부장관에게 이를 통보하여야 한다.

③ 이 규정에서 따로 정하지 아니하는 경우 제92조 제2항 내지 제8항의 규정은 기업은행에 대하여 이를 준용한다.

第94조(한국수출입은행에 대한 특례) ① 제5조 내지 제25조, 제26조제1항제2호, 동조제3항, 제32조제3항 내지 제5항, 제33조 내지 제48조, 제50조, 제51조, 제52조의2 내지 제52조의5, 제53조제1항 단서, 제54조, 제59조, 제74조, 제79조 내지 제89조, 제91조의 규정은 한국수출입은행(이하 "수출입은행"이라 한다)의 경우에는 이를 적용하지 아니한다.〈개정 2002.9.23〉

② 감독원장은 수출입은행에 대하여 제27조제7항에 의한 특정 부실자산에 대한 상각 요구시 외교·통상적 문제가 야기될 수 있다고 판단되는 경우에는 이를 유예할 수 있다.

③ 이 규정에서 따로 정하지 아니하는 경우 제92조제3항, 제5항 내지 제8항의 규정은 수출입은행에 대하여 이를 준용한다.

第95조(농업협동조합중앙회에 대한 특례) ① 제5조 내지 제12조, 제14조 내지 제25조, 제26조제3항, 제33조 내지 제37조, 제39조, 제40조, 제42조 내지 제48조, 제50조, 제51조, 제52조의2 내지 제52조의5, 제54조, 제59조, 제91조의 규정은 농업협동조합중앙회 신용사업부문(이하 "농협중앙회"라 한다)의 경우에는 이를 적용하지 아니한다.〈개정 2002.9.23〉

② 금감위는 농협중앙회에 대하여 제38조의 규정에 의한 조치를 취한 경우 지체없이 농림부장관에게 이를 통보하여야 한다.

③ 농업협동조합법 제137조제2항 단서의 "금융업종"이라 함은 제49조의 규정에서 정하는 업종을 말하며, "출자의 총합계액"이라 함은 원본보전약정이 있는 신탁계정에서의 출자액을 포함하여 취득가액을 기준으로 산정한 금액을 말한다.〈개정 2005.12.29〉

④ 농협중앙회에 대하여 제56조의 규정을 적용함에 있어 회원의 조합원인 임원에 대한 농업정책자금의 대출은 제외한다.

⑤ 농협중앙회에 대하여 법 제38조의 규정을 적용함에 있어 동조 제2호 및 제3호의 업무용부동산은 신용사업부문에서 사용하는 부동산에 한한다. 다만, 각 사업부문별로 명확하게 구분할 수 없는 부동산은 각

사업부문별 인원기준 등 합리적 기준에 따라 신용사업부문에 적정하게 배분하여야 한다.
⑥ 이 규정에서 따로 정하지 아니하는 경우 제92조 제2항, 제4항 후단, 제6항 내지 제8항의 규정은 농협중앙회에 대하여 이를 준용한다.

제96조(수산업협동조합중앙회에 대한 특례) ① 제5조 내지 제12조, 제14조 내지 제23조, 제25조, 제26조제3항, 제33조 내지 제37조, 제39조, 제40조, 제42조 내지 제48조, 제50조, 제51조, 제52조의2 내지 제52조의5, 제54조, 제59조, 제91조의 규정은 수산업협동조합중앙회 신용사업부문(이하 "수협중앙회"라 한다)의 경우에는 이를 적용하지 아니한다.〈개정 2002.9.23, 2005.12.29〉
② 이 규정에서 따로 정하지 아니하는 경우 제95조제2항 내지 제6항의 규정은 수협중앙회에 대하여 이를 준용한다.

제97조(산업은행등에 대한 건전성평가 등) ① 감독원장은 산업은행, 기업은행, 수출입은행, 농협중앙회 및 수협중앙회(이하 "산업은행등"이라 한다)의 본점, 국외지점 및 현지법인을 대상으로 검사 등을 통하여 경영의 건전성을 평가하고 그 결과를 감독 및 검사업무에 반영할 수 있다.
② 제1항에 의한 건전성평가는 1등급, 2등급, 3등급, 4등급, 5등급의 5단계 등급으로 구분한다.
③ 제1항에 의한 건전성평가의 항목은 〈별표4〉와 같으며, 기타 건전성평가를 위한 구체적인 사항은 감독원장이 정한다.
④ 감독원장은 산업은행등이 제1항의 규정에 의한 건전성평가 결과 제26조제1항의 경영지도비율이 악화될 우려가 있거나 경영상 취약부문이 있다고 판단되는 경우에는 개선계획 또는 약정서를 제출토록 하는 등의 방법으로 이의 개선을 지도할 수 있다.
⑤ 금감위는 산업은행등이 다음 각호의 1에 해당하는 경우에는 이의 시정을 위하여 주무부장관과의 협의를 거쳐 당해 기관에 대하여 필요한 조치를 취할 것을 요구할 수 있다.

1. 제26조에서 정하는 위험가중자산에 대한 자기자본비율이 100분의 8미만인 경우
2. 제1항의 규정에 의한 건전성평가 결과 종합평가등급이 4등급 또는 5등급이거나 종합평가등급이 1등급 내지 3등급으로서 자산건전성 부문의 평가등급이 4등급 또는 5등급인 경우〈개정 2002.9.23〉
3. 거액의 금융사고 또는 부실채권의 발생으로 제1호 또는 제2호의 기준에 미달될 것이 명백하다고 판단되는 경우

⑥ 제5항에서 정하는 필요한 조치라 함은 다음 각 호의 일부 또는 전부에 해당하는 조치를 말한다. 다만, 제10호 및 제11호의 조치는 각각 농협중앙회와 수협중앙회에만 적용한다.

1. 조직운영의 개선
2. 고정자산투자, 신규출자의 제한
3. 부실자산의 처분
4. 자본의 증액 또는 감액
5. 이익배당의 제한
6. 특별대손충당금의 설정
7. 위험자산보유 제한 및 자산의 처분
8. 예금금리수준의 제한
9. 제92조제8항(동 규정이 준용되는 경우를 포함한다)에서 정하는 자회사의 정리
10. 농업협동조합법 제165조제1항 각호에서 정하는 사항
11. 수산업협동조합법 제171조제1항 각호에서 정하는 사항〈개정 2005.12.29〉

⑦ 금감위는 제5항 각호의 1에서 정하는 기준에 해당하는 산업은행등이 자본의 확충 또는 자산의 매각 등을 통하여 단기간내에 그 기준에 해당하지 않을 수 있다고 판단되는 경우 또는 이에 준하는 사유가 있다고 인정되는 경우에는 일정 기간동안 조치를 유예할 수 있다.
⑧ 제92조제1항, 제93조제1항, 제94조제1항, 제95조제1항, 제96조제1항의 규정에도 불구하고 제5항에서 정하는 조치에 따른

이행계획 제출 등과 동 계획의 이행시기에 대하여는 제39조 및 제40조의 규정을 준용할 수 있다.

제98조(산업은행등의 업무보고서 제출 등) ① 산업은행등은 매월의 업무내용을 기술한 보고서를 다음달 말일까지 감독원장이 정하는 서식에 따라 감독원장에게 제출하여야 한다.〈개정 2001.12.19〉
② 제1항의 규정에 의한 보고서에는 대표자와 담당책임자 또는 그 대리인이 서명·날인하여야 한다.
③ 제1항의 규정에 의한 보고서의 제출은 정보통신망(정보통신망이용촉진및정보보호등에관한법률의 규정에 의한 정보통신망을 말한다)을 이용한 전자문서의 방법에 의할 수 있다.〈신설 2002.9.23〉
④ 산업은행등은 감독원장이 업무수행을 위하여 요구하는 자료를 제출하여야 한다.〈개정 2002.9.23〉

제10장 보 칙

제99조(업무의 보좌) 감독원장은 다음과 같은 방법에 의해 금감위의 업무를 보좌한다.
1. 금감위에 대한 신고서, 신청서, 보고서 등의 접수
2. 금감위에 대한 부의안, 보고안 등 작성
3. 금감위의 규정 또는 결정사항의 집행
4. 금감위의 위임 및 지시사항의 처리 등

제100조(보고) ① 감독원장은 이 규정의 시행과 관련된 주요사항을 금감위에 보고하여야 한다.
② 금융기관은 감독원장이 정하는 바에 따라 이 규정의 시행에 필요한 사항을 보고하여야 한다.

제101조 〈삭제 2002.9.23〉

〈별표 1〉 〈개정 2006.12.28〉

기본자본, 보완자본 및 공제항목의 범위

구 분	범 위
기본자본	– 자본금(누적적우선주 및 상환우선주 제외) 또는 외국은행 국내지점의 갑기금[개정 2003.7.16] – 자본잉여금(재평가적립금제외) – 이익잉여금 – 자본조정중 미교부주식배당금 – 자본금에 준하는 경제적 기능(후순위성, 영구성 등)을 가진 것으로서 감독원장이 정하는 신종자본증권[신설 2003.4.16, 개정 2003.7.16]
보완자본	– 재평가적립금 – 기타포괄손익누계액 중 매도가능증권 평가이익 및 지분법적용투자주식 평가이익(시장성이 있는 유가증권 관련분에 한함)의 100분의 45 상당액 [개정 2004.3.5, 2006.12.28] – 자산건전성 분류결과 "정상" 및 "요주의"로 분류된 자산에 대하여 적립된 대손충당금 – 영구후순위채권, 누적적우선주 등 부채성자본조달수단에 의하여 조달한 자금 – 상환기간 5년이상의 상환우선주[신설 2003.7.16] – 만기 5년이상의 기한부후순위채권 발행자금 및 차입기간 5년이상의 기한부후순위차입자금 – 외국은행 국내지점의 을기금
공제항목	– 영업권 상당액, 이연법인세자산, 주식할인발행차금, 기타포괄손익누계액 중 매도가능증권 평가손실 및 부의지분법자본변동, 자기주식(기본자본에서 공제)[개정 2004.3.5, 2006.12.28] – 자기자본비율 제고를 목적으로 타 은행과 상호보유한 주식·부채성자본조달수단·만기 5년 이상의 기한부후순위채권 등에 의하여 조달한 자금(자기자본에서 공제) – 감독원장이 정하는 부실금융기관에 대한 후순위채권(자기자본에서 공제) – 은행의 손실에 충당할 수 없는 자산 또는 자본항목으로서 감독원장이 정하는 사항[신설 2003.7.16]

〈별표 2〉〈개정 2002.9.23, 2002.12.18, 2004.6.30, 2005.7.19, 2005.11.30, 2006.3.16, 2006.11.16, 2007.12.28〉

신용공여의 범위

1. (신용공여의 범위) 규정 제3조에서 정하는 신용공여의 범위는 다음표에서 정하는 금융기관 대차대조표상 난내 및 난외 항목으로 한다.

계정	대 분 류	소 분 류
은행 계정	대차대조표 난내 (대출채권)	원화대출금,[1] 외화대출금, 은행간외화대여금,[2] 내국수입유산스, 역외외화대출금, 외화차관자금대출금, 지급보증대지급금, 매입어음, 매입외환,[3] 팩토링채권, 신용카드채권, 직불카드채권, 환매조건부채권매수, 콜론, 사모사채
	(유가증권)	CP(보증어음 포함), 대여유가증권, 공모사채,[4] 후순위수익증권[5]
	(기타)	여신성가지급금, 미수금, 예치금
	난외	확정지급보증,[6] 미확정지급보증,[7] 자산유동화에 따른 하자담보책임
		원화대출약정, 외화대출약정, 역외외화대출약정, 배서어음, 환매권부대출채권매각, 자산담보부기업어음(ABCP)매입약정
신탁 계정[8]	대차대조표 난내 (대출채권)	대출금,[1] 콜론, 환매조건부채권, 금전채권, 사모사채
	(유가증권)	매입어음, 신용카드채권, 공모사채,[9] 후순위수익증권[5]
	(기타)	여신성가지급금, 예치금
	난외	대여유가증권, 환매권부대출채권매각
종금 계정	대차대조표 난내 (대출채권)	할인어음, 할인무역어음, 팩토링어음, CMA할인어음, CMA할인무역어음, CMA팩토링어음, 기일경과어음, 관리어음, 지급보증대지급금
	(리스채권)	금융리스채권(금융리스선급금 포함) 운용리스자산(운용리스선급금 포함)
	(기타)	여신성가지급금
	난외	어음지급보증, 무역어음인수
		담보배서어음매출

주 : 1) 상업어음 할인 제외
2) 법 제37조제6항제3호, 동조 제7항 및 시행령 제21조제5항 내지 제8항의 모은행등에 대한 신용공여시에 한함
3) 2002년말까지 최초 매입일로부터 6개월 이내에 만기가 도래하는 D/A어음 매입은 "매입외환"에 포함하지 아니한다. 다만, 이규정 제79조제3항제1호에는 이를 적용하지 아니한다.
4) 만기보유증권 및 매도가능증권으로 분류된 공모사채(금융채를 포함)에 한함

5) 『신탁업법』에 의한 신탁회사가 자산유동화 과정에서 발행한 수익증권중 제1종 수익증권을 제외한 것으로, 무액면인 경우에는 자산실사기관의 유동화자산평가액에서 제1종 수익증권 가액을 공제한 금액
6) 입찰보증 제외
7) 금융기관이 지정하는 계좌로 입금토록 되어 있는 선수금에 대한 선수금환급보증 중 금융기관의 환급의무가 발생하지 않은 미입금선수금 해당 선수금환급보증금액은 제외
8) 원본 또는 이익보전 약정 신탁계정에 한함
9) 투자목적으로 취득한 공모사채(금융채를 포함)에 한함

2. (신용공여 산출시 제외 항목) 1.의 규정에 불구하고 다음의 항목은 법 제35조에 의한 동일한 개인·법인 및 동일차주, 거액신용공여 총액한도 산출대상 및 이 규정 제79조 주채무계열 선정을 위한 신용공여 산출대상에서 제외한다.
가. 「은행업감독업무시행세칙」 〈별표3〉 '위험가중자산에 대한 자기자본 산출기준'에서 정한 위험가중치 0% 적용 국가(이하 "위험가중치 0% 국가"라 한다)의 중앙정부 및 중앙은행에 대한 신용공여, 동 기관이 보증한 신용공여, 동 기관이 발행 또는 보증한 증권에 의해 담보된 신용공여
나. 위험가중치 0% 국가 이외 국가의 중앙정부 및 중앙은행에 대한 현지통화표시 신용공여. 다만 현지통화표시 채무 범위내에 한한다.
다. 자행예금에 의해 담보된 신용공여
라. 다음 각호의 1에 해당하는 국내 공공기관에 대한 신용공여, 동 기관이 보증한 신용공여, 동 기관이 발행 또는 보증한 증권에 의해 담보된 신용공여
(1) 「지방자치법」에 의한 지방자치단체
(2) 「공공기관의운영에관한법률」에 의한 공공기관으로 공기업 및 준정부기관
(3) 「지방공기업법」상 지방공기업으로 지방자치단체로부터 결손보전이 이루어질 수 있는 기관 또는 예·결산 승인 및 재정적 또는 세제상 지원을 받는 기관
(4) 특별법에 의한 특수공공법인으로 결손이 발생한 경우 정부로부터 제도적으로 결손보전이 이루어질 수 있는 기관 또는 정부출자(출연)비율이 50% 이상인 기관 또는 정부출자(출연)비율이 50% 미만인 기관으로서 정부로부터 예·결산 승인 및 재정적 또는 세제상 지원을 받는 기관
마. 위험가중치 0% 국가의 은행에 대한 신용공여와 동 은행에 의해 보증된 신용공여
바. 위험가중치 0% 국가의 증권사중 리스크에 기초한 자기자본규제 등 은행과 동등한 수준의 규제를 받는 증권사에 대한 신용공여와 동 증권사에 의해 보증된 신용공여
사. 위험가중치 0% 국가 이외 국가의 은행에 대한 잔존만기 1년이내의 신용공여와 동 은행의 보증을 받는 잔존만기 1년이내 신용공여
아. 국제개발은행(IBRD, IADB, AsDB, AfDB, EIB)에 대한 신용공여와 동 은행이 보증한 신용공여, 동 은행이 발행 또는 보증한 증권에 의해 담보된 신용공여
자. 위험가중치 0% 국가의 공공부문에 대한 신용공여, 동 부문이 보증한 신용공여, 동 부문이 발행 또는 보증한 증권에 의해 담보된 신용공여
차. 기타 추심과정에 있는 현금항목
(1) 내국신용장어음 매입
(2) L/C발행에 의한 환어음매입 등
카. 정부가 출자한 주택저당채권유동화회사로서 금융감독위원회로부터 업무감독과 건전성규제를 받는 회사가 발행한 주택저당증권, 주택저당채권담보부채권 또는 동사에 대한 신용공여

3. (신용공여 산출방법) 신용공여금액은 대차대조표 해당 항목에 계상된 금액으로 한다. 다만 난외항목의 경우 대차대조표에 계상된 금액에 「은행업감독업무시행세칙」〈별표3〉 '위험가중자산에 대한 자기자본비율 산출기준' 45.에서 정하는 신용환산율을 곱한 금액으로 한다.

4. (유동화전문회사에 대한 신용공여) 자산유동화를 목적으로 「자산유동화에관한법률」에 의거 설립된 유동화전문회사에 제공하는 형식의 신용공여는 다음과 같이 신용공여를 계상한다.
   가. 자산보유자(Originator)와 유동화전문회사간 자산매매가 매각거래 또는 차입거래인 지에 대한 판단기준은 「기업회계기준」을 준용하고, 자산유동화 관련 용어 정의는 「자산유동화에관한법률」을 준용한다.
   나. 매각거래인 경우에는 유동화자산의 각 채무자(Obligor)에 대한 채권잔액 비중을 기준으로 배분하여 해당 채무자에 신용공여한 것으로 간주하고, 차입거래인 경우에는 자산보유자에 대한 신용공여로 간주. 다만, 장래매출채권을 유동화하는 경우(리볼빙방식 유동화 포함)에는 차입거래의 경우와 동일하게 처리한다.

5. (신용파생상품) 신용파생상품에 대해서는 다음과 같이 신용공여를 계상한다.
   가. 보장매입자
      (1) 금융감독원장이 정하는 신용위험 이전 인정기준을 충족하는 경우에 한하여 거래형태에 따라 다음과 같이 구분하여 처리한다.
         (가) 계약형태의 신용파생상품[신용부도스왑(Credit Default Swap) 및 총수익스왑(Total Return Swap)] : 신용사건 발생시 수취하기로 한 계약금액을 신용보장 대상 자산 채무자에 대한 신용공여에서 차감하고, 동 금액을 보장매도자에 대한 신용공여로 한다. 이 경우 보장매도자는 2.에서 정한 정부, 중앙은행, 공공기관, 은행, 증권사, 종합금융회사에 한한다.
         (나) 채권 형태의 신용파생상품[신용연계채권(Credit Linked Note)] : 신용보장 대상 자산 채무자에 대한 신용공여에서 기 수취한 채권매각대금을 차감한다. 다만, 신용보장 대상 자산의 신용위험을 이전하는 과정에서 특수목적회사(Special Purpose Vehicle)를 설립하는 경우에는 특수목적회사가 보유하고 있는 담보자산이 2.에서 정하는 자산에 해당되는 경우에 한한다.
      (2) 1차부도종결조건 신용파생상품 : 다수의 신용보장 대상 자산군에서 해당 신용파생상품의 계약금액을 「은행업감독업무시행세칙」 〈별표3〉 '위험가중자산에 대한 자기자본비율 산출기준'상 위험가중치가 가장 낮은 자산 채무자의 신용공여금액에서 차감하고 동 금액을 보장매도자에 대한 신용공여로 한다.
      (3) 2차부도종결조건 신용파생상품 : 2차 부도종결조건의 신용파생상품을 매입한 금융기관은 1차 부도종결조건의 신용파생상품을 동시에 보유하거나 또는 1차 부도가 이미 발생한 경우에 한하여 다음과 같이 신용위험을 이전할 수 있다.
         (가) 1차부도종결조건의 신용파생상품을 동시에 보유하는 경우 다수의 신용보장 대상 자산군에서 해당 신용파생상품의 계약금액을 「은행업감독업무시행세칙」 〈별표3〉 '위험가중자산에 대한 자기자본비율 산출기준'상 위험가중치가 두 번째로 낮은 자산 채무자에 대한 신용공여에서 차감하고 동 금액을 보장매도자에 대한 신용공여로 한다.
         (나) 1차 부도가 이미 발생한 경우에는 신용사건이 발생하지 않은 신용보장 대상 자산군에서 해당 신용파생상품의 계약금액을 「은행업감독업무시행세칙」 〈별표3〉 '위험가중자산에 대한 자기자본비율 산출기준'상 위험가중치가 가장 낮은 자산 채무자에

대한 신용공여에서 차감하고 동 금액을 보장매도자에 대한 신용공여로 한다.

(4) 신용파생상품의 잔존만기가 신용보장 대상 자산의 잔존만기보다 짧은 경우에는 신용위험이전을 인정하지 아니한다.

(5) 신용보장대상 자산과 신용파생상품의 표시통화가 불일치하는 경우에는 계약금액의 92% 상당액에 대하여 신용위험 이전을 인정한다.

나. 보장매도자

(1) 거래형태에 따라 다음과 같이 구분하여 처리한다.

(가) 계약형태의 신용파생상품 : 계약금액을 「은행업감독업무시행세칙」 〈별표3〉 '위험가중자산에 대한 자기자본비율 산출기준' 45.에서 정하는 신용환산율을 곱한 금액을 신용보장 대상 자산 채무자에 대한 신용공여로 계산한다.

(나) 채권형태의 신용파생상품 : 채권매입 금액을 신용보장 대상 자산 채무자(신용파생상품 부분)와 보장매입자(일반채권 부분)에 대한 신용공여로 각각 계산한다.

(2) 신용보장 대상 자산이 다수인 경우에는 모든 신용보장대상자산(1차 부도종결조건인 경우) 또는 위험가중치가 가장 낮은 1개의 자산을 제외한 모든 신용보장 대상 자산(2차 부도종결조건인 경우) 채무자에 대한 신용공여로 계산한다.

6. (예대상계) 상계계약하에 있는 대출금과 자행예금은 「은행업감독업무시행세칙」 〈별표3〉의 '위험가중자산에 대한 자기자본비율 산출기준' 85. 가.에서 정한 요건을 충족하는 경우 상계 후 잔액을 신용공여액으로 할 수 있다.

7. (한국수출입은행에 대한 특례) 한국수출입은행에 대하여는 다음의 자산을 신용공여의 범위에서 제외한다.

가. 경제협력개발기구(OECD)에서 분류한 국가신용도 5등급 이상 국가의 중앙정부, 중앙은행 및 정부지분 50% 이상인 기관에 대한 신용공여, 동 기관이 보증한 신용공여, 동 기관이 발행 또는 보증한 증권에 의해 담보된 신용공여중 담보해당금액

나. Standard & Poor's, Moody's, Fitch IBCA 등 국제전문신용평가기관으로부터 투자적격평가등급을 받은 금융기관에 대한 신용공여, 동 기관이 보증한 신용공여, 동 기관이 발행 또는 보증한 증권에 의해 담보된 신용공여중 담보해당금액

다. 수출용 원지제 및 수출목적물을 양도담보로 취득한 신용공여중 양도담보금액의 80% 해당금액

라. 수출대금이 해외의 수입업자로부터 수출입은행이 지정하는 계좌로 입금되고 동 수출대금에 대해 수출입은행이 양도담보를 취득한 신용공여중 담보해당금액

마. 수출입은행이 대출을 취급하는 수출계약과 관련된 선수금환급보증 및 계약이행보증중 대출금액이내 범위에서의 선수금환급보증 및 계약이행보증금액

바. 수출입은행이 지정하는 계좌에 예치되어 관리되는 선수금에 대한 선수금환급보증중 기입금된 선수금액

8. (예금보험공사에 대한 특례) 금융구조조정과정에서 예금보험공사가 대주주가 된 경우 동 공사에 대한 신용공여는 법 제35조의2에 따른 대주주에 대한 신용공여한도 적용대상에서 제외한다.

〈별표 2-2〉〈신설 2002.9.23, 개정 2004.12.15, 2005.6.29〉

한도초과보유주주의 초과보유요건(제15조 관련)

1. 시행령 제5조 〈별표〉 제1호 가목 관련
   가. 금융기관(시행령 제13조제1항제3호 내지 제6호의 법률에 의하여 설립된 기관을 포함한다)인 경우 최근 분기말 현재 위험가중자산에 대한 자기자본비율이 100분의 8 이상일 것
   나. 증권회사인 경우 최근 월말 현재 영업용순자본비율이 100분의 150 이상일 것
   다. 보험회사인 경우 최근 분기말 현재 지급여력비율이 100분의 100 이상일 것
   라. 가목 내지 다목 이외의 기관인 경우 당해 기관에 적용되는 자본적정성기준을 충족할 것

2. 시행령 제5조 〈별표〉 제1호 나목 관련
   다음 각목의 1에 해당하는 자가 아닐 것
   가. 신용정보의이용및보호에관한법률에 의한 종합신용정보집중기관에 금융질서 문란정보 거래처 또는 약정한 기일내에 채무를 변제하지 아니한 자로 등록되어 있는 자
   나. 회사정리법에 의한 회사정리절차가 진행중인 기업
   다. 화의법에 의한 화의절차가 진행중인 기업
   라. 조세감면규제법에 의한 산업합리화 지정기업. 다만, 동법에 의한 산업합리화조치에 따라 부실기업이나 자산을 인수 또는 합병한 기업은 제외한다.
   마. 기업구조조정촉진법에 의한 부실징후기업

3. 시행령 제5조 〈별표〉 제1호 마목 (1) 관련
   금감위가 정하는 「부실금융기관대주주의경제적책임부담기준」에 의하여 경제적책임부담의무를 이행 또는 면제받은 경우

4. 시행령 제5조 〈별표〉 제3호 가목 및 나목 관련
   부채비율이 100분의 200이하일 것

5. 시행령 제5조 〈별표〉 제5호 가목 관련
   은행업·증권업 또는 보험업에 준하는 업으로서 금감위가 인정하는 금융업

6. 시행령 제5조 〈별표〉 제5호 라목 관련
   국제결제은행의 자기자본비율 기준, 해당업종을 영위하는 외국금융회사의 재무건전성 평가기준, 국제적인 신용평가기관의 신용평가등급 등에 비추어 당해 외국금융회사의 재무상태가 금융기관 경영에 적정하다고 인정되는 수준일 것

〈별표 3〉 (개정 2006.11.30)

자산건전성 분류기준

1. 자산건전성 분류단계별 정의

   가. 정상 : 경영내용, 재무상태 및 미래현금흐름 등을 감안할 때 채무상환능력이 양호하여 채권회수에 문제가 없는 것으로 판단되는 거래처(정상거래처)에 대한 자산

   나. 요주의 : 다음 각호의 1에 해당하는 자산

   ① 경영내용, 재무상태 및 미래현금흐름 등을 감안할 때 채권회수에 즉각적인 위험이 발생하지는 않았으나 향후 채무상환능력의 저하를 초래할 수 있는 잠재적인 요인이 존재하는 것으로 판단되는 거래처(요주의거래처)에 대한 자산

   ② 1월 이상 3월 미만 연체대출채권을 보유하고 있는 거래처에 대한 자산

   다. 고정 : 다음 각호의 1에 해당하는 자산

   ① 경영내용, 재무상태 및 미래현금흐름 등을 감안할 때 채무상환능력의 저하를 초래할 수 있는 요인이 현재화되어 채권회수에 상당한 위험이 발생한 것으로 판단되는 거래처(고정거래처)에 대한 자산

   ② 3월 이상 연체대출채권을 보유하고 있는 거래처에 대한 자산중 회수예상가액 해당부분

   ③ 최종부도 발생, 청산・파산절차 진행 또는 폐업 등의 사유로 채권회수에 심각한 위험이 존재하는 것으로 판단되는 거래처에 대한 자산중 회수예상가액 해당부분

   ④ "회수의문거래처" 및 "추정손실거래처"에 대한 자산중 회수예상가액 해당부분

   라. 회수의문 : 다음 각호의 1에 해당하는 자산

   ① 경영내용, 재무상태 및 미래현금흐름 등을 감안할 때 채무상환능력이 현저히 악화되어 채권회수에 심각한 위험이 발생한 것으로 판단되는 거래처(회수의문거래처)에 대한 자산중 회수예상가액 초과부분

   ② 3월 이상 12월 미만 연체대출채권을 보유하고 있는 거래처에 대한 자산중 회수예상가액 초과부분

   마. 추정손실 : 다음 각호의 1에 해당하는 자산

   ① 경영내용, 재무상태 및 미래현금흐름 등을 감안할 때 채무상환능력의 심각한 악화로 회수불능이 확실하여 손실처리가 불가피한 것으로 판단되는 거래처(추정손실거래처)에 대한 자산중 회수예상가액 초과부분

   ② 12월 이상 연체대출채권을 보유하고 있는 거래처에 대한 자산중 회수예상가액 초과부분

   ③ 최종부도 발생, 청산・파산절차 진행 또는 폐업 등의 사유로 채권회수에 심각한 위험이 존재하는 것으로 판단되는 거래처에 대한 자산중 회수예상가액 초과부분

2. 기업여신의 건전성 분류

   (건전성분류의 원칙)

   가. 금융기관은 거래기업의 채무상환능력과 연체기간, 부도여부 등을 종합적으로 고려하여 건전성을 분류한다.

   나. 여신규모 또는 자산규모가 작은 거래기업에 대하여는 채무상환능력 평가를 생략하고 연체기간, 부도여부 등을 기준으로 건전성을 분류할 수 있다.

   (신용평가모형 설정・운용)

다. 금융기관은 거래기업의 채무상환능력 평가를 위한 신용평가모형(이하 "신용평가모형"이라 한다)을 설정・운영한다.
라. 금융기관은 거래기업의 구성(업종별, 기업규모별 등), 여신포트폴리오 등을 감안하여 채무상환능력 평가대상 기업의 범위, 전체여신중 평가대상 여신의 비중 등을 합리적으로 결정한다.
마. 금융기관은 채무상환능력 평가의 정확성 제고를 위하여 거래기업의 경영내용, 재무상태, 미래현금흐름 등에 관한 제반 정보 및 자료를 정기적으로 확보하여 유지・관리한다.

(여신건별 건전성분류 조정)
바. 동일 거래기업에 대한 총여신은 동일하게 건전성을 분류하는 것이 원칙이나, 다음과 같은 경우에는 거래기업에 대한 총여신과 구분하여 건전성 분류를 조정할 수 있다.
 ① 보증부 여신은 거래기업 뿐만 아니라 보증인의 채무상환능력을 평가하여 건전성을 분류할 수 있다. 이 경우 보증인의 보증채무 이행능력, 회수가능성의 제약여부 등을 충분히 고려하여야 한다.
 ② 대한민국 정부 및 지방자치단체, 정부투자기관이 보증한 여신은 거래기업에 대한 건전성 분류내용에도 불구하고 "정상"으로 분류할 수 있다.
 ③ 원리금 회수가 확실시되는 예・적금 담보대출, 국공채 및 통화안정증권 담보대출과 정상적인 자금결제가 확실시되는 상업어음할인은 거래기업에 대한 건전성 분류내용에도 불구하고 "정상"으로 분류할 수 있다.
 ④ 매입외환은 지급인 또는 보증인의 신용도 등을 고려하여 필요하다고 인정되는 경우 거래기업에 대한 총여신과 구분하여 건전성 분류를 할 수 있다.

(기 타)
사. 비거주자인 거래기업에 대한 여신의 경우에는 해당기업의 채무상환능력외에 해당기업 소재국의 국가위험을 감안하여 건전성을 분류하며, 외국정부・국제금융기구에 대한 여신 또는 외국정부・국제금융기구가 보증한 여신의 경우에는 해당 외국정부・국제금융기구의 신용도를 감안하여 건전성을 분류한다.
아. 최종부도가 발생한 이후 법원으로부터 회사정리법에 의한 회사정리 개시결정 또는 화의법에 의한 화의개시결정을 받은 거래기업에 대한 총여신중 회수예상가액 초과부분은 채권재조정이 이루어질 때까지 "회수의문"으로 분류할 수 있다.

3. 채권재조정여신의 건전성 분류
(채권재조정여신의 정의)
가. 채권재조정여신이라 함은 은행업회계처리준칙 "29. 채권재조정의 회계처리"에서 정한 여신을 말한다.

(건전성 분류의 원칙)
나. 은행업회계처리준칙에 의거 재조정된 조건에 따라 현재가치를 산정한 후 현재가치분에 대하여 기업여신과 동일한 기준을 적용하여 건전성을 분류하되, 채무상환능력은 채권재조정후 해당기업의 경영내용, 재무 상태 및 미래현금흐름 등을 기준으로 평가한다.
다. 채권재조정후 충분한 시일이 경과되지 않아 해당기업의 채무상환능력을 평가할 수 있는 객관적인 자료를 확보할 수 없는 경우에는 채권재조정내용을 반영한 추정재무제표 등을 통해 평가할 수 있다.

4. 가계여신의 건전성 분류
   가. 원칙적으로 차주의 채무상환능력과 연체기간을 종합적으로 고려하여 건전성을 분류하여야 하나, 가계여신의 특성을 감안하여 연체기간을 기준으로 건전성 분류를 할 수 있다.
   나. 가계에 대한 신용카드채권은 총여신과 구분하여 건전성을 분류할 수 있으며, 6월 이상 연체된 경우 "추정손실"로 분류한다.[개정 2003.7.16]
   다. 주거용 주택담보대출은 회수예상가액 대비 대출금액, 담보권 행사 등을 통한 신속한 채권회수조치 가능여부 등을 감안하여 필요하다고 인정되는 경우에는 총여신과 구분하여 건전성 분류를 할 수 있다.
   라. 기타 여신건별 특성을 감안한 건전성분류 조정은 기업여신의 경우를 준용한다.

5. 유가증권의 건전성 분류
   가. 금융기관은 신용평가모형에 의한 발행기업의 신용등급에 따라 유가증권의 건전성을 분류하며, 발행기업에 대한 신용등급을 산출하지 않은 경우에는 국내외 신용평가기관의 최근 유가증권 신용등급에 따라 건전성을 분류할 수 있다.
   나. 보증부 유가증권은 발행기업 뿐만 아니라 보증인의 채무상환능력을 평가하여 건전성을 분류할 수 있으나, 이 경우 보증인의 보증채무 이행능력, 회수가능성의 제약여부 등을 충분히 고려하여야 한다.
   다. 대한민국 정부 및 지방자치단체, 정부투자기관이 보증한 유가증권은 발행기업에 대한 신용등급에 불구하고 "정상"으로 분류할 수 있다.
   라. 비거주자인 기업이 발행한 유가증권의 경우에는 해당기업 소재국의 국가위험을 감안하여 건전성을 분류하며, 외국정부·국제금융기구가 발행한 유가증권 또는 외국정부·국제금융기구가 보증한 유가증권의 경우에는 해당 외국정부·국제금융기구에 대한 신용평가기관의 신용등급에 따라 건전성을 분류한다.

6. 회수예상가액 산정
   가. 금융기관은 "고정"이하 분류여신에 대하여 담보물의 적정한 회수예상가액을 산정하기 위한 기준을 설정·운영한다.
   나. 회수예상가액은 담보물 처분시 실제 회수가능한 공정가치를 기준으로 산정하되, 담보물 처분에 부대되는 비용을 차감한다.

7. 연체대출채권 및 연체기간(신설 2006.11.30)
   가. 연체대출채권은 이자 또는 원금(분할상환금 포함)의 상환 약정기일에 상환되지 아니한 대출채권을 말하며 다음 어느 하나에 해당하는 경우를 포함한다.
      ① 이자 또는 분할상환금의 상환지체 이외의 사유로 인해 기한의 이익을 상실한 대출채권
      ② 한도금액을 초과한 한도거래 대출채권
      ③ 지급보증대지급금
   나. 연체기간은 이자 또는 원금(분할상환금 포함)을 상환하기로 한 약정기일의 다음날로부터 기산하며, 가 ① 내지 ③에서 정하는 연체대출채권의 연체기간은 다음에서 정한 날로부터 기산한다.
      ① 가①의 경우 : 기한이익 상실일
      ② 가②의 경우 : 한도초과일의 다음날
      ③ 가③의 경우 : 지급보증대지급 발생일

〈별표 3-2〉 〈신설 2005.12.29〉

난외항목의 신용환산율 적용기준

환산율*	항 목	예 시
100%	(1) 일반 채무보증(대출과 유가증권에 대한 보증 신용장 포함) 및 인수(인수성격의 배서 포함) 등 직접적인 신용대체수단	– 사채발행 지급보증, 융자담보 지급보증 등 – 신용파생상품 매도
50%	(2) 특정거래와 관련된 우발채무(입찰보증, 계약이행보증, 특정거래관련 보증신용장 등) (3) NIF(Note Issuance Facilities) 및 RUF (Revolving Underwriting Facilities) (4) 원만기 1년 초과 기타 약정(할인어음 및 외국환 관련 약정 포함)	– 수입화물선취보증, 계약이행보증, 입찰보증 등 – 당좌대출, 회전대출 약정액 중 미인출 한도 등
20%	(5) 단기(원만기 1년 이내)의 자동결제성 무역관련 우발채무(상업신용장 등) (6) 원만기 1년 이내 약정(할인어음 및 외국환 관련 약정 포함)	– 신용장 개설관련 지급보증 등 – 당좌대출, 회전대출약정액 중 미인출한도 등
0%	(7) 금융기관이 사전통지 없이 무조건적으로 취소가능한 약정	

* 금융기관은 주식회사의 외부감사에 관한 법률에 의한 외부감사인이 기업회계기준에 부합한다고 인정하는 경우 당해 금융기관이 합리적이고 객관적인 기준에 따라 산출한 경험 신용환산율을 적용할 수 있음

〈별표 4〉〈개정 2002.11.13, 시행 2003.1.1, 개정 2004.10.7〉

산업은행등의 건전성평가 항목

평가부문	계량지표	비계량평가항목
자본적정성[1]	• BIS기준자기자본비율 • BIS기준기본자본비율 • 단순자기자본비율	• 리스크의 성격 및 규모 등을 감안한 자본 규모의 적정성 • 자기자본 및 위험자산 산정의 적정성
자산건전성	• 손실위험도가중여신비율[1] • 고정이하여신비율 • 연체대출채권비율 • 대손충당금적립률	• 신용리스크 및 국별리스크 관리의 적정성 • 자산건전성 분류의 적정성 • 충당금 적립의 적정성 • 여신관리의 적정성[5] • 문제여신 판별 및 관리실태
법규준수		• 법규준수 및 정책 이행실태 • 법규준수체계 및 인식수준 • 검사결과 지적사항의 이행
위험관리		• 리스크관리시스템 구축의 적정성 • 리스크관리제도 운영의 적정성 • 내부통제제도 및 운영실태 • 금융자회사 관리실태 및 운영실적[1]
수 익 성[1)2)]	• 총자산순이익률 • 총자산경비율 • 순이자마진율 • 경비보상비율	• 수익의 규모 및 내용에 영향을 미치는 리스크의 수준 등 • 손익구조 변동원인의 적정성 • 수익관리의 적정성 • 경영합리화 노력
유 동 성[1]	• 원화유동성비율[3] • 외화유동성비율[4]	• 유동성리스크 관리의 적정성 • 유동성 변동요인의 적정성 • 자금조달 및 운용구조의 합리성

주 : 1) 국외지점은 적용배제
2) 수출입은행은 적용배제, 산업은행 및 기업은행은 계량지표의 적용배제
3) 수출입은행은 적용배제
4) 외화자산이 은행계정 총자산 대비 5% 이하인 은행은 적용배제
5) "차주기업의 외환리스크관리 적정성" 포함

〈별표 5〉 〈신설 2006.8.31〉

경영실태평가 부문별 평가항목(제33조 관련)

1. 금융기관 본점, 금융기관 현지법인에 대한 평가항목

평가부문	계량지표	비계량평가항목
자본적정성	• BIS기준자기자본비율 • BIS기준기본자본비율 • 단순자기자본비율	• 리스크의 성격 및 규모 등을 감안한 자본규모의 적정성 • 향후 자본증식 가능성 • 경영진의 자본적정성 유지정책의 타당성 • 경영지도기준 충족 여부
자산건전성	• 손실위험도가중여신비율 • 고정이하여신비율 • 연체대출채권비율* • 대손충당금적립률 * 계절조정연체율	• 신용리스크 및 국별리스크 관리의 적정성 • 자본규모를 감안한 위험자산 보유수준의 적정성 • 자산건전성 분류의 적정성 • 충당금 적립의 적정성 • 여신관리의 적정성* • 문제여신 판별 및 관리실태 • 연결기준 자산건전성
경영관리의 적정성		• 전반적인 재무상태 및 영업실적 • 경영지배구조 및 경영정책수립 · 집행기능의 적정성 • 경영효율성 및 경영개선추진실태 • 자회사관리실태 및 운영실적 • 리스크관리체제 및 운영실태 • 내부통제제도 및 운영실태 • 법규, 정책 및 검사지적사항의 이행실태
수 익 성	• 총자산순이익률 (자산 10조원 이상) (자산 10조원 미만) • 총자산경비율 (자산 10조원 이상) (자산 10조원 미만) • 순이자마진율 • 경비보상비율	• 수익의 규모 및 내용에 영향을 미치는 리스크의 수준 등 • 수익구조의 적정성 • 비용구조의 적정성 • 연결기준 수익성 • 경영합리화 노력
유 동 성	• 원화유동성비율 • 단기대출비율 • 외화유동성비율**	• 유동성리스크 관리의 적정성 • 유동성 변동요인의 적정성 • 자금조달 및 운용구조의 합리성

평가부문	계량지표	비계량평가항목
시장 리스크에 대한 민감도		• 시장가격 변수의 변동에 따른 리스크 보유수준 측정·분석 및 대응책의 적정성 • 시장리스크에 대한 경영진의 확인, 측정, 감시 및 통제실태 • 시장리스크 관리시스템 구축 및 운영의 적정성

* "차주기업의 외환리스크 관리적정성" 포함
** 외화자산이 은행계정 총자산 대비 5% 이하인 은행은 적용배제

2. 외국은행 지점, 금융기관 국외지점에 대한 평가항목

평가부문	계량지표	비계량평가항목
리스크관리		• 리스크관리시스템의 적정성 • 리스크관리 수준 및 개선 추진 실태 • 부문별 리스크관리실태 • 본점 등에 의한 리스크관리 통합실태
경영관리 및 내부통제		• 전반적인 지점 자산구조 및 영업 실적 • 경영정책 수립·집행기능의 적정성 • 수익관리 및 회계방침 • 내부통제제도 운영실태 • 본점의 해외지점 통합기능
법규준수		• 법규준수 및 정책이행실태 • 법규준수체계 및 인식수준 • 보고서의 정확성 및 적기제출 • 검사결과 지적사항의 이행
자산건전성	• 손실위험도가중여신비율 • 고정이하여신비율 • 연체대출채권비율* • 대손충당금적립률 * 계절조정연체율	• 신용리스크 및 국별리스크 관리의 적정성 • 위험자산 보유수준의 적정성 • 자산건전성분류의 적정성 • 충당금 적립의 적정성 • 여신관리의 적정성 • 문제여신 판별 및 관리실태

〈별표 6〉〈신설 2007.7.26〉

주택담보대출에 대한 리스크관리기준

제1장 총 칙

1. (용어의 정의) 이 기준에서 사용하는 용어의 정의는 다음과 같다.
   가. "주택담보대출"이라 함은 금융기관이 주택을 담보로 취급하는 가계대출(자산유동화된 대출을 포함한다)을 말한다. 다음의 어느 하나에 해당하는 대출은 별도로 정하는 바가 없으면 주택담보대출로 본다.
      (1) 분양 주택에 대한 중도금대출 및 잔금대출
      (2) 재건축·재개발 주택에 대한 이주비대출, 추가분담금에 대한 중도금대출 및 잔금대출
   나. "주택"이라 함은「주택법」제2조 제1호에서 정하는 주택을 말한다.
   다. "신규대출"이라 함은 신규로 취급하는 대출을 말하며 기존 대출의 증액, 재약정, 대환, 채무인수 등을 포함한다. 다만, 대출을 기한연장하는 경우와 금리 또는 만기 조건만 변경되는 재약정·대환과 기존 중도금대출이 증액 없이 잔금대출로 전환되는 경우 등은 신규대출로 보지 아니한다.
   라. "담보인정비율"(LTV, Loan-To-Value ratio)이라 함은 주택담보대출 취급시 담보가치에 대한 대출취급가능금액의 비율을 말한다.
   마. "총부채상환비율"(DTI, Debt-To-Income ratio)이라 함은 차주의 연간 소득에 대한 연간 대출 원리금 상환액의 비율을 말한다.
   바. "투기지역"이라 함은「소득세법」제104조의2의 규정에 따라 재정경제부장관이 지정하는 지역을 말한다.
   사. "투기과열지구"라 함은「주택법」제41조의 규정에 따라 건설교통부장관 또는 시·도지사가 지정하는 지역을 말한다.
   아. "수도권"이라 함은 서울특별시, 인천광역시 및 경기도를 말한다.

제2장 담보인정비율(LTV)

2. (담보인정비율의 적용)
   가. 금융기관의 신규 주택담보대출 취급시 담보인정비율은 다음과 같다.

만 기		투기지역		투기과열지구		기타 지역	
		주택[1]	아파트	주택[1]	아파트	주택[1]	아파트
3년이하[2]		50%이내	40%이내[2]	50%이내	50%이내[2]	60%이내	60%이내[2]
3년초과~10년이하		60% 〃	40% 〃	60% 〃	60% 〃	60% 〃	60% 〃
10년 초과	담보가액 6억원초과	60% 〃	40% 〃	60% 〃	60% 〃	60% 〃	60% 〃
	담보가액 6억원이내	60% 〃	60% 〃	60% 〃	60% 〃	60% 〃	60% 〃
10년이상 분할상환[3]		70% 〃	70% 〃	70% 〃	70% 〃	70% 〃	70% 〃

주 : 1) 아파트(주상복합아파트 포함)를 제외한 주택을 말함
2) 아파트 중도금대출 및 이주비대출의 경우 만기 구분없이 해당비율 적용
3) 1년이내에 한국주택금융공사에 매각하거나 자체 유동화계획이 있는 고정금리부 대출(거치 기간 1년 이내, 총부채상환비율 40% 이하)을 말함

나. 가목에서 정한 담보인정비율에도 불구하고 추가대출이 없이 잔액, 만기, 상환방법을 변경하지 아니하고 종전 차주의 대출을 인수한 경우에는 종전 차주에 적용된 담보인정비율을 그대로 적용할 수 있으며, 중도금대출이 증액 또는 금융기관 등의 변경 없이 잔금대출로 전환되는 경우에는 동 중도금대출 취급시점의 담보인정비율을 적용할 수 있다.

제3장 총부채상환비율(DTI)

3. (적용대상 및 기준) 금융기관은 신규 주택담보대출 취급시 다음의 어느 하나에 해당하는 경우에는 차주의 총부채상환비율이 40%를 초과하지 않는 범위내에서 취급하여야 한다.
  가. 배우자가 주택담보대출을 1건 이상 받은 차주에 대한 투기지역 소재 아파트담보대출. 다만, 상속 또는 채권보전을 위한 경매 참가 등을 통해 불가피하게 대출채무를 인수하게 되는 경우에는 총부채상환비율의 적용을 배제할 수 있다.
  나. 만 30세 미만인 미혼 차주에 대한 투기지역 소재 아파트담보대출. 다만, 상속 또는 채권보전을 위한 경매 참가 등을 통해 불가피하게 대출채무를 인수하게 되는 경우는 총부채상환비율의 적용을 배제할 수 있다.
  다. 투기지역 및 수도권의 투기과열지구 소재 시가 6억원 초과 아파트를 담보로 취급되는 당해 아파트 신규 취득 목적의 가계대출. 다만, 다음의 어느 하나에 해당하는 경우는 총부채상환비율의 적용을 배제할 수 있다.
    (1) 대출취급일 현재 소유권이전등기일(등기소에 접수된 날을 기준으로 한다)부터 3개월이 경과한 아파트를 담보로 한 대출. 다만, 총부채상환비율 적용을 회피하기 위한 것으로 판단되는 경우에는 제외한다.
    (2) 조합원명부 변경신청일 또는 지분이전 등기일부터 3개월이 경과한 재건축 또는 재개발 지분을 담보로 한 대출
    (3) 소유권이전등기일부터 3개월이 경과하지 아니한 아파트를 담보로 한 대출로서 다음의 어느 하나에 해당하는 경우
      (가) 5천만원 이내(전 금융기관 합산)의 소액대출
      (나) 5천만원 초과 대출로서 긴급한 사업자금 마련 등 그 불가피성이 인정되고 여신위원회(또는 그에 준하는 의사결정기구)의 승인을 얻은 대출
      (다) 상속, 채권보전을 위한 경매 참가 등 불가피하게 대출 채무를 인수하게 되는 경우
    (4) 취득후 3개월이 경과한 주택의 재건축 또는 재개발이 추진됨에 따라 받게 되는 이주비 및 추가분담금 대출

제4장 주택담보대출 취급 및 만기연장 제한 등

4. (동일차주의 투기지역 소재 아파트담보대출 취급 제한) 금융기관은 이미 주택담보대출을 받은 자에 대하여 신규로 투기지역 소재 아파트를 담보로 대출을 취급할 수 없다. 다만, 다음의 어느 하나에 해당하는 경우에는 그러하지 아니하다.
  가. 주택담보대출이 1건인 차주에 대해서는 투기지역 소재 아파트에 대한 기존의 대출잔액이 담보인정비율 이내인 경우 동 아파트를 담보로 담보인정비율을 초과하지 않는 범위내에서 취급하는 추가대출(후순위담보)의 경우
  나. 주택담보대출이 1건인 차주에 대해서 신규 아파트 매입계약과 관련하여 신규 대출 취급후(중도금·이주비 대출인 경우 신규 아파트 준공후 소유권이전등기일 기준) 1년 이내에 기존 주거주택을 처분(명의이전 완료)하는 것을 조건으로 하는 대출로서 차주가 기한 내에 기존 주택의 처분 및 기존 대출의 상환이 완료되었음을 입증하지 못하는 경우 신규

아파트에 대한 담보대출의 기한의 이익이 상실된다는 내용의 특약이 체결되는 경우

5. (투기지역 소재 아파트담보대출에 대한 만기 연장 제한) 금융기관은 투기지역 소재 아파트담보대출(가계자금대출 기준)이 2건 이상인 차주에 대해서는 만기연장시 최초로 만기도래하는 대출부터 차례대로 회수하여 동일 차주에 대한 투기지역 소재 아파트담보대출을 1건으로 축소하여야 한다. 다만, 다음의 어느 하나에 해당하는 경우에는 그러하지 아니하다.
   가. 만기 도래시 1년 이내에 투기지역 소재 아파트담보대출 건수를 1건으로 축소한다는 내용의 특약을 체결하고 1년 이내에서 기한을 연장할 수 있으며 차주가 특약을 이행하지 못하는 때에는 유예기간이 먼저 종료되는 대출채권부터 기한의 이익을 상실한다.
   나. 2건의 대출 중 기존 아파트담보대출의 만기가 중도금 대출(이주비 대출을 포함한다)의 만기보다 먼저 도래하는 경우에는 중도금대출의 만기도래 시점을 기준으로 유예기간(1년) 내에 대출을 1건으로 축소한다는 내용의 특약을 체결하고 기한을 연장할 수 있으며, 추후 중도금대출 만기 도래시에도 유예기간(1년) 내에 대출을 1건으로 축소한다는 특약을 체결하고 기한 연장을 할 수 있다.
   다. 보유 아파트가 모두 전매가 제한된 경우에는 보유 아파트중 전매제한이 먼저 종료되는 시점부터 1년 이내에 대출을 1건으로 축소한다는 내용의 특약을 체결하고 유예기간을 조정할 수 있다.
   라. 다음의 어느 하나에 해당되는 경우에는 1년 단위로 추가하여 유예기간을 부여할 수 있다.
      (1) 부득이한 사유로 본인(차주)과 다른 주소지(주민등록등본상 주소지 기준)에서 실제 거주하고 있는 부모·자녀·배우자를 위한 주택을 담보로 한 대출의 경우. 다만 총 1건에 한한다.
      (2) 법원의 가압류 및 처분금지 가처분 결정, 화재·천재지변에 의한 주택의 멸실, 공동상속인 및 공동지분권자의 매각반대 등으로 인해 보유주택의 처분이 불가능한 경우
   마. 제4호나목에 의한 처분을 조건으로 하는 특약이 있는 대출 및 기존주택(처분대상)의 담보대출의 경우

6. (미성년자에 대한 주택담보대출 취급 및 담보취득 제한)
   가. 금융기관은 대출취급일 현재 미성년자(기혼자 제외)에 대하여는 신규 주택담보대출을 취급할 수 없다. 다만, 소년소녀가장 등 부모가 없는 미성년자에 대한 총부채상환비율 40% 이내에서의 대출 또는 미성년자가 상속 등에 따라 불가피하게 대출 채무를 인수하는 경우에는 그러하지 아니하다.
   나. 금융기관은 미성년자에 대하여 취급한 주택담보대출(제3자 담보제공의 경우 포함)의 만기 도래시 1회에 한하여 1년 이내에서 기한을 연장할 수 있다. 다만, 소년소녀가장 등 부모가 없는 미성년자에 대해서는 예외적으로 만기연장을 할 수 있다.
   다. 대출 취급 당시 미성년자였으나 만기 도래시(1년 유예기간 종료시를 포함한다) 미성년자가 아닌 자로 된 경우에는 당해 대출을 상환하고 신규로 대출을 취급할 수 있다.

7. (투기지역 소재 아파트를 담보로 하는 기업자금대출 제한) 금융기관은불가피하다고 인정되는 경우를 제외하고 2005.7.2.이후 취득한 투기지역 소재 아파트를 담보로 하는 기업자금대출을 신규로 취급할 수 없다.

8. (주택담보대출 심사의 원칙) 금융기관은 주택담보대출 취급시 차주의 소득 등 채무상환능력과 개인신용평가 결과에 의한 전반적인 신용도 등을 종합적으로 고려하는 등 여신심사를 철저히 하여야 한다.

금융감독기구의설치등에관한법률

일부개정 2006.9.27 법률 제7988호

제1장 총 칙

제1조(목적) 이 법은 금융감독위원회와 금융감독원을 설치하여 건전한 신용질서와 공정한 금융거래관행을 확립하고 예금자 및 투자자등 금융수요자를 보호함으로써 국민경제의 발전에 기여함을 목적으로 한다.

제2조(공정성의 유지 등) 금융감독위원회와 금융감독원은 그 업무를 수행함에 있어 공정성을 유지하고 투명성을 확보하며 금융기관의 자율성을 저해하지 아니하도록 노력하여야 한다.

제2장 금융감독위원회

제1절 금융감독위원회의 설치

제3조(금융감독위원회의 설치 및 지위) ① 금융감독업무를 수행하게 하기 위하여 국무총리소속하에 금융감독위원회를 둔다.

② 금융감독위원회는 그 권한에 속하는 사무를 독립적으로 수행한다.

제4조(금융감독위원회의 구성) ① 금융감독위원회는 9인의 위원으로 구성하되, 위원장·부위원장 각 1인과 다음 각호의 위원으로 구성한다.〈개정 1999.5.24〉

1. 재정경제부 차관
2. 한국은행 부총재
3. 예금보험공사 사장
4. 재정경제부장관이 추천하는 회계전문가 1인
5. 금융감독위원회 위원장이 추천하는 금융전문가 1인
6. 법무부장관이 추천하는 법률전문가 1인
7. 대한상공회의소 회장이 추천하는 경제계대표 1인

② 금융감독위원회 위원장(이하 이 장 제1절 및 제2절에서 "위원장"이라 한다)은 국무회의의 심의를 거쳐 대통령이 임명하며, 금융감독위원회 부위원장(이하 이 장 제1절 및 제2절에서 "부위원장"이라 한다)은 재정경제부장관의 제청으로 대통령이 임명한다.〈개정 1999.5.24〉

③ 제1항제4호 내지 제7호의 위원은 대통령령이 정하는 바에 따라 당해 추천기관의 추천을 받아 대통령이 임명한다.

④ 위원장 및 부위원장은 정무직 국가공무원으로, 제1항제5호의 위원은 고위공무원단에 속하는 별정직공무원으로 각각 보하며, 제1항제4호·제6호 및 제7호의 위원은 비상임으로 한다.〈개정 2005.12.29〉

⑤ 위원장·부위원장 및 제1항제5호의 위원은 정부조직법 제9조의 규정에 불구하고 정부위원이 된다.

제5조(위원장) ① 위원장은 금융감독위원회를 대표하며, 금융감독위원회의 회의를 주재하고 사무를 통할한다.

② 위원장이 부득이한 사유로 인하여 직무를 수행할 수 없는 때에는 부위원장, 제4조제1항제5호의 위원의 순위로 위원장의 직

무를 대행하며 부위원장, 제4조제1항제5호의 위원이 모두 부득이한 사유로 인하여 직무를 수행할 수 없는 때에는 금융감독위원회가 미리 정한 위원이 위원장의 직무를 대행한다.

제6조(위원의 임기 등) ① 위원장·부위원장 및 제4조제1항제4호 내지 제7호의 위원(이하 "임명직 위원"이라 한다)의 임기는 3년으로 하며, 1차에 한하여 연임할 수 있다.
② 임명직 위원에 궐원이 있는 때에는 새로 임명하되, 새로 임명된 위원의 임기는 임명된 날부터 기산한다.

제7조(정치활동의 금지) 임명직 위원은 정당법 제6조의 규정에 불구하고 정당에 가입할 수 없으며 정치운동에 관여할 수 없다.

제8조(위원의 결격사유) 다음 각호의 1에 해당하는 자는 임명직 위원이 될 수 없다. 〈개정 2005.3.31〉
1. 대한민국 국민이 아닌 자
2. 금치산자 또는 한정치산자
3. 파산선고를 받은 자로서 복권되지 아니한 자
4. 금고 이상의 형의 집행유예의 선고를 받고 그 유예기간중에 있는 자
5. 금고 이상의 실형의 선고를 받고 그 집행이 종료(집행이 종료된 것으로 보는 경우를 포함한다)되거나 집행이 면제된 날부터 5년이 경과되지 아니한 자
6. 이 법 기타 금융관계법령(외국의 금융관계법령을 포함한다)에 의하여 벌금형의 선고를 받고 5년이 경과되지 아니한 자
7. 이 법 기타 금융관계법령(외국의 금융관계법령을 포함한다)에 의하여 해임되거나 면직된 후 5년이 경과되지 아니한 자

제9조(겸직 등의 금지) 위원장·부위원장 및 제4조제1항제5호의 위원은 재직중 다음 각호의 직을 겸하거나 영리를 목적으로 하는 사업을 영위할 수 없다.
1. 국회의원 또는 지방의회의원의 직
2. 국가공무원 또는 지방공무원의 직
3. 이 법과 다른 법령에 의하여 감독의 대상이 되는 단체의 임·직원의 직. 다만, 위원장이 제29조제2항의 규정에 의하여 겸임하는 금융감독원 원장의 직을 제외한다.
4. 기타 보수를 받는 직

제10조(위원의 신분보장 등) ① 임명직 위원은 다음 각호의 1에 해당하는 경우 외에는 임기전에 그 의사에 반하여 해임되지 아니한다.
1. 제8조 각호의 1에 해당하는 경우
2. 심신의 장애로 인하여 직무를 수행할 수 없게 된 경우
3. 이 법에 의한 직무상의 의무를 위반하여 금융감독위원회 위원으로서의 직무수행이 부적당하게 된 경우
② 위원이 제1항의 사유로 해임되는 경우 해임되기 전에 위원으로서 행한 행위는 그 효력을 상실하지 아니한다.

제2절 금융감독위원회의 운영

제11조(회의) ① 금융감독위원회의 회의는 3인 이상의 위원의 요구가 있는 때에 위원장이 소집한다. 다만, 위원장은 단독으로 회의를 소집할 수 있다.
② 금융감독위원회의 회의는 그 의결방법에 관하여 이 법 또는 다른 법률에 특별한 규정이 있는 경우를 제외하고는 재적위원 과반수의 출석과 출석위원 과반수의 찬성으로 의결한다.
③ 금융감독위원회 위원은 3인 이상의 찬성으로 의안을 제의할 수 있다. 다만, 위원장은 단독으로 의안을 제의할 수 있다.
④ 위원은 다음 각호의 1에 해당하는 사항에 대한 심의·의결에서 제척된다.
1. 자기와 직접적인 이해관계가 있는 사항
2. 배우자, 4촌 이내의 혈족, 2촌 이내의 인척의 관계에 있는 자 또는 자기가 속한 법인과 이해관계가 있는 사항

제12조(의결서 작성 등) 금융감독위원회가 의결하는 경우에는 의결서를 작성하여야 하며, 의결에 참여한 위원은 그 의결서에 기명하고 날인 또는 서명하여야 한다.

제13조(의견청취) 금융감독위원회는 심의에 필요하다고 인정하는 때에는 제29조제1항의 규정에 의한 금융감독원 부원장·부원장보 및 기타 관계전문가 등으로부터 의견을 청취할 수 있다.

제14조(긴급조치) ① 위원장은 내우·외환·천재·지변 또는 중대한 금융경제상의 위기에 있어서 금융감독에 관한 긴급조치가 필요한 경우로서 금융감독위원회를 소집할 시간적 여유가 없을 때에는 금융감독위원회의 권한범위 안에서 필요한 조치를 취할 수 있다.
② 위원장은 제1항의 조치를 취하였을 때에는 지체없이 금융감독위원회의 회의를 소집하고 그 내용을 보고하여야 한다.
③ 금융감독위원회는 제1항의 조치를 확인·수정 또는 정지할 수 있다.

제15조(조직 등) ① 금융감독위원회의 조직 및 정원에 관하여 필요한 사항은 대통령령으로 정한다.〈개정 1999.5.24〉
② 삭제 〈1999.5.24〉
③ 금융감독위원회 위원장은 금융감독위원회 및 제19조의 규정에 의한 증권선물위원회의 예산 기타 행정사무를 총괄한다.

제16조(운영 등) 이 법과 다른 법령에 규정된 것 외에 금융감독위원회의 운영 등에 관하여 필요한 사항은 금융감독위원회의 규칙으로 정한다.

제3절 금융감독위원회의 소관사무

제17조(금융감독) 금융감독위원회는 이 법과 다른 법령이 규정하는 바에 따라 다음 각호의 사항을 심의·의결한다.〈개정 1999.5.24〉
1. 금융기관에 대한 감독과 관련된 규정의 제정 및 개정
1의2. 금융기관의 설립, 합병, 전환, 영업양수·도등의 인·허가
2. 금융기관의 경영과 관련된 인·허가
3. 금융기관에 대한 검사·제재와 관련된 주요사항
4. 증권·선물시장의 관리·감독 및 감시 등과 관련된 주요사항
5. 기타 다른 법령에서 금융감독위원회에 부여된 업무에 관한 사항

제18조(금융감독원에 대한 지시·감독) 금융감독위원회는 이 법과 다른 법령이 규정하는 바에 따라 금융감독원의 업무·운영·관리에 대한 지시·감독을 하며, 다음 각호의 사항을 심의·의결한다.
1. 금융감독원의 정관변경에 대한 승인
2. 금융감독원의 조직 및 기구에 관한 사항
3. 금융감독원의 예산 및 결산 승인
4. 금융감독원 직원의 보수기준 결정
5. 기타 금융감독원을 지시·감독하기 위하여 필요한 사항

제4절 증권선물위원회

제19조(증권선물위원회의 설치) 이 법과 다른 법령이 규정하는 바에 따라 다음 각호의 업무를 수행하기 위하여 금융감독위원회에 증권선물위원회를 둔다.
1. 증권·선물시장의 불공정거래 조사
2. 기업회계의 기준 및 회계감리에 관한 업무
3. 금융감독위원회가 심의·의결하는 증권·선물시장의 관리·감독 및 감시 등과 관련된 주요사항에 대한 사전심의
4. 증권·선물시장의 관리·감독 및 감시 등을 위하여 금융감독위원회로부터 위임받은 업무
5. 기타 다른 법령에서 증권선물위원회에 부여된 업무

제20조(증권선물위원회의 구성 등) ① 증

권선물위원회는 위원장 1인을 포함한 5인의 위원으로 구성하며, 위원장을 제외한 위원 중 1인은 상임으로 한다.

② 증권선물위원회 위원장은 금융감독위원회 부위원장이 겸임하며, 증권선물위원회 위원은 다음 각호의 1에 해당하는 자 중에서 금융감독위원회 위원장의 추천으로 대통령이 임명한다.〈개정 2005.12.29〉

1. 금융·증권·선물 또는 회계분야에 관한 경험이 있는 2급 이상의 공무원 또는 고위공무원단에 속하는 일반직공무원의 직에 있었던 자
2. 대학에서 법률학·경제학·경영학 또는 회계학을 전공한 자로서 대학이나 공인된 연구기관에서 부교수 이상 또는 이에 상당하는 직에 15년 이상 있었던 자
3. 기타 금융·증권·선물 또는 회계분야에 관한 학식과 경험이 풍부한 자

③ 증권선물위원회의 위원장이 아닌 상임위원은 고위공무원단에 속하는 별정직공무원으로 보한다.〈개정 2005.12.29〉

④ 증권선물위원회 위원장이 부득이한 사유로 인하여 직무를 수행할 수 없는 때에는 상임위원이 그 직무를 대행하며, 위원장·상임위원이 모두 부득이한 사유로 인하여 직무를 수행할 수 없는 때에는 증권선물위원회가 미리 정한 위원이 위원장의 직무를 대행한다.

⑤ 위원장이 아닌 증권선물위원회 위원의 임기는 3년으로 하며, 1차에 한하여 연임할 수 있다.

⑥ 제6조제2항 및 제7조 내지 제10조의 규정은 증권선물위원회에 관하여 이를 준용한다.

제21조(회의 등) ① 증권선물위원회의 회의는 2인 이상의 증권선물위원회 위원의 요구가 있는 때에 증권선물위원회 위원장이 소집한다. 다만, 증권선물위원회 위원장은 단독으로 회의를 소집할 수 있다.

② 증권선물위원회의 회의는 3인 이상의 찬성으로 의결한다.

③ 제11조제4항·제12조 및 제13조의 규정은 증권선물위원회에 관하여 이를 준용한다.

제22조(조직·규칙 등) ① 이 법에 규정된 것 외에 증권선물위원회의 조직에 관하여 필요한 사항은 금융감독위원회의 규칙으로 정한다.

② 이 법과 다른 법령에 규정된 것 외에 증권선물위원회의 운영등에 관하여 필요한 사항은 규칙으로 정한다.

③ 제2항의 규칙을 제정하는 경우에는 금융감독위원회의 승인을 얻어야 한다. 이를 변경하고자 하는 경우에도 또한 같다.

제23조(금융감독원에 대한 지시·감독) 증권선물위원회는 제19조 각호의 업무에 관하여 금융감독원을 지시·감독한다.

제3장 금융감독원

제1절 통 칙

제24조(금융감독원의 설립) ① 금융감독위원회 또는 증권선물위원회의 지시를 받아 금융기관에 대한 검사·감독업무 등을 수행하기 위하여 금융감독원을 설립한다.

② 금융감독원은 무자본특수법인으로 한다.

제25조(사무소) ① 금융감독원의 주된 사무소는 서울특별시에 둔다.

② 금융감독원은 정관이 정하는 바에 의하여 필요한 곳에 지원 또는 출장소를 둘 수 있다.

제26조(정관) ① 금융감독원의 정관에는 다음 각호의 사항을 기재한다.

1. 목적
2. 명칭
3. 사무소에 관한 사항
4. 직원에 관한 사항
5. 업무와 그 집행에 관한 사항
6. 예산 및 회계에 관한 사항

7. 공고의 방법
8. 정관의 변경에 관한 사항
9. 기타 대통령령이 정하는 사항

② 금융감독원은 정관을 변경하고자 하는 때에는 금융감독위원회의 승인을 얻어야 한다.

第27조(등기) ① 금융감독원은 대통령령이 정하는 바에 의하여 등기하여야 한다.
② 금융감독원은 주된 사무소의 소재지에서 설립등기를 함으로써 성립한다.
③ 제1항의 규정에 의하여 등기를 필요로 하는 사항은 그 등기후가 아니면 제삼자에게 대항하지 못한다.

第28조(유사명칭의 사용금지) 금융감독원이 아닌 자는 금융감독원 또는 이와 유사한 명칭을 사용하지 못한다.

제2절 원장·부원장·부원장보 및 감사와 직원

第29조(집행간부 등) ① 금융감독원에 원장 1인, 부원장 4인 이내, 부원장보 9인 이내와 감사 1인을 둔다.
② 금융감독위원회 위원장은 금융감독원의 원장(이하 "원장"이라 한다)을 겸임한다.
③ 금융감독원의 부원장과 부원장보(이하 "부원장·부원장보"라 한다)는 원장의 제청으로 금융감독위원회가 임명한다.
④ 감사는 금융감독위원회의 제청으로 대통령이 임명한다.
⑤ 부원장·부원장보 및 감사의 임기는 3년으로 하며, 1차에 한하여 연임할 수 있다.
⑥ 부원장·부원장보와 감사에 궐원이 있는 때에는 새로 임명하되, 그 임기는 임명된 날부터 기산한다.

第30조(직무) ① 원장은 금융감독원을 대표하며, 그 업무를 통할한다.
② 원장이 부득이한 사유로 인하여 직무를 수행할 수 없는 때에는 금융감독위원회 위원장의 직무를 대행하는 금융감독위원회 위원이 원장의 직무를 대행한다.
③ 부원장은 원장을 보좌하고 금융감독원의 업무를 분장하며, 부원장보는 원장과 부원장을 보좌하고 금융감독원의 업무를 분장한다.
④ 감사는 금융감독원의 업무와 회계를 감사한다.

第31조(대표권의 제한) 원장의 이익과 금융감독원의 이익이 상반되는 사항에 관하여는 금융감독위원회 위원장의 직무를 대행하는 금융감독위원회 위원이 금융감독원을 대표한다.

第32조(부원장 등의 해임) 부원장·부원장보 및 감사가 다음 각호의 1에 해당하는 경우에는 제29조제3항 및 제4항에 의한 제청권자의 제청으로 임명권자가 해임한다.
1. 파산선고를 받은 경우
2. 금고 이상의 형 또는 이 법 기타 금융관계법령(외국의 금융관계법령을 포함한다)에 의하여 벌금 이상의 형을 선고받은 경우
3. 심신의 장애로 인하여 직무의 집행이 심히 곤란하게 된 경우
4. 이 법 또는 이 법에 의한 명령이나 정관을 위반한 경우

第33조(직원의 임면) 직원은 원장이 임면한다.

第34조(겸직의 제한) 부원장·부원장보 및 감사와 직원은 그 직무외의 영리를 목적으로 하는 업무에 종사하지 못하며, 당해 임명권자의 승인없이 다른 직무를 겸하지 못한다.

第35조(청렴 및 비밀유지의무) ① 원장·부원장·부원장보 및 감사와 직원은 이 법의 규정에 의하여 검사·감독을 받는 금융기관 또는 그 기관의 임·직원에게 대출을 강요하거나 금품 기타 이익을 받아서는 아니된다.

② 원장・부원장・부원장보 및 감사와 직원 또는 그 직에 있었던 자는 그 직무상 알게 된 정보를 타인에게 누설하거나 직무상 목적외에 이를 사용하여서는 아니된다.

제36조(대리인의 선임) ① 원장은 부원장・부원장보 또는 직원중에서 금융감독원의 업무에 관하여 재판상 또는 재판외의 모든 행위를 할 권한이 있는 대리인을 선임할 수 있다.
② 제1항의 규정에 의하여 재판상 대리인으로 선임될 수 있는 직원의 범위는 대통령령으로 정한다.

제3절 업 무

제37조(업무) 금융감독원은 이 법과 다른 법령이 규정하는 바에 따라 다음 각호의 업무를 수행한다.
1. 제38조 각호의 기관의 업무 및 재산상황에 대한 검사
2. 제1호의 검사결과에 따른 이 법과 다른 법령의 규정에 의한 제재
3. 제2장의 규정에 의한 금융감독위원회 및 증권선물위원회의 업무보좌
4. 기타 이 법과 다른 법령에서 금융감독원이 수행하도록 하는 업무

제38조(검사대상기관) 금융감독원의 검사를 받는 기관은 다음 각호와 같다.〈개정 1999.9.7, 2000.1.28, 2001.3.28, 2003.10.4〉
1. 은행법 또는 장기신용은행법에 의한 인가를 받아 설립된 금융기관
2. 증권거래법에 의한 증권회사・증권금융회사 및 명의개서대행업무를 수행하는 기관
3. 간접투자자산운용업법에 의한 자산운용회사 및 투자자문회사
4. 보험업법에 의한 보험사업자
5. 종합금융회사에관한법률에 의한 종합금융회사
6. 상호저축은행법에 의한 상호저축은행과 그 중앙회
7. 신용협동조합법에 의한 신용협동조합 및 그 중앙회
8. 신탁업법에 의한 신탁회사
9. 여신전문금융업법에 의한 여신전문금융회사 및 겸영여신업자
10. 선물거래법에 의한 선물업자
11. 농업협동조합법에 의한 농업협동조합중앙회의 신용사업부문
12. 수산업협동조합법에 의한 수산업협동조합중앙회의 신용사업부문
13. 삭제 〈1999.9.7〉
14. 다른 법령에서 금융감독원이 검사를 하도록 규정한 기관
15. 기타 금융업 및 금융관련업무를 영위하는 자로서 대통령령이 정하는 자

제39조(규칙의 제정) ① 원장은 금융감독원의 업무수행과 관련하여 필요한 경우에는 규칙을 제정할 수 있다.
② 제1항의 규칙을 제정하는 경우에는 금융감독위원회의 승인을 얻어야 한다. 이를 변경하고자 하는 경우에도 또한 같다.

제40조(자료의 제출요구 등) ① 원장은 제38조 각호의 기관 또는 다른 법령의 규정에 의하여 금융감독원에 검사가 위탁된 대상기관에 대하여 업무수행상 필요하다고 인정하는 때에는 그 기관에 대하여 업무 또는 재산에 관한 보고, 자료의 제출, 관계자의 출석 및 진술을 요구할 수 있다.
② 제37조제1호의 규정에 의하여 검사를 하는 자는 그 권한을 표시하는 증표를 관계인에게 내보여야 한다.

제41조(시정명령 및 징계요구) ① 원장은 제38조 각호에 해당하는 기관의 임・직원이 다음 각호의 1에 해당하는 경우에는 당해 기관의 장에게 이를 시정하게 하거나 당해 직원의 징계를 요구할 수 있다.
1. 이 법 또는 이 법에 의한 규정・명령 또는 지시를 위반한 경우
2. 이 법에 의하여 원장이 요구하는 보고서 또는 자료를 허위로 작성하거나 그 제출

을 태만히 한 경우
3. 이 법에 의한 금융감독원의 감독과 검사업무의 수행을 거부・방해 또는 기피한 경우
4. 원장의 시정명령이나 징계요구에 대한 이행을 태만히 한 경우

② 제1항의 규정에 의한 징계는 면직・정직・감봉・견책 및 경고로 구분한다.

第42조(임원의 해임권고 등) 원장은 제38조 각호에 해당하는 기관의 임원이 이 법 또는 이 법에 의한 규정・명령 또는 지시를 고의로 위반한 때에는 당해 임원의 해임을 임면권자에게 권고할 수 있으며, 당해 임원의 업무집행의 정지를 명할 것을 금융감독위원회에 건의할 수 있다.

第43조(영업정지 등) 원장은 제38조 각호의 기관이 이 법 또는 이 법에 의한 규정・명령 또는 지시를 계속 위반하여 위법 또는 불건전한 방법으로 영업하는 경우에는 금융감독위원회에 다음 각호의 1을 명할 것을 건의할 수 있다.
1. 당해 기관의 위법행위 또는 비행의 중지
2. 6월의 범위 내에서의 업무의 전부 또는 일부 정지

제4절 회 계

第44조(회계) 금융감독원의 회계연도는 정부의 회계연도에 따른다.

第45조(예산과 결산) ① 금융감독원의 예산은 금융감독위원회의 승인을 얻어야 한다.

② 금융감독원은 회계연도 개시 60일전까지 금융감독위원회에 예산서를 제출하여야 한다.

③ 원장은 회계연도 종료후 2월 이내에 당해연도의 결산서를 금융감독위원회에 제출하여야 한다.

第46조(재원) 금융감독원은 다음 각호의 재원으로 그 경비를 충당한다.
1. 정부의 출연금
2. 한국은행의 출연금
3. 제38조 각호에 해당하는 기관의 출연금
4. 제47조의 규정에 의한 분담금
5. 기타 다른 법령이나 정관에서 정한 수입

第47조(분담금) ① 금융감독원의 검사를 받는 제38조 각호의 기관은 분담금을 금융감독원에 납부하여야 한다.

② 제1항의 규정에 의한 분담금의 분담요율・한도 기타 분담금의 납부에 관하여 필요한 사항은 대통령령으로 정한다.

第48조(차입) 금융감독원은 필요한 때에는 금융감독위원회의 승인을 얻어 금융기관으로부터 자금을 차입할 수 있다.

第49조(국유재산의 무상대부 등) 정부는 금융감독원에 대하여 국유재산을 무상으로 대부 또는 사용하게 할 수 있다.

第50조(잉여금의 처리) 금융감독원의 결산상 잉여금은 금융감독위원회의 승인을 얻어 다음 회계연도에 이월할 수 있다.

제5절 금융분쟁의 조정

第51조(분쟁조정기구) 제38조 각호의 기관과 예금자 등 금융수요자 기타 이해관계인 사이에 발생하는 금융관련분쟁의 조정에 관한 사항을 심의・의결하기 위하여 금융감독원에 금융분쟁조정위원회(이하 "조정위원회"라 한다)를 둔다.

第52조(조정위원회의 구성) ① 조정위원회는 위원장 1인을 포함한 30인 이내의 위원으로 구성한다.

② 조정위원회 위원장은 원장이 그 소속 부원장 중에서 지명하는 자가 되며, 조정위원회 위원은 다음 각호의 자로 한다.〈개정 2006.9.27〉
1. 원장이 그 소속 부원장보중에서 지명하는 자

2. 판사·검사 또는 변호사의 자격이 있는 자 중에서 원장이 위촉하는 자
3. 「소비자기본법」에 의한 한국소비자원 및 소비자단체의 임원 또는 그 직에 있었던 자로서 원장이 위촉하는 자
4. 금융기관 또는 금융관계기관·단체에서 15년 이상 근무한 경력이 있는 자로서 원장이 위촉하는 자
5. 금융에 관한 학식과 경험이 있는 자중에서 원장이 위촉하는 자
6. 전문의의 자격이 있는 의사중에서 원장이 위촉하는 자
7. 기타 분쟁의 조정과 관련하여 원장이 필요하다고 인정하여 위촉하는 자

③ 제2항제2호 내지 제7호의 위원의 임기는 2년으로 하되, 연임할 수 있다.

④ 조정위원회 위원장이 부득이한 사유로 직무를 수행할 수 없는 때에는 원장이 지명하는 조정위원회 위원이 조정위원회 위원장의 직무를 대행한다.

第53조(분쟁의 조정) ① 제38조 각호의 기관, 예금자 등 금융수요자 및 기타 이해관계인은 금융과 관련하여 분쟁이 있는 때에는 원장에게 분쟁의 조정을 신청할 수 있다.

② 원장은 제1항의 규정에 의한 분쟁조정의 신청을 받은 때에는 관계당사자에게 그 내용을 통지하고 합의를 권고할 수 있다. 다만, 분쟁조정의 신청내용이 다음 각호의 1에 해당하는 경우에는 합의권고 또는 제3항의 규정에 의한 조정위원회에의 회부를 하지 아니할 수 있다.

1. 이미 법원에 제소된 사건이거나 분쟁조정의 신청이 있은 후 소를 제기한 경우
2. 신청의 내용이 분쟁조정대상으로서 적합하지 아니하다고 인정되는 경우
3. 신청의 내용이 관련법령 또는 객관적인 증빙등에 의하여 합의권고절차 및 조정절차진행의 실익이 없는 경우
4. 기타 대통령령이 정하는 경우

③ 원장은 분쟁조정의 신청을 받은 날부터 30일 이내에 제2항의 규정에 의한 합의가 이루어지지 아니하는 때에는 지체없이 이를 조정위원회에 회부하여야 한다.

④ 조정위원회는 제3항의 규정에 의한 조정의 회부를 받은 때에는 60일 이내에 이를 심의하여 조정안을 작성하여야 한다.

⑤ 원장은 조정위원회가 조정안을 작성한 때에는 신청인과 관계당사자에게 이를 제시하고 수락을 권고할 수 있다.

第54조(조정위원회의 회의) ① 조정위원회의 회의는 조정위원회 위원장 1인을 포함하여 조정위원회 위원장이 매 회의마다 지명하는 7인 이상 11인 이하의 조정위원회 위원으로 구성하며, 조정위원회 위원장이 소집한다.

② 조정위원회는 제1항의 규정에 의한 구성원 과반수의 출석과 출석위원 과반수의 찬성으로 의결한다.

③ 원장은 조정위원회의 의결사항이 위법하거나 공익에 비추어 심히 부당하다고 판단되는 때에는 재의를 요구할 수 있다.

④ 제3항의 규정에 의한 재의요구가 있는 때에는 제1항의 규정에 의한 구성원 3분의 2 이상의 출석과 출석위원 3분의 2 이상의 찬성으로 재의결한다.

第55조(조정의 효력) 당사자가 제53조제5항의 규정에 의하여 조정안을 수락한 경우 당해 조정안은 재판상의 화해와 동일한 효력을 갖는다.

第56조(조정의 중지) 원장은 조정신청사건의 처리절차의 진행중에 일방당사자가 소를 제기한 경우에는 그 조정의 처리를 중지하고 이를 당사자 쌍방에게 통보하여야 한다.

第57조(조정위원회의 운영 등) 조정위원회의 운영 및 분쟁조정절차 등에 관하여 필요한 사항은 대통령령으로 정한다.

제4장 금융감독기구 상호간 및 다른 기관과의 관계

제1절 금융감독위원회와 금융감독원과의 관계

제58조(자료의 제출) 원장은 금융감독위원회 또는 증권선물위원회가 요구하는 금융감독 등에 필요한 자료를 제출하여야 한다.

제59조(검사의 결과 및 조치사항의 보고) 원장은 제37조제1호의 규정에 의하여 검사를 실시한 경우에는 그 결과를 금융감독위원회에 보고하여야 한다. 제41조 및 제42조의 조치를 한 경우에도 또한 같다.

제60조(보고·검사 등) 금융감독위원회는 필요하다고 인정하는 경우에는 금융감독원의 업무·재산 및 회계에 관한 사항을 보고하게 하거나 금융감독위원회가 정하는 바에 의하여 그 업무·재산상황·장부·서류 기타의 물건을 검사할 수 있다.

제61조(금융감독위원회등의 명령권 등) ① 금융감독위원회 또는 증권선물위원회는 금융감독원의 업무를 지시·감독하는데 필요한 명령을 할 수 있다.
② 금융감독위원회는 증권선물위원회 또는 금융감독원의 처분이 위법하거나 공익 또는 예금자등 금융수요자의 보호를 위하여 심히 부당하다고 인정되는 때에는 그 처분의 전부 또는 일부를 취소하거나 그 집행을 정지시킬 수 있다.
③ 증권선물위원회는 제19조 각호의 업무에 관한 금융감독원의 처분이 위법하거나 심히 부당하다고 인정되는 때에는 그 처분의 전부 또는 일부를 취소하거나 그 집행을 정지시킬 수 있다.

제2절 금융감독위원회와 한국은행과의 관계

제62조(검사 및 공동검사 요구 등) ① 한국은행은 금융통화위원회가 통화신용정책의 수행을 위하여 필요하다고 인정하는 경우에는 금융감독원에 대하여 한국은행법 제11조의 금융기관에 대한 검사를 요구하거나 한국은행 소속직원이 금융감독원의 금융기관 검사에 공동으로 참여할 수 있도록 하여 줄 것을 요구할 수 있다.
② 한국은행은 금융감독원에 대하여 제1항의 규정에 의한 검사결과의 송부를 요청하거나 검사결과에 대하여 필요한 시정조치를 요구할 수 있다.
③ 한국은행이 제1항에 의한 검사 및 공동검사를 요구하는 때에는 검사목적·대상기관·검사범위등을 구체적으로 명시하여야 한다.
④ 금융감독원은 한국은행이 제1항 및 제2항의 규정에 의한 요구를 하는 경우 이에 응하여야 한다.

제63조(재의요구권) ① 금융통화위원회는 금융감독위원회가 통화신용정책과 직접 관련되는 조치를 하는 경우 이의가 있는 때에는 재의를 요구할 수 있다.
② 제1항의 재의요구가 있는 경우 금융감독위원회가 재적위원 3분의 2 이상의 찬성으로 전과 같은 의결을 한 때에는 제1항의 조치는 확정된다.

제3절 금융감독위원회와 재정경제부등과의 관계 〈개정 1999.5.24〉

제64조 삭제 〈1999.5.24〉

제64조의2(금융감독 관계법령의 협의) 재정경제부장관은 금융감독에 관련되는 법령을 제정 또는 개정하고자 하는 경우에는 금융감독위원회와 협의하여야 한다.
[본조신설 1999.5.24]

제65조(자료협조) 재정경제부장관과 금융통화위원회 및 금융감독위원회는 정책수행에 필요하다고 인정하는 경우 상호간에 자료를 요청할 수 있다. 이 경우 요청을 받은

기관은 특별한 사유가 없는 한 요청에 응하여야 한다.〈개정 1999.5.24〉

제66조(예금보험공사의 검사요청) ① 예금보험공사 사장은 업무수행을 위하여 필요하다고 인정하는 경우 금융감독위원회 또는 금융감독원에 대하여 예금자보호법 제2조제1호의 부보금융기관에 대한 검사를 요청하거나, 예금보험공사 소속직원이 검사에 공동으로 참여할 수 있도록 요청할 수 있다.
② 예금보험공사 사장이 제1항의 검사를 요청하는 때에는 검사목적·대상기관·검사범위 등을 구체적으로 명시하여야 한다.
③ 금융감독원은 예금보험공사 사장이 제1항의 규정에 의한 요청을 하는 경우 특별한 사유가 없는 한 이에 응하여야 한다.

제67조(원장의 협조요청) 원장은 직무수행상 필요하다고 인정하는 경우에는 행정기관 기타 관계기관에 대하여 협조를 요청할 수 있다.

제5장 보 칙

제68조(벌칙) ① 제35조제2항의 규정에 위반한 자는 3년 이하의 징역 또는 2천만원 이하의 벌금에 처한다.
② 제28조의 규정에 위반한 자는 1년 이하의 징역 또는 1천만원 이하의 벌금에 처한다.

제69조(벌칙적용에 있어서의 공무원의제) ① 금융감독위원회 위원 또는 증권선물위원회 위원으로서 공무원이 아닌 자와 금융감독원의 집행간부 및 직원은 형법 기타 법률에 의한 벌칙의 적용에 있어서 이를 공무원으로 본다.
② 제1항의 규정에 의하여 공무원으로 보는 직원의 범위는 대통령령으로 정한다.

제70조(행정심판) 금융감독위원회·증권선물위원회 및 금융감독원이 행한 위법·부당한 처분으로 인하여 권리·이익의 침해를 받은 자는 국무총리에게 행정심판을 제기할 수 있다.

금융산업의구조개선에관한법률

일부개정 2007.8.3 법률 제8635호

제1장 총 칙

제1조(목적) 이 법은 금융기관의 합병·전환 또는 정리등 금융산업의 구조개선을 지원하여 금융기관간의 건전한 경쟁을 촉진하고 금융업무의 효율성을 높임으로써 금융산업의 균형있는 발전에 이바지함을 목적으로 한다.

제2조(정의) 이 법에서 사용하는 용어의 정의는 다음과 같다.〈개정 1998.1.8, 1998.9.14, 2000.1.21, 2000.10.23, 2001.3.28, 2002.12.26, 2007.1.26, 2007.8.3〉

1. "금융기관"이라 함은 다음 각 목의 어느 하나에 해당하는 것을 말한다.
   가. 「은행법」에 의하여 설립된 금융기관
   나. 「장기신용은행법」에 의한 장기신용은행
   다. 「자본시장과 금융투자업에 관한 법률」에 따른 투자매매업자·투자중개업자
   라. 「자본시장과 금융투자업에 관한 법률」에 따른 집합투자업자, 투자자문업자 또는 투자일임업자
   마. 「보험업법」에 따른 보험회사
   바. 「상호저축은행법」에 의한 상호저축은행
   사. 「자본시장과 금융투자업에 관한 법률」에 따른 신탁업자
   아. 「자본시장과 금융투자업에 관한 법률」에 따른 종합금융회사
   자. 「금융지주회사법」에 의한 금융지주회사
   차. 기타 법률에 의하여 금융업무를 행하는 기관으로서 대통령령이 정하는 것
2. 삭제 〈1998.1.8〉
3. "부실금융기관"이라 함은 다음 각 목의 어느 하나에 해당하는 금융기관을 말한다.
   가. 경영상태를 실사한 결과 부채가 자산을 초과하는 금융기관 또는 거액의 금융사고 또는 부실채권의 발생으로 부채가 자산을 초과하여 정상적인 경영이 어려울 것이 명백한 금융기관으로서 금융감독위원회 또는 「예금자보호법」 제8조의 규정에 의한 예금보험위원회가 결정한 금융기관. 이 경우 부채와 자산의 평가 및 산정은 금융감독위원회가 미리 정하는 기준에 의한다.
   나. 「예금자보호법」 제2조제4호의 규정에 의한 예금등 채권(이하 "예금등채권"이라 한다. 이하 이 조에서 같다)의 지급 또는 다른 금융기관으로부터의 차입금의 상환이 정지상태에 있는 금융기관
   다. 외부로부터의 자금지원 또는 별도의 차입(정상적인 금융거래에서 발생하는 차입을 제외한다)이 없이는 예금등 채권의 지급이나 차입금의 상환이 어렵다고 금융감독위원회 또는 예금자보호법 제8조의 규정에 의한 예금보험위원회가 인정한 금융기관
4. "인수"라 함은 금융기관의 주주 또는 임

원이 아니거나 대통령령이 정하는 일정 비율 이하의 주식을 가진 자등 당해 금융기관의 경영에 직접적인 책임이 있다고 인정되지 아니하는 자가 그 금융기관의 주식을 취득하여 최대주주가 되는 경우로서 그 금융기관을 사실상 지배하게 되는 것을 말한다.

5. 삭제 〈1998.1.8〉
6. "파산참가기관"이라 함은 다음 각 목의 어느 하나에 해당하는 것을 말한다.
   가. 제1호가목 내지 다목 및 마목 내지 아목의 금융기관에 대하여는 「예금자보호법」에 의하여 설립된 예금보험공사(이하 "예금보험공사"라 한다)
   나. 제1호라목 및 자목의 금융기관에 대하여는 「금융감독기구의 설치 등에 관한 법률」에 의하여 설립된 금융감독원(이하 "금융감독원"이라 한다)
7. "예금채권"이라 함은 금융기관이 제1호 각목에 규정된 법률에 의하여 인가·허가등을 받아 영위하고 있는 업무의 일환으로 불특정다수인으로부터 조달한 금전에 대하여 거래상대방이 가지는 채권을 말한다.
8. "예금자"라 함은 금융기관에 대하여 예금채권을 가지는 자를 말한다.
9. "임원"이라 함은 금융기관의 이사 및 감사(「상법」 또는 관계법령에 의하여 감사위원회를 설치한 경우 동 위원회의 위원을 포함한다)를 말한다.

제2장 금융기관의 합병 및 전환

제3조(금융기관의 합병 및 전환) 금융기관은 같은 종류 또는 다른 종류의 금융기관과 서로 합병하여 같은 종류 또는 다른 종류의 금융기관이 될 수 있으며, 단독으로 다른 종류의 금융기관으로 전환할 수 있다.

제4조(인가) ① 금융기관이 이 법에 의한 합병 또는 전환을 하고자 할 때에는 미리 금융감독위원회의 인가를 받아야 한다.〈개정 1998.1.8, 1998.9.14, 1999.5.24〉
② 삭제 〈1998.1.8〉
③ 금융감독위원회는 제1항의 규정에 의한 인가를 함에 있어서는 다음 각호의 기준에 적합한 지의 여부를 심사하여야 한다.〈개정 1998.1.8, 1998.9.14, 1999.5.24, 2000.1.21, 2007.1.26, 2007.8.3〉

1. 합병 또는 전환의 목적이 금융산업의 합리화·금융구조조정의 촉진 등을 위한 것일 것

1의2. 합병 또는 전환이 금융거래의 위축이나 기존 거래자에 대한 불이익을 초래할 우려가 없는 등 금융산업의 효율화와 신용질서의 유지에 지장이 없을 것

2. 합병 또는 전환이 금융기관 상호간의 경쟁을 실질적으로 제한하지 아니할 것
3. 합병 또는 전환 후에 행하고자 하는 업무의 범위가 관계 법령 등에 위반되지 아니하고 영업계획이 적정할 것

3의2. 합병 또는 전환 후 업무를 수행할 수 있는 조직 및 인력의 체제와 능력을 갖추고 있을 것

4. 「상법」·「자본시장과 금융투자업에 관한 법률」 그 밖의 관계 법령에 위반되지 아니하고, 그 절차의 이행에 하자가 없을 것
5. 자기자본 비율, 부채 등이 적정한 수준일 것
6. 대통령령이 정하는 주요출자자가 충분한 출자능력이 있고, 건전한 재무상태를 갖추고 있을 것

④ 금융감독위원회는 금융기관간의 합병을 인가하고자 하는 경우에는 제3항제2호에서 규정한 금융기관 상호간의 경쟁을 실질적으로 제한하지 아니하는지의 여부에 대하여 미리 공정거래위원회와 협의하여야 한다.〈개정 1998.1.8, 1998.9.14, 1999.5.24〉
⑤ 금융감독위원회는 제3항 각호의 기준에 비추어 금융산업의 건전한 발전을 위하여 필요하다고 인정하는 때에는 제1항의 규정에 의한 인가에 조건을 붙일 수 있다.〈개정 1998.1.8, 1998.9.14, 1999.5.24〉

⑥ 제3항 각 호의 심사기준에 필요한 구체적인 사항은 금융감독위원회가 정하여 고시한다.〈신설 2007.1.26〉

제5조(합병·전환에 관한 절차의 간소화 등) ① 금융기관이 제4조의 규정에 의한 합병 또는 전환의 인가를 받은 경우에는 제2조제1호 각목에 규정된 법률에 의한 금융기관의 영업, 영업의 폐지 또는 합병에 대한 인가·허가 또는 지정을 받은 것으로 본다.

② 「증권거래법」에 의한 상장법인인 금융기관과 비상장법인인 금융기관이 합병하는 경우로서 그 비상장법인인 금융기관이 「증권거래법」 제3조의 규정에 의하여 등록을 한 날부터 7일이 경과한 후에 「상법」 제522조의 규정에 의하여 주주총회의 승인을 얻은 경우 그 승인은 「증권거래법」 제190조의 규정에 불구하고 효력을 가진다.〈개정 1998.9.14, 2007.1.26〉

③ 금융기관은 주주총회에서 합병의 결의를 한 경우에는 「상법」 제527조의5제1항의 규정에 불구하고 채권자에 대하여 10일 이상의 기간을 정하여 이의를 제출할 것을 2 이상의 일간신문(「신문 등의 자유와 기능보장에 관한 법률」 제2조제2호가목의 규정에 따른 일반일간신문을 말한다. 이하 "일간신문"이라 한다)에 공고할 수 있다. 이 경우 개별채권자에 대한 최고는 이를 생략할 수 있다.〈개정 1998.9.14, 2007.1.26〉

④ 금융기관은 합병의 결의를 위한 주주총회를 소집함에 있어서는 「상법」 제363조제1항의 규정에 불구하고 주주총회의 회일 7일전에 각 주주에 대하여 서면으로 통지를 발송할수 있다. 이 경우 금융기관은 서면통지 발송일 이전에 2 이상의 일간신문에 주주총회를 소집하는 뜻과 회의의 목적사항을 공고하여야 한다.〈신설 1998.9.14, 2007.1.26〉

⑤ 금융기관이 합병하는 경우에는 「상법」 제522조의2제1항의 규정에 불구하고 합병승인을 위한 주주총회일 7일전부터 합병을 하는 각 금융기관의 대차대조표를 당해 금융기관의 본점에 비치할 수 있다.〈신설 1998.9.14, 2007.1.26〉

⑥ 금융기관은 합병의 결의를 위하여 「상법」 제354조제1항의 규정에 의하여 주주명부를 폐쇄하거나 기준일을 정하는 때에는 동법 제354조제4항의 규정에 불구하고 그 폐쇄일 또는 기준일부터 7일전에 이를 공고할 수 있다. 이 경우 2 이상의 일간신문에 공고하여야 한다.〈신설 1998.9.14, 2007.1.26〉

⑦ 제12조제6항의 규정은 금융기관이 합병으로 인하여 주식을 병합하는 경우에 관하여 이를 준용한다. 이 경우 주주에 대한 개별통지는 2 이상의 일간신문에 공고함으로써 이에 갈음할 수 있다.〈신설 1998.9.14〉

⑧ 제12조제7항 내지 제9항은 금융기관이 주주총회에서 합병의 결의를 하는 경우 주식매수청구에 관하여 이를 준용한다. 다만, 정부 또는 예금보험공사(이하 "정부등"이라 한다)의 자금지원이 없이 합병하는 경우로서 당해 금융기관이 「증권거래법」에 의한 주권상장법인에 해당하는 때에는 주식매수가격의 결정에 관하여 동법 제191조제3항의 규정을 준용한다.〈신설 1998.9.14, 2000.1.21, 2007.1.26〉

⑨ 이 법에 의한 합병의 경우에는 「조세특례제한법」 기타 조세의 감면에 관한 법령이 정하는 바에 의하여 부동산등의 취득에 따른 취득세, 법인·부동산등의 등기에 따른 등록세, 합병으로 소멸되는 금융기관의 청산소득에 대한 법인세, 합병으로 소멸되는 금융기관의 주주의 의제배당에 대한 소득세 또는 법인세 기타 조세를 감면할 수 있다.〈개정 2007.1.26〉

⑩ 금융기관이 주주총회에서 합병의 결의를 하는 경우 「자본시장과 금융투자업에 관한 법률」 제294조에 따른 한국예탁결제원(이하 "예탁결제원"이라 한다)은 「자본시장과 금융투자업에 관한 법률」 제314조제5항제3호에 불구하고 그 의결권을 행사할 수 있다. 다만, 예탁결제원이 의결권을 행사하는 경우에는 당해 주주총회의 참석 주식수에서 예탁결제원이 의결권을 행사할

주식수를 차감한 주식수의 의결내용에 영향을 미치지 아니하도록 의결권을 행사하여야 한다.〈신설 1998.9.14, 2007.1.26, 2007.8.3〉

⑪ 제4항의 규정은 금융기관이 「상법」 제526조 및 동법 제527조의 규정에 의한 흡수합병의 보고총회 또는 신설합병의 창립총회를 소집하는 경우에 관하여 이를 준용한다.〈신설 1998.9.14, 2007.1.26〉

제5조의2(자본감소 및 주식병합절차의 간소화) 금융기관이 주식을 소각하거나 병합하여 자본감소를 결의하는 경우 채권자의 이의제출 및 주주총회의 소집기간과 절차에 관하여는 제5조제3항·제4항·제6항의 규정을 준용하며, 주식의 소각 및 병합의 기간과 절차에 관하여는 제12조제6항의 규정을 준용한다.〈개정 2000.1.21〉

[본조신설 1998.9.14]

제6조(전환전 금융기관의 사업연도 종료일) ① 삭제 〈1998.9.14〉

② 금융기관이 사업연도중에 전환을 하는 경우에는 그 전환전의 금융기관의 사업연도는 업종변경에 대한 정관의 변경등기일에 종료된 것으로 본다.

제7조(인가사항 실행의 보고 및 인가의 실효) ① 금융기관은 제4조의 규정에 의한 합병 또는 전환을 한 때에는 지체없이 금융감독위원회에 보고하여야 한다.〈개정 1998.1.8, 1998.9.14, 1999.5.24〉

② 금융기관은 제4조의 규정에 의한 인가를 받은 날부터 6월 이내에 그 인가내용에 따라 합병 또는 전환에 따른 등기를 마치지 아니한 때에는 그 인가는 효력을 잃는다. 다만, 금융감독위원회가 불가피한 사유가 있다고 인정하는 경우에는 그 기간을 연장할 수 있다.〈개정 1998.1.8, 1998.9.14, 1999.5.24〉

제8조(금융기관의 합병·전환에 관한 지원) ① 정부 등은 금융기관의 자율적인 합병을 촉진하기 위하여 필요하다고 인정하는 경우에는 이 법에 의한 합병으로 신설되는 금융기관 또는 존속하는 금융기관에 대하여 대통령령이 정하는 바에 따라 출자등 자금지원을 할 수 있다.

② 이 법에 의한 합병 또는 전환으로 신설되는 금융기관, 존속하는 금융기관 또는 전환 후의 금융기관은 합병 전 업무 또는 전환 전 업무로서 당해 금융기관에 적용되는 법령에 의하여 행할 수 없는 업무중 대통령령이 정하는 업무를 금융감독위원회의 인가를 받고 대통령령이 정하는 기간동안 계속할 수 있다. 이 경우 제9조제1항의 규정은 이를 적용하지 아니한다.〈개정 2007.1.26〉

[전문개정 2000.1.21]

제9조(합병 또는 전환에 따른 업무계속등) ① 이 법에 의한 합병 또는 전환으로 신설되는 금융기관, 존속하는 금융기관 또는 전환후의 금융기관이 당해 금융기관에 적용되는 법령에 의하여는 행할 수 없는 업무로서 체결한 계약에 관련된 권리·업무를 합병 또는 전환전의 금융기관으로부터 승계한 경우에는 그 합병등기일 또는 업종변경에 대한 정관의 변경등기일부터 6월까지는 합병 또는 전환전의 금융기관이 행하던 업무를 계속할 수 있다. 다만, 그 이행에 6월을 초과하는 기간이 소요되는 계약에 관련된 권리·업무를 승계한 경우에는 그 계약기간이 종료될 때까지 승계한 업무 및 금융감독위원회가 당해 업무의 이행을 위하여 불가피하다고 인정하는 부수업무를 계속할 수 있다.〈개정 1998.1.8, 1999.5.24〉

② 이 법에 의한 합병 또는 전환으로 신설되는 금융기관, 존속하는 금융기관 또는 전환후의 금융기관이 「은행법」에 의한 금융기관인 경우 동일인(「은행법」 제15조제1항의 규정에 의한 동일인을 말한다. 이하 같다)이 합병 또는 전환당시의 의결권있는 발행주식총수 중 「은행법」 제15조제1항의 규정에 의한 한도를 초과하여 주식을 소유하게 되거나 사실상 지배하게 되는 경우에는

그 합병등기일 또는 업종변경에 대한 정관의 변경등기일부터 3년 이내에 「은행법」 제15조제1항의 규정에 적합하도록 하여야 하며, 이 경우 당해 주식의 의결권 행사의 범위는 합병등기일 또는 업종변경에 대한 정관의 변경등기일부터 「은행법」 제15조제1항의 규정에 의한 한도로 제한된다. 다만, 금융감독위원회가 당해 동일인을 금융기관의 합병 또는 전환당시 「은행법」 제15조제6항의 규정에 적합한 자로 인정하는 경우에는 당해 동일인은 동법 동조제2항 내지 제4항의 규정에 의하여 적법하게 금융기관의 주식을 소유하거나 사실상 지배하는 것으로 보며, 당해 동일인이 금융기관의 합병 또는 전환후 3년 이내에 「은행법」 제15조제6항의 규정에 적합한 자로 되는 경우에는 동법 동조제2항 내지 제4항의 규정을 준용하여 금융감독위원회에 신고하거나 금융감독위원회의 승인을 얻어 적법하게 금융기관의 주식을 소유할 수 있다.〈개정 1998.9.14, 2007.1.26〉

제3장 부실금융기관의 정비

제10조(적기시정조치) ① 금융감독위원회는 금융기관의 자기자본비율이 일정수준에 미달하는 등 재무상태가 제2항의 규정에 의한 기준에 미달하거나 거액의 금융사고 또는 부실채권의 발생으로 인하여 금융기관의 재무상태가 제2항의 규정에 의한 기준에 미달하게 될 것이 명백하다고 판단되는 때에는 금융기관의 부실화를 예방하고 건전한 경영을 유도하기 위하여 당해 금융기관 또는 그 임원에 대하여 다음 각호의 사항을 권고·요구 또는 명령하거나 그 이행계획을 제출할 것을 명하여야 한다.〈개정 2000.1.21〉

1. 금융기관 및 임·직원에 대한 주의·경고·견책 또는 감봉
2. 자본증가 또는 자본감소, 보유자산의 처분 또는 점포·조직의 축소
3. 채무불이행 또는 가격변동 등의 위험이 높은 자산의 취득금지 또는 비정상적으로 높은 금리에 의한 수신의 제한
4. 임원의 직무정지 또는 임원의 직무를 대행하는 관리인의 선임
5. 주식의 소각 또는 병합
6. 영업의 전부 또는 일부 정지
7. 합병 또는 제3자에 의한 해당 금융기관의 인수
8. 영업의 양도 또는 예금·대출 등 금융거래에 관련된 계약의 이전(이하 "계약이전"이라 한다)
9. 기타 제1호 내지 제8호에 준하는 조치로서 금융기관의 재무건전성을 높이기 위하여 필요하다고 인정되는 조치

② 금융감독위원회는 제1항의 규정에 의한 조치(이하 "적기시정조치"라 한다)를 하고자 하는 경우에는 미리 그 기준과 내용을 정하여 고시하여야 한다.

③ 금융감독위원회는 제2항의 규정에 의한 기준에 일시적으로 미달한 금융기관이 단기간내에 그 기준을 충족시킬 수 있다고 판단되거나 이에 준하는 사유가 있다고 인정되는 때에는 기간을 정하여 적기시정조치를 유예할 수 있다.

④ 금융감독위원회는 제2항의 규정에 의한 기준을 정함에 있어서 금융기관 또는 금융기관의 주주에게 중대한 재산상의 손실을 끼칠 우려가 있는 영업의 전부정지, 영업의 전부양도, 계약의 전부이전 또는 주식의 전부소각에 관한 명령 및 이에 준하는 조치는 해당 금융기관이 부실금융기관이거나 재무상태가 제2항의 규정에 의한 기준에 크게 미달하고 건전한 신용질서나 예금자의 권익을 해할 우려가 현저하다고 인정되는 경우에 한하도록 하여야 한다.

⑤ 금융감독위원회는 적기시정조치에 관한 권한을 대통령령이 정하는 바에 따라 금융감독원 원장(이하 "금융감독원장"이라 한다)에게 위탁할 수 있다.

[전문개정 1998.9.14]

제11조(적기시정조치의 이행을 위한 지원조치등) ① 금융감독위원회는 제10조제1항

의 규정에 의하여 금융기관에 대하여 합병, 영업의 양도 또는 계약이전을 명하는 경우에는 다른 금융기관을 지정하여 명령의 대상이 되는 금융기관과의 합병, 영업의 양수 또는 계약이전을 권고할 수 있다.

② 예금보험공사는 제1항의 규정에 의하여 합병, 영업의 양수 또는 계약이전을 권고받은 금융기관에 대하여 그 이행을 전제로 「예금자보호법」 제2조제6호의 규정에 의한 자금지원의 금액과 조건 등을 미리 제시할 수 있다.〈개정 2007.1.26〉

③ 예금보험공사는 금융기관이 적기시정조치를 원활히 이행할 수 있도록 하기 위하여 필요하다고 인정되는 경우에는 금융기관간의 합병이나 영업의 양도·양수 또는 제3자에 의한 인수를 알선할 수 있다.

④ 제10조제1항 또는 제12조제3항의 규정에 의하여 자본감소, 주식의 일부 또는 전부의 소각이나 주식의 병합을 명령받은 금융기관이 그 명령을 이행하거나 금융기관이 자본증가를 위하여 제5조제7항 또는 제5조의2의 규정에 의하여 주식을 병합한 결과 자본금이 해당 금융기관의 설립에 관한 법률에서 정하는 최저자본금 미만으로 감소하는 경우 금융감독위원회는 1년 이내의 기간동안 해당 금융기관의 인가 또는 허가를 취소하지 아니할 수 있다.〈개정 1999.5.24, 2000.1.21〉

⑤ 적기시정조치에 따른 금융기관간의 합병, 인수, 영업양도·양수 또는 계약이전의 결과 「증권거래법」 제21조·제189조·제189조의4·제191조의2·제200조, 「보험업법」 제106조, 제108조 및 제109조, 「자본시장과 금융투자업에 관한 법률」 제340조·제342조·제344조·제347조, 「상호저축은행법」 제12조·제13조·제17조·제18조의2·제24조의2, 「자본시장과 금융투자업에 관한 법률」 제81조 기타 관련법령의 규정에 저촉되게 되는 경우 당해 금융기관은 금융감독위원회가 정하는 절차에 따라 3년 이내에 관련법령의 규정에 적합하도록 하여야 한다.〈개정 2001.3.28, 2003.5.29, 2007.1.26, 2007.8.3〉

⑥ 다음 각호의 1에 해당하는 주식 또는 채권의 취득은 「은행법」 제38조 및 「자본시장과 금융투자업에 관한 법률」 제344조의 규정에 의한 주식 또는 유가증권의 취득으로 보지 아니한다.〈개정 2007.1.26, 2007.8.3〉

1. 제2조제1호 가목 및 아목의 금융기관이 금융감독위원회가 정하는 바에 따라 기존의 대출금 등을 출자로 전환함으로써 소유하게 된 주식
2. 정부가 원리금의 지급을 보증한 채권

[전문개정 1998.9.14]

제12조(부실금융기관에 대한 정부등의 출자등) ① 금융감독위원회는 부실금융기관이 계속된 예금인출등으로 인한 재무구조의 악화로 영업을 지속하기가 어렵다고 인정되는 경우에는 정부등에 대하여 당해 부실금융기관에 대한 출자 또는 대통령령이 정하는 유가증권의 매입을 요청할 수 있다.〈개정 2000.1.21〉

② 제1항의 요청에 의하여 정부등이 부실금융기관에 출자하는 경우 당해 부실금융기관의 이사회는 「상법」 제330조·제344조제2항·제416조 내지 제418조의 규정에 불구하고 발행할 신주의 종류와 내용, 수량, 발행가액, 배정방법 기타 절차에 관한 사항을 결정할 수 있다.〈개정 2007.1.26〉

③ 금융감독위원회는 제1항의 규정에 의한 요청에 따라 정부등이 출자 또는 유가증권의 매입을 하였거나 출자 또는 유가증권의 매입을 하기로 결정한 부실금융기관에 대하여 특정주주(제1항의 규정에 의한 요청에 따라 정부등이 출자 또는 유가증권의 매입을 하거나 출자 또는 유가증권의 매입을 결정할 당시의 주주 또는 당해 금융기관의 불실에 책임이 있다고 금융감독위원회가 인정하는 주주를 말한다. 이하 같다)가 소유한 주식의 일부 또는 전부를 유상 또는 무상으로 소각하거나 특정주주가 소유한 주식을 일정비율로 병합하여 자본금을 감소하도록 명령할 수 있다. 이 경우 금융감독위원회는 정부등이 소유한 주식에 대하

여는 제1항의 규정에 의한 출자 또는 유가증권의 매입의 지원을 고려하여 다른 특정주주가 소유한 주식보다 유리한 조건이나 방법으로 소각 또는 병합을 하도록 명령할 수 있다.〈개정 2000.1.21〉

④ 부실금융기관이 제3항의 규정에 의하여 자본감소를 명령받은 때에는 「상법」 제438조 내지 제441조의 규정에 불구하고 당해 부실금융기관의 이사회에서 자본감소를 결의하거나 자본감소의 방법과 절차,주식병합의 절차등에 관한 사항을 정할 수 있다.〈개정 2007.1.26〉

⑤ 제4항의 규정에 의하여 자본을 감소하고자 하는 부실금융기관은 채권자에 대하여 10일 이상의 기간을 정하여 이의를 제출할 것을 2개 이상의 일간지에 공고하여야 하며, 이의를 제출한 채권자가 있는 때에는 그 채권자에 대하여 변제 또는 상당한 담보를 제공하거나 이를 목적으로 하여 상당한 재산을 「자본시장과 금융투자업에 관한 법률」에 따른 신탁업자에 신탁하여야 한다. 다만, 실제 자본감소금액(자기주식을 유상으로 매입하여 소각하는 경우에 있어서 그 매입금액을 말한다)이 제2항의 규정에 의하여 정부등이 출자하는 금액에 미달하는 경우에는 그러하지 아니하다.〈개정 1998.9.14, 2007.8.3〉

⑥ 제3항 및 제4항의 규정에 의하여 주식을 병합하는 경우에 당해 부실금융기관은 5일 이상의 기간(그 기간중 마지막 날을 "주식병합기준일"이라 한다)을 정하여 그 내용과 그 기간내에 주권을 회사에 제출할 것을 공고하고, 주식병합기준일로부터 1월 이내에 신주권을 교부하여야 한다. 다만, 「자본시장과 금융투자업에 관한 법률」에 따라 주권이 예탁결제원에 예탁되어 있는 주식을 병합하는 경우에는 주식병합기준일에 실질 주주명부의 기재에 의하여 구주권의 제출 및 신주권의 교부가 이루어진 것으로 할 수 있으며 이 경우 그 사실을 본문의 규정에 의한 공고시 함께 공고하여야 한다.〈개정 2007.1.26, 2007.8.3〉

⑦ 부실금융기관은 제2항 또는 제4항의 규정에 의하여 이사회결의를 한 때에는 지체없이 2개이상의 일간지에 그 결의사항과 결의사항에 반대하는 주주의 경우 10일이내에 주식의 종류와 수를 기재한 서면으로 회사에 대하여 자기가 보유한 주식의 매수를 청구할 수 있다는 사실을 공고하여야 한다.

⑧ 부실금융기관은 제7항에 의한 청구가 있는 경우에는 청구를 받은날부터 2월 이내에 그 주식을 매수하여야 한다. 이 경우 주식의 매수가액은 주주와 회사간의 협의에 의하여 결정하며 협의가 이루어지지 아니하는 경우에는 회계전문가가 정부등의 출자 또는 유가증권의 매입이 이루어지기 전의 부실금융기관의 재산가치와 수익가치등을 고려하여 산정한 가격으로 한다.〈개정 2000.1.21〉

⑨ 회사 또는 주식의 매수를 청구한 주주가 보유한 주식의 100분의 30 이상이 제8항 후단의 규정에 의하여 결정된 매수가액에 반대하는 경우에는 그 가액을 결정한 때부터 30일 이내에 법원에 대하여 매수가액의 결정을 청구할 수 있다.

[전문개정 1998.1.8]

第13條(무의결권주식의 발행에 관한 특례) 정부등이 다음 각호의 1에 해당하는 금융기관에 출자하는 경우 당해 금융기관은 「상법」 제370조제2항 및 「증권거래법」 제191조의2제2항의 규정에 의한 한도를 초과하여 무의결권주식을 발행할 수 있다.〈개정 2007.1.26〉

1. 부실금융기관
2. 부실금융기관을 합병하거나 그 영업을 양수하는 금융기관
3. 제14조제2항의 규정에 의한 금융감독위원회의 계약이전의 결정에 따라 계약이전을 받는 금융기관

[본조신설 1998.9.14]

第13條의2(주식병합 등 자본금 감소절차의 간소화) 제12조제4항 내지 제9항의 규정은 다음 각호의 1에 해당하는 금융기관이 자본증가 또는 자본감소를 위하여 주식

을 소각하거나 병합하고자 하는 경우에 관하여 이를 준용한다.〈개정 2000.1.21〉

1. 제10조제1항의 규정에 의하여 금융감독위원회로부터 자본감소를 명령받은 금융기관
2. 주식의 시가가 액면가에 미달되는 금융기관으로서 제10조제1항의 규정에 의하여 금융감독위원회로부터 자본증가를 명령받은 금융기관

[본조신설 1998.9.14]

제14조(행정처분) ① 금융감독위원회는 금융기관이 다음 각호의 1에 해당하는 경우에는 금융감독원장의 건의에 따라 당해 금융기관 임원의 업무집행정지를 명하고 그 임원의 업무를 대행할 관리인을 선임하거나 주주총회에 대하여 그 임원의 해임을 권고할 수 있다.〈개정 1998.1.8, 1998.9.14, 2000.1.21〉

1. 제10조제1항의 규정에 의한 요구 또는 명령을 위반하거나 이를 이행하지 아니한 경우
2. 제12조제3항의 규정에 의한 명령을 이행하지 아니한 경우

② 금융감독위원회는 부실금융기관이 다음 각호의 1에 해당하는 경우에는 당해 부실금융기관에 대하여 계약이전의 결정, 6월의 범위내에서의 일정기간의 영업정지, 영업의 인가·허가의 취소등 필요한 처분을 할 수 있다. 다만, 제4호에 해당하는 경우에는 6월의 범위내에서의 일정기간의 영업정지처분만을 할 수 있으며, 제1호 및 제2호의 부실금융기관이 부실금융기관에 해당하지 아니하게 된 경우에는 그러하지 아니하다.〈개정 1998.1.8, 1998.9.14, 1999.5.24, 2000.1.21〉

1. 제10조제1항 또는 제12조제3항의 규정에 의한 명령을 이행하지 아니하거나 이행할 수 없게 된 경우
2. 제10조제1항 및 제11조제3항에서 규정하는 명령 또는 알선에 의한 부실금융기관의 합병등이 이루어지지 아니하는 경우
3. 부채가 자산을 현저히 초과함으로써 제10조제1항의 규정에 의한 명령의 이행 또는 부실금융기관의 합병등이 이루어지기 어렵다고 판단되는 경우
4. 자금사정의 급격한 악화로 예금등 채권의 지급이나 차입금의 상환이 어렵게 되어 예금자의 권익이나 신용질서를 해할 것이 명백하다고 인정되는 경우

③ 삭제 〈1999.5.24〉

④ 금융기관은 제2항의 규정에 의하여 영업의 인가·허가등이 취소된 때에는 해산한다.〈개정 1998.1.8, 1999.5.24, 2007.1.26〉

⑤ 금융감독위원회는 제2항의 규정에 의하여 계약이전의 결정을 하는 때에는 필요한 범위안에서 계약이전이 되는 계약의 범위, 계약이전의 조건 및 이전받는 금융기관을 정하여야 한다. 이 경우 계약이전을 받는 금융기관의 이사회의 동의를 미리 얻어야 한다.〈신설 1998.9.14〉

⑥ 제2항의 규정에 의한 계약이전의 결정에 의한 계약이전에 관하여는 관계법률 및 정관의 규정에 불구하고 계약이전을 하는 부실금융기관의 이사회 및 주주총회의 결의를 요하지 아니한다.〈신설 1998.9.14〉

⑦ 금융감독위원회는 제2항의 규정에 의하여 계약이전의 결정을 한 때에는 부실금융기관의 관리인을 선임하여야 한다.〈신설 1998.9.14〉

⑧ 금융감독위원회가 계약이전의 결정을 한 보험회사에 대하여는 「보험업법」 제139조의 규정에 의한 금융감독위원회로부터의 해산·합병 등의 인가가 있는 것으로 본다.〈신설 1998.9.14, 1999.5.24, 2003.5.29, 2007.1.26〉

⑨ 제5조의 규정은 제2항의 규정에 의하여 부실금융기관으로부터 계약이전을 받은 금융기관이 계약이전과 관련하여 주주총회결의, 주식매수청구, 채권자이의제출 등의 절차를 이행하는 경우에 관하여 이를 준용한다.〈신설 1998.9.14〉

제14조의2(계약이전결정의 효력) ① 제14조제2항의 규정에 의한 계약이전의 결정이 있는 경우 그 결정내용에 포함된 계약에 의

한 부실금융기관의 권리와 의무는 그 결정이 있은 때에 계약이전을 받는 금융기관(이하 "인수금융기관"이라 한다)이 이를 승계한다. 다만, 계약이전의 대상이 되는 계약에 의한 채권을 피담보채권으로 하는 저당권이 있는 경우 그 저당권은 제2항의 규정에 의한 공고가 있은 때에 인수금융기관이 이를 취득한다.

② 제14조제2항의 규정에 의한 계약이전의 결정이 있는 경우에는 당해 부실금융기관 및 인수금융기관은 공동으로 그 결정의 요지 및 계약이전의 사실을 2 이상의 일간신문에 지체없이 공고하여야 한다.

③ 제2항의 규정에 의한 공고가 있는 때에는 그 계약이전과 관련된 채권자·채무자·물상보증인 기타 이해관계인(이하 "이해관계인"이라 한다)과 당해 부실금융기관사이의 법률관계는 인수금융기관이 동일한 내용으로 이를 승계한다. 다만, 이해관계인은 제2항의 규정에 의한 공고전에 당해 부실금융기관과의 사이에 발생한 사유로 인수금융기관에 대항할 수 있다.

④ 제2항의 규정에 의한 공고가 있는 때에는 그 공고로써 「민법」 제450조의 규정에 의한 지명채권양도의 대항요건을 갖춘 것으로 본다. 다만, 이해관계인은 공고전에 당해 부실금융기관과의 사이에 발생한 사유로 인수금융기관에 대항할 수 있다.〈개정 2007.1.26〉

⑤ 제14조제2항의 규정에 의한 계약이전의 결정이 있는 경우 금융감독위원회는 당해 부실금융기관 및 인수금융기관으로 하여금 계약이전과 관련된 자료를 보관·관리하게 하고, 이를 이해관계인이 열람할 수 있게 하여야 한다. 이 경우 보관·관리 및 열람에 필요한 기준 및 절차는 금융감독위원회가 이를 정한다.

[본조신설 1998.9.14]

[종전 제14조의2는 제14조의4로 이동〈1998.9.14〉]

제14조의3(관리인의 선임 및 임무 등) ① 제10조제1항제4호, 제14조제1항 또는 제14조제7항의 규정에 의하여 선임된 관리인(이하 이 조에서 "관리인"이라 한다)은 관리인의 선임목적에 따라 대행할 임원의 직무를 수행할 권한 또는 계약이전의 결정과 관련된 업무의 범위내에서 부실금융기관의 자산·부채 등을 관리·처분할 권한을 가진다.〈개정 2000.1.21〉

② 금융감독위원회는 관리인에게 그 업무수행에 필요한 명령을 할 수 있다.

③ 금융감독위원회는 필요하다고 인정하는 때에는 관리인을 해임할 수 있다.

④ 금융감독위원회는 관리인을 선임한 때에는 지체없이 당해 금융기관의 본점 또는 주된 사무소의 소재지를 관할하는 지방법원에 그 취지를 통지하고, 당해 금융기관의 본점과 지점 또는 각 사무소의 소재지를 관할하는 등기소에 그 등기를 촉탁하여야 한다.

⑤ 「상법」 제11조제1항 및 「채무자 회생 및 파산에 관한 법률」제30조·제360조 내지 제362조의 규정은 관리인에 관하여 이를 준용한다. 이 경우 「채무자 회생 및 파산에 관한 법률」 중 "법원"은 "금융감독위원회"로 본다.〈개정 2005.3.31, 2007.1.26〉

[본조신설 1998.9.14]

제14조의4(청문) 금융감독위원회가 제14조제2항의 규정에 의하여 부실금융기관의 영업의 인가·허가등을 취소하고자 하는 경우에는 청문을 실시하여야 한다.〈개정 1998.9.14, 1999.5.24〉

[본조신설 1998.1.8]

[제14조의2에서 이동〈1998.9.14〉]

제14조의5(사전협의) 금융감독위원회는 제10조제4항에서 규정하는 명령 또는 조치를 하거나 제14조제2항의 규정에 의한 계약이전의 결정을 하고자 하는 때에는 미리 재정경제부장관과 협의하여야 한다.

[본조신설 1998.9.14]

제14조의6(관리인의 선임에 관한 특례) ① 금융감독위원회는 「예금자보호법」 제2조제1호의 규정에 의한 부보금융기관에 대하여

제10조제1항제6호 및 제14조제2항의 규정에 의한 영업 전부의 정지를 명하거나 계약이전의 결정을 한 경우(일시적인 자금부족에 따라 영업 전부의 정지명령을 받은 경우로서 경영정상화가 확실하다고 인정되는 경우를 제외한다)로서 관리인을 선임하는 때에는 예금보험공사의 임원 또는 직원을 당해 금융기관의 관리인으로 선임한다. 다만, 금융감독위원회는 정부등에 의한 자금지원 및 예금보험공사에 의한 예금등 채권의 지급이 없거나 없다고 인정하는 경우에는 예금보험공사의 임원 또는 직원이 아닌 자를 관리인으로 선임할 수 있다.〈개정 2007.1.26〉

② 제1항 본문의 경우에 금융감독위원회는 당해 금융기관의 경영정상화 또는 일반채권자 보호를 위하여 필요한 경우에는 예금보험공사의 임원 또는 직원외에 다른 자를 관리인으로 참여할 수 있도록 당해 금융기관의 관리인으로 선임할 수 있다.

③ 제1항 본문 및 제2항의 규정에 의하여 관리인으로 선임된 예금보험공사의 임원 또는 직원에 대하여는 제14조의3제3항의 규정을 적용하지 아니하며, 그 임기는 영업정지기간 또는 계약이전의 결정에 따른 처리가 종료되는 날까지로 한다. 다만, 영업정지기간중 당해 금융기관이 해산 또는 파산한 때에는 임기를 해산결의일 또는 파산선고일까지로 한다.

[본조신설 2000.1.21]

제14조의7(자료제공의 요청) ① 금융감독위원회는 부실금융기관의 부실책임을 규명하고 그 책임을 추궁하기 위하여 필요하다고 인정되는 경우에는 관계중앙행정기관, 지방자치단체 기타 대통령령이 정하는 공공기관(이하 이 조에서 "공공기관등"이라 한다)의 장에게 그 부실과 관련이 있다고 인정되는 자의 재산에 관한 자료 또는 정보의 제공을 요청할 수 있다.

② 제1항의 규정에 의한 요청을 받은 공공기관등의 장은 특별한 사유가 없는 한 이에 응하여야 한다.

[본조신설 2000.1.21]

제14조의8(금융기관의 특례) 「예금자보호법」 제36조의3의 규정에 의하여 설립된 정리금융기관(이하 "정리금융기관"이라 한다)이 제14조제2항의 규정에 의하여 계약이전을 받는 경우에는 제2조제1호의 규정에 의한 금융기관으로 본다.〈개정 2007.1.26〉

[본조신설 2000.1.21]

제4장 금융기관의 청산 및 파산

제15조(청산인 또는 파산관재인) ① 금융감독위원회는 금융기관이 해산 또는 파산한 때에는 「상법」 제531조 및 「채무자 회생 및 파산에 관한 법률」 제355조의 규정에 불구하고 다음 각호의 자중에서 1인을 청산인 또는 파산관재인으로 추천할 수 있으며, 법원은 금융감독위원회가 추천한 자가 금융관련 업무지식이 풍부하며 청산인 또는 파산관재인의 직무를 효율적으로 수행하기에 적합하다고 인정되는 때에는 청산인 또는 파산관재인으로 선임하여야 한다. 이 경우 금융감독위원회는 당해 금융기관이 「예금자보호법」 제2조제1호의 규정에 의한 부보금융기관으로서 예금보험공사 또는 정리금융기관이 그 금융기관에 대하여 대통령령이 정하는 최대채권자에 해당하는 때에는 제2호의 규정에 해당하는 자를 추천하여야 한다.〈개정 2000.1.21, 2005.3.31, 2007.1.26〉

1. 대통령령이 정하는 금융전문가
2. 예금보험공사의 임원 또는 직원

② 금융감독위원회는 제1항의 규정에 의한 청산인 또는 파산관재인의 추천을 금융감독원에 위탁할 수 있다.〈신설 1998.1.8〉

제16조(파산의 신청) ① 금융감독위원회는 금융기관에 「채무자 회생 및 파산에 관한 법률」 제306조의 규정에 의한 파산의 원인이 되는 사실이 있음을 알게 된 때에는 파산의 신청을 할 수 있다.〈개정 1998.1.8,

2005.3.31〉
② 금융감독원장 또는 파산참가기관은 금융감독위원회에 당해 금융기관에 대한 파산의 신청을 건의할 수 있다.〈개정 1998.1.8〉

제17조(파산선고의 송달) 법원은 금융기관에 파산선고를 한 때에는 「채무자 회생 및 파산에 관한 법률」 제313조에 정한 사항을 기재한 서면을 파산참가기관에 송달하여야 한다.〈개정 2005.3.31〉

제18조(채권신고기간등에 관한 협의) 법원이 「채무자 회생 및 파산에 관한 법률」 제312조의 규정에 의하여 채권신고의 기간 및 채권조사의 기일을 정할 때에는 미리 파산참가기관의 의견을 들어야 한다.〈개정 2005.3.31〉

제19조(의견진술) 파산참가기관은 금융기관의 파산절차의 진행과정에서 법원에 대하여 의견을 제출하거나 진술할 수 있다.

제20조(예금자표의 작성 및 열람) ① 파산참가기관은 제17조의 규정에 의한 송달을 받은 때에는 알고 있는 예금채권에 대하여 지체없이 「채무자 회생 및 파산에 관한 법률」 제448조에 정한 사항을 기재한 예금자표를 작성하여야 한다.〈개정 1998.1.8, 2005.3.31〉
② 파산참가기관은 제1항의 규정에 의한 예금자표를 작성한 때에는 지체없이 그 뜻과 열람장소를 공고하고 법원이 정한 채권신고기간(이하 "채권신고기간"이라 한다)의 말일까지 예금자가 열람할 수 있도록 하여야 한다. 이 경우 예금자표의 열람의 개시일과 채권신고기간의 말일과의 사이에는 2주 이상의 기간이 있어야 한다.
③ 파산참가기관은 예금자표의 열람이 개시된 이후에 당해 예금자표에 기재되지 아니한 예금채권이 있는 것을 알거나 기타 예금자에게 이익이 되는 사실이 있는 것을 안 때에는 지체없이 예금자표에 추가하여 기재하여야 한다.

제21조(예금자표의 제출) ① 파산참가기관은 채권신고기간이 경과한 후 지체없이 예금자표를 법원에 제출하여야 한다.
② 제1항의 규정에 의하여 법원에 제출된 예금자표에 기재되어 있는 예금채권은 채권신고기간내에 신고된 것으로 본다.
③ 파산참가기관은 예금자표를 법원에 제출한 후 예금자표에 기재되지 아니한 예금채권이 있는 것을 알게 된 때에는 지체없이 법원에 통지하여야 한다. 이 경우 법원에 통지한 예금채권은 채권신고기간이 경과한 후에 신고된 것으로 본다.

제22조(예금자의 참가) 제21조제2항 및 제3항의 규정에 의하여 신고된 것으로 보는 예금채권의 예금자가 직접 파산절차에 참가하고자 할 때에는 그 뜻을 법원에 신고하여야 한다. 이 경우 법원은 그 사실을 파산참가기관에 통지하여야 한다.

제23조(파산참가기관의 권한) 파산참가기관은 제21조제2항 및 제3항의 규정에 의하여 신고된 것으로 보는 예금채권의 예금자를 위하여 파산절차에 관한 일체의 행위를 할 수 있다. 다만, 제22조의 규정에 의하여 당해 예금자가 직접 파산절차에 참가하는 경우에는 그러하지 아니하며, 예금채권의 확정에 관한 소송행위를 할 때는 당해 예금자의 수권이 있어야 한다.

제5장 금융기관을 이용한 기업결합의 제한

제24조(다른 회사의 주식소유한도) ① 금융기관 및 그 금융기관과 같은 기업집단에 속하는 금융기관(이하 "동일계열 금융기관"이라 한다)은 다음 각호의 1의 행위를 하고자 할 때에는 대통령령이 정하는 기준에 따라 미리 금융감독위원회의 승인을 얻어야 한다. 다만, 당해 금융기관의 설립근거가 되는 법률에 의하여 인가·승인등을 얻은 경우에는 그러하지 아니하다.〈개정 1998.1.8〉

1. 다른 회사의 의결권있는 발행주식 총수의 100분의 20 이상을 소유하게 되는 경우
2. 다른 회사의 의결권있는 발행주식 총수의 100분의 5 이상을 소유하고 동일계열 금융기관 또는 동일계열 금융기관이 속하는 기업집단이 당해 회사를 사실상 지배하는 것으로 인정되는 경우로서 대통령령이 정하는 경우

② 제1항에서 "기업집단"이라 함은 「독점규제 및 공정거래에 관한 법률」 제2조제2호의 규정에 의한 기업집단을 말한다.〈개정 2007.1.26〉

③ 금융감독위원회는 제1항의 규정에 의한 승인을 함에 있어서는 당해 주식소유가 관련시장에서의 경쟁을 실질적으로 제한하는지의 여부에 대하여 미리 공정거래위원회와 협의하여야 한다. 제1항 단서의 규정에 의하여 인가·승인등을 하는 경우에도 또한 같다.〈개정 1998.1.8〉

④ 제1항의 규정에 불구하고 다른 주주의 감자(감자) 등 대통령령이 정하는 부득이한 사유로 제1항 각 호의 규정에 해당하게 된 동일계열 금융기관은 그 사유가 발생한 날부터 대통령령이 정하는 기간 내에 금융감독위원회에 승인을 신청하여야 한다. 이 경우 금융감독위원회는 제6항의 기준에 따라 승인여부를 결정하여야 한다.〈신설 2007.1.26〉

⑤ 동일계열 금융기관이 다음 각 호의 구분에 의한 한도를 각각 초과하여 다른 회사의 주식을 소유하고자 하는 경우에는 제1항 및 제4항의 규정에 불구하고 다시 금융감독위원회의 승인을 얻어야 한다.〈신설 2007.1.26〉
1. 의결권있는 발행주식총수의 100분의 25
2. 의결권있는 발행주식총수의 100분의 33

⑥ 금융감독위원회는 제1항·제4항 및 제5항의 규정에 따라 동일계열 금융기관에 대하여 승인을 함에 있어 다음 각 호의 요건(이하 "초과소유요건"이라 한다)을 심사하여야 한다. 이 경우 심사를 위하여 필요한 때에는 해당 금융기관에 대하여 자료를 요구할 수 있다.〈신설 2007.1.26〉
1. 당해 주식소유가 다음 각 목의 어느 하나에 해당하는 회사가 아닌 다른 회사를 사실상 지배하기 위한 것이 아닐 것
   가. 금융업(「통계법」 제17조제1항의 규정에 따라 통계청장이 고시하는 한국표준산업분류에 의한 금융 및 보험업을 말한다)을 영위하는 회사
   나. 「사회기반시설에 대한 민간투자법」 제8조의2의 규정에 따라 주무관청에 의하여 지정을 받은 민간투자대상사업을 영위하는 회사(「법인세법」 제51조의2제1항제6호에 해당하는 회사에 한한다)
   다. 「신용정보의 이용 및 보호에 관한 법률」에 따른 신용정보업 등 그 금융기관의 업무와 직접적인 관련이 있거나 그 금융기관의 효율적인 업무수행을 위하여 필요한 사업을 영위하는 회사
2. 당해 주식소유가 관련 시장에서의 경쟁을 실질적으로 제한하지 아니할 것

⑦ 금융감독위원회는 제1항·제4항 및 제5항의 규정에 따른 승인을 하지 아니하는 경우에는 대통령령이 정하는 기간 내에 신청인에게 그 사유를 명시하여 통지하여야 한다.〈신설 2007.1.26〉

⑧ 금융감독위원회는 동일계열 금융기관이 제1항·제4항 및 제5항의 규정에 따른 승인을 얻은 후 대통령령이 정하는 바에 따라 초과소유요건을 충족하는지 여부를 심사하여야 한다.〈신설 2007.1.26〉

⑨ 제1항 및 제5항 각 호의 발행주식의 범위 및 주식소유비율의 산정방법은 금융감독위원회가 정하여 고시한다.〈신설 2007.1.26〉

제24조의2(시정조치 등) ① 금융감독위원회는 동일계열 금융기관이 제24조제1항·제4항 또는 제5항의 규정을 위반하여 금융감독위원회의 승인을 얻지 아니하고 다른 회사의 주식을 소유한 경우에는 그 동일계열 금융기관에 대하여 다음 각 호의 어느 하나에 해당하는 조치를 할 수 있다.

1. 법 위반상태를 시정하기 위한 계획의 제출 요구 또는 그 계획의 수정 요구
2. 동일계열 금융기관에 대한 주의 또는 경고
3. 위반행위에 관련된 임원·직원에 대한 주의·경고 또는 문책의 요구
4. 위반행위에 관련된 임원의 해임권고 또는 직무정지의 요구
5. 소유한도를 초과하는 주식의 전부 또는 일부의 처분명령

② 동일계열 금융기관은 제24조제1항·제4항 또는 제5항의 규정을 위반하여 금융감독위원회의 승인을 얻지 아니하고 제1항 및 제5항 각 호의 규정에 따른 주식소유 한도를 초과하여 소유하고 있는 다른 회사의 주식에 대하여는 의결권을 행사할 수 없다.
[본조신설 2007.1.26]
[종전 제24조의2는 제24조의4로 이동〈2007.1.26〉]

제24조의3(이행강제금) ① 금융감독위원회는 제24조의2제5호의 규정에 따라 주식처분명령을 받은 동일계열 금융기관이 그 정한 기간 내에 그 명령을 이행하지 아니한 때에는 매 1일당 그 처분하여야 하는 주식의 장부가액에 1만분의 3을 곱한 금액을 초과하지 아니하는 범위 안에서 이행강제금을 부과할 수 있다.
② 이행강제금은 주식처분명령에서 정한 기간의 종료일의 다음날부터 주식처분을 이행하는 날까지의 기간에 대하여 이를 부과한다.
③ 금융감독위원회는 이행강제금을 징수함에 있어서 주식처분명령에서 정한 이행기간의 종료일부터 90일을 경과하고서도 이행이 이루어지지 아니하는 경우에는 그 종료일부터 기산하여 매 90일을 경과하는 날을 기준으로 하여 이행강제금을 징수한다.
④ 이행강제금의 부과 및 징수 등에 관하여는 「금융지주회사법」 제65조 내지 제69조의 규정을 준용한다. 이 경우 "과징금"은 각각 "이행강제금"으로, "과징금 납부의무자"는 각각 "이행강제금 납부의무자"로 본다.
[본조신설 2007.1.26]

제6장 보 칙

제24조의4(다른 법률과의 관계) 금융기관의 합병 및 전환, 부실금융기관에 대한 조치, 금융기관의 청산 및 파산 등에 관하여 이 법에서 정하는 것을 제외하고는 당해 금융기관의 영업의 인가·허가 등의 근거가 되는 법률과 「상법」·「비송사건절차법」 기타 관계법령의 규정에 따른다.〈개정 2007.1.26〉
[본조신설 1998.9.14]
[제24조의2에서 이동〈2007.1.26〉]

제25조(권한의 위탁) ① 재정경제부장관은 이 법에 의한 권한의 일부를 대통령령이 정하는 바에 의하여 금융감독위원회·금융감독원장 또는 예금보험공사에 위탁할 수 있다.〈개정 1998.1.8, 1998.9.14〉
② 금융감독위원회는 이 법에 의한 권한의 일부를 대통령령이 정하는 바에 의하여 금융감독원장 또는 예금보험공사에 위탁할 수 있다.〈신설 1998.1.8〉

제26조(합병에 관한 규정의 준용) 제3조 내지 제8조 및 제9조제1항중 합병에 관한 규정은 금융기관이 영업이 전부를 다른 금융기관에게 양도하고 소멸하는 경우와 다른 금융기관의 영업의 전부를 양수하는 경우에 이를 준용한다.〈개정 1998.9.14〉

제7장 벌 칙 〈신설 2000.1.21〉

제27조(벌칙) 금융기관의 임원, 관리인 또는 청산인(이하 "금융기관의 임원등"이라 한다)이 다음 각 호의 어느 하나에 해당하는 행위를 한 때에는 1년 이하의 징역 또는 1천만원 이하의 벌금에 처한다.〈개정 2007.1.26〉

1. 제10조제1항의 규정에 의한 명령을 이

행하기 위한 절차·조치를 이행하지 아니한 때
2. 제12조제3항의 규정에 의한 명령에 위반한 때
3. 제14조제4항의 규정에 위반하여 해산을 위해 필요한 절차를 이행하지 아니한 때
4. 제24조제1항 또는 제5항의 규정을 위반하여 금융감독위원회의 승인을 얻지 아니하고 주식을 소유하거나 동조제4항의 규정을 위반하여 정하여진 기간 내에 승인을 신청하지 아니한 때

[본조신설 2000.1.21]

제28조(과태료) ① 금융기관이 다음 각 호의 어느 하나에 해당하는 행위를 한 때에는 2천만원 이하의 과태료에 처한다.〈개정 2007.1.26, 2007.8.3〉
1. 제7조제1항의 규정에 따른 보고를 아니하거나 허위의 보고를 한 때
2. 제8조제2항의 규정을 위반하여 금융감독위원회의 인가를 받지 아니하고 법령에 따라 행할 수 없는 업무를 계속한 때
3. 제9조제1항의 규정을 위반하여 법령에 따라 행할 수 없는 업무를 계속한 때
4. 제9조제2항 본문의 규정에 따라 3년 이내에 「은행법」 제15조제1항의 규정에 적합하게 하지 아니하거나 의결권행사의 범위를 초과하여 의결권을 행사한 때
5. 제9조제2항 단서의 규정에 따라 금융감독위원회에 신고를 하지 아니하거나 승인을 얻지 아니한 때
6. 제10조제1항의 규정에 따른 요구 또는 명령을 이행하지 아니하거나 위반한 때
7. 제11조제5항의 규정을 위반하여 금융감독위원회가 정한 절차에 따라 3년 이내에 관련 법령의 규정에 적합하게 하지 아니한 때
8. 제12조제5항의 규정에 따른 공고를 하지 아니하거나 이의를 제출한 채권자에게 변제·상당한 담보의 제공 또는 「자본시장과 금융투자업에 관한 법률」에 따른 신탁업자에 대한 상당한 재산의 신탁을 하지 아니한 때
9. 제12조제6항의 규정을 위반하여 주식의 병합을 한 때
10. 제12조제7항의 규정에 따른 공고를 하지 아니한 때
11. 제12조제8항의 규정을 위반하여 주식의 매입을 하지 아니한 때
12. 제14조제1항 또는 제2항의 규정에 따른 금융감독위원회의 명령 또는 처분을 위반하거나 이행하지 아니한 때
13. 제14조의2제2항의 규정에 따른 공고를 하지 아니한 때
14. 제14조의2제5항의 규정의 규정을 위반하여 계약이전과 관련된 자료를 보관·관리하지 아니하거나 이해관계인에 대한 열람을 거부한 때
15. 제24조제1항 또는 제5항의 규정을 위반하여 금융감독위원회의 승인을 얻지 아니하고 다른 회사의 주식을 소유한 때
16. 제24조제4항의 규정을 위반하여 정하여진 기간 내에 승인을 신청하지 아니한 때
17. 제24조의2제2항의 규정을 위반하여 승인을 얻지 아니하고 주식소유한도를 초과하여 소유하고 있는 다른 회사의 주식에 대한 의결권을 행사한 때

② 금융기관의 임원등이 다음 각호의 1에 해당하는 행위를 한 때에는 1천만원 이하의 과태료에 처한다.
1. 제7조제1항의 규정에 의한 보고를 하지 아니하거나 허위의 보고를 한 때
2. 제12조제5항 내지 제8항의 규정에 위반한 때
3. 제14조의2제2항 또는 제5항의 규정에 위반한 때

③ 제1항 및 제2항의 규정에 의한 과태료는 대통령령이 정하는 바에 따라 금융감독위원회가 부과·징수한다.

④ 제3항의 규정에 의한 과태료처분에 불복이 있는 자는 그 처분의 고지를 받은 날부터 30일 이내에 금융감독위원회에 이의를 제기할 수 있다.

⑤ 제3항의 규정에 의하여 과태료처분을 받은 자가 제4항의 규정에 의하여 이의를

제기한 때에는 금융감독위원회는 지체없이 관할법원에 그 사실을 통보하여야 하며, 그 통보를 받은 관할법원은 「비송사건절차법」에 의한 과태료의 재판을 한다.〈개정 2007.1.26〉

⑥ 제4항의 규정에 의한 기간내에 이의를 제기하지 아니하고, 과태료를 납부하지 아니한 때에는 금융감독위원회는 국세체납처분의 예에 의하여 이를 징수한다.
[본조신설 2000.1.21]

찾아보기

ㅈ

ㅍ

저자약력

연세대학교 법과대학 및 동 대학원 법학과(법학석사)
독일 Bielefeld 대학 박사과정 수학
국민대학교 대학원 법학과(법학박사)
現 금융감독원 조사연구실장
국민대학교 법무대학원 출강

<주요 저서 및 논문>

『파산법 이해』(삼우사, 2002)
『개인회생과 파산제도 이해』(삼우사, 2006)
건물임차권보호제도에 관한 연구(석사학위논문)
자본시장통합법 제정과 은행신탁업의 발전방향
파산제도 일반
도산금융기관의 정리방식에 관한 연구(박사학위논문, 1997)

축조해설 **은행법**

2008년 1월 21일 초판인쇄
2008년 1월 25일 초판발행

저 자 이 병 화
발행인 조 병 철
발행처 **三 宇 社**
서울특별시 용산구 청파동3가 82-1
전화 (02) 718-8553(대) Fax 718-8554
등록 1994. 9. 23. 제17-189호

정가 38,000원 ISBN 978-89-91083-20-2